JEFFREY KASTENMÜLLER

Ich bin ein Fehler – und ich liebe es

JEFFREY KASTENMÜLLER

ICH BIN EIN FEHLER UND ICH LIEBE ES

Der etwas andere Weg zu
echter Selbstliebe

INTEGRAL

Penguin Random House Verlagsgruppe FSC® N001967

Zweite Auflage 2021
Copyright © 2021 by Integral Verlag, München,
in der Penguin Random House Verlagsgruppe GmbH,
Neumarkter Straße 28, 81673 München
Alle Rechte sind vorbehalten. Printed in Germany.
Redaktion: Dr. Diane Zilliges
Umschlaggestaltung: Guter Punkt, München,
Umschlagfoto: © Anna Heupel
Satz: Satzwerk Huber, Germering
Druck und Bindung: GGP Media GmbH, Pößneck
ISBN 978-3-7787-9311-4

www.Integral-Lotos-Ansata.de
www.facebook.com/Integral.Lotos.Ansata

Inhalt

Vorwort von Bahar Yilmaz

Was ist schmerzvoller: sein Traumleben nicht zu erschaffen oder es zu erschaffen und festzustellen, dass es einen doch nicht glücklich macht? In genau so einer Situation habe ich mich viele Jahre meines Lebens befunden. Ich hatte alles erreicht, von dem ich dachte, dass es mein Traum ist, den ich leben will. Dieser Traum entwickelte sich aber immer mehr zu einem Albtraum, und ich erkannte, dass nicht ich dieses Leben erschaffen hatte, sondern meine Schatten. All die Dinge, die ich unterdrückt hatte, all das, was ich über mich nicht preisgeben wollte, meine verletzten Seiten und mein krankhafter Drang, der Welt und vor allem auch meinem Vater zu beweisen, dass ich es geschafft habe, hatten mich getrieben. Und da war ich nun: todunglücklich, abgemagert, ständige Fressattacken im Wechsel mit Hungerphasen, einsam und unverstanden.

Für eine gewisse Zeit konnte ich diese Situation gut vertuschen – mit perfektem Aussehen und schönen Kleidern. Mit dem Geruch von Räucherstäbchen. Mit Mantras und Affirmationen. Für eine gewisse Zeit konnte ich die Maske der makellosen Yoga-Lehrerin unbeschwert tragen, bis ich unter ihr irgendwann keine Luft mehr bekam. Es hatte sich so viel Druck und Selbsthass in mir angesammelt, dass es zu einer Explosion kam. Mein Leben brach zusammen. Ich verlor über Nacht alles und stand an meinem ganz persönlichen Nullpunkt.

Wenn alle Stricke reißen, wir den Kampf verlieren und das Handtuch werfen, streckt uns das Leben meist seine Hand entgegen. In meinem Fall war die Hand des Lebens die von Jeffrey. Ich fand in ihm nicht nur die Liebe meines Lebens, sondern vor allem auch einen Meister der Dunkelheit. Er sah in mir etwas, das ich vergessen hatte, und erinnerte mich daran, dass die Welt Bahar als Ganzes verdient hat und ich nichts von mir verstecken muss und das auch nicht darf. Er tat das, obwohl er selbst noch auf dem Weg war – oder vielleicht genau deswegen.

Ich habe Jeffrey in all den Jahren, in denen wir als Paar und auch als Team zusammen sind, erlebt. Ich sah die Tränen, die er vergoss, wenn seine Schatten zu viel Macht über ihn bekamen. Ich sah seine dunkelsten Stunden, in denen er alles aufgeben wollte. Ich sah seine Ängste und seine Momente der Erstarrung. Ich sah, wie er alles tat, um geliebt und anerkannt zu werden. Und ich sehe ihn heute. Er ist der lebende Beweis dafür:

Egal, wie stark deine Ängste, Zweifel und Unsicherheiten sind, wie sehr du dich selbst ablehnst und nicht lieben kannst, es ist möglich, etwas zu verändern.

Diese Veränderung wird dir einiges abverlangen, und wahrscheinlich kannst du diesen dunklen Pfad hin zu deiner wahren Kraft niemals allein zurücklegen. Du benötigst jemanden an deiner Seite, der genau diesen Weg bereits gegangen ist und seine Gefahren und Hürden kennt. Genau so jemand kann Jeffrey für dich sein, und er war es auch für mich.

In einer Zeit, in der wir alle das Gefühl haben, dass die Weltgeschehnisse wie ein Schnellzug an uns vorbeirasen, uns unsere inneren Anteile um die Ohren gewirbelt werden und wir alle damit beschäftigt sind, die Puzzlesteine unseres Leben immer wieder einzusammeln, kommt dieses Buch vielleicht auch für dich wie gerufen. Es kann dir helfen, wieder ganz zu werden, und das auf eine Art und Weise, mit der du niemals gerechnet hättest.

Bahar Yilmaz

Einleitung. Gelangweilt von mir selbst

Als ich an diesem Buch schrieb, habe ich mich immer wieder gefragt, was wohl in dir vorgehen wird, wenn du den Titel zum ersten Mal liest. Dieser Titel ist kein Marketing-Gag, kein Versuch, deine Aufmerksamkeit zu ergattern. Der Buchtitel ist Teil eines umfangreichen Systems, das ich dir im Laufe der nächsten Kapitel näherbringen möchte. Auch wenn sich der Titel so anhört, als wäre man hier mit einer Prise Ironie rangegangen, ist er wortwörtlich genau so gemeint.

Vielleicht habe ich mit diesem Titel eine alte Wunde in dir berührt. Vielleicht hat er aber auch etwas in dir befreit. Oder du kannst es gar nicht genau deuten. Wie auch immer, du bist hier und gibst mir die Möglichkeit, dich in eine faszinierende Welt zu entführen. Die Welt hinter dem Vorhang.

Die wenigsten Menschen gehen ins Kino, schauen sich einen Film an und fragen sich, wie die Geschichte dahinter eigentlich entstanden ist. Den wenigsten sind der Aufwand und die Kunst bewusst, die hinter solch einem Film stecken. Die meisten haben keine Ahnung, was alles passieren musste, damit dieser Film auf der Leinwand erscheinen konnte. Vielleicht ist es auch nicht wichtig. Nicht jeder muss hinter den Vorhang blicken, es verändert nicht die Welt. Aber es verändert deine Welt. Hast du nämlich einmal hinter den Vorhang geblickt, kannst du nicht mehr wegsehen. Selbst wenn du wegsehen möchtest, du spürst den undefinierbaren Charme, den Vorhang erneut leicht zu öffnen. Nur so einen kleinen Spalt, damit du doch noch mal einen Blick auf das Dahinter erhaschen kannst. War der Vorhang einmal geöffnet, wird es immer schwieriger für dich, ihn geschlossen zu halten und so zu tun, als ob du nichts von dem wüsstest, was er verbirgt.

Ich möchte mit diesem Buch deine unwiderstehliche Neugier erwecken, deinen inneren Vorhang zu öffnen. Manchmal wirst du das Buch lieben, weil es dich auf so viel Schönes hinter deinem Vorhang aufmerksam machen wird. Dann wieder wirst du es wütend in die Ecke schmeißen wollen, weil es dich auf genau das Gegenteil aufmerksam machen wird. Doch du wirst es wieder und wieder öffnen, weil du bereits hinter den Vorhang geblickt hast. Ich habe dieses Buch für den mutigen Teil in dir geschrieben, der bereit ist, das Ungesehene zu sehen und das Unausgesprochene auszusprechen.

Danke, dass du da bist.

»Bin ich gut genug?«

Es war der 28. September 2012. Ich war zu diesem Zeitpunkt schon einige Jahre selbstständig und auf der Spur, mir ein unabhängiges Leben aufzubauen. Ein Leben nach meinen eigenen Regeln. Ein Leben ohne Vorgesetzte, ohne Einschränkungen, ohne Spaßbremser – und vor allem wollte ich einfach kein »normales« Leben. Alles, was zu konventionell oder zu normal war, löste fast schon eine allergische Reaktion in mir aus. Vielleicht kennst du das auch aus deinem Leben. Warum das bei mir so war, erläutere ich noch.

Ich war eingeladen, auf der Bühne der größten Fitnessmesse Europas zu sprechen und eine App vorzustellen, die ich damals mit einem Team für einen Klienten entwickelt hatte. Ich war glücklich, es bereits so weit geschafft zu haben. Es war für mich das ultimative Signal: »Ich habe es geschafft.« Nach einer langen Durststrecke mit Schulden und zu wenigen Klienten hatte ich endlich die Möglichkeit, vor einem breiten Publikum das zu zeigen, was ich bin und was ich kann. Ich meine, ich war fünfundzwanzig Jahre alt, lebte noch im Keller meiner Eltern, und dieser Vortrag sollte mein Ticket in ein neues Leben sein. Nächtelang konnte ich vor Aufregung nicht schlafen.

Mit jeder Menge Adrenalin im Blut stand ich dann schließlich an dieser Bühne. Es war endlich so weit. Ich wurde angekündigt, als junges und frisches Talent voller Feuer und Leidenschaft. Also applaudierten sechshundert Menschen für mich, und ich rannte auf die Bühne. Man reichte mir ein Handmikrofon. Das Klatschen ließ nach. Es war deutlich spürbar. Jetzt war mein Moment gekommen.

Ich versuchte zu sprechen. Mein Körper wurde eiskalt. Mir lief ein Schauer von den Füßen über die Hinterseite meiner Beine nach oben über meinen Rücken in den Kopf. Ich wollte sprechen, aber ich konnte nicht. Ich spürte den Druck, die Erwartung, aber ich konnte nicht. Ich war wie eingefroren. Ich krallte mich am Mikrofon fest, bekam keinen einzigen Laut raus, aber innerlich habe ich geschrien. Ich wollte wegrennen, aber das hätte mich noch mehr bloßgestellt. Ich sah Bahar, meine Freundin, mit ihrem hoffnungsvollen Blick in der ersten Reihe sitzen. Ich wollte, aber ich konnte nicht. Was mir in diesem Moment alles durch den Kopf geschossen ist, konnte ich erst im Nachhinein wirklich greifen.

Alles, was ich nicht wollte, war, an diesem Tag zu versagen. Alles, was ich nicht wollte, war, an diesem Tag dumm, inkompetent, schwach oder unsicher zu wirken.

Alles, was ich nicht wollte, war, es an diesem Tag zu vermasseln. Und exakt das geschah jetzt.

Vielleicht hört sich das für dich nach einer typischen Angstreaktion an. Und ja, wenn ich mich mit diesem Moment visuell verbinde, kann ich den Angstschweiß immer noch spüren, der mir damals den Rücken herunterlief. Ich wollte wirklich sprechen,

11

aber ich konnte nicht. Gefühlt dauerte dieser Moment eine Stunde. Es waren aber maximal zwanzig Sekunden. Der Moderator nahm mir schließlich das Mikro ab, bedankte sich bei mir und zeigte mir die Richtung, in der ich die Bühne verlassen konnte. Ich denke, er konnte spüren, dass ich völlig erstarrt war und keine Chance mehr bestand, dass ich ein Wort über meine Lippen kriegen würde.

Ich setzte mich neben Bahar auf meinen Stuhl und blickte vor mir auf den Boden. Von hinten berührte mich ein Zuschauer an der Schulter. Er flüsterte mir ins Ohr: »Jeffrey, das hast du gut gemacht.« Ich weiß, er wollte mir damit helfen. Mir die beinahe sichtbare Last von meinen Schultern nehmen. Was ich aber dadurch noch viel mehr fühlte, war: Er log mich an und hatte Mitleid mit mir. Das war das Letzte, was ich wollte. Er sagte diese Worte zu mir, weil ich so versagt hatte. Dass ich versagt hatte, war offensichtlich: Ich hatte bei meinem eigenen Vortrag kein einziges Wort gesprochen. Dabei hatte ich schon mein ganzes Leben lang auf Bühnen gestanden, um zu tanzen. Die Menschenmenge an sich kann es also nicht gewesen sein, was mich erstarren ließ.

Die Angst, vor Menschen zu sprechen, plagt sehr, sehr viele von uns. Vielleicht gibt es diese Angst auch in dir, und du fühlst dich blockiert, wenn du vor anderen etwas sagen sollst. Diese Angst ist aber nur die Oberfläche. Ein Eintrittspunkt in eine viel tiefere, unbekannte Welt, in der viele weitere Ängste verborgen liegen und vor allem das Gefühl »nicht gut genug zu sein«.

Zurück zu meinem traumatischen Moment. Ich verließ diesen schrecklichen Ort meines Versagens ziemlich schnell, und als ich im Auto ankam, konnte ich immer noch kein Wort sprechen. Ich wollte, aber ich konnte nicht. Ich sah Bahars Blick, sie wollte mir helfen. Aber ich wollte nicht. Ich brach in Tränen aus. Ich musste weinen wie schon so lange nicht mehr. Ich wollte aufhören, aber ich konnte nicht. Ich war so fehl am Platz auf dieser Bühne gewesen. Ich hatte so einen großen Fehler gemacht! Und dann schoss diese Frage in meinen Kopf: Bin ich der Fehler?

Ich erinnere mich noch sehr genau, wie ich zu Bahar sagte: »Ich werde nie wieder in meinem Leben auf einer Bühne sprechen.« Ich sah in ihren Augen, wie sehr sie dieser Moment ebenfalls mitnahm. Sie versuchte alles, um mir den Schmerz des Versagens zu nehmen. Doch alles, was sie sagte, machte es nur noch schlimmer. Es fühlte sich für mich an wie ein Pflaster auf einer alten Wunde, der ich innerlich in der Vergangenheit nicht erlaubt hatte zu heilen. Jetzt war sie aufgekratzt worden und blutete wieder.

Alles, was mich irgendwie trösten sollte,
war wie Make-up über der Tatsache: »Ich habe versagt.«
Eine Maske über der Tatsache: »Ich war nicht gut genug.«

Ich erinnere mich noch, wie mein Immunsystem am nächsten Tag auf diese Erfahrung reagierte. Ich bekam eine Erkältung und lag tagelang im Bett. Der nächste Rückschlag. Ein krankheitsbedingter Ausfall war für mich immer ein No-Go. Ein Mann auf der Erfolgsspur ist krank und schwach? Das ging für mich gar nicht. Ich kämpfte gegen meine Schwäche an und versuchte so zu tun, als wäre nichts. Eine meiner Superkräfte war schon mein ganzes Leben lang die Kraft des Unterdrückens. Ich sah hinter dem Unterdrücken eine Kraft. (Heute sehe ich dahinter eher das Gegenteil.) Damals habe ich diese erlernte und bewährte Fähigkeit genutzt, um schnellstmöglich weiterzumachen. In den Momenten, in denen es still wurde, in Momenten der Pause und des Aufatmens wurden meine Gefühle so unangenehm und unerträglich für mich, dass ich sie wieder verdrängte. Ich redete mir ein, keine Pause machen zu dürfen und meinen Antrieb hochzuhalten, immer weiterzuarbeiten, um einen Mehrwert für diese Erde zu erschaffen. Warum stehst du morgens auf? Ich weiß nicht, was deine

Antwort auf diese Frage ist, aber ich habe mir in jeder Lebensphase die schönsten Antworten zusammengereimt. So lange, bis sie sich gut genug angefühlt haben.

Gut genug für was?

Gut genug, um ein stabiler Deckel für etwas zu sein, das ich nicht sehen will? Egal, wie sehr ich an mir arbeitete, Affirmationen gesprochen und mir selbst eingeredet habe, dass ich gut genug bin, wie ich bin ... Egal, wie sehr ich »Selbstliebe trainierte« oder mir einredete, ich sei die Liebe selbst, wieso sollte ich mich also überhaupt lieben müssen ... Egal, wie positiv und liebevoll ich mit mir selbst sprach, wenn ich morgens aufwachte ... Ich fühlte etwas in mir, das ich nur sehr schwer beschreiben kann. Ich kann mir vorstellen, dass du es auch kennst. Es fühlte sich an wie ein Splitter im Kopf, der im Rausch des Alltags in Vergessenheit gerät. Aber egal, was du tust, du spürst ihn subtil. Im Hintergrund. Ein kontinuierliches leises Rauschen. Immer wenn es still wird, wenn du Komplimente oder Lob erhältst, erwacht es zu einer Stimme, die all das nicht glauben kann. »Bin ich gut genug?« »Bin ich wichtig?« »Bin ich liebenswert?« All diese quälenden Fragen, die tagein, tagaus Energie saugen.

Ich kenn dich nicht, und ich weiß nicht, welche Fragen in dir bewusst oder unbewusst herumgeistern. Ich kann mir aber gut vorstellen, dass auch dich bestimmte Fragen den Schlaf kosten. Ich kann mir gut vorstellen, dass du müde davon geworden bist, vor dir selbst wegzulaufen. Müde von einem inneren Kampf gegen dich selbst. Müde davon, zu lesen, dass du alles schaffen kannst, was du willst, alles sein kannst, was du willst, alles in dir hast ... wenn du es einfach nicht fühlen kannst.

Wie sehr kannst du mir die Erlaubnis geben, dich durch eine innere Welt zu führen und dir selbst auf eine schockierende, aber befreiende Art und Weise zu begegnen? Wie sehr kannst du dir eingestehen, dass es noch einen Teil in dir gibt, der um alles in der Welt jemand anderes sein möchte?

Der Splitter im Kopf

Ich habe sehr lange gewartet, dieses Buch zu schreiben. Bereits vor vielen Jahren hatte ich das Angebot von einem großen Verlag erhalten, ein Buch über meine Arbeit herauszubringen. Ich war zu diesem Zeitpunkt so tief mit meinen Ängsten, Zweifeln und mit meiner Selbstverurteilung beschäftigt, dass es sich für mich unauthentisch angefühlt hätte, ein Buch darüber zu schreiben, echt, authentisch und maskenlos zu leben. Ich wollte nicht zu denen gehören, die nur darüber sprechen und nichts davon leben oder verkörpern. Also begab ich mich auf eine Reise. Mit Bahar zusammen arbeite ich schon lange mit Tausenden von Menschen, wir kreieren Techniken für Veränderung und Transformation und haben das Privileg, dadurch auch immer weiter an uns selbst zu arbeiten.

Was ich tue, ist nicht meine Arbeit, es ist zu meinem Leben geworden. Und nein, ich bin nicht einfach nur meiner Freude gefolgt, und alles wurde gut. Nein, ich habe nicht einfach nur ein paar Affirmationen gesprochen, und alles wurde gut. Nein, ich habe nicht meine alten Glaubensüberzeugungen gelöscht und einfach neue installiert. Versteh mich nicht falsch: Das alles kann funktionieren und hat seinen Platz.

Ich teile mit dir in diesem Buch einen anderen Weg, da der Splitter in meinem Kopf immer spürbarer und lauter wurde. Vielleicht geht es dir ähnlich, und du gehst gefühlt zwei Schritte nach vorn und drei wieder zurück. Vielleicht taucht ein Problem, eine Herausforderung oder ein Gefühl immer wieder auf, nur in einer anderen Klamotte. Ich werde dir in diesem Buch nicht erzählen, dass du gut genug bist. Ich werde dir nicht sagen, dass du alles in dir hast. Nicht weil es nicht stimmen würde, sondern weil du es mir nicht glauben würdest. Vielleicht würdest du mich unbewusst sogar als Lügner bezeichnen. Ich kenn dich nicht, also wie könnte ich über deine innere Größe urteilen? Jedes Lob und jeder Zuspruch wird nicht in dir landen, wenn du es für dich selbst nicht fühlen und integrieren kannst.

Was wäre, wenn das Leben, nach dem du dich sehnst, unbewusst zu gut für dich wäre? Was, wenn dieses Leben von dir selbst unwissend sabotiert würde?

Ich möchte dich durch eine Welt führen, vor der die meisten Menschen weglaufen. Sieh dich um, mach deine Augen auf. Ich weiß, dass du sehen kannst, wie andere mit Ach und Krach ein Kartenhaus aufrechterhalten. Ein Haus, das aus Selbstlügen, Selbstverurteilung, Selbsthass und dem Wunsch, jemand anderes sein zu wollen, besteht. Dieses Haus ist damals auf der Fitnessmesse für mich zusammengebrochen. Alles, was ich nicht sein wollte, was ich versteckt hatte, alles, von dem ich nicht wollte, dass es andere Menschen über mich denken, kam an die Oberfläche.

Es war der Startschuss für viele Fragen, die du dir vielleicht auch stellen magst: Willst du weiter so tun, als gäbe es keinen Splitter in deinem Kopf? Willst du dir weiter einreden, dass es gar nicht so schlimm ist? Willst du weiter so tun, als wäre das alles normal und andere haben das auch? Oder willst du herausfinden, was diesen Splitter überhaupt am Leben erhält? Willst du wissen, warum du diesen Splitter nicht loslassen kannst? Willst du wissen, warum du diesen Splitter sogar beschützt?

Ich habe dieses Buch nicht für die Masse geschrieben. Ich habe es für das Individuum geschrieben. Ich habe es für Menschen geschrieben, die den Mut haben oder ihn entwickeln wollen, an Orte zu blicken, die tief in ihrem Inneren verborgen sind. Du bist ein Mysterium, und das ist auch gut so. Das, was du bist, kann nicht einfach erklärt oder beschrieben werden. Dich rein auf deine Gedanken und Gefühle zu beschränken wäre eine Beleidigung.

Nach dem Vorfall auf der Bühne entschied ich mich, auf eine Reise zu gehen. Auch wenn ich eigentlich nie wieder vor Menschen sprechen wollte, gab es einen Teil in mir, der das Ganze nicht so stehen lassen wollte. Ich wollte wissen, wie ich mich wirklich verändern kann. Nicht oberflächlich, indem ich weitere Masken über meine Fehler stülpe. Indem ich eine Fassade vor mein Scheitern errichte. Vor meinen Schmerz und meine Gefühle. Es ist immer einfacher, eine Maske zu tragen, als sich mit den inneren Wahrheiten zu konfrontieren. Ich wollte hinter meine Fassade blicken. Ich wollte erforschen, was mich und so viele Menschen daran hinderte, echt, roh und wirklich authentisch zu sein. Vieles, das ich mit dir in diesem Buch teile, wird dich vielleicht aufrütteln und dich an deinem Weltbild und dem Bild, das du von dir selbst hast, zweifeln lassen. Du wirst sehen, wie viel Energie du möglicherweise jeden Tag damit verschwendest, ein bestimmtes Bild von dir aufrechtzuerhalten. Wie viel Energie flöten geht, da sie in einen unbewussten Kampf fließt. Vielleicht geht es dir ähnlich, aber ich war so müde vom Kämpfen. Ich war müde vom Kampf gegen mich selbst. Ich war müde vom Weglaufen. Müde vom Ablenken.

Meine persönliche Reise war meine Feuerprobe. Sie führte mich an die dunkelsten und tiefsten Stellen meines Bewusstseins, die ich so lange weggeschoben und verdrängt hatte. Sie führte mich durch Hunderte von Seminaren und Ausbildungen – und auch auf die großen Bühnen. Ja, ich habe meine Angst, vor Menschen zu sprechen, überwunden – wobei »überwunden« das komplett falsche Wort dafür ist. Die Angst ist irgendwann von mir abgefallen, da ihr der Nährboden entzogen wurde. Ich habe herausgefunden, was die Angst, meine Zweifel und meine Selbstverurteilung so lange am Leben erhalten hat. Und nein, es war nicht unbedingt ein traumatisches Erlebnis in der Kindheit. Es war nicht unbedingt eine toxische Glaubensüberzeugung und auch nicht unbedingt ein früheres Leben.

Ein bisschen ironisch finde ich, dass ich gerade ein Buch schreibe, obwohl ich selbst nur sehr wenige Bücher gelesen habe. Im Gegensatz zu all den Empfehlungen, so viele Bücher wie nur möglich in jedem Monat zu lesen, wurde ich beim Lesen so schnell müde und gelangweilt, dass ich mir eingeredet habe, das wäre nichts für mich. Heute weiß ich, es lag an unter anderem an meiner Unfähigkeit, mich zu fokussieren und an einer Sache dranzubleiben. Ich erzähl dir das, weil es für dich und dieses Buch bedeutet, dass ich hier keine Floskeln nachplappern oder dich mit alten Lebensweisheiten langweilen werde. Ich kenne nämlich nicht viele. Ich teile hier meine persönliche Erfahrung, meine Fehler, meine Herausforderungen und vielleicht kontroverse und auch widersprüchliche Ansätze, die mir und mittlerweile Tausenden von Menschen zu echten Durchbrüchen verholfen haben. Meine Intention hinter diesem Buch ist, dass du es nicht als weitere Ablenkungsstrategie nutzt. Es soll höchstens dazu dienen, dich vom Ablenken abzulenken.

Bist du schon ausreichend gelangweilt von diesem Spiel? Ich bin gelangweilt von falschen Gesichtern, von oberflächlichen Gesprächen, vom gesellschaftlichen Versteckspiel. Ich bin gelangweilt von der Kritik derer, die sie nur dafür nutzen, um sich selbst besser zu fühlen. Ich bin gelangweilt davon, Schuldige für unser eigenes Versagen zu finden.

Ich bin gelangweilt von mir selbst. Vom Wegschauen. Vom So-Tun-als-ob. Gelangweilt, mich selbst und andere anzulügen. In einer Scheinwelt zu leben. Einer ausgemalten und ausgeschmückten Realität, die aufrechtzuerhalten so viel Energie kostet, dass wir selbst das Gefühl haben, sie sei es wert, dafür zu kämpfen. Ich bin angewidert vom Zucker, den wir nicht nur in unsere Nahrungsmittel packen, weil wir mittlerweile so stumpf geworden sind, dass wir nichts mehr schmecken, sondern auch vom Zuckerguss, den wir über unsere Schatten, Fehler, unsere Unvollkommenheit gießen. Alles nur, um dem unbewussten Wunsch gerecht zu werden, »perfekt« zu sein, so wie wir sind. Was wir nicht alles bewusst oder unbewusst tun, um uns diesen süßen Geschmack von »Ich bin gut so, wie ich bin« zu geben. Wir schmücken unsere Fehler aus, überschreiben sie mit neuen Wörtern, reden uns ein, dass es im Universum keine Fehler gibt. Wir schließen die Schublade guten Gewissens, auf der steht: »Ich bin kein Fehler.«

Wir beide wissen, was passiert, wenn der Zucker mal aus ist, oder? Oder wenn die Schublade überquillt. Die Wahrheit über dich kennst nur du, und sie plagt dich dann am meisten, wenn du mal vergessen hast, den Zucker über deinen Tag zu streuen, oder? Ich mach dir hier keinen Vorwurf, denn ich war selbst ein Meister der Unterdrückung.

Wenn es einen Award für professionelle Unterdrücker gegeben hätte, wäre er an mich vergeben worden.

Ich schreibe hier direkt, offen und ehrlich, weil ich mir so oft jemanden gewünscht hätte, der einfach eiskalt ehrlich, klar und deutlich mit mir spricht, ohne mich in Watte zu packen. Heute weiß ich, ich wäre damals noch nicht bereit gewesen, tiefer zu blicken. Ich weiß nicht, an welchem Punkt du in deinem Leben stehst. Wie tief oder wie weit du gehen willst, kann ich auch nicht beurteilen. Doch lass dieses Buch auf dich wirken und erforsche, was es mit dir macht. Es geht hier nicht um das Verkünden einer Wahrheit oder dass du dieses Buch als Informationsquelle siehst und dir im Speadreading-Tempo so viel Input wie nur möglich reinziehst. Falls du das vorhast, dann missbrauchst du die Intention des Buchs. Natürlich kannst du damit anstellen, was du willst, aber ich bin ehrlich zu dir. Die Probleme unserer Zeit lösen wir nicht mit der Einstellung, dass wir mehr Informationen oder Inhalte konsumieren müssten. Die Probleme unserer Zeit lösen wir aus meiner Sicht durch bewusste Präsenz, bei der all deine Sinne mit im Boot sind. Dass du dir vielleicht einen Satz zehnmal durchliest, weil du ihn nicht verstehst, und er dann tiefer in dir greifen kann – dafür braucht es den Moment, in dem du akzeptierst, dass du den Satz nicht verstehst. Das ist der Moment, wenn etwas tiefer sickert, bis dorthin, wo sich wirklich etwas verändern kann.

Untersuche, was die Zeilen in diesem Buch mit dir machen. Die Magie passiert nicht, wenn du sie liest. Sie passiert zwischen den Zeilen. Wenn du Luft holst oder ausatmest. Wenn du für einen Moment die Augen schließt. Wenn du dir erlaubst, nachzuspüren. Spür und lass es wirken. Fühle, was in dir passiert, während du dieses Buch liest.

Manchmal werden dich meine Wörter aus deiner Komfortzone locken, manchmal werden sie dich tief berühren, und manchmal werden sie an deinen verschlossenen Türen klopfen. Manche Fragen werden unbequem und störend auf dich wirken, manche wirst du einfach überspringen oder bewusst übersehen, da sie vielleicht noch nicht mit dir in Resonanz gehen oder weil es einfach noch nicht an der Zeit dafür ist. Je nach Tagesform, nach Gefühlslage oder Stimmung wirst du die Themen in diesem Buch anders auffassen.

Ich stelle solche Fragen nicht unbedingt, um Antworten anzuregen, sondern um dir neue Fragen zu entlocken, die du dir noch nie gestellt hast und deren Antworten wirklich tiefgreifend sind. Klingt ein bisschen verwirrend, oder? Bist du schon einmal Fragen aus dem Weg gegangen, weil du ganz genau wusstest, was die Antwort sein wird, und die wolltest du nicht hören? Nur weil du die Antwort nicht hören wolltest, heißt das aber nicht, dass die Frage nicht unbewusst was mit dir macht. Das, was du nicht hören oder nicht sehen wolltest, bestimmt vielleicht mehr deine Realität und dein Leben, als du denkst. Das, was du verurteilst, was du um alles in der Welt nicht sein willst, bestimmt vielleicht mehr deine

Gefühlswelt, als du denkst. Was wäre, wenn es einen Teil in dir gibt, der gut verschlossen in deinem inneren Keller verborgen ist? Was wäre, wenn dieser Teil mehr von deinem Leben steuert, als du denkst? Spürst du diesen Teil? Egal, wie stark du dich bemühst, egal, wie stark du versuchst, dich zu motivieren und deine Willenskraft zu stärken. Egal, wie sehr du dich auf das Positive fokussierst, du spürst, dass du gegen etwas Inneres in den Kampf ziehst. Immer dann, wenn ein Problem wieder- und wiederkommt, nur in einem anderen Gewand, immer dann, wenn du gefühlt kurz vor einem Durchbruch, vor der Erreichung eines wichtigen Ziels bist, zieht dich eine unsichtbare Kraft zurück. Wie eine unsichtbare Leine, die dir angelegt wurde. Bis hierher und nicht weiter. So viel Glück, aber ja nicht mehr. So viel Liebe, aber ja nicht mehr. So viel Geld, aber ja nicht mehr. Nur, wer oder was hat dir diese Leine angelegt und vor allem: warum? Diese Frage ist einfach oder kompliziert zu beantworten. In beiden Fällen ist die Antwort keine Garantie dafür, dass du die Leine ablegen wirst. Und genau hier kommt dieses Buch ins Spiel. Ich nehme dich an die Hand, egal, wo du in deinem Leben stehst, und helfe dir, die Leine zu lockern. Schritt für Schritt. Ob du dann wirklich loslässt, liegt an dir.

Danke, dass du mir diese Möglichkeit gibst. Dass du mir deine Zeit schenkst, dich auf diese Art und Weise zu inspirieren und gelegentlich tief zu bewegen.

Lass uns starten.

Wenn Masken fallen.

Lieber echter Schmerz als falsche Freude

»Du bist hier, um Freude in die Welt zu bringen«, hat Arthur Fleck von klein auf immer wieder zu hören bekommen. Penny Fleck, seine Mutter, meinte es gut mit ihm. »Du bist hier, um zu lachen. Teile deine Freude mit anderen.« Diese Sätze stammen aus dem Film »Joker«, der 2019 in die Kinos kam. Da ich mit großer Begeisterung so gut wie jeden Superhelden-Film verfolge, musste ich natürlich zum Kinostart sofort in die Premiere. Joker, als Kind dieser Arthur Fleck, ist der maskierte Bösewicht im DC-Comics-Universum und Erzfeind von Batman. Er ist der unberechenbare, verrückte, ausgestoßene Clown, der nicht ernst genommen, aber gleichzeitig bis auf die Knochen gefürchtet wird. Falls du dich jetzt fragst: »Warum erzählt er mir was von einer Comic-Verfilmung?«, bitte ich dich, erst mal weiterzulesen. Vielleicht haben dieser Clown und du mehr gemeinsam, als du denkst.

Dieser Film hat mich so tief erschüttert, dass ich ihn mehrmals hintereinander im Kino sehen musste. Dabei hat mich neben der exzellenten schauspielerischen Darstellung nicht nur die Handlung und die tiefe vielschichtige Geschichte, die nicht näher an dem aktuellen Bild unserer Gesellschaft sein könnte, fasziniert und getroffen, sondern auch etwas, das durch den Film ausgelöst wurde. Es war eine ganz bestimmte Reaktion der Zuschauer, die mit mir im Kino saßen, die mir immer wieder kleine Elektroschocks verpasste. Ich musste ihr auf die Schliche kommen und begann, diese Reaktion der Menschen auf ganz bestimmte Szenen im Film zu erforschen. Gleich wirst du erfahren, um welche Szenen es sich handelt.

Jokers Geschichte ist unserer, also deiner und meiner Geschichte, ähnlicher, als wir erst einmal vermuten würden. Wir haben wahrscheinlich nicht exakt das erlebt, was ihm widerfahren ist. Doch was aus ihm geworden ist, könnte ähnlich auf dich und mich zutreffen. Arthur wurde als Kind missbraucht, misshandelt und gezwungen, arbeiten zu gehen, während die depressive Mutter zu Hause in Selbstmitleid erstarrt war. Fast jedes Kind würde alles dafür tun, die eigene Mutter vor weiterem Schmerz und unangenehmen Situationen zu bewahren. Arthur gehorchte also und nahm ihren anfangs erwähnten Ratschlag wortwörtlich.

So redete er sich immer wieder folgende Dinge ein: Um Freude in die Welt zu bringen, muss ich selbst auch freudvoll sein. Um Menschen ein Lächeln aufs Gesicht zu zaubern, muss ich selbst auch lachen. Ich bin hier, um mein Lachen mit der Welt zu teilen. Die Welt ist voller Dunkelheit. Ich bringe genau dort mein Lachen hin …

Klingt nach einer wundervollen Idee, oder? Ich meine, du kennst die Ernsthaftigkeit dieser Welt. Du weißt, dass Lachen für manche Menschen zu einer Bedrohung geworden ist. In einer Welt, in der die unausgesprochene Regel gilt, dass Lachen und Freude nur unter bestimmten Umständen erlaubt sind, macht es doch erst recht Sinn, echtes Lachen wieder zurück in unser Leben zu holen, oder? Die positive Intention dahinter mag in der Umsetzung aber schrecklich scheitern und nach hinten losgehen. Die Betonung liegt hier nämlich auf dem »echten« Lachen.

Und damit kommen wir zurück zum Kinopublikum und seinen Reaktionen. Im Film gab es diese ganz speziellen Momente.

Die Momente, die mir eine Gänsehaut am ganzen Körper verschafften. Momente, in denen man spüren konnte, dass sie etwas mit einem machen. Szenen, die einen Nerv trafen. Die Reaktionen, wenn dieser Nerv getroffen wurde, haben mich doppelt getroffen. Immer wenn Arthur versucht hat, Freude mit den Menschen zu teilen, und den gut gelaunten Clown spielte, gab er einen ganz bestimmten, unverwechselbaren, skurrilen und hellen Ton von sich, er kam während des Lachens zustande. Hast du schon einmal Menschen beim Lachen beobachtet? Kannst du den Unterschied zwischen echtem und aufgesetztem Lachen erkennen? Ich bin mir sicher, dass du das kannst. Bei Arthurs Lachen war da aber noch etwas anderes. Etwas, das unausgesprochen und nicht sichtbar bei diesem Lachen mitschwang. Jeder im Kinosaal hat es gespürt. Da bin ich mir ganz sicher. Arthurs Gesicht war verzerrt, seine Körperhaltung verbogen. Eine spürbare Anstrengung hinter dem Lachen. Dieses Lachen dauerte maximal drei Sekunden und endete dann abrupt. Stille für ungefähr eine Sekunde. Gefühlt 80 Prozent der Zuschauer im Kino fingen laut an zu lachen. Den restlichen 20 Prozent ging es so wie mir. Ich konnte nicht lachen. Ganz im Gegenteil. Ich hätte lieber mitgeweint. Mitgeweint? Mit Wem? Mit Arthur, denn sein Lachen war eigentlich ein Weinen.

Er nutzte sein künstliches Lachen,
um seine tief sitzende Trauer zu verstecken.

Hast du dich selbst schon mal dabei erwischt, wie du am liebsten Tränen vergossen hättest, aber du hast sie ganz gekonnt unterdrückt? Wenn Menschen lachen, kannst du spüren, ob es echt ist. Was tust du, oder wie fühlst du dich, wenn Menschen in deiner Anwesenheit lachen, aber du spürst, dass da etwas nicht stimmt? Ein unangenehmer Moment, richtig? Grinse ich einfach mit, damit mein Gegenüber nicht merkt, dass ich weiß, dass sein Lachen nur aufgesetzt ist, und steige somit in ein oberflächliches Spiel unserer Gesellschaft ein? Setze ich mir in diesem Moment eine Maske auf, damit sich mein Gegenüber hinter seiner Maske besser fühlt? Lache ich, obwohl mir nicht danach ist? Wir alle haben das tausendfach getan, richtig? Es ist die wohl einfachste und logischste Reaktion, die Harmonie aufrechtzuerhalten. Die Frage ist nur, zu welchem Preis? Kommst du dir nicht auch manchmal so vor, als wären wir in einem riesengroßen Versteckspiel? Die Harmonie wird aufrechterhalten, zum Preis unserer inneren Wahrheit. Freude und Leichtigkeit werden aufrechterhalten, zum Preis, dass wir Traurigkeit und Zerbrochenheit unterdrücken müssen.

Jedes Mal, wenn Arthur sein skurriles und falsches Lachen auspackte, war es alles andere als ein echtes Lachen. Es war ein Weinen. Man konnte es in seinen Augen sehen. Man hörte es in den fast schon schmerzenden Tönen. Er wollte lachen, um Freude mit der Welt zu teilen. Aber sein tief liegender Schmerz, das zerbrochene Kind in ihm, suchte sich in exakt diesen Momenten ein Ventil. Jokers Traurigkeit platzte durch das Lachen an die Oberfläche. Alles, was wir nicht sehen wollen, alles, was wir nicht fühlen wollen, alles, dem wir unbewusst keinen Platz in unserem Leben geben, sucht sich seinen Weg an die Oberfläche, um zu atmen.

Jokers Lachen war ein falsches Lachen zum Preis von echter Traurigkeit und dem Unterdrücken echter Gefühle. Dieser Preis ist aus meiner Sicht einfach zu hoch. Joker war nicht hier, um traurig zu sein, hatte er von seiner Mutter gelernt. Er war hier, um Freude mit der Welt zu teilen. Und je mehr und öfter er dieses Spiel spielte, umso mehr entfernte er sich von selbst und verkümmerte innerlich.

Und jetzt frage ich dich: Warum bist du hier? Hast du dir diese Frage schon einmal gestellt? In der Welt der Persönlichkeitsentwicklung und der spirituellen Entfaltung wird uns so oft beigebracht, dass wir hier sind, um unser Licht mit der Welt zu teilen.

Mittlerweile klingen bei mir alle Alarmglocken, wenn ich das irgendwo höre. Mit Licht sind deine einzigartigen Fähigkeiten, deine Talente, deine Energie, deine Freude, deine Leidenschaften und so weiter gemeint. Arthur hat sich nicht erlaubt, traurig zu sein. Er hat sich nicht erlaubt, seinen Schmerz mit der Welt zu teilen. Sein Schmerz, seine Verletzungen, seine Traurigkeit, sein Selbsthass, seine Wut, sein Kummer wurden von der Welt – so dachte er – nicht gebraucht. Letzten Endes haben all diese unterdrückten Aspekte sein Leben regiert und seinen Untergang herbeigeführt.

Die Welt braucht Freude. Stimmt das? Denkst du, es gibt so viel Leid und Schmerz auf der Erde, weil die Freude fehlt? Vielleicht ja, vielleicht ist es aber genau das Gegenteil. Was wäre, wenn wir im Laufe unseres Lebens auf die eine oder andere Weise selbst zum Joker wurden? Was wäre, wenn wir uns nicht mehr erlauben, wir selbst zu sein, und uns vom Leben ganz automatisch maskieren lassen, ohne jemals diese Masken zu hinterfragen?

Dass 80 Prozent der Zuschauer bei einer Szene, die so traurig ist, dass es einem im Herzen wehtut, lachen, zeigt unsere meist mit Scham gefärbte Reaktion, wenn wir auf Masken treffen. Unsere panische Reaktion, auch eine Maske aufzusetzen und so zu tun, als ob, obwohl wir tief in uns etwas ganz anderes fühlen, wird zur Normalität.

Kannst du dich an Momente erinnern, als du gelacht hast, aber innerlich geweint? Momente, in denen du Ja gesagt hast, aber innerlich Nein geschrien? Momente, in denen gefühlt etwas in dir zerbrach, aber du hast die Fassade aufrechterhalten?

Die Welt braucht Freude, ja, das stimmt. Wenn wir jedoch Freude mit der Welt teilen, um unseren eigenen Kummer und Schmerz nicht spüren zu müssen, ist das keine Freude. Wenn du Freude mit den Menschen teilen willst, weil du denkst, dass deine angestaute und nicht erlaubte Wut und deine Selbstverurteilung dadurch nicht zum Ausdruck kommen, dann bist du in eine Falle geraten. Die Falle: »Fokussiere dich auf das Positive, und du wirst Positives anziehen.«

An der Oberfläche macht dieser Satz wirklich Sinn. Es war eines der ersten Dinge, die ich damals gelernt habe, als ich mich auf die Reise zu mir selbst begab. Heute weiß ich: Dieser Satz kann zu einer Waffe werden, die du gegen dich selbst richtest. Die meisten Menschen nutzen diesen Ratschlag nämlich so: »Je mehr ich das Negative von mir fernhalte und unterdrücke, desto mehr Positives gelangt in mein Leben.«

Nun frag dich selbst, ob das funktionieren kann. Versteh mich nicht falsch. Ich bin für Positivität, und ich habe meine Arbeit dem Aufblühen und Entfalten von »echtem« Potenzial gewidmet.

Aber Positives zu erschaffen, indem wir Negatives unterdrücken, erschafft eine Gesellschaft von Jokern.

Wir werden zu erfolgreicheren Unterdrückern und Von-uns-selbst-Ablenkern. Ich muss dir nicht erklären, dass der Alltag der meisten Menschen damit gefüllt ist, von der einen Aufgabe zur nächsten zu flüchten. Von der einen Erledigung zur nächsten. Von der einen Ablenkung zur nächsten. Selbst dieses Buch, also die Zeilen, die du gerade liest, könnten eine Ablenkung sein, oder? Eine Ablenkung von was? Von wem? Warum? Vielleicht eine Ablenkung davon, zu erkennen, wer du wirklich bist.

»Sei einfach du selbst«

Als ich diese panischen Ängste hatte, vor Menschen zu sprechen, sagten Coaches immer zu mir, dass ich anscheinend versuche, jemand anderes zu sein, und dass ich einfach ich selbst sein sollte. Eigentlich ein sehr guter Rat, oder? Die Frage ist nur: Wie geht das, ich selbst zu sein? Was muss ich tun, um ich selbst zu sein? Oder: Was muss ich nicht tun? Sollte ich überhaupt etwas tun, um ich selbst zu sein? Dieser Ratschlag hat mich noch mehr verunsichert. Bin ich nicht ich selbst? Wer bin ich denn dann? Warum bin ich so dumm und verstelle mich? Muss ich mich verstellen? Bin ich nicht gut genug, als Jeffrey? Muss ich jemand anderes sein?

Hast du schon einmal versucht, du selbst zu sein, und dich dabei erwischt, dass du dich mehr verstellt hast als jemals zu vor? Je mehr du versuchst, du selbst zu sein, desto mehr entfernst du dich von dir selbst. Du drehst dich im Kreis.

> Der anstrengendste Job auf Erden ist der, jemand anderes sein zu müssen als der, der man ist. Und sei es, weil man versucht, unbedingt »man selbst« zu sein.

Ich gehe sogar noch ein Stück weiter. Dieser Job ist nicht nur unendlich anstrengend, er macht dich sogar krank. Er frisst dich von innen heraus auf. Er lässt dich nicht schlafen. Er schürt deine tiefsten Ängste und Befürchtungen. Er nährt deine Zweifel. Jokers Lachen wurde immer lauter, immer skurriler, immer spontaner, immer explosiver und immer schockierender. Es wurde zu einem Tool seines Systems, all den unterdrückten Schmerz explosiv zu entladen. Es wurde für ihn einfacher und erträglicher, diese Maske zu tragen, anstatt all dem unterdrückten Schmerz und Hass den Platz zu geben, den sie verdienten und forderten. Anstatt damit zu arbeiten, was unter der Maske verborgen lag, entschied er sich, die Maske zu verstärken. Und wie oft tun wir das auch?

Wir alle tragen von Zeit zu Zeit eine Maske. Ja, auch du. Denk an die Filmszene, die ich beschrieben habe. Warum haben so viele im Kino gelacht, obwohl offensichtlich war, dass es nichts Lustiges gab, über das man lachen hätte können? Diese Szene hat die Zuschauer kalt erwischt. Sie war der perfekte Spiegel. Diese Szene, die sich übrigens im Laufe des Films mehrmals wiederholt hat, setzte den lachenden 80 Prozent der Zuschauer eine Maske auf. Auch sie spürten den Schmerz, die Trauer, die Wut und die Traurigkeit von Arthur. Sie spürten, wie er versuchte, das, was er wirklich fühlt, zurückzuhalten und zu überdecken. Und anstatt das, was Arthur wirklich gefühlt hat, an sich ranzulassen, spielten sie das Spiel mit und taten so, als wäre es lustig. Sie überspielten, dass es nicht lustig war.

Es war nicht lustig, sonst hätten die Zuschauer nicht sofort wieder aufgehört zu lachen. Wir lachen mit, damit Joker nicht merkt, dass wir sein Spiel durchschaut haben und genau sehen und spüren, was er wirklich fühlt. Willkommen im Land der Maskenträger.

Denk an dein Umfeld. Wie oft kam es vor, dass du bei Gesprächen spüren konntest, dass etwas nicht stimmt? In deiner Familie oder in deinem Job? Natürlich wäre es unangebracht, einen Menschen, den wir nur flüchtig kennen, zu fragen, was er gerade mit seiner Aussage verstecken will oder was er selbst nicht fühlen will. So viel Respekt haben wir, dass wir Menschen hier nicht bloßstellen wollen, oder? Noch dazu, wer sind wir, dass wir uns einbilden, hinter die Maske eines Menschen blicken und beurteilen zu können, ob das gerade eine Maske ist oder nicht? Auch wenn du fühlen kannst, was echt ist und was gespielt oder vorgespielt, müssen wir hier sehr vorsichtig sein.

»Leg deine Maske ab, und sei einfach du selbst« ist in der Theorie so logisch und einfach, aber in der Praxis meistens ein Berg, den wir versuchen zu verschieben. Wir haben keine Ahnung, was es bedeutet, die Masken wirklich fallen zu lassen. Wenn wir denken, wir haben die Maske fallen gelassen, haben wir sie meist nur durch eine andere ersetzt. Wir haben sie gegen eine spirituellere Maske gewechselt. Oder gegen eine, die mehr strahlt. Gegen eine, die mehr Weisheit zeigt. Oder mehr Reife. Wir vergessen, dass sich niemand bewusst ausgesucht hat, eine Maske zu tragen.

Das Leben hat dir eine Maske aufgesetzt. Die Maske, die du vielleicht jetzt in diesem Moment trägst, war nötig, um weitermachen zu können. Der erste Schritt, eine Maske fallen zu lassen, ist zu akzeptieren, dass du nicht anders konntest, als eine zu tragen. Wir haben oft keine Ahnung, was es bedeutet, ohne Maske durchs Leben zu gehen. Es fühlt sich so roh und ungewohnt an, als wärst du auf einem anderen Planeten. Fremd, unverstanden, ausgestoßen.

> Das, was unter deiner Maske liegt,
> ist der wahre Schatz in deinem Leben.

Das, wonach du dein ganzes Leben lang suchst, liegt unter deiner Maske. Das, wodurch du dich ganz fühlen kannst, liegt unter deiner Maske. Du denkst dir nun vielleicht: Dann weg mit der Maske und los geht's? Doch leider ist das Ganze nicht so einfach. Vieles von dem, was unter deiner Maske liegt, ist wahrscheinlich verwundet. Du hast Teile von dir vor dir selbst versteckt. Die anderen bekommen einfach nur die Version von dir zu sehen, die du ihnen präsentierst. Und du bekommst die Version und die Teile von anderen präsentiert, die sie dir offenlegen. Eigentlich sind wir somit alle Meister und Meisterinnen im Lügen. Nur, ist es eine Lüge, wenn wir selbst nicht wissen, dass wir lügen? Verstecken wir etwas vor anderen, wenn wir selbst nicht wissen, dass wir es verstecken?

Achtung, ich spreche hier nicht davon, dein Privatleben oder deine tiefsten Geheimnisse mit Gott und der Welt zu teilen und somit alles offenzulegen. Ich spreche von deiner inneren Gefühlswelt. Du musst nicht jedem sagen, dass du Angst hast, wenn du Angst hast. Aber du solltest es mit dem Menschen teilen, der dir am nächsten steht: mit dir selbst. Ich hatte meine Angst, vor Menschen zu sprechen, vor mir selbst versteckt, ich habe sie geleugnet und dagegen angekämpft. Ich habe mich dafür geschämt. Ein

Mann, der nicht ein paar Worte vor Menschen sprechen kann? Unmöglich! Doch wie könnte ich jemandem von meiner Angst erzählen, wenn ich sie vor mir selbst verstecke? Wenn ich sie selbst nicht sehen will?

Wenn ich meine Angst vor mir selbst verstecke, verstecke ich sie dann auch vor dir? Ja, natürlich. Aber hier wird es jetzt sehr spannend: Du kannst unbewusst meine Angst riechen. Du kannst sie spüren. Ich weiß, dass du sie spüren kannst, egal, wie sehr ich versuche, sie unter Kontrolle zu halten. Die Maskerade beginnt. Ich verschwende noch mehr Energie, meine Maske »Keine Angst« hochzuhalten, und wundere mich, wenn ich am Abend total niedergeschlagen nach Hause komme. Vielleicht beschwere ich mich dann, dass an diesem Tag so viele Energiesauger unterwegs waren. Doch der einzige Energiesauger war ich selbst. Mir das einzugestehen wäre übrigens ein guter Schritt in Richtung Maske-Ablegen. Aber das ist oft viel zu schmerzvoll.

Der Fehler in der Matrix

Als ich ungefähr sechzehn Jahre alt war, brach unser Familienleben auseinander, und meine Eltern ließen sich scheiden. Einer meiner Wege, mit der ganzen Situation umzugehen, war, Tag und Nacht mein Cappy aufzusetzen. So weit es ging, nach unten ins Gesicht gezogen. Natürlich passte das auch zu meinem damaligen Lifestyle. Ich wurde ungefähr zeitgleich zum Mitbegründer einer HipHop-Tanzschule in Ingolstadt. Sie war mein Ticket heraus aus dem ganzen Familienschlamassel, hinein in die Freiheit. Ein Hoffnungsschimmer für mich und mein Leben.

Seit ich drei Jahre alt war, bin ich in das Tanzen verliebt. Mein erstes Geld hab ich als Michael-Jackson-Imitator verdient. Heute weiß ich, dass Tanzen ein Ausdruck für den Teil von mir war, der unter der Maske lag. Es war die Möglichkeit, meine Emotionen und meine innere Welt zu offenbaren, ohne sie wirklich offenbaren zu müssen. Ich glaube, deshalb sagt man auch, dass Tanz und Musik eine heilende Wirkung haben können.

Mein Cap war nicht nur eine Tänzer-Requisite, sie war die physische Form meiner Maske. Ich hab mich mit ihrer Hilfe vor den Blicken anderer geschützt. Ich wollte nicht, dass mir jemand zu tief in die Augen blickt und mich erkennt. In meinen Tanzstunden hab ich den Augenkontakt gemieden, obwohl dieser selbstverständlich wichtig für das Gemeinschaftsgefühl gewesen wäre. Das Cap war eine gute Ausrede. Es war ein Tool, ein Schutz.

Immer wenn die Tanzstunden vorbei waren, stieg ich in mein Auto und fuhr teilweise noch stundenlang umher. In die Musik und in meine Emotionen versunken, diesmal aber ohne Cap. Allein, nur für mich. Manchmal überkam es mich einfach, sobald ich im Auto war, und ich konnte nicht mehr aufhören zu weinen. Es war meine persönliche Art, mit meinem verborgenen Schmerz umzugehen. Mit dem, was ich nicht fühlen wollte.

Mein Cap war eine Trennung, ein Stoppschild nach außen. Bis hierhin und nicht weiter! Es war eine Warnung an mein Umfeld. Es hatte aber noch eine andere, viel wichtigere »verdeckte« Botschaft. Denn so ein Stoppschild hat immer zwei Seiten. Ja, ich wollte die Menschen nicht an mich heranlassen. Ja, ich wollte sie sogar von mir fernhalten. Aber was wollte mein Innerstes? Eigentlich habe ich tief in mir nach Hilfe geschrien. Ich wollte keine Hilfe, da es nicht dem entsprach, was ich als Mann und Leiter einer HipHop-Tanzschule darstellen wollte. Du stimmst mir sicher zu, dass die Gesellschaft es nicht gerade fördert, dass man als Mann Gefühle oder sogar Schwäche zulässt, oder? Trotzdem habe ich mit allen unbewussten Kräften nach Hilfe geschrien.

Kennst du diese Träume, in denen man gefesselt oder gejagt wird, um Hilfe schreien will, aber kein Wort rausbekommt? Ich versuchte zu schreien, aber es kam nur ein ganz leises Summen aus meinem Mund. Genau so hab ich mich gefühlt. Eine innere Zerrissenheit. Ein innerer Widerspruch. Ein innerer Kampf. Vielleicht kannst du dir vorstellen, wie kräftezehrend es ist, etwas zu wollen und gleichzeitig dagegen anzukämpfen. Was für ein Signal senden wir dadurch an unseren eigenen Körper? An unsere Zellen? Unsere Organe?

Der einfachste Weg, sich unsere eigenen Widersprüche und widersprüchlichen Signale vor Augen zu halten, ist der, an die Menschen in unserem Umfeld zu denken. Es ist immer einfacher, andere zu entlarven als uns selbst, oder? Es ist immer einfacher, das Verhalten anderer zu analysieren als das eigene. Wenn wir sie mit der richtigen Absicht vornehmen, kann die Analyse anderer sogar zu unserer eigenen Heilung führen.

Also, bevor du zu schnell bei dir ansetzt und dir zu viele Gedanken über dein Verhalten oder deine inneren Widersprüche machst, geh in den Analysemodus und beobachte dein Umfeld. Denk an deine Mitmenschen, an Familie, Partner, Arbeitskollegen. Achtung: Wir machen das nicht, um uns besser zu fühlen und von uns abzulenken. Wir nutzen die Kraft der Beobachtung ganz bewusst, um unser eigenes Verhalten und unsere Signale zu erkennen.

Widersprüche

Kannst du dich an eine Situation erinnern, in der du fühlen konntest, dass ein Mensch um Hilfe ruft, dir aber genau das Gegenteil vormacht? Welche Menschen fallen dir auf Anhieb ein, die nach außen hin pure Stärke ausstrahlen, aber innerlich zerbrechlich oder schwach sind? Bleib ein bisschen dabei, sie innerlich zu beobachten.

Nun richte die Taschenlampe für einen Moment auf dich selbst, und stell dir folgende Fragen. Mach dir ein paar Gedanken und am besten auch Notizen dazu.

1. *Wann hast du nach außen hin ein Stoppschild aufgestellt, das jeder sehen konnte?*
2. *Wann hast du Menschen abgelehnt, von dir ferngehalten, sie vielleicht sogar verletzt, aber innerlich nach Hilfe und Aufmerksamkeit geschrien?*
3. *Wann hast du anderen das Signal gegeben, Abstand zu brauchen, obwohl du dich nach Nähe gesehnt hast?*

Siehst du, wie widersprüchlich wir Menschen sein können? Siehst du, wie wir inkongruente Botschaften nach außen senden? Widersprüchliche Signale? Wenn du in deinem Leben das Gefühl hast, auf der Stelle zu treten und nicht vorwärtszukommen, könnte es genau an diesen unklaren Signalen liegen, die du aussendest. Du sagst A und meinst B. Deine Maske signalisiert A – doch dahinter schreit es B.

Die Maske abzunehmen ist gefährlicher, als sie aufzusetzen. So viel Lebensenergie, die wir investiert haben, um sie aufrechtzuerhalten. So viele Menschen, die uns nur so kennen, mit Maske. Was passiert, wenn wir sie ablegen? Zu was für einem Menschen werden wir dann? Was bleibt ohne diese Maske von uns übrig? Und was passiert mit der Angst, die wir durch diese Maske so gut im Gefängnis halten konnten?

Wir können nicht erwarten, dass andere Menschen uns »echt« und »roh« begegnen, wenn wir selbst nicht bereit sind, wieder echt zu werden. In Wirklichkeit begrüßen wir es sogar, dass Menschen eine Maske tragen. Solange sie sich nicht »echt« zeigen, müssen wir es auch nicht. So fühlen wir uns nicht so allein in der Maskerade.

Das größte Geschenk, das wir anderen machen können,
ist, ihnen zu signalisieren, dass sie ohne Maske genauso
liebenswert sind wie mit. Dass sie nicht zum Joker
werden müssen, um Liebe und Anerkennung zu erhalten.

Leider werden Worte dafür nicht ausreichen. Wenn du mir sagst,
dass ich ohne Maske auch liebenswert bin, aber es selbst nicht
glauben oder fühlen kann, wird sich nichts verändern. Wenn ich
dir sage, du bist gut genug und liebenswert, du es aber nicht verinnerlichen, fühlen oder glauben kannst, wird sich nichts verändern. Das Einzige, was wir wirklich tun können, ist, die Taschenlampe auf uns selbst zu richten und unsere eigene Maske zu
lockern. Dieser Akt der Befreiung kann energetisch einen Tsuna-
mi auslösen. Es wird unbewusst Wellen schlagen und Menschen
auf einer unsichtbaren Ebene die Erlaubnis geben, ebenfalls die
Maske zu lockern. Oder sie wird genau das Gegenteil auslösen,
Menschen auf ihre Maske aufmerksam machen und damit eine
Abwehrreaktion hervorrufen. Niemand möchte schließlich, dass
du erkennst, dass er eine Maske trägt, oder?

In einer Welt, in der so gut wie alles nur noch Fake ist – Reality
TV ist Fake, die Medien verbreiten zu guten Teilen Fake, die Soci-
al-Media-Kanäle sind voller Fake –, bist du mit deiner Echtheit
eine wahre Bedrohung. Achtung, ich spreche hier nicht von Wahrheit. Ich spreche von Echtheit. Mit ihr bist du ein Dorn im Auge
der Gesellschaft. Du bist ein Trigger. Das muss dir auf diesem Weg
bewusst sein. Und wer weiß, vielleicht benötigen wir alle exakt
das, um endlich etwas zu verändern.

Vielleicht benötigen wir Menschen,
die echter sind, als wir ertragen können,
um endlich aufzuwachen.

36

Wenn das der einfache Weg ohne Hindernisse wäre, dann würde es bereits jeder tun. Du wirst zu einem Fehler in der Matrix. Ja, du hörst richtig: Du wirst zu einem Fehler. Alles, was Menschen in ihrer Bequemlichkeit, in ihrer gewohnten Trägheit stört, sie aus ihrem alltäglichen Film reißt, muss als Fehler erachtet werden. Als Störung. Als ein Fehler, der behoben werden muss. Eine Störung, die aus der Welt geschafft werden muss. Denn wer will schon gestört werden? Das ist genau das, was du fühlst, wenn du deine Wahrheit aussprichst und sie keiner hören will. Du fühlst dich selbst als ein Fehler, und das ist mit vielen anderen unterdrückten Gefühlen verbunden. Daran wirst du erinnert, wenn du aus der Masse herausstichst, mit deinen Worten, mit deinem Aussehen oder einfach mit deiner Präsenz, die mehr Einfluss auf deine Umgebung haben kann, als Worte es jemals könnten.

Du weißt, dass du deine Ecken und Kanten nicht weichschleifen kannst. Du weißt, dass du daran gescheitert bist, perfekt sein zu wollen. Du bist es nicht, und du wirst es niemals sein. Du weißt, dass du daran gescheitert bist, vollkommen sein zu wollen. Du bist es nicht, und du wirst es niemals sein. Wenn es nicht so wäre, bräuchtest du keine Maske zu tragen, um all das zu verdecken, was die Welt oder du selbst als nicht gut genug, nicht schön genug, nicht perfekt genug erachtest. Die Maske behebt deine Fehler, zumindest an der Oberfläche. Aber vielleicht ist es das, was wir wollen. Eine schnelle Lösung. Ich weiß es nicht. Vielleicht sind wir einfach zu faul, um tiefer in uns selbst zu blicken und blicken zu lassen. Der schnelle gehetzte Alltag gibt nicht viel Spielraum, um tief zu tauchen, oder?

Ganz ehrlich, ich vermisse das Leuchten in den Augen. Das brodelnde Feuer. Die ungezähmte kindliche und auch naive Neugier. Den Wunsch, jeden noch so banalen Stein umzudrehen, weil wir es kaum erwarten können herauszufinden, was darunterliegt. Wann haben wir uns von unserem inneren evolutionären Drang, zu forschen und zu suchen, so weit entfernt? Wann sind wir so einseitig geworden? Wann haben wir echte Freiheit durch einen Käfig ersetzt? Seit wann lachen wir, obwohl wir weinen wollen? Seit wann schweigen wir, obwohl wir sprechen wollen? Wann haben wir begonnen, »echten« Schmerz durch »falsche« Freude zu ersetzen? Mit all diesen Fragen zu arbeiten könnte viel verändern. Für dich und für uns alle.

Wenn nicht zurückkommt, was du gibst

Meine Frage an dich ist, und ich bitte dich, wirklich ehrlich zu sein: Trägst du eine Maske? Sei ehrlich zu dir. Was fühlst du? Hast du das Gefühl, Energie dabei zu verlieren, bestimmte Rollen aufrechtzuerhalten? Auf eine ganz bestimmte Art und Weise reagieren zu müssen, wie andere es erwarten? Eine ganz bestimmte Version von dir präsentieren zu müssen, aber in deinen vier Wänden kotzt dich diese Fratze an, die du da vorführst? Wünschst du dir manchmal, jemand anderes sein zu können?

Vielleicht kannst du bewusst wahrnehmen, dass das Leben dir eine Maske aufgesetzt hat. Vielleicht aber kam dir all das, was ich dir bis hierhin erzählt habe, einfach nur fremd vor, und du denkst, dass es nichts mit dir und deinem Leben zu tun hat. So nach dem Motto: »Wenn ich eine Maske tragen würde, dann wüsste ich das.«

Hier kommen wir zu einem wichtigen Thema, das sich durch das ganze Buch ziehen wird. Was wir bewusst über uns und unser Leben denken, hat meistens sehr wenig mit dem zu tun, was wir unbewusst über uns selbst, unser Leben und über die Welt denken. Der wahre Schatz, das wahre Mysterium, die wahre Geschichte über dich liegt nicht an der Oberfläche. Sie liegt im Unbewussten. Auch wenn wir denken, dass wir freie Entscheidungen treffen, werden diese schon kilometerweit vorher durch unser Unterbewusstsein geschliffen, zurechtgerückt, geformt und nach unbewussten Kriterien gefiltert. Was wir bewusst tun, ist die Reaktion auf diese inneren Prozesse. Wie aber arbeiten wir mit diesen inneren unbewussten Prozessen, wenn sie uns nicht bewusst sind? Wie können wir wirklich wissen, ob wir eine Maske tragen, wenn uns nicht bewusst ist, dass wir eine tragen?

Die Masken, die dir aktuell bewusst sind, sind nicht unbedingt das Problem, sondern die, die du unbewusst trägst, ohne es zu wissen. Die, die du unbewusst tragen »musst«, weil du Angst hast, offenzulegen, wer du wirklich bist. Vielleicht redest du dir ein, keine zu tragen. Kannst es dir nicht eingestehen. Vielleicht empfindest du dich selbst als einen authentisch lebenden Menschen, der ehrlich und offen kommuniziert. Wie könnte solch ein Mensch eine Maske tragen? Vielleicht aber bist du ehrlich, klar und direkt zu anderen, weil du es zu dir selbst nicht bist. Vielleicht bewundern dich Menschen für deine mutige, ehrliche und offene Haltung gegenüber anderen. Du aber weißt tief in dir, dass du selbst von dieser Ehrlichkeit am wenigsten abbekommst.

Es gibt also eine Maske der Ehrlichkeit nach außen, die dich selbst davor bewahren soll, ehrlich zu dir zu sein. Du weißt, dass viele Menschen mit radikaler Ehrlichkeit nicht umgehen können. Wie auch? Es hat uns niemand beigebracht. Lügen und Fake sind wie Fast Food. Gibts an jeder Ecke, macht uns aber »langfristig« krank. Was wäre, wenn dich Ehrlichkeit und Direktheit vor der Ehrlichkeit gegenüber dir selbst schützen?

Ich beschreibe das, um dir zu zeigen, wie verrückt das Ganze ist. Selbst die schönsten, positivsten Werte und Idealvorstellungen wie »Ehrlichkeit« können Teil unserer Maske sein. Wir nehmen alles, was wir kriegen können, um uns vor einer tieferen Wahrheit zu schützen. Und wenn ich sage »wir«, meine ich eher unser Unterbewusstsein.

»Ich bin ehrlich zu anderen, weil ich mich selbst belüge.«

Vielleicht denkst du dir: Es ist doch egal, warum jemand ehrlich ist. Hauptsache, er ist es. Ja, auf der Oberfläche stimmt das. Eine Klientin von mir, ich nenne sie hier Martina, um ihre Privatsphäre zu schützen, hatte genau dieses Thema. Durch sie kam ich überhaupt darauf. Würden wir uns das Thema losgelöst von der Lebenssituation von Martina anschauen, würde ich dem Einwand zustimmen. Ehrlichkeit ist Mangelware auf unserem Planeten. Also Hauptsache, Martina ist ehrlich. Warum sie es ist, interessiert doch keinen, oder? Wenn man sich jedoch das Gesamtbild anschaut, wie Martina lebte und mit welchen Herausforderungen sie zu kämpfen hatte, sieht das Ganze anders aus. Sie erzählte mir mit gläsernen Augen, wie die meisten Kollegen und Kolleginnen sie hintergehen, ausnutzen und immer wieder belügen. Obwohl sie so ein ehrlicher und aufrichtiger Mensch ist, erhält sie vom Leben nichts als Lügen, Betrug und Unehrlichkeit zurück. Das war ihr Vorwurf an die Welt. Aber sie vergaß immer wieder, welche Lügen sie sich selbst auftischte. Zum Beispiel die, dass sie keinen anderen Job finden könne und von dieser Arbeit abhängig sei. Sie konnte sich auch nicht eingestehen, dass sie unbewusst in ihren Kollegen Feinde sehen *möchte*, um sich mit ihnen nicht beschäftigen zu müssen und niemanden an sich heranzulassen.

Wenn du dich mit Persönlichkeitsentwicklung oder Spiritualität auseinandersetzt, kommst du um das Gesetz der Anziehung nicht herum: »Gleiches zieht Gleiches an.« Das habe ich sehr früh gelernt und immer wieder versucht anzuwenden. Wenn ich also positive Gedanken habe, ziehe ich auch Positives in mein Leben. Wenn ich liebevoll und ehrlich zu meinen Mitmenschen bin, ziehe ich auch Menschen in mein Umfeld, die mich genauso behandeln. Wenn es doch so einfach wäre! Es klingt in der Theorie fast wie ein Kinderspiel. In der Praxis sieht das Ganze aber komplett anders aus. Nicht, dass das Gesetz nicht stimmen würde. Es liegt eher daran, dass wir nicht ganz so »einfach« ticken, und das ist auch gut so.

Martina fand, dass sie alles richtig machte. Sie strahlte Ehrlichkeit aus, aber warum erhielt sie keine Ehrlichkeit zurück? Genau in diese Themen will ich mit dir eintauchen. Ich gebe so viel, warum erhalte ich nicht das Gleiche zurück? Ich bin ein guter Mensch, warum passieren mir so viele schlechte Dinge? Ich bin immer für andere da, warum nimmt sich niemand wirklich Zeit für mich? Vielleicht kennst du die eine oder andere Frage dieser Art. Und vielleicht kann ich dir helfen, die Antwort darauf zu finden.

Du siehst die Sache ist komplizierter und vielschichtiger, als wir denken. Es geht auch nicht darum, alles bis ins Detail zu analysieren und zu verstehen. Das ist nicht die Aufgabe dieses Buches. Mir geht es darum, langsam die Türen in dein Innerstes zu öffnen, ohne es intellektuell zu stark greifen zu wollen. Wenn wir Masken ablegen wollen, dann müssen wir uns mit der Frage konfrontieren, was sie für einen Zweck erfüllen. Nichts passiert einfach so oder zufällig. Für reinen Zufall sind wir viel zu komplex. Wir haben immer ein Ziel. Nur ist uns dieses Ziel leider – oder vielleicht zum Glück – nicht immer bewusst. Was da für Ziele sind, warum deine Masken teilweise notwendig waren und warum es so wichtig ist, hinter die Maske zu blicken, zu alldem kommen wir noch.

Kennst du Menschen, die ständig versuchen, andere zu belehren? Die alles besser wissen und Meister darin sind, deine Zeit durch Erklärungen und Einwände zu verschwenden? Ich bin mir sicher, dass du diese Menschen kennst. Du fühlst aber deren Schwachstelle, oder? Du weißt, dass mindestens 50 Prozent von dem, worin sie andere belehren wollen, nicht für sie selbst gilt. Sie wollen dich und die Umgebung kontrollieren, weil sie keine Kontrolle über sich selbst haben. Nicht über ihren Lifestyle. Nicht über ihre Gewohnheiten, über ihre Ernährungsweise, den Partner oder was auch immer. Es ist ein ähnliches Prinzip wie bei Martina.

»Ich will andere beeinflussen, weil ich mich selbst nicht beeinflussen kann«, könnte ein Triggersatz sein, den ich in diesem Fall mit einem Klienten anwenden würde. Er trägt bewusst die Maske des »Klugscheißers«, damit er verstecken kann, wie sehr er in seiner eigenen Lebensführung gescheitert ist. Durch dieses Statement könnte ihm das bewusst werden, und das ist der erste Schritt, die unbewussten Masken zu lockern und die Selbstlüge offenzulegen.

Stell dir vor, du sitzt so einem Menschen gegenüber und die Zeitverschwendung, also der belehrende Monolog, beginnt. Was würde passieren, wenn du dein Gegenüber darauf ansprichst? Ohne auf das eigentliche Thema des Gesprächs einzugehen, könntest du respektvoll fragen: »Warum erzählst du mir das?« Wenn einige belanglose und rationale Beweggründe als Antwort kommen, sagst du: »Ich kann mir gut vorstellen, dass du mich belehren willst, weil es bei dir eben nicht geklappt hat.« Die Reaktion darauf wird vieles offenbaren – oder auch nicht. Hier müssen wir natürlich aufpassen, nicht mit den gleichen Waffen zurückzuschlagen und ebenfalls in das Muster der Belehrung zu fallen.

Ich glaube, dass es wichtig sein kann, uns gegenseitig ab und zu liebevoll auf so eine Art und Weise zu unterbrechen. Eine heilsame Unterbrechung des eigenen Films, den wir abspielen und über den wir irgendwann die Kontrolle verlieren.

Das Buch, das du gerade liest, verfolgt einen ähnlichen Zweck. Es soll ab und zu deine Pause-Taste drücken. Vielleicht möchtest du mich das ein oder andere Mal dafür verfluchen. Wer steht schon auf eine Unterbrechung eines laufenden Films? Glaub mir, ich auch nicht. Aber rückwirkend kann ich sagen, dass wirkliche Meilensteine oder Durchbrüche in meinem Leben dann passiert sind, wenn ich unterbrochen wurde und plötzlich nicht mehr wegsehen konnte. Sich unterbrechen zu lassen und bereit zu sein, nicht mehr wegzusehen, darf trainiert werden.

Der erste wirkliche Schritt, die eigenen Masken zu lockern, ist, sie ganz bewusst zu tragen. Ja, du hörst richtig. Wenn es so einfach wäre, die Fassade abzulegen, hättest du es längst getan. Ich möchte dich daher ermutigen, das Spiel umzukehren. Nimm dir ab sofort immer wieder im Alltag Zeit für einen »Moment der Maske«. Am besten, wenn du für dich allein bist.

Der Moment der Maske

Teil 1

Nimm ein paar tiefe Atemzüge. Dann dreh deine Handflächen nach oben, als würdest du etwas auf deinen Händen ablegen. Blick kurz auf deine Hände. Nun leg beide Handflächen vollständig auf dein Gesicht, als würdest du es verdecken wollen.

Denk jetzt an eine Situation in deinem Leben, die schmerzhaft war. Versuch dich in diese Situation zu versetzen, während du die Hände auf deinem Gesicht hast. Wenn du kannst, gib dem Schmerz die Möglichkeit, sich etwas auszubreiten.

Gleichzeitig beginnst du zu lachen. Zu grinsen. Obwohl die Situation das Gegenteil auslösen möchte, hältst du dagegen und lachst. Ganz bewusst. Spür den Widerspruch. Auch wenn es sich komisch anfühlt, es ist wichtig, dass du es wirklich präsent machst. Grins noch etwas stärker. Lache vielleicht noch etwas lauter. Verstärke das Ganze.

Sprich innerlich oder am besten laut zu dir selbst: »Ich trage eine Maske, und ich liebe es.« Sag diesen Satz ein paar Mal und fühle dabei in dich hinein.

Leg die Hände wieder ab, und nimm ein paar tiefe Atemzüge.

Teil 2

Nun leg wieder beide Hände auf dein Gesicht. Denk diesmal an eine schöne Situation in deinem Leben. Etwas, das dir ein Lächeln auf dein Gesicht zaubert. Etwas, das dich innerlich positiv zum Vibrieren bringt.

Diesmal mach mit deinem Gesicht genau das Gegenteil. Obwohl die Situation es dir leicht machen würde, zu lachen oder einen positiven Gesichtsausdruck zu zeigen, hältst du dagegen. Zieh die Mundwinkel ganz bewusst nach unten. Verkneif dein Gesicht, und blick angestrengt oder einfach nur kalt. Stumpf. Unberührt von der Situation. Unbewegt. Eingefroren. Bleib dabei, und sprich zu dir: »Ich trage eine Maske, und ich liebe es.«

Sag das ein paar Mal. Konfrontiere dich mit diesem Satz. Egal, was du fühlst. Widerspruch, Abneigung gegenüber diesem Satz oder was auch immer. Bleib eine Zeit lang dabei, und leg deine Hände dann langsam wieder ab. Tief atmen.

Teil 3

Zum Abschluss sagst du zu dir selbst: »Ich erkenne meine Masken, und ich liebe es.« Damit schließt du den bewussten Prozess, eine Maske zu tragen, ab und gibst dir selbst das Kommando, im Alltag aufmerksam zu sein, wenn du sie trägst.

Wir können Masken nur dann ablegen, wenn wir kein Problem mehr damit haben, dass wir sie tragen. Wenn wir gegen unsere eigenen Masken ankämpfen, machen wir sie stärker. Der Satz »Ich trage eine Maske, und ich liebe es« kann ein wichtiger Trigger sein, dich damit anzufreunden, dass du eine Fassade aufrechterhältst. Arbeite im Alltag mit diesem Satz. Spiel damit und – ganz wichtig – beobachte, was du innerlich fühlst, wenn du ihn aussprichst.

Ich arbeite in unseren Trainings sehr gern mit Sätzen, die laut ausgesprochen werden. Etwas laut auszusprechen hat immer eine andere, effektivere Wirkung, als es einfach nur innerlich zu sagen. Das, was durch deine Stimme nach außen getragen wird, hat eine stärkere Frequenz als der reine Gedanke. Eine Vibration, die Wellen schlagen kann. Also trau dich. Nutze deine Stimme, und sprich die Triggersätze in diesem Buch laut aus.

Wenn Schatten entstehen.
Wo auch immer du hingehst, da bist immer du

Ich nehme dich mit nach Oberndorf. Ein verschneiter, magischer Ort in Österreich. An einem 24. Dezember. Mein kleiner Bruder und ich waren den ganzen Tag mit meinem Dad beim Snowboarden. Wir waren sozusagen ausgesperrt, während meine Mum und meine Großeltern den Weihnachtsabend vorbereitet haben. Mit allem, was so dazugehört. Das Kaminfeuer brannte und knisterte. Geschenke im ganzen Raum verteilt. Mein kleiner Bruder mit feuerroten Bäckchen, entweder vor Aufregung oder weil wir den ganzen Tag im Schnee verbracht hatten. Meterhoch Schnee, so weit das Auge reicht … Für dich klingt das vielleicht wie ein kitschiger Weihnachtsabend. Und ja, theoretisch war es das auch. Wir haben in einem Zimmer frisch geduscht und fein gemacht gewartet, bis die Glocken klangen und wir endlich ins geschmückte Wohnzimmer durften.

Mein Dad hat meine Oma vom Kochen abgehalten, hat sie sich samt Pfanne in der Hand auf die Schultern gepackt und ist mit ihr zu »Last Christmas« tanzend durch das ganze Wohnzimmer gefegt. Was sich emotional in meine Erinnerung eingebrannt hat, ist dieses Gefühl von: »Es ist perfekt.« Kein einziges böses Wort untereinander, kein Hauch von Unstimmigkeit, Neid, Missgunst oder einem dummen Machtspiel, wie man es so oft aus Familien kennt.

Es war einfach perfekt. Zumindest war es das Bild, das ich hatte. Vielleicht war es auch das Bild, das ich haben wollte. Ich weiß es nicht. Aber ich kann mich doch nicht so täuschen! Ich erinnere mich an die leuchtenden Augen, an die strahlenden Gesichter. Ich erinnere mich an die innigen Umarmungen. Ich erinnere mich, als wäre es gestern gewesen. Es war perfekt. Es war so echt.

So viel unechter und unverständlicher kam mir der Moment einige Jahre später vor, als mich meine Mum von der Schule abholte und das gesamte Familienglück zusammenbrach. Bereits aus der Ferne konnten wir es sehen. Mehrere Polizeiwagen standen vor unserem Haus. Das Haus war umzingelt von Polizisten. Mir schossen tausend Gedanken durch den Kopf. Was ist passiert? Wem ist was passiert? Meine Mum kreidebleich, nasse Augen. Sie wollte, dass ich im Auto bleibe. Ich habe mir fast in die Hosen gemacht. Ich hatte den Film »Hackers« gesehen, und in meiner jugendlichen Naivität wollte ich auch ein Hacker sein. Also experimentierte ich damit, mich in irgendwelche Server zu hacken. Keine Ahnung, was mich da geritten hat, aber genau wie in dem Film »Hackers« sah ich die Polizisten, wie sie sämtliche PCs aus unserem Haus mitnahmen. Auch meinen. Ich sprang aus dem Auto und schrie den Polizisten an, er soll ja nicht meinen Computer mitnehmen. Meine Mum ging dazwischen. »Der Computer ist von Ihrem Sohn?« »Ja, richtig.« »Hat Ihr Mann den PC benutzt?« Ich musste lachen. Der kennt sich doch nicht mal mit seinem Handy aus, wie sollte er meinen PC bedienen können?

Nach langem Hin und Her stellten sie meinen PC wieder hin. Trotzdem durchsuchten sie noch stundenlang jedes noch so kleine Zimmer. Wir mussten solange warten. Als sie fertig waren, war alles weg, was einen Wert hatte oder eine Spur zu den Machenschaften meines Vaters hätte liefern können. Die Haustür war zwangsgeöffnet worden, während wir nicht zu Hause waren. Ich hör immer noch meine Mum flüstern: »Ich hab ihm gesagt, dass das passiert.« Dass was passiert? Ich dachte diese Frage nur. Laut habe sie nicht gestellt. Ich sah ihren Blick, der war aussagekräftiger als jedes Wort, das sie in diesem Moment hätte sagen können.

Ich bekam mit, wie sie mit meinem Dad telefonierte, aber ich verstand vor lauter emotionalem Geschrei nicht viel. Ich wusste einfach, es ist eine Bombe geplatzt. Ich ging ins Bad, meine Mum saß tränenüberströmt und sichtbar verzweifelt am Boden. Ihr Körper erstarrt. Ihre Schminke lief ihr über den Hals. Ihre Hände zitterten. Sie sagte: »Euer Erzeuger ist weg.« Und ich dachte mir: Was für ein Erzeuger? »Was meinst du, Mum?« Noch nie zuvor hatte sie den Mann ihres Lebens so abwertend benannt. Noch nie habe ich sie so wütend, aggressiv und schwach zugleich gesehen.

Sie erklärte mir, dass mein Dad anscheinend Probleme mit dem Finanzamt habe. Sie hatte es kommen sehen, hatte aber in diesem Bereich keinen Einfluss auf ihn. Zum Zeitpunkt der Razzia befand er sich in der Schweiz, wo er bereits vor ein paar Jahren eine zweite Firma gegründet hatte. Er war nur einen Tag zuvor abgereist, fast so als hätte er es geahnt. Das war sein Glück, aber ehrlich gesagt unser Unglück. Hätte er sich in Deutschland aufgehalten, wäre er auf der Stelle verhaftet worden. Es lag ein Haftbefehl vor. Es ging wohl um siebenstellige Beträge. Ich habe zu dem Zeitpunkt noch nicht verstanden, wie so etwas meinem Dad passieren konnte. Ich konnte mir so schwer vorstellen, dass er das absichtlich getan hatte. Vor allem, weil es jetzt nicht mehr nur ums Geld ging. Gegen meine Mutter wurde ein Verfahren wegen Beihilfe zur Steuerhinterziehung eingeleitet. Wir waren gefangen in Deutschland, mein Dad, vielleicht unwissend, in die Schweiz geflüchtet.

Wie kann eine so perfekte Familie über Nacht zerbrechen? Wie kann ein so stabiles Fundament, das ich doch spüren konnte, über Nacht dem Erdboden gleichgemacht werden? Wenn ich eines bei meinen Eltern gesehen habe, dann war es doch, wie sich zwei Menschen wirklich lieben.

Es war »der« Wendepunkt in meinem Leben.

»Wenn du und dein Bruder nicht wärt, würde ich mich jetzt aus dem Fenster stürzen«, sagte meine Mum. Das hat mich tief getroffen. Das war der Moment, wo ich jeglichen Kontakt zu meinem Dad abbrach. Der Tag, an dem wir mit einem Berg von Schulden zurückgelassen wurden. Aber noch schlimmer, meine Mutter wurde mit einem sichtbar zerschmetterten Herzen zurückgelassen. Die einst erfolgreichen und mit viel Schweiß aufgebauten Firmen meiner Eltern wurden über Nacht zu einem Scherbenhaufen. Unsere Telefone wurden abgehört, und die engere Verwandtschaft drehte uns ganz bewusst den Rücken zu. Als hätten alle nur auf diesen Moment gewartet, beobachteten sie lieber aus der Ferne den Fall einer so perfekten Familie. Das typische Phänomen, wenn die Ratten das sinkende Schiff verlassen. Es war der Beweis dafür, dass die Liebe der Angehörigen nur gespielt und nicht echt war. In solchen Momenten trennt sich die Spreu vom Weizen, sagt man doch, oder?

Ich hatte lange damit zu kämpfen, dass ich meinen Vater nach der ganzen Aktion komplett abgeschrieben habe. Ich wollte nicht mal wissen, was genau vorgefallen war. Ich hörte meine Mum nachts weinen, das langte mir als Bestätigung, meinen Dad aus meinem Leben zu streichen. Er hatte sich jetzt für ein Leben ohne uns entschieden. Ich ließ mich davon überzeugen, dass mein Dad ein böser Mann sei, und gemeinsam mit allen anderen um mich herum wurde er zum Inbegriff von allem, was wir verabscheuten. Alles Böse wurde auf ihn übertragen.

Und jetzt frage ich dich: Sind es nicht exakt diese Momente, in denen alles verloren geht und die unser tiefstes Potenzial herausfordern? Sind es nicht die Momente, die uns fast zerbrechen lassen, damit wir irgendwann stärker und weiser wieder aufstehen? In diesen Momenten entscheiden wir uns sehr oft unbewusst dazu, zu erstarren und mental und emotional in eine Art Niemandsland zu wechseln. An einen Ort, an dem wir uns von Schmerz, aber auch von Freude abkapseln und stumpf werden. Genau das geschah mit meiner Mutter und teilweise auch mit mir.

Denk für einen Moment an die Welt da draußen. Kennst du Menschen in deinem Umfeld, die das Fühlen abgestellt haben? Egal, welchen Film sie sehen, nichts landet tief genug, um sie emotional zu bewegen. Egal, wie brutal, blutig oder schockierend manche Filmszenen erscheinen oder romantisch und begeisternd, nichts davon dringt zu dem Punkt in ihrem System, wo sie getroffen werden könnten. Das meine ich wörtlich: getroffen werden. Wir erhalten ständig Feedback vom Leben, in Form von Gesprächen, in Form von Musik, Filmen oder was auch immer. Wenn nichts davon landen kann, was hat das Ganze dann für einen Sinn?

Nichts mehr fühlen

Manchmal, wenn ich irgendwo unter Menschen bin und einfach so im Beobachtermodus umherschlendere, kann ich keinen Unterschied zwischen Robotern und Menschen erkennen. Wir stellen immer mehr unsere innere Gefühlswelt ab, und die großen Technologiekonzerne der Welt versuchen, genau dieses Fühlen den Robotern der Zukunft beizubringen. Damit wir in Zukunft das Fühlen outsourcen können? Wann sind wir endlich so weit, dass Roboter ein Bewusstsein haben und fühlen können, so wie Menschen? Darauf hoffen viele. Doch warum? Damit wir noch mehr Gründe haben, selbst nicht mehr zu fühlen und unsere Gefühlswelt zu ignorieren? Damit wir noch mehr Gründe haben, stumpf und eingefroren zu bleiben? In einer Welt, in der das, was du fühlst, weniger Wert hat als das, was du denkst, Letzteres aber bereits jetzt von künstlicher Intelligenz teilweise besser vollzogen wird als von uns Menschen, da frage ich mich manchmal: Was wird von uns noch übrig bleiben? Was wird uns von Robotern unterscheiden?

> Ist es nicht unter anderem deine Fähigkeit zu fühlen,
> welche die Tür zu deinem inneren
> Mysterium aufsprengen kann?

Wir schneiden uns selbst von unserem größten Feedback-Mechanismus ab, den wir haben: von unseren Körpern. Du kennst den Satz: »Hör einfach auf deinen Körper, der weiß immer, was er gerade braucht.« Das ist so leicht gesagt, aber sehr schwer umsetzbar, wenn wir das Fühlen abgestellt haben. »Entscheide aus deiner Intuition heraus, was dein Körper gerade an Nahrung braucht« kann eine ziemliche Sackgasse sein, wenn wir gar nicht mehr fühlen können und uns die Verbindung zu unserem Körper abtrainiert oder sie auf lautlos gestellt haben. So entscheiden wir viel öfter aus unserer programmierten Komfortzone heraus anstatt aus der Intelligenz unseres Körpers. Wie du die Verbindung wieder stärkst und die Lautstärke hochfährst, um deine Gefühle nicht mehr zu überhören und zu übergehen, ist ein wichtiger Aspekt dieses Buches.

Damit kommen wir zum wesentlichen Dilemma: Wir sind Fühlwesen, und wir können nicht *nicht* fühlen. Egal, wie sehr du versuchst, nichts zu fühlen, was du erhältst, ist immer eine Form von Gefühl, oder? Wir können einen Widerstand oder einen Schutzmantel gegen das Fühlen aufbauen, aber der evolutionäre Drang nach dem Fühlen bleibt weiterhin bestehen, und wir fühlen trotzdem. Deine Sensoren und deine Sinne sind, auch wenn du nichts fühlen willst, weiterhin aktiv und brauchen die Stimulierung von außen.

Wenn du einen Widerstand gegen das Fühlen aufgebaut hast, wirst du weiterhin fühlen, aber du wirst das, was du fühlst, anders oder falsch übersetzen. Das führt zu einem Kreislauf, in dem sich bestimmte Gefühle verstärken, damit du sie endlich richtig übersetzt. Dein System wird dir die gleichen Signale auf verschiedenen Ebenen immer wieder senden. Wie eine Rückkopplungsschlaufe. Ein Geräusch, das mit jedem Mal Hören lauter und schmerzvoller in den Ohren wird. Kennst du diese Träume, in denen man versucht, durch Schreien gehört zu werden? Aber niemand nimmt einen wahr? Du schreist immer lauter, zeigst dich immer mehr, aber umso weniger wirst du gesehen. So ähnlich ist das mit nicht gefühlten oder unterdrückten Gefühlen. Sie werden lauter.

Wieso brauchen wir immer mehr Reize von außen? Wieso muss der visuelle Reiz eines Films immer noch stärker, übertriebener und emotional einbrennender sein als zuvor? Sich das Fühlen wieder zu erlauben und Gefühle als Signale zu erachten kann zur größten Herausforderung werden.

> Wir haben Angst vor unendlicher Tiefe und ersetzen
> sie durch einem Sturm an der Oberfläche.

Eine andere Option, als in ein stumpfes Niemandsland zu wechseln und die eigenen Gefühle zu übergehen, ist die, die meine Mutter gewählt hat. Es war natürlich keine bewusste Wahl, sondern eher die einzige Tür, die für sie in diesem Moment unbewusst offen war. Ich denke, ein wichtiger Faktor war, dass sie einen zehn- und einen sechzehnjährigen Sohn zu versorgen hatte. Sie konnte sich die emotionale Schockstarre nicht erlauben. Wenn meine Mutter sich hätte gehen lassen und wir vielleicht ins Internat gekommen wären, wäre das für sie unerträglich und ein noch viel größerer Schmerz gewesen.

Ich sage sehr oft in meinem Seminaren: »Dein Potenzial wird nicht aktiv, wenn du es willst. Es wird aktiv, wenn es nötig wird.« Im Fall meiner Mutter war es nicht nur Potenzial, sondern auch eine Maske, die ihren Schmerz verbarg. Dass Menschen in unbekannten oder bedrohlichen Situationen zu Höchstleistungen fähig sind oder sich sogar zu übermenschlichen Fähigkeiten aufschwingen, ist nicht ungewöhnlich. Wie wir diesen natürlichen und angeborenen Potenzialtrigger für uns nutzen können, erkläre ich später. Meine Mum jedenfalls war in der Firma meines Vaters angestellt gewesen, und damit fiel über Nacht ihr Job weg. Die Konten wurden gepfändet beziehungsweise eingefroren. Mein Dad war aus unserem Leben entfernt, er war jetzt nur noch »der Erzeuger« für uns. Das war unsere Strategie, diesen Menschen an einen dunklen Ort in unserem Bewusstsein zu packen und uns emotional zu distanzieren.

Ich hatte meine Mutter in den sechzehn Jahren meines damaligen Lebens noch nie so erlebt wie jetzt. Ihre Körperhaltung, ihre Gesichtszüge, die Art und Weise, wie sie sprach, alles wurde so eisig und hart. In allem, was sie tat, in jedem einzelnen Wort, konnte man Wut und Aggression spüren. Das war ihre Strategie, eine Fassade der Kontrolle aufrechtzuerhalten und nicht verwundet oder schwach zu wirken. Ich erkannte sie nicht wieder. Plötzlich hatte sie drei Jobs gleichzeitig, war tagsüber im Büro tätig und nachts am Kellnern. Ich hab sie kaum gesehen oder nur mal nachts, wenn ich zufällig auf der Toilette war und sie komplett angeschlagen und überarbeitet nach Hause kam, um zwei Stunden später wieder im Büro zu sitzen.

All das tat sie, um das Leben, so wie es mal war, irgendwie aufrechterhalten zu können. Alles, damit wir keine Abstriche machen mussten und niemand merkte, dass sie eigentlich am Ende und verzweifelt war. Alles, damit wir beide, mein Bruder und ich, nicht viel davon mitbekamen, was hinter dieser neuen eiskalten Fassade schlummerte. Was sie in dieser Zeit geleistet hat, war für mich übermenschlich, und ich weiß bis heute nicht, wie sie das geschafft hat. Ich bin unendlich dankbar, dass sie uns nicht aufgegeben hat, und für all das, was sie in dieser Zeit geleistet hat. Aber alles hat seinen Preis, oder? Unter dieser Fassade nährte sie aber einen dunklen Ort, der ihr das Leben buchstäblich zur Hölle machte.

Der dunkle Ort

Als wir noch klein waren, damit meine ich ungefähr die ersten sechs bis sieben Lebensjahre, lernten wir durch Erfahrungen am eigenen Leib und durch Beobachtung und Nachahmung, was für uns gut und was eher schlecht ist. All das, wofür wir gelobt, geliebt oder anerkannt wurden, erhielt das Label »behalten«. Wenn wir zum Beispiel unordentlich waren oder uns in Anwesenheit von Bekannten zu laut verhielten und dafür zurechtgewiesen wurden, weniger Aufmerksamkeit, weniger Liebe oder weniger Anerkennung erhielten, landeten Aspekte wie »laut« im Keller, zu dem wir dann ganz einfach die Tür verschlossen. Einfach gesagt spalteten wir Teile, Eigenschaften und Charakterzüge von uns ab, die andere und irgendwann auch wir selbst als nicht liebenswert erachteten. Waren wir als Kinder auf die Liebe und Fürsorge anderer angewiesen? Absolut, das waren wir. Unser Überlebensinstinkt musste diese Trennung vornehmen: eine Trennung zwischen nützlichen und unbrauchbaren beziehungsweise fehlerhaften Teilen von uns selbst. Ich nenne diese Momente der Trennung gern »Split-Momente.« Es sind Momente, in denen wir etwas von uns abspalten. In denen wir Teile von uns an einen Ort packen, der im Laufe des Lebens zu einem Friedhof ungeliebter und ungelebter Aspekte wird. Es sind die Momente, in denen Schatten entstehen.

> Im Schatten liegt all das, was für uns kein Licht verdient hat. All das, was wir wissentlich in den Keller geschmissen haben. Aber auch das, was in den Keller geflogen ist, ohne dass wir es wissen.

Natürlich ist dieser Split in Wirklichkeit etwas komplexer, als ich es beschreibe. Um ganz ehrlich zu sein: Als ich das erste Mal mit Schattenarbeit konfrontiert wurde, habe ich noch nicht ganz verstanden, was an Schatten denn so schattenhaft sein soll. Ist doch klar, dass ich manches an mir toll finde und anderes eben nicht. Wo liegt hier das Problem? Erst viel später, als ich gezwungen war, mich tiefer mit mir selbst zu beschäftigen, da mein Leben ein klassischer Scherbenhaufen war und ich über 40 000 Euro Schulden hatte, konnte ich Zusammenhänge zwischen meinem miserablen Leben und meiner Schattenwelt erkennen, die so klar und deutlich waren, dass ich einfach nicht mehr wegsehen konnte.

Ich erkannte, dass ich genau so ein Leben lebte, wie ich es niemals wollte. Ich hatte genau die gleichen Probleme wie der Mensch, den ich vor ein paar Jahren aus meinem Leben verbannt hatte: mein Vater. Alles, was ich niemals wollte und was ich so hart verurteilte, war nun die Reflektion meines Lebens. Auch wenn ich heute rückblickend Mitgefühl für meinen Vater entwickelt habe und seine damalige Situation mehr als verstehe, war er zu dieser Zeit für mich eine Abladestation meiner Schattenwelt. Jahre später haben mein Vater und ich viele heilvolle Gespräche geführt, und vieles kam ans Licht, was ich damals nicht wusste und was seine Situation erklärt hätte, zum Beispiel, dass er reingelegt worden und in eine Falle getappt war. Heute ist er für mich in vielen Bereichen zu einem Vorbild geworden, und all die finanziellen Angelegenheiten sind geklärt.

Frage an dich: Gibt es einen Menschen in deiner Familie, zu dem du unter keinen Umständen werden wollen würdest? Wer ist das? Vielleicht leben doch mehr Anteile von diesem Menschen aktuell in dir, als du dir eingestehst. Das ist okay. All das, was du an diesem Menschen verurteilst, ist ein Teil deiner Schatten. So lernst du Stück für Stück deine eigenen Schatten näher kennen.

Schattenarbeit wird entweder sehr stiefmütterlich behandelt, oder alles in uns Verborgene wird bis ins kleinste Detail zerhackt, zerdacht und zu einem Mindfuck. Schattenarbeit ist an sich nichts Neues, und in so gut wie allen Kulturen gibt es Geschichten, Sagen oder Metaphern, die auf eine dunkle Seite in uns hinweisen. Der Psychologe C. G. Jung äußerte sich immer wieder zur versteckten Kraft der eigenen Schatten und prägte mit seiner Arbeit unsere Sichtweise von unterdrückten und unsichtbaren Anteilen enorm. Ich bin weder Psychologe noch Mediziner. Ich würde mich selbst als unstillbar hungrig bezeichnen, was die Erforschung des menschlichen Potenzials und dessen Hürden betrifft. Ich bin Praktiker. Vielleicht, weil mir die spießigen Theoretiker mit ihren tausend Einwänden und Spaßbremsen immer wieder Steine in den Weg geworfen haben. Der Theoretiker liegt bei mir in der Schattenwelt. Doch Spaß beiseite. Ich hab nichts gegen Theorie, sie ist die eine Seite der Medaille, die ich in diesem Buch auch berücksichtigen möchte. Sie füllt sich jedoch nur durch meine praktische Erfahrung, die Experimente an mir selbst und die echte Anwendung an Menschen bei intensiven Seminaren und Trainings, die wir seit Jahren durchführen. Ich habe Schattenarbeit oder allgemein innere Arbeit kombiniert mit Kältetraining, Hitzetraining, intensivem Kraft- und HIT-Training und so weiter.

Innere Arbeit beginnt nicht unbedingt im Innen. Sie endet aber immer im Innen. Doch währenddessen dürfen wir, nein, sollten wir alles einbeziehen, was wir haben. Damit meine ich auch unseren Körper. Genau aus diesem Grund erforschen Bahar und ich an uns selbst seit Jahren das Gebiet des Biohackings und die eigenen körperlichen Grenzen. Innere Arbeit ist für uns keine innere Arbeit, wenn das Außen nicht miteinbezogen wird. So oft hatte ich als Teilnehmer bei Seminaren das Gefühl, dass das Wunderwerk Körper stillschweigend umgangen wurde. Gedanken und Bewusstsein. Das waren die Schlüsselwörter, die jeder hören wollte.

Warum sollte man sich mit dem Körper beschäftigen, wenn man sich mit seinem Bewusstsein beschäftigen kann?

Was vielen nicht bewusst ist: Wir flüchten sehr oft in die spirituelle oder Bewusstseinsarbeit, weil wir die Schnauze voll haben von unserem Körper. Wir haben unseren Körper nicht unter Kontrolle. Sind unzufrieden mit unserem Gewicht, unserem Aussehen, den Alterserscheinungen oder was auch immer. Deshalb flüchten wir in die innere Arbeit. Was wir dabei nicht sehen, ist, dass wir den Körper mit all seinen Schwächen und auch mit all seinen Stärken in eine Schattenwelt packen. Wir können die Vergänglichkeit, Zerbrechlichkeit und Verwundbarkeit unserer Körper nicht ertragen und suchen deshalb Halt in etwas, von dem wir meinen, es sei unvergänglich und unendlich. Bewusstsein, Herz, Seele und so weiter. Doch wenn wir in die innere Welt flüchten, weil wir unseren Körper nicht leiden können, könnte sich das Leiden auf körperlicher Ebene erst recht einstellen, wenn wir bei der inneren Arbeit den Körper nicht liebevoll miteinbeziehen.

Fairerweise unterscheide ich zwischen kurzfristiger bewusster Flucht, die sehr nützlich sein kann, und chronischer unbewusster Flucht, die krank machen kann. Die Flucht vor uns selbst und unseren Problemen ist nicht nur schlecht. Ganz im Gegenteil. Manchmal müssen wir kurz flüchten, um unseren Fokus auf etwas anderes zu richten und zu erkennen, dass es mehr gibt als unsere Probleme. Wenn wir aber immer wieder flüchten, ohne tiefer zu blicken, wird die Flucht zu einer toxischen Gewohnheit.

Ich möchte Schattenarbeit aus dem Schatten holen und dir so präsentieren, dass du damit wirklich auf konstruktive Art und Weise arbeiten kannst, ohne alles verstehen zu müssen. Denn selbst wenn du alles über die menschliche Psyche verstehst oder das Gefühl hast, es greifen zu können, heißt das nicht, dass sich wirklich etwas verändert. Vielleicht heißt es sogar das Gegenteil. Den menschlichen Kaninchenbau zu erforschen und zu entdeentdecken ist keine Garantie für Veränderung. Mit den eigenen Schatten zu arbeiten ist keine Kopfsache. Es ist Herzsache, die Kopf und Körper miteinschließt.

Wie oft verzetteln wir uns in Konzepten und Gedanken, ohne einen Schritt weitergekommen zu sein? Wir hängen bei Meetings und Gesprächen in einer Dauerschleife von aneinandergereihten Wörtern fest, die zu keinem wirklichen Ziel führen, außer uns das Gefühl zu geben, die Kontrolle zu haben und beschäftigt zu sein. Irgendeinen Sinn zu erfüllen. Der Unternehmer Gauland W. Nielson beschreibt dieses Phänomen der Beschäftigungstherapie und Zeitverschwendung in seinem englischsprachigen Buch *Fake Work*.

Ich möchte dir empfehlen: Wenn du mein Buch liest, dann fühle es vor allem, oder versuche es zumindest. Lies mit deinem Herzen! Die Arbeit an uns selbst darf nicht zur intellektuellen Masturbation werden, aber auch nicht zur Verurteilung unseres Verstandes und dessen Macht. Ich möchte mit dir an dem Teil arbeiten, der süchtig nach Fake Work ist und Gefallen daran findet, in der Theoriewelt festzuhängen, da du Angst vor echter Veränderung und Wirksamkeit hast.

Aus meiner Sicht macht es keinen Sinn, die Arbeitswelt umzukrempeln und Menschen von sinnloser Arbeit zu befreien, solange sie süchtig nach sinnloser Arbeit sind und gar nicht wollen, dass sie durch Sinnhaftigkeit und echten Fortschritt ersetzt wird.

All diese Süchte, über die kaum jemand spricht, da sie so schwer greifbar sind, haben ihre Wurzeln in unserer Schattenwelt. Der Schatten unseres Selbst hat für uns Menschen viele Namen. Dunkelheit, Dämonen, abgespaltenes Selbst, unsichtbares Selbst, die dunkle Seite in uns und so weiter. Vielleicht bist du mit Schattenarbeit schon einmal in Berührung gekommen und denkst, dass es kein Thema mehr für dich ist. Zu anstrengend, zu dunkel, zu negativ oder zu gespenstisch. Falls das so ist, möchte ich dich trotzdem ermutigen, so weiterzulesen, als würdest du es zum allerersten Mal hören. Denn wenn ich eines über die letzten zehn Jahre als Coach und Trainer gelernt habe, dann ist es, dass die Arbeit mit den eigenen Schatten wie eine Zwiebel ist. Schicht für Schicht legen wir das frei, was im jetzigen Moment gerade möglich ist, und mehr ist auch gar nicht nötig. Die Arbeit mit den Teilen in dir, die im Verborgenen liegen, ist geheimnisvoll. Es ist, als würdest du mit jedem Mal in eine tiefere Schicht vordringen. Was dort auf dich wartet, kann ich dir nicht sagen. Niemand weiß es, und das ist genau das Magische daran. Es ist die Arbeit mit dem Unbekannten, die alles verändern kann.

Doch das, was du nicht kontrollieren kannst, macht dir Angst. Dein Potenzial, das du nicht kontrollieren kannst, macht dir Angst. Deshalb hältst du es so oft auf Abstand. Die Arbeit mit den unbekannten Teilen in dir ist so spannend und so lebensverändernd, weil sie eben unbekannt sind. Also lass dieses Thema an dich heran, und lass dich von deinen Schatten überraschen. Die Arbeit mit den eigenen Schatten ist alles andere als gruselig oder negativ. Sie ist ungewohnt und konfrontierend, aber genauso befreiend und erfüllend. Wenn wir es richtig machen, ist es ein Gefühl von Nach-Hause-Kommen.

Falls du von alldem noch nie etwas gehört hast, bist du erst recht an der richtigen Stelle. Ich glaube mittlerweile sogar, dass unterdrückte Schatten, die wir über Jahre verdrängen und wo wir alles dafür tun, um vor ihnen auch weiterhin wegrennen zu können, die Ursache für viele unserer emotionalen, körperlichen und gesellschaftlichen Probleme sind. Ich bin nicht gut genug, ich bin nicht liebenswert, ich bin nicht schön genug, ich bin wertlos … Du kennst diese Gedanken oder? Diese Gedanken, die dich subtil und kontinuierlich jagen, dich nachts wach halten und in einer

Dauerschleife von Negativität festhalten, könnten das Resultat deiner inneren Schattenwelt sein. Stagnation, ständiges Treten auf der Stelle, Probleme und Muster, die in verschiedensten Varianten zurückkommen, obwohl du dachtest, sie hinter dir gelassen zu haben, all das kann das Ergebnis deiner Schattenwelt sein.

Die innere Schattenwelt zeigt sich dir nicht klar und deutlich. Sie schleicht subtil hinter dir her, und wenn du erkennst, dass du verfolgt wirst, und dich umdrehst, scheint sie wieder verschwunden. So ähnlich wie bei Peter Pan, der versucht, seinen eigenen Schatten zu fangen. Die Schattenwelt heißt nicht umsonst Schattenwelt. Wir können den Schatten nicht fangen. Wir können ihm aber die Aufmerksamkeit schenken, die er verdient und auch einfordert. Und an dieser Stelle wird nun dein Forschergeist wichtig, über den wir bereits gesprochen haben. Du darfst jetzt deinen Hunger nach Erforschung deiner inneren Schattenwelt aktivieren und zulassen.

Mittlerweile kann sogar die westliche Medizin die Zusammenhänge zwischen der inneren Emotions- und Gefühlswelt und unseren Körpern und Organe nicht mehr leugnen. Die Psychoneuroimmunologie beschäftigt sich unter anderem mit genau diesen Zusammenhängen. Wir erkennen langsam, dass wir den Menschen als ganzheitliches System betrachten und aufhören müssen, etwas auszuklammern und als nicht wichtig zu betrachten. Genauso müssen wir das Ausklammern unserer dunklen inneren Aspekte beenden und aufhören, uns selbst so einzuschränken. Wenn du entdeckst, dass dein dunkler Ort mehr als 50 Prozent deiner Entscheidungen beeinflusst, Menschen in dein Leben zieht, die du eigentlich meiden willst, immer genau die gleichen oder ähnlichen Konflikte im Außen erzeugt und dafür sorgt, dass du dich manchmal so fühlst, als gäbe es eine unsichtbare Mauer, die dich davon abhält, dich wirklich so zu lieben, wie du bist, dann wagst du den

Sprung in deine eigene Schattenwelt. Auch wenn du keine Ahnung hast, wo und ob du überhaupt landen wirst. Genauso erging es mir.

Ich erinnere mich noch daran, wie ich in meinen Tanzstunden in meinem Element war. Musik floss durch meine Adern, die Spiegel an der Wand vibrierten durch den Bass, da ich besessen davon war, dass man Musik auch spüren sollte, wenn man sich dazu bewegt. Die Zeit stand teilweise still. Ich war im Flow, und wenn du mich von außen betrachtet hättest, wärst du wahrscheinlich der Meinung gewesen, ich strotze nur so vor Selbstbewusstsein. Egal, was für ein Stein in dem Moment auf mich zugerollt wäre, ich hätte ihn zerschmettert. So habe ich mich zumindest gefühlt.

Die Tanzstunde war zu Ende. Ich fuhr zu einem potenziellen Kunden, der mich kennenlernen und sein Marketing und sein Firmendesign in meine Hände legen wollte. Ich war ungefähr zweiundzwanzig Jahre alt und versuchte mich im Bereich Marketing selbstständig zu machen, da es zu dem Zeitpunkt einige gravierende Probleme in der Tanzschule gab. Der Termin war da. Erinnerst du dich an die Geschichte, als ich auf der Fitnessmesse kein Wort rausbrachte? Nein, es war diesmal nicht ganz so schlimm. Aber ich konnte spüren, wie mir die Wörter zum Reden fehlten. Mein Wortschatz war plötzlich eingeschränkt. Kalter Schweiß an meinem Rücken. Der Kunde war von meiner Arbeit begeistert, ich musste ihn nicht einmal von mir überzeugen. Trotzdem saß hier ein anderer Jeffrey am Tisch als der vor einer Stunde im Tanzraum. Ich hab den Auftrag zwar erhalten, aber die Frage, warum ich mich in manchen Situationen selbstbewusst wie ein Fels in der Brandung fühlte und in anderen keinerlei Kontrolle über mich selbst hatte, stotterte, nach Wörtern suchte, flach atmete und vor Nervosität fast platzte, ging mir nicht mehr aus dem Kopf.

Das eigentliche Drama in meinem Inneren entstand danach. Was war da bloß mit mir los? Wieso hatte ich keinerlei Kontrolle über mich? Wieso kann ich in Anwesenheit von Fremden nicht einfach genauso offen und entspannt sein wie in meinen Tanz-stunden? Warum kann ich nicht in allen Situationen einfach selbstbewusst sein? … Kennst du diese Selbstgespräche? Kennst du dieses Gefühl von innerer Widersprüchlichkeit?

Als ich zu Hause ankam, spürte ich erst, wie stark mich dieses Gespräch körperlich mitgenommen hatte. Es hatte nur etwa zwanzig Minuten gedauert, aber es fühlte sich so an, als wäre ich einen Marathon gelaufen. Der körperliche und emotionale Preis war sehr hoch. Ich war vollkommen erschöpft. Ich fühlte mich, als hätte ich gekämpft. Doch gegen was? Gegen wen? Warum?

Ich denke, du kennst die Antwort. Ich habe einen unbewussten Kampf gegen mich selbst geführt. Ich kämpfte gegen diverse Gefühle wie Wertlosigkeit, Angst vor Ablehnung und gegen Schattenaspekte meines Selbst. Dieser unbewusste Kampf, den viele von uns Tag und Nacht führen, kostet uns mehr Energie, als uns ungesunde Ernährung je kosten könnte. Der unbewusste Kampf ist chronisch, aber nicht immer sichtbar. Er gerät leicht in Vergessenheit, da er sich nicht immer zeigt, frisst aber unsere Lebensenergie von innen ununterbrochen auf. Hört sich ziemlich schockierend an, oder? Das soll es auch. Du darfst dir eingestehen, dass der größte Feind nicht im Außen lauert, sondern gerade auf deinem Stuhl sitzt. Du darfst dir eingestehen, ein Meister, eine Meisterin darin zu sein, dir selbst im Weg zu stehen.

Für viele Menschen ist der Gedanke, dass wir selbst der Feind sind, deprimierend und teilweise unerträglich. Aber eigentlich zeigt der Gedanke doch nur, wie mächtig wir sind. Er zeigt unsere unbändige Kraft und Widerstandsfähigkeit. Wir können dagegenhalten. Und wenn wir es sind, die dagegenhalten und uns selbst im Weg stehen, dann können auch wir es sein, die uns aus dem Weg gehen. So oft reden wir uns ein, wir hätten nicht genug Energie oder Kraft, aber sie langt immer noch, um uns selbst zu blockieren. Dich selbst aufzuhalten kostet Energie. Es ist unverhältnismäßig, wie viel Energie wir dabei verschwenden, gegen uns zu kämpfen anstatt für uns.

Halte mal für einen kurzen Moment inne und frage dich, wie dein persönlicher Kampf gegen dich aussieht.

Ich war ein Meister, mir selbst und meinen Träumen im Weg zu stehen. Ich wollte, was ich wollte, aber anscheinend nicht genug. Waren meine Ziele zu groß für mich? Oder waren sie zu klein und mir fehlte somit ein Antrieb, sie zu erreichen? Was machte ich falsch? Warum konnte ich das Geld, das ich verdiente, nicht behalten? Es sickerte einfach durch meine Finger. Immer wenn ich meinen Zielen einen Schritt näher kam, passierte irgendetwas, das mich gefühlt kilometerweit zurückwarf. Ich fragte mich: Habe ich einfach nicht genug Willenskraft? Disziplin ist auch nicht gerade meine Stärke. Ist das mein Kryptonit?

Das war nur ein Teil der Gedanken, die mich nachts wach hielten. Sie spornten mich aber auch zum Weitersuchen an. Diese Fragen legten den Weg für einen Traum frei, den ich mir damals gar nicht vorstellen hätte können, den ich heute aber lebe. Dieser Weg war lang und hat mich mehrmals zerbrochen. Doch genauso wie du jetzt habe ich nicht aufgegeben. Dein Anspruch, »mehr« von dir zu leben, ist dein Geburtsrecht. Dafür lohnt es sich, zu kämpfen und einzustehen. Wenn sich dieser Kampf aber in einen inneren Kampf gegen dich selbst verwandelt, ohne dass du es mitbekommst, solltest du vielleicht ganz bewusst aufgeben. Denn einen solchen Kampf wirst du immer verlieren. Der Preis für diesen Kampf ist langfristig zu hoch.

Sich selbst aus dem Weg zu gehen bedeutet zu kapitulieren. Das Schwert hinzuschmeißen und dir selbst aus der Sonne zu gehen. Den Kampf bewusst zu verlieren. Dir selbst »wirklich« aus dem Weg zu gehen. Du stehst plötzlich im Rampenlicht, und alles, was du bist, wird ausgeleuchtet. In so einem Licht wird alles sichtbar. Mit alles meine ich vor allem das, von dem du denkst, dass du es »nicht« bist. Alles, was du dir selbst nicht erlaubst zu sein, kommt zum Vorschein. Alles an dir, was du als nicht liebenswert erachtest, wird sichtbar. Alles, was du der Welt vorenthältst. Alles, was die Welt von dir nicht sehen soll. Alles, was du hinter verschlossenen Türen hältst. Das können deine dunkelsten Gedanken sein, aber auch deine hellsten Absichten und Motive. Es können deine schrecklichsten Charaktereigenschaften sein oder deine einzigartigen Potenziale und Fähigkeiten. Es könnte deine schmerzvollste Träne sein oder dein schönstes Lächeln.

Was du an deinem dunklen Ort gefangen hältst, ist nicht negativ oder gefährlich. Es hat einfach nur zu viel Kraft über dich, sonst müsstest du es nicht gefangen halten. Was du eingesperrt hast, ist vielleicht genau das, was die Welt am meisten braucht – deine Verwundbarkeit, deine kindliche Naivität oder auch dein Biss und deine Leidenschaft.

> Davon bin ich überzeugt: Das, was du nicht zeigen kannst, ist genau das, was die Welt am dringendsten sehen muss. Das, was du verschlossen hältst, kann die Herzenstüren anderer am weitesten öffnen.

Du weißt es nur noch nicht. Nur weil du es als nicht gut erachtest, heißt es nicht, dass es nicht gebraucht wird. Dir selbst aus dem Weg zu gehen bedeutet, Platz für die Teile zu machen, gegen die du dein Leben lang innerlich gekämpft hast.

Wie konntest du es so weit kommen lassen, daran zu glauben, dass die Welt nur einen kleinen Teil von dir braucht? Wann hast du zugelassen, dass die Urteile anderer die Kraft haben, dass du Teile von dir ausklammerst? Ja, wir alle haben es getan, und das ist okay. Wir alle haben im Laufe unseres Lebens Menschen in unseren Palast eingeladen. Voller Enthusiasmus stellten wir jedes Zimmer, jede Ecke und auch die kleine Abstellkammer zur Schau. Alles hatte seinen Wert. Alles hatte einen Zweck, auch wenn wir den noch nicht kannten. Jedes Zimmer hatte seinen Charme, auch wenn wir nicht wussten, warum. Die Menschen gaben aber ihre Statements ab und sagten: »Dieses Zimmer ist keines, das du vorzeigen musst. Das muss nicht jeder sehen.« »Hier fehlen die Vorhänge, es kommt viel zu viel Licht rein. Es blendet.« »Der Raum hier ist zwar schön, aber zu kalt.« »Hier würde es mir gefallen, aber die Heizung ist zu laut.« »Kannst du hier mal aufräumen? Vor lauter Zeug sieht man den Boden nicht mehr.«

Ich nutze diese metaphorischen Bilder, damit du den kreativen Teil in dir etwas hochfährst. Du hast Menschen in deinen Palast geführt – und mit jedem wurde er kleiner. Du hast die Türen zu den Räumen, die nicht genug für die Besucher waren, verschlossen. Das, was dich ausmacht, wurde kleiner. Verständlich. Wer will schon allein in einem Palast leben, oder? Also tust du alles, um geliebt zu werden. Selbst, wenn es bedeutet, noch weitere Türen zu verschließen. Bis du irgendwann am Morgen in einer beschissenen Zweizimmerwohnung aufwachst. Denn diese zwei Zimmer sind das, was übrig geblieben ist.

Mit diesen zwei Zimmern machst du dich auf den Weg, dein Leben zu leben. Gefärbt von den ständigen Fragen: »Genüge ich? Bin ich liebenswert? Fehlt mir etwas?« Gleichzeitig tust du alles, um all die anderen Türen in deinem Palast verschlossen zu halten. Deine zwei Zimmer sind alles, was du noch hast, also beschützt du diesen Zustand. Obwohl du weißt, dass du in einem Palast wohnst, kannst du es nicht leben. Du hast Angst, auch noch die beiden kleinen Zimmer zu verlieren, also tust du alles für sie. Auch wenn das bedeutet, dass du sie umgestalten und verändern musst. Dass du sie schöner, farbiger, heller, glatter, schlanker, größer, mächtiger, liebevoller, männlicher, weiblicher, offener, verspielter und so weiter aussehen lassen musst. Ja richtig, die Maske entsteht. Die Maske beschützt das Einzige, was du noch hast. Nun macht es vielleicht für dich etwas mehr Sinn, warum wir die Maske nicht einfach abnehmen können, oder? Sie hat ihren Zweck.

Das Bild mit dem Palast habe ich von Debbie Ford. Es ist eine der besten bildlichen Erklärungen, um zu verstehen, wie wir Qualitäten und Eigenschaften von uns verschließen und im Laufe unseres Lebens verkümmern und verstauben lassen. Spannend, dass ich den Großteil meines Lebens tatsächlich in einem dunklen und kleinen Kellerzimmer verbrachte. Wir entfernen uns so weit von den Eigenschaften unseres Palastes, dass wir den Zugang dazu verlieren.

Das Bild des Palasts ist eine sehr kindliche und einfache Darstellung, die ich aber bewusst gewählt habe, damit das Ganze nicht zu abstrakt wird. Die Metapher hat allerdings einen Haken. Wenn es die anderen Menschen waren, die uns indirekt dazu gezwungen haben, etwas von uns auszusperren und uns einzuschränken, dann besteht die Gefahr, dass wir in einer Opferschlaufe hängen bleiben. Wenn die Auslöser andere waren, landen wir schnell im Beschuldigungs-Loop. Andere zu beschuldigen kann süchtig machen. Wenn die anderen schuld an der Enge in meiner Zweizimmerwohnung sind, kann ich für mein miserables Leben nichts. Ich wurde einfach Opfer von Menschen, die es nicht besser wussten. Und wirklich: Nicht alles im Leben haben wir allein und selbst zu verantworten. Nicht nur du erschaffst einen Teil in dieser Welt. Auch die anderen kreieren ununterbrochen und manchmal werden wir Opfer gewisser Menschen oder Umstände. Andere zu beschuldigen kann ein wichtiger Schritt in Richtung Heilung und Veränderung sein. Zu akzeptieren, ein Opfer gewesen zu sein, kann ein wichtiger Schritt zur Heilung sein. In diesem Schritt jedoch hängen zu bleiben erschafft immer wieder die gleichen Probleme. Wir geben langfristig die Macht über unsere eigene Veränderung ab. Wir legen indirekt unser Leben in die Hände anderer. Von heute auf morgen dem Opferzustand zu entkommen und Verantwortung für das eigene Leben zu übernehmen ist möglich, meistens aber viel komplizierter, als wir denken. Den Opferzustand zu verlassen bedeutet nämlich, den Zugang zu deinem dunklen Ort zu öffnen. Du kannst nicht die Verantwortung über dein Leben übernehmen, ohne Verantwortung für deine Schatten zu übernehmen. Dein Leben wieder in deine Hände zu legen bedeutet nicht, die Kontrolle über alles zu haben. Es bedeutet, zu erkennen, was bis jetzt die Kontrolle über dich hatte.

»Das war nicht ich«

Hattest du schon mal ein Gespräch, und wie aus dem Nichts überkam dich eine emotionale und vielleicht total unangebrachte Reaktion? Obwohl du in deiner Mitte zu ruhen schienst, konnte dich ein Wort, ein Satz oder was auch immer dazu bewegen, deine innere Ruhe aufzugeben. Vielleicht wurdest du explosiv wütend oder unkontrolliert nervös. Vielleicht wurdest du so laut, dass dich gefühlt die ganze Nachbarschaft hören konnte. Dein unbewusstes System war wie immer schneller, und es riss dir für einen Moment die Maske vom Gesicht. Du hattest keine Kontrolle mehr. Etwas kam an die Oberfläche, und du hast dich kaum wiedererkannt.

Wo war es vorher? Ja richtig, in deinem Unterbewusstsein. Es lag unter deiner Maske. Verborgen, versteckt und nicht offenbart. Es hat die Macht, sich zu zeigen, egal, wie stark du versuchst, Teile von dir vor der Welt zu verstecken. Sie vor dir selbst zu verstecken. Nur weil du es versteckst, heißt das nicht, dass es keine Kraft und keine Kontrolle über dich hat. Selbst wenn es seit Langem hinter verriegelten Türen in staubigen Räumen abgestellt ist, hat es die

Kraft, sich zu zeigen. Genau in den Momenten, in denen du schwach bist. In den Momenten, in denen du die Kontrolle verlierst. In solchen Momenten ist deine Schattenwelt am Werk. Du wirst ihr Opfer.

Wenn etwas Zeit vergangen ist und du mit Abstand auf die Situation blickst, in der du dich kaum wiedererkannt hast, sagst du vielleicht: »Das war ich nicht« oder »Ich war nicht ich selbst« oder »Das ist ganz untypisch für mich, so was mach ich normalerweise nicht«. Kennst du das? Damit rechtfertigen und schützen wir uns vor dem, was tief verborgen liegt. Wir spalten es erneut ab und sagen eigentlich: »Das gehört nicht zu mir« und »Das ist kein Teil von mir«.

Hast du diesen Satz schon einmal von dir gegeben? Ein bisschen so, als würdest du auf der Toilette dein Geschäft erledigen und behaupten, der Gestank käme nicht von dir. Ich weiß, ein banales Beispiel, aber vielleicht genau deshalb so wahr. Verantwortung beginnt nicht bei den großen Dingen, sondern vielleicht genau bei den kleinsten Dingen im Alltag. Dort erkennen wir, wie viel wir eigentlich von uns und unserer Wirkung auf das Außen leugnen oder nicht.

»Das war nicht ich« ist theoretisch eine gute Strategie, um sich mit einem Fehlverhalten nicht auseinandersetzen zu müssen oder um sich bei den Menschen zu entschuldigen, die anwesend waren, als du keine Kontrolle über dich selbst hattest. Immer wenn wir »Ich war das nicht« nutzen, spalten wir erneut einen Teil von uns ab. Du nimmst die Opferrolle ganz bewusst an. Leider spaltest du dabei auch den Zugang zu diesem Teil ab. Da er »nicht zu dir« gehört, nimmst du dir selbst die Möglichkeit, mit diesem Teil zu arbeiten. Und wenn du nicht mit dem Teil arbeiten kannst, nimmst du dir die Möglichkeit, etwas zu verändern. Du übergibst den Teilen, die nicht zu dir zu gehören scheinen, die Erlaubnis, noch mehr von dir und deinem Leben zu bestimmen. Wenn du sagst:

69

»Ich war das nicht«, sagst du auch: »Die anderen sind schuld.« Mit den anderen ist hierbei nicht dein Umfeld gemeint. Es sind die anderen »in dir« gemeint. Du sagst eigentlich: »Die anderen Teile in mir sind schuld.« Wir können also Opfer unserer Umstände sein oder Opfer unserer eigenen Schatten.

Werde dir bewusst, dass du einen dunklen Ort in dir erschaffen hast

Als ich eingeschult wurde, wollte mein Klassenlehrer am ersten Schultag jeden Schüler einzeln vorstellen. Ich hatte mich so auf den ersten Schultag gefreut. Nacheinander durften wir zur Tafel nach vorn und ein paar Worte über uns sagen. Ich erinnere mich so, als wäre es gestern gewesen. Ich war an der Reihe. Mit meiner Schultüte lief ich nach vorn, drehte mich in Richtung Klasse und sagte: »Mein Name ist Jeffrey.«

»Wie?«, rief mein Lehrer. Ich sagte es wieder: »Jeffrey heiße ich.« Er blätterte in seinen Unterlagen hin und her und runzelte die Stirn. Hatte ich zu leise gesprochen? Vielleicht verstand er mich nicht. Ich wurde etwas lauter: »Ich bin Jeffrey«, sagte ich noch ein paar Mal. Weiter halb auf seine komischen Zettel blickend, stotterte er vor sich hin und versuchte, meinen Namen auszusprechen. Ich wurde nervös. Was stimmte mit meinem Namen nicht? Hatte ich was Falsches gesagt? Aus welchen Gründen auch immer hatte er Schwierigkeiten, meinen Namen auszusprechen. Er wurde energisch: »So kann man nicht heißen, da stimmt was nicht. Das ist kein normaler Name. Da muss ein Fehler vorliegen. Du bist der Josef.«

Ich wusste nicht genau, was ich sagen soll. Ich weiß nur noch, dass ich ziemlich wütend wurde, da ich ihn nicht davon überzeugen konnte, Jeffrey zu sein. Er und die ganze Klasse nannten mich ab dem Zeitpunkt »Josef«. Nichts gegen den Namen Josef, aber das ging mir so was von gegen den Strich! So hatte ich mir den ersten Schultag nicht vorgestellt. Man wollte mich bereits an diesem ersten Schultag »normal« machen und in eine Box stecken. Man wollte das, was ich bin, einschränken, bevor ich mich überhaupt erst auspacken konnte.

Ja okay, heute weiß ich, dass der Name Jeffrey nicht unbedingt in das katholische, konservative und spießerhafte Bayern im Jahr 1990 passte und das Ganze nicht wirklich viel mit mir zu tun hatte, sondern eher mit der zurückgebliebenen Sichtweise meines Lehrers. Trotzdem hatte es eine enorme Wirkung auf mich und mein Leben. Für mich war mein Name bis zu dem Zeitpunkt einfach mein Name gewesen. Nicht mehr und nicht weniger. Doch bereits am ersten Schultag wollte mich die Welt zu jemandem machen, der ich nicht bin. Sie wollte mich verändern. Sie wollte aus mir einen Josef machen.

Was wollte die Welt aus dir machen? Was von dir hat nicht in dein Umfeld gepasst? Was von dir war in den Augen deines Umfelds der Splitter, der beseitigt oder aufgeräumt werden muss?

Es hat mehrere Wochen gedauert, bis ich wieder bei meinem echten Namen genannt wurde. Die anderen Kinder machten sich einen Spaß daraus, mich Josef zu nennen, und schikanierten mich. Sie wussten, wie es mich aufwühlte, also hörten sie erst recht nicht auf damit. Auch wenn nichts offensichtlich Schlimmes passiert ist, war dieser Moment für einen Sechsjährigen eine traumatische Erfahrung. Dass dieses Erlebnis jedoch einen viel größeren Stein ins Rollen gebracht hatte, wurde mir erst zwanzig Jahre später bewusst. Mir vor versammelter Klasse einen anderen Namen zu geben, da der echte Name angeblich die Norm sprengt, fühlte sich so an, als wäre ich kaputt. Ich fühlte mich so ausgeliefert. Ich fühlte mich der Autorität meines Lehrers gegenüber machtlos. Es fühlte sich grauenhaft an. Es machte mich wütend und zu einem Problemkind. Ich habe Lehrer nicht mehr als Lehrer gesehen, sondern als Feinde. Meine rebellische Ader wurde wachgeküsst. Auf das Wort »müssen« begann ich allergisch zu reagieren.

Meine Mum schickte mich zum Taekwondo, damit ich meine Aggressionen unter Kontrolle bekam. Das gab mir das Gefühl, nicht ohnmächtig zu sein. Denn genau das wollte ich nicht mehr fühlen. Ich wollte mich wehren können. Die Machtlosigkeit landete an meinem dunklen Ort. Ein Gefühl, das ich nun um alles in der Welt vermeiden wollte. Ich wollte nicht machtlos sein.

Wie du mittlerweile weißt, ist das ein Split-Moment gewesen, einer dieser Momente, in denen wir uns unbewusst entscheiden, etwas nicht mehr zu sein. Das Thema Macht und Kontrolle war für mich der wunde Punkt. In meinem Inneren verurteilte ich meine Machtlosigkeit und schob sie in eine dunkle Ecke. Ich schämte mich für meine Machtlosigkeit. Was ich ebenfalls verurteilte, war die Norm, die man mir überstülpen wollte. Denn ab diesem Zeitpunkt tat ich alles, um erst recht nicht dazuzugehören. Ich wollte »anders« sein und auf keinen Fall »normal«. Normalität landete ebenfalls an einem dunklen Ort.

Heute bin ich teilweise froh, dass man mich zu einem Josef machen wollte und ich deshalb so allergisch auf ein »normales« Leben reagierte. Es war die initiale Zündung für das, was ich heute lebe. Es wurde zu meiner persönlichen Firewall gegenüber Menschen, die meine Ecken und Kanten weichschleifen wollen.

Wie du dir aber denken kannst, hat alles seine Schattenseiten. Der Preis dafür, um alles in der Welt anders sein zu wollen, ist hoch. Denn wer entscheidet denn, was normal und was anders ist? Irgendwann wurde ich gegenüber Autoritäten in meinem Leben resistent. Ich habe mir nichts mehr sagen lassen. Selbst wenn sie es gut mit mir meinten. Selbst wenn sie mir helfen wollten. Selbst wenn sie mich liebten. Nicht, dass ich alles besser wusste, ganz im Gegenteil. Ich wollte mir helfen lassen, aber etwas in mir hielt dagegen. Die Hilfe der anderen konnte nicht auf mir landen. Sie prallte ab, oder ich sabotierte sie, wenn ich sie annahm. Ich wollte es einfach auf meine Art und Weise lernen, und ich wollte auch auf meine eigene Art und Weise fallen. Selbst wenn das bedeutet hat, tiefer als alle anderen zu fallen.

Du kannst anders sein, indem du schneller läufst als andere. Du kannst anders sein, indem du dich anders anziehst als andere. Du kannst anders sein, indem du erfolgreicher bist als andere. Oder du kannst anders sein, indem du mehr leidest als andere. Tiefer als alle anderen zu fallen machte mich anders. Hauptsache, nicht normal, um jeden Preis. Doch war dieser Preis nicht viel zu hoch? Wenn wir um jeden Preis anders sein wollen, schreien wir eigentlich unbewusst danach, dass unsere Einzigartigkeit gesehen wird. Wir haben unsere eigene Individualität noch nicht wirklich akzeptiert und wollen sie auf die Probe stellen. Ist meine Einzigartigkeit liebenswert?

Uns wird gesellschaftlich einprogrammiert, dass wir alle gleich sind, und vor allem, dass wir ersetzbar sind. Wie austauschbare Maschinenteile. Doch niemand von uns ist ersetzbar. Ganz im Gegenteil.

Ich wurde coaching-resistent. In anderen Worten: veränderungs-resistent. Kommt dir das bekannt vor? Lustig ist auch, dass ich später, vor allem in den ersten Jahren als Coach und Trainer, fast nur Klienten hatte, die ich als nicht coachable bezeichnen würde. Menschen, wie ich es war. Resistent gegenüber Veränderung und jeglicher Hilfe. Nun rate mal, was mich an diesen Menschen am meisten herausgefordert und getriggert hat? Ja richtig, die Tatsache, dass sie sich nichts haben sagen lassen. Es hat mich teilweise echt wahnsinnig gemacht. »Wieso ist der Klient denn hier, wenn er sich nicht helfen lassen will?«, fluchte ich innerlich. Heute weiß ich, dass das Ganze viel mehr mit meiner eigenen Coaching-Resistenz zu tun hatte und dass mir diese Klienten einfach einen Spiegel vorhielten.

Nun aber zurück zu dir. Was war für dich ein Split-Moment in deinem Leben? Welches Erlebnis, welche Erfahrung drängte dich dazu, etwas von dir abzuschieben? Vielleicht warst du als Kind zu laut, und du hast deine Lautstärke gedrosselt, um weiterhin geliebt zu werden. Laut zu sein war gefährlich, denn es hätte dich die Liebe deiner Familie kosten können. Zumindest denken wir das als Kinder. Ob es wirklich so ist, ist eine ganz andere Frage. Es geht hier nicht um Logik, sondern um die Bedeutungen, die wir als Kinder den Momenten der Abweisung und des überwältigenden Schmerzes gegeben haben. Wir haben diese Bedeutungen nicht bewusst gewählt. Das hat unsere Überlebensintelligenz für uns übernommen. Schneller, als du bewusst darüber hättest nachdenken können. Die laute Seite von dir landete vielleicht in deiner Schattenwelt. Ein Teil, der dich, übertrieben gesagt, das Leben hätte kosten können. Wir sind in dem Alter auf unsere Eltern oder andere Erwachsene angewiesen. Wenn sie nicht wollen, dass du laut bist, dann bist du besser nicht mehr laut.

Vielleicht warst du zu verspielt, und Ernsthaftigkeit wurde zur Maske. Die verspielte Seite von dir hatte für dein Umfeld keinen Zweck. Zu spielen landete also an deinem dunklen Ort. Vielleicht warst du auch einfach zu ruhig und in dich gekehrt? Du musstest lauter werden, um nicht unterzugehen. Leise zu sein hätte dich ertrinken lassen können.

Das Leben und die Umstände haben dich in eine Ecke gedrängt. Du hast manche Türen zugeschlagen, und andere wurden aufgesprengt. Ich glaube, es gibt nichts Natürlicheres, als Teile von uns in eine Ecke zu schieben, damit wir besser mit uns selbst und der Welt klarkommen. Es ist dein natürlicher Reflex, um zu überleben. Die Entscheidung zu treffen nicht machtlos sein zu wollen und Machtlosigkeit zu dämonisieren, heißt nicht unbedingt, dass du einen Schatten erschaffen hast. Sich entscheiden zu können, was für ein Mensch wir sein wollen, ist ein Zeichen kognitiver Intelligenz oder besser gesagt ein Zeichen von Bewusstsein. Was für ein Mensch will ich sein? Was für ein Mensch will ich nicht sein? Das sind die wichtigsten Fragen, die wir uns immer wieder stellen sollten.

Die Reaktion auf die Antworten entscheidet jedoch darüber, ob du ein Problem oder ein Potenzial erschaffst. Etwas von dir auszusortieren ist nicht das Problem. Es wird zu einem Problem, wenn du es immer wieder von dir fernhältst, dagegen ankämpfst und Widerstand erzeugst. Es wird zu einem noch größeren Problem, wenn du es langfristig vor anderen verstecken willst. Der Widerstand wächst. Besser gesagt: Eine weitere Schicht aus Widerstand wächst über diesen Teil.

Und es wird zu einem noch stärkeren Problem, wenn du es sogar vor dir selbst verstecken willst. Dann beginnst du, die Kontrolle über den Teil vollkommen zu verlieren. Eigentlich genau das, was du nicht willst. Da du keine Kontrolle mehr über den Teil hast, hast du nun auch noch Angst vor ihm. Und jetzt, na ja, voilà: Du hast einen Schatten erschaffen.

Ich gehe mit dir noch eine Stufe weiter und frage dich: Welche Rolle spielt hier eigentlich die Maske? Was ist die Aufgabe der Maske?

Wahrscheinlich zählst du schon eins und eins zusammen. Die Maske schützt dich und andere vor deinen eigenen Schatten. Da du die Kontrolle über bestimmte Teile verloren hast, ist die Maske dein imaginärer Schutzmantel. Die Maske ist die unsichtbare Trennung zwischen dir und deinen Mitmenschen. Die Maske ist aber auch die unsichtbare Trennung zwischen dir und dir.

Die Maske ist der Spiegel deiner inneren Trennung.
Der Spiegel deines Splits.

Der Split ist die Trennung zwischen deinem akzeptierten Ich und deinem unakzeptierten Ich. Um genau dem Teil in dir näherzukommen, der dir unbewusst Lebensenergie raubt, dein Leben steuert, aber auch goldene Schätze und Potenziale in sich trägt, musst du für dich damit Frieden schließen, dass du diese Trennung erschaffen hast. Diese Trennung ist gleichzeitig die Tür zu deiner wahren Kraft.

Der dunkle Ort

Lass die folgenden Sätze etwas auf dich wirken, während du sie langsam liest und, wenn du magst, zwischendurch die Augen schließt und nachspürst. Vervollständige den dritten Satz – immer wieder neu, so wie es für dich stimmt.

1. *Ich habe einen dunklen Ort in mir erschaffen, um geliebt zu werden.*
2. *Ich habe einen dunklen Ort in mir erschaffen, um zu überleben.*
3. *Ich habe einen dunklen Ort in mir erschaffen, um …*

Lass dieses Kapitel etwas sacken. Es war eine wichtige Vorbereitung für das, was dich im weiteren Verlauf des Buches erwartet. Und vielleicht bist du jetzt bereits auf den Geschmack gekommen, »hinter den Vorhang« zu blicken, und deine Neugier fesselt dich …

Wenn Wunden bluten.

Ein Leben voller Trigger

Nach vielen Jahren, die wir ununterbrochen aus dem Koffer lebten, ständig unterwegs, um Hunderte von Seminaren zu halten sowie Coaching- und Therapiesitzungen zu geben, hatte ich mir mit Bahar einen Traum erfüllt. Ich wollte schon immer in einer Dachgeschosswohnung leben. Ganz oben und frei. Mitten in Ingolstadt zogen wir in meine Traumwohnung ein. Es war meine damalige Definition von Erfolg. Praktisch über allen Dächern, erhaben. Doch spätestens im heißen Sommer sah meine Meinung zu meiner Erfolgswohnung etwas anders aus. Ich denke, du kannst es dir vorstellen.

Für uns ist unsere Arbeit unser Leben, und deshalb machten wir damals auch keine Trennung zwischen Privat- und Berufsleben. Ich richtete mir das Wohnzimmer so her, dass ich hier mit Freude und Leidenschaft Klienten empfangen konnte. Der Wohnbereich wurde zu einem stylischen Coaching- und Therapieloft, in dem ich es einfach liebte, mit Menschen zu arbeiten. Zumindest hatte ich mir das so vorgestellt. Doch jedes Mal, wenn ich mitten in einer Session war, der Klient tief entspannt in einer Art Trancezustand, ich höchst fokussiert und im absoluten Flow, machte sich ein ganz bestimmtes Geräusch bemerkbar. Nun, es machte sich nicht bemerkbar. Es penetrierte mich. Ungefähr zwanzig Meter gegenüber unserer Wohnung wütete die bayrische Normalität. Ein überaktiver Kirchturm. Alle fünfzehn Minuten musste er zeigen, dass er existiert. Wo war dieser Kirchturm eigentlich, als wir hier eingezogen sind? Ich weiß es nicht. Das Haus, in dessen Dachgeschoss wir wohnten, war in einem so ungeschickten Winkel zum Kirchturm platziert, dass bei manchen Wetterverhältnissen das Geläut von Wand zu Wand prallte und sich so laut aufschaukelte, dass unsere Fenster vibrierten. Ja richtig, alle fünfzehn Minuten. Auch bei geschlossenen Fenstern riss es meine Klienten immer wieder aus der Tiefenentspannung. Genau, alle fünfzehn Minuten. Ich nahm damals jede Session auf einem Aufnahmegerät auf, damit der Klient danach zu Hause mit der Aufnahme weiterarbeiten konnte. Der Kirchturm ist auf jeder einzelnen zu hören.

Ich wäre natürlich kein guter Coach, wenn ich nicht damit umgehen könnte, oder? Also nutzte ich das Ding-Dong als Soundeffekt für meine Sessions und baute es gezielt als mentalen Anker ein. Zum Beispiel so: »Jedes Mal, wenn du Ding-Dong hörst, entspannst du dich noch mehr und mehr.« Es funktionierte leidlich, auch wenn ich mich jedes Mal ein bisschen darüber aufgeregt habe, wie solch eine Kirchturmlautstärke überhaupt erlaubt sein kann.

Doch damit nicht genug. Den Großteil des Jahres wurde es über den Dächern von Ingolstadt so heiß, dass ich in kurzer Hose und Muscleshirt meine Sessions abhielt. Mir lief das Wasser runter, als hätte ich gerade ein Workout hinter mir. Hast du schon mal versucht, dich bei unerträglicher Hitze und schlechter Luft zu fokussieren? Dazu alle fünfzehn Minuten ein penetrierendes Geräusch, das sich anfühlt, als würde jemand mit einem Hammer auf deinen Kopf schlagen? Ich wäre kein guter Coach, wenn ich hier keinen Weg gefunden hätte, oder? Also habe ich vor jeder Session eiskalt geduscht und mir nasse Handtücher bereitgelegt.

So weit, so gut, aber die Sessions, die teilweise über drei Stunden gingen, wurden immer anstrengender. Sie haben mich mehr

Energie gekostet, als ich mir eingestand. Im Erdgeschoss begann dann auch noch eine zweijährige Bauphase. Jeden Morgen ab sieben Uhr fühlte sich der Kirchturm-Sound nicht mehr so allein. Nun vibrierten nicht mehr nur unsere Fenster, sondern auch der Boden und die Wände. Nonstop Bohrgeräusche, kombiniert mit der stickigen Hitze der Großstadt, garniert mit durchdringendem, nach Aufmerksamkeit schreiendem Kirchturmgebimmel. Wie klingt das für dich? Die optimalen Voraussetzungen, um mit einem Klienten entspannt und tief zu arbeiten, um Veränderungsprozesse loszutreten?

Nun kam ich wirklich an meine persönlichen Grenzen. Ja, ich hab auch die Bohrgeräusche mit in die Sessions eingebaut. Es blieb mir nichts anderes übrig. Wir hatten damals noch nicht die finanziellen Mittel, um eine extra Praxis zu mieten. Ich musste mit dem arbeiten, was ich hatte. Die ganze Situation wurde wirklich zu einer großen Belastung für mich. Ich wollte mich auf den Klienten fokussieren und nicht die ganze Zeit gegen einen Kirchturm in den Krieg ziehen. Selbst wenn ich es nicht als bewussten Krieg empfunden habe, befand ich mich im Kampf. Selbst wenn ich das Beste aus der Situation gemacht habe, war ich im Krieg. An der Oberfläche kämpfte ich ständig gegen unkontrollierbare Geräusche.

Ich fand eine Website, wie man einen Kirchturm »hacken« kann. Ja, du hast richtig gehört. Ich wollte die Zeitsteuerung des Kirchturms manipulieren oder sie einfach lahmlegen. In unserer Wohnung maß ich mit einem Dezibelmessgerät die Lautstärke des Geläuts, und sie war deutlich über dem, was wohl erlaubt ist. Ich nahm mir sogar die Zeit, Beschwerdeschreiben mit meinen Messungen zu verfassen, auf die ich allerdings nie eine Antwort erhielt. Ehrlich gesagt, habe ich solche Nörgler, die nichts anderes zu tun haben, als sich zu beschweren, immer zutiefst verurteilt. Nun wurde ich selbst zu einem. Dieser Kirchturm holte das Schlimmste aus mir heraus. Er jagte mich sogar in meinen Träumen. Derweil wurde das Geräusch für mich gefühlt immer lauter. Ich nahm es überall mit hin. Überall sah ich nur noch Kirchtürme. Meine Überforderung wurde immer größer. Mein Energieverbrauch wurde immer höher. Die Situation unter Kontrolle zu halten wurde zu einem Kraftakt. Bis ich schlichtweg nicht mehr konnte.

Eines Abends, nach einer langen, anstrengenden und schwitzigen Session, verabschiedete ich eine Klientin, und ehe ich die Tür geschlossen hatte, wurde mir schwarz vor Augen. Ich konnte mich gerade noch auf den Boden knien. Alles drehte sich. Es war heiß, laut, stickig und ich vollkommen überfordert. Vielleicht denkst du dir: Hey komm schon, es gibt Schlimmeres als Hitze und Geräusche. Und ja, du hast recht. Aber für mich war es schlichtweg ein Horrorszenario, das sich über Monate aufgebaut hatte. Ich konnte einfach nicht mehr. Ich war in einer Schockstarre. Ich konnte kaum noch atmen, innerlich bewegte sich für mich alles zehnmal so schnell. Jedes noch so subtile Geräusch, wie Kinder, die draußen spielten, kam mir unerträglich laut vor. Ich brach in Tränen aus und legte mich auf den Boden. Nahm einen tiefen Atemzug und schlief ein. Als wäre ich nach einem Überlebenskampf völlig erschöpft ins Koma gefallen. Bahar fand mich zwei Stunden später, als sie nach Hause kam, auf dem Steinboden liegend. Halb nackt natürlich. Sie schaute mir in die Augen und stellte mir nur eine Frage: »Gegen was hast du gekämpft?«

Diese eine Frage, genau zu diesem Zeitpunkt, also praktisch nach der Schlacht, ging mir bis in die Knochen. Ein Teil in mir wollte antworten: »Der widerliche Kirchturm!« Doch Bahar gab mir mit ihrem Blick so ein Gefühl von: »Ich muss nicht weglaufen.«

Ich sagte: »Ich habe keine Kontrolle. Ich hab den Kampf verloren.«

Das auszusprechen, nicht als Vorwurf, sondern als Eingeständnis, fühlte sich so befreiend an. Auszusprechen, keine Macht zu haben, ohne dafür den Kirchturm oder die Bauarbeiten zu beschuldigen, war so, als würde ich einen Felsen, den ich jahrelang auf dem Rücken geschnallt bergaufwärts geschleppt hatte, von der einen auf die andere Sekunde fallen lassen. Ich wollte mich nie machtlos fühlen. Ich wollte keine Kontrolle verlieren. Ich wollte nie schwach sein. Die Kirchturm-Geschichte zeigte mir aber, dass ich tatsächlich genau das bin, was ich so sehr verabscheute, und vor allem, dass ich davor nicht mehr weglaufen konnte. Es hat mich im wahrsten Sinne des Wortes in die Knie gezwungen. Ich kämpfte gegen das, was ich mein Leben lang nicht sein wollte. Die Kirchturm-Situation hat diesen unbewussten Kampf sichtbar werden lassen. Der Kampf hatte einen physischen Schauplatz bekommen, damit ich ihn nicht mehr übersehen konnte.

> Das Leben platziert uns immer an Orte,
> die in uns aufwecken, was zu wenig oder keine
> Aufmerksamkeit von uns bekommt.

Der lang ersehnte und jahrelang perfekt geplante Urlaub entpuppt sich als explosiver Streitplatz deiner Beziehung. Die Traumwohnung wird plötzlich für Jahre von einer angrenzenden Baustelle akustisch und visuell überschattet. Das Leben platziert uns immer wieder in Situationen, die wir gekonnt vermeiden wollten. An einem Samstagmorgen stolperst du aus dem Bett, und anstatt dich wie immer fresh für den Tag zu machen, fährst du direkt so, wie du bist, zur Post, um ein Paket abzuholen. Alles, was du willst, ist, unbemerkt, unsichtbar und ohne viel reden zu müssen, wieder nach Hause zu kommen. Doch was für ein Zufall, dass sich die Familie deines Partners gerade jetzt vor der Post zum Guten-Morgen-Small-Talk versammelt hat … Kurz vor dem Meeting deines Lebens, vor der Chance, auf die du so lange hingearbeitet hast, wirst du krank. Du sabotierst dich, bevor du überhaupt loslegen konntest.

Das Leben stellt dir immer wieder die gleichen drei Fragen:

1. »Was willst du nicht sehen?«
2. »Was willst du nicht fühlen?«
3. »Was willst du nicht sein?«

Wann hat das Leben dir gezeigt, dass du offenbar keine Kontrolle über das hast, was du willst? Wann ist etwas passiert, das du um jeden Preis vermeiden wolltest? Wann hast du das letzte Mal eine Situation erschaffen, die dich gezwungen hat hinzusehen, obwohl du lieber weggeguckt hättest? Wann hat dich das Leben aufgefordert, das Weglaufen zu beenden? Wann hast du das letzte Mal genau das Gegenteil von dem, was du eigentlich wolltest, in dein Leben gezogen?

Kannst du dich überhaupt an solche Momente erinnern? Oder legst du dir die Manifestation von den Dingen oder Umständen, die du *nicht* haben wolltest, so aus, als wäre es das, was du brauchtest, und alles ist gut so, wie es ist? Vielleicht gibt es in deiner Welt keine negative Manifestation, weil du aus jeder Situation das Beste machst? Oder vielleicht sind es für dich unglückliche Zufälle, die halt einfach mal passieren? Vielleicht denkst du, du warst einfach nicht positiv genug ausgerichtet und hast deshalb das Negative in dein Leben gezogen?

Wie legst du es für dich persönlich aus? Was ist für dich die Bedeutung solcher Situationen? Ein positives Mindset kann so wichtig sein und uns durch schwierige Situationen bringen. Wenn wir es aber dafür missbrauchen, besser im Unterdrücken zu werden, wird das positive Mindset toxisch.

Wenn sich die Spannung im Keller entlädt

Stell dir einen alten Keller vor – den Geruch und das Gefühl, wenn du die Treppen nach unten gehst. Kein Sonnenlicht, nur ein billiges verstaubtes Kellerlicht. Dieser Keller dient nur einem Zweck: dass du das, was du nicht brauchst, abstellen und vergessen kannst. Am besten in oft benutzten Kisten und versifften Umzugskartons. Nicht einmal du weißt später noch, was da drinnen ist. Der Keller ist ein Ort, den du lieber schnell wieder verlässt. Nur in Notfällen begibst du dich in diese Staubwolke. Tür zu. Der Keller ist der letzte Ort, den du vorzeigen würdest, oder? Natürlich gibt es Ausnahmen, aber ich glaube, du weißt, worauf ich hinauswill, oder?

Der physische Keller ist die perfekte Metapher für unseren unbewussten Keller. Für den dunklen Ort. Was wäre, wenn dieser Keller dein Leben steuert? Was wäre, wenn all die verstaubten Teile, die du dort abgelegt hast, genau die Situationen im Außen erschaffen, die du um alles in der Welt vermeiden willst? Was wäre, wenn es ständig an deiner Kellertür klopft und du dieses Geräusch gekonnt überhörst?

Die einzige Möglichkeit, dieses Geräusch nicht mehr zu überhören, ist tatsächlich eine Situation im Außen, die dich zwingt hinzuhören. Zum Beispiel Menschen, die in dein Leben kommen und deine wunden Knöpfe drücken. Das müssen diese Menschen nicht einmal bewusst tun. Du tust alles dafür, einen positiven und netten Eindruck bei ihnen zu hinterlassen, und kannst dich aber plötzlich nicht beherrschen, böse, zweideutige oder sarkastische Bemerkungen zu machen. Oder du verurteilst wütende Menschen – und in Momenten, in denen dir alles über den Kopf wächst, schreist du deine Kinder an. Du kannst es nicht leiden, wenn du von anderen manipuliert oder gesteuert wirst, machst aber selbst genau das Gleiche in Momenten, wo du nicht weiterweißt und nicht das bekommst, was du willst. Du kannst Lügner nicht ausstehen, aber in den Momenten, in denen deine Stimme gefragt wäre, hältst du dich zurück oder redest um den heißen Brei herum, weil du Angst hast, deine Wahrheit auszusprechen.

Es sind die Momente der Schwäche, die deine Kellertür aufsprengen. Wenn du schwach, unkonzentriert, überfordert, genervt oder einfach nur müde bist, hältst du die Tür zum Keller nicht mehr fest genug zu. Du verlierst für einen Moment die Kontrolle. Ein Mikromoment reicht aus, um alles zu zerstören oder zu sabotieren, was du dir jahrelang aufgebaut hast.

Du weißt, dass du deine Leichen im Keller hast. Unausgesprochene Gedanken, die du niemals mit der Öffentlichkeit teilen würdest. Den Wunsch, dass ein Mensch, der dich zutiefst verletzt hat, vom Erdboden verschluckt wird. Der Arbeitskollege, der dich seit Jahren vor deinem Chef auflaufen lässt und dir das Leben zur Hölle macht, könnte doch einfach von einem Auto überfahren werden … Du weißt, welche Gedanken ich meine, oder? Wir alle kennen sie. Lass uns nicht so tun, als hätten wir sie nicht.

Das Schlimmste, was uns passieren kann, ist, dass wir nun denken, wir wären dadurch schlechte Menschen. Diese Verurteilung danach macht es noch viel schlimmer. Diese Gedanken landen dadurch überhaupt erst in deinem Keller und auch der Teil von dir, der diese sogenannten bösen Gedanken denkt. Mit diesem Konzept der sündigen Gedanken oder bösen Bedürfnisse arbeiten Kirchen seit Jahrhunderten sehr erfolgreich.

Die Absicht, aus Menschen gute Menschen zu machen, indem man davon ausgeht, dass ein Teil in ihnen böse ist und deshalb hinter verschlossenen Türen gehalten werden muss, schafft erst den Nährboden für die Dämonen, die man eigentlich zu bekämpfen versucht.

Ich muss dir nicht erklären, in welche Skandale die Kirche immer wieder verwickelt war und ist. Da geht es nicht um Einzelfälle. Es ist der natürliche Reflex bei einer erfolgreichen Unterdrückung und Dämonisierung von Bedürfnissen, Gedanken und Gefühlen. Der Keller platzt einfach auf. Je mehr Druck wir aufbauen, desto gewaltiger ist die Explosion.

Wir alle kennen es. Der nette höfliche Nachbar mit dem korrekt aussehenden und immer sauberen Garten schlägt hinter verschlossenen Türen seine Frau windelweich. Die immer weiß gekleidete, spirituell leuchtende Leitfigur lästert plötzlich primitiv und vulgär über die Konkurrenz, während sie nicht merkt, dass die Kamera noch läuft.

Die Tratschblätter sind voll mit solchen Geschichten. Filmstars, die von heute auf morgen in einem Missbrauchsskandal verwickelt sind. Der Aufstieg von Selfmade-Millionären und der tiefe Fall danach. Es ist schon fast peinlich, dass wir solchen Geschichten überhaupt eine Plattform geben, indem wir sie konsumieren, oder? Liegt es an unserer Sensationsgeilheit? Lieben wir diese Geschichten, weil wir uns mit unserem eigenen Versagen dann besser fühlen? Warum können wir nicht alle damit aufhören, uns an dem Fallen anderer aufzugeilen?

Hier beginnt bereits ein Moment der Wahrheit. Kannst du dir eingestehen, dass es einen Teil in dir gibt, der diese Geschichten liebt? Kannst du dir eingestehen, dass es einen Teil in dir gibt, der sogar Freude empfindet, wenn andere fallen? Was wäre, wenn viele von uns gar nicht anders können? Was wäre, wenn wir diese Geschichten brauchen? Ja, du hast richtig gehört. Jeder Skandal, jede schockierende Geschichte über Menschen, vor allem über die, von denen du es nicht erwartet hättest, wird von dir als Ventil für deinen eigenen Keller genutzt. Das, was in deinem Keller brodelt und von dir nicht gehört wird, entlädt sich durch die Dramageschichten im Fernsehen.

Denk mal an eine Geschichte dieser Art, die du kürzlich gehört hast. Wie hast du dich dabei gefühlt? Ja, du warst schockiert. Ich kann dich verstehen. Du konntest es kaum glauben. Du warst verwundert. Aber du warst auch noch etwas anderes. Es hatte eine befreiende Komponente, oder? Du darfst ehrlich zu dir sein. Vielleicht war es ein subtiles inneres Aufatmen. Eine Art innere Befreiung. Diese schockierenden Geschichten anderer geben dir für einen Moment die Erlaubnis, deine eigenen Dämonen freizulassen. Du weißt für einen Moment, dass du mit all deinen versteckten, schlechten, bösen, dunklen Gedanken nicht allein bist. Dass du okay bist mit deiner anderen Seite. Deshalb lieben wir auch Geschichten, die schon fast unglaubwürdig und so übertrieben schockierend sind, dass dagegen unsere eigenen Leichen im Keller wie ein wunderschöner Rosengarten wirken.

Je dunkler die Geschichten anderer, desto besser fühlen wir uns mit unserer eigenen Dunkelheit.

Wir sind besessen von dem Gedanken, andere fallen zu sehen. Es ist die sichere Möglichkeit für uns, unseren eigenen Dreck ohne Druck loszuwerden und die Ladung abzuwerfen. Das setzt neue Energie frei. Ein befreiendes Gefühl. Als würdest du mit Gewicht an den Beinen umherlaufen und plötzlich fällt die Last ab. Danach fühlst du dich, als würdest du fliegen. Wir würden nie zugeben, dass wir durch den Fall anderer enorme Energie erhalten, oder? Wahrscheinlich auch deshalb, weil wir diese Tatsache sogar vor uns selbst verbergen.

Es ist eine sichere Variante, ein bisschen was von der eigenen Scheiße zu entladen, ohne sich mit ihr auseinandersetzen zu müssen. Ich nenne es »blindes Entladen«. Aus dieser Perspektive müssten wir fast dankbar sein, dass die Medien ihre Macht missbrauchen und uns so viel Negatives vors Gesicht knallen. Wenn es diese sichere Variante der Entladung nicht geben würde, würden wahrscheinlich noch viel mehr Menschen völlig unangemessen auf Alltagsereignisse reagieren und explodieren.

Etwas zu entladen, ohne dich damit zu beschäftigen, warum es überhaupt erst so voll und aufgeladen wurde, ist eine temporäre, aber, wie du dir vorstellen kannst, keine langfristige Lösung. Du fühlst dich kurzfristig befreit, kurzfristig leichter und kurzfristig besser. Doch es ist nur eine Frage der Zeit, bis das Wasser in deinem inneren Schnellkochtopf ein neues Ventil braucht. Bis dein Keller wieder aus allen Nähten platzt. Also hält ein Teil in dir bereits unbewusst Ausschau nach Geschichten und Möglichkeiten, die dir als Trigger für deine Entladung dienen könnten. Ich gehe sogar einen Schritt weiter: Jeder Versuch, den Fernseher rauszuschmeißen und dich auf das Positive zu fokussieren, wird langfristig scheitern. Jeder noch so gut gemeinte Ratschlag, positiv zu denken, wird von dir, ohne dass du es merkst, sabotiert. Du kannst gar nicht anders. Genau wie wir alle bist du süchtig nach negativen Geschichten im Außen, da wir sie unbewusst brauchen. Vielleicht ist das der Grund, warum so viel Negatives in unserer Welt geschieht. Wir erschaffen es, oder besser gesagt: Wir spielen eine wichtige Rolle in diesem Spiel. Wir erschaffen es mit.

Ein gefährlicher Kreislauf hält dich gefangen – und du darfst bereits jetzt beginnen, diese Zusammenhänge in dir und in anderen zu sehen: »Ich brauche Negativität im Außen, um meine eigene Negativität zu entladen.« Denk an Menschen, die in deinen Augen ständige Nörgler sind, oder an die, die jede noch so aktuelle Schock-Story schon in- und auswendig kennen. Ja, es ist immer einfacher, andere zu analysieren als sich selbst, oder? Man kann spüren, dass diese Geschichten solchen Menschen Kraft verleihen.

Wir sind Gewohnheitstiere und beschützen unsere Komfortzone, auch wenn sie für viele zu einem Gefängnis wurde. Du weißt, wie schwierig es für viele von uns ist, Gewohnheiten zu verändern oder loszulassen, oder? Wie aber sieht es mit den Gewohnheiten aus, die dir nicht bewusst sind, da sie Teil deines Schattenkonstrukts sind? Sozusagen Schattengewohnheiten. Etwas loszulassen, von dem du nicht weißt, dass es da ist, ist möglich, aber für die meisten von uns nicht einfach. Um etwas loszulassen, müssen wir es daher zuerst festhalten. Wir müssen es in unseren Händen halten. Es roh und echt in Besitz nehmen. Sonst können wir den Griff nicht lockern.

Etwas in mir selbst bewusst in Besitz zu nehmen,
von dem ich denke, dass es nicht liebenswert,
dreckig oder abscheulich ist, ist für mich Selbstliebe.

Ich spreche von »in Besitz nehmen«, nicht von »lieben«. Etwas in Besitz zu nehmen bedeutet, es als einen Teil von dir zu erachten. Welche Teile sind es, die du nicht bei dir haben willst? Welche Teile von dir schreien nach Leben, haben in deinen Augen aber kein Leben verdient? Es sind die Teile, die im Dunkeln liegen und dein Leben steuern. Da du diesen Teilen nicht genügend Aufmerksamkeit gibst, suchen sie sich einen Weg, um das zu bekommen, was sie wollen. Sie wollen gesehen werden.

Je mehr wir diese Teile verurteilen, desto stärker wird irgendwann die Explosion. Je mehr wir diese Teile wegsperren, desto weniger Kontrolle haben wir darüber. Je mehr wir so tun, als wären wir nicht diese Teile, desto stärker kleben sie an uns. Unser Leben wird zu einer Flucht vor einem Großteil unserer Kraft. 50 Prozent deiner Kraft liegt im Dunkeln. Im Unsichtbaren. Im Keller.

Mit weiteren 30 Prozent bist du die meiste Zeit damit beschäftigt, die Tür zu diesem Teil zuzuhalten. Es ist dein täglicher unbewusster Energieverbrauch, um die Show am Laufen zu halten. Stell dir selbst die Frage, wie viel Energie du am Abend noch zur Verfügung hast, wenn du von der Arbeit nach Hause kommst. Wie viel von dir als Mensch hat deine Familie am Abend noch? Vielleicht bist du ein lebendiges Minenfeld, und es ist schwer, nicht auf deine »emotionalen Minen« zu treten? Du hast nur ein gewisses Pensum an Energie über den Tag zur Verfügung, einen Großteil verbrauchst du damit, die Tür zum Keller verschlossen zu halten. Wenn diese Energie verbraucht ist, ist es leicht, deine wunden Punkte zu treffen. Es ist ein Kinderspiel, deine Kellertür zu öffnen. In den meisten Fällen steht sie zu diesem Zeitpunkt wahrscheinlich sowieso längst offen.

Du machst den Tag, die Arbeit, die Kollegen oder was auch immer dafür verantwortlich, dass du halb tot ins Bett fällst. Mit Sicherheit spielen diese Dinge eine Rolle und leeren deinen Energietank. Was aber, wenn du tatsächlich täglich 30 Prozent deiner Kraft verlierst, nur um die Kellertür zuzuhalten? Wenn du so viel Kraft dabei verlierst, die Fassade aufrechtzuerhalten? Aufzupassen, dass ja nichts durchsickert. Ständig unbewusst zu kontrollieren, dass nichts durch die Kellertür entkommt? Dir bleiben 20 Prozent deiner Kraft, um dir das Leben deiner Träume zu erschaffen. Viel Glück. 20 Prozent bewusste Kraft. 20 Prozent deiner Kraft für bewusst gewählte Entscheidungen. 20 Prozent deiner Kraft, um sie in deine Beziehungen fließen zu lassen. In die Erschaffung deines Lebens.

Langen dir diese 20 Prozent? Kommt darauf an, was du willst. Für die meisten Menschen sind 20 Prozent mehr als genug. Eine Sparflamme ist besser als keine, oder? 80 Prozent ihres Lebens werden durch ihre Umstände gesteuert. Das Leben schubst sie mal in die eine und mal in die andere Richtung. Der Tag sickert ihnen durch die Finger. Das Leben fließt an ihnen vorbei. Ich weiß genau, wovon ich spreche. Mir ging es lang genug genauso. Was hätte ich lange Zeit gesagt? »Das Leben ist anstrengend. So viele Parameter, die ich zu kontrollieren versuche, aber je mehr sie ich kontrollieren und bewusst einen Weg einschlagen will, desto mehr Steine wirft man mir in den Weg. Je mehr ich mich zeigen will, desto mehr werde ich verurteilt und bloßgestellt. Je mehr ich mich auf das Positive fokussiere, desto wuchtiger renne ich plötzlich gegen eine unsichtbare Mauer. Je mehr Geld ich durch einen neuen Auftrag verdiene, desto weniger kann ich halten.« Das ist das Resultat, wenn wir einen inneren Spagat leben. Der eine Teil zieht nach links und der andere nach rechts. Ein innerer Kampf. Ein anstrengendes Leben.

20 Prozent sind dir zu wenig? Ich kann dich verstehen. Und dabei muss es auch nicht bleiben. Du kannst den Teil, gegen den du unbewusst kämpfst, wieder zurück in dein Boot holen. Du kannst deine innere Zerrissenheit beenden. Du kannst die Energie, die durch einen unbewussten Kampf verloren geht, zurückerobern und für dich nutzen. Du musst dein Potenzial nicht entfalten oder freilegen. Du musst den Kampf dagegen fallen lassen, dann wird es für dich unübersehbar. Hinter allem, was an deinem dunklen Ort gelandet ist, versteckt sich ein Potenzial. Eine Möglichkeit. Eine Fähigkeit. Eine Kraft.

Mythos: Gesetz der Anziehung
Falle: Where focus goes, energy flows

Das Gesetz der Anziehung besagt, dass wir das in unser Leben ziehen, auf das wir uns kontinuierlich fokussieren. Worauf du deinen Fokus legst, dorthin fließt auch deine Energie. Fokussiere dich für dreißig Sekunden auf ein positives Erlebnis in der Vergangenheit, und du wirst eine Veränderung in deinem Gemütszustand spüren. Fokussiere dich jeden Tag für mehrere Minuten auf das, wofür du dankbar sein kannst, und du wirst eine Veränderung in deinem Alltag spüren.

Dankbarkeitslisten waren eines der ersten Dinge, die ich bei Seminaren, an denen ich teilnahm, gelernt habe. Viele unserer Gedanken zeigen sich in negativen Spiralen, und eigentlich drehen sie sich immer um die gleichen Themen. Warum also nicht den Fokus auf etwas anderes legen? Warum nicht die Kraft des Bewusstseins dazu nutzen, um das Leben zu erschaffen, das ich eigentlich will? Klang einleuchtend. Irgendetwas funktionierte hier aber für mich nicht. Schon beim Aufschreiben von den Dingen, für die ich dankbar bin, wurde eine andere Stimme in mir immer lauter: Warum schreibst du, dass du dankbar bist, am Leben zu sein? Du kannst dein Leben doch nicht ausstehen? Warum bedankst du dich für finanzielle Freiheit, obwohl dein Bankkonto im Minus ist? Warum sagst du, du bist dankbar, obwohl du es nicht fühlen kannst? Warum lügst du dich an? Du kennst doch die Wahrheit? … Ich habe diese Stimme ganz bewusst verdrängt. Ich habe einfach weitergemacht, mich in Dankbarkeit zu üben.

Bei Tony Robbins, einer der einflussreichsten und beeindruckendsten Persönlichkeiten im Coaching-Bereich, habe ich gelernt, meinen Zustand zu verändern. Meinen Körper, meine Haltung, die Art und Weise, wie ich meine Stimme oder meine Gesichtsmuskeln nutze oder nicht, all das beeinflusst meinen gesamten Zustand. Du kennst vielleicht den Unterschied: Einmal fällst du in der Früh groggy aus dem Bett, setzt dich mit müden Augen an den Frühstückstisch und wartest, bis du endlich wach bist und einen klaren Gedanken fassen kannst. Ein andermal nimmst du als Erstes nach dem Aufstehen eine eiskalte Dusche oder machst sofort ein 20-Minuten-Workout, ehe du die Augen öffnest. Der Unterschied in deiner Energie, Wachheit, Präsenz, Ausstrahlung, Offenheit und Klarheit ist sogar messbar. Im zweiten Fall hast du mehr Sauerstoff im Blut, dein Körper ist wach, mehr Glückshormone sind aktiv, und der Tag kann kommen. Deine Bereitschaft, Risiken einzugehen oder Herausforderungen anzugehen und sie zu meistern, ist in einem »hoch schwingenden« Zustand viel höher als in einem »niedrig vibrierenden«

Zustand. Die Energie, mit der du etwas tust, entscheidet über alles.

Deine Energie spricht immer lauter als deine Taten
oder deine Worte. Denn deine Energie ist es,
die du ausstrahlst, egal was du tust oder sagst.

Kein Wunder also, dass ich süchtig danach war, mich gleich in der Früh zu brechen. Ja, du hörst richtig. Brechen. Ich wollte hoch schwingen. Bahar machte mich teilweise echt wahnsinnig. Ihr leuchtendes Lächeln schon ganz früh am Morgen. Mit einer schwebenden Leichtigkeit machte sie bereits um fünf Uhr morgens ihre yogischen Sonnengrüße. Natürlich bewunderte ich das, aber wieso konnte ich das nicht? Wenn ich in der Früh aufwachte, fühlte ich mich wie überfahren. Besser gesagt wie ein Lkw. Viele PS, aber viel zu schwer, um zu beschleunigen. Mein Körper schwer, meine Augen müde. Bis ich in Fahrt war, war es schon früh am Abend, und der Tag war gelaufen. Ich schleppte mich durch die erste Hälfte des Tages.

Meinen Groggy-Zustand am Morgen in wahrsten Sinne des Wortes zu brechen war meine Lösung. Egal, wie kaputt ich mich am Morgen fühlte, ich nutzte die Kraft meines Willens. Kopfhörer rein. Workout an. Nach dreißig Minuten war ich ein neuer Mensch. Die ersten zehn Minuten waren immer die härtesten. Sie waren die zehn Minuten des Durchbruchs. Das meine ich wortwörtlich. Das Ganze funktionierte gut für mich, auch wenn es wehtat. Es wurde zu meiner täglichen Routine, inklusive fünf Minuten, in denen ich auf die Suche nach etwas ging, wofür ich dankbar sein kann. Es funktionierte. Ich fühlte mich besser.

Nun meine Frage an dich: Was denkst du, wie lange hat mein hoch vibrierender Zustand angehalten? Den ganzen Tag? Sechs Stunden? Wie lange hat mein energetischer Pump gehalten? Na ja, es kommt darauf an. An guten Tagen bis zum Mittagessen, an schlechten vielleicht eine Stunde. Bereits nach einer Stunde wurden meine negativen Gedanken wieder lauter. Die dunkle Wolke kam zurück und legte sich um meinen Kopf herum. Der Nebel wurde dichter. Meinen Fokus zu halten verbrauchte mehr Energie. Positiv zu bleiben kostete mich Kraft.

Wie konnte das sein? Es war für mich natürlicher, mir Sorgen zu machen, als zufrieden zu sein? Es fiel mir leichter, negativ zu denken als positiv? Was stimmte mit mir nicht? Na ja, egal. Ich wusste, wie ich es verändern kann: ungefähr drei Minuten schnell und tief atmen, dabei den Körper bewusst einsetzen. Ich war wieder wach. Der Sauerstoff zurück in meinem Gehirn. Nebel weggefegt. Ich schwang wieder hoch … Du kannst aus diesen Zeilen wahrscheinlich schon herauslesen, dass das langfristig keine Lösung für mich war. All die Atemübungen, Workouts oder Dankbarkeitslisten wurden für mich zu einem energetischen Pump. Der Begriff »Pump« kommt in diesem Sinne vom Krafttraining und ist der Zustand der angeschwollenen Muskeln nach den Krafteinheiten. Er flacht aber nach einer gewissen Zeit ab, wenn sich das Blut aus den Muskeln wieder zurückzieht.

Je mehr ich den energetischen Pump für mich nutzte, umso stärker wurde eine andere Seite in mir, die ich dadurch nur intensiver verdrängt hatte. Je mehr ich die beschriebenen Tools für meinen kurzfristigen Pump nutzte, umso schlechter fühlte ich mich auf der anderen Seite. Sind diese Tools schlecht? Nein, keinesfalls. Diese Tools bewirken Wunder, wenn du weißt, warum du sie nutzt. Wenn du es nicht weißt, wird jedes Tools zu einer weiteren Strategie, etwas, das du nicht fühlen oder sehen willst, zu überdeckeln. Jedes Tool kann für dich oder gegen dich verwendet werden. Es ist wie mit Geld. Geld ist nicht gut oder schlecht. Wir Menschen machen es zu etwas Gutem oder Bösem. Nur weil manche Menschen mit Geld etwas zerstören, heißt das nicht, dass Geld zerstörerisch ist. Der Mensch ist es, wenn er das Geld entsprechend einsetzt.

Ich jedenfalls nutzte diese Tools, um mich noch mehr von meinen tiefen Selbstzweifeln und Ängsten abzulenken. Tief in mir fühlte ich mich als Versager, als Looser, als jemand, der sein Potenzial vergeudet und nicht nutzt. Es tut weh, das zu fühlen. Meinen Zustand und dadurch meine Schwingung zu verändern war meine Strategie wegzulaufen. Meine Strategie der Unterdrückung.

Nur ein Mensch, der von Haus aus niedrig schwingt, muss sich immer wieder in einen hoch schwingenden Zustand versetzen. Nur ein Mensch, der niedrig schwingende Frequenzen aussendet, muss diese immer wieder neu unterbrechen und sich neu ausrichten. Nur ein Mensch, der ständig negative Gedanken produziert, muss diese durch bewusst positive unterbrechen.

Der schnellste Weg, wirklich hoch zu schwingen, ist der, den Zustand zu lieben, in dem du nicht hoch schwingst.

Ja, das ist der schnellste Weg, aber praktisch nicht der einfachste. Es ist der Weg, der dich zum Nährboden deiner negativen Gedanken führt. Es ist, als würdest du nicht mehr versuchen, mit einem positiven Gedanken einen negativen Gedanken zu verändern, sondern direkt mit der Brutstätte deiner negativen Gedanken Kontakt aufnehmen.

Die Frage ist dann nicht mehr nur: »Wie verändere ich meinen Zustand?«, sondern auch: »Was in mir produziert meinen aktuellen Zustand?«, »Was hält meinen aktuellen Zustand am Leben?«, »Was nährt meinen aktuellen Zustand?«, »Warum halte ich meinen negativen Zustand aufrecht?«. Heißt das, dass du keine positiven Gedanken mehr haben und nicht mehr dankbar sein sollst? Nein, das meine ich damit nicht. Ein positives Mindset ist genauso wichtig wie die Hygiene deines Körpers. Wenn aber das positive

Mindset zur Überlagerung deiner Schattenwelt dient, dann wird es zu einer Waffe, die du gegen dich selbst richtest. Nicht kurzfristig, aber langfristig. In den meisten Fällen ist ein positives Mindset nämlich kein positives Mindset. Es ist für die meisten von uns die Fähigkeit, uns etwas Hässliches schönzureden. Etwas Saures süß und verdaulich zu machen. Der ungeliebten Realität zu entkommen und sie mit goldenem Glitzer zu überstreuen.

Was bedeutet ein positives Mindset? Es ist im Grunde die uns angeborene Fähigkeit, das Gute und die Chance in jeder schlechten Situation zu sehen. Eigentlich nichts Schlechtes, oder? In der Theorie klingt es hervorragend.

Wenn wir aber das Gute sehen wollen,
um das Schlechte nicht zu sehen, arbeiten wir auf
der Ebene der Unterdrückung.

Stell dir vor, ich komme nach Hause und mein Haus ist ausgebrannt, während ich in der Arbeit war. Wenn ich mir jetzt einrede, dass das überhaupt kein Problem sei, da ich sowieso neue Möbel gebraucht habe, ist das kein positives Mindset. Es ist erfolgreiche Unterdrückung. Die Unterdrückung von Existenzängsten, von Verlust, von Trauer, von Hass, von Wut und weiteren Hunderten von Emotionen, die in diesem Moment umherschwirren könnten.

Sollte ich das Geschenk und das Positive in einer schlechten oder schmerzvollen Situation sehen? Ja, natürlich. Nur sollte das nicht unbedingt der erste Schritt sein. Der erste Schritt sollte genau das sein, was uns kollektiv abtrainiert wurde und wird: das Fühlen selbst. Das Natürlichste der Welt: einen Sturm aus Emotionen im Körper wüten zu lassen und den Sturm wieder gehen zu lassen.

Anstatt dich nur auf das Positive zu fokussieren oder nur Dankbarkeitslisten zu machen, darfst du dir erlauben, in der Unterdrückung zu scheitern. Du kennst dich besser als jeder andere, und du weißt, welche Gefühle, welche Zweifel oder welche Form von Selbstverurteilung nach oben kommen könnten, oder? Was wäre, wenn du dir bereits am Morgen die Erlaubnis gibst, all das zu fühlen, was sich zeigen möchte? Was wäre, wenn du bereits am Morgen das Ventil öffnest, damit gar nicht erst so viel innerer Druck entstehen muss?

»Ich werde heute scheitern.«

Was wäre, wenn du am Morgen ein paar tiefe Atemzüge nimmst, beide Hände auf deinen Solarplexus legst und zu dir selbst sprichst: »Ich werde heute darin scheitern zu unterdrücken, was gelebt werden will.« »Ich werde heute darin scheitern, meine Wut zu unterdrücken, die gefühlt werden will.« »Ich werde heute darin scheitern, meine Zweifel zu unterdrücken, die gehört werden wollen.« »Ich werde heute darin scheitern, meine Liebe zu unterdrücken, die geteilt werden will.« »Ich werde heute darin scheitern, meine Lebendigkeit zu unterdrücken, die gelebt werden will.« Und so weiter.

Ich ahne, was du jetzt denkst. »Warum formulierst du das nicht positiv, Jeffrey? Wieso muss ich scheitern, um meine Liebe zu fühlen? Kann ich das nicht positiv umschreiben?« Ich versteh dich. Natürlich kannst du das auch positiv formulieren. Das würde ich dir aber nicht empfehlen. Der Punkt ist: Du hast schon längst einen Widerstand gegenüber dem Scheitern an sich aufgebaut. Niemand von uns will scheitern, oder? Die Angst vor dem Scheitern ist für viele von uns der größte Antrieb. Fehler zu machen wird nicht gerade belohnt. Wir haben panische Angst vor

Fehlern – und noch mehr Angst haben wir davor, selbst der Fehler zu sein.

Schließe Frieden damit, dass du sowieso schon längst darin gescheitert bist, deine Gefühle und deine Gedanken zu unterdrücken. Du weißt, dass sie immer wieder hochkommen, egal, wie oft oder wie stark du deine Zweifel und Ängste wegschickst, oder? Wieso sich also nicht in der Früh schon damit anfreunden, dabei zu scheitern, das zu unterdrücken, was gelebt werden will? Dadurch akzeptierst und begrüßt du dein Scheitern. Du nimmst ein wenig Druck raus. Du erlaubst dir, in der Unterdrückung zu scheitern. Da du es gewohnt bist, punktuell erfolgreich im Unterdrücken zu sein, wird es sich wie Scheitern anfühlen, wenn du mal nicht unterdrückst. Mit der Intention »Ich werde heute darin scheitern, meine … zu unterdrücken« darfst du dich bereits mit dem Gefühl des Scheiterns anfreunden und dir erlauben zu scheitern. Ganz offiziell. Du darfst dir erlauben, das zu fühlen, was gefühlt werden will.

Der Schatten des Reframings

Während ich dieses Buch schreibe, befinden wir uns inmitten der Corona-Krise. Unsere Events wurden zigfach verschoben und teilweise komplett abgesagt. Die Umstände zwangen mich und Bahar, umzudenken und unsere Arbeit neu zu erfinden. Wir wollen weiterhin Menschen auf eine intensive und intime Art und Weise erreichen. Das ist unser Leben. Also haben wir begonnen, Events teilweise virtuell über große LED-Wände zu veranstalten. Hunderte von Teilnehmer waren somit live über Zoom in die Halle zugeschaltet, in der wir ohne Publikum auftraten, und es entstand ein ganz neues Event-Format, das unglaubliche Chancen bietet. Das Schöne daran: die Begeisterung der Teilnehmer. Die Technik heutzutage macht es möglich, verbunden zu sein, ohne verbunden zu sein.

Ich bin für diese Möglichkeit unglaublich dankbar, trotzdem hat sie einen Beigeschmack. Einen faulen Beigeschmack, den ich durch meine Dankbarkeit nicht überschreiben möchte. Ja, die Umstände zwingen uns, uns zu verändern. Sie fordern uns heraus und ja, ich sehe all das als Chance. Hier lauert aber die Falle des Reframings: Wir deuten Dinge um, und das nicht immer so, wie es nützlich wäre. Das Positive in einer unangenehmen Situation zu sehen betrachten wir oft als Stärke. Wir werten es als Optimismus, Chancen statt Probleme zu sehen. Wenn wir aber das Positive nur sehen wollen, um die Scheiße, die darunterliegt, zu überdeckeln, da wir sie nicht sehen wollen oder so tun wollen, als existiere sie nicht, wird Reframing zu einer Waffe.

Auch wenn ich die Chancen sehe, heißt das nicht, dass ich mit dem einverstanden bin, was gerade auf der Welt passiert. Ich bin nicht damit einverstanden, wie ein Virus weltweit als die größte Bedrohung der Menschheit dargestellt wird, während die allermeisten von uns schon ihr ganzes Leben lang viel schlimmeren Gefahren ausgesetzt waren. Ich bin nicht damit einverstanden, wie so gut wie jede Volkskrankheit plötzlich durch den Fokus auf Corona »ersetzt« wird. Ich bin nicht damit einverstanden, ständig in Angst und mit lauter Schutzmaßnahmen vor einer unsichtbaren Gefahr zu leben, während die echten Gefahren aus meiner Sicht ganz woanders liegen. Ich bin nicht damit einverstanden, im Namen der Gesundheit Kinder Massentests zu unterziehen und gleichzeitig in der Schulpause Schokoriegel und Zuckerbomben zu verkaufen. Ich bin nicht damit einverstanden, Menschen mit einer Currywurst oder einem Donut zu locken, damit sie sich einer Impfung unterziehen. Für mich passt das alles nicht zusammen. Ich bin nicht damit einverstanden, wie wenig über die Kraft des Immunsystems und die Möglichkeiten, über unseren Lebensstil die Abwehrkraft zu beeinflussen, berichtet wird. Gesundheit beginnt für mich ganz woanders. Bei uns selbst und bei all dem, was ich in diesem Buch beschreibe. Sie beginnt bei der Begegnung mit dir selbst.

Leider wollen viele Menschen nicht bei sich selbst beginnen. Es ist immer einfacher, sich vor einer äußeren Bedrohung zu schützen, als an seinen eigenen Schwächen zu arbeiten. Dafür müsste man sich eingestehen, welche zu haben. Dafür müssten wir uns eingestehen, dass wir nicht perfekt sind und noch so viel zu lernen haben. Dass wir erst am Anfang stehen. Es ist immer einfacher, eine Maske aufzusetzen, als an sich selbst zu arbeiten. Es ist einfacher, die Verantwortung abzugeben, als sie zu übernehmen. Ich sage nicht, dass du eine Gefahr leugnen sollst, aber erst recht solltest du nicht deine eigene Kraft und Macht leugnen.

> Sei kein Gefahrenleugner,
> aber erst recht kein Eigenmachtleugner.

Anstatt den Fokus auf uns selbst zu richten und zu erforschen, welche destruktiven Gewohnheiten oder welchen destruktiven Lebensstil wir verfolgen, der uns überhaupt erst schwach und anfällig für Volkskrankheiten oder Viren macht, fokussieren wir uns auf das Vermeiden von jeglichen Kontakten und das Weglaufen vor einer unsichtbaren Gefahr. Es ist das Gleiche wie mit der Kälte. Wir schützen uns vor Kälte mit unzähligen Schichten aus Jacken, Schals und Pullovern, um ja nicht zu frieren – anstatt zu erkennen, dass wir frieren, weil wir uns so intensiv vor Kälte schützen. Du hast deinem Körper abtrainiert, sich von innen heraus aufzuheizen, wenn es draußen kalt wird. Warum sollte er auch von innen heizen, wenn du ihm ununterbrochen Wärme von außen gibst, indem du immer eine Jacke trägst oder deine Wohnung das ganze Jahr über auf 25 Grad heizt? Du nimmst ihm erfolgreich die Arbeit ab. Du nimmst ihm ab, besser zu werden.

Wir trainieren uns ab, im Winter von selbst aufzuheizen und im Sommer von selbst abzukühlen. Wir werden nicht krank, weil es kalt ist, sondern weil wir unseren Körper keine Kälte mehr fühlen lassen und noch jeden kleinsten Reiz von außen zu umgehen versuchen. Siehst du die Zusammenhänge?

Wovor wir im Außen weglaufen, davor laufen wir auch in unserem Inneren weg. Wir laufen vor unseren eigenen Schatten weg und schützen sie mit einer Maske. Wir laufen vor unserer eigenen Machtlosigkeit weg und überschreiben sie mit massiver Kontrollsucht. Wir laufen vor unserer Andersartigkeit weg und überschreiben sie mit Angepasstheit.

Corona ist ein schönes Beispiel dafür, wie sehr wir Ablenkungen lieben. Wir haben jetzt einen gemeinsamen Feind, der uns die sehr viel größeren Probleme vergessen lässt. Corona ist der rote Vorhang, den wir gemeinsam und kollektiv erschaffen haben, um die Bühne nicht aufräumen zu müssen. Das gemeinsame Problem. Das gemeinsame Böse. Gleichzeitig sehen wir aber, wie all die Probleme, die unterdrückten Gefühle, Konflikte und Gedanken zurückschlagen, wenn wir zu Hause eingesperrt sind, oder? Das Zuhause vieler Familien wird während der Lockdowns zu einem Schlachtfeld der Emotionen. Alte Wunden platzen auf. Schatten werden übergroß sichtbar. Jahrelang unterdrückte, nicht ausgesprochene Wahrheiten explodieren. Familien brechen auseinander. Das Fass läuft über.

Blindes Entladen

Blindes Entladen passiert, wenn Menschen angesichts von Negativschlagzeilen oder schockierenden Berichten ihren lange angesammelten Dampf ablassen können. Darüber hast du bereits gelesen, doch jetzt steigen wir etwas tiefer ein. Ich nenne den Vorgang »blindes Entladen«, weil das, was entladen wird, im Unsichtbaren liegt. Den meisten Menschen ist nicht bewusst, dass sie negativen Input von außen nutzen, um ihrer eigenen Negativität Luft zu machen. Beobachte ab dem heutigen Tag die Menschen mal genauer, und du wirst diesen Moment der Entladung sehen können. Und wenn du es in anderen sehen kannst, fällt es dir vielleicht leichter, diese Momente auch bei dir selbst zu erwischen. Ich bezeichne diese Form von energetischer Entladung auch als »leises Entladen«, da es wie Dampf ist, der kontinuierlich und ruhig abgelassen wird, ohne dass es jemand, der nicht so genau hinschaut, mitbekommt. Vielleicht kannst du ab sofort mehr Mitgefühl für Menschen entwickeln, die Negativität wie die Luft zum Atmen brauchen. Es ist ihr Weg und vielleicht im Moment ihr einzig möglicher Weg, mit ihrer eigenen Energie klarzukommen.

Blindes Entladen passiert auch auf die umgekehrte Art und Weise. Nicht nur negative Aspekte, wie Wut, Hass oder Trauer, die unterdrückt und nicht gelebt werden, müssen entladen werden. Auch positive Aspekte, wie Freude, Liebe, Verspieltheit oder Mut, können unterdrückt und überlagert sein. Alles in uns sucht sich den Weg nach außen. Wenn dich Fähigkeiten, Charaktereigenschaften oder einfach die Energie von einem Menschen positiv umhaut, wenn dich die Art und Weise, wie ein Mensch spricht, begeistert, wenn du dich zu der Energie eines Menschen im wahrsten Sinne des Wortes hingezogen fühlst, wenn dich die positive Ausstrahlung eines Menschen verzaubert, dann könnten das Momente von blinder Entladung sein. Wenn dich eine Künstlerin begeistert, wie sie ihre volle Leidenschaft auslebt und ihr ganzes Herz einer einzigen Sache widmet, ist das ein Aufruf, deiner eigenen unterdrückten Leidenschaft freien Lauf zu lassen. Die Künstlerin küsst deine eigene, in dir verbotene oder nicht gelebte Fähigkeit, Leidenschaft für etwas zu entwickeln, wach, und diese Energie jagt durch deinen Körper.

Alles, was dich auf irgendeine Art und Weise begeistert, kannst du nur sehen, weil es bereits in dir ist. Ob unterdrückt oder gelebt, ist wieder eine andere Sache.

Warum lieben Männer es so sehr, in einem vollen Stadion und mit lautem Gebrüll ein Fußballspiel anzusehen? Weil wir primitive Wesen sind und eigentlich in einer Horde umherziehen müssten? Ja okay, vielleicht mag da was dran sein. Ich will aber auf etwas anderes hinaus. Was für Qualitäten muss ein Fußballspieler haben? Disziplin, Mut, Kraft, Fokus, Schnelligkeit und so weiter. Alles Qualitäten, die in einem spannenden Moment des Spiels im Zuschauer wachgeküsst werden können. Nicht gelebte Qualitäten werden aufgeweckt. Qualitäten, die wir uns selbst nicht erlauben oder die keinen Platz in unserem Leben haben, dürfen im Spiel auf den Fußballplatz. Nicht umsonst sagen Fußballfans nach einem Spiel: »Wir haben gewonnen.« Jeder weiß zwar, dass sie nichts getan haben, außer sich Hotdogs und ein paar Bier reinzuknallen. Aber gefühlt war das eigene Potenzial auf dem Spielfeld. Es war frei. Es wurde entladen. Somit ist die Aussage »Wir haben gewonnen« irgendwie auch richtig.

Hast du schon mal etwas gesehen oder gehört, das so schön war, dass es wehtat? Ein Kunstwerk, das dich so tief berührt hat, obwohl du nicht wusstest, warum? Ein Song oder eine Melodie, die bis in deine Knochen schoss? Es sind Momente, die uns innerlich erschüttern. Momente, die uns zum Lachen und zum Weinen gleichzeitig bringen. Freude und Schmerz simultan. Hand in Hand in einem Moment. Das ist auch eine Form blinder Entladung. Nicht, weil wir es nicht sehen können, sondern weil wir es nicht wirklich deuten können. Wir können es nur fühlen. Wir wissen nicht genau, was wir fühlen oder warum wir es fühlen, aber es bewegt sich etwas. Ein alter Schmerz kommt an die Oberfläche und kann gehen. Eine längst vergessene oder eingesperrte Erinnerung schießt durch den Körper und befreit sich in diesem Moment. Ein verstaubtes Potenzial bekommt für einen Moment Flügel und gleitet durch unsere Zellen.

Du musst verurteilen

Da ist aber noch etwas, was andere regelmäßig in uns auslösen. Wann hast du das letzte Mal einen Menschen verurteilt? Kannst du dich daran erinnern? Wann hast du das letzte Mal einen Menschen voreilig in eine Schublade gesteckt? Weißt du das noch? Ja, du darfst ehrlich zu dir sein – und keine Angst, wir alle tun es. Oder hast du dir den häufigsten Ratschlag in der Spiriszene schon zu Herzen genommen: »Verurteile nicht«? Es vergeht kein Tag, an dem ich nicht irgendwo in den sozialen Medien lese, dass wir jegliche Form von Verurteilung stoppen sollten. Verurteile nicht und nimm jeden Menschen so, wie er ist. Klingt wie ein Allheilmittel für viele unserer Probleme, oder?

Ich verstehe die Intention hinter diesen gut gemeinten Ratschlägen, und ich bin auch der Meinung, dass Schubladendenken für viel Schmerz auf der Erde verantwortlich ist. Doch Verurteilung zu stoppen, ohne sich zu fragen, warum wir überhaupt verurteilen, macht die Sache nur noch schlimmer. Bewusst aufhören zu verurteilen, während du unbewusst damit weitermachst, macht die Sache ebenfalls nicht besser. Es macht sie gefährlicher. Hast du schon mal einen Menschen so schnell und voreilig verurteilt, dass du überhaupt nicht darüber nachdenken konntest? Erst viel später ist dir aufgefallen, dass du es getan hast. Ein Teil in dir war froh, dass keiner deine Gedanken hören konnte. Warum passiert das manchmal so schnell? Warum haben wir darüber so oft keine Kontrolle?

Es gibt wahrscheinlich viele Theorien und Gründe dafür. Traumatische Erlebnisse, deine Vergangenheit, ein verletztes Ego oder was auch immer. Alle Gründe spielen sicherlich irgendwie eine Rolle. Was wäre aber, wenn wir nicht anders können, als andere zu verurteilen? Was wäre, wenn du gezwungen bist, andere zu verurteilen? Was wäre, wenn du sie verurteilen musst, um gesund zu bleiben? Oh, ich weiß, was du jetzt denkst: »Jetzt dreht er komplett durch. Ich muss verurteilen, um gesund zu bleiben?« Bevor du mich für diesen Satz verurteilst, versuche ihn auf dir landen zu lassen. Er ist konträr zu dem, was du vielleicht gelernt hast. Wenn Verurteilung die Wurzel allen Übels ist, wie kann sie mich gesund halten? Ich gehe sogar eine Stufe weiter: Ich glaube, dass Verurteilung dich heilen kann, wenn du es richtig machst.

Also noch mal zurück zur Frage. Warum verurteilst du? Hier ist meine Theorie: Vielleicht verurteilst du, weil dich etwas, das tief an deinem dunklen Ort liegt, von innen heraus dazu zwingt, damit du siehst, was du weggesperrt hast.

Wann verurteilen wir am meisten? Wenn wir überfordert, energielos, gestresst, genervt oder einfach müde sind. Mit anderen Worten: Wir verurteilen am meisten, wenn wir schwach sind, oder? Wenn wir nicht genug Kraft haben, die Tür zum Keller zuzuhalten. Wenn wir die Kontrolle über uns verloren haben. Den Großteil unseres Tages sind wir so erfolgreich darin, wegzusehen und das, was wir nicht sehen oder fühlen wollen, runterzudrücken. Ich war ein Meister darin, und wahrscheinlich bin ich das heute noch. Wir alle sind professionelle Unterdrücker. Etwas unter den Teppich zu kehren geht so schnell und so einfach, dass wir uns irgendwann daran gewöhnt haben, dass es passiert, ehe wir darüber nachdenken können. Irgendwann ist so viel Zeugs unter dem Teppich – oder eben im Keller –, dass es uns viel zu viel Energie, die wir sowieso nicht haben, kosten würde hinzuschauen. Wir wollen nicht hinsehen, also hat das, was gesehen werden will, nur eine Option: Menschen in dein Leben zu ziehen, die genau das sind, was du am meisten verurteilst. Menschen, die du nicht übersehen kannst. Menschen, die du automatisch verurteilst. Leider wird von den meisten dann dieses Verurteilen verurteilt und somit unterdrückt. Oder es wird falsch und unbewusst genutzt.

Wer mich wirklich aufwühlen konnte, das waren faule Menschen. Menschen, die nicht in die Gänge kommen. Die den Tag einfach an sich vorbeiziehen lassen und Timekilling betreiben. Ich hab mir immer die Frage gestellt: Wie kann man bloß …? Kommt dir diese Frage bekannt vor? Wie kann man bloß so faul sein? Wie kann man bloß so arrogant sein? Wie kann man bloß so viel lügen? Wenn du so eine Frage innerlich hörst, darfst du ganz genau hinhören. Denn hier klopft etwas an deiner Kellertür. Ich habe mich teilweise tagelang über die Faulheit von irgendjemandem in meinem Umfeld aufgeregt. Heute weiß ich: Ein Teil in mir hielt Ausschau nach faulen Menschen, um sie zu verurteilen. Mein unbewusster Fokus lag auf faulen Menschen. Ich erinnerte mich dann daran, dass meine Oma mich immer die »faulste Sau in Bayern« genannt hat. Ich habe meine eigene Faulheit in jungen Jahren in vollen Zügen ausgelebt, das kannst du mir glauben. Ich hatte zwar immer viele Ideen, aber keine davon hat jemals die Sonne erblickt. Ich hatte einfach keine Energie, keinen Antrieb, ich war einfach nur faul.

Ich habe den faulen Teil von mir gehasst, denn er hat mich in diesem Kellerraum im Haus meiner Eltern festgehalten. Mit fünfundzwanzig Jahren wohnte ich immer noch dort. Eigentlich wollte ich mit sechzehn schon ausziehen. Doch mit fünfundzwanzig saß ich immer noch dort, mit über 40 000 Euro Schulden. Ich kam nicht in die Gänge. Wie ich meinen faulen Teil verurteilt habe! Doch er hatte mich im Griff. Und natürlich verurteilte ich in anderen dann das, was ich in mir selbst nicht sehen wollte und nicht gehen lassen konnte. Ich konnte gar nicht anders, als Faule zu verurteilen.

Jede Verurteilung ist eine Form der Entladung.

Wenn du zum Beispiel erlebt hast, dass deine Mutter schwach war, nicht für sich einstehen und dich nicht vor schmerzvollen Situationen schützen konnte, landete Schwäche vielleicht an deinem dunklen Ort. »Ich will nicht schwach sein« war deine unbewusste Entscheidung. Du hast einen Widerstand gegen Schwäche und deine eigene Verwundbarkeit aufgebaut. Seither haben Menschen, die schwach sind oder in eine Opferhaltung fallen, die Kraft, dich aufzuwühlen oder sogar aus deiner Mitte zu bringen. Sie sind ein Trigger für dich. Du ziehst diese Menschen regelrecht in dein Leben, damit du deiner eigenen Schwäche nicht mehr aus dem Weg gehen und dein Herz für deine Verwundbarkeit endlich öffnen kannst.

Dir zu erlauben, schwach zu sein und um Hilfe zu bitten, ist deine größte Herausforderung. Gleichzeitig übermalst du deine persönlichen Schwächen oder redest sie dir schön, indem du sagst, es gäbe keine Schwächen. »Jede Schwäche ist eine Stärke.« Was mit Sicherheit auch stimmt, aber der Grund, wieso du es sagst, ist deine Ablehnung gegenüber dem Schwachsein. Es ist deine Ablehnung der Tatsache, dass du nicht perfekt bist. Oft lernen wir, Trigger im Außen zu vermeiden oder zu umgehen, sehen aber nicht, dass wir uns dadurch einen enormen inneren Druck erschaffen, der weitere Trigger im Außen nach sich zieht.

Dein Verurteilen für die Heilung nutzen

Deine Verurteilung anderer Menschen ist eine Möglichkeit für dich, einen Trigger im Außen für innere Heilung zu nutzen. Die Herausforderung liegt darin, dich dabei zu erwischen, wenn du es tust, dann die Taschenlampe bewusst und konfrontierend auf dich selbst zu richten und dir die Frage zu stellen, was in dir gerade durch diesen Menschen getriggert wird. Welcher verborgene Teil macht gerade auf sich aufmerksam? Was erlaubst du dir selbst nicht zu sein? Was musst du durch den anderen sehen, damit du es überhaupt sehen kannst?

Kannst du deine Aufmerksamkeit ganz bewusst auf diesen Teil richten, damit er sich im Außen gar nicht erst in Form eines Triggers manifestieren muss? Spüre, wie du das, was du nicht sein willst, in anderen verurteilen musst, damit du es sehen kannst. Spüre den Widerstand gegen diesen Teil. Spüre, wie ein Teil in dir sagt, dass du das nicht bist. Spüre, dass du das nicht sein willst und dass das okay ist.

Nimm einen tiefen Atemzug, halte die Luft für drei Sekunden an, und balle währenddessen deine Hände zu Fäusten, als würdest du etwas festhalten. Spann deine Arme an, und bau bewusst etwas Druck auf. Dann atme fest, aber langsam aus. Mach das ein paar Mal. Wir bereiten uns auf einen kleinen inneren Prozess der Integration vor. Gern kannst du die folgenden Schritte mit mir gemeinsam durchlaufen.

1. *Spüre das, was in dir getriggert wurde, und lokalisiere es irgendwo in deinem Körper, ganz intuitiv. Atme bewusst in das Getriggerte und in diese Körperstelle hinein. Es ist ein Signal an dich, nicht mehr davor wegzulaufen.*
2. *Halte die Luft für drei bis sechs Sekunden an, und bau Spannung in deinem Körper auf. Spann deine Hände,*

Arme und die Oberschenkelmuskulatur an. Das ist ein Sig-
nal an dich selbst, das, was in dir getriggert wurde, bewusst
festzuhalten und in Besitz zu nehmen. Du kannst innerlich
ein Statement sprechen und dir vorstellen, dass der Mensch,
den du verurteilst, vor dir steht: »Ich fühle mich von dir
und dem, was du in mir triggerst, bedroht. Das, was ich in
dir verurteile, ist exakt das, wovor ich am meisten Angst
habe.«

3. *Atme fest und bestimmt aus, während du deinen Körper*
   entspannst und dein Nervensystem wieder beruhigst. Stell
   dir vor, dass du den Widerstand gegen diese Angst und den
   Schatten loslässt. Wiederhole den Vorgang für dich ein
   paar Mal.

Mehr musst du erst mal nicht tun. Blinde Verurteilung wird zur
bewussten Verurteilung, weil du sie sichtbar werden lässt. Eigentlich müssten wir für jede Form von Verurteilung danken. Wir
müssten sie feiern. Es ist die ultimative Möglichkeit für Heilung
und Entladung. Wenn wir aber die Verurteilung verurteilen, sperren wir eine enorme Heilungsmöglichkeit aus. Das nächste Mal,
wenn du jemanden erwischst, wie er in einer Verurteilungsschlau-
fe gefangen ist, bedank dich bei ihm, dass er gerade an seiner Heilung arbeitet.

Verurteile nicht unbewusst, verurteile elegant.

Wenn wir eine Verurteilung früh genug erwischen und damit arbeiten, werden andere auch nicht mehr so leicht das Opfer unserer
Urteile, da wir das Faule, Arrogante, Böse, Manipulative, Verloge-
ne und so weiter nicht mehr in ihnen hervorrufen oder verstärken
müssen, um auf unsere eigene Scheiße aufmerksam zu werden.

Ich glaube, dass wir kollektiv an einem Punkt stehen, an dem es keine freie Entscheidung mehr ist, die Taschenlampe auf uns selbst zu richten und auf die Stellen zu leuchten, die noch wehtun. Es ist schlichtweg unvermeidbar. Wenn wir das nicht tun, erschaffen wir gemeinsam immer mehr Problemfelder im Außen. Der Müll, der von uns produziert wird, muss ja irgendwo entladen werden. Nur um das Recyceln will sich keiner kümmern. Vielleicht müssen wir tiefer ansetzen und uns die Frage stellen, was in uns so viel Müll produziert und vor allem: Warum?

Explosives Entladen.
Der Kirchturm-Effekt

Blindes Entladen passiert meist schleichend, still, subtil, leise und auf einer unbewussten Ebene. Das Ventil wird leicht geöffnet und wieder geschlossen. Explosives Entladen passiert hingegen, wie der Name schon sagt, mit Wucht. Wenn zu viel Druck im System ist, das Ventil zu unregelmäßig geöffnet wird oder schneller Druck erzeugt wird, als er sich entladen kann, dann kommt es zu feurigen Momenten. Ich nenne das den Kirchturm-Effekt.

Wenn wir über eine lange Zeit darin erfolgreich waren, unsere Umgebung zu kontrollieren und vieles unterm Deckel zu halten, kommt früher oder später der Moment, der das Fass zum Überlaufen bringt. Der Keller explodiert. Was du versucht hast zu verstecken, schlägt dir mit voller Wucht ins Gesicht. Explosives Entladen ist für dich und vor allem für dein Umfeld sichtbar. Du wirst für einen Moment zu einem anderen Menschen. Ein bisschen wie Bruce Banner, der vierundzwanzig Stunden am Tag damit beschäftigt ist, die Tür zu seiner unterdrückten Wut verschlossen zu halten. Der kleinste Trigger im Außen, und – Smash – der Hulk ist da. Gefährlich, unkontrolliert, unbeherrschbar, ungezähmt, zerstörerisch und wütend. Ja, richtig: Grün ist er auch noch. Die Farbe steht im Fall von Hulk für Radioaktivität. Eine schöne Metapher für: »Alles, was wir zu lange und zu stark in uns gefangen halten, wird auf Dauer toxisch.« Vielleicht ist deswegen das Schild mit dem Wort »Fehler« auf dem Cover dieses Buches grün.

Der Keller kann auch auf eine andere Art und Weise explodieren. Wenn er nicht gelegentlich ein Ventil nach außen bekommt, also nicht mal zwischendurch Druck ablassen kann, explodiert er nach innen. Der dunkle Raum implodiert. Menschen, denen das passiert, werden von heute auf morgen schwer krank. Der Körper wird regelrecht mit innerem Stress geflutet. Es hat sich so viel Druck angestaut, dass das System dem nicht mehr standhalten kann. Es kollabiert. Der Damm bricht. Ohne Ventil kann der geflutete Stress nicht abfließen, aber der Körper muss irgendwie damit umgehen. Krankheiten manifestieren sich.

Ich hatte in unserer Praxis viele Klienten, die Schwierigkeiten hatten, für sich selbst einzustehen. Sich selbst und die eigenen Bedürfnisse zu achten und sie vor allem erst mal sich selbst mitzuteilen kann zur lebenslangen Aufgabe werden, oder? Wie oft hast du deine eigene Wahrheit nicht ausgesprochen, zum Schutz der anderen? Wie oft hast du sie nicht ausgesprochen, aus Angst vor Ablehnung? Wie oft hast du sie nicht ausgesprochen und dich danach selbst dafür bestraft, dass du nicht den Mut dazu hattest? Selbstverurteilung wird zu einer Art Selbstbestrafung, und das ist die toxischste Form des Selbsthasses.

Ich konnte oft beobachten, wie sich Selbsthass auf ein ganz bestimmtes Organ auswirkt: den Darm. Das Zentrum deines Immunsystems. Das Zentrum deines Körpers. Was ist eine der häufigsten Volkskrankheiten? Ja richtig: Verdauungsbeschwerden. Für viele Menschen normal, da es gefühlt jeder hat, oder? Aber nein, es ist nicht normal. Es ist ein Warnsignal. Unsere unterdrückten Anteile befinden sich physisch gesehen in unserem

Darm. Denn alles, was wir runterschlucken, um es nicht »verdauen« zu müssen, bleibt im Darm. Wenn es nicht verdaut wird, verwest es. Es wird toxisch.

Ich will dich hier nicht deprimieren, und was ich dir hier sage, ist nichts Neues, oder? Ich lenke mit dir gemeinsam das Licht auf die Stellen, die wir kollektiv nicht sehen wollen. Wenn du beginnst dorthin zu blicken, entlastest du nicht nur dein System. Du entlastest auch meines und umgekehrt. Mir ist klar, warum so viele Menschen Angst vor einem Virus haben. Der Virus ist ein Trigger, der das Fass zum Überlaufen bringen kann. Wir wissen, dass die Lava all der Dinge, die wir in uns unterdrücken, brodelt. Wir wissen, dass wir angreifbar sind und unser Immunsystem ununterbrochen damit beschäftigt ist, mit unserer inneren Toxizität klarzukommen. Eine Attacke von außen wäre vielleicht zu viel für unser System, und die innere Bombe würde platzen. Das Resultat: ultimativer Schutz und Abgrenzung. Was für mich eine andere Umschreibung für Unterdrückung ist. Ich glaube, dass es einen anderen Weg gibt. Ja, es muss einen anderen Weg geben.

Im weiteren Verlauf des Buches wirst du eine Strategie kennenlernen, die die Notwendigkeit eines explosiven und/oder inneren Entladens erfolgreich erübrigen könnte. Voraussetzung ist, dass du dich freiwillig triggern lässt und nicht mehr davor wegrennst. Und exakt dabei helfen dir auch manchmal deine Ziele.

Wenn Ziele Schatten triggern

Hast du dir schon mal die Frage gestellt, wie du Ziele und Visionen für dich definierst? Wie schreibst du deine Ziele am besten auf? Solltest du sie positiv formulieren? Sollten sie kurz und knackig sein? Sollten sie so geschrieben sein, dass sie dich motivieren? Ich habe über kaum ein Thema so viele Bücher gesehen wie über die Kunst, seine Ziele zu erreichen. Ich erinnere mich noch an die Frage eines Teilnehmers an einem unserer Workshops: »Ich habe mein Ziel exakt festgelegt und mein Traumhaus manifestiert, aber meine Nachbarn sind die absolute Katastrophe. Sie machen mir das Leben zur Hölle. Ich kann mein Haus nicht genießen. Was habe ich falsch gemacht?«

Wenn ich an der Oberfläche ansetze, könnte ich jetzt davon ausgehen, dass er sein Ziel einfach nicht genau genug definiert hat. Er hätte in seinem Ziel noch festlegen sollen, dass er nette, hilfsbereite und vor allem ruhige Nachbarn hat. Das wäre dann eine konkretere Bestellung gewesen, oder? Er hatte einfach die falsche Bestellung abgesendet. Das nächste Mal sollte er seine Wünsche klar und deutlich definieren. Diese Annahme führt dazu, dass wir das Definieren von Zielen zu einem Aussortieren von möglichen Störquellen werden lassen. Wir denken, wenn wir laute, nervige Nachbarn schriftlich ausklammern, werden wir sie nicht in unser Leben ziehen. Wir glauben, wenn wir festlegen, dass wir unsere Ziele leicht und mit Freude erreichen, kommen diese Ziele ohne Anstrengung und auf keinen Fall mit Druck in unser Leben.

In der Theorie klingt das alles logisch und basiert wieder auf der Annahme, dass wir das in unser Leben ziehen, worauf wir unseren Fokus richten. In Wahrheit lässt uns diese Annahme zu Kontrollfreaks werden. Du weißt, dass du deinen Fokus nicht den ganzen Tag halten kannst. Du weißt, dass du auch andere Gedanken hast. Du weißt, dass du unbewusst deinen Fokus vielleicht auf genau das Gegenteil richtest und dass du den unbewussten Fokus nicht kontrollieren kannst. In Wahrheit hast du Angst, etwas Falsches oder für dich nicht Stimmiges in dein Leben zu ziehen, und deshalb versuchst du vorab, so viele Parameter wie möglich zu kontrollieren und festzulegen. Sogar die Art und Weise, wie deine Ziele erreicht werden sollen, legst du fest: »Der Weg muss leicht sein.« Ziele zu definieren und zu erreichen wird zu einem Akt, mit dem du deine eigenen Schatten auszuklammern oder zu umgehen versuchst.

Du weißt mittlerweile: Das, wogegen du Widerstand hast und was du um alles in der Welt vermeiden willst, kann stärker werden und zurückschlagen. Du willst, dass es für dich und alle Beteiligten wunderbar ist und vor allem leicht geht. Denn alles, was leicht und mit Freude geht, ist ein Zeichen für Flow. Kommt dir das bekannt vor? Wir wollen, dass es leicht geht, weil wir ein Problem mit Schwere haben. Wir wollen, dass es mit Freude geht, da wir ein Problem mit Druck haben. Wir sehen aber nicht, dass wir gerade dadurch Schwere und den größten Druck erzeugen. Wir wollen, dass es für alle in unserem Umfeld passt, weil wir panische Angst vor Ablehnung haben. Wir sehen aber nicht, dass wir dadurch nur mehr Situationen erschaffen, in denen wir abgelehnt werden können. Eigentlich schmeißen wir unsere Kraft und uns selbst in einen Trichter und versuchen zu kontrollieren, was unten rauskommt. Wir bauen Mauern und Bedingungen um unsere eigene Manifestationskraft und wundern uns, wenn wir nicht das in unser Leben ziehen, was wir eigentlich wollen. Wir vergessen die wichtigste Lektion, wenn wir unser Leben selbst in die Hand nehmen wollen:

> Du manifestierst nicht das, was du willst,
> sondern das, was du bist.

Wenn Schatten manifestieren.

Blind für deinen Traum

Es gibt vier Ebenen der Manifestation. Die erste Ebene ist die »Was-Ebene«: die Ebene der bewussten Manifestation und der bewussten Kontrolle. Hier legst du mit der Kraft der Gedanken und deiner Fähigkeit, bewusst zu wählen, für dich fest, was du willst und was du nicht willst. Wenn du diese Ebene auf die Zieldefinierung anwendest, schreibst du deine Ziele präzise auf und klammerst das aus, was du nicht willst.

Die zweite Ebene ist die »Wie-Ebene«. Hier findest du Wege, deine Ziele zu erreichen. Du entdeckst neue Türen und Möglichkeiten, die dich näher an deine Ziele heranbringen. Du gehst bewusst und Schritt für Schritt in diese Richtung.

Die dritte Ebene ist die »Warum-Ebene«: die Ebene deiner bewussten und unbewussten Absichten hinter deinen Zielen. Warum willst du, was du willst? Was erhoffst du dir durch die Erreichung deines Ziels? Was sind deine offiziellen, aber auch inoffiziellen Intentionen hinter deinen Zielen? Diese Ebene bestimmt maßgeblich über die PS, also die Kraft, mit der deine Wünsche unterwegs sind. Auf dieser Ebene setzt man in der Persönlichkeitsentwicklungs-Szene gern an und forscht nach einem so großen »Warum«, dass das »Wie« unwichtig wird oder sich von allein zeigt.

All diese drei Ebenen haben ihren Zweck und verdienen deine Aufmerksamkeit. Sie unterliegen weitgehend deiner bewussten

Kontrolle. Es sind die Ebenen, die wir versuchen umherzuschieben und immer genauer und noch präziser zu definieren. Wir sind so sehr damit beschäftigt, die Schachfiguren richtig zu platzieren, dass wir die vierte Ebene vergessen. Das Schachbrett selbst.

Die vierte Ebene: Das, was du bist

Diese Ebene führt uns zur Frage aller Fragen: »Wer oder was bin ich?« Und keine Angst, ich will mit dir jetzt nicht in theoretische Ekstasen entgleiten oder gar versuchen, diese Frage zu beantworten. Trotzdem ist sie hier wichtig. Sie kann dir viel über dich offenbaren und dir zeigen, wo du für dich hinschauen darfst. Unter unseren Videos und Posts in den sozialen Medien lese ich immer wieder: »Du bist nicht deine Gedanken, du bist nicht deine Emotionen, du bist nicht dein Körper, du bist nicht dein Kopf, du bist nicht deine Angst ...« Hast du schon mal solche Aussagen gehört? Sie stammen unter anderem aus der buddhistischen Tradition. Ich verstehe die gut gemeinte Intention dahinter. Ich verstehe das Ziel hinter diesem Ansatz. Doch für mich hat er viel mehr Schatten als Licht. Vor allem in unserer aktuellen Zeit.

> In einer Welt, in der wir für die Details zu rastlos und zu müde vom vielen Weglaufen sind, führt der »Ich bin nicht ...«-Ansatz zu noch mehr Weglaufen.

Wenn du negative oder verurteilende Gedanken hast und ich dir sage, dass du nicht diese negativen Gedanke bist, was fühlst du dann? Was geht dann in dir vor? Jetzt mal ganz ehrlich, ohne das mit spirituellem Gedöns zu belegen. Was fühlst du? Du fühlst dich erlöst, richtig? Du fühlst dich befreit. Wenn du Schmerzen hast, deinen Körper nicht kontrollieren kannst, deinen Körper hasst und verurteilst, weil er nicht so aussieht, wie du es gern hättest, und ich sage dir: »Du bist nicht dein Körper.« Was fühlst du dann? Du fühlst dich erlöst. Du fühlst dich befreit. Es ist wie ein Aufatmen. Wenn du mit unkontrollierbaren Emotionen geflutet wirst, Menschen in dir Gefühle wecken, die du nicht steuern kannst und die dich leiden lassen, und ich zu dir sage: »Du bist nicht diese Emotionen.« Was macht es mit dir? Wenn ich dir sogar sage, dass es nicht deine Emotionen sind, die du fühlst. Sie kommen von jemand anderem. Das, was du fühlst, ist nicht »deines«. Was macht es mit dir? Ja, es kann sich befreiend anfühlen. Es kann dich entlasten, dass du mit all dem, was du fühlst, nichts zu tun hast. Es kann sich erlösend anfühlen, Opfer der Umstände gewesen zu sein, oder?

Und dann? Was passiert dann?

Wenn du nicht deine Gedanken bist, wenn du nicht dein Körper bist, wenn du nicht dein Ego bist, wenn du nicht deine Emotionen bist, was um alles in der Welt bist du dann noch? Ja natürlich, ein Teil antwortet vielleicht mit: »Ich bin Seele, ich bin Liebe, ich bin die Essenz …« Oder noch einfacher: »Ich bin.« Und ja, all das mag stimmen, aber siehst du, wohin das Ganze führt? Es führt zur ultimativen Ausklammerung und noch stärkeren Unterdrückung von dem, was du denkst, das du es nicht bist. Es gibt dir noch mehr Gründe zu denken, dass all das, was du denkst, tust oder fühlst, nicht du bist. Wer ist es dann? Die anderen? Wer ist für das, was du fühlst, denkst oder tust, verantwortlich? Die anderen? Genau das führt zu einer Pandemie, die nichts mit einem Virus zu tun hat. Es erschafft eine Opferpandemie.

Bitte versteh mich richtig. Wenn Menschen zu strikt in einem negativen Gedankenkarussell gefangen sind, macht es Sinn, ihnen eine Tür in eine andere Welt zu öffnen, in der sie mehr als ihre Gedanken sein können. Wenn Menschen den Glauben an sich selbst verloren haben und ihr Herz zerschmettert wurde, macht es Sinn, die Zone des Schmerzes zu verlassen und mit dem unberührten Funken in ihnen zu arbeiten, damit sie neue Kraft für Heilung schöpfen können.

Wenn ich aber mit meinem höheren Selbst verbunden sein will, weil ich meine menschliche Erfahrung verabscheue, stärke ich unbewusst das, wovor ich flüchte. Wenn ich mit meiner Essenz verbunden sein will, um mich vollkommen zu fühlen, weil ich mich als Mensch so unvollkommen und unperfekt fühle, was spalte ich dadurch noch mehr von mir ab? Ich suche die Vollkommenheit in etwas Größerem, weil ich mich selbst so mickrig, klein und unbedeutend fühle. Ich will ganz und vollkommen sein und sehe nicht, dass ich genau das Gegenteil erreiche. Wie kannst du auch vollkommen sein, wenn du vor deiner Unvollkommenheit wegläufst? Es wird deiner Vollkommenheit immer ein wichtiger Teil fehlen. Nämlich der unvollkommene Teil. Deine unvollkommene Version.

Es ist endlich Zeit für die Rückeroberung unserer Unvollkommenheit, ohne sie schönzureden. Es ist Zeit, das Ziel, perfekt sein zu wollen, fallen zu lassen. Es ist Zeit, unvollkommen sein zu dürfen, ohne eine Genehmigung dafür einfordern zu müssen.

Ich weiß bis heute nicht wirklich, warum, aber irgendwie hatte mich das Universum in eine Kloster-Knaben-Realschule geschickt. Ja genau, ich glaube, hier hat mein innerer Widerstand gegenüber Kirchtürmen schon begonnen. Diese Zeit war der reinste Albtraum, und ich denke nicht wirklich gern daran zurück. Mehrmals wöchentlich gab es Gottesdienste, und so ganz ehrlich unter uns: Ich hab alles versucht, um das wöchentliche Meeting mit Gott zu schwänzen. Warum sollte ich in einer kalten Halle Texte nachsprechen, die ich nicht verstand, einem Typen zuhören, der aussah wie ein Zombie, und etwas glauben, das ich nicht fühlen konnte? Ich sah als Dreizehnjähriger einfach keinen Grund dafür. Es gab weitaus erfüllendere Sachen, die ich stattdessen hätte tun können.

Ich habe damals bei einem Actionfilm mitbekommen: Wenn du dich irgendwo verstecken musst, dann mach es so offensichtlich, wie es geht. So ähnlich wie: Wenn du lügst, dann lüge ehrlich, und deine Lüge kommt durch. Also suchten mein Kumpel und ich uns den Ort in der Kirche aus, wo uns ganz sicher niemand finden würde. Einen Ort, der so offensichtlich ist, dass man sich dort einfach nicht verstecken würde. Der Beichtstuhl. Ja richtig, wir versteckten uns im Beichtstuhl unter der Bank. Wir legten uns dort auf den Bauch und spielten Gameboy. Was für ein cooler Platz, um Gameboy zu spielen! Was für ein Adrenalin-Moment. Ich hab mich ab sofort richtig auf den Gottesdienst gefreut. Es war wie ein Actionfilm. Na ja, zumindest die ersten paar Wochen. Leider konnten wir unsere James-Bond-Aktion nicht ganz vor unseren Klassenkameraden verheimlichen, und einer wollte vielleicht auch Beichtstuhl-Gaming machen, ich weiß es nicht. Auf jeden Fall verpetzte er uns. Der Gottesdienst wurde unterbrochen. Der Pfarrer ging nach hinten zwischen ungefähr achtzig Schülern hindurch. Stille. Er riss die Tür vom Beichtstuhl auf. All eyes on us.

Du kennst dieses Phänomen, in der Kirche unbedingt leise sprechen zu wollen, weil alles so hallt, oder? Der Pfarrer zog uns am Arm nach oben, schaute mir ins Gesicht, und mit einem Riesenecho schallte folgender Satz durch die ganze Kirche: »Das wird dir Gott nie verzeihen …« Jeder hörte es. Ich konnte das Schlucken meines Kumpels hören. Ein peinlicher Moment vor so vielen Mitschülern. Aber irgendwie hatte ich das Gefühl, sie feiern uns. Na ja, der Satz ging bei mir zum Glück in das eine Ohr rein und durch das andere wieder raus. Der Pfarrer hat mich nur noch mehr in meiner Ablehnung gegenüber dem Kirchengetue bestätigt. Was wird mir Gott nie verzeihen? Dass ich voller Freude und Spaß in einem Beichtstuhl gelegen habe? Verzeihen? Was habe ich denn so Böses gemacht? Noch schlimmer finde ich, dass dieser Pfarrer offenbar meinte, dass ich von mir denken soll, ich sei ein schlechter Mensch und nur Gott könne das ändern. Ich brauche also eine Instanz im Außen, die meinen stinkenden Keller reinwäscht, damit ich danach so weiterleben kann wie vorher? Ich brauche einen Pfarrer, der stellvertretend für Gott meinen Keller säubert, weil ich das selbst nicht kann? Siehst du, was für eine Abhängigkeit hier entsteht?

Ich kann also alles tun und lassen, was ich will, ohne das sein zu müssen, was ich tue, denke oder fühle, denn es wird eh wieder von jemandem reingewaschen, solange ich das tue, was dieser jemand von mir verlangt. Was für ein geiles Leben in abhängiger Freiheit. Das ist der Goldstandard dafür, die Verantwortung und die Macht über das, was du bist und tust, abzuschieben. So kannst du tun und lassen, was du willst, und musst nie wirklich an dir arbeiten. Die Arbeit übernimmt ja jemand für dich. Dein Dreck wird aufgeräumt. Zumindest, solange du brav bist. Wollen wir wirklich diesen hohen Preis zahlen?

Denk mal darüber nach, in wie vielen Bereichen unseres Lebens wir immer mehr unsere Verantwortung für das, was wir tun und sind, abschieben? Meine Gesundheit ist nicht mehr meine Verantwortung, es ist die des Gesundheitssystems. Meine Ernährung ist nicht mehr meine Verantwortung, es ist die der Lebensmittelindustrie. Das Böse auf der Welt ist nicht mehr meine Verantwortung, es ist die der Politik. Ich könnte ewig so weitermachen. Du verstehst, worauf ich hinauswill, oder? Das Spiel von »Ich bin nicht …« ist kollektiv in den verschiedensten Formen und Varianten zu sehen. Doch schau, wohin uns dieses Spiel geführt hat. Und lass uns dieses Spiel endlich beenden und die Handbremse ziehen. Wir brauchen eine Vollbremsung. Kein Schön-Gerede mehr. Wir müssen uns die eigenen Lebenslügen direkt ins Gesicht klatschen. Unverblümt und ohne Verpackung.

Viele Menschen empfinden es als Befreiung, nicht ihr Körper sein zu müssen. Lang genug haben sie gegen ihren Körper gekämpft. Sie haben keine Kontrolle über ihre Gewohnheiten, über ihren Lebensstil, über ihr Aussehen, über ihre Alterserscheinungen … und um damit besser klarzukommen, ist es für viele ein Segen, den Körper mit all seinen Zickereien und Wehwehchen in eine Schublade zu packen: »Ich bin nicht mein Körper.« Es fühlt sich so gut an, nicht das sein zu müssen, was mich alt, gebrechlich und verwundbar sein lässt, oder?

Okay, lass uns tiefer blicken. Was wäre, wenn du nur positive Gedanken hättest? Wenn dein Körper das macht, was du willst? Wenn er so aussieht, wie du es gern hättest? Wenn deine Emotionen easy kommen und gehen und du vor lauter Gesundheit und Lebensenergie gar nicht mehr weißt, wohin damit? Wenn du rundum glücklich mit dir selbst wärst? Wenn du das Gefühl hättest, du bist mit dir komplett im Reinen? Würdest du dann nur eine Sekunde lang auf die Idee kommen und sagen, dass du nicht deine Gedanken bist? Würdest du eine Sekunde darüber nachdenken, ob du dein Körper bist oder nicht? Ich bin mir fast sicher, dass du das nicht tun würdest. Warum solltest du auch? Warum solltest du etwas nicht sein wollen, das sich so gut und stimmig anfühlt? Etwas nicht sein zu wollen kommt immer von einem Ort der inneren Ablehnung.

Alles, was du denken kannst, bist du. Alles, was du fühlen kannst, bist du. Alles, wovon du ausgehst, dass du es nicht bist, bist du. Auch wenn du noch so viel tust, um es von dir fernzuhalten. Jeder einzelne Zweifel, der dich jemals den Schlaf gekostet hatte, bist du. Jede Angst, die dich jemals aufgehalten hat, bist du.

Fühl dich mal in diese Sätze hinein. Was machen diese Aussagen mit dir? Fühlst du Widerstand? Gibt es einen Teil, der gerade dagegenhält? Oder spürst du Befreiung? All das, was du jemals gefühlt oder wahrgenommen hast, wirklich leben und sein zu dürfen, kann eine Befreiung sein. Die Frage ist, ob du die Kraft und die Macht über diese Dinge übernehmen willst. Die Frage ist, ob du die Verantwortung für diese Dinge übernehmen willst.

Willst du?

Wir schieben die Verantwortung für die Dinge gern weg, die wir nicht kontrollieren können. Was wir dabei nicht sehen, ist, dass wir ihnen dadurch ein Eigenleben schenken. Was senden wir dadurch für ein Signal aus? »Ich will nur das sein, was sich gut anfühlt.«

Wenn du nicht bereit bist, voll und ganz für »alles«, was du je warst, bist und sein wirst, einzustehen, kann sogar Meditation zu einem Selbstbetrug werden. Lass mich dir erklären, was ich damit meine, bevor du denkst, dass ich komplett durchdrehe. Wir wissen mittlerweile, wie effektiv und wirksam Meditation sein kann. Ich muss dir nicht die Tausenden Benefits aufzählen und die unglaublichen Effekte, die sie auf Menschen haben kann. Meditation ist ein wichtiges Puzzleteil, um uns selbst zu begegnen. Oder aber sie dient uns dazu, uns noch weiter von uns zu entfernen. Der vereinfachte Grundgedanke hinter jeder Meditation ist, sich auf eine Sache zu fokussieren. Die Atmung, ein Mantra oder eine körperliche Empfindung. Du stellst dir beispielsweise vor, dass all deine Gedanken, die so nach oben kommen, wie Wolken sind, die vorbeiziehen. Und hier beginnt's: »Die Gedanken, die kommen, das bist nicht du. Lass sie einfach vorbeiziehen und wieder gehen. Kommen lassen und gehen lassen.« Übersetzt könnte das bedeuten: »Für die Scheiße, die da an mir vorbeifliegt, bin ich nicht verantwortlich. Das bin ich nicht. Ich lass die Scheiße kommen und gehen. Oh, fühlt sich das gut an.« Du verstehst?

Während der Meditation mag das klappen. Während der Meditation wirst du dich mit viel Übung immer mehr von den Kackewolken dissoziieren können und deine Fähigkeit trainieren, den Fokus zu halten. Ein wichtiger Benefit von Meditation: dich auf eine Sache konzentrieren zu können. Was ist der Schatten davon, den Fokus halten zu können? Die »Blindheit« für die Dinge, die außerhalb deines Fokus sind.

Nun aber zur wichtigsten Frage: Was passiert, wenn du aufhörst zu meditieren? Was passiert mit all den Wolken? Sind sie für immer weg? Oder hast du es nur geschafft, sie noch ein Stück weiter von dir fernzuhalten? Wie lang dauert es, bis sie mit voller Wucht zurückschlagen und du vollkommen überfordert im Nebel deiner eigenen unterdrückten Energie landest? Was machst du dann? Den Nebel wegmeditieren, indem du sagst: »Ich bin nicht der Nebel, der meinen Blick verschmutzt«? Du weißt, worauf ich hinauswill, oder? Der Nebel ist aus einem bestimmten Grund da. Er ist da, weil du ihn produzierst oder zumindest mitproduzierst.

Für das verantwortlich zu sein, was du innerlich fühlst, denkst oder wahrnimmst, kann eine Belastung oder eine Befreiung sein. Es zur Befreiung werden zu lassen ist ein Prozess und vielleicht eine lebenslange Aufgabe. Immer dann, wenn ich dachte, ich bin jetzt zum Mann geworden, der ehrlich und konfrontierend sich selbst gegenüberstand, habe ich gemerkt, wie viel Angst ich immer noch habe und dass es immer noch einen Teil in mir gibt, der es liebt, die Verantwortung *nicht* zu übernehmen. Die Verantwortung für meine Wörter in diesem Buch, die Verantwortung für meine Taten, für meine Fehler, für mein Wirken und auch dafür, dass ich manchmal unter meinem Potenzial lebe.

Mir in meinen vier Wänden das Gefühl zu geben, dass ich erfolgreich bin, ist einfach. In meiner Kraft zu sein, wenn mich keiner sieht und ich allein bin, ist einfach. Für meine positiven Aspekte, Taten, Qualitäten und Gefühle die Verantwortung zu übernehmen ist einfach. Doch wir reden nicht gern über unsere Fehlschläge. Wir sprechen nicht gern über unsere Fehler oder über das, was uns wehtut. Wir reden nicht gern darüber, dass wir Chancen verpasst haben, weil wir zu müde waren. Wir reden nicht gern darüber, dass wir kostbare Tage unseres Lebens verschwendet haben, weil wir zu faul und lethargisch waren. Wir sprechen nicht gern darüber, dass wir Meister im Aufschieben sind, weil uns der Mut fehlt, Dinge zu Ende zu bringen. Wir sprechen nicht darüber, dass wir maßlos enttäuscht von uns selbst sind, weil wir zu oft geschwiegen und uns eingeredet haben, sowieso keine Wirkung zu haben. Wir reden nicht darüber, dass wir uns dumm stellen, weil wir Angst vor Verantwortung haben. Wir reden nicht darüber, dass wir das Böse im Außen brauchen, um unsere eigenen inneren Dämonen zu entlasten. Wir reden nicht.

> Wir sprechen über so vieles nicht. Doch nur,
> weil wir nicht darüber sprechen, heißt das nicht,
> dass es uns nicht belastet, richtig?

Du weißt mittlerweile, auf welche Art und Weise unterdrückte Energien entladen werden, und du weißt, zu was das führen kann. Ich könnte dir jetzt als Ratschlag geben, dass du dich mit deinen Schatten konfrontieren musst. Ich könnte dir sagen, dass du mit dem, was du vor dir herschiebst, arbeiten musst. Ich könnte dir sagen, dass du deine Lügen, die du dir selbst erzählst, entlarven musst. Und wenn ich ganz ehrlich zu dir bin, sind das auch meine Ratschläge an dich. Leider hört sich das alles aber leichter an, als es ist. Denn du stimmst mir vielleicht zu, dass es gar nicht so einfach ist, sich dem zu stellen, wovor man Angst hat, oder?

Freiwillig die Türen zu einem dunklen Ort zu öffnen, der die meiste Zeit des Tages von einem inneren Bodyguard beschützt wird, erfordert einiges an Mut und vor allem an Selbstreflexion.

Das Problem dabei ist, dass der Bodyguard ein Teil von dir ist und dass dieser Teil überhaupt nicht will, dass du den Deckel öffnest. Warum auch? So wie es jetzt läuft, läuft es ja. Wenn wir in unseren vier Wänden allein an uns selbst arbeiten und unsere Persönlichkeit erforschen wollen, um zu wachsen, rennen wir immer gegen eine ganz bestimmte Wand. Die Wand der Komfortzone. Das passiert ganz automatisch und ist evolutionär der perfekte Plan. Er soll uns helfen, Energie zu sparen. Die meisten Menschen arbeiten vor allem anfangs innerhalb des Komfortraums an sich selbst. Zwischendurch fällt mal ein Stein der Erkenntnis über die Komfortwand und verändert langfristig etwas.

Es ist so ähnlich wie beim Sport. Wenn du für dich allein trainierst, gehst du nie so weit wie mit einem Personal Trainer. Ein Trainer sieht dein Potenzial, aber auch deine Schwachstellen und lässt dich ganz bewusst deine innere Komfortmauer durchbrechen, damit du in die Zone des Wachstums kommen kannst. Er löst etwas in dir aus, das du selbst niemals hättest auslösen können, da dich dein innerer Bodyguard davor beschützt hätte. Der Trainer hat jedoch keine Angst vor deinem Bodyguard, somit hat er einen direkten Zugang zu deinen schwachen, aber auch wunden Punkten. Er wird sozusagen dafür bezahlt, dich zu triggern. Seine Aufgabe ist es, dich über deine Grenzen zu führen. Du allein würdest wahrscheinlich deine Grenze niemals freiwillig erreichen. Und außerhalb des Sports ist das Leben unser Trainer. Das führt mich zu einem sehr wichtigen Schritt in diesem Buch:

> Wahre Transformation passiert nicht,
> wenn du meditierst. Sie passiert im echten Leben.

Damit meine ich nicht, dass Meditation nicht funktioniert, ganz im Gegenteil. Bei den meisten von uns bedeutet »innere Arbeit« aber mehr Komfortzonen-Betreuung als inneres Wachstum. Das liegt nicht an den Tools oder Techniken wie beispielsweise der Meditation. Es liegt an unserer Sucht nach Bequemlichkeit und daran, dass sich Veränderung und Wachstum für uns gut und leicht anfühlen sollen. Niemand sieht sich freiwillig und zum Spaß die eigenen offenen Wunden an. Niemand stellt sich freiwillig den eigenen Lebenslügen. Es sei denn, du liest dieses Buch und zählst dich damit zu den offiziell zertifiziert Verrückten. ☺

Dein Triggerboard

Mit eigener Willenskraft und Fokus an die tiefsten Stellen deines Bewusstseins, die Aufmerksamkeit, Liebe oder Heilung benötigen, zu kommen ist schwer. Und manchmal sogar sehr frustrierend. Bin ich jetzt in meiner Komfortzone oder außerhalb? Hat sich gerade etwas getan? Habe ich mich gerade verändert? Wann passiert endlich was? Wie komme ich an das, was ich nicht sehen will? Wie kann ich es überhaupt sehen, wenn es einen Teil gibt, der mich davor beschützt, es zu sehen? Wie entlarve ich meine blinden Flecke, wenn ich dafür blind bin? Wie kann ich meine eigenen Lügen aufdecken, wenn ich sie selbst nicht als Lügen erkenne? Wie kann ich meinen Schatten sehen, wenn ich selbst im Dunkeln stehe?

Du kannst die unterdrückten Wahrheiten über dich fühlen, wenn das Leben sie wachküsst. Du kannst die nicht geheilten Wunden spüren, wenn das Leben in die Wunde drückt. Du kannst deinen unaufgeräumten Keller spüren, wenn das Leben dich ins Chaos wirft. Du kannst spüren, was Aufmerksamkeit von dir braucht, wenn alles anders kommt als geplant und du mit deinen größten Ängsten konfrontiert wirst. Du kannst deine inneren Wahrheiten über dich spüren, wenn Menschen deine roten Knöpfe drücken. Du weißt, was ich meine, oder?

Jedes Problem auf dieser Erde ist ein zwischenmenschliches Problem. Jedes Potenzial ist ein zwischenmenschliches Potenzial.

Jeder Mensch hat die Gabe, das Beste in dir auszulösen oder das Schlimmste in dir aufzuwecken. Deine größte Angst, aber auch dein hellstes Licht. Ich glaube, um auf dein verborgenes Potenzial aufmerksam zu werden, brauchst du die anderen. Ich glaube nicht, dass du alles allein kannst. Ich glaube nicht, dass du jemals wissen wirst, wozu du fähig bist, wenn du dich zu Hause einschließt oder in ein Kloster flüchtest.

Ich glaube, dass wir evolutionär dafür designt wurden, andere zu triggern. Es ist ein logischer Entwicklungsplan. Es ist das Gegenstück zur Komfortzone. Ein Trigger im Außen hält die Balance in der Dualität. Deine Komfortzone braucht einen Trigger im Außen, damit sie überhaupt existieren kann. Der Trigger im Außen braucht deine Komfortzone, damit er überhaupt entstehen kann. Wir brauchen die Menschen, die uns triggern und uns auf unsere Schwachstellen aufmerksam machen, da wir sie sonst nie sehen würden. Wir brauchen die Kinder, die uns in ihrem verspielten Leichtsinn manchmal um den Verstand bringen, um darauf aufmerksam zu werden, dass wir das Leben und uns selbst viel zu ernst nehmen. Wir brauchen den Nachbarn, der am Samstagabend, während du ein romantisches Dinner hast, plötzlich mit dem Rasenmähen anfängt, um darauf aufmerksam zu werden, dass du nicht alles unter Kontrolle hast. Wir brauchen das schlechte Wetter im lang geplanten Urlaub, um darauf aufmerksam zu werden, dass wir zu viele Bedingungen an unser Glück stellen und Hingabe trainieren sollten. Natürlich passieren auch mal Dinge einfach nur so und Shit happens. Nicht alles hat eine tiefere Bedeutung.

Das Leben bietet dir aber in jeder Sekunde eine »Triggermöglichkeit«, die du dir selbst niemals geben könntest. Du selbst könntest dich *selbst* niemals so aus der Reserve locken, wie das Leben das kann. Es sind die Umstände, die uns zerbrechen oder aufbrechen können. Das Außen ist da, um deine innere Welt aufzuwecken. Aber das kann es nur dann, wenn du bereit bist, sie aufwecken zu lassen. Das Leben ist dein größter Potenzial- und Schattentrigger. Ich lade dich also ein, dich auf eine heilvolle Art und Weise triggern zu lassen, auch wenn es sich im ersten Moment nicht wie Heilung anfühlen wird.

Leider haben wir nie gelernt, gekonnt mit Triggern umzugehen, oder? Das Einzige, was wir uns aneignen, ist, irgendwie damit klarzukommen, und die meisten von uns werden einfach besser darin, sich nicht mehr triggern zu lassen. Die meisten von uns versuchen, sich auf das Positive zu fokussieren, um ja nicht die Fassung zu verlieren. Wir sehen es als Stärke, in heiklen Situationen die Ruhe zu bewahren, richtig? Doch was passiert unter der Haube?

Hier kommt dein Triggerboard ins Spiel. Du hast bestimmt schon von einem Visionboard gehört, oder? Auf ein Visionboard platzierst du alles, was du zum Beispiel im nächsten Jahr für dich erschaffen willst. Du schmückst es mit leuchtenden Farben und nutzt es als emotionalen sowie unbewussten Anker, dich mit diesen Zielen und Wünschen zu verbinden. Ein Visionboard kann auf verschiedenen Ebenen des Bewusstseins und auch neuronal wirken, indem du in dir durch regelmäßiges Betrachten einen Motivations-Loop aktivierst und zum Beispiel das anregende Hormon Dopamin ausschüttest. Bahar und ich haben diese mentalen und emotionalen Anker überall in unserem Zuhause hängen. Aber wie du mittlerweile weißt, hat alles eine Schattenseite. Es gibt auch einen Gegenpol. Eine Stimme, die dir nicht glauben kann. Einen Teil, der das, was du auf das Visionboard klebst, sabotiert. Das Triggerboard ist aus meiner Sicht das fehlende Teilchen in der Gleichung. Es ist der blinde Fleck. Die andere Seite der Medaille.

Eine der häufigsten Fragen in unseren Kursen ist folgende: »Wie kann ich besser mit Energievampiren umgehen? Mein Chef saugt mir so viel Energie. Er quält mich den ganzen Tag mit seiner schlechten Laune. Seine Energie ist so zehrend und einnehmend. Auch mein Arbeitskollege kostet mich die letzte Energie. Ich halte es unter vielen Menschen nicht aus, da ist so viel negative Energie im Raum. Wie kann ich mich davor schützen, oder wie kann ich noch besser Grenzen ziehen?« Es ist die Frage aller Fragen, oder? Wie schaffe ich es, dass mich Arschlöcher nicht mehr beeinflussen, ohne dass ich sie ständig umgehen und meiden muss? Wie bleibe ich in meiner Mitte? Jedes Mal, wenn etwas im Außen passiert, das uns triggert, uns innerlich aufwühlt oder uns Energie abzieht, ist die erste Reaktion unseres Schutzmechanismus, den Trigger im Außen dafür zu beschuldigen. Der widerliche Kirchturm, der von heute auf morgen hier gelandet ist. Die hässliche Baustelle, die plötzlich vor der Haustür steht. Der schlecht gelaunte Arbeitskollege, der sein Gift absondert.

Ist ein schlecht gelaunter und negativer Arbeitskollege ein Energiesauger? Auf der Oberfläche klar und eindeutig: Ja. »Seine Art schlaucht mich. Er saugt mir Energie ab.« Doch ist das wirklich möglich? Natürlich. Und wir alle kennen Menschen, die unsere Energie förmlich verschlingen. Es gibt aber noch eine tiefere Ebene, die ich gern mit dir teilen möchte. Auf der Oberfläche arbeiten wir immer mit der Frage: »Was triggert mich?« oder »Was saugt mir Energie?«, und die Antwort darauf folgt schnell und eindeutig. Darüber musst du nicht viel nachdenken, und du musst deine eigene Komfortzone auch nicht verlassen. Denk mal kurz nach, was dich im Alltag am meisten triggert. Hast du über das, was dich triggert, die Kontrolle? Kannst du beeinflussen, dass die Baustelle von heute auf morgen verschwindet? Kannst du deine Schwiegermutter per Fingerschnipsen auf lautlos schalten? Ja, ich bin mir sicher, du findest Wege, damit umzugehen. Aber du weißt, dass dich das Umgehen der Trigger nicht verändert. Du bleibst, wie du bist, und musst weiter Umwege um die Störquellen herum finden.

Ich lade dich ein, jetzt tiefer zu gehen. Anstatt dich zu fragen, was dich triggert, stellst du dir ab sofort eine neue Frage. Eine viel kraftvollere Frage. Eine Frage, die Konsequenzen fordert, wenn du sie auch in dir landen lässt. Eine Frage, die die Tür in deinen Kaninchenbau öffnet. Frage dich ab sofort:

Was wird in mir getriggert?

Scheinbar kein großer Unterschied zur Frage: »Was triggert mich?« Doch du holst mit der Frage »Was wird in mir getriggert?« deine Macht über dich selbst zurück.

Ein Leben voller unbewusster Trigger ist wie ein Parkour durch ein Minenfeld. Du weißt nicht genau, wann die nächste Bombe hochgeht. Wenn du aber lernst, Trigger richtig zu nutzen, wird das Minenfeld zu einem Heilungsfeld. Jede Mine wird zu einem potenziellen Auslöser von Heilungsprozessen. Genau dafür setzen wir das Triggerboard ein. Mit dem Triggerboard trainierst du deine Fähigkeit, dich bewusst und heilvoll triggern zu lassen. Auf dein Triggerboard platzierst du alles, was dich wirklich triggert. Du setzt alles darauf, was dich Energie kostet. Einen Politiker, deinen Chef, deine Kinder, deinen Partner, Umweltverschmutzung, Tierquälerei, Ungerechtigkeit oder was auch immer. Vielleicht erscheine auch ich auf deinem Triggerboard, was ich sehr begrüßen würde, wenn es dir hilft, deine Heilung voranzubringen. Es ist dein privates Heilungsboard, und du musst hier nichts verstecken. Nein, du darfst hier nichts verstecken. Wir brauchen hier deine rohe Ehrlichkeit.

Und wenn wir schon dabei sind, ehrlich zueinander zu sein: Ein Triggerboard zu erschaffen war für mich hundertmal befreiender als ein Visionboard. Endlich bekam meine innere Schattenwelt einen physischen Ort im Außen. Allein dieser Prozess ist meines Erachtens schon Heilung.

Nutze dein Triggerboard

Du hast dein Triggerboard gestaltet? Hast schon mal einige Dinge draufgeklebt, die dafür sorgen, dass du genervt bist, dich ärgerst, dich wütend oder ohnmächtig fühlst? Dieses Board muss nicht vollständig sein. Ergänze es mit der Zeit immer wieder. Glaub mir, du wirst auf den Geschmack kommen. Nutze es nun für deine Heilung.

Schritt 1: Lass dich triggern

Nimm dir für diesen Prozess bewusst Zeit. Das Ganze dauert ungefähr fünf Minuten, mach es aber nicht nebenbei. Du brauchst für den Triggerprozess deine gesamte Aufmerksamkeit. Als Beispiel nehmen wir an, du hast ein Bild von deinem schlecht gelaunten Arbeitskollegen auf dein Board geklebt. Du stellst dich nun vor dein Triggerboard und nimmst dir bewusst Zeit, dich freiwillig und schonungslos triggern zu lassen. Tu nicht so, als würde dich dieser Kollege nicht triggern. Nimm ein paar tiefe Atemzüge, und lass den Trigger auf dich wirken. Konfrontier dich mit ihm. Geh in deiner Vorstellung in eine Situation, in der dieser Arbeitskollege dein Fass zum Überlaufen gebracht hat. Schließ dafür kurz deine Augen und spüre es. Denk an den schlecht gelaunten Typen, der dir Energie zieht. Fühle, was nach oben kommt. Scan deinen Körper und nimm wahr, wo ungefähr du den Trigger spürst. Im Bauch? In der Brust? Im Kopf?

Schritt 2: Spür die Verurteilung

Spür in dem Moment den Teil in dir, der den Kollegen gern beschuldigt. Spür den Teil in dir, der gern verurteilt. Als Ventil oder einfach nur, um sich besser zu fühlen. Spür den Teil in dir, der es sogar liebt, andere zu beschuldigen, damit du weiterhin nichts an dir verändern musst. Spür diese Teile, auch sie haben deine Liebe verdient. Es ist okay zu verurteilen, es ist okay zu bewerten. Gib diesen Teilen in diesem Moment bewusst Platz. Hier vor deinem Triggerboard hast du dir eine sichere Umgebung geschaffen, in der du nichts zurückhalten musst. Sag zu dir selbst: »Ich liebe es, diesen Kollegen zu beschuldigen.« Mit diesem Satz bist du ehrlich zu dir selbst und siehst den Teil in dir, der gern in einer Beschuldigungsschlaufe festhängt, da es der einfachere Weg ist. Du darfst den Teil in dein Herz schließen. Auch dieser Teil gehört zu dir. Atme tief ein und fest wieder aus. Sprich für dich noch ein paar Mal lauter aus: »Ich liebe es, andere zu beschuldigen, weil es mir ein Gefühl von Kontrolle gibt.« »Ich liebe es, andere zu beschuldigen, weil ich mich dadurch nicht selbst beschuldigen muss.« »Ich liebe es, andere zu beschuldigen, weil ich mich dadurch nicht verändern muss.«

Schritt 3: Was in dir wird getriggert?

Da du bereit für Veränderung bist, richtest du jetzt die Taschenlampe auf dich selbst. Nimm einen tiefen Atemzug, und stell dir die wichtigste Frage in diesem Prozess: »Was in mir wird durch diesen Kollegen getriggert?« Fühl dich in diese Frage hinein. Vielleicht tauchen sofort ein paar Dinge auf, vielleicht spürst du auch nur Widerstand. Diese Frage ist oft schwieriger zu beantworten, da wir vieles davon nicht sehen wollen. Mach trotzdem weiter, und stell sie dir noch mal: »Was in mir wird getriggert?«

Du könntest jetzt folgenden Satz formulieren: »Durch diesen Kollegen fühle ich mich …« Hier setzt du ein, was der Trigger in dir auslöst. »Durch ihn fühle ich mich machtlos. Durch ihn fühle ich mich unsicher. Durch ihn fühle ich mich dumm. Durch ihn fühle ich mich wertlos. Durch ihn fühle ich mich sinnlos.« Und so weiter. Der schlecht gelaunte Arbeitskollege könnte in dir deine »Wertlosigkeit« triggern, da er dir nicht die Aufmerksamkeit schenkt, die du unbewusst einforderst. Da du einen Widerstand gegenüber deiner eigenen Wertlosigkeit hast und das nicht sehen willst, beschuldigst du seine schlechte Laune dafür, dass es dir in seiner Anwesenheit nicht gut geht – und schwups, du bist wieder auf der Ebene von »Was triggert mich?«. Also sofort zurück zu: »Was wird in mir getriggert?« Vielleicht löst der Arbeitskollege in dir »Machtlosigkeit« aus, und das Thema »machtlos sein« ist ein wunder Punkt für dich. »Ich fühle mich durch ihn machtlos.« Spür, was in dir getriggert wird. Fühle, was in deinem Körper passiert, und auch wenn es sich nicht angenehm anfühlt, lass es durch deinen Körper fließen.

Du denkst, dass dir die schlechte Laune und die Negativität deines Kollegen Energie wegsaugt und dich runterzieht? In Wahrheit löst dein Kollege in dir etwas aus, wogegen du einen enormen Widerstand hast. Er löst in dir vielleicht Gefühle von Machtlosigkeit oder Nutzlosigkeit aus, und die willst du auf keinen Fall haben. Er löst in dir etwas aus, das du gern verstecken willst. Er löst in dir etwas aus, das du von dir wegschiebst. Der innere Kampf gegen diese Aspekte und das Dagegenhalten vor allem in dem Moment, in dem du getriggert wirst, saugt dir in Wirklichkeit die Energie ab. Du weißt innerlich, dass der Kollege etwas in dir auslösen kann, das du gut unter Kontrolle hast, wenn du nicht in seiner Nähe bist. Somit wird der Kollege in deiner Vorstellung zu einer Gefahr. Er kann deine Dämonen wach küssen. Doch genau das siehst du jetzt ein. Der Kollege hat eine enorme Kraft über dich. Du kannst dagegen ankämpfen oder es für deine Heilung nutzen. Deine Entscheidung.

Schritt 4: Spür den Widerstand

Du fühlst weiterhin das, was in dir getriggert wird. Nimm einen tiefen Atemzug. Mach eine Hand zur Faust, und klopfe dreimal synchron mit folgenden Wörtern auf die Mitte deines Brustkorbs. Auf die Thymusdrüse. Du sprichst laut: »Ich bin machtlos.« Mit jedem Wort klopfst du leicht. Je nachdem, was in dir getriggert wird. »Ich bin wertlos.« »Ich bin nutzlos.« Und so weiter. Fühl dich in diese Sätze ein. Auch wenn es innerlich wehtut. Du sprichst laut aus, was du unbewusst sowieso von dir denkst. Du sprichst das aus, was du vor dir oder anderen verstecken willst. Ganz offen und frei. Wenn du kannst, sag es etwas lauter, lass es wirklich raus. Das kann so befreiend sein. Spür den Widerstand gegenüber diesen Teilen, falls er sich zeigt.

Spür gleichzeitig ein inneres Aufatmen. Es ist ungewohnt, diese Dinge offen und frei auszusprechen. Gleichzeitig ist es eine Form von bewusster Entladung. Du lüftest dadurch bewusst und freiwillig deinen Keller und beginnst, allein durch das Aussprechen von dem, was unbewusst sowieso abläuft, schon Frieden mit diesen Teilen zu schließen. Kannst du den Teil, den du gerade fühlst, als einen Teil von dir sehen?

Schritt 5: Der Preis, den du bezahlst

Was macht dieser Teil mit dir, wenn du ihn in deinem Leben weiter so stark von dir fernhältst? Was macht er nachts mit dir? Wie verbiegt der Teil im Außen die Realität, um auf sich aufmerksam zu machen? Was erschafft er im Außen, damit du ihn siehst? Was macht er mit dir, wenn du dir nicht bewusst

bist, dass er existiert? Wie viel Energie kostet dich dieser unter-
drückte Teil? Werde dir über den Preis bewusst, den du be-
zahlst, wenn du diesen Teil aussperrst. Vielleicht besteht der
Preis darin, dass du dich permanent müde fühlst, im Job dein
Potenzial nicht entfaltest, weil du ständig diesen Kollegen zu
meiden versuchst, oder dein Partner stößt dich mit seinem
Verhalten immer mehr ab, und es herrscht großes Streitpoten-
zial in deiner Beziehung.

Schritt 6: Entdecke dein unsichtbares Potenzial

Egal, wie stark du den Teil, zum Beispiel die »Machtlosigkeit«,
verabscheust und von dir wegschiebst: Könnte es ein Geschenk
hinter deiner »Machtlosigkeit« geben? Was ist das Positive an
Ohnmacht? Öffne dein Bewusstsein dafür, den Blickwinkel zu
verändern und auf die Suche danach zu gehen, welche Ge-
schenke hier verborgen sein können. Hinter Machtlosigkeit
könnte das Geschenk der Hingabe stecken. Hinter Wut könnte
das Geschenk der unzähmbaren Energie stecken. Hinter Nutz-
losigkeit könnte das Geschenk der Freiheit stecken, denn wenn
etwas keinen Nutzen hat, steht es dir frei, einen eigenen Nut-
zen zu kreieren. Sei kreativ in diesem Prozess. Jeder Teil von
dir, auch wenn er noch so negativ oder unbrauchbar erscheint,
verbirgt ein Geschenk. Werde dir darüber bewusst, dass das
verlorene Geschenk der Kollateralschaden ist, den du im Laufe
deines Lebens durch deine Unterdrückung erzeugt hast. Jedes
Mal, wenn du etwas von dir abspaltest, spaltest du auch ein
Potenzial ab. Du musst dich entscheiden, ob du weiterhin die-
sen Preis zahlen willst.

Schritt 7: Beende die Sucht nach dem Trigger

Jetzt geht es darum, ganz bewusst die Sucht nach dem Getrig-
gert-Sein zu beenden, und das könntest du mit einem State-

ment an dich selbst machen, während du weiterhin in deinen Körper hineinfühlst, insbesondere in den Teil deines Körpers, wo du diese unterdrückte Energie spüren kannst. *Sag zu dir: »Ich habe vor langer Zeit einen Teil aus meinem Leben ausgesperrt. Ich habe diesen Teil vergessen. Ich habe ihn liegen lassen. Ich wecke diesen Teil jetzt auf und blicke ihm in die Augen. Danke, Trigger, dass du mich auf diesen Teil in mir aufmerksam machst. Vielleicht bist du nur in mein Leben getreten, um mir das zu zeigen. Auch wenn ich nicht weiß, wie, hole ich diesen Teil jetzt zurück in mein Leben. Mit jedem Tag, auf jede Art und Weise schließe ich etwas mehr Frieden mit diesem Teil. Das bin ich mir und meinem unsichtbaren Potenzial schuldig.«* Nimm danach ein paar bewusste Atemzüge, und erlaube der Energie, in dir zu zirkulieren.

Schritt 8: Umarme deinen Schatten
Nun kommt der wichtigste Moment in diesem Prozess. Du sagst laut: »Ich bin machtlos, und ich liebe es.« Benenne die Sache, die getriggert wurde.

Fühl dich in diesen Satz hinein. Wie viel Widerstand spürst du gegenüber diesem Statement? Gibt es einen Teil in dir, der das nicht aussprechen will? Gibt es einen Teil in dir, der es dringend aussprechen will?

Sag diesen Satz noch mindestens drei Mal laut. »Ich bin machtlos, und ich liebe es.« Mit jedem Mal lauter und kräftiger. Du sprichst diesen Satz nicht aus, um dich anzulügen. Denn es gibt einen Grund, warum dieser Teil an deinem dunklen Ort vergraben war, oder? Du sprichst diesen Satz aus, um zu fühlen, was er mit dir macht. Das ist ein großer Unterschied.

Der Satz ist keine Affirmation. Der Satz ist ein weiterer Trigger. Fühl in dich hinein, ob du Liebe, Mitgefühl oder Verständnis für diesen Teil aufbringen kannst? Vielleicht legst du beide Hände auf dein Herz und atmest gleichmäßig lang ein und aus. *Kannst du Frieden mit diesem Teil schließen? Kannst du ihm die Hand reichen? Kannst du akzeptieren, dass dieser Teil zu dir gehört und dass er dir sogar etwas geben kann, wenn du es zulässt? Wie lange willst du diesen Teil noch im Dunkeln verkümmern lassen?* Ungesehen und ungeliebt. Lass dein Herz das tun, was dein Kopf nicht kann. Etwas zu lieben, das schön und für deinen Kopf liebenswert ist, ist einfach. Etwas zu lieben, das von deinem Kopf abgelehnt wird und sogar hässlich ist, ist die Herausforderung. Hier kannst du beweisen, ob du wirklich lieben kannst oder nur von Liebe sprichst.

Wie würdest du dich fühlen, wenn man dich an einem dunklen Ort zurücklässt? Warum hat dieser Teil deine Liebe verdient? Warum könnte dieser Teil das fehlende Puzzlestück in deinem Leben sein? Warum hat es dieser Teil verdient zu leben? Was wäre, wenn du den Kampf mit diesem Teil beenden würdest? Wie viel Energie würdest du zurückerobern? Was wäre, wenn dieser Teil für dich arbeitet und nicht mehr gegen dich?

Sprich noch mal laut: »Ich bin machtlos, und ich liebe es.« Werde dir bewusst, dass du den Trigger im Außen nicht unbedingt brauchst, um auf deine Schatten aufmerksam zu werden. Du hast die Kraft und den Mut, allein und freiwillig in deinen Keller zu blicken.

Bevor wir den Prozess abschließen, tauchen wir in das Gefühl von echter Freiheit und vor allem Entscheidungsfreiheit ein. Du hast bereits gelesen, dass deine Schatten die Regie im Leben übernehmen, ohne dass du es merkst, und dir deine Möglichkeiten und deine Entscheidungskraft rauben. Jetzt, wo wir diesen dunklen Ort immer mehr durchleuchtet haben und noch weiter durchleuchten werden, kannst du deine freie Macht

über deine Energie, deine Manifestation und deine Entschei-
dungen zurückerobern. Sprich zu dir selbst: »Ich bin machtlos,
und ich liebe es. Was ich aber jetzt wähle, ist, Energie, Kraft,
Leichtigkeit, Hingabe« (du kannst an dieser Stelle noch weitere
positive Aspekte hinzufügen, die vermehrt in deinem Leben
Einzug finden sollen, wie zum Beispiel auch Liebe, Offenheit,
Vergebung). Wiederhole diesen Satz gern noch ein paar Mal,
und spüre dich vor allem auch in all das hinein, was du jetzt
bewusst wählst, weil du den dunklen Ort in dir nicht mehr be-
kämpfst.

Lass uns den Prozess jetzt abschließen. Bedanke dich bei
dem, was dich getriggert hat. Atme tief ein und aus, und schüt-
tel deinen Körper etwas aus. Löse dich mental wieder von dem
Trigger. Atme, nimm ein Glas Wasser, geh vielleicht sogar raus
in die Natur, und lass die Energie in dir fließen.

Lass diesen Prozess zu einem Teil deiner persönlichen Praxis werden, und irgendwann, wenn die Schritte verinnerlicht sind, werden sie vielleicht sogar auf Autopilot in dir ablaufen, wenn Trig-
ger-Situationen entstehen. Du trainierst mit dem Triggerboard
nicht, immun gegenüber Triggern im Außen zu werden. Das ist
vielleicht ein Nebeneffekt, aber nicht der Hauptfokus. Du trainierst die Fähigkeit, dich effektiv und heilvoll triggern zu lassen.
Damit ein Trigger für die Heilung fungieren kann, müssen wir ihn
in uns landen lassen und erforschen, was er mit uns macht. Eine
Welle von Energie wird durch unseren Körper jagen. Wir müssen
erforschen, welches Licht, aber auch welcher Schatten dadurch in
uns erweckt wird.

Hinter jedem Schatten, der erweckt wird, steckt ein
Potenzial, und hinter jedem Potenzial ein Schatten.

Wenn wir die Kraft eines Triggers nicht nutzen, werden wir vielleicht nie erfahren, was für eine ungeheilte Wunde da noch blutet. Du wirst vielleicht nie erfahren, welcher Teil deine Liebe am meisten braucht. Du wirst vielleicht nie wissen, wozu du wirklich fähig bist, denn bis dein ungesehenes Potenzial von allein wach geküsst wird, ist dein Leben möglicherweise vorbei. Du wartest auf den einen Moment. Auf die magischen zehn Minuten, in denen dir die Idee deines Lebens kommt. Du wartest auf den einen Aha-Moment, auf das Wunder in deinem Leben. Aber eigentlich hast du nur Angst davor, dass das Leben dich wirklich aufweckt. Du hast Angst vor dem kurzen Moment, in dem du die Fassung verlierst, wenn etwas Ungesehenes in dir wach wird. Dieser kurze unangenehme Moment der Verwirrung. Dieser kurze Moment der Unsicherheit. Du weißt, welche Kraft das Leben auf dich haben kann, also versuchst du, dein Potenzial in einer sicheren Zone zu entfalten, und sperrst die unkontrollierbaren Triggermomente des Lebens von vornherein aus. Dein Potenzial herausfordern und gleichzeitig nach Sicherheit und Kontrolle schreien, das passt aber nicht zusammen.

Du schließt Frieden damit, getriggert zu werden, und beginnst, Trigger zu begrüßen. Du wirst kein Problem mehr mit Triggern im Außen haben, weil du den Widerstand gegen sie verlierst. Plötzlich wirst du merken, dass die schmerzvollen Trigger weniger werden, da du sie nicht mehr anziehst. Der Keller lichtet sich. Wenn du hingegen nicht zulässt, dass Schatten in dir wach geküsst werden, sperrst du auch das Potenzial aus, das in dir wach geküsst werden könnte. Deshalb ist es so wichtig, triggerfreundlich zu werden und dich damit anzufreunden, getriggert zu werden. Es ist die Voraussetzung dafür, dass das Leben das Beste aus dir herausholen kann.

Wenn Dunkelheit dich antreibt.

Auf der Flucht vor dir selbst

Du hast bereits eine neue Beziehung zu dem Unsichtbaren in dir aufgebaut. Du hast die Büchse der Pandora geöffnet. Allein, dir bewusst zu werden, dass ein unsichtbarer Teil in dir schlummert, kann schon alles verändern. Potenziale und Fähigkeiten, die dir unbekannt sind, sind unbekannt, weil sie im Unsichtbaren liegen. Du weißt mittlerweile, dass du nicht nur aus Licht und Liebe bestehst, sondern auch aus Frustration, Hass, Wut, Verurteilungen, Gier, Eifersucht, Unehrlichkeit, Angst, Einsamkeit und so viel mehr. Du weißt, dass 50 Prozent deiner Kraft im Dunkeln liegen, und wenn du diese Kraft nicht nutzt, wirst du nie dein volles Potenzial erwecken. Du weißt, dass du Teile von dir als nicht liebenswert erachtest und sie deshalb von dir fernhältst.

Du bist mittlerweile bereit, dich diesen Teilen zu stellen, und spielst mit den Gedanken, dass sie vielleicht doch nicht so dunkel sind, wie du denkst. Du weißt, dass alles, was du nicht sein willst, Kraft über dich hat und dein Leben mehr bestimmt, als dir lieb ist. Du weißt, dass der dunkle Ort in dir über das Außen auf sich aufmerksam macht und zu dir spricht. Du weißt, dass du dich kleiner machst, als du bist, wenn du einen Großteil von dir abspaltest. Du weißt, dass du dich niemals genug fühlen wirst, wenn du auf der anderen Seite 50 Prozent deiner Teile von dir fern-hältst.

Einer der Wege herauszufinden, was sich an deinem dunklen Ort versteckt hält, ist das beschriebene Triggerboard. Du gewöhnst dich daran, einen Trigger auf dich wirken zu lassen, das in dir Ausgelöste zu spüren, daraus zu lernen und den Trigger wieder gehen zu lassen. Ein Trigger im Außen durchdringt jede Schutz-schicht, die du aufgebaut hast, um das Versteckte versteckt zu halten. Ein Trigger ist da, um das Unsichtbare sichtbar zu machen. Vielleicht haben wir deshalb so viel Angst davor, aber eigentlich solltest du dich bei einem Trigger dafür bedanken. Vergiss nicht:

> Wenn du dich nicht selbst aufweckst,
> muss dich das Leben aufwecken!

Fühlt sich ein Trigger immer gut an? Nein, definitiv nicht. Es ist, wie durch einen Wecker aus dem Tiefschlaf gerissen zu werden. Deshalb wollen wir Trigger vermeiden. Da du dich aber mit dem Zustand, getriggert zu werden, anfreundest und besser darin wirst, dich heilvoll triggern zu lassen, hast du keinen Widerstand mehr dagegen. Das öffnet dich für die Möglichkeit, auch unsicht-bares Potenzial in dir aufwecken zu lassen. Du bist offen und be-reit dafür, das Schlimmste in dir wachzurufen, weil du weißt, dass es auch deine Liebe verdient hat. Deshalb bist du erst recht offen dafür, das Beste in dir wachzurufen. Denn auch das hat deine Lie-be verdient. Du bist bereit für jeden Schatten, der sich zeigt, weil du weißt, dass hier ein Geschenk auf dich wartet, auch wenn es noch so hässlich erscheint. Du bist bereit für jedes Potenzial, das sich zeigt, weil du den Schatten hinter jedem Potenzial akzeptie-ren kannst und die Angst davor verlierst.

Du spielst mit dem Feuer, weil du weißt, dass es heiß ist, und nicht so tust, als wäre es nicht gefährlich. Du kannst damit spielen, weil du beide Seiten siehst und zu beidem fähig bist. Feuer kann zerstören, aber auch Hitze und Wärme schenken. Wenn du den zerstörerischen Teil in dir aussperrst, sperrst du auch die Macht aus, die dieser Teil über die Erschaffung von etwas Neuem haben könnte. Wenn du deine Macht aussperrst, sperrst du Wirkung der Liebe aus. Denn Liebe hat die größte Macht im Universum. Der dunkelste Teil in dir hat genauso viel von deiner Liebe verdient wie das hellste Licht in dir.

Vielleicht sagt er zu dir: »Ich hab an deine Tür geklopft. Ich hab deine Fenster eingeschlagen. Ich hab dir Briefe geschickt. Ich hab nach dir geschrien. Du hast mich auf lautlos gestellt. Ich hab dich nachts nicht mehr schlafen lassen. Ich hab deine Realität verbogen. Ich hab dich gewarnt. Du hast mich auf lautlos gestellt. Ich wollte dir zeigen, zu was du fähig bist. Ich wollte dich berühren. Ich war immer an deiner Seite. Du hast mich auf lautlos gestellt. Egal, was du tust, ich werde lauter werden. Egal, was du tust, ich gebe nicht auf. Ich kann nicht anders. So wie du nicht anders kannst, als aufzuwachen. Die Frage ist nur: wann?«

Der Wecker deines Lebens (oder: Die tickende Bombe)

Eine weitere Möglichkeit, unsere eigenen blinden Flecke zu entdecken, ist es, dunkelsichtig zu werden. In der spirituellen Welt sind wir ziemlich engagiert darin, die Hellsinne inklusive der Hellsichtigkeit zu aktivieren. Die feinstoffliche Welt aus Licht und Energie zu sehen und zu spüren ist eine Form von Hellsichtigkeit. Meistens stellt sich dann auch ein Zugang zu Informationen her, die man »eigentlich« nicht wissen kann. Vielleicht hast du es schon einmal erlebt. Du triffst einen Menschen und weißt etwas über ihn, das du eigentlich nicht wissen kannst. Du nimmst etwas wahr, das er nicht offensichtlich zeigt. Du weißt mehr. Ganz einfach. Das Ganze geht auch über die Ferne, ohne ein Foto oder eine Vorstellung von dem Menschen zu haben. Vielleicht bezeichnest du das als spooky, aber eigentlich macht es absolut Sinn, da wir über verschiedene elektromagnetische Felder miteinander verbunden sind. Wir tauschen permanent Informationen zwischen uns aus, auch wenn wir nicht im gleichen Raum sind. Nur, weil die meisten von uns diese Verbindungen nicht sehen können, heißt das nicht, dass sie nicht da sind. So wie wir das, was uns am meisten beeinflusst, auch nicht sehen können: UV-Strahlen, Gravitation, Gerüche ... und auch die berühmte Liebe ist für uns unsichtbar. Wir sind alle blinde Passagiere und bilden uns so viel auf das ein, was wir sehen können.

Dunkelsichtigkeit bedeutet nun, dass du auch dorthin blickst, wo es dunkel ist – in deiner Innenwelt, aber auch im Außen. In diesem Sinne bist du bereits dunkelsichtig, und dieses Buch wird dich noch weiter in dieser Superkraft unterstützen. Wir sollten zusätzlich miteinbeziehen, dass wir in unserer Innenwelt auch noch blind sind, weil wir so viel von uns selbst nicht sehen wollen. Dabei fällt mir für unsere Form von Blindheit irgendwie gar kein passender Name ein. Doppelblind vielleicht? Mit unserer doppelten Erblindung ziehen wir dann los und versuchen, die Welt zu retten. Dabei hätten wir genug damit zu tun, erst mal dem Geruch unserer eigenen Leichen zu folgen.

Wollen wir aber vielleicht die Welt retten, weil wir unsere eigene bislang nicht retten konnten? Wollen wir Menschen helfen, weil wir uns selbst nicht helfen können? Wollen wir das Licht für andere sein, weil wir für uns selbst keins übrig haben? Wollen wir andere Menschen heilen, weil wir uns selbst nicht heilen können? Wollen wir etwas Gutes tun, weil wir zu uns selbst so grausam waren? Warum tust du das, was du tust? Was sind deine echten Beweggründe hinter den Dingen, die du tust? Hast du dir diese Frage mal gestellt? Welche deiner Motive und Beweggründe erlaubst du dir? Welche deiner Beweggründe würdest du niemals offiziell teilen? Die letzte Frage ist die, die Salz in das Ganze streut und es spannend macht. Für mich gibt es drei verschiedene Arten von Motiven: offen liegende, versteckte und unsichtbare. Über die offen liegenden brauche ich an dieser Stelle nicht weiter zu sprechen.

Versteckte Motive

Das sind Motive und Absichten, die du vor anderen versteckst und manchmal auch vor dir selbst. Es sind Motive, die sich in deinen Augen nicht »gut« anhören und nicht vorzeigbar sind. Motive, die dich in deinen Augen in ein schlechtes Licht rücken könnten und eine Angriffsfläche bieten. Motive, die dazu führen könnten, dass man dich ablehnt oder in eine Schublade steckt. Es ist das, was du dir eigentlich wünschst, wofür du dich selbst aber schämst. Diese Motive liegen an deinem dunklen Ort, und du bist dir dessen sehr wohl bewusst.

Als wir ungefähr vor acht Jahren einen der ersten Empower-Yourself-Workshops veranstaltet haben, steckte ich als Speaker und Trainer noch in den Kinderschuhen. Es war eines der ersten Events, in denen wir mehr als hundert Teilnehmer hatten. Für uns war es ein riesen Meilenstein, wenn du bedenkst, dass wir vor langer Zeit im Dachgeschoss von Bahars Mum mit etwa fünf Teilnehmern gestartet haben. Es war für mich und vor allem für meine Angst, vor Menschen zu sprechen, eine enorme Herausforderung. Nach etwa einer Stunde fühlte ich mich jedoch total im Flow und war einfach nur glücklich, mit Bahar das zu tun, was wir am meisten lieben: das Potenzial in Menschen aufwecken.

Doch immer, wenn du denkst, du hast es geschafft, kommt das Leben um die Ecke und zeigt dir, dass du erst am Anfang stehst. In der Mittagspause kam ein Teilnehmer mit seinen zwei Söhnen zu mir. Gerade in dem Moment, als ich fragen wollte, wie es ihnen gefällt, sagte er zu mir: »Ich will mein Geld zurück. Das, was vor allem du hier tust, ist alles andere als Empowerment. Wir sind gelangweilt von eurer Energie und wollen deshalb gehen.« Das hatte ich nicht erwartet. Ich war mit einem so guten Gefühl in meine Mittagspause gegangen, und diese Aussage riss mir echt den Boden unter den Füßen weg. Ich wusste gar nicht, was sich sagen soll. Das, wovor ich am meisten Angst hatte, war geschehen. Meine Angst, dass ich nicht gut genug für die Bühne sein könnte, wurde aktiviert. Meine inneren Zweifel, ob ich genug Power für ein Empower Yourself Event ausstrahle, wurde getriggert. Meine lebenslang unterdrückte Unsicherheit und Machtlosigkeit wurde aufgeweckt.

Wieso kamen die zu mir? Wieso sagten sie das nicht zu Bahar? Die stand ja auch in der Nähe. Ganz einfach. Sie kamen zu mir, weil ich es hören musste und nicht Bahar. Sie hatte nicht diese offensichtlich unterdrückten Ängste, Zweifel und Bedenken, wie ich sie über mich hatte. Natürlich hat mein dunkler Ort diesen aus drei Männern bestehenden Monstertrigger in diesem Moment angezogen. Ich war so am Boden zerstört, dass ich das Seminar nicht zu Ende geben wollte. Ich wollte hinschmeißen.

Aber wollte ich diesen drei Teilnehmern wirklich so viel Kraft über mich schenken? Natürlich nicht, und noch dazu wollte ich Bahar nicht im Stich lassen. Also zurück auf die Bühne. Doch die Kritik der drei hat mich nicht mehr losgelassen. Nach dem Event habe ich mir geschworen, ihnen zu zeigen, was Empowerment bedeutet.

Das Ganze hat mich sehr angetrieben, alles in Bewegung zu setzen, besser in meinen Fähigkeiten und in meiner Energie zu werden. Ich bin später eine Woche bereits in die USA geflogen und habe sämtliche Seminare besucht, die meinen Weg kreuzten.

Über ein Jahr habe ich mich regelrecht zu Seminaren gezwungen. Um was zu tun? Ich wollte zum Besten der Besten werden, damit ich noch mehr Menschen schneller und effektiver helfen kann. Während ich das schreibe, muss ich schon grinsen. Ja, dieses Motiv hört sich gut an, oder? Ein Motiv, das ich jedem erzählen kann. »Wow, Jeffrey, du reist durch die ganze Welt, um von den Besten der Besten das Beste der Welt zu lernen, um die Welt zu einem besseren Ort zu machen. Wie bedingungslos du doch bist. Alles nur, um deiner Mission zu folgen, die Welt zu verändern.« Das ist die Message, die ich aussenden wollte. Das war das Signal, das ich durch meine Taten in die Welt senden wollte. Die anderen sollten genau das von mir denken. Ein sichtbares Signal an die Welt.

Ist dieses Signal die Wahrheit gewesen? Ich sage nicht, dass es eine Lüge war, aber die volle Wahrheit war es mit Sicherheit nicht. In Wahrheit wollte ich Anerkennung, Aufmerksamkeit und die Bestätigung, dass ich doch nicht so ein großer Loser bin. In Wahrheit wollte ich mir selbst und der Welt beweisen, dass ich kein Versager bin. Natürlich würde ich offiziell mit niemandem teilen, dass ich gerade auf einem Seminar-Rachefeldzug unterwegs bin, um es denen heimzuzahlen, die mich so stark kritisiert und verletzt hatten. In Wahrheit habe ich mein Versager-Selbst nicht ertragen und bin mit voller Kraft vor ihm weggelaufen.

Hatte ich beim Empower-Event versagt, weil ich diese zerschmetternde Kritik erhalten habe? Na ja, wer bestimmt denn, was Versagen ist und was nicht? Für mein Empfinden habe ich versagt, und nur mein eigener Maßstab zählt hier. Selbst wenn du mir aus deiner neutralen Sicht erklärst, dass es kein Versagen war und dass ich eigentlich gar nicht wirklich versagen kann, habe ich in meinen Augen versagt. Du könntest sagen: »Es gibt kein Scheitern, es gibt nur eine Erfahrung, Jeffrey.« Die Falle des Reframing hatten wir bereits zu Beginn dieses Buchs, kannst du dich erinnern? Wenn ich mit dem Gefühl des Versagens nicht wirklich

Frieden schließen kann, wird die Angst vor dem Versagen und davor, Fehler zu machen, nur noch größer. Wieso darf ich denn kein Versager sein? Warum darf ich nicht versagen? Warum darf ich nicht fallen? Warum erlaubst du mir nicht zu fallen, damit ich lernen kann, wieder aufzustehen? Warum schieben wir das »Fallen« in eine so dunkle Ecke? Wir denken, wir tun uns selbst etwas Gutes, wenn wir das Fallen durch »Fliegen« ersetzen und uns einreden, dass wir gar nicht fallen können.

Du denkst, dass du dir dadurch die Angst vor dem Fallen nimmst, wenn du daran glaubst, es gäbe kein Fallen. Du denkst, wenn du keine Angst vor dem Fallen oder Scheitern hättest, würdest du loslegen und endlich dein wahres Potenzial ausleben. Ist das wahr? Du denkst wirklich, dass du Vollgas geben würdest, wenn du keine Angst mehr hättest?

Wenn ich fühle, dass ich gefallen bin und es in mir wehtut, wie kannst du dann zu mir sagen, dass das kein Fallen war, obwohl es so wehtut? Was stimmt dann mit meinem Gefühl nicht?

Stellen wir neuartige Fragen: Warum darf ich mit allem, was ich bin, vollkommen versagen? Warum gehört das Versagen genauso zu mir wie der Erfolg? Warum kann ich mit jedem Tag meinen inneren Versager etwas mehr in mein Herz lassen?

Das sind die Fragen, die wir uns stellen sollten. Nicht: Wie kann ich das Versagen schönreden? Ich habe versagt, und das ist okay. Ich darf ein Versager sein. Ich darf fallen. Ich bin ein Versager, und das ist okay. Es heißt nicht, dass ich mein Leben lang einer sein muss. Es heißt einfach nur, dass ich einer sein kann und dass ich nicht mehr gegen den Versager in mir in den Kampf ziehe.

»Ich bin ein Versager, und ich liebe es.
Was ich aber jetzt wähle, ist ein Neubeginn.«

Der Hass gegen den Versager in dir zieht das Versagen im Außen an. Wir müssen aufhören, so zu tun, als wäre jeder Schritt in unserem Leben ein Schritt nach vorn. Wenn wir Angst davor haben, Rückschritte zu machen, und vor lauter positiver Psychologie jede Richtung als Erfolg sehen, werden wir auf der Stelle treten oder erst recht Rückschritte machen. Ein bisschen wie ein Moonwalk. Es sieht aus, als würdest du nach vorn laufen, aber eine unsichtbare Kraft zieht dich zurück. Alles, wogegen du enormen Widerstand hast, wird stärker, auch wenn du es schönredest.

Zurück zu den versteckten Motiven. Soll ich also meine echten Absichten offiziell machen und sie mit jedem teilen? Nein, das habe ich nicht gesagt. Aber du solltest sie offen und ehrlich mit dir selbst teilen. Du darfst dich vor den Spiegel stellen – und das meine ich wortwörtlich. Du blickst dir in die Augen und sagst zu dir selbst: »Es gibt nichts, was ich vor mir schützen müsste. Ich habe mir angewöhnt, mich selbst anzulügen, und das ist okay. Ich bin ein Lügner, und ich liebe es. Was ich jetzt wähle, ist die Wahrheit über mich, denn sie macht mich frei.«

So schließt du Frieden damit, dich selbst angelogen zu haben, weil du dich für die Wahrheit schämst oder sie dir einfach noch nicht eingestehen konntest. Warum kannst du einen Lügner genauso lieben wie jemanden, der die Wahrheit spricht? Hat ein Lügner auch Liebe verdient? Steckt solch ein Lügner nicht in allen von uns? Was ist das Geschenk hinter einer Lüge? Und was für ein Mensch greift zu Lügen? Vielleicht ein Mensch, der keinen anderen Ausweg kennt? Ein Mensch, der andere dadurch schützen möchte? Ist eine Lüge grundsätzlich schlecht? Kommt darauf an, oder? Könnte eine Lüge dein Leben retten? Kommt auf die Umstände an, oder?

Es sind die Umstände, die uns zu »allem« werden lassen können. Genau aus diesem Grund werden wir zu Kontrollfreaks. Wir versuchen die Umstände auf Abstand zu halten, damit sie nicht das Schlimmste aus uns herausholen. Der Kollateralschaden dabei ist, dass wir die Umstände auch zurückhalten, das Beste aus uns herauszuholen.

Die Selbstlüge ist die stärkste Lüge auf unserem Planeten. Du kehrst die Wahrheit über dich unter den Teppich, während du vor laufender Kamera den Teppich schön sauber saugst. Unter dem Teppich liegt alles Verstaubte und Unschöne an dir, das du verstecken möchtest. Die Oberfläche des Teppichs reinigst und pflegst du aber so akkurat es geht – sie steht für deine äußere Fassade, eingeschlossen deine Kleidung und dein Make-up.

An dieser Stelle möchte ich noch etwas sehr Spannendes mit dir teilen, das ich das Gut-Mensch-Phänomen nenne. Es verdeutlicht, wie wir es vielleicht ungewollt schaffen zu verhindern, dass die Welt sich verändert. Dieses Phänomen greift bei Menschen, die um jeden Preis das Richtige und das Gute machen wollen und das Böse bekämpfen. Sie ziehen aus diesem Kampf enorm viel Bedeutung und Energie. Würden sie also wollen, dass er endet? Nein. Denn dann würden sie sehr viel verlieren. Also halten sie unbewusst an dem Bösen fest, obwohl das nicht ihre bewusste Absicht ist. Außerdem ist das Bekämpfen des Bösen ein super Alibi für ihre eigene Dunkelheit. Denn wenn sie das Böse jagen, können sie nicht gleichzeitig selbst der oder die Böse sein. Wenn sie Vampire jagen, können sie nicht selbst einer sein.

Versteckte Motive könnten sein, dass du gern gesehen werden möchtest oder Anerkennung von anderen willst. Wenn du nach außen gehst und dich zeigst, also beispielsweise einen Instagram Account erstellst und beginnst, deine Ideen und Inspirationen mit der Welt zu teilen, wirst du deine offiziellen Gründe haben, die du ausstrahlst. Du wirst aber auch Gründe haben, die du im Verborgenen hältst. Diese im Schatten liegenden Gründe sind genauso wichtig wie die, die du beleuchtest. Wenn du zum Beispiel mit deiner Tätigkeit Geld verdienen willst, aber diesen Teil vor laufender

Kamera versteckst, wird dein Publikum langfristig einen Beigeschmack wahrnehmen. Obwohl du versuchst zu zeigen, dass es dir überhaupt nicht ums Geld geht, erhältst du plötzlich Kommentare unter deinen Videos, dass du nur hinter dem Geld her bist. Ja, es gibt auch jede Menge Projektionen in den sozialen Medien, und nicht alles hat etwas mit dir zu tun. Nicht alles, was passiert, dreht sich um dich. Diese Kommentare könnten dich aber triggern und innerlich aufwühlen.

Du stellst dir wieder die Frage: »Was wird in mir getriggert?« Die Antwort ist dann in unserem Beispiel: »Ich will nicht so jemand sein, der vom Geld getrieben wird.« Du willst es vielleicht nicht sein, aber du bist es. Und das ist okay. Wo liegt das Problem, dass du Geld verdienen möchtest? Zu leugnen, dass Geld ein Teil deines Antriebskomplexes ist, obwohl es das ist, das ist das Problem. Geld ist eines deiner Motive, aber doch nicht alles! Es sind die Verknüpfungen, die du unbewusst zu Menschen, die nur von Geld gesteuert werden, aufgebaut hast.

Was für ein Mensch wird denn nur von Geld angetrieben? Stell dir für einen kurzen Moment diese Frage. Ein Mensch, der …? Ich würde sagen: ein Mensch, der sich wertlos fühlt und diesen Wert durch Geld auszugleichen versucht. Ein Mensch, der keine Begeisterung für das Leben selbst entwickeln kann. Ein Mensch, der sich machtlos fühlt und durch Geld Macht schmeckt. Nun, vielleicht sind es genau diese Dinge, die in deiner Schattenwelt liegen. Du gehst nach außen, weil du dich wertvoll fühlen willst. Du gehst nach außen, weil du Begeisterung fühlen und in anderen erzeugen willst. Du gehst nach außen, weil du dich mächtig fühlen willst. Diese Motive und Absichten darfst du in dein Herz lassen. Wenn du das »offiziell« mit dir selbst teilst, macht dich das frei. Es heißt nicht, dass das deine wichtigsten und einzigen Motive sind. Wenn sie aber mit da sind und du sie unterdrückst, werden sie dich unbewusst steuern. Auch wenn du noch so stark deine lichtvolle Seite mit der Welt teilst, wird deine dunkle Seite nicht unbemerkt bleiben.

Wenn du nach außen gehst, dich zeigst und Motive wie »Ich will gesehen werden. Ich will geliebt werden. Ich will bedeutsam sein« unterdrückst, trägst du ein imaginäres Schild um deinen Hals, auf dem steht: »Zeig mir, dass ich geliebt werde. Zeig mir, dass ich wichtig bin. Zeig mir, dass du mich bewunderst.«

Andere Menschen können deinen Schrei nach Liebe spüren.

Eine Frage an dich: Kennst du Menschen, die so ein unsichtbares Schild tragen? Ist ihre Anwesenheit angenehm oder eher unangenehm? Menschen, die unbewusst nach meiner Liebe und Aufmerksamkeit lechzen, fühlen sich für mich so an, als würden sie auf meinen Schultern sitzen. Gibst du diesen Menschen »echte« Liebe und »echte« Aufmerksamkeit, wenn sie sie einfordern? Wahrscheinlich nicht, denn echte Liebe und echte Aufmerksamkeit können nicht erzwungen werden. Das führt dazu, dass diese Menschen noch viel mehr nach Aufmerksamkeit und Liebe lechzen, ohne es zu merken.

Stell dir nun vor, du bist so ein Mensch, und ohne es mitzubekommen lechzt du nach Aufmerksamkeit und Liebe von deinem Publikum. Du merkst es nicht, weil diese Motive im unterdrückten Bereich und somit in der versteckten Zone sind. Dennoch sind sie aktiv. Aktiver und sichtbarer, als du eigentlich willst.

Wir alle wollen geliebt werden. Wir alle wollen Aufmerksamkeit. Wir alle wollen auf die eine oder andere Art und Weise gesehen werden. Du bist ein Mensch, also warum solltest du es nicht wollen? Lass uns bitte nicht so tun, als wären wir Wesen, die einander nicht brauchen. Es ist ein Wunschgedanke, ein Marketing-Gag, eine Verkaufsstrategie, das Ziel der absoluten Unabhängigkeit zu erreichen. In Wahrheit sind wir alle voneinander abhängig. Emotional, spirituell und auch biologisch. Es war die Abhängigkeit von anderen, die uns evolutionär hat aufblühen lassen. Niemand hat etwas jemals allein geschafft. Ich profitiere von dir und deinen Erfahrungen. Du profitierst von mir und meinen Erfahrungen. Du kannst niemals erfahren, ob du unabhängig von anderen leben und aufblühen könntest, denn dann müsstest du auf einem Planeten leben, auf dem es nur eine einzige Person gibt: dich. Ein Haus, eine Toilette, ein Briefkasten. Obwohl, der Briefkasten wäre ja dann auch unnötig. Ein Planet nur für dich und dein Ego allein. Wenn wir das simulieren könnten, dann könnten wir herausfinden, ob ultimative Unabhängigkeit wirklich erstrebenswert wäre. Bis wir so weit sind, ganze Welten zu simulieren und das auszuprobieren, würde ich dir empfehlen, das Thema Abhängigkeit aus der dunklen Ecke zu holen und mit dem Teil in dir Frieden zu schließen, der abhängig von anderen ist. Tu nicht so, als wärst du in allem, was du tust, frei und ungebunden. Es gibt Bereiche in unserem Leben, in denen wir abhängig von anderen sind, und das ist okay. Diese Erkenntnis ist der erste Schritt, um ungesunde Abhängigkeiten zu beenden. Schließ Frieden damit, dass du nicht alles allein kannst, und es fällt dir leichter, dich von unnötigen Abhängigkeiten zu lösen.

Unsichtbare Motive

Die versteckten Motive werden durch jahrelanges Verstecken zu Motiven, die du selbst nicht mehr sehen kannst: die unsichtbaren Motive. Irgendwann schiebst du sie in die unsichtbare Zone, und sie werden zu einem blinden Fleck. Ein bisschen so, als würdest du dir jahrzehntelang eine erfundene Geschichte erzählen und dann nicht mehr genau unterscheiden können, was davon wirklich passiert ist und was davon erfunden war. Unsichtbare Motive sind ziemlich schwer zu fangen, da es ja einen Teil in dir gibt, der nicht will, dass sie sichtbar werden.

Hier kommt wieder eines deiner größten Talente ins Spiel: elegant zu verurteilen. Ja richtig, du darfst bewerten, und du musst es auch. Wenn etwas unsichtbar wurde, ist Bewertung und Verurteilung ein Geschenk des Himmels. Denn indem du dir auf die Spur kommst, wofür du andere verurteilst, machst du deine unsichtbaren Motive sichtbar. Trainiere deine Dunkelsichtigkeit. Die anderen zu verurteilen ist immer einfacher als sich selbst. Auch wenn das komisch klingt, hast du damit die Erlaubnis, andere in vollen Zügen zu verurteilen – solange du es tust, um die Taschenlampe im Nachgang auf dich zu richten. Analysiere deine Mitmenschen, indem du hinhörst und das Zauberwort »Warum?« nutzt. »Warum hast du dir jetzt dieses Haus gekauft?« »Warum hast du den Job gewechselt?« »Warum hast du dich getrennt?« Die Antworten auf diese Fragen könnten die pure Wahrheit sein. Sie könnten aber auch nur vorgeschoben sein und ja, es liegt an deinem Gegenüber, wie viel Wahrheit er vor dir offenbart.

»Ich habe mir dieses Haus gekauft, weil das alte zu klein war.« Klingt plausibel als Antwort, oder? Es ist vielleicht auch der wahre Grund, aber es gibt immer noch tiefere, versteckte oder unsichtbare Gründe, richtig? Also frag dich, was die versteckten Gründe sind, warum er dieses Haus gekauft hat. Lass Antworten aus dir selbst herauskommen und spiel damit. Vielleicht, weil er seinen Eltern etwas beweisen will? Ja vielleicht, vielleicht auch nicht. Es geht jetzt gar nicht mehr um ihn. Es geht um dich. Vielleicht verurteilst du Menschen, die jemandem etwas beweisen wollen. Du nutzt den anderen nur als Brücke für den unsichtbaren Teil in dir. Also frag dich, ob es einer *deiner* Antriebe ist, deinen Eltern oder wem auch immer noch etwas beweisen zu wollen. Und falls ja, kannst du damit Frieden schließen, dass es so ist? Wenn du damit Frieden schließt, deinen Eltern etwas beweisen zu wollen, kannst du diesen Antrieb gezielt nutzen, und er wird nicht mehr *dich* nutzen. Du kannst dich dann entscheiden, einen neuen Antrieb zu wählen und zu entwickeln. Du kannst einen neuen Motor für dich bauen. Doch solange du mit einem alten Motor fährst und nicht bereit bist, die Motorhaube zu öffnen, kannst du ihn auch nicht durch einen neueren ersetzen, der viel energiesparender und leistungsstärker ist.

Als Coach ist es für mich die wichtigste Fähigkeit die, ins Dunkle zu sehen. Das zu erforschen, was mein Gegenüber nicht zeigen will oder kann. Das bedeutet für mich, dunkelsichtig zu sein. Diese Fähigkeit, blinde Flecke sichtbar zu machen, ist keine Superkraft, sie ist wie ein Muskel, den man trainiert. Ich glaube, dass diese Fähigkeit in uns allen steckt, aber in unserer schnellen und oberflächlichen Welt verkümmert. Menschen, die tiefer blicken, sind eine Bedrohung. Sie können das sehen, was wir verstecken. Das führt dazu, dass wir neue Wege finden müssen, Teile von uns zu verstecken. Aus dem Grund lieben wir Small Talk und oberflächliche Gespräche. Sie sind nicht bedrohlich. Wir müssen die Wahrheit über uns nicht erst verstecken, da sie eh niemanden interessiert. Wir können lügen oder auch nicht. Es macht keinen wirklichen Unterschied.

Dunkelsichtig zu sein bedeutet, die Schattenwelt in anderen zu sehen und sie lieben zu lernen. Mitgefühl für all die unterdrückten Teile deiner Mitmenschen zu entwickeln und die Taschenlampe immer wieder auf dich selbst und deine eigene Dunkelheit zu richten. Es bedeutet aber auch, die eigene Dunkelheit mit jedem Tag etwas mehr offenzulegen und dich verwundbar zu zeigen. Wenn du Schritt für Schritt aufhörst, etwas von dir verstecken zu wollen, erlaubst du deinen Mitmenschen, ebenfalls echt und roh zu sein. Ist es nicht das, was die Welt am meisten braucht? Echte, verwundbare Menschen, die über ihre dunklen Seiten genauso offen sprechen können wie über ihre lichtvollen?

Das ist übrigens für mich die Definition von Spiritualität. Es bedeutet für mich nicht, ins Licht zu gehen. Es bedeutet für mich, ganz bewusst an die dunkelsten Stellen zu gehen und dort das Licht anzumachen. Vielleicht konnte dieses Buch bereits ein paar dunkle Stellen in dir ausleuchten. Das würde mich sehr freuen.

Wenn Selbstsabotage zum Ziel wird.

»Ich will mich nicht verändern«

Egal, was im Außen passiert. Egal, welcher Mensch oder welche Situation dich auffordert, zu wachsen oder dich weiterzuentwickeln. Egal, wie stark ein Trigger in dir alles verändern könnte. Egal, wie stark du dir einen Plan für deine Zukunft machst. Ganz egal, wie bereit du dich fühlst, etwas in deinem Leben zu verändern. Es kommt dir immer ein innerer Teil in die Quere. Ein Teil, den du nicht greifen kannst und über den niemand spricht.

Es ist der Teil, der die letzten Meter deines Weges sabotiert. Es ist der Teil, der dir immer wieder einen Strich durch die Rechnung macht, kurz bevor du ankommst. Es ist der Teil, der alles dafür tut, dass du der Mensch bleibst, der du bist. Es ist der Teil in dir, der sich nicht verändern will. Ja richtig, der sich nicht verändern »will«. Es ist der Teil, der deine Selbstverurteilungen behalten will, denn damit stellt er sicher, dass du gleich bleibst. Es ist der Teil, der dich nicht vergeben lässt, damit stellt er sicher, dass du weiterhin über die gleichen Steine stolperst. Es ist der Teil in dir, der deine Probleme beschützt und sie behalten will. Egal, wie stark du an dir arbeitest, wenn du diesen Teil nicht miteinbeziehst, wird sich nichts verändern. Den Teil, der sich nicht verändern will.

Kennst du Menschen, die sich verändern wollen? Warum wollen sie das? Dumme Frage, ich weiß, dir fallen wahrscheinlich tausend Gründe ein, oder? Denk aber kurz über dich selbst nach. Warum willst du dich verändern? Was sind deine Gründe, dich verändern zu wollen? Du willst wachsen, dich weiterentwickeln, dein Potenzial erforschen, du bist neugierig, du willst Erfolg, Gesundheit oder was auch immer. Wir alle haben bewusste und unbewusste Gründe für unseren Trieb nach Wachstum.

Aber ich möchte mit dir eine Ebene tiefer blicken. Warum wollen sich so viele Menschen um jeden Preis der Welt verändern? Warum gibt es so viele Bücher, die sich nur um diese eine Frage drehen: »Wie verändere ich mich?«

> Vielleicht wollen wir uns verändern,
> weil wir wissen, dass wir es gar nicht können.

Lass diesen Satz für einen Moment in dir landen. Vielleicht wissen wir unbewusst, dass wir so oft daran gescheitert sind, uns wirklich zu verändern. Das Einzige, was sich immer wieder verändert, ist unser äußeres Erscheinungsbild, aber die wenigsten von uns werden zu neuen oder anderen Menschen, oder? Denk an dein Umfeld. Wer von deinen Liebsten hat sich in den letzten Jahren wirklich verändert? Natürlich gibt es Ausnahmen, und ich will uns nicht alle über einen Kamm scheren. Ich möchte nur, dass du dich mit Tatsache konfrontierst, dass die meisten von uns die Gleichen bleiben. Ihr Leben lang. Viele von uns kämpfen ihr Leben lang mit den gleichen Problemen, die nur in anderen Klamotten um die Ecke kommen. Im Kern sind es immer wieder die gleichen Themen.

Die Zukunft der meisten Menschen ist berechenbar. Du kannst die Zukunft vorhersehen, ganz einfach sogar. Sieh dir die Vergangenheit und die Muster deiner Mitmenschen an, und du kannst ihre Zukunft vorhersagen. In 99 Prozent der Fälle funktioniert das. Klingt hart und vielleicht ein bisschen überheblich, aber lass uns das Ganze nicht schönreden. Dein Umfeld kennt dich so, wie du bist, und an deinem Geburtstag gilt es als das schönste Kompliment, das man einem Menschen machen kann, wenn man sagt: »Du hast dich kein bisschen verändert.« Und du bedankst dich auch noch dafür. Nur ist diese gut gemeinte Aussage alles andere als ein Kompliment. Es heißt einfach nur, dass du gleich geblieben bist und dass deine Vergangenheit über deine Gegenwart und wohl auch über deine Zukunft bestimmt.

Die meisten Menschen haben keine Zukunft. Das Morgen ist eine Kopie des Gestern. Diese Kopie nennen wir dann Leben. Wir nennen es sechzig Jahre Lebenserfahrung und verwechseln es mit: sechzig Jahre das Gleiche machen.

Unsere Probleme sind da, um gelöst zu werden. Herausforderungen sind da, damit wir uns ihnen stellen. Beides hat den Zweck, dich zum Wachsen anzuspornen. Beides soll einen Lernprozess aktivieren und Erfahrungswerte in dir abspeichern, damit du bald noch größeren Herausforderungen gewachsen bist. Es ist ein natürlicher Prozess, aus deinen Fehlern zu lernen. Leider haben wir uns stark von dieser Natürlichkeit entfernt. Diesem Prozess kommt in die Quere, dass wir nicht mehr daran interessiert sind, Probleme zu lösen und daraus zu lernen, sondern süchtig danach wurden, immer wieder über die gleichen Steine zu stolpern.

Immer wieder über die gleichen Steine zu stolpern
hält dich beschäftigt, ohne dass du dich
wirklich verändern musst.

Du kannst für immer der gleiche Mensch bleiben, obwohl du den Hürden des Lebens begegnest. Du kannst das Gefühl haben, den Berg deines Lebens zu bezwingen, ohne dich jemals auf den Weg zum Gipfel gemacht zu haben. Du weißt, dass dich der »echte« Weg zur Bergspitze verändern würde. Und der Teil in dir, der sich nicht verändern will, gewinnt immer, denn er arbeitet im Schatten. Dieser Teil ist das Zentrum deiner Selbstsabotage. Dieser Teil gönnt dir deinen Erfolg nicht. Dieser Teil hält dich in der Illusion von Veränderung fest, obwohl du auf der Stelle trittst. Du bist im Zug unterwegs und kommst immer wieder am gleichen Bahnhof raus. Du gehst im Kreis.

Wir alle haben diesen Teil, der unser Lebens- und Liebesglück sabotieren kann und uns einredet, wir hätten es nicht verdient. Wir haben alle diesen Teil, der außergewöhnliche Träume und Wünsche kleinredet. Der Selbstsabotage in die Augen zu blicken kann wehtun, weil wir dann erkennen, dass wir unser eigener schlimmster Feind sein können. Gleichzeitig kann es dich frei machen, da du erkennst, dass du es selbst bist, der dich blockiert. Und wenn du es bist, der die Ketten angezogen hat, dann kannst du sie auch wieder lösen.

Vorbilder für Veränderungsresistenz

Wer in deinem Leben hat dir beigebracht, dass Veränderung nicht möglich ist? Wer war dein unbewusstes Vorbild für Nicht-Veränderung? Für mich war es mein Großvater, der leider nach einigen Herzinfarkten und Organversagen den Kampf verloren hat. Ich hab miterlebt, wie er trotz sämtlicher Unterstützung von außen seinen Lebensstil nicht auf einen gesünderen umstellen konnte. Ich hab mich immer gewundert, warum er gefühlt jede Woche mit einem neuen körperlichen Problem um die Ecke kam. Immer wenn ich dachte, jetzt geht es mit ihm aufwärts, kam kurz darauf ein Erdbeben, dass ihn Hunderte Schritte zurückkatapultierte. An ihm habe ich gesehen, dass Veränderung nicht leicht ist und wie stark er kämpfen musste. Ich hab miterlebt, wie stark er immer wieder an dem Versuch scheiterte, sich zu verändern. So oft, dass er irgendwann den Antrieb, leben zu wollen, verloren hat.

Wer lehrte dich, dass Veränderung nicht möglich ist?

Die Menschen in deinem Umfeld haben von deiner Kindheit an dazu beigetragen, deine Beziehung zum Thema Veränderung zu formen. Wer war die Person in deinem Leben, die dir vorgelebt hat, dass Veränderung nicht möglich ist? Reflektiere gern für einen Moment darüber.

Vorbilder für Veränderung

Ich weiß nicht, wie du es empfindest, aber ich sehe zu wenige Vorbilder, die uns zeigen, dass Veränderung möglich ist. Ich sehe zu viele Menschen mit einer Maske von Veränderung, aber keine, die echte Veränderung leben. Unter der Maske sind sie die gleichen Menschen geblieben. Geht dir das auch so? Vielleicht suchen wir ja genau nach diesen Menschen, die uns bestätigen, dass Veränderung nicht möglich ist, damit wir uns besser damit fühlen, selbst auch der gleiche Mensch geblieben zu sein. Hinter der Fassade sind wir immer noch dieselben.

Die gleichen emotionalen Wunden, die gleichen destruktiven Gewohnheiten – und wir werfen immer noch die gleichen Schatten, vor denen wir weglaufen.

Versteh mich hier bitte richtig. Ich schiebe die Schuld nicht auf die in unserer Welt fehlenden Vorbilder. Denn das würde nur eine einzige Sache mit uns machen: Anderen die Schuld zu geben macht uns weiterhin machtlos. Es nährt das Programm der »Nicht-Veränderung« in uns. Wir sagen auf der unsichtbaren Ebene zu uns selbst und zu unserem Umfeld: »Ich kann mich nicht verändern, weil es mir keiner vorlebt.« Das ist so ähnlich wie: »Ich kann den Weg nicht gehen, weil ihn vor mir keiner gegangen ist.« Diese Aussagen halten dich weiterhin an einem Ort fest: an dem, wo du gerade bist.

Je mehr du die Prozesse in diesem Buch für dich verinnerlichst, desto lauter wirst du solche Sätze hören, wenn du sie denkst oder sie aussprichst. Du wirst den Magneten der Nicht-Veränderung spüren. Du wirst selbst von dir überrascht sein, wie laut der Teil in dir werden kann, der sich nicht verändern will, wenn du ihm eine Stimme gibst. Wenn du ihm keine Stimme gibst, arbeitet er im Schatten und erschafft für dich eine Blase von vermeintlicher Veränderung.

Wir wollen dann nach außen den Anschein erregen, dass sich etwas entwickelt. Wir bekommen Kinder, bauen ein Haus und zeigen nach außen: Hey, es läuft, Baby. Ehrlich gesagt: nicht nur nach außen. Wir wollen auch uns selbst glauben lassen, dass wir vorwärtskommen.

Es liegt in unserer Natur, Schritte nach vorn zu gehen. Wenn Neandertaler schon Selbstsabotage-Programme gehabt hätten, gäbe es dich wahrscheinlich nicht. Selbstsabotage-Programme gehören zur Software des neuen Menschen. Zu einer Software, die innere Widersprüche kreiert, damit du dich nicht verändern musst. Zu einem Programm, das kurz vor deinem Durchbruch jedes Mal die Handbremse zieht.

Was macht der Gedanke mit dir, dass du selbst dein größter Feind sein kannst? Was geht in dir vor, wenn du hörst, dass du dir selbst im Weg stehst? Wenn ich ganz ehrlich bin, hat mich diese Aussage vor vielen Jahren ziemlich aus der Bahn geworfen. Bin ich einfach zu dumm für Erfolg? Tue ich zu wenig? Hab ich zu wenig Biss? Zu wenig Feuer, zu wenig Leidenschaft, zu wenig Motivation? Warum stehe ich mir denn so bescheuert im Weg rum? Glaub mir, ich weiß, wovon ich spreche.

Ich war über sieben Jahre meines Lebens mein eigener Gefangener. Immer wieder habe ich versucht, aus meiner eigenen Tanzschule auszubrechen, alles zu beenden und einfach neu anzufangen. Doch ich konnte nicht. Ich war gefangen in einer toxischen und manipulativen Beziehung mit einer Frau, die etwas älter war als ich. Ich war chronisch pleite, wohnte in einem Keller, war Red-Bull-süchtig und habe mir meine Gefangenschaft schöngeredet, indem ich mich mit anderen verglichen habe, denen es noch viel schlechter ging als mir.

Es ist ein Privileg, mit dem, was man liebt, Geld verdienen zu können, wenn man sich mit Menschen vergleicht, die einer Arbeit nachgehen, die sie zum Kotzen finden. Dieser Vergleich hat mich davor bewahrt, mich zu verändern und auszubrechen. Hauptsache, ich konnte mein Ding machen, egal, wie schlecht es mir dabei ging. Ohne es zu merken, hat mich dieser Vergleich dankbar für das eigene Gefängnis werden lassen. Die Dankbarkeit wurde zu einem Deckel meiner Angst vor Veränderung. Ja, Dankbarkeit kann uns dabei helfen, uns *nicht* zu verändern. Alles hat seinen Schatten, auch Dankbarkeit.

Kein Traum der Welt ist lebenswert, wenn der Preis für diesen Traum deine Freiheit ist.

Auch wenn mich diese Jahre viel Lebensenergie gekostet haben und ich gefühlt jeden Tag in einen emotionalen Kampf gezogen bin, habe ich in diesen sieben Jahren mehr über mich und das

Menschsein gelernt als in all den Seminaren zusammen, die ich bis heute besucht habe. Ich wusste schon nach den ersten drei Jahren, dass das nicht mein Weg ist. Trotzdem habe ich es ausgehalten. Ich habe meine Veränderung aufgeschoben, obwohl ich tief in meinem Inneren wusste, dass dieses Kapitel schon längst beendet ist. Mir fehlte der Mut, es freiwillig abzuschließen.

Wir verschieben unseren fehlenden Mut auf morgen und überlassen es dem Leben, über unsere Zukunft zu entscheiden. Eigentlich schieben wir eine längst getroffene Entscheidung auf eine unbestimmte Konstante ab, damit wir für die Konsequenzen der Entscheidung nicht verantwortlich sein müssen. Wir haben Angst, die Türen hinter uns aus eigener Kraft zu schließen.

Wir halten uns alle Möglichkeiten und Optionen möglichst lange offen, weil wir Angst haben, durch eine Tür auch wirklich zu gehen. Wir halten uns so viele Türen wie möglich offen und nennen das Freiheit. Die aktuelle Zeit schenkt uns unzählige Optionen. In Wahrheit kann jeder von uns alles sein. Ein bisschen übertrieben gesagt, kannst du alles zu jeder Zeit lernen, oder? Es gibt so viele Möglichkeiten und Richtungen, in die du gehen könntest, und die Welt offenbart dir jeden Tag weitere. Das Lebensbuffet, zumindest in der westlichen Welt, wächst mit jedem Tag an, und wir sollten dankbar für jede neue Tür sein, die am Horizont erscheint.

Doch jede offene Tür, durch die wir nicht hindurchgehen, kann eine Belastung sein. Tausend offene Türen, tausend offene Möglichkeiten. Du befindest dich in der Mitte des Raums, zwischen all diesen Türen. Ein Niemandsland mit dem süßen Geschmack von Hoffnung. »Wenn ich wollte, könnte ich heute noch durch diese Tür gehen ... Oder durch jene ...«

Ein Leben ohne Hoffnung ist kein lebenswertes Leben.
Doch ein Leben dominiert von Hoffnung ist ein
fremdbestimmtes Leben.

Der Schatten der Hoffnung ist, auf bessere Zeiten zu warten, während man in der Zwischenzeit die schönste Zeit seines Lebens hätte selbst erschaffen können. Die Sucht nach Hoffnung ist der Grund dafür, dass bahnbrechende Ideen oder lebensverändernde Konzepte niemals das Licht der Welt erblicken. Ich hatte so viele Ideen, die ich selbst natürlich als die besten Ideen aller Zeiten bezeichnet hätte. Diese Ideen waren sogar so gut, dass ich sie niemals umgesetzt habe. Sie waren für mich in meiner Vorstellung gut aufgehoben, und ich feierte mich selbst mit dem Gedanken, dass ich doch könnte, wenn ich wollte. Hier konnte ich mich in der Hoffnung verlieren, dass diese Ideen irgendwann geboren werden. Hoffnung kann süchtig machen, da sie uns vor echtem Scheitern bewahren kann. Was ist das aber für ein Leben, in dem wir mehr hoffen als umsetzen? Was ist das für ein Leben, in dem wir den Erfolg aussperren, weil wir Angst vor dem Scheitern haben? Auch wenn ich mich auf diese Weise vor echtem Scheitern beschützt habe, hat es mich nicht davor geschützt, mich als gescheitert zu fühlen.

Parallel zur Tanzschule begann ich, eine Medienagentur aufzubauen. Als sie gerade so zu laufen begann, dass ich davon hätte leben können, war ich fasziniert von der Welt der persönlichen Weiterentwicklung. An meinem Selbstwert zu arbeiten war ein wichtiger Schritt, damit ich überhaupt meine über 40 000 Euro Schulden abbezahlen und meine Firma wieder auf einen stabilen Kurs bringen konnte. Doch genau zu diesem Zeitpunkt habe ich auch meine Liebe dazu entdeckt, Menschen in ihrer persönlichen Veränderung zu unterstützen. In der Anfangszeit als Coach war ich »underground« unterwegs. Offiziell war ich der Geschäftsführer einer Medienagentur. Parallel übte ich mich intensiv darin, Sitzungen zu geben, und unterstützte Bahar in ihrer Praxis, weil sie so viele Anfragen hatte. Ich besuchte Hunderte von Seminaren und Weiterbildungen. Ich wusste auch hier bereits wieder, dass das Medienagentur-Kapitel schon abgeschlossen ist. Trotzdem hielt ich mir hier alle Türen offen. Ich hatte Angst, das Kapitel schon wieder zu beenden oder sogar ein ganz neues Buch zu öffnen.

Wir denken, wenn wir zweigleisig fahren, gehen wir auf Nummer sicher und zur Not haben wir immer noch einen Plan B in der Tasche. Ich glaube, dass es in manchen Phasen des Lebens wichtig sein kann, auf zwei Hochzeiten gleichzeitig zu tanzen, falls sich herausstellt, dass eine davon ein Desaster wird. Doch in den meisten Fällen halten uns zu viele Möglichkeiten, die wir aus Angst nicht voll und ganz nutzen, am gleichen Ort fest. Ich habe damals gemerkt, wie keine von beiden Tätigkeiten meine volle Energie und meine volle Aufmerksamkeit erhält. Keine von beiden musste ich dadurch mit vollem Herzen machen, und bei keiner konnte ich dadurch auch voll und ganz scheitern.

Ich hatte ganz vergessen, wozu wir Menschen fähig sind, wenn die Hintertür zufällt. Wenn sich die Tür, über die wir hätten flüchten können, schließt, werden Kräfte in uns mobil, von denen wir gar nicht wussten, dass sie existieren. Bewusst keinen Plan B zu haben gibt deinem Weg erst den nötigen Charme, den er braucht, um unentdecktes Potenzial in dir herauszufordern. Es ist ein gewisser Druck, der dadurch entsteht und einen Hauch von Risiko ins Spiel des Lebens wirft. Vom Risiko, die falsche Tür gewählt zu haben. Vom Risiko, auf die falsche Karte gesetzt zu haben. Ich rede es nicht schön, indem ich dir sage, dass es keine falschen Türen gibt und dass jede Türe ein Gewinn für dich ist. Das kannst du dir gern sagen, aber das nimmt dir die Spannung aus der Gleichung. Du nimmst dir durch dieses Reframing einen der wichtigsten Potenzialtrigger weg. Nämlich den, einen Fehler zu machen. Es ist die Möglichkeit zu fallen, die uns Menschen dazu getrieben hat, fliegen zu wollen. Allein die Möglichkeit, auch die falsche Tür wählen zu können, holt dich vollkommen ins Hier und Jetzt. Sie bündelt all deine Teile und fordert dich auf, deine Energie nicht mehr zurückzuhalten.

Wie oft halten wir uns Türen offen und reden uns ein, dass wir noch nicht bereit für was auch immer sind? Wir reden uns ein, dass irgendwann unsere Zeit kommen wird, und wundern uns dann, wenn das Leben wie ein Zug an uns vorbeirast. Ja, ich weiß, du hast Angst, all die Türen zu verschließen, die du dir zur Sicherheit offengehalten hast. Du hast Angst vor dem, was passieren könnte, wenn du dann durch diese eine noch offene Tür gehst. Du hast Angst zu fallen. Du hast Angst, nicht genügend von dem in dir zu haben, was es auf der anderen Seite der Tür braucht. Du hast Angst. Ich verstehe dich. Erinnerst du dich an meine panische Angst, vor Menschen zu sprechen? Glaub mir, ich weiß, was Angst ist. Doch du und ich, wir vergessen einen goldenen Schlüssel in der Gleichung: Wir vergessen die Kraft der einen Tür.

In deiner Vorstellung kannst du nicht im Geringsten erahnen, was das Durchqueren der »einen« Tür mit dir machen wird. Du hast keine Ahnung, was in dir steckt, und du sollst auch keine Ahnung davon haben. Das Leben wird es wachrütteln, wenn es nötig wird, nicht wenn du es willst. Von deinem jetzigen Standpunkt aus, aus deinem jetzigen Ich heraus machst du dir Gedanken darüber, was in der Zukunft alles passieren könnte, und stellst dir die Frage, ob du es packen wirst. Doch das Durchqueren der einen Tür offenbart Potenziale, weckt Erkenntnisse auf und macht dich zu einem anderen Menschen, zu dem du jetzt noch keinen Zugang hast, und auch das ist gut so. Denn das nennt man Entwicklung. Dieser Mensch in der Zukunft weiß genau, wie er mit den Herausforderungen umgehen wird. Dein jetziges Ich weiß es nicht, und das ist dein Problem.

Ein Teil in dir braucht die Sicherheit, dass alles gut wird. Doch wenn du diese Sicherheit hättest, würde wieder die Spannung in der Gleichung fehlen, die du brauchst, damit ein Trigger wirken kann. Ein Trigger wirkt, weil du ihn nicht vorhersehen kannst. Wenn du weißt, was für ein Trigger kommt, ist es kein Trigger mehr. Diese eine Tür ist ein Potenzialtrigger. Im Prinzip ist es egal, ob ein Schatten in dir getriggert wird oder ein bis jetzt ungelebtes Potenzial. Ein Trigger ist ein Trigger. Wie du mittlerweile weißt, umgehen die meisten Menschen diese Trigger, richtig? Warum? Weil wir nie wissen, was in uns getriggert wird, und wir es nicht mögen, die Kontrolle über uns zu verlieren, auch wenn es nur für einen kleinen Moment ist. Aus diesem Grund lege ich dir ans Herz, wirklich mit dem Triggerboard zu arbeiten und dadurch die Angst vor Triggern zu verlieren. Wenn du das Wort Trigger irgendwann gar nicht mehr hören kannst, arbeite erst recht damit.

Wenn du es trainierst, das in dir hochkommen zu lassen und anzuschauen, was andere Menschen im negativen Sinne in dir auslösen, dann bist du auch automatisch bereit, dass Situationen oder eben das Durchqueren der einen Tür exakt die nötigen Potenziale und Fähigkeiten in dir wachrufen, die du in dem Moment brauchst. Wenn du dich wirklich mit Triggern anfreundest und das Minenfeld nicht mehr meidest, entwickelst du ein unzerstörbares Vertrauen in dich, dass du immer einen Weg finden wirst. Verwechsle es nicht mit Sicherheit.

> Die Gleichung braucht eine Prise Unsicherheit,
> damit sie aufgeht.

Du weißt unbewusst, dass du schwimmen wirst, wenn die Flut kommt, aber es besteht die Möglichkeit unterzugehen. Du weißt, dass deine Flügel aufklappen, wenn du fällst, aber es besteht die Möglichkeit, dass du auf dem Boden aufschlägst. Du weißt, dass du ein Auto hochheben kannst, wenn du keine andere Option hast. Okay, das war jetzt ein bisschen übertrieben. Obwohl, so weit hergeholt ist es gar nicht. Es gibt unzählige Berichte über Menschen, die zu unglaublichen Taten in der Lage waren, als alle Türen zufielen. Eine Großmutter beispielsweise hob einen Traktor mit bloßen Händen an, als sie sah, dass ein Kind darunter eingeklemmt war. Menschen verbiegen Stahl, um die eigene Familie aus einem eingestürzten Haus zu bergen. Ein Mann rennt in ein brennendes Haus, um seinen Sohn aus den Flammen zu retten, und kommt ohne jegliche Verletzung wieder heraus. Das klingt alles ein bisschen, als hätte ich zu viel »Avengers« geguckt, und ja, da ist definitiv etwas dran. Diese Berichte sind aber keine Einzelfälle. Ich glaube, dass sie es den üblichen Medien einfach nicht wert sind, ausgestrahlt zu werden. Das würde dann nämlich plötzlich im Fernsehen zeigen, zu was wir Menschen fähig sind. Stattdessen schauen wir uns lieber an, zu was Menschen nicht fähig sind und worin sie scheitern, damit wir nichts wagen müssen.

»Lebe dein volles Potenzial« ist eine Lüge

Wenn du dich darauf einlässt und dich dafür öffnest, das Leben als deinen größten Potenzialwecker zu sehen, dann wirst du unbewusst mit der Tatsache konfrontiert, dass du jetzt in diesem Moment unter deinem Potenzial lebst. Du kannst gar nicht anders. Je mehr du in dein Potenzial einsteigst, desto mehr entfernt es sich nämlich von dir. Zumindest sieht es so aus, weil du dich veränderst. Es gibt immer eine nächste und eine noch tiefere Schicht deines Potenzials. Es gibt kein Ende für das, was möglich ist.

Das bedeutet, dass es zu jedem Zeitpunkt deines Lebens ungelebtes Potenzial gibt. Sobald du es weckst, entsteht eine neue Truhe, die nur entstehen konnte, weil du die vorige geöffnet hast. Es stellt sich also die Frage, ob du damit Frieden schließen kannst, jeden Tag unter deinem Potenzial zu leben. Wenn nicht, wirst du dich immer auf der Jagd nach deinem Potenzial befinden. Das führt zu einem ständigen Höher, Schneller, Weiter, ohne dass du einen einzigen Moment wirklich genießen könntest.

Deinen jetzigen Moment voll und ganz zu genießen und gleichzeitig dein Potenzial jeden Tag mehr und mehr zu erforschen kann coexistieren, wenn du damit Frieden schließen kannst, niemals alle Geschenke auspacken zu können. Für manche Geschenke bist du noch nicht bereit, und das ist okay. Manches wirst du im Moment nicht als Geschenk erachten, aber vielleicht später. Wenn du damit Frieden schließen kannst, stellt sich eine natürliche Form von Wachstum ein.

Wie überall gibt es auch hier einen Schatten. Zu akzeptieren, dass du dein Potenzial nicht voll und ganz leben kannst, wird schnell zur Ausrede, dein Potenzial gar nicht leben zu müssen. Du umgehst eine Herausforderung, sabotierst einen Business-Deal oder nimmst die Chance, in ein anderes Land zu ziehen, nicht an, weil du schlichtweg Angst vor Veränderung und deren Konsequenzen hast. Du weißt, dass diese Chance dein Potenzial herausfordern würde, besänftigst aber dein Gewissen damit, dass du ja im Frieden damit bist, unter deinem Potenzial zu leben.

Siehst du, wie wir alles gegen oder für uns verwenden können? Du kannst Frieden damit schließen, unter deinem Potenzial zu leben, und trotzdem etwas dafür tun, dein Potenzial aufzuwecken.

Dein Potenzial

Arbeite mit dem Satz: »Ich lebe unter meinem Potenzial, und ich liebe es. Was ich aber jetzt wähle, ist, mein Potenzial aufzuwecken.«

Was muss passieren, damit du den Sprung wagst?

Was muss passieren, damit du dich veränderst? Hast du dir diese Frage schon einmal gestellt? Was muss passieren, damit du alle Hintertüren schließt und durch die »eine« gehst? Damit du dich endgültig entscheidest und es durchziehst? Wenn du diese Frage etwas tiefer und länger in dir landen lässt, erinnerst du dich vielleicht an Momente in deinem Leben, die ein Trigger für deinen nächsten Schritt oder deine Veränderung waren. Was musste geschehen, damit du deine Zelte abgebrochen hast? Was musste passieren, damit du endlich neu anfingst? Was musste für dich passieren, damit du den Sprung wagtest? Reflektiere das gern für einen Moment.

Ich habe mich lange dafür verurteilt, über sieben Jahre nicht die Kraft zu finden, aus der Tanzschule und all den Abhängigkeiten auszubrechen. Wenn Bahar nicht gewesen wäre, würde ich wahrscheinlich noch heute irgendwo auf dem Ingolstädter Bürgerfest herumtanzen und die Vorbeilaufenden bespaßen, und ich hätte vielleicht nie die Leidenschaft entdeckt, die ich mit dir unter anderem in diesem Buch teile. Bahar war eine Tanzschülerin von mir, und auch wenn es bereits beim ersten Blick »Wumms im Herzen« gemacht hat, haben wir uns nach unserem ersten Date wieder aus den Augen verloren. Der Grund lag bei mir, ich hatte Angst. Ich wusste, wenn ich meinem Herzen folge, würde ich den Traum zerstören, für den ich so lange gekämpft hatte. Ich hätte meine Tanzschule verloren und alles, von dem ich dachte, dass es mein Herz erfüllte. Ich war in einer solchen Zwickmühle und von allen Seiten um mich herum so abhängig, dass ich mich gegen Bahar entschieden habe.

Natürlich konnte ich ihr damals nicht die Wahrheit sagen – ich war erst achtzehn und mit allem komplett überfordert –, dafür hatte ich einfach nicht den Mut. Ich fühlte mich wie ein Schwächling, und dem Ruf des Herzens nicht zu folgen, obwohl er unüberhörbar war, fühlte sich an wie Selbstbetrug. Also habe ich mich einfach nicht mehr bei ihr gemeldet. Das ist übrigens auch eine Form von Unterdrückung. Ich habe meine Gefühle für Bahar unter den Teppich gekehrt und meine Scheuklappen enger geschnallt.

Sieben Jahre später habe ich sie in all meiner Verzweiflung und wohl in einer der schlimmsten Phasen meines Lebens über den Facebook-Chat angeschrieben. Ironischerweise hatte sich Bahar da gerade von ihrem Ehemann in der Schweiz getrennt und war auf dem Weg zurück nach Deutschland für einen Neuanfang. Was für eine Synchronizität, als hätte mir das Leben eine zweite Chance geschenkt. Nun stand ich wieder vor der exakt gleichen Situation wie vor sieben Jahren. Nein, eigentlich war es noch viel schlimmer. Mein Leben das volle Chaos, jede Menge Schulden und gewohnt habe ich immer noch im Keller, zwischen meinen gestapelten Red-Bull-Dosen. In die Tanzstunden habe ich mich richtiggehend geschleppt. Obwohl es das war, was ich mein ganzes Leben lang machen wollte, fühlte es sich wie ein Albtraum an.

Die Tanzstunden waren immer weniger besucht, weil ich wahrscheinlich so stark mit mir selbst beschäftigt war, dass ich das wohl Wichtigste im Leben vernachlässigt habe: menschliche Nähe. Ich hatte viele Kinder in meinen Tanzstunden und, na ja, Kinder sind sehr schwer zu täuschen, oder? Sie fühlen es als Erstes, wenn du nicht ganz da bist. Sie spüren, wenn dein Herzblut eingefroren ist und deine Augen das gewisse Etwas verloren haben. Ich tanzte nicht mehr, weil es mich erfüllte, ich tanzte, damit ich mich nicht so ganz als Fehler fühlte.

Bahar kam erneut in mein Leben, und ich wusste: Wenn ich jetzt den gleichen Fehler mache wie damals, werde ich sie wieder verlieren. Dieser Schmerz, Bahar wieder verlieren zu können, war größer als der Schmerz, die Tanzschule zu verlieren und einen längst gestorbenen Traum endlich zu begraben. Für mich war Bahar der letzte Tropfen, der das Fass zum Überlaufen brachte. Von heute auf morgen hatte ich plötzlich die Kraft, aus vollen Herzen Nein zu meinem alten Leben zu sagen. Ich konnte eine Grenze ziehen, die schon längst überfällig war. Ich habe die Hintertüren verschlossen und bin durch die eine Tür hindurch, die für mich alles veränderte. Ich musste es tun. Denn zu sagen, dass ich es freiwillig getan hätte, wäre eine Lüge. Bahar war der Wecker meines Lebens, und ich wüsste nicht, wo ich heute ohne ihre Liebe wäre. Meine Veränderung wurde zu einem Muss und zu meiner einzigen Option.

Warum aber brauchen wir immer den letzten Tropfen,
damit wir uns gezwungen fühlen, uns zu verändern?
Warum muss uns das Leben so stark in die Enge treiben,
damit wir uns endlich bewegen?
Warum muss das Wasser immer überkochen,
damit wir den nächsten Schritt gehen?

Wahrscheinlich fallen dir einige Gründe dafür ein. Für mich läuft es aber immer wieder auf eine Sache hinaus. Irgendwann in unserem Leben haben wir damit begonnen, unsere Kraft und die Verantwortung abzugeben. Wir wurden süchtig danach, weil es ein leichteres Leben ist und so viele bequeme Vorteile hat. Dich aus eigener Kraft für einen neuen Weg zu entscheiden geht nicht. Du hast deine Entscheidungskraft abgegeben. Es ist, wie wenn ein Superheld seine Superkräfte verliert, weil er die Verantwortung für diese Power nicht übernehmen will. Wenn du selbst nicht mehr entscheiden kannst, brauchst du für jede Entscheidung, die getroffen werden sollte, eine Erlaubnis von außen. Also wartest du bei jeder anstehenden Entscheidung auf ein Zeichen. Du wartest auf eine Erlaubnis, weil du sie dir selbst nicht geben kannst. Daher brauchst du so viel Druck von außen, dass er dein Zeichen, deine Erlaubnis sein kann, dich zu bewegen. Der letzte Tropfen ist die unbewusste Erlaubnis, die du von außen brauchst, damit du den nächsten Schritt gehst. Es ist der Preis dafür, die Verantwortung und die Kraft für deinen Weg abgegeben zu haben. Du brauchst unbewusst immer eine Erlaubnis von außen, damit du dich veränderst.

Das Warten auf eine Erlaubnis

Die meisten Menschen sind sich dieser unbewussten Suche nach einer Erlaubnis von außen nicht bewusst. Sie arbeitet im Schatten. Das ist auch der Grund, warum wir so oft nach Bestätigung schreien. Ist es gut so, wie ich es mache? Bin ich auf dem richtigen Weg? Unbewusst aber wollen wir meist gar keine Bestätigung, wir wollen eine Erlaubnis. Die Erlaubnis, Fehler machen zu dürfen. Die Erlaubnis, schwach sein zu dürfen. Die Erlaubnis, aufblühen zu dürfen.

Wenn du heute in dein Herz hineinspürst, weißt du, welche Entscheidung aktuell auf dich wartet, oder? Es gibt immer einen nächsten Schritt, den wir gehen können. Aber wir warten. Worauf wartest du genau? Ja, ich bin mir sicher, dass du logische Gründe dafür hast. Was, wenn es noch einen anderen Grund für dein Zögern gibt? Was wäre, wenn du unbewusst auf eine Erlaubnis wartest und dadurch das Leben aufforderst, dein Fass zum Überlaufen zu bringen? Das Leben, das dich in die Enge drängt, soll dir die Erlaubnis geben, auf die du gewartet hast.

Was bringst du dir selbst und deinem System dadurch bei? Diese Frage ist übrigens essenziell und eine, die du ab jetzt immer wieder aufgreifen solltest. Was bringst du dir selbst mit dem, was du tust oder nicht tust, bei? Vielleicht bringst du dir durch das Warten auf eine Erlaubnis bei, dass du dich erst dann veränderst, wenn die Kacke am Dampfen ist. Vielleicht bringst du dir bei, dass du dir über deinen Weg und deine Ziele keine Gedanken machen musst, weil das Leben über dich entscheidet. Vielleicht bringst du dir bei, dass du dich ohne Druck nicht verändern kannst. Vielleicht bringst du dir bei, dass Veränderung immer mit Schmerz verbunden sein muss. Oder dass du eine Veränderung nicht kontrollieren kannst und keine echte Wahl hast.

Du suchst nicht nach Bestätigung oder Aufmerksamkeit.
Du suchst nach einer Erlaubnis.

Lass das für einen Moment sickern, und fühl in dich hinein. Was wäre, wenn das stimmt? Warum brauchst du eine Erlaubnis von außen, von Menschen oder vom Leben selbst, um weitergehen zu können? Warum kannst du dir diese Erlaubnis nicht selbst geben? Oder warum braucht es überhaupt eine?

Viele Teile von dir haben deine Erlaubnis erhalten zu sterben. Sie haben keine Erlaubnis bekommen zu leben. Du weißt mittlerweile, dass dein dunkler Ort, dein innerer Keller ein Friedhof ungeliebter und ungelebter Teile deiner selbst ist. Diese Teile haben von dir keine Erlaubnis bekommen zu existieren. Wenn aber 50 Prozent von dir keine Erlaubnis haben zu existieren, ist es dann verwunderlich, dass du auf eine Erlaubnis von außen wartest?

Du kannst dir selbst nicht die Erlaubnis geben, frei zu sein, weil du 50 Prozent deiner inneren Teile keine Erlaubnis gegeben hast, frei zu sein. Du kannst dir selbst keine Erlaubnis geben, dich wirklich zu lieben, weil du 50 Prozent deiner Teile keine Erlaubnis gegeben hast, dich zu lieben.

Deine Erlaubnis

Vielleicht musst du dich selbst hier für einen Moment unterbrechen und eine längst überfällige Erlaubnis aussprechen. Die Erlaubnis zu existieren. Fühl dich in den folgenden Satz ein und spür, was er mit dir macht. »Ich gebe mir die Erlaubnis, mit all meinen Teilen zu existieren.«

Was macht der Satz mit dir? Nutze ihn mehrmals am Tag, und nimm den inneren Widerstand wahr. Nutze ihn vor allem, wenn nicht alles nach deiner Nase läuft. Wenn du überfordert oder gereizt bist oder eben getriggert wurdest. Nutze ihn, wenn du in Zweifel versinkst oder in purer Selbstverurteilung stecken bleibst. Nimm dabei tiefe Atemzüge, und schließ deine Augen.

Dieser Satz soll nicht als Affirmation dienen oder um irgendetwas zu überschreiben. Er soll die Teile wachrufen, die von dir eben noch keine Erlaubnis zu existieren bekommen haben. Dieser Satz ist der ultimative Trigger für dich, alles an die Oberfläche kommen zu lassen, was du mit jedem Tag etwas mehr umarmen darfst. Dieser Satz ist, als würdest du deine Kellertür öffnen und ins Dunkle rufen: »Hey, Jungs und Mädels, die Tür ist offen.«

Er ist ein Friedensangebot an die 50 Prozent von dir, die du versteckt gehalten hast. Schreib diesen Satz ganz groß auf dein Triggerboard. Er allein ist eine Erinnerung an dich, jeden Tag, langsam und Schritt für Schritt mehr Teilen von dir die Erlaubnis zu geben zu existieren. Du könntest auch, nachdem du den Satz laut ausgesprochen hast, die acht Schritte des heilvollen Triggerns anwenden, die du bereits gelernt hast. Übrigens, wenn du das Anfreunden mit deiner dunklen Seite auf ein nächstes Level treiben möchtest, teil dein Triggerboard mit mir unter dem Hashtag #TRIGGERBOARD auf Instagram oder Facebook. Ich würde mich total freuen zu sehen, was dein Kryptonit ist und wie du es in dein Herz schließt.

Du hast die Erlaubnis, dich nicht zu verändern

Damit der Teil in dir, der gegen deine Veränderung arbeitet, beginnt, für dich zu arbeiten, und zu deinem Verbündeten wird, musst du beginnen, diesen Teil als Ganzes in dein Herz zu schließen. Gib dir selbst die Erlaubnis, dich nicht zu verändern, und schließe Frieden damit, der gleiche Mensch zu bleiben. Selbst wenn du dich bis zum Ende deines Lebens nicht mehr verändern wirst, bist du liebenswert. Auch wenn du niemals entdecken solltest, wozu du in deinem Leben fähig bist, bist du liebenswert. Auch wenn deine Ideen niemals geboren werden, bist du liebenswert. Schließe Frieden damit, der gleiche Mensch zu bleiben, und lass den Teil, der sich nicht verändern will, in dein Herz. Wenn du nicht mehr gegen ihn kämpfst, wird er dich nicht mehr sabotieren – und was passiert dann? Du veränderst dich, in die Richtung, die du bewusst wählst. Aber wie soll das ganz konkret gehen? Genau damit werden wir uns jetzt beschäftigen.

> Erwische den Teil, der sich nicht verändern will,
> um ihn in dein Herz zu schließen.

Erwische den Teil in dir, der sich nicht verändern will, in deinem Alltag. Er zeigt sich in den täglichen Entscheidungen, die du triffst. Es gibt Hunderte von Momenten an deinem Tag, die vom gestrigen kopiert sind, richtig? Die meisten sind dir gar nicht bewusst, da sie auf Autopilot laufen, und das ist auch gut so. Erwische den Teil, wenn du Herausforderungen umgehen willst oder Schwierigkeiten versuchst aufzuschieben. Erwische den Teil, wenn du zu banalen Ausreden greifst oder Aussagen von dir gibst, die so absurd sind, dass du dich innerlich fragst, ob die anderen dir diese Scheiße wirklich abkaufen, wenn du sie dir selbst nicht mal abkaufst.

Als ich etwa achtzehn war, hatte ich die Chance bekommen, ins Ausland zu gehen und dort zu arbeiten. Ich habe die Möglichkeit abgelehnt und tatsächlich zu meiner Familie gesagt, dass ich zu Hause und in unmittelbarer Nähe alles habe, was ich brauche. Warum sollte ich da von zu Hause wegziehen? Ich hab den Media-Markt ja gleich um die Ecke ... Oh, ich muss gerade selber lachen. Was für Aussagen wir doch treffen, um uns nicht verändern zu müssen! Einmal im Monat in den MediaMarkt zu gehen war mir also wichtiger, als im Ausland neue Menschen kennenzulernen, zu wachsen und mich als Mensch zu entfalten? Viel ehrlicher wäre es gewesen zu sagen, dass ich Angst vor neuen Herausforderungen habe und davor, auf mich allein gestellt zu sein. Diese Ehrlichkeit hätte mich mit dem Teil in mir konfrontiert, der sich nicht verändern will.

»Ich will mich nicht verändern, und ich liebe es ...«

Erwische diesen Teil in deinen Selbstgesprächen oder in Gesprächen mit anderen, und sag innerlich oder laut zu dir selbst: »Ich will mich nicht verändern, und ich liebe es. Was ich aber wähle, ist, das Risiko einzugehen, mich zu verändern.« So schaffst du eine Balance in dir und musst den Teil in dir, der Angst vor einer Veränderung hat, nicht mehr mit stupiden Ausreden überdeckeln. Du darfst vor einer Veränderung Angst haben, und sie darf dich auch innerlich erschüttern.

Der Teil, der sich nicht verändern will, zeigt sich auch, wenn du dich mit anderen vergleichst. Dabei schneidest du meistens schlechter ab, hast du das schon bemerkt? Das hat den Grund, dass die meisten Vergleiche von dem Ort ausgehen, der sich nicht verändern will. Schlechter abzuschneiden als andere ist eigentlich kein Problem. Es könnte auch als Antrieb dienen, besser zu werden. Es könnte dich inspirieren, mehr zu lernen oder dich mehr zu zeigen, richtig? Konstruktives Vergleichen ist möglich, aber nur dann, wenn du dich wirklich verändern und wachsen willst. Dich nicht mehr mit anderen zu vergleichen ist aus meiner Sicht kein guter Ratschlag, da du es sowieso unbewusst tust. Ich sage nicht, dass du nur noch auf Instagram rumscrollen und dich im Vergleich mit anderen verlieren sollst. Das Vergleichen könnte auch eine Form von Entladung sein – vielleicht erinnerst du dich noch an die verschiedenen Formen der Entladung, über die ich weiter vorn geschrieben hatte.

Ich empfehle dir, den Moment zu erwischen, wenn der Impuls kommt, dich mit anderen zu vergleichen. Meistens kommt er aus dem Teil in dir, der eine Bestätigung dafür haben will, dass du so, wie du bist, gut und genug bist. Nur geht das nach hinten los, und du erhältst alles andere als eine Bestätigung. Du verlierst jeden Antrieb, und der einzige Teil in dir, der gewinnt, ist der, der sich nicht verändern will. Deine Zweifel bleiben gleich, deine Bedenken und deine Selbstverurteilung bleiben gleich. Wahrscheinlich werden sie sogar schlimmer. Deshalb erwisch dich, wenn du kurz davor bist, dich zu vergleichen, und sprich laut zu dir selbst: »Ich will mich nicht verändern, und ich liebe es. Was ich aber wähle, ist, in anderen Menschen zu sehen, was für mich möglich ist.« So unterbrichst du den negativen Kreislauf und drehst den Impuls, dich destruktiv zu vergleichen, um. Denk daran: Alles, was dich in anderen begeistert, steckt auf die eine oder andere Art in dir. Elegantes Vergleichen ist pure Inspiration, weil es dich antreibt und dein Potenzial weckt.

Die zwei Arten von Problemen

Wenn du allen Teilen in dir jeden Tag mehr die Erlaubnis gibst, am Leben sein zu dürfen, dann holst du sie auf deine Seite. Sie haben nun keinen Grund mehr, gegen dich zu arbeiten. Wenn du freiwillig die Kellertür öffnest, wirst du sehen, wer eigentlich vor wem Angst hat. Nach und nach, Schicht für Schicht, werden sich Potenziale und Schatten zeigen, die nichts anderes wollen, als von dir gesehen zu werden. Du musst deine dunkle Seite nicht heilen, denn das würde bedeuten, dass sie so, wie sie ist, fehl am Platz ist. Du gibst ihr Luft zum Atmen und ja, es gibt Wunden und Verletzungen, die unter deinen Schatten liegen, und sie erhalten nun ebenfalls Luft zum Atmen. Es ist, als würdest du ein altes Pflaster von einer Wunde entfernen, damit endlich Sauerstoff rankommt.

Ich hatte lange Zeit große Schwierigkeiten damit, einen ganz bestimmten Teil in mir zu akzeptieren. Ich war in der Schule nie wirklich gut, bin mehrmals sitzen geblieben, und wie du bereits weißt, war meine Schulzeit eine Horrorzeit. Mein Lehrer sagte damals zu mir, dass er noch nie so einen dummen Schüler hatte wie mich, der immer wieder die gleichen Fehler macht und nichts daraus lernt. Ich will nicht behaupten, dass mein Lehrer die Ursache dafür war, dass ich mich mein ganzes Leben lang als »dumm« empfand, aber dieser Satz hat definitiv dazu beigetragen. Ein Teil in mir hatte ihn geglaubt.

Der dumme Jeffrey zu sein, das war lange Zeit eine blutende Wunde. Es war der Teil, der mich auf der Fitnessmesse damals hat erstarren lassen. Es war der Teil, der mich lange davon abgehalten hat, als Speaker auf die Bühne zu gehen. Ich wollte auf keinen Fall, dass ich dumm wirke oder auf Fragen der Teilnehmer keine Antwort habe. Der dumme Teil in mir gab mir immer einen Grund, noch nicht bereit zu sein. Ich muss noch dieses eine Seminar besuchen, bevor ich auf die Bühne gehe. Vielleicht muss ich noch ein

Buch darüber lesen, wie man auf den Bühnen der Welt am besten spricht? …

Der dumme Teil in mir wurde zu einem großen Antrieb, besser zu werden und zu lernen. Das ist übrigens ein Geschenk hinter jedem Schatten, den du in deinem Leben entdecken wirst. Jeder Schatten ist ein Antrieb, bewusst oder unbewusst. Ich wollte nicht dumm sein, also war es ein Antrieb für mich, jeden Tag loszurennen und mir Wissen anzueignen. Leider wurde das Gefühl, ein dummer Mensch zu sein, dadurch nur kurzfristig oder nur mal zwischendurch zur Seite geräumt, aber es plagte mich weiterhin ununterbrochen. Außerdem kam hinzu, dass ich für mein Alter immer sehr jung aussah und oft in die Schublade »kleiner Junge« geschoben wurde.

Der kleine Junge, der sich selbst als dumm empfindet, soll auf den Bühnen der Welt sprechen und den Menschen etwas von persönlicher Entwicklung und Potenzialentfaltung erzählen? O Mann, das fühlte sich so verzerrt an. Bahar wusste, dass ich aus diesem Kreislauf niemals rauskomme und diese Selbstsabotage einfach so weitergeht, wenn wir sie nicht unterbrechen. Ja, unterbrechen. Wenn wir nicht den inneren Film unterbrechen. Das laufende Programm pausieren lassen. Den Selbstsabotage-Flow stoppen.

Bahar tat etwas, für das ich sie noch einige Zeit danach symbolisch in meinen dunklen Keller steckte. Sie schrieb ein Seminar »mit Jeffrey Kastenmüller« aus, ohne dass ich es wusste. Ich wusste es deshalb nicht, weil es in einer Schule für Psychologie und Weiterentwicklung beworben wurde, die für ihre Teilnehmer und Besucher ein internes Netzwerk nutzte. Dort war mein Seminar mit einem riesigen Ansturm innerhalb von wenigen Wochen ausgebucht, und ich wusste immer noch nichts davon. Cool, oder? Bahar hatte nun keine andere Wahl, als mir an einem schönen Sommerabend die Liste der Anmeldungen zu zeigen und mir mit leuchtenden und stolzen Augen zu sagen, dass mein erster zwei-tägiger Workshop, den ich komplett allein halten werde, in weni-gen Wochen stattfinden wird und dass es jetzt keinen Weg zurück mehr gibt. Erinnerst du dich, was ich dir über das Schließen von Hintertüren erzählt habe?

Sie hatte es wieder getan. Sie hat mir alle ausweichenden Türen vor der Nase zugeknallt. Anscheinend hatte ich immer noch nicht gelernt, mir selbst aus eigener Kraft diese Türen zu verschließen, um meinem Herzen zu folgen. Ich hatte wieder auf die Erlaubnis gewartet, auf ein Zeichen oder auf den Druck des Lebens. An die-ser Stelle darfst du dich selbst entlarven und das Programm »Ich brauche den Druck von außen, damit ich mich verändere« unter-brechen, indem du es nicht mehr nährst. Indem du beginnst, klei-ne Risiken im Alltag einzugehen, und die nötigen Schritte gehst. Indem du soziale Risiken eingehst und Menschen von deinen Schatten erzählst, indem du gedankliche Risiken eingehst und dir unbequeme Fragen stellst, die du hier in diesem Buch findest. In-dem du sportliche Risiken eingehst und deine körperlichen Gren-zen erforscht. Kreative Risiken, indem du einer verrückten Idee ganz geheim im Stillen für dich nachgehst, ohne sie mit einem Menschen zu teilen. Ganz egal, was es ist, gib dir selbst ein Signal, dass du dich auch mit dir und deinen Türen beschäftigst, ohne dass das Leben dich darauf aufmerksam machen muss. Zeig, dass du dich bewegst, ohne dass das Leben dir deine Ablenkungsstrate-gien und deinen Fluchtplan wegnehmen muss. Ohne dass das Le-ben dir einen energetischen Rundumschlag verpassen muss. Denn darauf hatte ich nämlich gewartet, nein, ich habe darum gebeten – und siehe da, Bahar hat diese Bitte offenbar gehört.

Mein ganzer Körper hat rebelliert, und es passierte etwas, wo-gegen ich wirklich sehr viel in meinem Leben tue. Ich wurde krank. Mein ganzes Immunsystem brach zusammen. Allein die Vorstellung, zwei Tage lang am Stück zu unterrichten, verpasste mir einen kalten Schauer. Ich dachte mir sogar: »Wenn ich es jetzt schaffe, die Wochen bis zum Seminar krank zu sein, dann muss ich es vielleicht nicht geben.« Kannst du dir das vorstellen? Klingt total absurd, aber unter uns, so funktioniert Selbstsabotage. Um einem Schmerz in der Zukunft aus dem Weg zu gehen, erschaffen wir einen noch viel größeren Schmerz im Hier und Jetzt. Das kann sogar so weit führen, dass wir tatsächlich eine Krankheit oder ein Problem erschaffen, damit wir ein zukünftiges Problem oder eine Herausforderung umgehen können. Es könnte sein, dass wir die Genesung einer Krankheit aufhalten oder verlangsamen, weil die Heilung für uns bedeuten würde, beispielsweise wieder in die Arbeit gehen zu müssen, die nicht mehr zu uns passt.

Unsere unbewusste Fähigkeit, Probleme zu erschaffen, um stecken bleiben und der gleiche Mensch bleiben zu können, ist ein großes Mysterium.

Das Unbewusste zu erforschen ist ein bisschen, wie das Universum zu erforschen. Es gibt kein Ende. Als würdest du von eins bis zur Unendlichkeit zählen wollen. Dein Unterbewusstsein ist dafür da, dir das zu geben, was du willst. Da du oft nicht weißt, was du wirklich willst, oder es nicht sehen kannst, bekommst du gern mal das, von dem du denkst, dass du es nicht willst. Okay, vielleicht musst du diesen Satz noch einmal lesen.

Kennst du diese berühmte Aussage? »Es gibt das, was du weißt, und das, was du nicht weißt. Und dann gibt es das, wovon du nicht weißt, dass du es nicht weißt.« Ich finde, dieser Satz allein sprengt einen Tunnel in das Unbewusste, oder? Mich fasziniert die Arbeit mit dem Unterbewusstsein, seit ich begonnen habe, Menschen zu coachen. Jedes Mal, wenn man denkt, man habe ein paar Mechanismen und Zusammenhänge des unbewussten Universums verstanden, kommt man kurz darauf zu dem Schluss, dass man gar nichts weiß.

Ich kam in den letzten Jahren mit so vielen Dogmen und Regeln in Bezug auf das Unterbewusstsein in Berührung, die alle ein brüchiger Versuch waren, dieses unendliche innere Universum zu kontrollieren und zu beeinflussen. Man hört immer wieder, dass es Wörter wie »nein« oder »kein« nicht versteht oder dass negative Formulierungen vom Unterbewusstsein nicht als solche aufgenommen werden und somit gefährlich sind. Aus meiner Erfahrung sind diese Schablonen schlichtweg falsch oder nur in bestimmten Situationen anzuwenden. Dein Unterbewusstsein versteht sehr wohl ein »Nein« und ein »Kein«, und es kann auch zwischen positiv und negativ unterscheiden. Ich finde, man geht mit dem Unterbewusstsein oft so um, als wäre es strunzdumm und wir könnten es austricksen. In Wahrheit ist es genau andersherum.

Wir sind die Gefangenen unseres Unterbewusstseins. Wir tun so, als hätten wir eine Wahl, oder noch besser: einen freien Willen. In Wahrheit hast du natürlich eine Wahl, und du hast auch einen freien Willen, jedoch nur im Radius dessen, was dein Unterbewusstsein dir erlaubt. Wenn es ein bewusstes Feld gibt, das du kontrollieren und beeinflussen kannst, gibt es auch ein unbewusstes, das außerhalb deiner bewussten Kontrolle liegt. Wenn du also bewusst ein Ziel verfolgst, könnte es dann sein, dass du unbewusst ein anderes Ziel hast? Vielleicht bist du auch an einem Punkt, wo du sagst, dass du überhaupt keine Ziele brauchst, da du einfach im Hier und Jetzt bist und den Moment genießt. Könnte es sein, dass du auch dann unbewusst ein Ziel verfolgst? Wenn wir Schatten unterdrücken können, Potenziale, Traumata und Erinnerungen, dann können wir auch Ziele unterdrücken.

Kennst du Menschen in deinem Umfeld, die Probleme haben? Was für eine dumme Frage, Jeffrey! Nein, ernsthaft, warum haben diese Menschen genau diese Probleme? Was denkst du? Ich bin mir sicher, dass du sofort an ihre Vergangenheit denkst und die Ursache ihrer Probleme dort suchst. Liege ich richtig? Ich kann das gut verstehen, denn es ist der logische Weg, für ein aktuelles Problem, eine Krankheit, für Stress, Streit oder Konflikte eine passende Ursache in der Vergangenheit und am besten in der Kindheit zu suchen.

Denk kurz an ein aktuelles Problem in deinem Leben, vielleicht eines, das immer wiederkommt und einfach nicht von dir abfällt. Du weißt, woher dieses Problem kommt, richtig? Du hast eine Idee oder eine Erklärung, die mit der Vergangenheit zu tun hat, oder? Gib deinem Gehirn die Frage, woher dein Problem kommt, und es sucht nach einer Antwort. Es ist wie Google. Ist die Antwort richtig? Ja, sehr oft. Deine Vergangenheit hat dein Hier und Jetzt geprägt und dich zu dem Menschen gemacht, der du heute bist. Ich glaube, da sind wir uns einig. Wir alle wurden vom Leben, von anderen Menschen und deren eigenen Limitierungen und Maßstäben durchgeschüttelt, verletzt, hintergangen, traumatisiert und zu Boden geworfen. Keiner von uns ist wirklich verschont geblieben, und ich glaube, das verbindet uns miteinander. Wenn ich dir von meiner größten Angst erzähle oder davon spreche, wie ich immer wieder im großen Stil versagt habe, dann kannst du mich fühlen, weil du es selbst auf die eine oder andere Art schon erlebt hast. Und genauso ist es umgekehrt. Ich glaube jedoch auch, dass wir die Kraft der Vergangenheit überschätzen, und wir tun das aus einem ganz bestimmten Grund.

Bevor du jedoch weiterliest, möchte ich, dass du weißt, dass ich mit der folgenden Idee deinen vergangen Schmerz nicht unterschätze und das, was du erlebt hast, keinesfalls kleinrede. Ich weiß selbst, was traumatische Erlebnisse mit uns machen können. Ich kenne die Kraft eines Traumas und den Einfluss auf unser gesamtes Nervensystem und Leben. Ich habe mit Tausenden Menschen gearbeitet und erwähne an dieser Stelle auch, dass dieses Buch natürlich kein Ersatz für eine professionelle therapeutische Betreuung sein kann. Trotzdem möchte ich es als Türöffner verstehen, um deinen Blick auf etwas zu lenken, das vielleicht der Grund dafür ist, warum die Vergangenheit für alles, was in unserem Leben schiefläuft, herhalten muss. So oft habe ich erlebt, wie Menschen fast schon süchtig danach waren, Ursachen in der Vergangenheit für ihr aktuelles Problem oder Scheitern zu suchen. Und ja, sie wurden immer fündig.

Wenn wir in unserer Vergangenheit alle Ursachen aufgelöst haben, aber das aktuelle Problem immer noch nicht verschwunden ist, suchen wir einfach weiter und landen in einem früheren Leben, denn in unserer aktuellen Vergangenheit haben wir ja alles nur Denkbare ausfindig gemacht. Warum ist das Problem immer noch da? Irgendwo muss es ja herkommen, oder? Auch wenn ich weiß, dass die Arbeit mit früheren Leben durchaus ihre Berechtigung hat, wenn sie Menschen hilft, habe ich immer wieder erlebt, wie die Suche nach Ursachen für unser aktuelles Leiden an diesem Punkt von vorn beginnt und zu einer endlosen Geschichte und sogar zu einer Art Lebensaufgabe wird. Eine Ursache zu kennen ist keine Garantie dafür, sie auch loslassen zu können. Erst recht nicht, wenn du die Ursache nicht loslassen *willst*. Denn manchmal wollen wir die Ursache nicht kennen, um sie heilen, wir wollen sie kennen, um sie zu beschuldigen.

Und da haben wir die zwei Arten von Problemen: Die einen sind da, um gelöst zu werden. Die anderen sind da, um behalten zu werden. Die Probleme, die du löst, sind dabei nicht wirklich ein Problem. Dir wird eine Aufgabe gestellt, du findest eine Lösung und machst mit deinem Leben weiter. Logisch, oder?

Ein Problem, das du erschaffst, um es zu behalten, anstatt es zu lösen, ist dein echtes Problem. Dir wird eine Aufgabe gestellt, für die du keine Lösung findest, weil es dir mehr bedeutet, die Aufgabe zu haben. Einfacher gesagt, hat das Problem einen größeren Nutzen für dich als die Lösung. Wenn das passiert, befindest du dich in einem Hamsterrad der Problemlösungssuche. Diese Suche wird nicht enden. Du bist in einem Problem-Loop gefangen.

Der unsichtbare Nutzen hinter einem Problem ist einer der Hauptgründe, wieso wir uns nicht verändern. Egal, wie groß ein Problem sein mag, und egal, wie absurd es erscheint: Wir ziehen immer einen Nutzen daraus, auch wenn wir ihn nicht auf Anhieb sehen können.

Als Jugendlicher war ich viel mit meiner Snowboard-Clique unterwegs, und wir bauten einmal die wohl größte Schanze, die ich je gesehen habe. Ich konnte noch nicht wirklich gut fahren, und über so ein Teil zu springen war definitiv einige Nummern zu hoch für mich. Trotzdem habe ich mich vorgedrängt, und als Kleinster in der Clique wollte ich unbedingt als Erster springen. Heute bin ich sehr froh, dass meine Mum mich gezwungen hatte, einen Helm aufzusetzen. Sie war erst glücklich, wenn ich einen Rundumschutz hatte, deshalb musste ich einen Motorradhelm mit Vollvisier tragen. Damit man mich nicht übersehen kann, auch noch in der Farbe Neongelb. Ich fuhr von ganz oben, so schnell ich konnte, auf die Schanze zu und habe die Wucht, die sich dabei aufbaut, total unterschätzt. Dieses Ding hob mich so richtig raus, und ich schoss mindestens fünfzehn Meter in die Höhe. Ich verlor in der Luft das Gleichgewicht, kippte nach vorn und landete mit voller Wucht auf meiner Brust. Mein Körper verbog sich so stark, dass ich bis heute nicht weiß, wie ich das überlebt habe. Ich kam so stark ins Hohlkreuz, dass mein Snowboard, das ja weiterhin an meinen Füßen hing, auf meiner Stirn aufgeschlagen ist. In dieser Position kullerte ich den Berg runter. Ich schnappte nach Luft. Was mir gleich auffiel: Ich konnte meine Beine nicht bewegen. Ich habe sie nicht mehr gespürt. Und ich konnte nicht um Hilfe rufen, da ich keine Luft bekam. Ich hörte ein Jubeln, ein Schreien von meinen Kumpels, dass sie so etwas noch nie gesehen haben und dass ich doch bitte aufstehen soll, damit die anderen springen können. Na ja, irgendwann merkten auch sie, dass etwas nicht stimmte, und schleppten mich nach oben. Glücklicherweise kam einige Stunden später im Krankenhaus das Gefühl für meine Beine langsam zurück. Ich möchte gar nicht daran denken, was alles hätte passieren können.

Auch wenn es ein Moment war, der mich fast das Leben gekostet hätte, hatte dieser Unfall für mich einen fast schon verbotenen Beigeschmack. Erst Jahre später, als ich begonnen habe, mich mit mir selbst und meinem Leben zu beschäftigen, habe ich entdeckt, wie sehr mir dieser Unfall das gegeben hatte, was ich so sehr wollte: Ich wollte von meinen Freunden gesehen werden. Ich habe mir über den Sturz die Anerkennung geholt, die ich mir so sehr wünschte. Ich konnte nicht so gut fahren wie die anderen, also konnte ich dadurch keine Aufmerksamkeit auf mich ziehen. Und wenn ich schon nicht gut fahren kann, dachte ein Teil in mir, dann kann ich wenigstens gut fallen und den besten Sturz aller Zeiten hinlegen. Selbst wenn die Gefahr besteht, mit dem Leben zu bezahlen. Mir wurde im Nachhinein auch bewusst, dass wir kurz vor meinem Sturz abends eine Snowboard-Doku gesehen hatten, und die letzten Szenen, in denen man die brutalsten Stürze sah, hatten großen Jubel und die größte Bewunderung erhalten. Es war auch exakt der gleiche Sturz dabei, den ich hingelegt hatte.

Ich hatte das bekommen, was ich wollte. Meine Kumpels nannten mich ab diesem Moment immer Cool Runnings (vom gleichnamigen Film über die jamaikanische Bobmannschaft). Noch Jahre später war mein Sturz Gesprächsthema Nummer eins.

Wollte ich diesen Unfall? Bewusst auf keinen Fall. Niemals hätte ich bewusst die Entscheidung treffen können, einen solchen Unfall freiwillig durchzustehen. Mein bewusstes Ziel war, über diese Schanze zu springen. Mein unbewusstes Ziel war Anerken-nung. Und mein Unterbewusstsein gab mir das, was ich wollte, obwohl ich bewusst nicht wusste, dass ich es will. Doch für wel-chen Preis? Das ist wohl die Frage. Zwanzig Jahre lang hatte ich im unteren Rücken immer wieder Schmerzen, und egal, was ich tat, sie gingen nicht weg. Ich kann es heute manchmal gar nicht wirk-lich glauben, aber als ich für mich verinnerlichen konnte, dass ich den Sturz kreiert hatte, um gesehen zu werden, öffnete sich eine Tür in so viele tiefere Schichten meines Systems, und der in mei-nem Lendenwirbel eingesperrte Schmerz konnte gehen. Einen Problem-Loop zu erkennen, kann genau den Heilungsprozess an-stoßen, nach dem du vielleicht lange vergeblich gesucht hast.

Problem-Loops erkennen

Nimm ein aktuelles und immer wiederkehrendes Problem. An-statt dich zu fragen, wie du dieses Problem lösen kannst oder was seine Ursache sein könnte, stellst du dir nun die folgende Frage: »Was würde ich vermissen, wenn ich das Problem ver-liere?« oder »Warum will ich mein Problem behalten?«

Es sind Fragen, die wir uns normalerweise nicht stellen. Sie haben eine unterbrechende Wirkung, es sind »unterbrechende Fragen«. Es kann sein, dass du dir eine solche Frage stellst und die Antwort einfach ausbleibt. Stell dir diese Fragen ab und zu im Alltag, und dann lass sie wieder los. Dein Unterbewusstsein wird dir Antworten liefern, wenn es an der Zeit ist. Vielleicht kommt die Antwort, wenn du beim Joggen bist oder unter der Dusche. Meistens sickern die Antworten dann durch, wenn wir sie nicht kontrollieren wollen. Deshalb füttere dein Unterbe-wusstsein regelmäßig mit unterbrechenden Fragen und sei auf-merksam, wenn Antworten die Oberfläche erreichen. Mach

dich jedoch darauf gefasst, dass dir die Antworten nicht unbe-
dingt gefallen werden. Aus diesem Grund liegen sie ja an dei-
nem dunklen Ort, damit sie dort ungestört arbeiten können.

Die Wahrheit über dich

Nimm den Teil in dir wahr, der will, dass alles beim Alten bleibt. Der Teil, der sich nicht verändern will, darf da sein. Wenn du die Antworten auf die unterbrechenden Fragen aufweckst, wird sich das nicht immer angenehm anfühlen. Aber du weißt mittlerweile, wie du mit einem Trigger umgehen kannst. Mit den unterbrechenden Fragen deckst du Wahrheiten über dich auf, die dir vorher nicht bewusst waren. Es könnte also sein, dass du entdeckst, dass du dich selbst angelogen hast und über viele Jahre eine Selbstlüge gelebt hast. Die Frage ist dabei nicht, ob du bereit bist, die Wahrheit über dich zu erfahren. Die Frage ist, ob du bereit bist, dir einzugestehen, ein Lügner gewesen zu sein. Denn so wirst du dich vielleicht fühlen.

Genau aus dem Grund wollen wir die Wahrheit oft nicht aufdecken. Solange ich nicht weiß, was die Wahrheit ist, weiß ich auch nicht, ob ich mich selbst anlüge. Wenn ich nicht weiß, dass ich lüge, ist es keine Lüge. Man muss hier ein bisschen um die Ecke denken, und ich zeige nicht mit gehobenem Zeigefinger auf dich und sage, dass du ein Lügner bist. Ich behaupte nur, dass du auf keinen Fall ein Lügner sein willst und dass dich genau das davor beschützt, die Wahrheit über dich zu erkennen. Mit anderen Worten sage ich, dass du ein Lügner sein musst, um die Wahrheit zu erkennen. Klingt paradox, oder? Aber genau das ist echte Arbeit mit deiner Dunkelheit. Sie ist nicht logisch oder linear zu begreifen. Sie ist widersprüchlich und herausfordernd, deshalb machen es auch so wenige. (Ich zähle dich natürlich zu denen, die es tun, sonst hättest du das Buch nicht bis hierher gelesen.)

Wenn Wahrheiten und Erkenntnisse durch die Fragen in dir getriggert werden, freunde dich jetzt schon mal damit an, dass dein Schatten, das »Lügner-Selbst«, ebenfalls wach werden wird. Gib dem Lügner in dir den Platz, den er verdient. Schieb ihn nicht weg. Frag dich, was für ein Geschenk hinter dem Lügen stecken könnte. Erinnere dich, wann Menschen zu Lügen greifen oder wofür jemand lügen würde. Wer lügt? Ein Mensch, der keinen Ausweg findet. Ein Mensch, der verzweifelt ist. Ein Mensch, der sich machtlos fühlt. All das hast du auch schon mal erlebt. Schließ also Frieden mit dem Lügner in dir, schließ ihn in dein Herz, und nimm in Kauf, dich für einen Moment als Lügner zu fühlen, um die Wahrheit über dich ans Licht kommen zu lassen.

Sprich laut aus: »Ich bin ein Lügner, und ich liebe es.
Was ich aber jetzt wähle, ist,
die Wahrheit über mich zu erkennen.«

Denk daran: Alles, was wir aus den tieferen Schichten des inneren Ozeans nach oben holen, holen wir nicht aus Spaß an die Oberfläche. Wir holen es nach oben, damit es in greifbarer Nähe ist. Denn dann kannst du es festhalten. Und wenn du es festhalten kannst, dann kannst du es auch loslassen.

Nun lass uns mal näher betrachten, welche versteckten Vorteile hinter deinen Problemen liegen und was dir deine Probleme konkret geben. Wenn du dem näher kommst und diesen Nutzen vielleicht auch anders ziehen kannst, verändert sich möglicherweise auch das Problem.

Was dir dein Problem geben könnte: 1. Ablenkung

Ein Problem kann schwer gehen, wenn es dich von einer tieferen Wahrheit, die du nicht ansprechen oder sehen willst, ablenkt. Du gibst ihm dann unbewusst Kraft und hältst es am Leben, da es dich beschäftigt hält. Während du dich mit dem Problem beschäftigst, musst du dich nicht mit einem tieferen Problem, das darunter liegt, auseinandersetzen. Wenn du das Problem verlieren würdest, würdest du die Ablenkung vermissen, und das echte Problem käme an die Oberfläche. Denk daran: Nur weil du das echte Problem durch deine Ablenkung nicht sehen kannst, heißt es nicht, dass es inaktiv ist. Du weißt, was unterdrückte Teile für eine Kraft haben und wie sie dein Leben beeinflussen.

Ich sehe hinter Ablenkung nichts Böses. Ablenkung ist ein wichtiger Schritt, den Fokus zu lösen und die Perspektive auf etwas anderes zu lenken. Wenn wir jedoch süchtig nach Ablenkung sind, da sie uns in Lichtgeschwindigkeit ein gutes Gefühl vermittelt, vergessen wir irgendwann, wovon wir uns überhaupt ablenken. Wenn Ablenkung zu einem unbewussten Ziel in deinem Leben wird, wirst du um jeden Preis alles tun, dich nicht mit dir selbst und deinen echten Problemen auseinandersetzen zu müssen. Auch wenn das heißt, dass du dafür neue unnötige Probleme erschaffst. Zum Beispiel wirst du streitsüchtig, regst dich über Kleinigkeiten auf, bist für dein Umfeld eine tickende Zeitbombe, verlierst dich in Dramen oder machst Probleme größer, als sie sind.

Wie wäre es, wenn du dich an dieser Stelle damit anfreundest, der Produzent, eine Produzentin deines Problems zu sein? Genauso wie dein Körper Emotionen produziert, hast du auch die Kraft, ein Problem zu gebären. Dann aber willst du dieses Kind nicht verlieren. Du willst es behalten. Du produzierst das Problem nicht, damit du es lösen kannst, sondern damit du beschäftigt und abgelenkt bleibst.

Ablenkung

Erkenne diesen Loop: »Ich halte ein Problem am Leben, damit ich mich ablenken kann.« Stell dir die Frage, wovor dich dein Problem beschützt? Was willst du nicht sehen? In welchen Situationen schreit dieses Problem am lautesten?

Allein diese Erkenntnisse können dich dazu bewegen, etwas zu verändern und dich nicht mehr ablenken zu wollen. Es sei denn, du erhältst durch dein aktuelles Problem auch Aufmerksamkeit von anderen. Genau darum geht es bei dem nächsten Punkt.

Was dir dein Problem geben könnte: 2. Aufmerksamkeit, Liebe, Bedeutsamkeit

An meiner Snowboard-Geschichte hast du gesehen, wie weit ich gegangen bin, um das zu bekommen, was ich unterschwellig wollte. Wie weit gehst du unbewusst, um das zu bekommen, was du willst? Immer wieder hatte ich in unserer Praxis Klienten, die an unerklärlichen und unlösbaren Symptomen litten. Sie rannten vom einen Arzt zum nächsten. Die Frage »Was würdest du vermissen, wenn du geheilt wärst?« brachte nach etwas Konfrontationsarbeit Licht ins Dunkle. Sylvia war eine von diesen Klienten. Sie nahm all ihren Mut zusammen und legte einen Selbstsabotage-Loop auf den Tisch. Vielleicht kommen dir ihre Sätze bekannt vor: »Da ich die Aufmerksamkeit und Liebe, die ich von meinem Partner möchte, nicht bekomme, arbeite ich bis zum Umfallen. Wenn ich sichtlich erschöpft und krank bin, sieht er endlich, wie sehr ich leide, und er kümmert sich um mich. Er nimmt sich sogar extra Zeit für mich. Ich bin sehr froh, einen solchen Partner zu haben, der mich nicht links liegen lässt.« Sie musste, während sie das sagte, weinen und lachen zugleich.

Erinnerst du dich an die Formen der Entladung? Solch einen Mechanismus zu fangen und ihn dann auszusprechen kann alles verändern. Sylvia war klar, dass sie für die Aufmerksamkeit ihres Partners einen hohen Preis zahlte. Jetzt, da sie diesen Loop sehen konnte, konnte sie sich bewusst anders entscheiden und zum Beispiel ihren Partner direkt darauf ansprechen, dass sie sich nicht gesehen fühlt.

Bei allem, was du tust, stell dir immer wieder die Frage, was du dir selbst dadurch beibringst. Welches Muster oder welches Programm verstärkst du durch dein Handeln? Bei Sylvia war es eindeutig: »Ich muss leiden, um geliebt zu werden.« Und: »Es muss mir schlecht gehen, damit man sich um mich kümmert.«

Mit einem solchen Programm erschaffen wir nicht nur Stress oder Erschöpfung, um das zu bekommen, was wir wollen. Man kann sogar davon ausgehen, dass wir in der Lage sind, unsere Biochemie so zu beeinflussen, dass wir schwere Krankheiten erschaffen, damit wir das bekommen, was wir von anderen unbewusst einfordern.

Sylvia hatte ihr unbewusstes Ziel erreicht. Sie hat Liebe und Aufmerksamkeit erhalten, wurde gesehen und stand plötzlich im Mittelpunkt der Familie. Wenn wir durch eine Krankheit bekommen haben, was wir wollten, können wir sie aber nicht mehr gehen lassen. Wenn die Krankheit gehen würde, ginge auch der Nutzen dahinter. Das ist der Grund, warum in manchen Fällen keine Therapie funktioniert. Der versteckte Nutzen ist stärker und hält das Problem am Leben. Ich als Coach wäre für das System sogar ein Feind, weil ich der betreffenden Person etwas wegnehmen will, das ihr im Gegenzug so viel schenkt.

Würde ich eine Ursache für die Krankheit in der Vergangenheit finden, wenn ich danach suche? Mit Sicherheit. Sylvia würde mir diese Ursache dann sogar bestätigen, und ein Teil in ihr wäre froh, den Grund für das Leiden gefunden zu haben. Diese Ursache würde aber niemals geheilt werden können, denn sie überdeckt den wahren Grund, der sich im Hier und Jetzt befindet.

So erschaffen wir uns in manchen Fällen sogar rückwirkend Ursachen in der Vergangenheit, damit wir uns mit der echten Ursache nicht beschäftigen müssen. Verrückt, oder?

Hattest du schon mal einen Streit, bei dem wirklich die Fetzen flogen? Eine Bombe ist geplatzt, und zwei Fronten knallten aufeinander. So ganz unter uns: Kannst du dich an einen ähnlichen Gedanken erinnern, der vielleicht nur für eine Sekunde durch dein Bewusstsein schoss? Ähnlich wie: »Wenn ich jetzt einen Unfall hätte, würde er mich wieder zu schätzen wissen.« »Wenn ich jetzt hinfallen würde, würde sie mich nicht mehr so anschreien.« »Wenn ich krank wäre, würde er sich um mich kümmern.« Diese Gedanken kommen meistens, wenn wir überfordert oder mit unserem Latein am Ende sind.

In Momenten der Überforderung spricht dein Unterbewusstsein zu dir und schickt dir eine Lösung. Auch wenn es nicht die gesündeste Lösung ist, ist es eine Lösung. Verurteile dich also nicht für diese Gedanken. Sie sind einfach ein Lösungsvorschlag, dem du aber nicht nachgehen musst. Du kannst dich ganz bewusst dagegen entscheiden, zumindest wenn dir diese Gedanken bewusst sind. Wenn du dir aber diese Gedanken nicht erlaubst, dich dafür verurteilst und sie verdrängst, arbeiten sie im Unbewussten weiter, und du hast vielleicht nicht mehr die Möglichkeit, dich dagegen zu entscheiden.

Anerkennung

Wenn du in dir erkennst, dass du mit einem Problem gesehen werden willst, dann erkenne den Loop an, und sag zu dir selbst: »Ich halte ein Problem am Leben, damit ich gesehen werde.« Das kann wehtun, und dieses Eingeständnis verlangt Mut. Aber den hast du mittlerweile aktiviert, und er kann nun für dich arbeiten.

Wie du sehen kannst, tauchen wir immer tiefer in die versteckten Ebenen unseres Bewusstseins und werden beim nächsten Punkt eine neue Tiefe erreichen, die sehr augenöffnend sein kann. Doch bevor wir das tun, möchte ich dir noch eine besondere Form des Rufens nach Aufmerksamkeit aufzeigen.

Wir erschaffen Probleme, um uns abzulenken. Wir erschaffen Probleme, um gesehen zu werden. Und wir erschaffen Probleme, um mit anderen verbunden zu sein (zu diesem Punkt werden wir noch kommen). So weit ist es wahrscheinlich für dich nachvollziehbar. Etwas, das meine Welt total auf den Kopf gestellt hat, war eine Sitzung mit einem sechzehnjährigen jungen Mann. Ich nenne ihn hier Julien. Ich hab viel mit Teenagern und Kids gearbeitet, und sehr oft waren nicht die Kids das Problem, sondern deren Eltern. Die Kinder waren einfach nur ein Spiegel der unterdrückten Monster der Eltern. Was die Eltern über Jahre unterdrückt hatten und nicht sehen wollten, kam in voller Wucht durch die eigenen Kinder zum Vorschein, und so war es für mich oft glasklar, dass ich mit den Eltern arbeiten musste.

Bei Julien hatte ich das Gefühl, auf Granit zu stoßen. Er war einer meiner herausforderndsten Klienten, die ich jemals hatte. Er schwänzte die Schule, nahm Drogen, ritzte sich die Arme auf und kam nachts immer wieder zusammengeschlagen nach Hause. Seine Eltern schickten ihn zu mir, da sie der Überzeugung waren, dass ich ihm helfen kann. Ich machte mit ihm eine Session und konfrontierte ihn mit verschiedenen Themen. In einer Art Trancezustand war für einen Moment sein kritischer Wächter offline. Die Tür zum Keller stand für einen Moment offen, und es flutschte ein Satz nach draußen, der nicht nur mich erschrocken hat, sondern Julian selbst aus der Trance herausriss. Er sagte: »Meine Eltern müssen spüren, was sie mir angetan haben.« Ich wollte, dass er den Satz wiederholt, aber das konnte er nicht. Er wusste nicht mehr, was er von sich gegeben hatte. Das war die Bestätigung für mich, dass tatsächlich sein unbewusstes Ziel für einen kurzen Moment an die Oberfläche gekommen war. Das Ziel, die eigenen Eltern zu bestrafen. Er war unbewusst der Überzeugung, dass er von seinen Eltern schlecht behandelt wurde und sie nun dafür büßen müssen.

Wie kannst du einem Menschen, der dich liebt, am meisten wehtun? Ganz einfach, indem du dir selbst wehtust, und zwar so, dass es jeder sehen kann. Und warum solltest du einem Nahestehenden wehtun wollen? Ganz einfach, weil du nicht die Liebe oder die Aufmerksamkeit bekommst, die du gern hättest, oder als Rachezug für eine vergangene Verletzung. Dass wir uns selbst verletzen, um unser Umfeld zu bestrafen, war für mich ein enormer Augenöffner. In Beziehungen bestraft der eine unbewusst den anderen mit chronischer Erschöpfung und Müdigkeit oder erzwingt Aufmerksamkeit, indem immer wieder betont wird, wie müde und kaputt man ist. Oder die Frau betrügt den Mann, geht fremd und redet sich ein, dass der Mann es ja nicht anders verdient hat, aus welchen Gründen auch immer. Das Opfer wird zum Täter.

Manchmal wollen wir unsere Eltern unbewusst auch dafür bestrafen, dass wir in ihre verkorksten Fußstapfen gestiegen sind. Wegen ihnen führen wir einen Job aus, der gar nicht zu uns passt. Wegen ihnen leben wir so, wie wir es gar nicht wollen. Der einzige Weg, sie spüren zu lassen, wie todunglücklich wir sind, ist, auf unserem Weg, der eine Kopie ihres Weges ist, zu scheitern. Damit beweisen wir ihnen, dass ihr Weg nicht der richtige ist und sie uns dadurch einen Schaden zugefügt haben.

Klingt total absurd, oder? Ja, das finde ich auch, aber so sind wir Menschen manchmal. Wir nehmen es in Kauf zu leiden, wenn sich dahinter irgendeine Form von Genugtuung verbirgt. Wenn wir diese Loops aber in uns und anderen erkennen, können wir ein Stoppschild aufstellen. Wir können mit diesem Machtspiel aufhören, denn die Person, die am meisten darunter leidet, sind letztendlich wir selbst. Du siehst, wie sehr die Sucht nach Problemen auch ein zwischenmenschliches Thema ist. Der nächste Punkt wird das noch verdeutlichen.

Was dir dein Problem geben könnte: 3. Verbindung

Als ich das Kapitel meiner Tanzschule beendet habe, wollte ich nichts mehr, als Ingolstadt, den Ort, an dem ich geboren wurde, endlich zu verlassen. Ich wusste, dass ich für einen echten Neuanfang die Ketten meiner Vergangenheit sprengen und eine Distanz zu dem Ort aufbauen musste, mit dem ich so sehr mein eigenes Versagen verband. Auch wenn das etwas dramatisch klingt, habe ich diese sieben Jahre in der Tanzschule nur überlebt, da ich meine Leidenschaft zum Tanzen mit einem der wichtigsten Menschen in meinem Leben teilen konnte, meinem Bruder Steve. Zusammen haben wir über das Tanzen die Scheidung meiner Eltern und alles, was drum herum passierte, verarbeitet. Die Tanzschule gab uns die Möglichkeit, als Brüder noch enger zusammenzuwachsen und in jeder Situation füreinander einzustehen. Klingt ein bisschen wie aus dem Film »Bad Boys. Wir stehen zusammen, wir fallen zusammen«. Ich hab mit Steve so viele Stürme durchquert und so viele Kämpfe ausgefochten! Keinen einzigen davon möchte ich heute missen.

Damals war genau das aber das größte Problem. Ich hatte Angst, das Kapitel der Tanzschule zu beenden, weil sie die Verbindung zu meinem Bruder war. Wenn ich die Tanzschule hinter mir lasse, verliere ich vielleicht die Verbindung zu meinem Bruder. Das war meine größte Angst. Der gemeinsame schmerzvolle Pfad und die Geschichte, die daraus entstanden ist, war eine Quelle unserer Verbindung. Und die wollte ich einfach nicht verlieren. Ganz sicher war das auch einer der Gründe, wieso ich immer wieder an dem Versuch scheiterte auszubrechen.

Wir haben Angst, ein Problem loszulassen, wenn es uns mit einem Menschen verbindet, der uns wichtig ist. Wenn ich dir von meinem größten Problem oder meiner größten Angst erzähle, bin ich in Sekundenschnelle mit dir verbunden, da du dich wahrscheinlich in vielen Dingen selbst erkennst und mitfühlen kannst, richtig? Es liegt in unserer DNA, auf Menschen, die leiden, aufmerksam zu werden, damit wir uns gegenseitig helfen können. Leider haben wir dieses DNA-Programm etwas missbraucht, und für viele von uns wurden Schmerz, Leiden, Krankheit und Probleme zur einzigen Quelle von Verbindung. Es ist die schnellste Art der Verbindung, aber sie hat einen hohen Preis.

Kennst du die Angst, die Verbindung zu einem geliebten Menschen zu verlieren, wenn du dich veränderst? Ich musste damals in Kauf nehmen, die Verbindung zu meinem Bruder zu verlieren. Ich musste für mich erkennen, dass Liebe immer wichtiger als diese Art der Verbindung ist und dass es an mir liegt, eine neue Form von Verbindung zu Steve aufzubauen, die nicht auf den Trümmern der Vergangenheit basiert. Letztlich hat es uns beiden die Chance gegeben, eine ganz neue Verbindung aufzubauen, die nichts mit Leiden zu tun hat und auf die Zukunft ausgerichtet ist. Heute könnte ich mir keine bessere Verbindung zu ihm vorstellen. Wir konnten beide unabhängig voneinander unseren Weg gehen, und wir haben unsere Verbindung nie wirklich verloren. Anders gesagt: Wir haben eine neue erschaffen, die viel wertvoller ist. Aber wie sieht es mit dir aus?

Verbindung

Kann es sein, dass der größte und stärkste gemeinsame Nenner zwischen dir und einem wichtigen Menschen in deinem Leben ein Problem oder vielleicht sogar eine destruktive Angewohnheit ist? Falls ja, erkenne den Loop: »Ich muss ein Problem haben, um mich mit XY oder meiner Familie verbunden zu fühlen.« »Ich habe ein Problem erschaffen, damit ich mich verbunden fühle.« »Ich habe ein Problem erschaffen, damit ich …«

Unterbrich den Loop und frag dich: »Kann ich mit XY, mit meiner Familie verbunden sein, ohne ein Problem zu haben? Kann ich eine neue Verbindung aufbauen?«

Denk daran: Wenn du ein Problem erschaffen oder am Leben erhalten musst, um verbunden zu sein, ist das keine echte Verbindung. Es ist eine, die das Problem braucht. Eine echte Verbindung zu einem anderen Menschen braucht deinen Einsatz, deine Liebe und fordert deine Präsenz. Da wir diese Energie oft nicht investieren wollen, wählen wir den einfacheren Weg.

Ich weiß nicht, ob wir uns jemals diese Sucht nach Leiden freiwillig eingestehen würden. Vielleicht braucht es jemand Neutrales, jemanden, der nicht in unserem Film feststeckt und uns darauf hinweist – und genau da kommt dieses Buch ins Spiel. Es ist nicht die Lösung für all deine Probleme. Es kann aber eine wichtige Unterbrechung deines Dramas sein und dir zeigen, dass du viel mehr bewirken kannst, als du denkst. Wenn du derjenige gewesen bist, der die Probleme erschaffen hat, bist du auch derjenige, der sie wieder loslassen kann. Genau dabei spielen die versteckten Vorteile, die wir uns angesehen haben, eine essenziell wichtige Rolle.

Was dir dein Problem geben könnte: 4. Energie

Die Liste an versteckten Nutzen eines Problems kann endlos sein, und jeder muss für sich auf die Suche gehen. Dieses Kapitel wäre aber nicht vollständig, wenn wir uns nicht einen weiteren wichtigen Punkt ansehen würden: Probleme, die wir behalten wollen, geben uns manchmal auch Energie. Eine bestimmte Form von Energie und ein Gefühl von Lebendigkeit, die wir nicht anders generieren können. Oftmals ziehen wir diese Energie aus einem unsichtbaren Kampf. Wir erschaffen im Außen Feinde, damit wir kämpfen können, um uns lebendig zu fühlen.

Viele Jahre dachte ich beispielsweise, dass ich von meiner Oma und meiner Mum gelernt hätte, wie Stärke und Durchhaltevermögen aussehen konnten. Heute frage ich mich: War das wirklich Stärke?

Stärke ohne Schwäche ist keine Stärke,
es ist ein Kampf gegen Schwäche.

201

Es war Stärke, aber keine ausbalancierte Stärke, eine einseitige Stärke. Stärke, für die man einen Preis zahlen muss. Wie hoch war dieser Preis? »Wir beide gegen den Rest der Welt.« Diesen Spruch hörte ich immer wieder beim Abendessen. Es war die Kampfansage meiner Mum und meiner Oma an die Welt. Der Vorfall um meinen Vater hatte sie zu kämpfenden Kriegerinnen werden lassen. Die Kampfansage galt unbewusst meinem Vater. Aber es klang besser, gegen die Welt und all ihre Narren zu kämpfen, als gegen einen armen Erzeuger, der mittlerweile im Ausland mit hohen Schulden festsaß. Es war die Strategie des Kampfes, die meine Mum und meine Oma gewählt hatten, um ihre Schwäche und ihre Verwundbarkeit zu überdecken.

Ist ein Kampf eine gute oder sogar die beste Strategie? Nicht unbedingt, aber in dieser Zeit war sie die einzig verfügbare Option, um unter den Umständen nicht zu erstarren und irgendwie weiterzumachen. Somit war es für den Moment nicht nur die beste Option, es war die nötige Option. Sie generierte Energie und schützte meine Mum davor, in Selbstmitleid zu versinken.

Die Energie des Kampfes landet sehr schnell in einer Schublade mit der Aufschrift »böse« oder gar »zurückgeblieben«, weil sie für uns oft mit primitiven und egoistischen Handlungen verbunden ist. Wir denken, dass jemand, der kämpft, zu wenig mit den Gesetzen des Universums arbeitet. Wir denken, wenn jemand kämpft, hat er anscheinend noch nicht verstanden, dass es leicht gehen kann. »Du musst nicht kämpfen. Es darf auch leicht gehen.« Das lesen wir so oft, oder? Und ja, es kann und es darf auch leicht gehen.

Die Frage ist aber, ob man wirklich will, dass es leicht geht. Will ein Teil in mir, dass es schwer geht? Warum sollte ich mich für einen Kampf entscheiden, obwohl es auch leicht gehen könnte? Warum wähle ich den Kampf und nicht den sanften Weg? Könnte es sein, dass wir den leichten und angenehmeren Weg manchmal ganz bewusst oder unbewusst sabotieren? Warum sollten wir das tun? Weil wir es so gelernt haben? Ja vielleicht, aber es hat sicher noch andere Gründe. Wie oft hast du dich selbst dafür verurteilt, dich in einem sinnlosen Kampf verloren zu haben? Damit kannst du jetzt aufhören. Jeder Kampf in deinem Leben hat einen Sinn erfüllt, auch wenn es nur der war, dich zum nächsten Schritt zu motivieren oder dir eben Energie zu geben.

Das Kämpfen loslassen

Die wichtige Frage, die du dir in einer Phase des Kämpfens stellen kannst, ist: »Kann ich es mir leisten, den Kampf loszulassen und mir zu erlauben, dass es leicht gehen kann? Kann ich Wege finden, mich lebendig zu fühlen, auch ohne kämpfen zu müssen?«

Nimm einen tiefen Atemzug, und wenn du ausatmest, sprich diese Fragen laut zu dir selbst. Lass sie für einen Moment in dir landen, bevor du weiterliest. Was fühlst du, wenn du diese Fragen hörst? Widerstand? So etwas wie: »Na klar kann ich es mir leisten, dass es leicht geht, warum denn auch nicht? So eine dumme Frage!« Vielleicht denkst du, dass es einfach nur eine Glaubensüberzeugung ist und wenn du dich dafür entscheidest, daran festzuhalten, dass es ab sofort leicht gehen kann, dann wird es das auch. Ganz einfach.

Reflektiere für einen Moment über folgende Statements über dich selbst, die vielleicht im Moment noch komplett in deinem Unbewussten schlummern:

- *»Ich will, dass es schwer geht, um zu sehen, wie stark ich allein sein kann.«*
- *»Ich will, dass es schwer geht, um XY zu beweisen, dass ich allein durchkommen kann.«*

- *»Ich will, dass es schwer geht, um zu fühlen, wie viel Gewicht ich aushalte.«*

Wenn wir gegen etwas oder jemanden in den Ring steigen, nutzen wir den Kampf als Ventil für angestaute, erstarrte oder festgefahrene Energie. Diese angehäufte und eingesperrte Energie, entstanden vielleicht in früheren schockierenden oder unberechenbaren Situationen, sucht sich einen Gegendruck, um endlich explodieren zu können. Um endlich Druck abzulassen. Das meinte ich, als ich davon schrieb, dass meine Mum nur diese eine Option hatte. Die Energie sucht sich immer den schnellstmöglichen Weg zur Entladung. Sie zieht im Außen die Situationen, die Gegner an, die am meisten Druck erzeugen, damit sie »explodieren« kann. Sie sorgt dafür, dass es keinen anderen Weg gibt, außer endlich wieder zu fließen. Wie bei einem Schnellkochtopf, der heißen Dampf entlässt. Für meine Mum gab es keinen anderen Weg als den Weg des Kampfes, um diese Energie zu entlassen. Jeglicher Ratschlag zur damaligen Zeit, dass sie nicht zu kämpfen braucht und dass sie doch vergeben soll, dass sie loslassen soll, hätte nur noch mehr Druck und noch mehr, wogegen sie kämpfen kann, erzeugt.

Hast du schon mal jemandem von Herzen einen guten Rat geben wollen, aber es hat genau das Gegenteil von dem ausgelöst, was du eigentlich wolltest? Wir vergessen so oft, dass unser Gegenüber unbewusst schon längst seine Route gewählt hat, und alles, was du sagst, muss einfach so ausgelegt werden, dass er dieser Route weiter folgen kann.

Kannst du akzeptieren, dass es einen Teil in dir gibt,
der lieber Schwere und Kampf wählt?

Kannst du die Idee mal einfach so im Raum stehen lassen, dass du ein leichtes Leben möglicherweise sogar verurteilst und unbewusst von dir fernhältst? Nimm ein paar tiefe Atemzüge, und ohne gleich zum nächsten Absatz zu gehen, fühl mal in deinen Körper hinein, was diese Ideen mit dir machen.

Die Frage ist, wann der Mensch bereit ist, neue Wege zu beschreiten. Wann er sich dafür öffnet, seine Energie nicht mehr durch Kampf, sondern auf eine andere, eine konstruktive Art und Weise zu gewinnen. Wann wachsen wir aus diesen antrainierten Mustern hinaus und suchen neue weisere Wege, um mit unseren Gefühlen zu arbeiten?

Manchmal passiert es, dass ein Mensch sein Leben lang so weitermacht, wie es mal für eine gewisse Phase nötig war, und unbewusst im Außen nach Bestätigung und Anerkennung für seinen anhaltenden Kampf sucht. Wer weiß, vielleicht befindest auch du dich noch in einem alten Muster, das eigentlich schon ausgedient hat. Kannst du dieses Kapitel jetzt abschließen, oder bleibst du in diesem Loop?

Wenn du es nicht schaffst, die vergangenen Muster zu durchbrechen, könnte sich eine Sucht nach der Schwere entwickeln. Diese Sucht nach dem Kampf und dem schweren Weg wird dann zu deinem Antrieb. Der Kampf treibt dich an. Du erhältst so viel Energie und Push dadurch, dass es schwer ist, dass du, wenn es plötzlich mal leicht gehen sollte, die Leichtigkeit sabotierst, damit es wieder schwer gehen kann. Es muss und wird weiterhin schwer für dich bleiben, wenn dieser eine Moment der Entscheidung nicht losgelassen werden will. Im Falle meiner Mum war es die Entscheidung der Kampfansage gegen die Welt und meinen Vater. Diese Entscheidung, die durch eine traumatische Initialzündung ausgelöst und weiter festgehalten wurde.

Den Griff der Schwere lockern

Wenn du das Muster in dir findest, an Schwere festzuhalten, lass uns gemeinsam Schritt für Schritt den Griff lockern. Fühl dich für einen Moment in die folgenden Sätze hinein. Vielleicht sprichst du sie ein paar Mal laut zu dir selbst:

- *Ich will nicht, dass es leicht geht, weil ich sonst energielos bin.*
- *Ich will nicht, dass es leicht geht, weil ich mich sonst nicht fühlen kann.*
- *Ich will nicht, dass es leicht geht, weil ich mir meinen Triumph verdienen will.*

Spürst du Widerstand? Kommt ein Ja nach oben? Vielleicht ein Nein? Oder spürst du gar nichts?

Ich konfrontiere dich jetzt schon mit diesen Sätzen, da sie eine Tür in deine innere Selbstsabotage öffnen können. Einer der ersten Schritte, alte destruktive Programme gehen zu lassen, ist immer die Konfrontation mit sich selbst.

Du kannst weiterfragen: Wie gut kannst du Hilfe annehmen? Wie gut kannst du dir Unterstützung holen? Wie gut kannst du um Hilfe bitten? Wenn dir das schwerfällt, könnte das ein gutes Indiz dafür sein, dass du unbewusst lieber Schwere und Kampf wählst als Leichtigkeit. Hilfe von außen zu sabotieren, die Menschen, die dir helfen wollen, sogar zu degradieren und schlechtzumachen, damit du es allein schaffen kannst, sind oft Anzeichen für das Einzelkämpfer-Syndrom. Ich glaube, jetzt ist ein sehr guter Moment, das zu überdenken und vielleicht sogar loszulassen. Das wird von dir Ehrlichkeit einfordern, und nur mit ihr kommst du vielleicht einem weiteren Selbstsabotage-Programm auf die Schliche, mit dem es jetzt weitergeht. Halt dich fest!

Das größte Selbstsabotage-Programm, das die Welt je gesehen hat

Als Kinder kommen wir mit einem der mächtigsten Programme in Berührung, die aus meiner Sicht unsere Welt dominieren. Ein DNA-Programm, das unser Überleben sichern soll. Leider aber haben wir dieses Programm aus unserer Kindheit entführt und nutzen es als Erwachsene immer noch. Denn es ist das kraftvollste und wirksamste Werkzeug der Welt. Ohne dieses Werkzeug würden viele Menschen ihre falsche Kraft verlieren. Vielleicht wäre das gar nicht so schlecht, denn dann müssten sie echte Stärke kultivieren und dieses Programm wieder dorthin zurückgehen lassen, wo es herkam und wo es ursprünglich hingehört: in die frühe Kindheit.

Was ist dieses Programm? Um Aufmerksamkeit zu bekommen, wurden wir als Baby laut. Als Baby sind wir das mächtigste Wesen in der Familie. Alle um uns herum sind unsere Sklaven. Wenn wir schreien, bekommen wir, was wir wollen. Wenn wir allerdings älter werden, vergessen wir, dass wir immer noch schreien, um Aufmerksamkeit zu erhalten. Nur ist es kein wirkliches Schreien. Es ist schlimmer als das. Wir erschaffen Probleme.

Eine Schülerin von uns, Evelin, erzählte uns letztens ziemlich stolz und mit leuchtenden Augen, dass sie ihr Knie verdreht hat, krankgeschrieben wurde und damit endlich von der Arbeit freigestellt ist. Sie wollte unbedingt eine Auszeit von ihrem Job. Sie war von ihrer Fähigkeit, sich eine Auszeit zu manifestieren, ziemlich beeindruckt. Doch wie hoch war der Preis dafür? Was sie als Akt einer machtvollen Manifestation gesehen hat, sehe ich als einen verzweifelten kindlichen Schachzug, um das zu bekommen, was sie eigentlich will. Sie griff unbewusst zu diesem sie selbst verletzenden Schwert, ohne sich über die Konsequenzen bewusst zu werden.

Ich hab ihr die gleiche Frage gestellt, die ich dir auch schon einmal gestellt habe: »Was hast du dir durch diese Aktion selbst beigebracht, und welches Muster in dir nährst du durch das, was du getan hast?« Alles, was wir tun oder nicht tun, hat Konsequenzen, und wir stärken oder schwächen damit unsere eigenen Muster. Sie hat dieses Schwert gezogen, weil es verfügbar war und für sie, auch wenn das hart klingt, der einfachste Weg. Sie hat ein Programm genährt, das wir alle nähren, wenn wir dieses Schwert in die Hand nehmen.

Dieses machtvolle Programm heißt: »Ich muss ein Problem erschaffen, um das zu bekommen, was ich will.«

Anstatt in ihre Kraft zu treten, für sich einzustehen und die Entscheidung zu treffen, zu kündigen oder sich bewusst eine Auszeit zu nehmen, wählte sie den Weg, sich das Knie zu verletzen, um das zu bekommen, was sie eigentlich wollte. Vielleicht denkt ein Teil in dir: Wie meinst du das mit dem »Wählen«, Jeffrey? Das war doch ein Unfall, oder? Ja, natürlich war es das, und ich sage nicht, dass schlimme Dinge nicht einfach passieren können. Ich spreche hier aber im Kontext von Selbstsabotage und über die Möglichkeit, dass unser Unterbewusstsein Situationen im Außen erschafft oder uns in heikle Situationen platziert, damit wir das bekommen, was wir wollen. Unser Unterbewusstsein ist das Tor ins Universum. Eine multidimensionale Verbindung, die Raum und Zeit übersteigt.

Diese Schülerin verstärkte das Programm auch noch, indem sie es so interpretierte, als wäre es eine Bestätigung für ihre Manifestationskraft. Du machst jedes Programm, das du durch solche Aussagen belohnst, stärker, und das nächste Mal wirst du noch schneller dieses Schwert ziehen, weil falsche Stärke immer leicht verfügbar ist. Echte Stärke hingegen gibt es nicht als Schwert, das du ziehen könntest. Echte Stärke entsteht auf dem Weg, dir einzugestehen, dass du ein Schwert ziehen könntest, es aber bewusst nicht tust. Wenn du dir eingestehst, dass dir einfach der Mut fehlt, deine Wahrheit auszusprechen. Wenn du dir eingestehst, dass du schwach bist und Hilfe benötigst. Wenn du deine Verwundbarkeit eingestehst, kann das innere Kräfte freisetzen, die das Schwert wie eine kleine Nadel aussehen lassen.

Aber was ist Verwundbarkeit eigentlich, und warum wird immer wieder so viel davon gesprochen und keiner kann es richtig greifen? Das wird sich für dich vielleicht ändern, wenn wir uns jetzt mit dieser größten Kraft deines Lebens beschäftigen.

Verwundbarkeit als Schlüssel zu unseren Schattenpotenzialen

Vor über zehn Jahren hatte ich das Kapitel des Choreografen und Tänzers endlich abgeschlossen. Zu viel war passiert, das mich als Mensch verwundet hatte. Doch jedes Mal, wenn wir Türen zu vergangenen Kapiteln schließen, müssen wir aufpassen, was wir dabei noch alles für uns wegsperren. Vergangenes Potenzial wird leicht zu Schattenpotenzial. Nur weil ich als Choreograf damals nicht das erreichen konnte, was ich mir vorgenommen hatte, ist dieses Potenzial nicht unbrauchbar. Es war meine Aufgabe, auch dieses Potenzial brauchbar werden zu lassen.

> Dein Potenzial wird erst durch dich brauchbar.
> Dein Potenzial formt und verändert sich,
> solange du es nicht von dir fernhältst und in
> vergangene Episoden deines Lebens einsperrst.

Bahar hatte mir den letzten Kick gegeben, mein Potenzial als Tänzer wieder zurückzuholen und in meine jetzige Arbeit einzubauen. Vielleicht darf ich dir durch dieses Buch den letzten Kick geben, deine eigenen Schattenpotenziale zurückzuholen. Welche Talente, Potenziale oder Fähigkeiten hast du ausgesperrt, weil du darin gescheitert bist? Hol sie dir zurück!

So etwas Ähnliches passiert auch, wenn wir Menschen aus unserem Leben aussperren. Wir sperren dann nämlich immer auch eigene Aspekte aus, die dieser Mensch uns gespiegelt hat. Meine Mum hatte verständlicherweise meinen Dad aus ihrem Leben verbannt. Sie durfte aber in den letzten Jahren meine Hilfe annehmen und ihren verspielten Teil wieder zurückerobern. Der war mit flöten gegangen, als mein Dad von ihr an einen dunklen Ort verbannt wurde. Mein Dad war immer ein liebevoller Chaot und manchmal vielleicht etwas zu leichtsinnig, impulsiv und verspielt. Aber ich wusste, dass es genau diese Qualitäten waren, die ihn für meine Mum liebenswert machten. Es waren exakt die Teile, die in ihrem Leben fehlten. Genau diese Teile durfte sie nun für sich selbst entdecken und zurückerobern. Die verspielte Conny, die verzauberte Conny, die süße Conny. So nannte ich sie ab sofort, und sie konnte auch dadurch viel Heilung erfahren.

Frag dich, welche Menschen du aus deinem Leben verbannt hast. Welche Aspekte hast du dadurch mitverbannt? Öffne dich dafür, diese Teile wieder in dein Leben einzuladen.

Wenn »gut genug« wegfällt.

Niemals gut genug

Mit der Verwundbarkeit geht es hier weiter. Echte Verwundbarkeit ist für mich eine Voraussetzung dafür, sich selbst zu lieben. Sie ist unsere natürliche Grundeinstellung. Doch leider wird sie von einem gesellschaftlichen Ideal überschattet. Verwundbarkeit wird mit Schwäche assoziiert, und so nähren wir alle die kollektive Maske der falschen Stärke. Echte Verwundbarkeit bedeutet für mich, offenzulegen, dass du nicht perfekt bist, es niemals warst und vor allem niemals sein wirst. Echte Verwundbarkeit bedeutet, damit aufzuhören, dir einzureden, dass alles an dir, so wie es ist, perfekt ist, obwohl du eigentlich genau das Gegenteil über dich denkst.

> Echte Verwundbarkeit bedeutet, das Ziel loszulassen, vollkommen sein zu wollen.

Es bedeutet, dass du auch mir erlaubst, schwach zu sein, indem du es dir selbst erlaubst. Es bedeutet, dass ich deine individuellen Stärken sehen darf, während du mir auch deine individuellen Schwächen offenbarst. Es bedeutet, dass du deine Schwächen genauso sehen und akzeptieren kannst wie deine Stärken, ohne sie überschreiben zu wollen. Ohne dir einzureden, dass deine Schwächen eigentlich keine Schwächen sind, sondern Stärken. Echte

Verwundbarkeit bedeutet, dir einzugestehen, dass du dem Ziel »gut genug zu sein« schon dein ganzes Leben lang hinterherläufst und immer wieder daran scheiterst, dich gut genug zu fühlen. Es bedeutet, dass du deine Wunden vor dir selbst offenlegst und deine Narben nicht mehr kaschierst.

Du hast Angst, dass echte Verwundbarkeit deine alten Wunden wieder aufreißt, richtig? Ich kann dich verstehen, aber ich glaube dir nicht. Ich glaube, du hast mehr Angst davor, dass die Verwundbarkeit deine Wunden wirklich heilt.

Wenn deine Wunden geheilt sind, hast du vielleicht keinen Grund mehr, dich selbst aufzuhalten oder dir selbst im Weg zu stehen. Wenn deine Wunden Luft zum Atmen haben und allmählich gehen, hast du keine Ursachen mehr in der Vergangenheit, auf die du dein Scheitern schieben kannst. Wenn deine Wunden gehen, hast du vielleicht nichts mehr, worüber du mit deiner Familie sprechen kannst, und musst neue Wege finden, um dich mit ihnen und mit dir selbst verbunden zu fühlen.

Wenn deine Wunden gehen, hast du vielleicht nichts mehr, womit du dich beschäftigen oder ablenken könntest, und du musst dich selbst ganz neu entdecken. Wenn deine Wunden heilen, hast du vielleicht nichts mehr, um dich anders als andere zu fühlen. Wenn deine Wunden heilen, verlierst du vielleicht an Bedeutung.

Die Heilung unserer Wunden ist ein natürlicher Reflex. Wir sind es, die dieser Heilung im Weg stehen. Nun verstehst du vielleicht, warum Verwundbarkeit ein Trendwort geworden ist, aber mit echter Verwundbarkeit wenig zu tun hat. Wir haben Angst vor echter Verwundbarkeit, weil wir die Macht und das Heilungspotenzial dahinter kennen.

Echte Verwundbarkeit bedeutet,
dass du das Risiko eingehst, deine Wunden zu heilen.

Es bedeutet, das Risiko einzugehen, den Nutzen der offenen Wunden zu verlieren und dich selbst neu zu erfinden. Dein Gewinn wird hundertfach höher sein als dein Verlust. Trotzdem wirst du dich für einen Moment so fühlen, als hättest du etwas verloren. Ich sage nicht, dass du das Wort »verlieren« durch ein positiveres und schöneres Wort wie »gehen lassen« ersetzen solltest. Für dein unterbewusstes System ist alles, was geht, eine Art von Verlust. Konfrontieren wir uns deshalb direkt mit dem Verlieren, ohne es schönzureden. Geh das Risiko ein, dich in diesem Spiel als Verlierer zu sehen, um etwas Neues entstehen zu lassen, das du jetzt noch nicht sehen kannst. Manchmal muss ein Held verlieren, um zu gewinnen.

Du darfst ein Verlierer sein, um dein neues Ich zu formen. Erlaube dir selbst, deine offenen Wunden zu verlieren, damit Heilung eintreten kann. Denk an alte Verletzungen oder Wunden, die zu dir gehören, dich aber gefühlt zurückhalten, und sprich laut:

»Ich bin ein Verlierer, und ich liebe es. Was ich aber jetzt wähle, ist, meine alten Wunden heilen zu lassen.«

Du schließt Frieden damit, dass du nicht jedes Spiel gewinnen kannst. Du nutzt die sonst so negativ behaftete Energie des Verlustes für dich und deine Veränderung, indem du dein Verlierer-Selbst in dein Herz lässt. Das wird nicht von heute auf morgen passieren, aber du wirst es nicht vermeiden können, wenn du dieses Buch und meine Zeilen wirklich an dich heranlässt.

Veränderung ist möglich

Es ist September 2019. Ich stehe bei unserem größten Event, das wir jemals selbst veranstalteten. auf der Bühne. »Empower Yourself«. Fast fünftausend Menschen, die alle mit verbundenen Augen in eine Session vertieft sind, die ich gerade anleite. Ich führe die Teilnehmer durch einen feurigen Prozess, sich selbst tief und ehrlich zu begegnen. Für uns sind diese Events immer ein absolutes Highlight, auf das wir uns teilweise ein ganzes Jahr lang vorbereiten. Ich spür den Flow, und jeder Einzelne im Saal ist voll und ganz da. Die Musik, die ich live auf der Bühne zur Session mixe, bebt durch die Halle. Die Bühne vibriert. Es läuft. Es ist perfekt. Bis auf eine winzige Kleinigkeit. Ich rieche etwas. So hat es immer gerochen, wenn ich mit meinem Bruder unsere Spielsachen angezündet hatte. Verbranntes Plastik. Ich bin mitten in der Session, hochfokussiert, und jedes Wort muss sitzen. Wir haben ein Team, das wird sich schon kümmern.

Ich bin kurz vor einem Peak, einem Höhepunkt der Session. Ein wichtiger emotionaler Meilenstein, der für den nächsten Schritt des Workshops unvermeidbar ist. Meine Stimme wird lauter, bestimmter und definitiv auffordernder. Ich habe auch eine Augenbinde auf, da ich mit den Teilnehmern in die volle Verbindung gehen will. Also bekomme ich nur am Rande mit, wie es vor der Bühne etwas unruhiger wird. Einige von unserem Team rennen unten an der Bühne vorbei. Ich kann mich nicht von solchen Dingen ablenken lassen. Meine Session soll unentdecktes Potenzial an die Oberfläche holen, und zwar von fast fünftausend Menschen. Das erfordert meine Präsenz und meine volle Energie. Keinen Fehler machen, Jeffrey. Bleib im Flow. Noch zehn Sekunden bis zum Höhepunkt. Ich fahre meine Energie noch mehr hoch. Noch fünf Sekunden bis zum Peak. Ich bin voll in meinem Element, und es gibt etwas, was ich definitiv nicht leiden kann. Wenn jemand meinen Flow unterbricht. Kannst du nachvollziehen, oder? Die Schwester von Bahar zieht an meinem Bein und unterbricht mich kurz vor dem wichtigsten Moment der Session. Sie kennt mich und würde mich niemals in so einer Situation stören. Sie hat es trotzdem getan, also muss es einen echten Grund geben. Ich schalte mein Headset kurz auf stumm, zieh meine Augenbinde nach oben und blicke so mit einem Auge zu ihr. Und noch bevor ich überhaupt fragen kann, was los ist, stammelt sie panisch vor sich her, dass wir alle fünftausend Menschen sofort evakuieren müssen, weil ein Scheinwerfer brennt. Die Feuerwehr ist bereits auf dem Weg.

Ist das ein Scherz? Verarscht sie mich?

Ich weiß nicht mehr genau, was alles in dem Moment durch meinen Kopf ging, aber nun sehe ich auch den Rauch in der Halle. Der Geruch von verbranntem Plastik scheint echt gewesen zu sein. Vor mir all die Menschen mit Augenbinden, tief versunken in ihren Veränderungsprozess. Es war die absolute Feuerprobe für mich. Ja, im wahrsten Sinne des Wortes. Was sage ich? Und vor allem: Wie sage ich es, dass so viele Menschen ohne Panik jetzt sofort die Saturn-Arena verlassen müssen?

Ich hab keine Zeit, darüber nachzudenken, und ehrlich gesagt habe ich auch keine Sekunde darüber nachgedacht. Ich baute die Evakuierung instinktiv in die Session mit ein. Mit gleich bleibender Stimme forderte ich alle auf, die Augenbinden abzunehmen. Ich bat sie, sich bei sich selbst für diese intensive Erfahrung zu bedanken und langsam aufzustehen. Tief einzuatmen und mit einer langen Ausatmung langsam die Halle zu verlassen. Ich spielte den Titanic-Soundtrack ein und sagte: »Wir machen das wie auf der Titanic. Gemeinsam hat unsere Energie anscheinend einen Scheinwerfer zum Explodieren gebracht. Das hat bis jetzt noch keine Gruppe geschafft. Danke.« Es hat keine fünf Minuten gedauert, und die Halle war leer. Die Menschen blieben vollkommen ruhig und entspannt, als wäre nichts passiert.

Ich erzähle dir das nicht, um dir zu zeigen, wie toll ich das gelöst habe, sondern um dir zu zeigen, dass Veränderung möglich ist. Meine größte Angst, vor Menschen zu sprechen, wurde in diesem Moment auf die Probe gestellt. Vor Menschen zu sprechen, wenn alles gut läuft und keine unerwarteten Dinge passieren, war für mich früher eine Herausforderung und noch etwas früher eine absolute Unmöglichkeit. Vor Menschen zu sprechen, wenn die Situation aus dem Ruder läuft und wir jeden Moment gegen einen Eisberg knallen, ist jedoch eine ganz andere Sache. Denn wann haben deine Schatten am meisten Kraft über dich? Nicht, wenn du alles unter Kontrolle hast, oder? Sondern dann, wenn du die Kontrolle verlierst und deine roten Knöpfe gedrückt werden. In diesem Moment wurden hundert rote Knöpfe gleichzeitig in mir gedrückt. Die Machtlosigkeit in mir leuchtete in allen Farben, und mein innerer Kirchturm war nicht zu überhören. Meine Angst, wieder zu versagen, spürte ich am ganzen Körper. Trotzdem konnte ich die Titanic vollständig evakuieren und sogar ihren Untergang verhindern. Nein, Spaß beiseite.

Mir wurde klar: Was mich früher sogar in weniger schwierigen Situationen auf die Knie warf, hatte keine Kraft mehr über mich. Ich habe auf der Bühne den machtlosen Jeff gespürt und auch, dass ich die Kontrolle verliere. Aber all das hatte keine Macht mehr über mich. Meine dunkelsten Schatten hatten endlich die Kontrolle über mich verloren. All die Arbeit an meinen Schatten hatte sich also gelohnt.

Habe ich in diesem Moment auf der Bühne gegen meine Schatten gekämpft oder sie verdrängt? Nein, ich habe sie sogar bewusst mit auf die Bühne eingeladen. Etwas von dir vor deiner Familie zu verstecken oder vor deinen Freunden zu kaschieren ist einfach. Auf der Bühne vor Tausenden von Menschen eine Maske aufrechtzuerhalten ist unheimlich anstrengend. Wenn dich so viele Menschen beobachten und du im Rampenlicht stehst, weißt du ganz genau, dass es mindestens einen gibt, der hinter deine Fassade blicken wird. Egal, was du tust. Deshalb ist es so wichtig, immer mehr mit allen deinen Teilen Frieden zu schließen.

Du kannst nicht Teile von dir zu Hause lassen und nur mit den Teilen deine Bühne betreten, von denen du denkst, dass sie gesehen werden sollen. Du kannst nicht halb auf die Bühne gehen. Doch, kannst du schon. Ich empfehle es dir aber nicht. Es ist ein Kampf gegen die 50 Prozent, die du zu Hause gelassen hast. Du holst den Kampf gegen diese Teile auf die Bühne.

Wenn ich von Bühne spreche, steht das sinnbildlich für deine Lebensbühnen. Du stehst jeden Tag auf einer Bühne, die deine Performance einfordert. Du performst die Kunst des Lebens auf der Bühne deiner Beziehung. Auf der Bühne deines Jobs und auf der Bühne deiner Familie. Alles im Leben ist eine Bühne. Die Frage ist, mit welchen Teilen du diese Bühnen betrittst. In den USA hab ich in Seminaren immer wieder den Ratschlag gehört, ich solle mein Ego doch bitte zu Hause lassen, wenn ich auf die Bühne gehe. Ich glaube, dass hinter diesem Ratschlag eine gute Absicht steckt, er kann aber leider total nach hinten losgehen. Wenn ich mein Ego zu Hause einsperre und ohne es die Bühne betreten will, was denkst du, wird durch irgendeine Hintertür früher oder später meinen Platz auf der Bühne einnehmen? Ja richtig, mein Ego. Es wird einen Weg auf die Bühne finden. Es wird übernehmen, wenn ich unsicher bin oder mit einer Frage konfrontiert werde, auf die ich nicht auf Anhieb eine Antwort habe. Es wird übernehmen, wenn ich den roten Faden verliere oder wenn der Scheinwerfer brennt.

Unser Ego findet immer einen Weg, auch wenn wir denken, dass wir es ausgetrickst haben. Ich sage dir das, weil ich es ausprobiert habe. Ich habe versucht, um jeden Preis kompetent und sicher zu wirken, und bin auf der Bühne vor Angst eingefroren. Ich habe versucht, der energiegeladene, unaufhaltsame Jeffrey zu sein, und in der Pause nannte man mich energielos und ohne Power. Immer wenn ich versucht habe, nur eine ganz bestimmte Version von mir zu zeigen und gleichzeitig alle anderen Teile von mir zu Hause zu lassen, platzte früher oder später eine Bombe.

Ich war müde von diesem Versteckspiel, und ich weiß, dass du es auch bist. Ich war gelangweilt von mir selbst und davon, meine Ecken und Kanten zu Hause zu lassen. Ich wollte dieses Spiel so nicht mehr spielen. Also drehte ich es vom Kopf auf die Füße. Anstatt nur die beste Version von mir auf die Bühne zu holen, habe ich die schlimmste Version von mir mit auf die Bühne eingeladen. Anstatt mich darauf zu fokussieren, wie ich wirken will, was ich für einen Eindruck hinterlassen will, oder mir Gedanken darüber zu machen, welchen Jeffrey das Publikum sehen will, stellte ich mir eine ganz bestimmte Frage. Also, eigentlich wollte ich, dass Bahar mir immer wieder unerwartet im Alltag diese Frage stellt:

»Hey Jeffrey, wo ist der Rest von dir?«

Ganz egal, was ich tat. Wenn wir Videos für unsere Online-Trainings aufnahmen, wenn wir einfach nur gemütlich auf der Couch saßen oder kurz bevor ich auf die Bühne ging. Diese Frage ist die indirekte Aufforderung, all meine Teile in das Hier und Jetzt einzuladen und die Tür zu meinem Keller bewusst zu öffnen. Diese Frage ist eine Erinnerung an einen vergessenen Rest in mir. Die Frage lenkt den Fokus auf das, was ich gern und leicht von mir wegschiebe, was aber auch ein Teil von mir ist. Ich lenke mit der Frage den Fokus auf den dummen und inkompetenten Jeff, auf den weichen, emotionalen Jeff, den normalen Jeff, den ängstlichen Jeff, den egoistischen Jeff, den arroganten Jeff, den zurückhaltenden Jeff, den machtlosen Jeff, den aggressiven Jeff, den unwissenden Jeff, den verwundbaren Jeff, den abhängigen Jeff, den faulen

Jeff, den undankbaren Jeff, den respektlosen Jeff, den Versager-Jeff, den müden Jeff, den erfolglosen Jeff …

Ich könnte noch eine Weile so weitermachen, aber ich gebe dir diese Beispiele, damit du siehst, dass du nicht allein bist. Ich weiß, dass viele »Du's« von dir noch nicht frei atmen können und dass wir uns in vielen Schatten ähnlich sind. Ich habe diese Jeffs mit auf die Bühne eingeladen – und nein, sie haben nicht das Spielfeld übernommen. Ich konnte ihre Kraft erst dann wirklich lieben lernen und ihre individuellen Geschenke sehen, als ich das Risiko einging, die Bühne mit ihnen zu teilen. Die unbewusste Bedingung an deine Schatten »Ihr dürft nur raus, wenn ihr auch brav seid«, funktioniert leider nicht. Das erschafft nur noch mehr Druck und geht direkt nach hinten los.

Gemeinsam mit Bahar mache ich wirklich sehr viel dafür, meine Lebensenergie zu kanalisieren, und durch unseren Lifestyle habe ich einen Weg gefunden, in meinen Augen fit und vital vor die Menschen zu treten. Die Menschen, die uns aufsuchen und sich von uns begleiten lassen, haben keinen müden oder energielosen Jeffrey verdient – das habe ich mir eingeredet. Natürlich möchte ich vor Menschen mein Bestes geben. Wer will das nicht, oder? Aber eigentlich hatte ich ein Megaproblem mit der müden, energielosen Version von mir. Ich habe sie gehasst.

An einem Abend war ein Live-Talk auf Instagram geplant. Ich hatte die letzten Nächte nicht wirklich viel geschlafen, da wir für ein Online-Training ein paar Nachtschichten einlegen mussten. Mein Gesicht wirkte müde, und man sah mir definitiv an meinen Augenringen an, dass ich nicht meine fitteste Version war. Es gab einen Teil in mir, der wollte den Live-Talk absagen. Ich wollte den müden Jeff nicht zeigen. Vielleicht kann Bahar meine Augenringe kosmetisch abdecken?

Das sind die Momente, in denen wir Schattenarbeit trainieren können. Warum darf die Welt den müden Jeff nicht sehen? Warum sollte ich der müden Version keine Bühne geben? Der müde Jeff hat auch meine Liebe verdient. Also habe ich in dem Moment den Kampf gegen den müden Teil in mir aufgegeben, und ich bin ohne Bahars Augenringe-Update vor die Kamera. »Ich bin müde, und ich liebe es. Was ich aber jetzt wähle, ist, voll und ganz präsent für die Teilnehmer da zu sein.«

Es hat keine fünf Minuten gedauert, da lese ich in den Live-Kommentaren, dass jemand schreibt, was mit mir los sei und warum ich so müde und fertig ausschaue. Dieser Kommentar hätte mich total aus der Bahn geworfen und meinen tiefsten Schatten getriggert, wenn ich ihn nicht vorher mit eingeladen hätte. Da ich den »fertigen und müden Augenring-Jeff« aber vorher gesehen und in mein Herz gelassen habe, musste ich über diesen Kommentar innerlich sogar schmunzeln. In mir klang das Echo nach: »Ich bin müde, jeder kann es sehen, und ich liebe es.« Das gab mir so viel Rückenwind und brachte mich noch mehr in den Flow.

Die Menschen, die mich aufsuchen, haben nicht die beste Version von mir verdient. Sie haben die ganze Version von mir verdient.

Wenn du dich unsicher fühlst, kaschiere es nicht, sondern lade es bewusst mit auf deine Bühne ein. Sprich darüber ehrlich und offen, und tu nicht so, als wärst du die Sicherheit in Person. Sprich innerlich zum Beispiel: »Ich bin unsicher, und ich liebe es. Ich wähle jetzt, mich sicher in meiner Unsicherheit zu fühlen.« Menschen sehen deine Unsicherheit, auch wenn du sie kaschierst. Wenn du sie nicht mehr kaschierst und sogar verwundbar darüber sprechen kannst, schreit deine Unsicherheit nicht mehr nach Aufmerksamkeit, und dein Gegenüber wird dich gar nicht mehr als unsicher wahrnehmen. Bist du weiterhin unsicher? Natürlich, und das ist okay. Aber du bist auch noch viel mehr als das. Genau das kann jetzt durch dich wirken, weil du Platz dafür geschaffen hast und nicht die ganze Zeit damit beschäftigt bist, deine Unsicherheit zu übermalen.

Wo ist der Rest von dir?

Nun möchte ich dir diese Frage stellen: » Wo ist der Rest von dir?« Gerade in diesem Moment, während du diese Zeilen liest. Also noch mal: » Wo ist der Rest von dir?«

Diese Frage ist so einfach, aber wenn du sie landen lässt, dabei die Augen schließt und tief in deinen Körper atmest, spürst du die Kraft dahinter. Okay, noch mal: » Wo ist der Rest von dir?« Lass die Frage wie ein Echo durch deinen Körper hallen. Vielleicht kannst du sie mit deinem Kopf nicht greifen, dann versuch es erst gar nicht. Fühl diese Frage in deinem Körper, ohne sie zu zerdenken.

Okay, ein letztes Mal: » Wo ist der Rest von dir?«

Frag dich bei allem, was du tust, wo der Rest von dir gerade ist, und trainiere dich darauf, all deine Teile in das Jetzt zu holen. Je öfter du das machst, desto mehr spürst du den Windstoß der Befreiung. Du spürst die Rückendeckung deiner 50 Prozent. Eine Armee deiner Teile, die jetzt für dich arbeiten statt gegen dich. Ich selbst fühlte mich auf der Bühne plötzlich viel kongruenter. Es war ein drastisch anderes Gefühl, und die Energie, die sonst dabei draufging, die 50 Prozent von der Bühne fernzuhalten, konnte ich jetzt in meine Performance fließen lassen. Ich begann, öffentlich meine Geschichte zu erzählen, und gab meiner schlimmsten Seite eine Stimme. Ich sprach über meine dunkelsten Gedanken, meine größten Ängste und über das, was ich immer wieder vor dir verstecken wollte.

Erst vor Kurzem teilte sich eine liebe Teilnehmerin in unserer geschlossenen Facebook-Gruppe mit und verfasste einen Beitrag. Bevor sie mich kannte, dachte sie immer, sie sei der schlechteste Mensch auf Erden. Ihre eigene Dunkelheit hat sie von innen aufgefressen. Sie erlaubte sich keinerlei Glück, Liebe oder Erfolg. In ihren Augen hatte ein so schlechter Mensch wie sie diese Dinge nicht verdient. Als sie hörte, dass ich authentisch über meine eigenen Schatten spreche, gab sie sich dadurch selbst unbewusst eine Erlaubnis, auch ihre verlorenen Teile zurückzuholen, und sie begann, ihre eigenen Schatten Schritt für Schritt zu leben. Sie begann, den Hass auf sich selbst loszulassen.

Authentisch unauthentisch

Wenn jemand seine Schatten wirklich lebt, kann er seinen dunklen und hellen Seiten intim begegnen. Für mich ist so ein Mensch innerlich kongruent und präsent. Für mich strahlt so ein Mensch Macht aus, die er aber nicht nutzen muss, da er mit seiner machtlosen Version kein Problem hat. Für mich ist so ein Mensch weich und verwundbar, weil er mit seiner intensiven und direkten Seite kein Problem hat. Auf mich wirkt so ein Mensch absolut authentisch, weil er kein Problem damit hat, unauthentisch zu sein. Für die meisten von uns löst allein dieses Wort Angstzustände aus. »Du bist einfach unauthentisch« ist das Totschlagargument schlechthin, oder?

Menschen wollen ganz oft wissen, wie ich es schaffe, so authentisch und natürlich auf der Bühne zu wirken, wo es doch vor anderen Menschen eigentlich am schwersten ist. Das ist das schönste Kompliment für mich. Für dich auch, oder? Warum eigentlich? So was Absurdes. Sollte es nicht das Natürlichste der Welt sein, natürlich zu sein? Haben wir uns von unserer eigenen »Echtheit« so weit entfernt, dass wir es feiern müssen, wenn wir mal echt und authentisch waren?

Ich glaube sogar, dass sich für die meisten von uns die Fälschung echter anfühlt als das Original. Wir haben uns so stark an unsere Masken gewöhnt, dass wir gar nicht mehr unterscheiden können, was echt und was Fake ist. Wir haben so lange die 50 Prozent von uns ausgesperrt, dass sie uns total fremd geworden sind. Wenn du diese 50 Prozent zurückholst und lebst, wird sich das für dich am Anfang alles andere als authentisch anfühlen. Es wird sich für dich fremd, ungewohnt und neu anfühlen. Es wird sich so anfühlen, als wärst das nicht du. Es wird sich so anfühlen, als wäre es nicht stimmig. Als passte das einfach nicht zu dir. Du wirst dich wie die unauthentischste Version auf Erden fühlen. Als würdest du dir etwas vormachen. Als wärst du eine Fälschung. Ein Fake. Niemand will ein Fake sein, oder? Vielleicht ist genau deshalb die Welt zu einem einzigen Fake geworden, aber das ist ein anderes Thema. Wenn du um jeden Preis authentisch und echt wirken willst, wird genau das Gegenteil passieren. Du wirst als Fake ankommen.

> Das, was du nicht sein willst, läuft kilometerweit
> vor dir her und kommt immer als Erstes bei
> den anderen Menschen an.

Wenn du deine vergessenen Teile einsammelst, wird der Sog zurück in die dir bekannte Zone enorm groß sein, und es wird dir sehr leichtfallen, die Handbremse zu ziehen. Wir haben uns so stark abtrainiert, echt und authentisch zu sein, dass es sich wie eine Fälschung anfühlt, wenn wir wirklich authentisch sind. Denk an eine neue Fähigkeit, die du lernen willst. Fühlt es sich am Anfang ungewohnt und komisch an, oder bist du bereits von Beginn an mit der Fähigkeit verschmolzen und eins mit ihr? Es fühlt sich strange an, richtig? Du kennst die Bewegungsabläufe noch nicht. Machst Fehler, kommst dir dumm vor, und je älter wir werden, desto früher geben wir auf und sagen, dass das nichts für uns ist. Wir überqueren das Tal der Unauthentizität nicht mehr und fallen sofort in das zurück, was wir kennen. Das ist so nebenbei auch ein Grund, wieso Menschen im Alter oft nichts Neues mehr lernen wollen.

Ein Fake sein

Die Teile von dir zurückzuerobern, die du so lange von dir ferngehalten hast, wird von dir einfordern, dass du dich unauthentisch fühlen wirst. Doch nur weil es sich so anfühlt, heißt das nicht, dass es deshalb nicht zu dir gehört oder nicht zu dir passt. Es heißt einfach nur, dass dir diese Teile noch fremd sind. Also jedes Mal, wenn du den Rest von dir auf die Bühnen deines Lebens einlädst, bereite dich darauf vor, dich wie ein Fake zu fühlen und damit Frieden zu schließen. Sag laut: »Ich bin ein Fake, und ich liebe es. Was ich aber jetzt wähle, ist, mein Original aufzuwecken.«

Auch wenn das wieder paradox klingt, darfst du eine Fälschung sein, um dein Original zum Vorschein zu bringen. Du musst unauthentisch sein, um authentisch zu sein. Verrückt, oder? Du schaffst eine Balance zwischen beiden Seiten. Du schließt mit diesem Satz Frieden mit deiner Fake-Version und mit all den Momenten, in denen du dich möglicherweise verstellt hast, nicht du selbst warst oder eine ganz bestimmte Fassade aufrechterhalten wolltest.

Der große Splitter

Es gibt zwei große Fragen, die nicht nur mich mein ganzes Leben schon beschäftigen, sondern mit großer Sicherheit auch dich: »Wie schaffe ich es endlich, mich selbst voll und ganz zu lieben?« und »Was heißt es, selbstbewusst zu sein?« Es sind zwei große Titanen, um die wir immer wieder herumtänzeln. Immer dann, wenn wir das Gefühl haben, sie besiegt zu haben, schlagen sie mit voller Wucht zurück. Wahrscheinlich kämpfst du schon dein ganzes Leben lang gegen sie und liest auch dieses Buch, weil du nach einer Geheimwaffe suchst. Dieses Buch wird nicht all deine Problem lösen, aber ich hoffe, dass ich deine Sichtweise bereits ein paar Mal unterbrechen konnte. Ich wünsche mir, dass du beginnst, dir ganz neue Fragen zu stellen, die vielleicht alles verändern könnten.

Ich kenne dich nicht, aber wir sind uns in so vielem ähnlich, also gehe ich davon aus, dass du eine Antwort auf die erste große Frage willst: Wie schaffe ich es endlich, mich selbst voll und ganz zu lieben?«

Vielleicht nennst du es nicht direkt Selbstliebe, denn ehrlich gesagt kann ich dieses Wort nicht mehr hören. Ich weiß, es steht im Untertitel dieses Buches, und vielleicht hättest du es gar nicht gekauft, wenn du nur den Haupttitel gelesen hättest. Ich wählte diesen Untertitel, da ich glaube, dass sich wirklich alles im Leben um Selbstliebe dreht. Das Problem ist nur, dass Selbstliebe impliziert, dass es nur etwas mit dir allein zu tun hat – und eigentlich ist genau das Gegenteil der Fall. Selbstliebe wurde von uns allen zu einem ultimativen Ziel gemacht, und wir denken, wenn wir uns selbst lieben würden, wäre das die Lösung all unserer Probleme.

Wie oft lese ich irgendwo, dass du dich erst selbst lieben musst, damit du andere wirklich lieben kannst. Das ist so leicht dahergesagt, oder? Es macht Selbstliebe zur Voraussetzung, um einen anderen Menschen zu lieben. Es gibt mittlerweile einen unausgesprochenen Selbstliebe-Maßstab. Wenn dieser Maßstab schon vor hundert Jahren existiert hätte und jeder sich erst selbst hätte lieben müssen, um einen anderen zu lieben, gäbe es dich wahrscheinlich gar nicht. Es gäbe keinen einzigen Menschen auf der Erde. Versteh mich bitte nicht falsch. Dich selbst zu lieben ist genauso wichtig, wie andere Menschen zu lieben, aber es darf nicht zur unausgesprochenen Voraussetzung dafür werden, dass wir Beziehungen eingehen.

Ich glaube sogar, dass diese Bedingung eine Art Waffe ist, die wir gern ziehen, wenn wir nicht die Liebe von unserem Partner bekommen, die wir gern hätten. »Mein Partner liebt sich selbst nicht genug. Das ist der Grund, wieso er mich nicht so lieben kann, wie ich bin. Es kann also nicht an mir liegen, dass unsere Beziehung scheitert.« Wenn andere dumme Dinge tun, können wir es immer auf ihre mangelnde Selbstliebe schieben, oder? Wenn der Partner sich zu stark um sich selbst kümmert, nennen wir es Egoismus? Oder ist das dann zu viel Selbstliebe? Was ist die richtige Menge an Selbstliebe? Wie kann ich sicherstellen, dass ich nicht zu einem selbstverliebten Arschloch werde?

Und wann liebe ich mich genug, dass ich bereit für eine Beziehung bin? Wann liebe ich mich genug, damit ich andere wirklich lieben kann? Wann kommt der Punkt, dass ich mein Selbstliebe-Ziel endlich erreicht habe und mein Leben leben kann? Kommen dir solche Fragen bekannt vor? Du merkst wahrscheinlich gerade, dass Selbstliebe kein Ziel sein kann und noch weniger eine Voraussetzung, den nächsten Schritt in deinem Leben gehen zu können.

Wann fühlst du dich denn von dir selbst geliebt? Wann hast du das Gefühl, dass du in der Selbstliebe bist? Wann kannst du dich selbst lieben? Nachdem du geduscht hast und sauber bist? Wenn du geschminkt bist? Wenn du abgenommen hast? Wenn du den ganzen Tag wie ein Büffel gearbeitet hast? Wenn dich jemand lobt? Ich denke, du weißt schon, worauf ich hinauswill.

Wir alle lieben uns dann am meisten, wenn wir uns gut genug fühlen, oder? Und wann fühlst du dich wirklich gut genug? Lass diese Frage sickern, und denk kurz darüber nach, bevor du weiterliest.

Die Antwort könnte sein: nie. Wahr oder falsch? Lass uns ehrlich zueinander sein und das Ganze nicht schönreden. Es gibt Momente, in denen du einen Schimmer von »Ich bin gut genug« spürst, richtig? Vielleicht spürst du den Schimmer einen Moment lang, wenn du zu dir sagst: »Ich bin gut genug. Ich bin gut genug. Ich bin gut genug.« Ein Teil in dir kann es dir nicht glauben, aber vielleicht hält der Schimmer für ein paar weitere Momente an.

Vielleicht spürst du, dass du genug bist, wenn dir viele Menschen zum Geburtstag gratulieren. Vielleicht spürst du es, wenn du dich heute in deinen Augen gesund ernährt hast. Vielleicht spürst du es, wenn du gebraucht wirst. Vielleicht spürst du es, wenn du an dir gearbeitet oder deine Dankbarkeitsliste gemacht hast. Es gibt Momente, in denen du diesen Schimmer spürst. Doch du spürst auch diesen Splitter in deinem Kopf, wenn du morgens aufwachst. Diese Frage, die dich unausweichlich plagt und die du im Rush des Alltags gut überhören kannst. Doch wenn es still um dich herum wird, spürst du den Splitter.

Der Splitter ist die schmerzvolle Frage:
»Bin ich (noch) gut genug?«

Wir alle schmeißen uns diese Frage gegenseitig unsichtbar an den Kopf, ob uns das bewusst ist oder nicht. Du weißt, dass du den Ansprüchen anderer nie immer gerecht werden kannst. Du weißt, dass es immer Situationen geben wird, in denen du zu wenig weißt, zu wenig kannst oder zu wenig bewirkst. Du weißt, dass es in dieser Welt kinderleicht ist, sich nicht gut genug zu fühlen. Die Welt ist darauf ausgelegt, dass du dem Ziel »Ich will gut genug

227

sein« hinterherjagst. Andere können dir irgendeinen Schrott verkaufen, den du nicht brauchst, weil sie deine größte Wunde kennen. Die ganze Werbebranche will dich von dem Gefühl »nicht gut genug zu sein« befreien. Okay, das war jetzt ironisch gemeint.

Ich kann dir nicht sagen, ob du genug bist oder nicht. Ich will es auch nicht, denn wer bin ich, dass ich darüber urteilen könnte? Niemand kann dir sagen, ob du es bist oder nicht. Nicht deine Familie, nicht deine Freunde und auch kein Coach. Selbst wenn ich es dir sagen und auch wenn ich es wirklich so meinen würde, wird es nichts verändern. Solange du es für dich nicht spüren kannst, wirst du mich sogar unbewusst als Lügner bezeichnen. Deshalb sage ich dir nicht das, was du hören willst. Denn das, was du hören willst, hält dich einfach nur weiterhin dort fest, wo du gerade bist.

Das Ziel »Ich muss gut genug sein«

Wieso ist es so unglaublich schwer, sich gut genug zu fühlen? Wieso scheint dieses Ziel so unerreichbar weit weg? Wieso jagen wir dem Gefühl »genug zu sein«, oft lebenslang hinterher?

Vielleicht ist die Antwort eine, die du unbewusst schon längst kennst. Es liegt in deiner Natur, nicht gut genug zu sein. Es war der evolutionär perfekt angelegte Plan. Der Mensch ist das einzige Lebewesen auf Erden, bei dem sich der Geist schneller entwickelt als der Körper. Du wolltest als Kind Dinge tun, für die dein Körper noch nicht bereit war. Du warst körperlich zu klein, um den Kühlschrank zu öffnen. Dein Geist war es nicht. Du warst körperlich zu schwach, um allein laufen zu können. Dein Geist war es nicht. Was du geistig wolltest, konnte dein kleiner Körper noch nicht leisten. Das Resultat daraus war, dich minderwertig zu fühlen, da du nicht genügend körperliche Ressourcen hattest, um das zu tun, was die Erwachsenen bereits getan haben. Dieses Gefühl hat dich vcranlasst, wieder aufzustehen, wenn du hingefallen bist. Dieses Gefühl hat deinen Drang nach Wachstum genährt. Es liegt also in deiner Natur, nicht gut genug zu sein.

Akzeptiere das Ziel, gut genug sein zu wollen.

Wir alle haben das Ziel, gut genug zu sein. Manchmal ist es lauter, manchmal leiser, aber es ist ein ständiges subtiles Rauschen. Du kannst meines hören und ich deines. Gesteh dir dieses Ziel ein und auch, dass du vieles in deinem Leben nur deshalb getan hast, um gut genug zu sein. Vielleicht hast du bereits einen hohen Preis dafür gezahlt, gegen dein Herz gehandelt oder schmerzhafte Entscheidungen getroffen. Vielleicht bist du in deinen Augen auch manchmal einen Schritt zu weit gegangen, um das Gefühl von »gut genug« zu erhaschen. Ich versteh dich, weil ich den Schmerz kenne. Ich kenne den inneren Druck zu wissen, dass ich in dieser Welt nie gut genug sein kann. Es wird immer Menschen geben, die weiter, besser, schöner, schlauer, fitter, kongruenter, lebendiger, stärker, schneller und verrückter sind als ich. Auch wenn ich es mir noch so stark einrede, dass ich gut genug bin, werden Momente kommen, die mir das Gefühl geben, nicht genug zu sein.

Wir alle haben dieses Ziel, und wir dürfen ihm in die Augen schauen und es akzeptieren. Du darfst dir jetzt an dieser Stelle des Buches eingestehen, dass du vor dem Gefühl »nicht gut genug zu sein« flüchtest und jeden Preis dafür zahlen würdest, es zu verlieren. Du musst dieses Ziel nicht mehr verstecken. Nein, du darfst es nicht mehr verstecken.

Dieser Teil des Buches ist vielleicht der wichtigste, aber er wird nur funktionieren, weil du die Teile davor gelesen hast. Du wirst am Ende verstehen, warum ich dich mit diesem Thema nicht schon zu Beginn konfrontiert habe.

Ich möchte dir nun eine wichtige Frage stellen, und ich bitte dich, diese Frage für dich zu verinnerlichen und sie vielleicht öfter zu lesen, bevor du weitergehst. Stell dir vor, du würdest das Ziel loslassen können, »gut genug sein« zu wollen. Stell dir vor, du könntest von heute auf morgen dieses Ziel fallen lassen. Wahrscheinlich hast du schon so lange genau diesen Wunsch. Was würde passieren?

Was wäre, wenn du dieses Ziel nicht loslassen kannst, weil es immer noch der größte Antrieb in deinem Leben ist? Was wäre, wenn dich dieses Ziel morgens aus dem Bett ruft und dir das nötige Benzin gibt, um in den Tag zu starten? Was wäre, wenn dich dieses Ziel anspornt, besser zu werden in dem, was du tust? Mehr zu lernen, mehr Erfahrungen zu machen? Was wäre, wenn dieses Ziel dein größter Lebensantrieb ist? Was würde passieren, wenn du das Ziel »Ich will gut genug sein« loslassen würdest?

Du würdest den womöglich größten Antrieb in deinem Leben verlieren. Wenn es dein einziger Antrieb im Leben ist, wirst du das Gefühl von »Ich bin nicht gut genug« behalten wollen, und zwar um jeden Preis. Du hast Angst, dieses Gefühl gehen zu lassen. Erinnerst du dich noch an die versteckten Nutzen eines Problems? Dass du dich nicht gut genug fühlst, ist ein Problem für dich, aber gleichzeitig schenkt es dir einen enormen Antrieb. Siehst du das Dilemma? Allein zu erkennen, dass das dein größter Antrieb sein kann, könnte alles verändern. Wenn du es weißt, kannst du den Antrieb bewusst nutzen, statt dass er dich weiterhin benutzt. Du kannst einen neuen Antrieb für dich wählen. Wenn du es nicht weißt, wirst du jedoch blind von dir selbst getrieben und gejagt.

Warum fühlst du dich nicht gut genug? Die Antwort liegt vor dir. Alles, was ich bis jetzt mit dir geteilt habe, ist der Grund dafür, warum du dich nicht gut genug fühlst. 50 Prozent deiner Teile liegen an einem dunklen Ort. Du tust alles, um diese Teile von dir fernzuhalten. Wenn 50 Prozent von dir fehlen, ist es dann nicht logisch, dass du dich »nicht genug« fühlst? Ist es nicht logisch, dass du das Gefühl hast, es würde etwas von dir fehlen? Denn in Wahrheit fehlt ja auch etwas, und zwar 50 Prozent von dir. Du willst die Erlaubnis von mir, von deinen Eltern oder von deinem Partner, dass du die 50 Prozent an deinem dunklen Ort lieben darfst. In Wahrheit bringt dir diese Erlaubnis von außen nichts. Zumindest nicht das, was du dir erhoffst. Es ist deine Aufgabe, diese 50 Prozent zu lieben, und du darfst diese Aufgabe jetzt annehmen und sie zu deiner Lebensaufgabe machen.

Ich ahne, was du jetzt denkst. »Wie mache ich das? Wie liebe ich mich selbst? Wie liebe ich diese 50 Prozent?« Die Antwort liegt wieder vor dir. Jedes einzelne Kapitel dieses Buches handelt von echter Selbstliebe. Es enthält nur keine typischen Tipps wie den, dass du dir ein schönes Bad einlassen sollst, dir eine Massage gönnen und Zeit mit dir verbringen. Denn all diese Selbstfürsorge-Tipps wirst du sabotieren. Echte Selbstliebe beginnt nicht damit, dir Komplimente zu machen, dir einzureden, wie einzigartig, besonders oder außergewöhnlich du bist. Dich echt selbst zu lieben bedeutet, deinen Selbsthass loszulassen. Das funktioniert aber nur, wenn du akzeptieren kannst, dass du Teile von dir selbst hasst. Ich könnte auch verharmlosen und sagen, dass du sie nicht so gern hast. Nur wäre das nicht die Wahrheit. Teile, die du nur so ein bisschen nicht magst, würdest du niemals an einen dunklen, verstaubten Ort packen. Hier liegt nur das in deinen Augen dunkelste Zeug.

> Nur ein Mensch, der sich selbst hasst, muss ständig etwas dafür tun, um sich selbst zu lieben.

Ich habe mich für meine Dummheit gehasst. Ich habe mich dafür gehasst, zweimal in der Schule sitzen geblieben zu sein. Ich habe mich dafür gehasst, immer der Kleinste gewesen zu sein.

Ich habe als Jugendlicher meine Beine gehasst, weil sie zu massiv im Vergleich zum Rest meines Körpers waren. Wofür hast du dich gehasst? In welchen Momenten war dein Selbsthass am lautesten?

Ich kann dir deinen Selbsthass nicht nehmen. Niemand kann das. Kein Pfarrer, kein Guru noch sonst jemand, und das ist auch gut so, da du es allein kannst. Es schaffen vielleicht nicht alle, aber es werden immer mehr. Ich weiß nicht, ob du jetzt gerade schon dafür bereit bist, vielleicht bist du es erst morgen oder erst in einem Jahr. Es macht keinen Unterschied. Es wird der Tag kommen, an dem du morgens aufwachst, der Splitter aus deinem Kopf in deine Hand fällt und damit auch die Frage »Bin ich gut genug?«. Es liegt dann an dir, ob du diese Frage behalten willst, ob du den Antrieb hinter dieser Frage nutzen willst oder nicht. Vielleicht formt sich ein Antrieb, von dem du jetzt noch nichts weißt. Aber du wirst bereit sein, das Risiko einzugehen, dich gut genug zu fühlen. Doch bevor du diesen Splitter fallen lassen kannst, musst du dich mit der Tatsache konfrontieren, dass du nicht gut genug bist, es niemals warst und niemals sein wirst.

»Ich bin nicht gut genug«

Kannst du Frieden damit schließen, nicht gut genug zu sein? Kannst du dieses Gefühl als einen Teil von dir sehen, als einen natürlichen Antrieb, ohne den kein Mensch auf der Erde überlebt hätte? Anstatt vor diesem Gefühl wegzulaufen, bitte ich dich jetzt, darauf zuzulaufen. Ich bitte dich, dieses Gefühl nach oben kommen zu lassen. Füll deinen Körper mit diesem Gefühl auf. Tu nicht so, als wäre es nicht da. Gib diesem Gefühl einen Ort. Der Splitter war immer da, das weißt du. Hol dieses Gefühl aus deinem dunklen Ort und sieh es.

Wo spürst du das Gefühl von »Ich bin nicht gut genug«?
Kannst du es noch mehr auf deine Bühne einladen? Vielleicht
tauchen gleichzeitig all die Gründe auf, warum du dich nicht gut
genug fühlst. Spür deinen Wunsch, dieses Gefühl endlich gehen
zu lassen. Spür den Drang, vor diesem Gefühl wegzulaufen.
Spür, dass dieses Gefühl ein Antrieb in deinem Leben ist. Manch-
mal lenkt es dich ab. Manchmal gibt es dir Energie. Manchmal
schenkt es dir Verbindung zu anderen Menschen, die das Gleiche
fühlen. Manchmal schenkt es dir die Aufmerksamkeit anderer.
Manchmal kannst du dich durch dieses Gefühl selbst fühlen.
Kannst du sehen, dass es einen Teil in dir gibt, der dieses Gefühl
behalten will? Dieses Gefühl ist nicht schlecht. Es gehört genauso
zu dir wie all deine anderen Teile. Es ist deine Chance, dieses
Gefühl in dein Herz zu lassen, während du laut zu dir selbst
sagst: »Ich bin nicht gut genug, und ich liebe es.«

Spür, dass du einen Widerstand gegenüber diesem Satz hast,
das ist okay. Nimm diese Herausforderung an zu lieben, was
du als nicht liebenswert erachtest. Dein Herz wurde designt,
um zu lieben. Es schlägt in deinem Brustkorb unaufhaltsam,
ohne jemals das Tageslicht zu sehen. Deinem Herzen ist egal,
wie oft du deine Wahrheit nicht gesprochen hast. Es ist ihm
egal, wie oft du hingefallen bist.

Lass dein Herz hier für dich arbeiten, und sag noch mal
laut: »Ich bin nicht gut genug, und ich liebe es. Ich wähle jetzt,
dieses Gefühl mit jedem Tag etwas mehr gehen zu lassen. Nicht
weil ich es hasse oder davor weglaufe, sondern weil ich es auf
der tiefsten Ebene akzeptiere. Ich gehe das Risiko ein, nicht gut
genug zu sein.«

Du redest dir nicht mehr ein, gut genug zu sein, weil du weißt,
dass es nichts ändert. Du schließt Frieden damit, nicht gut genug

zu sein, und öffnest dich dadurch für die Chance, dich plötzlich gut genug zu fühlen, ohne dass du das Ziel hattest, gut genug zu sein. Du musst nicht gut genug sein, um dich selbst zu lieben. Du gehst das Risiko ein, dich selbst zu lieben, obwohl du nicht gut genug bist. Das ist für mich echte Selbstliebe.

Der Schatten echter Selbstliebe

Selbstliebe bedeutet nicht, dass du dich so stark selbst liebst, dass du niemanden im Außen mehr brauchst und deine Angst vor Ablehnung verlierst. Ich weiß, vielleicht enttäusche ich dich jetzt. Selbstliebe bedeutet, auch den Teil in dir zu lieben, der abhängig von anderen ist. Du darfst nach der Liebe der anderen schreien und auf der Suche nach der Liebe deines Lebens sein. Selbstliebe bedeutet auch zu akzeptieren, dass wir einander auf verschiedenen Ebenen brauchen. Ich brauche dich, damit du mich auf meine Wunden aufmerksam machst, die ich noch nicht in mein Herz geschlossen habe. Du brauchst mich, damit ich dich auf deine dunkelsten Seiten aufmerksam mache und du beginnen kannst, sie zu lieben.

Wenn du dich selbst lieben willst, weil du Angst vor Verletzungen anderer hast und deshalb unabhängig von ihnen sein willst, dann ist das keine Selbstliebe. Es ist eine Flucht in eine vermeintliche Selbstliebe. Unabhängig von der Liebe anderer zu sein wird sich teilweise einstellen, wenn du »echt« an dir arbeitest und dich für »echte« Selbstliebe öffnest. Es ist vielleicht das Resultat, aber nicht das Ziel.

Wenn du dich für echte Selbstliebe öffnest, ist das eine eindeutige Einladung, die 50 Prozent von dir schonungslos auf den Tisch zu legen. Es ist der Moment, auf den diese versteckten 50 Prozent dein ganzes Leben lang gewartet haben. Endlich haben sie die

Möglichkeit, von dir geliebt zu werden. Wie wilde Tiere, die du endlich freilässt. Du wirst Seiten an dir entdecken, die du vorher nie gesehen hast. Du wirst vielleicht das erste Mal in deinem Leben spüren, was es bedeutet, selbstbewusst zu sein. Das führt mich zur Frage aller Fragen und dem zweiten der angesprochenen Titanen.

Ich bin ein Fehler, und ich liebe es

Was bedeutet es, selbstbewusst zu sein? Diese Frage ist der zweite unbesiegbare Titan, gegen den wir immer wieder in den Krieg ziehen. Über dieses Thema gibt es wahrscheinlich genauso viele Bücher wie über die Selbstliebe. Vielleicht weil Selbstliebe und Selbstbewusstsein Hand in Hand gehen. Ich glaube jedoch, dass wir von Selbstbewusstsein eine komplett falsche Vorstellung haben. Wir stellen uns einen selbstbewussten Menschen als einen unbesiegbaren, starken, sicheren und klar sprechenden Typen vor. Zumindest ist es das gesellschaftliche Bild, das wir unter »selbstbewusst« verbuchen.

Ich dachte immer, wenn ich selbstbewusst bin, weiß ich auf jede Frage eine Antwort. Wenn ich selbstbewusst bin, werde ich nicht mehr stottern. Wenn ich selbstbewusst bin, wirke ich niemals dumm. Wenn ich selbstbewusst bin, kann mir keiner was anhaben. Selbstbewusstsein ist unser ultimatives Ziel, richtig? Doch die viel wichtigere Frage darunter ist: Warum will ich selbstbewusst sein? Denk mal kurz über diese Frage nach, bevor du weiterliest.

Wann warst du in deinem Leben wirklich selbstbewusst? Wann hattest du das letzte Mal das Gefühl, du bist mit dir selbst so stark verbunden, dass kein Sturm im Außen dich aus deiner Mitte reißen kann? Ich war immer dann Selbstbewusstsein in Person, wenn ich meine eigenen Regeln aufgestellt habe. Ich war selbstbewusst, wenn ich mein Cappy in mein Gesicht zog und in den Beat der Musik versunken war. Ich war selbstbewusst, wenn ich nicht reden musste und nur meinen Körper sprechen lassen konnte. Ich war selbstbewusst, wenn ich meine Emotionen nicht zeigen musste. Ich war selbstbewusst hinter meinem PC. Ich war selbstbewusst, wenn ich einfach »mein« Ding gemacht hab.

Wenn du mich vor zehn Jahren gefragt hättest, wie du selbstbewusst wirst, hätte ich geantwortet, dass du einfach mehr von dem tun solltest, was dir Spaß macht. Ich hätte gesagt, dass du dein Ding finden und so oft, wie es geht, dein Ding machen solltest. Ich hätte gesagt, dass du deine einzigartigen Stärken finden solltest, denn wenn du deine Stärken lebst, bist du automatisch selbstbewusst.

Boom. Stopp! Bitte nicht. Bitte lösch das wieder aus deinem Bewusstsein. Nein ehrlich, spul ein paar Sätze zurück.

Selbstbewusst zu sein, wenn du dein Ding machst, ist kein Selbstbewusstsein. Es ist alles andere als das. Du hast einfach nur die Sicherheit, keine echten Fehler zu machen. Das ist kein Selbstbewusstsein. Es ist die Angst davor, Fehler zu machen.

Wieso war ich beim Tanzen gefühlt ein Selbstbewusstseins-König und nach meiner Tanzstunde, als ich ein Vorsprechen bei einem potenziellen Kunden hatte, also nur kurze Zeit später, ein unsicheres, stotterndes Häufchen Elend? Nein, ich war nie selbstbewusst. Selbstbewusst in den Dingen zu sein, die du kannst, ist einfach. Selbstbewusst zu sein, wenn du keine Fehler machst, ist einfach. Selbstbewusst zu sein, wenn alles nach Plan läuft, ist einfach. Selbstbewusst zu sein, wenn du in deiner Mitte bist und emotional ausgeglichen, ist einfach. Deine Wahrheit in einer sicheren Umgebung auszusprechen ist einfach. Zu Hause als Jugendlicher konnte ich meiner Mum alles an den Kopf werfen, und ich habe mich dabei so stark gefühlt. Auf der Fitnessmesse-Bühne habe ich kein Wort rausgebracht. Ich war nie selbstbewusst. Ich war es nur, wenn ich mich sicher fühlte.

Denk kurz über dich nach. Wahrscheinlich ist es bei dir ähnlich. Du warst immer dann selbstbewusst, wenn die Komponente »Sicherheit« mit im Spiel war, richtig? Nun, was ist das größte Bedürfnis der meisten Menschen? Wofür sind die meisten sogar bereit, ihre Freiheit abzugeben? Auch wenn sie es nicht zugeben würden, es ist Sicherheit. Menschen würden für Sicherheit sterben. Es ist die Sicherheit, keine Fehler zu machen. Es ist die Sicherheit, keine falschen Entscheidungen zu treffen. Sollte doch mal ein Fehler passieren, dann haben wir eine Versicherung, für unerwartete Dinge im Leben ebenso. Lass uns das Kind beim Namen nennen: Wir haben alle eine Fehlerphobie.

Fehler zu machen wird in unserer Gesellschaft nicht gern gesehen. Fehler sind teuer, anstrengend und schmerzvoll. Die wenigsten werden für ihre Fehler belohnt, oder? Kinder entwickeln panische Angst davor, Fehler zu machen. Niemand hat uns beigebracht, erfolgreich Fehler zu machen. Wir sagen den Kindern, dass sie keine Fehler machen können, weil alles nur eine Erfahrung ist.

Wir denken, dass wir uns allen etwas Gutes tun, indem wir Fehler aussperren oder sie schönreden. Natürlich ist aus einer höheren Perspektive gesehen nichts ein Fehler. Natürlich ist aus einer höheren, vielleicht seelischen Ebene, oder wie auch immer du es nennen willst, alles eine Erfahrung. Aber all diese höheren Perspektiven machen keinen Unterschied, wenn der Mensch mit dem Gefühl, einen Fehler gemacht zu haben, nicht umgehen kann. Wir flüchten in eine höhere Perspektive und ersetzen Fehler durch »Erfahrung«. Aus meiner Sicht das Gefährlichste, was wir machen können. Nicht weil es nicht stimmt, sondern weil wir hier den Widerstand gegenüber Fehlern umgehen. Wir flüchten vor dem Schmerz, den Fehler in uns auslösen. Du denkst, dass es ein positives Mindset ist. Es ist ein »Flucht-Mindset.« Es ist ein Deckel über deiner Angst davor, Fehler zu machen. Unbewusst kennst du deine Fehler. Du weißt, dass du Fehler machst, auch wenn du es unter einen neuen Deckmantel schiebst und Erfahrung nennst.

Bitte verzeih mir meine vehemente Art und Weise. Aber ich habe zu oft erlebt, dass diese panische Angst vor Fehlern Menschen in Situationen bringt, wo sie nicht anders können, als Fehler zu machen. Alles im Leben ist eine Erfahrung, und wenn es danach geht, könnten wir auch sagen, dass es keine Liebe gibt. Liebe ist ja nur eine Erfahrung, richtig? Wieso reframest du das nicht? Du reframest »Fehler«, weil du einen enormen Widerstand dagegen hast. Dieser Widerstand formt deinen Wunsch, perfekt zu sein, fehlerfrei zu sein, makellos zu sein. Dieser Wunsch schleift deine Kanten und macht dich angepasst. Dieser Wunsch macht dich zu einem Klon der anderen. Dieser Wunsch lässt dich irgendwann zu einem Roboter werden, wenn du entdeckst, dass Roboter keine Fehler machen. Ich bin hier echt angepisst. Warum darf ich denn keine Fehler machen?

> Ohne Fehler könntest du dieses Buch nicht lesen,
> denn du hättest nie lesen gelernt.

Wir müssen das Wort Fehler aus der dunklen Ecke holen. Wir müssen es kollektiv zurückholen. Wir müssen das Ziel loslassen, fehlerfrei sein zu wollen. Warum dürfen wir keine Fehler machen? Warum lassen wir unsere Kinder keine Fehler machen? Weil wir vielleicht selbst eine Fehlerphobie haben? Wir erzählen unseren Kindern, dass sie keine Fehler machen können, und doch weiß es jedes Kind, wenn es einen Fehler gemacht hat. Wir alle haben einen Fehler-Feedback-Mechanismus in uns. Er hat uns überleben lassen. Diesen Mechanismus wollen wir bei unseren Kindern überschreiben. Wir nehmen ihnen dabei das Wertvollste, was wir als Menschen haben. Das Potenzial, »echt« zu lernen und »echt« zu wachsen. Wir nehmen unseren Kindern das

Potenzial, selbstständig zu werden und mit ihrem Scheitern umgehen zu lernen.

Ich weiß, wir wollen sie vor ihrem Wachstumsschmerz bewahren. Aber das können wir nicht. Sie spüren den Schmerz des Fehlers, auch wenn wir ihnen sagen, es gibt keine Fehler. Das Einzige, was wir nähren, ist eine unbewusste Fehlerphobie, und wir nehmen ihnen die Möglichkeit, »echten« Mut zu entwickeln. Sich einer Aufgabe zu stellen, zu wissen, dass sie dabei Fehler machen können, und damit im Frieden zu sein. Aber wir können unseren Kindern das nicht beibringen, wenn wir selbst eine unbewusste Fehlerphobie haben. Wenn wir selbst Herausforderungen umgehen, Chancen oder Möglichkeiten nicht ergreifen, weil wir Angst haben, einen Fehler zu machen.

Ich habe selbst noch keine Kinder, aber ich habe mit Hunderten gearbeitet, in meiner Tanzschule und später in meiner Praxis. Keines davon wollte Fehler machen. Wir müssen einem Kind nicht beibringen zu gewinnen. Gewinnen ist das Einfachste der Welt. »Lauf weit genug von deiner Angst zu verlieren weg, und du wirst gewinnen.« Wir müssen unseren Kindern beibringen, erfolgreich zu verlieren. Wir müssen uns selbst beibringen zu verlieren. Wir müssen den Widerstand gegenüber Fehlern verlieren und das Geschenk, das Potenzial dahinter zurückerobern.

Dafür müssen wir uns aber eingestehen, dass wir Fehler gemacht haben. Auch wenn du sie heute nicht mehr als Fehler siehst, weil sie dich zu dem Menschen gemacht haben, der du heute bist, darfst du den Moment umarmen, als es sich wie ein Fehler angefühlt hat. Darum geht es nämlich. Es geht nicht darum, ob Fehler wirklich existieren oder nicht. Es geht darum, was du fühlst. Es geht darum, ob du dir das Gefühl eines Fehlers erlaubst oder ob du dieses Gefühl aussperrst. Manche von uns denken, wenn sie das Wort »Fehler« durch »Erfahrung« ersetzen, verändert das ihr gesamtes Leben. Ich glaube, dass da was dran ist, denn Sprache kann alles verändern.

Aber es gibt etwas noch viel Wichtigeres als deine Sprache. Es ist deine Energie. Es ist dein inneres Gefühl. Deine Wahrnehmung. Dein Chi-Feld. Deine Wörter sind ohne deine Energie nichts wert. Überhaupt nichts. Nur weil du die Sprache veränderst oder andere Wörter nutzt, heißt es nicht unbedingt, dass sich deine Energie verändert. Wenn du alles durch das Wort Erfahrung ersetzt, weil du Angst vor Fehlern hast und mit deinem eigenen Scheitern nicht umgehen kannst, dann ist das kein positives Mindset. Es ist erfolgreiche Unterdrückung. Ja, das kann funktionieren, und du wirst dich besser fühlen, weil du immer besser im Unterdrücken wirst. Positives Reframing ist eine kurzfristige Lösung, die dir hilft, deine Perspektive zu verändern und deine Wunden zu heilen. Aber es ist keine langfristige Lösung. Denn deine Wunden brauchen langfristig deinen echten Atem, echtes Sonnenlicht und deine echte Liebe, nicht eine bedingte Liebe. »Ich kann meine Fehler nur lieben, weil aus ihnen etwas Gutes entstanden ist.« Du liebst sie somit nur, weil sie Gutes hervorgebracht haben. Verstehst du, worauf ich hinauswill? Die Angst, Fehler zu machen, wird nicht gehen. Sie ist ein Teil von dir. Sie wird nur stärker, wenn du Fehler im Allgemeinen leugnest.

Denk daran: Das, wogegen wir ankämpfen,
machen wir auf der anderen Seite stärker.

Ich bin nicht perfekt. Du bist es auch nicht. Ich bin nicht vollkommen. Du bist es auch nicht. Kannst du das für dich annehmen? Oder spürst du Widerstand? Spürst du den Wunsch, das zu überschreiben? Spürst du, wie ein Teil in dir antworten will: »Ja okay, ich bin nicht perfekt. Aber das ist das Perfekte daran. Ja okay, ich bin unvollkommen, aber genau das macht mich vollkommen ...« Spürst du den Drang, deine Unvollkommenheit von dir wegzuschieben und es so zu drehen, dass du dich doch wieder vollkommen fühlen kannst?

Spürst du den Drang, das Unperfekte von dir wegzuschieben und es so zu drehen, dass du dich doch wieder als perfekt sehen kannst? Achtung: Ich sage nicht, dass das nicht stimmt. Ich sage nicht, dass du so, wie du bist, nicht perfekt bist. Ich sage aber auch nicht, dass du perfekt bist. Ich kann darüber nicht urteilen, und es würde auch keinen Unterschied machen. Du bist es, der mit deinen unperfekten Seiten im Frieden sein muss. Nicht ich. Ich kann dir nicht sagen, dass diese Seiten perfekt sind, wenn du innerlich das leise Gefühl hast, dass sie es nicht sind. Du weißt, dass ich nicht in deiner Haut stecke. Du weißt, dass ich nicht deinen Weg gegangen bin. Du weißt, dass ich dir niemals sagen könnte, ob du perfekt bist oder nicht. Das kann niemand, und das ist auch gut so.

In der spirituellen Branche läuft die Fehlerphobie übrigens auf der gleichen Ebene ab. Nur klingt es hier etwas schöner. Hier laufen wir vor unserem eigenen Scheitern weg, indem wir sagen, dass das Universum keine Fehler macht. Dass alles geplant war und dass alles gut so ist, wie es ist. Ganz ehrlich, mir hat das vor einigen Jahren wirklich geholfen, all den Menschen zu vergeben, die mich so stark verletzt haben. Leider gehen viele danach nicht den nächsten Schritt: die Richtung umzukehren und auf die eigenen Wunden zuzulaufen.

War alles geplant, und macht das Universum keine Fehler? Kann sein, ja, aber ich weiß es nicht. Keiner weiß das. Was ich aber weiß, ist, dass mich diese Ansicht nicht davor bewahrt, mich selbst fehl am Platz zu fühlen. Diese Ansicht schützt mich nicht vor dem Wachstumsschmerz. Diese Ansicht befreit mich nicht von der Angst, weitere Fehler zu machen. Im Gegenteil, sie könnte sie langfristig sogar schlimmer machen. Denn wenn es keine Fehler im Universum gibt, wieso hab ich dann so unglaubliche Angst davor? Wenn ich keine Fehler machen kann, wieso fühl ich mich dann als einer? Wenn es keine Fehler gibt, wieso bin ich dann nicht fehlerfrei?

Echte Selbstliebe ist nicht die Kunst, alles so zu »reframen«, damit das, was du bist, in einem netten Glanz erscheint und du es endlich lieben kannst. Echte Selbstliebe bedeutet, das Risiko einzugehen, den Hass gegenüber dir selbst und all diesen Teilen zu entdecken und loszulassen.

Vor vielen Jahren musste ich bei den Behörden etwas abholen. Ich hatte irgendeinen Termin in so einem Amtsgebäude. Ich weiß nicht mehr genau, um was es ging. Wenn ich auf etwas allergisch reagiere, dann sind es Ämter. Diese offensichtlich geordneten und strukturierten Orte. Alles am richtigen Platz. Jede Tür richtig beschriftet. Hier ist die Ordnung zu Hause. Hier ist die Welt noch in Ordnung. Zimmer an Zimmer. Hier arbeitet der funktionierende Bürger. Hier muss ich einen Zettel ziehen, damit ich aufgerufen werde. Pflichtbewusst, gehorsam und geordnet ging ich in dieses Gebäude. Ich merkte bereits an meinem Gang, wie sehr mich diese falsche, offensichtliche, langweilige perfekte Ordnung einschüchterte. Ich fuhr mit dem Aufzug in den dritten Stock. Vor mir ein ewig langer Gang. Dutzende von Zimmern, natürlich alle wunderschön durchnummeriert. Ich klopfte an Zimmertür Nummer 33. Es passierte nichts, also machte ich einfach die Tür auf. Ich hörte nur so ein kaltes Brummen: »Draußen warten!« Na gut, dann warte ich halt. Nach ungefähr einer Stunde, die ich auf einer hässlichen Bank saß, war mir leicht schlecht. Es war so stickig. Ich glaube, an diesem Ort war Frischluft nicht nötig, weil man keine großen gedanklichen Sprünge machen muss. Ich mach nur Spaß.

Ich ging den Gang bis ganz zum Ende runter und stand vor einer großen Glasfront mit einer Tür. Wenn ich schon warten muss, dann wenigstens mit frischer Luft, oder? Ich wollte raus und einfach atmen. Ich packte den Türgriff, aber die Tür war zu. Verschlossen. Warum? Was soll das? Ich probierte es noch ein paar Mal mit mehr Druck. Ich wollte einfach nur vor die Tür, um frische Luft zu tanken. Plötzlich sah ich unter der Klinke einen roten

Knopf. Darauf stand »Door open«. Ohne darüber nachzudenken, drückte ich auf diesen Knopf. Na ja, was soll ich sagen? Es war im wahrsten Sinne des Wortes ein roter Knopf. Auf dem Knopf stand nicht »Door open«, sondern »Emergency Door open«. Das mit dem Emergency hatte ich anscheinend irgendwie ausgeblendet.

Ich werde diesen Moment nie vergessen. Wie in einem Actionfilm begann ein stechend lautes Geräusch durch das gesamte Gebäude zu schallen. Ich drückte noch mal reflexartig auf den roten Knopf. Ich wollte diese Sirene ausmachen, was aber natürlich nicht funktionierte. Plötzlich gingen alle Türen in diesem Gang auf. Ich stand immer noch wie paralysiert vor dem roten Knopf und drückte noch mal, damit es aufhört. Hinter mir wurde der ganze Gang mit fluchenden Beamten geflutet. Oh, wie sie mich ansahen. Als hätte ich jemanden umgebracht. »Warst du das?« Sie maulten vor sich her. »Ja, das war ich, tut mir echt leid, das war nicht meine Absicht.« »Bist du dumm? Kannst du nicht lesen, was auf dem Schalter steht?«

Ich, der Verursacher. Ich derjenige, der ihre Ordnung gestört hat. Mein Gesicht hatte mittlerweile die gleiche Farbe wie der Knopf. Feuerrot. Ich fühlte mich, als wäre ich die Störung in einem geordneten System. Ich war der Fehler in einem Universum, das keine Fehler macht. Ich war der Dorn im Auge dieser Menschen. Der Böse. Der Dumme. Der, der nicht lesen kann. Der, der nicht warten kann. Der Ungezogene. Der, der in ihre Komfortzone eingebrochen war. Der, der ihren strukturierten Alltag gestört hatte. Der, der zu lebendig war und nicht dazupasste. Ja, ich fühlte mich als Fehler. Ich spürte in all meinen Teilen, wie sehr ich verurteilt wurde. Ja, ich fühlte mich wie ein Fehler. Ich spürte es überall.

War ich ein Fehler? In ihren Augen zu 100 Prozent. Ich war der Fehler in ihrem System. Die Störung, die jetzt beseitigt werden musste. Der Fehler in der geordneten Ordnung. Als ich wieder zu

Hause ankam, brach mein ganzes System unter der Last meiner Schatten zusammen. Meine Dunkelheit verschlang mich und mein ganzes Immunsystem kollabierte. Ich wurde krank und blieb für Wochen zu Hause.

Kennst du dieses Gefühl? Oh, ich weiß, dass du es kennst. Ich glaube, du hast genau aus diesem Grund dieses Buch gelesen. Du kennst das Gefühl, nicht dazuzugehören. Du weißt, wie es ist, anders zu sein und dafür nicht geliebt zu werden. Du weißt, wie es ist, dich jeden Tag erneut unter einer Maske zu verstecken und dich anzupassen. Du weißt, wie anstrengend es ist, den Anforderungen gerecht zu werden und trotzdem niemals für das, was du wirklich bist, gesehen zu werden. Ich weiß, dass du auf keinen Fall einen Fehler machen willst, weil du dann die Aufmerksamkeit auf dich ziehst. Du willst nicht die Störung in der Matrix sein, weil du denkst, dass du dem Druck nicht standhalten kannst. Du willst kein Fehler sein, weil alle perfekt sein wollen. Trotzdem willst du irgendwie doch individuell und einzigartig sein, weil du tief in deinem Herzen spürst, dass du es auch bist.

Du willst kein Fehler sein und die Ordnung stören.
Du willst auch nicht zu anders sein,
um die Ordnung zu stören. Willkommen in einer
Welt der Angepassten und Gleichen.

Ich weiß, dass du ein solches Leben nicht gewählt hast. Ich glaube, dass niemand ein solches Leben wirklich wählt. Solch ein Leben stellt sich ein, wenn wir beginnen, Seiten von uns auszuklammern. Dieses Leben stellt sich ein, wenn wir 50 Prozent von uns sterben lassen.

Ich weiß, dass du dieses Leben nicht gewählt hast. Du willst das auspacken, was auch nur du auspacken kannst. Du willst das leben, was nur von dir gelebt werden kann. Ja, du bist eine Störung, und du wirst es immer sein. Für Menschen, denen du zu viel, zu anders, zu laut, zu leise, zu schnell, zu langsam, zu böse, zu negativ, zu positiv, zu intensiv, zu emotional oder was auch immer bist. Ja, du bist ein Fehler – für Menschen, die perfekt sein wollen und jede Narbe, jede Kante vertuschen wollen. Ja, du wirst dich als Fehler fühlen, von Zeit zu Zeit, nicht weil du einer bist, sondern weil es auch ein Teil von dir ist. Du bist ein Fehler, weil du einer sein kannst. Weil Fehler zum Leben gehören und weil du zum Leben gehörst. Ja, du bist ein Fehler, weil du einer sein kannst. Und auch, weil du einer sein musst. Wir brauchen keine perfekten Menschen. Wir brauchen keine fehlerfreien Menschen. Wir brauchen den Fehler in der Matrix. Den Fehler in einem Kunstwerk, der es einzigartig macht. Das Kunstwerk ist dadurch nicht perfekt. Es ist unperfekt, Punkt. Wir müssen es nicht perfekt machen wollen. Wir können es einfach so stehen lassen. Ein unperfektes Kunstwerk. Das bist du. Punkt. Damit darfst du Frieden schließen.

Ein Fehler sein

Fühl dich in all die Momente deines Lebens hinein, in denen du dich als Fehler gefühlt hast. Spür den Wunsch in dir, deine Fehler zu glätten. Spür den Wunsch, das Positive hinter jedem Fehler sehen zu wollen, damit du dem Schmerz des Fehlerhaften entkommen kannst. Spür es in deinem Körper. Schieb es nicht weg. Spür all die Teile, die du an dir als fehlerhaft siehst, als nicht zu dir gehörig. Denn alles, was du von dir wegschiebst, siehst du unbewusst als einen Fehler an, sonst müsstest du es nicht wegschieben.

Nun, es ist an der Zeit für dich, das wohl am meisten negativ behaftete Wort der Welt in dein Herz zu lassen. Es ist an der Zeit, dass du dich mit deinen Fehlern genauso lieben kannst wie ohne. Du bist bereit, ein Fehler zu sein, um all die Teile in dir zu umarmen, die du bis heute noch nicht umarmen konntest. Du bist bereit, ein Fehler für die Welt zu sein, wenn es nötig sein sollte. Du nimmst in Kauf, dich als ein Fehler zu fühlen, wenn es die Welt zu einem schöneren Ort macht. Du bist bereit, ein Fehler zu sein, und gibst dadurch unbewusst anderen die Erlaubnis, ihre eigenen Fehler auszupacken und das Ziel loszulassen, fehlerfrei sein zu wollen. Wenn du ein Fehler sein kannst, dann muss ich keine Angst mehr davor haben, Fehler zu machen. Wenn ich ein Fehler sein kann, dann musst du keine Angst mehr haben zu scheitern. Wir alle sind ein Fehler. Nicht weil wir es sind, sondern weil wir es sein können. Das ist Freiheit. Das ist echte Selbstliebe.

Also sprich laut zu dir selbst, und fühl es innerlich, während du es sagst. Sag es laut, sag es richtig laut. Sag es mehrmals. Schnell oder langsam. Leg beide Hände auf dein Herz, und lass es raus: »Ich bin ein Fehler, und ich liebe es.«

Bevor du dieses Buch gelesen hast, war dieser Satz vielleicht das Schlimmste, was du je zu dir selbst hättest sagen können. Jetzt, nachdem du meine Absicht dahinter kennst und die Zusammenhänge beginnst zu verstehen, ist es vielleicht das Befreiendste, das du deinem Spiegelbild jemals sagen kannst. Dieser Satz ist dein universeller Befreiungsschlag. Deine Geheimwaffe gegen Selbstverurteilung, Zweifel, Ängste. Und die Einladung, den Rest von dir, diese anderen 50 Prozent, in dein Leben zu lassen. All deine Teile haben deine Liebe verdient. Auch die, die in deinen Augen ein Fehler sind.

Die Arbeit an dir selbst begann bereits, als du zum ersten Mal den Titel des Buchs gelesen hast. »Ich bin ein Fehler, und ich liebe es« – ich bin mir sicher, dass dieser Satz bereits zu diesem Zeitpunkt etwas in dir angestoßen hat, und ich glaube auch, dass er zu deinem täglichen Begleiter werden kann. Denn auch wenn ich versucht habe, mit dir in diesem Buch tief zu tauchen, habe ich in den letzten Jahren eine Sache gelernt: Die Selbsterforschungs-Reise endet nicht. Und sie beginnt genau jetzt. Ich bin unendlich dankbar, wenn ich meinen Teil dazu beitragen kann, die Welt ein bisschen »echter« zu machen, indem wir nicht nur das Schöne und Gute in Menschen sehen wollen, sondern vor allem beginnen, nach dem »Echten« in ihnen zu suchen. Solange das Echte, das auch Schatten miteinschließt, noch dämonisiert wird, sind wir alle aufgefordert, ein Stoppschild aufzustellen, das die ganze Welt sehen kann.

Ich wünsche mir, dass du durch dieses Buch viel Wissen und eine – vielleicht noch unbewusste – Kompetenz entwickelt hast, an die dunklen Stellen der Welt zu blicken und dort das Licht anzumachen. Du bist bereit, alles zu sein, was du sein musst, um etwas zu verändern. Du hörst auf, zwanghaft »gut« sein zu wollen, weil du das Fehlerhafte nicht mehr verurteilst. Du hörst auf, zwanghaft »das Richtige« tun zu wollen, weil du kein Problem mehr mit Fehlern hast. Du hörst auf, zwanghaft »authentisch« zu sein, weil du kein Problem mehr mit dem Unechten hast.

Das größte Geschenk, das wir Menschen machen können, ist, ihnen das Gefühl zu vermitteln, dass sie auch ohne Maske liebenswert sind. Ich hoffe, ich konnte dir dieses Gefühl mit diesem Buch auf eine ganz eigene Art und Weise geben. Nun bist du an der Reihe. Sei du der Fehler, den die Welt am dringendsten braucht. Danke.

Schluss und Danksagung

Danke für deinen Mut, ein Fehler zu sein und dadurch die Welt in ihrer vorgeschobenen und aufgesetzten Ordnung zu unterbrechen. Danke für deinen Mut, hinter deinen Vorhang zu blicken. Danke für deinen Mut, deiner Dunkelheit zu begegnen. Danke für deinen Mut, dich selbst zu lieben. Danke für deinen Mut, nicht gut genug sein zu müssen.

Danke für die Zeit, die du mir und meinen verrückten Ideen geschenkt hast. Nun bist du an der Reihe. Wir brauchen dich ganz und mit all deinen Teilen. So gehst du voran und erlaubst anderen Menschen, das Gleiche zu tun. Sei der Mensch, der sie auf ihren dunklen Ort aufmerksam macht. Nimm sie an die Hand, und geh mit ihnen an ihre dunkelste Stelle. Dort zeigst du ihnen den Lichtschalter. Ob sie ihn dann betätigen, ist ihre Entscheidung. Mein Wunsch war es, mit diesem Buch das Gleiche für dich zu tun. Ich bin hier, und ich sehe dich. Den Schalter musst du selbst betätigen.

Ich habe bereits mehrmals über Bahar geschrieben. Sie hat etwas in mir gesehen, das ich selbst niemals gesehen hätte. Sie hat an mich geglaubt, als es keiner getan hat. Sie hat mit ihrem Superman-Röntgenblick durch mich durchgesehen und genau das an mir geliebt, das ich an mir am meisten gehasst habe. Ohne sie gäbe es dieses Buch nicht. Ohne sie wäre ich niemals auf die Bühne gegangen. Ohne sie hätte ich meine echte Kraft nicht entdeckt. Danke, du Liebe meines Lebens, du bist nicht von dieser Welt, und du wurdest definitiv nicht auf der Erde geschrieben. Du bist meine Wonder Woman. I love you, Bahar.

Ich möchte mich auch bei meinem kleinen Bruder Steve bedanken. Ich liebe dich. Gemeinsam mit dir bin ich durch den dunkelsten Dreck gelaufen und durch die höchsten Wolken geflogen. Ich weiß, dass unsere Verbindung die Grenzen dieser Welt übersteigt, und du bist der beste Bruder, den ich mir je hätte wünschen können. Ich bin unendlich dankbar, dein Bruder zu sein. Du bist mein Man of Steel.

Danke, Mum, dass du so viel für deine Söhne getan hast, mehr als für dich selbst. Danke, dass du mich Jeffrey genannt hast und nicht Josef. Danke, dass du immer hinter mir standest und immer mitgegangen bist, auch wenn ich geradewegs auf eine Mauer zusteuerte. Danke, dass dein Herz unaufhaltsam für mich und für unsere Arbeit schlägt. Danke, dass du das Unmögliche möglich machst. Ich liebe dich.

Danke, Oma, du warst die harte, aber liebevolle Hand, die du sein musstest, um den Rebellen in mir zu lenken. Ich weiß, du hattest es nicht leicht mit mir, und trotzdem hast du mich niemals aufgegeben. Danke.

Meine persönliche Schattenarbeit hat mir ganz unerwartet einen echten Freund geschenkt. Es entstand eine Freundschaft zwischen meinem Dad und mir, wie ich sie nicht für möglich gehalten hätte. Wir gehen nun einen gemeinsamen Weg, lernen voneinander, und das übersteigt eine typische Vater-Sohn-Beziehung. Es ist der Beweis für mich, dass Wunder durch die Arbeit an der inneren Dunkelheit entstehen und alte Wunden heilen können.

Wenn du an deiner Dunkelheit arbeitest, wird irgendwo anders, in irgendeinem anderen Menschen, das Licht angehen.

Love, Jeffrey

Ich bitte um Vorsicht

Ein Gedicht von Bahar

Ich bitte um Vorsicht.
Ganz neu habe ich meine Teile heute sortiert.
Wie ein Zug, der an einem vorbeirast und alles
durcheinanderbringt, hat die Welt um mich herum ein
Chaos in mir ausgelöst, das ich jetzt aufräumen darf.
Geh bitte ein paar Schritte zurück und gib
mir den Raum, den ich benötige.

Ich bitte um Nachsicht.
Ganz neu habe ich mich selbst wiedergefunden. Es ist
alles so filigran eingestellt und droht jeden Moment wieder einzusinken. Meine innere Sicherheit steht noch auf
sehr wackligem Boden. Geh bitte mit Nachsicht mit mir
um. Ich lerne gerade wieder, ich selbst zu sein.

Ich bitte um Umsicht.
Ganz neu habe ich meine Einzigartigkeit entdeckt. Ich
bin noch voller Zweifel und Ängste und frage mich, was
du von mir denken wirst, wenn ich »ungekocht« vor dir
stehe und mein Innerstes verteidige. Sei bitte umsichtig
und halte deine Verurteilungen auf Distanz. Ich verstehe
meine Andersartigkeit doch nicht einmal selbst.

Ich bitte um Weitsicht.
Ganz neu habe ich die Grenzen meines Bewusstseins
erweitert. Ich wandere in einem Universum, das aus

einer Selbstverständlichkeit heraus expandiert und dennoch überfragt ist. Tagtäglich kämpfe ich mit meiner Veränderungsresistenz und scheitere daran, mich nicht zu verändern. Sei bitte weitsichtig und sieh mehr in mir als das, was offensichtlich ist. Mir wird schwindlig, wenn ich an die Unendlichkeit in mir denke.

Ich bitte um Vorsicht.
Ich befinde mich in einer sensiblen Phase.
Danke!

Über den Autor & Kontakt

Wenn mir vor 10 Jahren jemand gesagt hätte, dass ich irgendwann Coaches ausbilden, vor Tausenden von Menschen sprechen und ein Buch schreiben würde, wäre ich wahrscheinlich entweder vor Angst ins Koma gefallen, oder hätte laut losgelacht. Ich war traumatisiert von der Scheidung meiner Eltern, hatte eine Menge Schulden, sah schmerzvoll mit an, wie mein größter Traum – als Star-Choreograph auf den Bühnen der Welt zu tanzen – sterben musste. Mein Leben war ein Scherbenhaufen. Ich war ständig müde, geplagt von Selbstzweifeln und Angst-Attacken und lebte mit 25 Jahren immer noch im Keller meiner Eltern. Ich fühlte mich wie ein chronischer Versager. So wie das Leben uns manchmal in die Enge treibt, wurde ich vom Leben gezwungen, eine Entscheidung zu treffen. Ich traf auf meine jetzige Partnerin Bahar Yilmaz. Wir hatten etwas gemeinsam. Beide standen wir an dem jeweils tiefsten Punkt unseres Lebens. Doch gemeinsam formte sich ein Weg, der niemals geplant, aber zutiefst heilsam war. Wir gingen auf die Suche, machten zig Weiterbildungen, um in erster Linie uns selbst zu helfen. Wir konnten für uns selbst so viel verändern, dass sich eins immer mehr herauskristallisierte: wir wollten all das mit der Welt teilen.

Meinen persönlichen Durchbruch hatte ich, als ich aufgehört habe, vor mir selbst zu flüchten und begann, den Fokus auf die dunkelsten Stellen in mir zu richten. Was ich dort entdeckte, war nicht immer einfach, aber am Ende ein Befreiungsschlag für mich und mein Potenzial. Ich wusste: wenn ich irgendwann mal ein Buch schreiben sollte, muss es diesem Thema gewidmet sein – der schonungslosen Begegnung mit dir selbst. Und zwar mit allem, was du bist.

Manchmal muss ein alter Traum sterben, damit ein viel größerer leben kann. Es entstanden explosive Erlebnis-Workshops wie *Empower Yourself*, die Tausenden von Menschen als Inspirationsquelle dienen. Wir entwickelten unsere eigenen Veränderungsmethoden. Die Mischung aus Körper, Bewusstsein, neuen Ansätzen, Musik, Brain-Trainings und Meditationen eröffneten für uns ganz eigene Wege, Menschen im Herzen »echt« zu berühren, Selbstheilungskräfte hochzufahren, Potenziale nicht nur zu entdecken, sondern auch zu leben. Meine Intention ist es, dich dabei zu begleiten, dort hinzublicken, wo du vielleicht freiwillig niemals hinblicken würdest. Ich glaube, dass dort dein wahrer Schatz verborgen liegt. Danke, dass du mir die Möglichkeit gibst, meinen großen Traum, der mir selbst lange nicht bewusst war, mit dir zu teilen. Wenn du mehr über mich und meine Arbeit in Form von Online-Trainings oder Live-Events erfahren willst, findest du hier einige Quellen.

Offizielle Website
www.jeffreykastenmueller.com

Website zum Buch (hier findest du auch exklusive Inhalte zum Buch)
www.ichbineinfehler.com

Online-Trainings mit Jeffrey Kastenmüller & Bahar Yilmaz
www.baharjeffrey.com

Events und Ausbildungen mit Jeffrey Kastenmüller & Bahar Yilmaz
www.baharyilmaz.com

Verbinde dich gerne mit mir auf Instagram und Facebook
www.instagram.com/jeffreykastenmueller/
www.facebook.com/jeffreykastenmueller/

REINHARD SCHULTZE

DAS WASSERHAUS

ROMAN

|grafit|

Reinhard Schultze wurde in Aachen geboren und studierte Rechtswissenschaften in Berlin. Nach Abschluss seiner Promotion arbeitete er als Anwalt und Justiziar einer Landesfilmförderung in Potsdam-Babelsberg, bevor er 2000 nach München wechselte, wo er seither lebt und als Syndikusrechtsanwalt im Medienbereich arbeitet. Neben wissenschaftlichen Veröffentlichungen erschien 2018 sein Debütroman »Schneefeuerball«. Wie diesen sieht Autor Reinhard Schultze auch »Das Wasserhaus« ganz in der Tradition jener Universalromane, die Gesellschaftliches, Politisches und Historisches miteinander verweben, um auf diesem Boden die Geschichten ihrer Helden zu erzählen.

Gewidmet allen Mitarbeiterinnen und Mitarbeitern
des SIWI Stockholm International Water Institute
(https://www.siwi.org/what-we-do/)

und für MVB

INHALT

Schauen Sie, ich fürchte, ich kann Ihnen nicht helfen.

Es rauscht in der Leitung, die letzten beiden Worte sind jedoch gut zu verstehen.

Aber Ihr Institut beschäftigt sich mit Wasser und Sie sind sehr renommiert. Wen sollte ich fragen, wenn nicht Sie?

Danke für dieses Kompliment und Ihr in uns gesetztes Vertrauen, Herr Okereke. Wasserstress ist eines unserer Themen, das ist richtig, doch um Wiederaufbereitung kümmern wir uns allenfalls gelegentlich. Hinzu kommt, dass viele Regierungen Informationen zum Ausmaß der Grubenwasserkatastrophe zurückhalten, um sich, wie zu vermuten, innenpolitisch keinem Gemetzel auszusetzen. Die Schuldfrage würde schnell gestellt werden, sobald man aufhört, die Fakten zu schönen. Haben Sie es einmal bei Universitäten versucht? Dort wird sicherlich zum Grubenwasserthema geforscht.

Ich habe mehrere Bergbaufakultäten angeschrieben. Bislang leider ohne Antwort. Bei uns brennt es mittlerweile, Herr Skarsgård.

In unserem Institut bildet Grubenwasser leider keinen Schwerpunkt. Der liegt in der Entwicklung von Innovation in der Konsumgüterindustrie, Stichwort wassersparende Technologien. Da geht es hauptsächlich um Wasserverbrauch in Privathaushalten. Wir haben kürzlich einen Preis für die beste Erfindung in diesem Bereich ausgelobt. Dank unserer großzügigen Sponsoren ist die Preissumme beachtlich und die Zahl der Einsendungen entsprechend hoch.

Das freut mich. Ich vermute, Ihre Sponsoren sind aus gutem Grund so motiviert.

Sie meinen, sie tun das im eigenen Interesse? Nein, unsere Förderer sind frei von Hintergedanken. Wir würden sie sonst nicht akzeptieren.

Die Wirtschaft braucht dringend Innovation, angesichts der

zunehmend verknappten Wasserressourcen. Der Markt sortiert sich gerade neu.

Das mag so sein. Um auf Ihre Frage zurückzukommen: Die Wiederaufbereitung läuft zu meinem Bedauern bei uns nur nebenbei. Wasser hat viele Aspekte, allerdings können wir uns nicht um alle kümmern. Der zweite Schwerpunkt unseres Instituts besteht in Gutachten. Es liegen etliche Anfragen für unsere Einschätzung auf meinem Tisch. Da geht es um Restlaufzeiten bestehender Frischwasservorräte. Alles sehr dringlich, wegen neuer Daten zum Klimawandel. Zahlreiche Kommunen werden nervös.

Sie sprechen von der drohenden Versteppung?

Ja, von der Entwicklung beim Grundwasserspiegel und allgemein der Bodenentwicklung, ich spreche jedoch auch von Fragen des künftigen Wasserbedarfs in Regionen mit starkem Bevölkerungswachstum. Wir reden hier von den Konsumenten von morgen, weltweit sind das viele. Bei den Wasser- und Bodenanalysen arbeiten wir mit Hochschulen zusammen, bei den Wirtschafts- und Bevölkerungsprognosen mit supranationalen Einrichtungen wie den Vereinten Nationen. Und mit nichtstaatlichen Organisationen, den NGOs, und der Weltbank. Je nachdem, wer etwas weiß. Hauptsächlich bleiben wir auf die Daten behördlicher Stellen in den betroffenen Gebieten angewiesen. Da erlebt man erstaunliche Widersprüche.

So?

Nun, auf der einen Seite möchte man uns einbinden und baut hohen Zeitdruck auf, Herr Okereke, auf der anderen Seite verweigern die Kollegen aus den benachbarten Ministerien plötzlich die Daten, die angeblich nicht existieren. Sie müssten aber vorhanden sein. Es sei denn, wir bewegen uns in Staaten unter autoritärer Führung, dort ist die Beschaffung der Daten noch schwieriger. Womöglich werden sie gar nicht erhoben. Mit einem Wort: je kritischer die Situation, desto dünner die Daten. Lösen sollen wir es dagegen immer am besten von heute auf morgen.

Keine einfachen Mandate.

Sie sagen es. Sicher, wir müssen jedes Mal froh sein, dass wir gefragt werden. Für das Wasser ist das eine gute Nachricht, denn das heißt, unsere Auftraggeber haben sich bereits darauf eingestellt, dass wir als neutraler Gutachter demnächst unbequeme Wahrheiten aussprechen werden.

Es bleibt Ihren Auftraggebern gar nichts anderes übrig, als sich damit auseinanderzusetzen.

Schon möglich, dennoch bleibt die Aufgabe äußerst zeitintensiv.

Zum Glück sind Sie ein großes Institut.

Ja, aber auch unsere Personalressourcen sind begrenzt. Es sind ja nicht nur die Gutachten, die uns auf Trab halten, auch die Mediation zwischen Gebietskörperschaften wird immer dringlicher. Inzwischen konkurrieren fast überall Wassernutzungskonzepte. Daher sehen wir uns gefragt zu vermitteln. Dieser entscheidenden Rolle darf man sich nicht verschließen.

Damit besetzen Sie das wichtigste Feld für Mediation überhaupt. Die Frage, wie sich bewaffnete Konfrontation angesichts der zukünftigen Wasserkriege noch abwenden lässt.

Diese Wasserkriege sind vielerorts schon im Gang, Herr Okereke. Schwere Konflikte häufen sich, da müssen wir früh eingreifen, ehe die Anrainer die Staudämme im Quellenland kurz und klein schießen. Solche Drohungen gab es bereits. Man hört in der Leitung ein Räuspern. Diese Termine erfordern gründliche Vorbereitung, um nicht in einem Eklat zu enden, und das bindet bei meinen Teams erhebliche Kapazitäten. Vor allem bei Staaten, die ohnehin schon Probleme miteinander haben. Wenn dann gemeinsam genutzte Quellen hinzutreten, weil die im Erstnutzungsland überproportional abgeschöpft oder in ihrem Verlauf industriell stark verschmutzt werden, bevor sie die Grenze passieren, schauen Sie, da geht es in den Nachnutzungsländern ans Eingemachte. Die Sorgen, mit denen wir konfrontiert werden, sind berechtigt, vielerorts existenziell.

Mühsame Dialoge, die Sie da moderieren. Meinen Respekt.

Und diese Mediationsanfragen werden sich noch häufen, wenn man sich die Kurve der letzten beiden Jahre vor Augen führt. Sehen Sie es mir also nach, wenn ich manchmal passen muss. Gern versuche ich zu helfen, nur viel ist es nicht, das ich weiß. Saure Grubenwässer sind bislang wenig beachtet worden, mir liegt keine einzige valide multinationale Studie dazu vor.

Tatsächlich?

Das Ganze ist insofern schwierig, da Bergbau in klimatisch so unterschiedlichen Regionen der Welt betrieben wird. Überall sind die Ausgangslagen bezogen auf die Böden, den lokalen Grundwasserhaushalt und die wirtschaftlichen Eckdaten sehr spezifisch, von dynamischen Prozessen durch den Klimawandel ganz abgesehen. Kurz, es fehlt in aller Regel an Aussagekraft für dritte Gebiete. Bei Wasser haben wir es fast immer mit dünnen Daten zu tun, aber hier sind die Sachverhalte besonders dürftig beleuchtet.

Die Gründe liegen auf der Hand.

Ja, auch für eine Unterdrückung von Daten gibt es Anhaltspunkte, die erwähnte Schuldfrage. Ich kann Ihnen schlicht nichts dazu sagen, wie man saure Grubenwässer am schnellsten und auf nachhaltige Weise aufbereitet. Ein rabenschwarzer Stollen, dieses Thema.

Man hätte längst beginnen müssen, die relevanten Daten zu erheben, auszuwerten und international abzugleichen. Es sitzen alle im selben Boot.

Wir werden das verfolgen. Unser Gespräch macht mir noch einmal klar, wir dürfen nicht lockerlassen. Ich schlage vor, wir bleiben in Kontakt, Herr Okereke. Wenn Sie bei den Hochschulen keinen Erfolg haben sollten, kann ich Ihnen für den Moment, fürchte ich, keinen besseren Ratschlag geben als den, sich nach Firmen umzusehen, die sich mit der Aufbereitung von saurem Grubenwasser beschäftigen. Wir haben eine Liste von Playern, die sich grundsätzlich mit Wasseraufbereitung befassen. Ach, dabei fällt mir etwas ein.

Es entsteht eine kurze Pause, in der Adama Okereke Papier rascheln hört.

Hören Sie, die Unterlagen zu den Wettbewerbsbeiträgen kann ich nicht offenlegen, es spricht jedoch nichts dagegen,

Ihnen die Kontaktdaten jener Firmen zu senden, die bei uns eingereicht haben. Viele Namen kannte ich selbst nicht, etliche Mittelständler oder Start-ups. Sie sind innovativ, wie man an ihren Ideen sieht, und vielleicht ist jemand schon dichter an einer Lösung für das Grubenwasser dran, als Sie und ich ahnen. Unser Preis wird zwar für Innovation bei Konsumgütern vergeben, aber es ist ja nicht auszuschließen, dass sich das ein oder andere Unternehmen auch mit weiteren Fragen beschäftigt. Wenn es um Bergbau geht, sollte gutes Geld doch zu verdienen sein.

Das ist sehr freundlich von Ihnen, Herr Skarsgård.

Ich werde mein Büro bitten, Ihnen die Liste schnellstmöglich zusammenzustellen. Ach, und …

Ja bitte?

Darf ich mir noch notieren, wie ich Sie einordnen kann? Mein Büro hat offensichtlich vergessen, das aufzunehmen. Die Nummer, unter der ich Sie zurückrufe, ist eine Mobilnummer mit südafrikanischer Vorwahl, richtig? Institutionell rufen Sie an von …?

Nehmen Sie im Moment bitte mit meinem Namen vorlieb. Adama Okereke.

Am anderen Ende der Leitung bleibt es still.

Okereke sieht sich bemüßigt, eine kurze Erläuterung hinzuzufügen. Wie Sie schon sagten, Herr Skarsgård, ich habe bei der Recherche meine Gründe, behutsam zu agieren. Momentan sehe ich von offiziellen Anfragen meiner Stelle gegenüber Instituten wie Ihnen ab. Augenblicklich geht es mir um persönliche Sachkompetenz. Ich brauche für mein Haus schnelle Lösungen und dazu möchte ich herausfinden, was meine Optionen sind.

Verstehe. Dann viel Glück, Herr Okereke.

Danke. Und für Ihre Hilfe, ich weiß sie zu schätzen.

Ich freue mich immer, wenn ich helfen kann. Die Situation, von der Sie berichten, ist mir bekannt. Wir sind alle Akteure in einem komplizierten Feld. Das Wasser hat es verdient, dass wir unsere persönlichen Möglichkeiten so weit es geht ausschöpfen.

Ein schöner Satz, den werde ich mir merken. Nur fühle ich

mich inzwischen wie in einer Schachpartie, die Kopfzerbrechen bereitet. Die Taktung für den nächsten Zug wird immer kürzer.

Ja, die Natur wird uns nicht mehr viel Zeit lassen, die Partie zu Ende zu spielen, zumal wenn wir glimpflich davonkommen wollen. Bloß haben wir die Uhr selbst gestellt. Damit haben wir das Recht verwirkt, uns über den Druck zu beklagen, unter dem wir jetzt stehen.

Dem ist nichts hinzuzufügen.

Dann in diesem Sinne, Herr Okereke. Sagen Sie mir Bescheid, wenn Sie eine Firma gefunden haben. Und nochmals alles Gute für Ihre Suche. Auf Wiederhören.

I. FAMILIENGESCHICHTE

DIESER VERRÄTER HAT SIE NICHT VERDIENT

Apfeltrang, Allgäu, vor mehr als zehn Jahren

Wenn sie ihnen heute die Geschichte ihrer Familie erzählen wird, wird sie sich Papa zum Vorbild nehmen. Papa hat seinen Job damals gut gemacht und wenn sie ihren Job ebenso gut machen wird, werden Mies, Senta, Flocke und Jeffrey das fehlende Brimborium hinzustaffieren: all das, was es einmal gegeben hat, aber seit 1945 nicht mehr gibt – seit jenem Tag, an dem eine in letzter Minute abgeworfene Kriegsbombe die Familienburg zu einer Ruine reduziert hat. Kinderfantasie kann die fehlenden Zinnen ersetzen. Berichtet man die Geschichte Erwachsenen, ist sie ermüdend, denn der Erzähler verfängt sich im Gestrüpp stochernder Rückfragen. Zu viele der historischen Fakten bleiben im Trüben. Eine Geschichte, die möglicherweise mit Fake Facts operiert.

Wenn sie sich daran erinnert, wie Papa sie erzählt hat, ist sie sofort wieder im Film. Ihr Kinder-Ich ist eine gute Regisseurin gewesen und hat aufregende Bilder in satten Farben auf die Leinwand gemalt: steigende Pferde, Trompetenfanfaren und Hundegebell, Familiengeschichte in Cinemascope. Wenn sie für ihre Kinder heute großes Kino will, bräuchte sie diese VR-Brillen für die computergenerierte Wirklichkeit. Das Bein, das von Tannen dem Laschke gestellt hat, muss aus der Leinwand herauskommen, sodass sein Fuß gegen das eigene Knie stößt. Und der Degen an der Wand im Rittersaal, wo früher der Gobelin gehangen hat, müsste mitsamt seiner Halterung leicht von der Wand abstehen. Wenn sie ihn fühlen wollen, brauchen sie nur die Hand auszustrecken. Alles in ihrer Geschichte soll plastisch sein.

Sie hat sich vorbereitet und ein paar Requisiten werden ihr Schützenhilfe leisten. Sie hat das Büchlein jenes Historikers, der sich die Mühe gemacht und die Textfunde aus der damaligen Zeit zusammengesucht hat, um die Plitwitzer Fehde zu beschreiben. Und sie hat das Album mit den Bildern um 1920, das sie jenem fotoversessenen Onkel im Rheinland verdanken. Ihre Urgroßeltern müssen peinlich berührt gewesen sein, als er ihre Burg von oben bis unten abfotografiert hat. Als hätte man einen amerikanischen Touristen auf Europatour zu Gast. Längst sind sie froh darüber. So kann sie ihnen den Original-schauplatz zeigen, die Vorlage für das Remake, das heute in ihren Köpfen gedreht wird.

Und da endlich alle sitzen – bei vier Kindern eine Odyssee –, greift sie nach ihrer Zigarilloschachtel, denn sie braucht es, gleich auf die glühende Spitze zwischen ihren Fingern zu schauen. Natürlich werden sie alle angeekelt den Kopf zur Seite drehen, kaum dass sie den Rauch ausbläst: Mies, Senta, Flocke und Jeffrey. Komisch, schon wieder hat sie in dieser Reihenfolge gedacht, dabei ist Jeffrey älter als Flocke.

Sie schaut sie an und so wie sie dort auf dem Sofa sitzen, ist der Moment genau so, wie sie ihn sich immer vorgestellt hat.

Es war einmal, beginnt sie, eine Zeit, als Wegelagerer die deutschen Gaue unsicher gemacht haben. Eine Reise war gefährlich, wer konnte schon wissen, wer hinter dem nächsten Strauch hockte? Doch in manchen Gegenden hatten die Reisenden Glück, denn dort gab es Ritter, die für Ruhe und Ordnung sorgten und sich unliebsamen Besuchern mit Pferd und Schwert in den Weg stellten. Einer dieser Ritter, der auf einer Aue gesiedelt hatte, war besonders bekannt, denn die Spitze seiner Lanze verfehlte ihr Ziel nie. Da sie tödlich stach, sagten die Leute, der Ritter auf der Aue steche wie eine Wespe. Daraus zog man den Namen »Wespaue«. Später hat er sich zu »Wespau« verkürzt. Unser Name lässt sich auch aus dem Wappen gut ablesen. Ihr kennt es. Im linken oberen Feld ist ein Reiter, im rechten oberen die Lanze. Unten im Schildfuß die Aue, eine Wiese mit einer Quelle.

Aber wir heißen doch Holzrichter, bemerkt Flocke schüchtern.

Weil Ma Forscher geheiratet hat, sagt Mies zu ihr, und Ma spürt seine Ungeduld.

Sie lächelt, wie immer, wenn die Kinder ihren Vater bei dem Spitznamen rufen, den sie für ihren Mann gefunden hat. Doch sie hört es gern, alle in der Familie bilden so ein Team. Und sie ist gern für alle Ma, eine bequeme Abkürzung auch für Forscher, denn Marianne ist ein langer Name.

Bemerkenswert an unserer Familie ist, knüpft sie an den Beginn ihrer Geschichte an, dass »Wespe« im Mittelhochdeutschen trotz des Stachels etwas Gutes meint. Das Wort beschreibt eine Webse, also eine Webende. Und man kann mit Fug und Recht behaupten, dass jede folgende Generation dem Vorhandenen Neues hinzugefügt hat. Gauchsteins Mauern wurden so immer dicker. Irgendwann waren es so viele Ziegel, dass man die ersten Steine gar nicht mehr sehen konnte.

Jeffrey guckt auf die Wand, als überlegte er, was dahinter ist.

Was wissen wir noch? In der Schlacht am Weißen Berg, als unsere Familie bereits sehr zahlreich war, sollen hundert Wespauer Ritter gefallen sein. Bloß drei männliche Glieder unseres Geschlechts blieben verschont. Sie trugen die Namen Vincent, Wendel und Sixt. Die drei gelobten, dass von nun an jeder männliche Spross unserer Familie einen ihrer Namen führen soll.

Ach, deswegen ist mein zweiter Vorname Vincent?, fragt Mies.

Er sieht bei seiner Frage seine Geschwister nicht an, Ma kann jedoch spüren, wie er triumphiert. Die Regel gilt nur für Söhne, nicht für Mädchen. Und Jeffrey ist adoptiert. Alles dreht sich mal wieder um ihn, den kleinen Kronprinzen.

Unseren Reichtum, fährt sie fort, verdanken wir den Diensten, die wir dem Markgrafen geleistet haben. Für die sind wir großzügig belohnt worden. Der eigentliche Ursprung unseres Glücks ist ein gestelltes Bein. Denn ohne das hätte es nie eine Burg gegeben, die uns der Markgraf hätte vermachen können und die unsere Familie seitdem all die Jahrhunderte über besitzt. Dabei stand es für unseren Besitz manchmal Spitz auf Knopf. Zuletzt in den Zwanzigerjahren, vor knapp hundert

Jahren. Meine Großeltern, eure Urgroßeltern, sind in echter Not gewesen – die Inflation, wisst ihr?

Die Kinder nicken.

Außerdem war da die Sache mit den Bugattis. Euer Urgroßvater ist damals ein junger Mann gewesen und hat eine große Vorliebe für Rennwagen gehabt. Er vertrieb sich seine Zeit beim Bugatti-Team. Ich weiß noch, wie meine Großmutter immer vom Type 13 gesprochen hat. Das war der erste Rennwagen, der den Namen »Bugatti« trug. Die Bugatti-Siege reihten sich aneinander wie die Perlen einer Kette. Irgendwann wurde die Sucht von Großvater nach neuen Rennen zu einer ausgewachsenen Krankheit, wie bei einem Tumor. 1921 belegte Bugatti mit seinen vier Piloten die ersten vier Plätze! Im Zimmer meines Großvaters stand in Erinnerung an diesen Vierfachsieg ein kleines Modell des Type 13 auf seinem Schreibtisch, in klassischem Rennwagenblau.

Ma macht eine kurze Pause, damit der Kameramann, den sie für ihren Film engagiert hat, auf das blaue Blech des kleinen Spielzeug-Bugattis Type 13 zoomen kann.

Unsere Familie kannte also nichts anderes als Autorennen und die Inflation. Ma seufzt. Not macht erfinderisch. 1923 sollte die Burg verkauft werden. Von der Inflation hieß es, dass sie galoppiere. Der Wertverfall kam immer über Nacht. Am Abend hast du einen Schein in dein Portemonnaie gelegt, am Morgen, wenn du zum Bäcker gegangen bist, war er nur noch die Hälfte wert. Was die Burg betraf, wurde die Inflation dagegen unser Glück. Meine Großeltern waren sich uneins, was sie behalten wollten und was als Inventar mitverkauft werden sollte. Im Laufe der Jahrhunderte hatte sich fürchterlich viel Kram angesammelt. Und dann gab es noch ein Hin und Her zum Zustand der Mauern. Lauter Rückfragen zum Gutachten. Der Notartermin wurde zweimal verschoben. Der Wertverfall des Geldes in der Zwischenzeit war drastisch und der Kaufpreis wurde fortlaufend neu festgelegt. Der Notar setzte eine letzte Frist und es erwies sich, dass der Käufer gar nicht zahlen konnte. Eure Urgroßmutter wusste nicht mehr, wie sie ihre

19

Küchenhilfe entlohnen sollte, und die teuren Bugatti-Rennen waren endgültig Geschichte, doch die Burg blieb in unserem Besitz.

Jeffreys Füße scheuern an den Teppichfransen, er versucht sie mit den Zehen so weit zu ziehen, wie es geht, ehe sie der weichen Gummisohle seiner Schuhe entgleiten.

Das Haupthaus hat es dann noch bis in die Vierzigerjahre hinein gegeben. Ma lehnt sich zurück. Bis zu jenem Moment, als eine Bombe aus dem Zweiten Weltkrieg ihren Weg nach Gauchstein fand. Vielleicht ist sie für Dresden oder Erfurt bestimmt gewesen oder sie haben ein Waffendepot der Wehrmacht bei uns vermutet. Genaues wissen wir nicht. Gauchstein ist bis auf die Grundmauern niedergebrannt. Deshalb steht da heute eine Ruine, sehr malerisch, jedoch völlig unbewohnbar. Allein das Haus auf der Südseite gibt es noch – das Wasserhaus. Es stand immer etwas getrennt vom Haupthaus und hat Glück gehabt, denn der Wind muss an jenem Tag von Süden gekommen sein. Das Wasserhaus ist nie bewohnt gewesen, es war immer ein Wasserspeicher, mit seinen Becken und Röhren.

Senta und Jeffrey wirken unbeteiligt. Ihr letzter Satz über Becken und Röhren muss für Kinderohren tatsächlich langweilig klingen. Aber sie weiß, dass sie ihre Aufmerksamkeit gleich wiedergewinnen kann. Schwarzer Ruß ist noch nicht alles.

Mein Vater, euer Großvater, hat seinen Eltern die Schuld dafür gegeben, dass die Burg abgebrannt ist. Der Druck, der bei dem Feuer entstand, war so groß, dass alles Geschirr, das sie in der Küche gelagert hatten, mit einem großen Knall platzte. Wie ein Kanonenschuss habe es geklungen, sagte eure Urgroßmutter. Es war natürlich Ironie, aber im Grunde meinte Großvater seinen Vorwurf völlig ernst. Insgeheim stimmten ihm alle zu. Von einer schönen Frau lässt man sich nicht scheiden, sagte er immer. Nur wegen der dummen Bugattis! Dann drehte er sich zu meiner Mutter um. Kann man es da der Burg übel nehmen, fragte er sie, dass sie lieber abgebrannt ist, als noch einmal zu erleben, wie man ihr den Laufpass gibt?

Die Kinder verfolgen, wie Ma den Rauch ihres letzten Zugs ausbläst, während die Spitze ihres Zigarillos leuchtet.

Die Burg und die Wespaus haben immer ein festes Band gebildet. Und was die Bugattis betrifft, bei dem Brand ist auch der Schreibtisch meines Großvaters verbrannt, mitsamt dem kleinen blauen Blechmodell. Von der Burg stehen dagegen noch immer die Ruine und das Wasserhaus. So ist sie die Siegerin geblieben. Eine schlaue Siegerin! Als Ruine ist sie ja unverkäuflich. So hat sie dafür gesorgt, dass nichts und niemand die Wespaus und Gauchstein je wieder wird trennen können, bis dass der Tod uns scheide. Und so gehört Gauchstein zu unserer Familie wie unser Wappen und all die Geschichten, die es rund um die Burg zu erzählen gibt.

Ma schließt die Augen. Sehen sie alle das Gleiche? Gerade haben die Flammen das kleine Blechauto zum Schmurgeln gebracht und sind in den Zuschauerraum hineingeschlagen, sodass sie aufpassen mussten, dass sie nicht auf ihre Kleider überspringen. Jetzt, da der Morgen klart, sehen sie auf die Ruine von Gauchstein, eine ungerade gezackte Linie hoch oben am Berg, noch immer stolz und voller Geheimnisse.

Zurück zu unseren Anfängen! Vielleicht habt ihr euch schon einmal gefragt, warum in unserer Familie der 1. August gefeiert wird. Das ist der Tag, an dem uns Gauchstein nach urkundlicher Überlieferung mit markgräflicher Würde als Lehen vermacht worden ist. Zum Dank für unsere Dienste. Dass Gauchstein als Lehen zur Verfügung gestanden hat, verdanken wir also jenem gestellten Bein, von dem ich euch erzählen will. Später ist es als »Plitwitzer Fehde« in die Annalen der Geschichte eingegangen.

Ma überschlägt die Beine und einer ihrer beiden Unterschenkel ruht nun frei schwebend in Höhe der Couchtischkante. Sie muss selbst lächeln, als sie merkt, dass er so für jeden ihrer jungen Zuhörer zum Problem wird, sollte jemand vorhaben, ihr vorzeitig zu entwischen.

Die Auseinandersetzung, müsst ihr wissen, hat 1385 bei einem Dresdner Adelstanz begonnen. Da entstand Streit zwischen Hans von Tannen und dem jungen Burggrafen Laschke, dessen Familie die Burgherren zu Plitwitz waren. Der tanzende Laschke war ein hübscher junger Mann, verwegen und leichtsinnig. Männer dieses Schlags machen oft Dinge, die man besser nicht tun sollte. Er warf von Tannens Frau heiße Blicke zu und der stellte daraufhin Laschke ein Bein. Laschke bemerkte es und wich geschickt aus. Natürlich konnte er diese Provokation nicht stehen lassen. Daher verpasste er von Tannen vor aller Augen eine schallende Ohrfeige.

Mies grinst.

Es gibt davon sogar, sagt Ma und blättert in ihrem Büchlein, einen Bericht, den Nickel von Tannen aufgeschrieben hat, hundert Jahre später. Sie nimmt ihre Lesebrille und liest vor. *Der erste unwille hadt ein anfangk: Es war einer von Tann, der schlug dem jungen her Laschken ein beyn under uff dem tantzhawse zu Dresden, so slugk her Laschko Tann uffs mawl.* Der Anfang war gemacht. Um Rache zu üben, belagerte von Tannen Plitwitz und nahm Laschkes Vater sowie Laschke und seinen Bruder gefangen. Laschke selbst gelang zwar die Flucht und er befreite sogar seinen Bruder. Ihr gebrechlicher Vater dagegen starb in dem Verlies, das von Tannen für ihn ausersehen hatte. Sehr gemütlich kann es dort nicht gewesen sein. In den Herzen seiner beiden Söhne brannte seitdem unversöhnlicher Hass.

Du hast gar nicht erzählt, wie Laschke seinen Bruder befreit hat, sagt Flocke. Sie klingt enttäuscht.

Er hatte Rapunzel dabei, spottet Mies und dreht sich zu seiner Schwester um. Als Laschkes Bruder um Hilfe gerufen hat, hat er gesagt: Los, lass dein Haar herunter. Mies wickelt Flockes Zopf um seinen Finger und zieht ihren Kopf leicht zur Seite.

Lass das!, ruft Flocke. Du bist mies!

Schluss, sagt Ma. Es geht weiter. Die Plitwitzer sind Raubritter gewesen und hatten den Handel zwischen Sachsen und Böhmen fast zum Erliegen gebracht. Sie waren dem Markgrafen daher ein Dorn im Auge. Er bestellte seine Berater ein und teilte ihnen mit, es seien ihm Dinge zu Ohren gekommen, die zu dulden er nicht länger gewillt sei. Man werde von Tannen Beistand leisten und die Plitwitzer ein für alle Mal aus dem Weg räumen. Der junge Laschke wurde so über Nacht zur Persona non grata.

Was ist das?, fragt Flocke.

Eine Person, die von nun an unerwünscht ist. Und vor lauter Unerwünschtheit hat der Markgraf 1401 alle Burgen der Plitwitzer belagern lassen. Erneut gelang Laschke die Flucht. Im Regen der Feuerpfeile sprang er auf sein steigendes Pferd und kaum dass die Brücke über den Burggraben hinuntergelassen wurde, preschte er darüber ins Freie. Dabei stach er mit seiner Lanze zwei Dutzend markgräfliche Fußsoldaten nieder, die ihn aufhalten wollten.

Na gut, denkt Ma, das mit den zwei Dutzend Fußsoldaten habe ich erfunden, aber jeder gute Film braucht Statisten und Staffage.

Ist ja alles wie bei James Bond, sagt Senta spöttisch, die ihre Gedanken gelesen zu haben scheint.

Es ist eine Legende, Schatz … Ma streicht ihr über die Stirn. Danach hat Laschke das Glück verlassen, fährt sie fort. Auf dem Moritzburger Weg haben sie ihn geschnappt. Es heißt, es gebe dort ein Steinkreuz. Ich bin allerdings nie da gewesen.

Sie trinkt einen Schluck und hofft, dass die Kamera in den Köpfen ihrer Kinder das einfängt, was sie zu erzählen versucht. Aus der Vogelperspektive fährt sie heran, während unsichtbare Hände raschelnde Zweige beiseiteschieben. Und da ist es. Sonnenstrahlen spielen auf dem alten Steinkreuz und der waagerechte, kurze Arm reicht ein Stück in ihren Kinozuschauerraum hinein. Der Schiefer ist dunkelschwarz und mit Moos überzogen wie die Grundmauern ihrer Burg, sodass die Inschrift kaum zu entziffern ist.

Armer Laschke! Der Markgraf hat also lauter Plitwitzer Güter besessen, nimmt Ma den Faden wieder auf. Er setzte sich auf einen prächtig geschnitzten Stuhl, den er unter etlichen weiteren Hinterlassenschaften der Plitwitzer für sich reklamiert hatte. Nun überlegte er, ob es nicht an der Zeit wäre, den Wespauer Ritter zu entlohnen. Seine Hand zupfte an der dicken Decke über den von Gicht geplagten Knien. Ja, der Wespau, er könnte ihm Gauchstein geben, das abgelegenste der Plitwitzer Besitztümer. Und so sind wir zu Burgherren geworden. – Jenseits unserer Gründungsgeschichte gibt es zwei weitere Besonderheiten, von denen ich euch berichten kann. Immer vorausgesetzt, ihr habt noch Lust zuzuhören, denn unsere Burg ist ja seit Langem abgebrannt.

Sie macht eine Pause und die Kinder schauen sie gebannt an und warten, dass sie fortfährt. Papa wäre mit ihr zufrieden.

Die eine kennt ihr schon. Unsere Burg besitzt ein Wasserhaus. Das ist durchaus etwas Besonderes. Felsenburgen gibt es des Öfteren, nur wird üblicherweise eine Zisterne in den Sandstein geschrotet. So hat man Platz gespart, auf Bergrücken ist jeder Quadratmeter kostbar.

Warum hat Gauchstein dann ein Wasserhaus?, fragt Jeffrey.

Mit dieser Frage hat Ma gerechnet. Genaues wissen wir nicht. Was wir wissen, sie klopft mit dem Fingerknöchel auf die Familienaufzeichnungen, ist, dass es ein wichtiger Bestandteil der Burg gewesen ist. Denn unsere Familie hat es genau wie das Haupthaus mit vier Meter dicken Mauern versehen. Offenbar wollte man bei Belagerungen gewappnet sein. Dicke Mauern sind für die damalige Zeit keine Besonderheit, vier Meter sind allerdings außerordentlich dick. Die zweite Besonderheit von Gauchstein ist eine Inschrift – ein Graffito. Und auf das kann unsere Familie wirklich stolz sein.

Die Kinder schweigen.

Was ist daran so besonders?, fragt Senta schließlich mit leichtem Seufzen.

Ma nickt. Graffitis gibt es auch unten an den Pfeilern der Autobrücke über die Wertach. Besonders schön findet das Gekritzel niemand von ihnen.

Na ja, sagt sie, es ist der Urheber dieser Inschrift, der sie so besonders macht. Sie lautet *Ce traître ne la derserve pas!* – Dieser Verräter hat sie nicht verdient. Und jetzt fragt ihr euch sicher, wer der Autor gewesen ist.

Die Kinder nicken.

Die Geschichte dieses Graffito, spricht Ma weiter, beruht auf einem Besuch, einem, der in unseren Familienannalen mindestens ebenso berühmt wurde wie die Geschichte von jenem gestellten Bein, dem wir unsere Burg verdanken. Es ist zu der Zeit der Napoleonischen Kriege gewesen. Aber beginnen wir auch hier von vorne. In unserem Rittersaal hat eine Neuerwerbung gehangen, der ganze Stolz unserer Familie, ein Wandteppich, der wertvoll gewesen ist, ein Gobelin von der Loire. Wie er von Frankreich nach Gauchstein gelangt ist, wäre eine Geschichte für sich, die Loire liegt ja nicht gerade um die Ecke. Leider hat sie niemand aufgeschrieben. Ma pafft an ihrem Zigarillo. Einig sind sich alle darin, dass der Gobelin in den Jahren der Französischen Revolution den Besitzer gewechselt hat. Damals stürmten viele Revolutionäre die Adelsschlösser. Für Gobelins hatte kaum jemand von ihnen Verwendung. Für Geld hingegen schon. So wurde er verkauft und auf dem Weg über den Rhein muss er durch viele Hände gewandert sein. Unser Vorfahr hat ihn für Gauchstein erworben. Einer der auf dem Gobelin abgebildeten Edelmänner trug einen Hut mit einem Band in den französischen Nationalfarben, das nennt man eine »Kokarde«. Der abgebildete Mann hatte eine verblüffende Ähnlichkeit mit einem berühmten General namens Jean Moreau.

Wie die Schauspielerin?, fragt Senta verblüfft.

Ja, richtig. Oder fast. Jean-Victor, wenn ihr es genau wissen wollt. Moreau war in die Dienste der französischen Armee getreten und hatte in den 1790er-Jahren etliche Schlachten gewonnen. Moreau war für seine Feldkunst so berühmt, dass auch Napoleon auf ihn aufmerksam wurde. Der hielt sich für Frankreichs besten Feldherrn, aber plötzlich gab es da dieses Schneewittchen, diesen Moreau und seine Siege: Mannheim, Rastatt und Malsch. Stockach, Engen und Ulm. Biberach an der Riß. Napoleon versuchte erbittert, Moreau loszuwerden. Wer sucht, wird fündig. Ma lächelt. Ein Satz Briefe wurde in Moreaus Besitz entdeckt. Aufrührerische Korrespondenz, die zwischen einem gewissen Condé und einem Pichegru gewechselt worden war. Napoleon vermutete sofort ein Komplott. Ma stupst Flocke mit dem Lesezeichen an die Nase. Was hättest du getan?

Flocke hebt die Schultern.

Moreau und Pichegru waren befreundet, Pichegru glaubte die Briefe bei Moreau in sicheren Händen. Das wurde Moreau zum Verhängnis. So brachte Napoleon ihn vor Gericht.

Aber er hat doch gar nichts getan! Ich finde es gemein, dass Napoleon ihn deswegen bestraft hat.

Richtig, Flocke, so haben das auch die Richter gesehen. Da Moreau keine einzige Zeile jener Briefe selbst geschrieben hatte, wurde er mit sieben gegen fünf Stimmen freigesprochen. Napoleon packte die kalte Wut – wer hatte schließlich das Sagen im Land? Er intervenierte, bis man Moreau zu zwei Jahren Gefängnis verurteilte. Sofort wandelte er Moreaus Strafe in Verbannung um, endlich konnte er ihn fortschicken, au revoir und auf Nimmerwiedersehen! Freilich wünscht man sich beim Au-revoir eben das: ein Wiedersehen! Und dazu kam es auch. Vielleicht hätte Napoleon seine Entscheidung noch einmal überdenken sollen.

Warum?, fragt Mies.

Nun, du weißt ja, was der Volksmund sagt. Was du nicht willst, das man dir tu, das füg auch keinem andern zu. Ma pafft erneut. Wenige Jahre später hat man Napoleon nach Elba gebracht. Und als das nicht reichte, nach Sankt Helena. Geschah ihm vielleicht ganz recht. Moreau schiffte sich nach Amerika ein und vertrieb sich zwei Jahre lang die Zeit mit Angeln und Jagen. Während er darauf wartete, dass ein Fisch anbiss, wuchs sein Hass auf denjenigen, der ihm diesen langweiligen Angelausflug in Pennsylvania eingebrockt hatte. Irgendwann war der Hass auf Napoleon größer als alles andere.

Und was ist dann passiert?, fragt Senta.

1813 erhielt er eine Einladung vom russischen Zaren, mit ihm zusammen gegen Napoleon zu kämpfen. Moreau zögerte keinen Augenblick, wickelte die Angelschnur ein und machte sich auf den Weg zurück nach Europa. Und so kam es zu jenem schicksalhaften Spätsommer 1813, in dem die beiden Widersacher Napoleon und Moreau beinahe über die Füße des anderen gestolpert wären. Und wo? An der Front. Wo verlief die? Dreimal dürft ihr raten. Direkt zu Füßen einer Burg, hoch oben auf einem Felsen.

Gauchstein!, ruft Mies.

Ja. Spätestens jetzt hat sie die ganze Aufmerksamkeit der Kinder. In unmittelbarer Nähe zu unserer Burg, nördlich von Borna, hat Napoleon den Rückzug seines Gegners beobachtet. Gegen Abend war er auf der Suche nach einer passablen Schlafstatt. Unter den gegebenen Umständen erwies sich unser Haus als die beste Wahl. Napoleon ritt in den Hof unserer Burg, stieg ab und betrat beherzten Schritts den Rittersaal – und erblickte unseren Gobelin. Erinnert ihr euch?

Die Kinder nicken.

Der Edelmann darauf sah Moreau zum Verwechseln ähnlich! Und er trug jene Kokarde am Hut, das Band, das Frankreich verkörperte. Und was war dem Kaiser zu Ohren gekommen? Dass sich Moreau aus der Verbannung befreit und auf die Seite des Gegners geschlagen habe, im Dienst für Russland und den bösen Zaren! Napoleons Gesichtsausdruck könnt ihr euch denken. Er zückte seinen Degen, lief schnurstracks zum Gobelin und schnitt dem Edelmann kurzerhand die Kokarde aus dem Hut. Dann kritzelte er auf die Wand des Rittersaals, neben den zerstückelten Gobelin: *Ce traître ne la deserve pas!* – Dieser Verräter hat sie nicht verdient! Das war am 9. September 1813.

Ma macht eine Pause, die Kinder sind mucksmäuschenstill.

Moreau war zu diesem Zeitpunkt schon nicht mehr am Leben, fährt sie fort. Nur wusste Napoleon das nicht. Als Moreau Tage zuvor, kaum zehn Kilometer von Gauchstein entfernt, in der Schlacht vom 27. August neben dem Zaren stand, hat ihm eine französische Kanonenkugel das Bein zerfetzt. Es musste amputiert werden. Der Überlieferung zufolge hat Moreau währenddessen noch eine Zigarre geraucht. Ein cooler Hund, dieser Moreau.

Ma will den Kindern Zeit lassen zu sehen, was es zu sehen

gibt: das Zelt mit der Pritsche im Feldlazarett, vor dem die Soldaten aufgeregt auf und ab laufen. Gerade ist ein Adjutant des russischen Zaren auf einem Pferd galoppierend eingetroffen, um nach dem Zustand des Patienten zu fragen. Währenddessen bildet Moreaus Zigarrenrauch über der Pritsche einen weißen Ring, der minutenlang in der Luft hängen bleibt, während sich die Feldärzte emsig an Moreau zu schaffen machen. Bis der Kringel über ihre Köpfe hinweg in den Kinozuschauerraum entschwebt.

Leider war es mit der Wundversorgung damals nicht weit her. Ma nickt. Kurz darauf ist Moreau in Laun gestorben. Heute heißt es Louny und liegt in Tschechien. Es ist nicht weit von Gauchstein, etwa siebzig Kilometer. Das alles war am 2. September, nur eine Woche, bevor Napoleon in unseren Rittersaal kam, den Gobelin erblickte und für einen Moment die Fassung verlor. Napoleons Streitmacht verfügte zu diesem Zeitpunkt noch über vierhunderttausend Franzosen. Unser Vorfahr, der das zweifelhafte Glück hatte, Zeitgenosse des berühmten französischen Kaisers zu sein, war wie Moreau in den Dienst der Koalition gegen Napoleon getreten. Als Generalmajor der Kavallerie stellte er ein Jägerkorps auf und führte es gen Paris. Als er die Stadt erreichte, hatte die längst kapituliert. So hat er um wenige Tage den ewigen Ruhm verpasst, von dem er nachts geträumt haben muss, als er auf seiner kalten Feldpritsche gelegen hat, kurz vor den Pontonbrücken über den Rhein. Die Franzosen waren endlich fort – Wiener Kongress und Frieden in Europa!

Was wurde aus dem Gobelin?, fragt Senta.

Der ist abgehängt worden. Auf alles Französische war man nach den Kriegen nicht mehr gut zu sprechen und zerschnitten, wie er war, bildete er für den Rittersaal sowieso keine Zierde mehr. Allerdings behielt man ihn im Haus. Gut verpackt muss er irgendwo auf dem Dachboden gelegen haben, zusammen mit dem kleinen blauen Bugatti auf dem Schreibtisch von Großvater ist er schließlich im Feuer von 1945 verbrannt. Die Wand im Rittersaal ist kahl geblieben, berichtet Ma weiter. Sie klopft auf das Fotoalbum mit den historischen Aufnahmen, das sie vorhin bereitgelegt hat. In den wenigen Jahrzehnten, als Foto- apparate schon erfunden waren und unsere Burg noch existiert hat, sind diese Aufnahmen entstanden. Glücklicherweise hat es einen Onkel gegeben, der begeisterter Fotograf gewesen ist. Als er zu Besuch kam, aß er Großmutters gefülltes Rebhuhn und tätschelte Großvaters Jagdhund. Danach fotografierte er alles, was zu sehen war, den Jagdhund und alles Übrige. Zwei Tage später fuhr er zurück an den Rhein. Auch der Rhein ist später bombardiert worden, das Haus unseres Onkels und jenes Album sind unversehrt geblieben. Jahre später hat er es meinen Großeltern als Erinnerung vermacht. Schaut mal …

Sie greift neben sich, wo auf dem Teewagen das Fotoalbum wartet. Ehrfürchtig blättern Mies und Senta durch die ver- gilbten Seiten und das Seidenpapier knistert.

Sie war schön, die Burg, sagt Senta.

Nur der Gobelin fehlt, sagt Mies.

Dann reichen sie das Album weiter an Jeffrey und Flocke.

Ist das Napoleons Degen?, fragt Flocke ehrfürchtig und deutet auf den Degen an der Wand unterhalb der Stelle, wo die dicken Balken der Rittersaaldecke zu sehen sind.

Ma lächelt. Napoleons Degen, das wäre was. Nein, das ist er nicht, aber es ist dennoch ein besonderer Degen. Es war jener eures Vorfahren, des Generalmajors, der 1813 sein Jäger- bataillon nach Paris geführt hat und beinahe Frankreich befreit hätte.

Flockes Finger fährt langsam über die Fotokanten. Jetzt kann sie ihn greifen, denkt Ma.

Besser nicht, sagt Jeffrey und nimmt Flockes Hand behut- sam weg. Wir müssen bestimmt vorsichtig sein mit dem Foto.

Nach den Napoleonischen Kriegen war man die Truppen endlich los, greift Ma den Faden auf. Allenfalls die zerbroche- nen Fensterscheiben im Turmzimmer haben unsere Familie noch eine Zeit lang an den französischen Besuch erinnert. Wenn Soldaten trinken, fliegen die Krüge und Napoleons Entourage hat, bei allem Respekt, ziemlich liederlich bei uns gehaust. Nur wären russische Soldaten sicher keinen Deut besser gewesen. Wer die Armee zu Gast hat, darf nicht zimperlich sein. Irgendwann ist das Turmzimmer wiederhergerichtet worden. Nur den auf die Wand des Rittersaals gekritzelten Satz haben sie aus irgendeinem Grund stehen lassen. Ma bläst den Rauch ihres Zigarillos über die Kinderköpfe hinweg.

Die Kinder husten demonstrativ.

Immerhin hat es sich um die Inschrift eines Kaisers gehandelt, nicht wahr? Und es war nicht die irgendeines Kaisers, sie kam von der Hand Napoleons! Je länger die Jahre seit 1813 zurücklagen, umso mehr war man in unserer Familie geneigt, stolz auf dieses Kapitel des Hauses zu sein, ein historisches Dokument. Und denkt an die Leidenschaft, die daraus spricht. Hassen kann man nur den, der einem ebenbürtig ist. Unsere Vorfahren haben Seite an Seite mit Moreau gekämpft, zusammen haben sie es mit Napoleon aufgenommen. Der erhielt seine gerechte Strafe und wurde verbannt. Auf Sankt Helena ist er schließlich gestorben.

Moreau ist nie auf unserer Burg gewesen, nicht wahr?, fragt Jeffrey.

Das nicht, dafür wurde er zum Schutzpatron unserer Familie. Sein Feldherrenruhm, der Napoleon so in Rage versetzt hat, war der Ausgleich dafür, dass unser Generalmajor in Paris unverrichteter Dinge hat kehrtmachen müssen. Ma blinzelt durch das Fenster. Vielleicht hegte unsere Familie so viel Sympathie für Moreau, weil ihm eine Kanonenkugel zu Füßen unserer Burg ein Bein gestellt hat. Wer taugt besser zum Schutzpatron als er – für unsere Burg, die wir einem gestellten Bein zu verdanken haben!

Flocke kichert.

Je mehr Zeit verstrichen ist, desto ehrfürchtiger haben alle auf das Graffito auf den vier Meter dicken Mauern geschaut, einen Ort, an dem Weltgeschichte geschrieben worden ist. Freilich, Ma schmunzelt, fehlte der Inschrift der Bezug. Den zerschnittenen Gobelin hatte man ja abgehängt. Und wie sollte ein unvoreingenommener Besucher die Inschrift deuten? Was hättet ihr gedacht? Sicherlich nichts anderes als jener Onkel aus dem Rheinland und alle weiteren Gäste, die nichts ahnend den Rittersaal betraten. Sie lasen: *Ce traître ne la deserve pas!*

Dieser Verräter hat sie nicht verdient, wiederholt Jeffrey.

Genau. Jeder muss sich gefragt haben, wer oder was damit gemeint gewesen ist. Und da wir Gauchstein jenem Ritter auf der Aue zu verdanken haben, der wie eine Wespe gestochen hat, lag nahe, dass wohl von ihm, dem ersten Burgherrn, die Rede war. Nur was war mit dem »la« gemeint? Eine Kokarde war weit und breit nicht zu sehen. Die Besucher nahmen daher an, dass mit »sie« wohl »la domaine« gemeint war, nichts anderes als die Burg selbst. Unsere Familie, so lautete ironischerweise Napoleons Botschaft, hat Burg Gauchstein gar nicht verdient!

Ma macht eine Pause und schaut die Kinder amüsiert eines nach dem anderen an. Erinnert ihr euch? Bis heute wissen wir nicht, worin die Dienste bestanden haben, für die wir mit Gauchstein belohnt worden sind. Und aus dem Abstand der vielen Jahrhunderte heraus, jetzt, da die Burg nur noch eine Ruine ist, darf man diese Frage einmal offen stellen. Lächelnd streift Ma die Asche ihres Zigarillos ab. Also wenn ihr mich fragt, hat uns Napoleon eine wunderbare Fährte gelegt.

Die Kinder schauen sie mit großen Augen an.

Habt ihr noch den Anfang meiner Erzählung im Kopf? Es hat Wegelagerer gegeben, denen sich der Auritter in den Weg gestellt hat. Seine Lanze stach tödlich, wie der Stachel einer Wespe. Die schlimmen Übeltäter waren tot, neben ihnen lagen die Schätze, die sie mit sich geführt hatten. Hätte unser Ritter das gestohlene Gut zurückgegeben, hätte man das vermutlich aufgeschrieben. Ma streicht mit der Kuppe ihres Zeigefingers über das Büchlein auf ihrem Schoß.

Und, findet sich dazu etwas?, fragt Senta.

Nein. Die Bestohlenen sind wahrscheinlich für immer leer ausgegangen. Einen Teil wird der Auritter dem Markgrafen gegeben haben. Das waren also die »Dienste«, für die er die Burg als Lehen erhalten hat. Und was den anderen Teil betrifft, Ma kann ein gewisses Lächeln nicht unterdrücken, vier Meter sind wirklich außerordentlich dick. Wenn man sich ein bisschen mit Geografie beschäftigt, erfährt man, dass Gauchstein zu keiner Zeit eine strategisch bedeutsame Lage hatte. Es ist schon immer so abgelegen gewesen wie zu den Zeiten von Laschke: keine Handelsstraße, die am Burggatter entlanglief, und keine Erz- oder Kupferadern im Boden ringsherum. Ja, Napoleon hat hier einmal übernachtet. Doch das war eher Zufall, als wir die Front gebildet haben.

Warum dann diese Dicke?, fragt Mies.

Das, was auf der Burg gelagert hat, ist wertvoll gewesen. Daher musste man Sorge tragen, dass es einem nicht wieder abgenommen wurde. Das Raubrittergut! Natürlich wollte das niemand herausgeben. Der Auritter nicht und seine Nachfahren auch nicht.

Ma lächelt Jeffrey zu, deutet auf das Fotoalbum und lässt es sich wieder aushändigen. Kurz blättert sie selbst noch einmal durch die knisternden Seiten, dann klappt sie es zufrieden zu. Sie kommt zu den letzten Minuten ihres Films und die wird sie auskosten.

Als ich so alt gewesen bin wie ihr, habe ich zu gern wissen wollen, was auf dem Gobelin, der 1945 verbrannt ist, wohl noch zu sehen gewesen ist außer jenem Edelmann mit der Kokarde. Es gab jedoch niemanden, den ich fragen konnte. Auf den Fotos von 1920 war er ja nirgendwo zu entdecken. Nach der Wende, als uns die Burg rückübertragen wurde, machte ich mich mit eurem Großvater an die Unterlagen. 1945 hat man die Burg verstaatlicht und alle betreffenden Dokumente sind in ein kommunales Archiv gelangt. Bei der Rückgabe der Burg oder vielmehr dem, was von ihr übrig war, konnten wir sie einsehen. Sie lächelt. Papa und ich sind fündig geworden.

Die Kinder beugen sich gespannt vor.

Denn von jenem geplatzten Kaufvertrag 1923 haben wir noch eine Abschrift entdeckt. Darin befand sich eine Inventarliste, die aufführt, was der Käufer hätte miterwerben sollen. So ist jener geplante Verkauf doch noch zu etwas gut gewesen. Denn in dieser Inventarliste steht unter anderem: *Ein Gobelin, beschädigt, einen Wasserlauf mit Wiesengrund, Schäfern und Edelleuten zeigend.* Und jetzt wissen wir, warum unsere Vorfahren diesen Wandteppich seinerzeit erworben haben. Das Motiv, ein Wasserlauf mit Wiesengrund, ist nichts anderes als unsere Wiese mit der Quelle, im Schildfuß unseres Wappens.

Ma steht auf und streicht Flocke durchs Haar, die andere Hand legt sie Jeffrey auf die Schulter. Dann lässt sie beide los und geht zum Fenster.

Was ist von alldem geblieben? Mies' zweiter Vorname und unsere Feier vom 1. August, die Fotos und die Erinnerung an eine kaiserliche Inschrift. Und Großmamas Anekdote von den Bugatti-Rennen. Weswegen die Burg am Ende doch Siegerin geblieben ist. Ma schaut nach draußen. Vielleicht werdet ihr sagen, na, das ist ja nicht viel. Aber eines gibt es noch immer – das Wasserhaus. Wann es gebaut worden ist, kann ich euch nicht sagen. Laut Schätzung des Denkmalamts muss es sehr alt sein, aus den Anfängen unserer Burg. Ihr Finger fährt über die Fensterscheibe. Wisst ihr, damals habe ich Papa das gefragt. Er wusste es auch nicht. Was wohl die Leute im Tal dachten, wenn sie auf die Burg hoch oben schauten? Liebten oder fürchteten sie sie? Das Haupthaus, in dem die Schätze des Auritters gelagert haben müssen, liegt auf der Nordseite und dieser Flügel ist vom Dorf aus nicht zu sehen. Die Ruine zeigt sich ebenfalls erst, wenn man links ein Stück weiterwandert, den Hang hoch. Nur das Wasserhaus, zum Süden hin, ist dem Dorf zugewandt. Im Grunde war der Anblick der Burg vom Dorf aus nie anders als heute.

Ma, fragt Jeffrey, du hast doch gesagt, es sei ein Wasserhaus. Haben sie denn den Leuten im Dorf von ihrem Wasser abgegeben?

Sie ist gerührt. Jeffrey, den sie adoptiert haben und der, wenn er wollte, auf ihre lange Familiengeschichte pfeifen könnte, macht gerade den Versuch, sie mit den blanken Stellen zu versöhnen.

Wollen wir es hoffen, Jeffrey. Ja, wollen wir es hoffen.

II. DAS KIND

Wasch es wieder ab, Flocke, hat Mies gesagt, und fang noch mal von vorne an.

Sie steht leicht vornübergebeugt da, den Tiegel mit der silbernen Körperfarbe in der Hand, und betrachtet konzentriert ihr Werk. Sie sieht flüchtig zu Mies hoch, wie er über ihren Kopf in den Spiegel guckt und die Brauen zusammengezogen hat. Sein ganzes Gesicht drückt Ungeduld aus. Wenn er so schaut, ist er nicht böse, nur ungeduldig, und sie weiß, sie muss sich beeilen, denn sie müssen spätestens um halb zwölf bei den Wagen sein.

Eigentlich ist das halb fertige Ergebnis ihrer Fingermalerei gar nicht so schlecht und hätte sie mehr Spielraum, ließe sich etwas daraus machen. Aber den Spielraum hat sie nicht, denn ihre Zeichnung erinnert in der Form an eine Sonne und Mies möchte lieber Vibes. Sie hat auf seinem achtzehnjährigen Torso eine breite silberne Linie vom Hals abwärts bis zum Ende des Brustbeins gemalt. Dort wo sein schlanker, gut modellierter Bauch beginnt, bleibt alles frei – so wie der aussieht, ist er Anziehungspunkt genug.

Die silbernen Streifen, die sie auf seine beiden Brusthälften gemalt hat, führen zu einem mittigen Punkt auf dem Senkrechtbalken, wie die Seitenstraßen auf einen runden Platz inmitten eines großen Boulevards. In etwa wie bei dem Plakat in ihrem Zimmer, jenem mit dem Blick auf den Arc de Triomphe in Paris, von den Champs-Élysées aus betrachtet. Sie könnte einen Kreis um ihre Seitenstraßen herum pinseln, das ergäbe dann ein Rad mit Speichen und sähe mit etwas Wohlwollen wie ein Sonnensymbol aus. Doch es wäre etwas anderes als das, was Mies will. Die Kunst liegt darin, Linien für das zu finden, was er meint, wenn er Vibes sagt. Sie müssen einfach und zwingend sein, wie die eines Picasso und ohne Korrekturbedürfnisse. Und zu allem Überfluss muss es auch noch schnell gehen.

Mies' nackter Oberkörper und Schultern sind nämlich nur Leinwand Nummer eins. Sobald es an ihm perfekt aussieht, soll sie die gleichen Linien, nur diesmal mit goldener Farbe, auf Jeffreys schwarzen Brustkorb malen. Jeffrey fläzt hinten auf dem Sofa, so ruhig, dass er beinahe apathisch wirkt, und wartet, dass er drankommt.

Er ist knapp sechzehn, aber seine Gene haben fix gearbeitet und es gut mit ihm gemeint. Er hat einen hochgewachsenen, geradezu makellosen v-förmigen Thorax, dank dem er viel älter aussieht. Zumal wenn Mies und er nachher ihre Sonnenbrillen mit den Spiegelgläsern aufsetzen werden, die sie gestern gekauft haben, wird auch Jeffrey zweifellos als volljährig durchgehen und sie werden megacool ausschauen. Auf Mies' Schultern und Brust sollen dann silberne Wellenlinien tanzen und auf Jeffreys goldene.

Vibes, Flocke!

Ihre Linien müssen eine Welle schmieden, damit Mies und Jeffrey darauf zu der hämmernden Musik auf dem Wagen grooven können. Die Welle muss im Sonnenlicht gleißen, am besten, wenn es nach Mies geht, mit einer wehenden Regenbogenflagge über ihnen. Ein einziger Reflex aus Silber und Gold, darüber das Rot, Orange, Gelb, Grün, Blau und Violett der Fahne. Ein niedergehender bunter Blitz. Sie weiß schon, worauf Mies aus ist. Er und Jeffrey sollen zu einem doppelten Roi soleil des Berliner Christopher Street Day werden, ein weißer Sonnenkönig und ein schwarzer.

Ihre Augen wandern suchend zu Jeffrey – und plötzlich weiß sie es. Natürlich! Sie muss sich nur auf das V konzentrieren und es herausarbeiten, jetzt ist ihr klar, was an ihrem Emblem falsch ist. Statt eines Senkrechtbalkens auf dem Brustbein wird sie zu dessen Seiten ein V malen, wie die Spannknochen von zwei ausgebreiteten Adlerschwingen. Sie wird am untersten Punkt des Brustbeins beginnen, wo ihr Balken endet, und die beiden Linien des V in einem zunächst steilen, dann abflachenden Winkel aufsteigen lassen. An den äußersten Punkten, den Schultergelenken, werden sich die letzten Zentimeter ihrer

V-Balken in zwei sanft auslaufenden Schlängellinien verlieren. Ihre Adlerschwingen werden so wie die Arme eines Turmspringers aus dem Zentrum des Körpers hervorstoßen. Die Zuschauer auf den Bürgersteigen werden bestimmt die Köpfe nach ihnen drehen. Sie freut sich schon, wenn der Wagen mit ihren Brüdern die Kaiser-Wilhelm-Gedächtniskirche passieren wird.

Sie nimmt den feuchten Lappen und beginnt von Neuem. Wie gut ihre silbernen und goldenen Vs zu dem leuchtenden Blau der Bikershorts passen werden. Mit diesen Shorts, den Brillen und ihren Adlerschwingen wird man die Brüder für ein junges Gay Couple halten. Und genau das hat Mies beabsichtigt. Alle sollen es sehen, dass er und Jeffrey zusammengehören, oder besser gesagt, dass Jeffrey, sein schöner schwarzer Bruder, ihm gehört.

Solange er das noch tut, denn es ist nur eine Frage der Zeit. Mies ist achtzehn und die Monate bis zu seinem Auszug lassen sich an einer Hand abzählen. Aber noch ist alles wie immer und Mies dupliziert mit Jeffrey, seinem Little Brother, das eigene Ich. Dabei ist Jeffrey gar nicht mehr klein, sondern groß. Genau genommen ist er bei ihrem Körperduo mittlerweile schon der Größere. Mies und Jeffrey, so unterschiedlich und doch auf so offensichtliche Weise eins, allen springt es sofort ins Auge. Die Leute reden darüber und solange das so ist, ist Mies mit sich und der Welt im Reinen. Also muss sie, die Malerwerkstatt Flocke, bei der Wiederholung auf Jeffreys Oberkörper den exakt identischen Schwung treffen. Überraschend schnell ist sie mit Mies fertig, tunkt den Zeigefinger in den Tiegel mit der goldfarbenen Paste, das V ist der Stempel, den sie nur durchzupausen braucht. Erst bei den Schlängellinien an Jeffreys Schultergelenken erlaubt sie sich eine kleine Abweichung, denn Jeffreys Schultern sind breiter und so sieht es stimmiger aus.

Die Dinge haben schon immer so funktioniert. Mies kann sich darauf verlassen, dass sie spürt, was er will. Sobald sich sein flammender Blick bei ihr eingehakt hat, klickt er sich durch ihre Synapsen, als würde sie nur ein Programm herunterladen. Der Strom kommt aus ihrem Geschwisterakku, der sich jede Nacht von selbst auflädt und immer grün leuchtet, wenn sie ihn brauchen. Das funktioniert so, seit sie auf der Welt ist.

Während sie nun aus dem Zug auf die vorüberfliegende Landschaft schaut, erinnert sich Flocke an all das, an ihre Adlerschwingen, die Vorgeschichte und wie es weitergegangen ist – so glasklar, als wäre es gestern gewesen. Wie damals der ICE in entgegengesetzte Richtung gerast ist, nämlich von Augsburg nach Berlin. Wohl an die acht Jahre ist es her, dass Ma sie im Wagen vom Allgäu nach Augsburg gebracht hat und Mies, Jeffrey und sie in jenen ICE nach Berlin gestiegen sind, auf dem Weg in die Hauptstadt, zu dem von Mies geplanten CSD-Wochenende, von dem niemand etwas hatte wissen dürfen.

Ein Zugbegleiter mit Getränkewagen rumpelt durch den Gang. Er verbreitet leichte Unruhe und reißt sie aus ihren Erinnerungen. Wenn sie in gut zwei Stunden da sein wird, wird es ebenso sein. Niemand wird ihr erlauben, lange eigenen Gedanken nachzuhängen. Bestimmt werden sie sie wieder vereinnahmen. Für die Familie bleibt sie die Jüngste und alle finden es normal, wenn sie reibungslos im Gespann läuft. Sie braucht nicht lange zu warten, bis jemand die Zügel in die Hand nimmt. Mit an Sicherheit grenzender Wahrscheinlichkeit wird es wieder einmal Ma oder Mies sein.

Es wird also alles sein wie immer, aber vielleicht doch nicht ganz. Jeffrey hat ihr, als sie vor wenigen Monaten ausgezogen ist, einen Schneebesen für ihre Küche geschenkt.

Na, dann steht der jungen Unabhängigkeit ja nichts mehr im Weg, sagte Forscher und alle lächelten.

Ma kramte noch ein altes Besteck heraus, um es ihr mitzugeben, zusammen mit Dingen wie ihrem alten weißen Plastikmixbecher. Sie hat keine Verwendung mehr dafür. Sowieso kocht sie nur selten und wenn sie es tut, wird inzwischen alles von ihrer neuen Küchenmaschine erledigt.

Dann kannst du dir schon mal ein Rührei machen, hat Jeffrey

zu ihr gesagt und mit einem grinsenden Nicken zum Schneebesen hinzugefügt: Zu Weihnachten bekommst du dann die Pfanne.

Der Schneebesen war mit einer Karte versehen, die er mit Tesafilm an den Griff geklebt hatte. Darauf stand in großen Lettern *BERLIN!!!*

Das »BERLIN!!!« war von mehreren Zwinkersmileys eingekreist, die alle auf den damaligen und, was Jeffrey und sie betraf, halb unfreiwilligen CSD-Ausflug anspielten. Irgendwie haben sich so Karte und Schneebesen in ihrer Hand wie eine Gründungsurkunde angefühlt, an der der Schlüssel fürs Stadttor hing.

Zum Glück liegt diesmal keine Gefahr für ein Donnerwetter in der Luft wie nach jenem Wochenende vor acht Jahren, als sie von Berlin nach Hause zurückgekehrt sind. Zwei Tage, nachdem sie ihre Adlerschwingen vollbracht hat und die Dinge jenen Verlauf genommen haben, mit dem sie alle nicht gerechnet haben. Wie gut sie sich daran erinnert – das Titelblatt am nächsten Tag. Nein, das wird sie wirklich nie, nie vergessen.

Ihre silbernen und goldenen Adlerschwingen waren tatsächlich so perfekt geraten, dass offenbar auch andere den Eindruck gewinnen mussten, Mies und Jeffrey wären schon so mit ihnen auf die Welt gekommen. Am nächsten Tag verschlug es ihr aber dann doch die Sprache, als sie ihre Adlerschwingen wiederfand, nämlich auf der ersten Seite der meistgelesenen Berliner Tageszeitung.

Das Foto war von unten aufgenommen, sodass Mies' und Jeffreys Körper oben auf dem Wagen direkt vor der Regenbogenfahne standen, genauso wie es sich Mies wahrscheinlich erträumt hatte. Wobei »stehen« das falsche Wort ist, denn das Foto hatte sie mitten in der Bewegung erwischt. Ihre Köpfe durchbrachen die oberste Linie der Fahne und stachen in den blauen Himmel. Über ihren Köpfen waren nur noch Jeffreys gereckte Arme zu sehen, genau wie bei jenem Turmspringer, an den Flocke beim Malen der Schwingen gedacht hatte, seine

Arme bildeten die Verlängerung ihres Vs. *Somewhere over the Rainbow*, titelte die Tageszeitung dazu, in Anspielung auf das berühmte Lied, und darunter, in kleinerer Schrift: *Hunderttausende feierten auf dem CSD Berlin.*

Mies ist auf dem Foto leicht nach hinten gelehnt wie ein Surfer, der sein Segel zu sich zieht, um Schwung zu holen. Direkt hinter ihm blickte man auf die goldenen Adlerschwingen auf Jeffreys kerzengerade gehaltenem Oberkörper und mit ihrer identischen Kriegsbemalung in Silber und Gold, den Sonnenbrillen und den Bikershorts in Königsblau bildeten sie ein »vice Versailles«, einen doppelten Sonnenkönig in Siegerpose. Da waren sie, ihre Brüder: unverkennbar eins, blutjung und zum Sterben schön und Flocke hatte sie gemalt.

Die Tageszeitung ist ein bundesweit verkauftes Blatt, das auch in der großen Tankstelle am Kreisel bei ihnen zu Hause im Allgäu zu haben war, und alle drei haben sie Blut und Wasser geschwitzt.

Was Zeitungen angeht, sind ihre Eltern zwar Gelegenheitskäufer – aber was, wenn? Flocke sah Ma schon bildlich vor sich: beim Tanken, den Autoschlüssel in der Hand, fassungslos auf das Zeitungsregal starrend. Wenn sie nach Hause kämen, würde die Zeitung anklagend auf dem Esstisch liegen. Mies und Jeffrey, über ihnen die Fahne, Jeffreys in den blauen Himmel gereckte Arme und darüber Mas große vorwurfsvolle Augen. Mies war gerade achtzehn geworden und konnte tun und lassen, was er wollte, Jeffrey dagegen war nicht einmal sechzehn. Von ihr, Flocke, der Jüngsten, ganz zu schweigen.

Sie sah es so lebhaft vor sich, als wäre es bereits geschehen, wie es aus Ma herausgefahren wäre: Davon habt ihr uns *nichts* gesagt!

In ihr betretenes Schweigen hinein hätte Ma nach einem Wort gesucht, mit dem sie ihrem ganzen Ärger Luft hätte machen können.

Meine minderjährigen Kinder, hätte sie gezischt, auf einem CSD, inmitten dieser … dieser Berliner Viren! Mies! Ihre Augen hätten gefunkelt. Das ist mies, ganz mies, mein Lieber. Und ihr zwei ... Ihr Blick hätte Jeffrey und sie mit eingefangen, noch immer nach Atem ringend.

Auch ohne dass sie den Satz weiter ausgeführt hätte, hätten sie alle gewusst, was das Luftschnappen bedeutete. Mitgefangen, mitgehangen.

Ja, sie hat sich das alles damals haarklein ausgemalt.

Dabei hat Mies nicht nur Ma, sondern sie alle getäuscht. Sie würden gemeinsam bei Jens, einem Schulfreund, beziehungsweise bei seinem Vater wohnen, der seit Neuestem die meiste Zeit des Jahres in Berlin lebte und dort eine Wohnung hatte, so die offizielle Darstellung, die Mies zu Hause geduldig wiederholt hat. Wie sich später herausstellte, ist weder Jens dabei gewesen noch wurden sie in Berlin von irgendwem erwartet. Allerdings hatte Mies tatsächlich den Schlüssel zu einer Wohnung. Sie war zwar kleiner als erwartet, für sie drei jedoch vollkommen ausreichend. Nach einem Bild in der Diele über dem Telefon zu urteilen, das Jens' Vater mit einer lachenden Frau am Strand zeigte, die offensichtlich nicht Jens' Mutter war, lagen gewisse Vermutungen auf der Hand, was der Grund für die Scheidung gewesen sein mochte. Aber Flocke hütete sich, Näheres in Erfahrung zu bringen.

Sie muss noch heute lächeln, wenn sie an den Fragenkatalog denkt, mit dem Ma Mies zu Hause traktiert hat. Ob denn Jens' Vater nach ihr schauen würde, wenn die Jungs ihr eigenes Programm machen würden?

Ma, Flocke kann schon auf sich selbst aufpassen. Außerdem bleiben wir immer zusammen.

Darauf antwortete Ma, aus den Augenwinkeln zu Flocke blinzelnd: Tja, wahrscheinlich ist sie tatsächlich noch die Vernünftigste von euch dreien.

Dann guckte sie unwirsch, denn dieses Zugeständnis hatte ihr einen Trumpf geraubt. Flocke wusste – und das wussten alle –, dass sich Ma vor allem um Jeffrey sorgte. Ihr afrikanischer Adoptivsohn, der über Stunden wie ein junger Stammeshäuptling majestätisch ruhig auf der Bank vor ihrem Haus sitzen konnte, machte auf alle immer einen so erwachsenen

Eindruck, aber genau das war das Gefährliche. Denn unter seiner dunklen Haut besaß Jeffrey eine ungeformte Seite, mit der er für Mies und dessen wilde Pläne leichte Beute war. Mit beinahe sechzehn hatte Jeffrey andererseits schon einen gewissen Freiheitsanspruch und Ma wollte fair sein. Im Ergebnis hieß das, dass Mies wieder einmal seinen Willen bekommen hatte. Und da Ma und Mies mit harten Bandagen kämpften, musste sich Mies' Etappensieg umso bitterer rächen, wenn sie alle rund um den Esstisch mit der Zeitung in der Mitte stehen würden. Ma gegen Mies, das war wie mit Moreau und Napoleon: Am Ende konnte immer nur einer siegen. Zitternd würden sie alle auf die Kanonenkugel warten.

Mies war damals schon offen schwul, bei Jeffrey konnte niemand sagen, wohin er tendierte. So oder so wäre Jeffrey nie auf die Idee verfallen, nach Berlin zu fahren, um auf einem CSD-Wagen zu tanzen, doch bereits kurz hinter Augsburg stellte es Mies für alle so hin, als wäre es das Selbstverständlichste von der Welt.

Und wo ist Jens?, fragte Jeffrey in Berlin, als sie angekommen waren, Mies schaute ihn jedoch nur an und grinste.

Alles war ein abgekartetes Spiel und Jens hatte nur das gemacht, worum Mies ihn gebeten hatte.

Wir werden die Wohnung halt ordentlich hinterlassen müssen, aber das kriegen wir ja wohl hin, sagte Mies zu ihnen, als er ihnen aufschloss und sie ihre Schlafsäcke auf dem Teppich im Wohnzimmer ausrollten. Am besten, es ist zum Schluss alles so, dass er gar nichts merkt, dann braucht Jens auch nichts zu erklären.

Blieb nur die Frage, wie sie es anstellten, dass Mies und Jeffrey auf einen Wagen kamen.

Lass dir was einfallen, Flocke.

Wieder Mies' flammender Blick.

Und was, wenn sie uns nach Ausweisen fragen?, fragte Jeffrey.

So ein Quatsch!, antwortete Mies nur. Ich kann mich ausweisen und du bist mein Freund – wir gehen im Partnerlook,

Little Brother. Wenn wir erst oben auf dem Wagen sind, ist alles gut.

Und so ließ Flocke sich wieder einmal vor Mies' Karren spannen. Fieberhaft brütete sie über Ablenkungsmanövern für die Security, am Ende brauchten sie sie gar nicht. Mies flirtete ganz offen mit den Jungs oben auf einem der wartenden Wagen und Jeffrey stand neben ihm, bis prompt die Aufforderung kam, ob sie nicht beide mitfahren wollten. Mies trat immer so selbstsicher auf. Alle hielten ihre Brüder für volljährig und offensichtlich für ein Paar.

Sie, die Vernünftigste von ihnen dreien, wurde mit ihren silbernen und goldenen Schwingen buchstäblich zum Auslöser für das Zeitungsfoto.

Die Zeitung muss vierundzwanzig Stunden landauf, landab in allen Zeitschriftenständern gehangen haben und doch hatten ihre Eltern, als sie heimkamen, nichts bemerkt. Oder hatten sie Mies und Jeffrey mit ihren Sonnenbrillen nicht erkannt? Wenn Ma und Forscher wollen, können sie auf atemberaubende Weise nur mit sich beschäftigt sein. Forscher mit seiner Physik und Ma mit ihren Developerprojekten, wie einer alten Regenschirmfabrik, die sie gekauft hatte und die ein Shoppingcenter werden sollte.

Damals, das sind die Anfangsjahre von diesem Großprojekt gewesen. In Anspielung auf den Film »Die Regenschirme von Cherbourg« mit Catherine Deneuve, für die Senta zu der Zeit wahnsinnig schwärmte, gab ihre Schwester Mas Projekt den Spitznamen »Cherbourg«.

Flocke stand in Berlin unter den Schaulustigen am Breitscheidplatz und machte sich keine Gedanken zu dem, was sie wohl erwarten mochte – warum auch? Als Mies' und Jeffreys Wagen auftauchte, juhute sie laut und sah zu, wie die Leute um sie herum Fotos schossen. Damals wurde die Idee geboren, später einmal, wenn sie erwachsen ist, nach Berlin zu gehen. Ein winziger Keim hat in ihr genistet und als Ma ihr Jahre später die Frage gestellt hat, wo sie denn studieren wolle, sobald das Abitur geschafft sei, war die Antwort sonnenklar gewesen.

Das hat sie Mies und seinem CSD-Abenteuer zu verdanken, einer abenteuerlichen und wegen seines Egotrips auch etwas miesen Aktion, typisch Mies eben, vor allem aber ihrer Geschwisterdreieinigkeit und ihrem malerischen Können. Denn als sie vor wenigen Monaten mit ihrem Schneebesen in ihre Kreuzberger Einzimmerwohnung gezogen ist, hat sie sofort gefühlt, das ist kein fremdes Terrain mehr, das ist Freiheit. Und sie gehört hierher.

Jeffrey lehnt vor Mas weißem Land Rover, nimmt ihr wie ein Gentleman den Koffer ab und legt ihn auf den Rücksitz.

Du siehst gut aus, sagt er und lächelt.

Und du müde.

Ah-n ja.

Das Ah-n ja aus seinem Mund ist ein Laut, der besagt, dass sie recht hat und dass er es bereits weiß. Vielleicht plagen ihn ja schon länger Zweifel, ob er manches nicht anders machen sollte. Vor anderthalb Jahren hat er ein ziemlich gutes Staatsexamen hingelegt. Und das, obwohl er vier Jahre lang allen erklärt hat, dass Jura ein Ich-weiß-auch-nicht-Fach sei.

Warum?, hat sie ihn damals gefragt.

Ach, immer geht es gegeneinander. Wenn ich alles richtig mache, bekomme ich recht. Und der andere? Der zeigt mir sein böses Gesicht. Findest du das etwa schön, Flocke?

Trotzdem hat er weiterstudiert.

Wie ist es in der Kanzlei?, fragt sie. Von Ma weiß sie, dass er zurzeit noch mehr arbeitet als damals, als er für das Examen gebüffelt hat.

Oh … Er lässt den Wagen an, sieht sie kurz an und lächelt. Sie zahlen gut. Echt gut.

Wenn sie sich richtig erinnert, ist das seine vorletzte Ausbildungsstation im Referendariat. Amtsgericht, Staatsanwaltschaft und Verwaltungsbehörde liegen bereits hinter ihm. Viel hat er ihnen davon nicht erzählt. Einmal, als er noch dabei gewesen ist, sich bei Kanzleien zu bewerben, sind Jeffrey und sie an dem Haus vorbeigefahren, in dem er jetzt die Anwaltsstation verbringt. Das Haus hat eine Natursteinfassade mit einheitlichen quadratischen Rahmen, die Fenster sind aus getöntem Glas. Damals wie heute befindet sich neben dem Eingang ein knappes Dutzend Firmenschilder, bei denen die Schriftzüge und Logos zwischen zwei Plexiglasscheiben eingeklebt sind.

Durch das Portal schaute sie auf einen schmalen Freilichthof rund um ein kleines Wasserbecken, ebenso quadratisch wie die Fenster in der Fassade. Etwas Langweiligeres als diesen Kasten konnte sie sich kaum vorstellen.

Sieht schick aus, sagte sie.

Ja, ist 'ne ziemlich teure Adresse, antwortete Jeffrey und lächelte schief.

Und, würden sie dich nehmen?, fragte sie.

Mal schauen. Im Gesellschaftsrecht gehören sie zu den Besten. Aber klar, die kriegen viele Bewerbungen.

Dass er sich auf Gesellschaftsrecht gestürzt hat, ist ein Vorschlag von Ma gewesen.

Du weißt ja nicht, wie oft ich mich über dumme Anwälte ärgern muss, ist einer ihrer liebsten Sätze. Zukünftig beauftrage ich einfach meinen Sohn!

Wegen der attraktiven Stundensätze, die Ma ihren Münchner Anwälten überwiesen hat, scheint die Münchner Innenstadt mittlerweile fast nur noch aus solchen gesichtslosen Natursteinfassaden mit Plexiglasschildern zu bestehen. In Berlin mancherorts zwar auch, findet Flocke, doch zum Glück hat sich dort der Tumor noch nicht über die ganze Innenstadt ausgebreitet.

Und, macht es dir Spaß?, fragt sie ihn jetzt, während Jeffrey aus den Augenwinkeln den Tacho im Blick behält, denn er achtet penibel darauf, die Geschwindigkeitsbegrenzung einzuhalten.

Es reicht ja, pflegt er zu sagen, wenn einer bei uns in der Familie Bußgeldbescheide wie am Fließband produziert.

Flocke denkt an die Radarfalle in Apfeltrang, die Ma stoisch ignoriert. Das ist eine der wenigen Differenzen zwischen Ma und Jeffrey. Ma fühlt sich sinnlos gemaßregelt und für Jeffrey ist ihre Aufmüpfigkeit irrational.

Ma, sagt er dann, wenn er zu Hause wieder einen dieser Umweltpapierumschläge mit dem bekannten Absender im Briefkasten findet, du wolltest doch, dass ich Jura studiere. In einer Demokratie hat jeder auch Pflichten. Kannst du dich nicht ein Mal an bestimmte Dinge halten?

Warum?, antwortet sie und zwirbelt die Brauen. Außer uns kommt niemand hier vorbei. Oder kannst du mir sagen, wer sonst noch hier oben wohnt? Die Demokratie vielleicht?

Und was machst du da so?, fragt sie ihn jetzt weiter.

Due-Diligence-Prüfungen, Flocke.

Bitte was?

Due Diligence. Das nennt man so, gebotene Sorgfalt. Da geht es um Firmenkäufe. Bevor sich ein Mandant entscheidet, lässt er den Laden auf Herz und Nieren prüfen.

Sie versucht, es sich praktisch vorzustellen.

Jeffrey sieht zu ihr hinüber und grinst. Da liegen Kopien von lauter Verträgen und Firmenunterlagen in einem Datenraum und der Raum ist immer gut verschlossen. Aber wenn du ein Plastikkärtchen hast, kommst du hinein und das Plastikkärtchen erhältst du nur, wenn du vorher unterschreibst, dass du von allem, was du dort zu sehen kriegst, kein Sterbenswörtchen weitererzählst. Deswegen haben Anwälte ihren Freundinnen nicht viel zu sagen. Ihren Eltern und Geschwistern auch nicht.

Warum sprichst du nur von Männern, arbeiten bei euch keine Anwältinnen?

Na ja, M & A ist wohl tatsächlich eher was für Männer.

Em-ey-was?

Mergers and Acquisitions. Das ist der englische Name.

Aha. Und warum ist das nichts für Frauen?

Weiß nicht. Aber wir sind immerzu auf Achse, das muss man mögen. Letzte Woche hat es ein Riesendrama gegeben, jeden Vormittag haben sie im Sekretariat unsere Flüge umgebucht. Wir standen Gewehr bei Fuß, die ganze Zeit wurde jedoch über die Vertraulichkeitsvereinbarung gestritten. Am Ende waren wir nur zwei Tage dort, viel zu wenig für einen ersten Eindruck. Unsere Memos durften wir trotzdem schreiben. Sonntagnachmittag folgte der Call zur Besprechung unserer Strategie. Das ist mein Wochenende gewesen. Welcome to my world!

Sie nickt. Und wonach sucht ihr hinter euren wasserdichten Türen?

Gute Frage. Du erhältst eine Anweisung, was du dir anschauen sollst. Anfangs verbringst du die Zeit mit banalen Dingen. Anschließend kontrollierst du die Unterschriften und so weiter und schaust, ob die Beträge mit dem übereinstimmen, was in deiner Liste steht. Klingt trivial, bei Großaufträgen kann es allerdings leicht zu einem Wirrwarr kommen. Am besten versuchst du, erst mal zu verstehen, worum es in dem Business überhaupt geht. Du schaust nach Risikofaktoren und suchst nach Fristenüberschreitungen, Vertragsstrafen und Ausstiegsgründen, solches Zeug.

Sie nickt erneut und versteht höchstens die Hälfte.

Mittags holst du dir ein Sandwich und gehst wieder in den Datenraum. Am nächsten Tag landet dein Memo auf dem Stapel. Das Vertrackte sind die Dinge, die nirgendwo stehen. Das Komische ist nur, je genauer du gearbeitet hast, desto sicherer kannst du sein, dass sie den Laden schließlich doch noch kaufen. Trotz all deiner Hinweise auf das, was fehlt. Dafür zahlen sie dir jeden Stundensatz, die Flüge und das Hotel obendrein. Verrückt, oder?

Sie schweigt. Was er erzählt, bestätigt das Gefühl, das sie damals von dem Haus mit der Sandsteinfassade gehabt hat.

Und so läuft es tagein, tagaus. Morgens im Flieger orderst du einen Becher Tomatensaft, abends fliegst du zurück und sagst den Kollegen Gute Nacht. Die Anwälte gehen zu ihren Dienstwagen, die sie im Parkhaus abgestellt haben. Sie könnten dich mitnehmen, doch sie wollen lieber mit ihrer Freundin telefonieren und mögen es nicht, wenn du das hörst. Schon gar nicht, wenn sie verheiratet sind ... Jeffrey lacht. Also sagen sie, du sollst dir ein Taxi rufen und dir eine Quittung geben lassen. Wenn die Taxiquittung nicht wäre, könntest du meinen, es hätte diesen Tag in deinem Leben nie gegeben. Die Sekretärin, die die Quittung bekommt, ist sehr nett, das ist sie zu allen. Manchmal denke ich, keiner nimmt von mir Notiz. Es sei denn, mir würde ein Fehler passieren. Dann schon.

Er dreht die Lüftung im Wagen wärmer, denn es ist April und draußen noch kühl.

Sie denkt an Mas Spruch, wie stolz sie auf ihren künftigen Anwalt ist, und fahndet fieberhaft nach etwas Nettem, das sie sagen könnte.

Jedem passieren Fehler, das ist normal. Sie weiß, wie hilflos sie klingt.

Ja, schon, nur steht dann die Kanzlei blöd da. Ein guter Anwalt – ein richtig guter – findet ihn immer. Den dicken Hund, der irgendwo begraben liegt. Jeffrey stiert durch die Windschutzscheibe, er scheint zu spüren, was sie denkt, und wendet ihr lächelnd das Gesicht zu. Aber hör nicht auf das, was ich rede, Flocke. Eigentlich ist es nichts Besonderes. Nur Alltag. Wie anderswo auch.

Also nicht ganz so, wie du dachtest?, fragt sie.

Sie biegen ab.

Es passt schon. Ich darf nur keinen Fehler machen. Du weißt, am Ende ist es wie bei Moreau gegen Napoleon. Siegen kann immer nur einer.

Er grinst, es klingt jedoch nach einem perfiden Programm, das durch die Annehmlichkeit eines Tomatensafts am Morgen nur dürftig getarnt wird. Häuser wie dieses scheinen das, was mit ihren Insassen geschieht, am liebsten hinter getöntem Glas zu verstecken. Dabei offenbaren schon ihre gesichtslosen Fassaden, was diese Gebäude sind: Alcatraz-Gefängnisse inmitten der Stadt für verrückte Freiwillige.

Aber zu dir. Wie geht es unserer Bundeskanzlerin?, fragt er.

Das ist sein Spitzname für sie, seit sie Politikwissenschaften in Berlin studiert. Er hat ihn von Mies übernommen oder Mies von ihm, sie weiß es nicht mehr genau.

Na ja.

Es gefällt ihr, doch alles, was sie sagen kann, muss an einen Sandkasten erinnern. Während sie mit ihrer Plastikschaufel hantiert, schuften nebenan Männer wie er verbissen, damit eine nach düsteren Regeln funktionierende Wirtschaft Überschüsse produziert.

Man bekommt schon 'ne Menge mit. Die Profs sind gut, sagt sie.

Und die Jungs? Er grinst.

Sie überlegt. Die meisten ihrer Kommilitonen haben sich vagabundierenden Idealen verschrieben. Das Projekt, für das sie sich sofort gemeldet hat, lautet »Menschenrechte und Arbeitsbedingungen in der Globalisierung«. Ihre Familie inklusive Jeffrey würde es bestimmt für Kinderkram halten, allerdings findet sie, es kann nicht schaden, selbst darüber zu diskutieren, anstatt Fernsehmoderatoren zuzusehen, wie die mit ihren Showgästen darüber reden. Wenn für solchen Kinderkram in München keine Zeit ist, dafür in Berlin umso mehr. Alle haben dort für so etwas Zeit, wirklich alle.

Und immerhin verfallen ihre Studienfreunde und sie nicht dem Glauben, die Welt würde untergehen, wenn sie einmal einen Tag ausfallen. In ihrer Familie hingegen ist jeder überzeugt, das eigene Karamellbonbon in der Tüte wäre das Einzige, das am Ende zählt. Memos für Firmenkäufe. Forschers Physik. Sentas Zeitschrift. Und Cherbourg, Mas Regenschirmfabrik!

Auch Mies scheint es bei dem, was er tut, zunehmend schwerzufallen, anderen lange zuzuhören. Neulich, als sie sich gesehen haben, hat er ihr von einer Marketingentscheidung erzählt, die sie bei »Pavier« getroffen haben, dem Lebensmittelmulti, bei dem er letztes Jahr angefangen hat. Beim Brainstorming kam irgendein Bergpanoramamotiv für ihre Wasserflaschen heraus, eine Allerweltswasserflasche, wie sie in jedem Supermarkt in zig Versionen zu finden ist. Mies hielt es vor lauter Anspannung nicht mehr auf dem Stuhl, das Bergmotiv war seine Idee. Stundenlang hat Mies auf Social-Media-Kanälen auf eintreffende Feeds gestarrt, als verantworteten er und sein Team so etwas wie den Arabischen Frühling.

Nein, es muss mehr geben als Jeffreys Memos und mehr als doppelseitige Fotos von Sichtbetonbungalows, über die sie stolpert, wenn sie Sentas Zeitschrift aufschlägt. Meistens stehen diese Bungalows in tollen Landschaften und die Bilder werden gemacht, kurz nachdem die Sonne auf- oder kurz bevor sie untergeht. Morgenlicht und Meerklippen täuschen dennoch kaum darüber hinweg, dass es letztlich die ewig gleichen Betonklötzchen sind, im Grunde ebenso langweilig wie die quadratischen Fensterlöcher jenes Hauses, in dem Jeffreys Kanzlei ihre Anwälte versteckt.

Es muss auch mehr geben als Forschers Physik und Mas Developerprojekte für Areale, die zum Schluss die stets identischen Parkplatzreihen davor erhalten. Da sind sie, Mas Haltebuchten, eingefasst von dünnen Rasenstreifen. Wenn es hochkommt, ist darauf eine kleine Baumreihe. Oder spillerige Buchsbaumkugeln, die größeren und buschigen hält Ma für maßlos überteuert.

Vor allem aber muss es mehr geben, wofür es sich zu kämpfen lohnt, als nur eine gute Rendite für Pavier.

Sie weiß nicht genau, was es ist, wonach sie sucht, doch es ist etwas, das mit einem Aufbruch zu tun hat, der sie alle unter ihrem Dach wiedervereinen wird. In Apfeltrang hingegen wird sie gleich auf das Nebeneinander von lauter Egomanen treffen. Ihr Miteinander besteht in der gegenseitigen Bestätigung, wie beschäftigt sie sind. Ma hat es ihnen vorgemacht. Kaum ist die erste Stunde ihres Zusammenseins herum, wird sie ihnen zunicken, schon mit halbem Blick auf ihr Handy schauend. Am ehesten entsteht Gemeinsamkeit, wenn sie die alten Geschichten herausholen.

Wisst ihr noch, voriges Jahr? Ma mit ihrem Zigarillo?

Ma würde auf Mies' neckende Frage hin mit den Augen rollen und unter ihren Wellen bildenden Brauen leise glucksen. Dass ihr schon wieder darauf herumreiten müsst. Fällt euch denn nichts Besseres ein!

Ma hat wieder einmal einen ihrer schrecklichen Zigarillos geraucht, nicht zu Hause, sondern unterwegs, auf einer Kurzreise, die sie gemeinsam zu Ostern in die Wachau unternommen haben. Sie wohnten in einem ehemaligen Schloss, das dank aufwendiger Renovierung zu einem einzigartigen Hoteltempel umgebaut worden ist. Drei Nächte lang kampierten sie dort in drei Zimmern: die Eltern in einer Suite, Mies und Jeffrey im zweiten Raum, Senta und sie im dritten. Ma führte in der

Suite Telefonate, lief dabei auf und ab und – gedankenlos, wie sie ab und zu sein kann – rauchte. Beim Zuhören schnippte sie wie immer ungeduldig mit dem Finger, während sie darauf wartete, ihrem Gesprächspartner ins Wort fallen zu können. Das Dumme war nur, dass es sich bei dem Boden nicht um die Holzdielen ihrer Küche in Apfeltrang handelte, von denen Arianna, damals der gute Geist daheim, die Asche kommentarlos wegstaubsaugte, sondern um den flauschigen Teppichfußboden einer nagelneuen Schlosshotelsuite.

Am Ostermontag standen sie alle an der Rezeption und warteten auf Mies, der noch einmal zurückgelaufen war, um ihre Zimmer zu kontrollieren. Das tat er seit einiger Zeit regelmäßig. Es wäre schön, wenn man sich darauf verlassen könnte, dass in dieser Familie niemand etwas vergisst, diese Hoffnung habe er jedoch aufgegeben. Er habe es satt, dass sie nachher noch einmal zurückfahren müssten.

Beim Blick auf die Hoteltreppe erkannte sie an seinen Sprüngen, dass er kurz vorm Platzen war.

Ma!

Was denn, mein Schatz?

Euer ganzes Zimmer stinkt! Hast du etwa auf den Boden geascht?

Aber es ist alles erledigt, ich habe gerade bezahlt. Sie werden das Zimmer bestimmt gleich staubsaugen.

Ma, das ist ein frisch renoviertes Hotel! Sogar eure Vorhänge stinken! Diese Familie ist ... Mies' junge Stirn hatte sich, während er zwei Fäuste formte, in ein einziges napoleonisches Schlachtfeld verwandelt, lauter tiefe Einkerbungen, aus denen gleich Uniformierte herausspringen mussten.

Dann glättete er seine Stirn in Sekundenschnelle, öffnete die knetenden Hände und wandte sich der Frau hinter dem Tresen mit einem Lächeln par excellence zu. Es tut mir leid, ich glaube, meine Mutter hat vergessen, etwas zu erwähnen. Vermutlich werden Sie in der Suite eine Grundreinigung machen wollen. Seien Sie doch so freundlich und senden Sie die Rechnung an diese Adresse. Er notierte der perplex lächelnden Rezeptionistin seine Anschrift und drehte sich auf dem Absatz um. Also wirklich!

Ma kramte währenddessen abwesend in ihrer Handtasche. Mein Lippenstift, wo habe ich ...?, murmelte sie.

Alle anderen, Forscher, Senta, Jeffrey und sie, Flocke, haben sich ein Grinsen nicht verkneifen können. Mas Zigarillos sind die Pest, immer schon, für alle.

Komischerweise sind diese Peinlichkeiten genau jene Anekdoten, die ihr Gemeinschaftsgefühl schaffen, dieses Mit-euch-macht-man-was-mit. Gäbe es jene Anekdoten nicht, bei denen sie sofort übertrieben laut husten, und über allem die Legende von Gauchstein, könnten ihre Wiedersehen ebenso gut per Skype stattfinden.

Wie soll sie das Jeffrey erklären, der sie schmunzelnd nach den Jungs in ihrem Studium befragt, in der Annahme, dass sich bei ihr, wenn sie ehrlich miteinander wären, alles nur darum dreht? Dabei kommt ihr doch wieder nur das Bild von der Sandkastenschaufel in den Sinn, mit der sie selbst spielt. Irgendwie sitzt sie zwischen allen Stühlen. Sosehr sie sich über Ma und Mies aufregen kann, am Ende weiß sie, dass sie den Menschen außerhalb ihrer Familie vorwirft, nicht so zu sein, besonders den jungen Männern. Einige kommen zu Gruppenarbeiten zu spät oder mitunter gar nicht. Ihr Projektleiter sieht großzügig darüber hinweg und hält ihnen wohl ihr Erstsemesterdasein zugute. Aber was sind ihre Gruppenarbeiten dann anderes als das: pillepalle?

Komm, du hast bestimmt schon jemanden aufgegabelt, sagt Jeffrey aufmunternd in die Stille des Wagens hinein.

Ich glaube, die Jungs, die was taugen, müssen noch gebacken werden. Jedenfalls ist es dort anders. Es ist halt Berlin.

Das glaube ich sofort. Kann mich noch gut daran erinnern, wie ich in goldene Farbe getunkt worden bin. Er zwinkert.

Jeffrey, ihr habt beide rattenscharf ausgesehen, damals! Ach, nun sind wir ja doch wieder bei den alten Geschichten. Wann passieren denn die neuen? Die, in denen es nicht um deine Memos oder mein Studium geht, sondern um uns?

Tja … Für einen kurzen Moment kneift er die Augen halb zu. Echt schade, dass Senta damals gefehlt hat, sagt er ausweichend. Apropos, wir sind gleich da.

Hast du sie schon gesehen?

Ich war gestern mit den Eltern im Krankenhaus, ja. Es geht ihr gut.

Und das Kind?

Ian ist im Brutkasten. Er grinst. Es gibt noch nicht so wahnsinnig viel zu sehen, Flocke, er ist halt ein kleiner roter Klecks hinter der Scheibe.

Und Ma und Forscher?

Beide ziemlich aus dem Häuschen. Ma ist wie ausgewechselt.

Sie schaut fragend.

Seit ich hier bin, hat sie noch kein einziges Mal von Cherbourg geredet. Stell dir das mal vor! Stattdessen hat sie angekündigt, nur noch für uns da zu sein.

Für uns?

Ja, für uns.

Aber wir sind doch alle fort. Außer ihr und Forscher ist niemand mehr im Haus.

Tja. Ich glaube, genau das ist es. Das und die Tatsache, dass es da jetzt diesen Enkel gibt. Der hat ihr Weltbild gedreht. Jeffrey macht eine Pause, dann lacht er. Man will nicht glauben, was so ein kleines Knäuel alles bewirkt.

Sag mal, dieser Kleine, wie spricht man ihn gleich aus?

Ian? Jeffrey wiederholt den Namen.

Sie hat das Gefühl, als würde ihr ihr neuer Neffe zum ersten Mal richtig vorgestellt werden. Die kurzen Silben klingen ähnlich wie diejenigen, die Ma gestern gemurmelt hat, jedoch endlich nicht mehr wie Kaugummi.

Tja. Ma redet nur noch von ihm und ansonsten davon, was sie heute Abend für uns kochen will. Weil wir alle endlich mal wieder da seien und zur Feier des Tages und so weiter. So was hat sie früher nie gesagt. Früher hatten wir Arianna. Und als sie zurück nach Sizilien gegangen ist, hat Ma jedes Mal den Caterer angerufen.

Du hast schon wieder »Tja« gesagt. Genau wie Forscher. Wirklich!

Er zieht die Brauen hoch und steuert auf den Parkplatz des Krankenhauses.

Ups ... Er lacht. Das ist wohl die vertraute Umgebung, Bundeskanzlerin. Du, ich komme nicht mit hoch, ich war ja erst gestern da. Ich hole dich in gut einer Stunde ab, okay? Dann ist die Besuchszeit sowieso vorbei. Unterdessen mache ich noch eine Besorgung, die mir Ma aufgetragen hat.

Sie nickt. Wo musst du hin?

Zu »Hellers«, den Fisch holen. Ich hoffe mal, du hast ordentlich Hunger mitgebracht. Wenn du Mas Einkaufsliste sehen würdest, möchte man meinen, Moreau hätte sich bei uns einquartiert. Und der Zar gleich dazu. Mitsamt Stab und Kavallerie!

Sie lacht und steigt aus. Lassen wir ihr den Spaß, Jeff. Den ersten Enkel bekommt man nur einmal im Leben. Ich finde es schön, dass sie sich für uns so ins Zeug legt. Bis nachher, ja?

Bis um sechs, Bundeskanzlerin.

Sie wendet sich um und geht zum Empfang, bis ihr einfällt, dass sie für Senta noch ein Mitbringsel dabeihat, eine süße blaue Strickmütze mit einem Berliner Bären, der sehr runde, erstaunte Augen macht und damit auf niedliche Weise hip aussieht. Aber nun ist es zu spät, denn die Babymütze ist im Koffer und der liegt auf dem Rücksitz. Sie könnte Jeffrey auf dem Handy anrufen und ihn bitten, zurückzukommen, dann muss sie an Mies denken.

Ich habe es satt, dass in dieser Familie ...

Zum Glück haben sie noch die alten Geschichten. Wenigstens darauf ist immer Verlass.

Senta liegt entspannt im Bett. Das Kopf- und Rückenteil hat sie ein Stück nach oben verstellt und schaut auf ihren Laptop, den sie auf dem Beistelltisch platziert hat. Der Rechner zeigt im schrägen Winkel zur Tür und als Flocke Sentas Zimmer betritt, erhascht sie einen Ausschnitt des Films, den Senta sieht. Ein schwarzer Mann hängt kopfunter von einem Balken, sein Kopf steckt in einem Käfig. Er trägt ein großes Stück Blech vor dem Mund. Gerade kommt ein Weißer in die dämmrige Scheune und tritt mit der Spitze seines Cowboystiefels gegen das Stück Blech, sodass der Hängende zu schaukeln beginnt. Senta sieht Flocke, fängt an zu lächeln und drückt die Stopptaste. Der Bildschirm wird blau.

Hallo, Flocke.

Hallo, Senta.

Sie nennen sich artig beim Vornamen, wie neue Schulkameradinnen. Wäre Senta damals mit ihnen zusammen in Berlin gewesen, hätten sie dort vielleicht Spitznamen füreinander gefunden. Heute hätte sie gern einen für Senta gehabt. Sie geht zum Bett und fasst Senta, die sich leicht vorbeugt, vorsichtig an den Oberarmen, sodass es aussieht, als würden sie sich tatsächlich umarmen.

Ganz, ganz herzlichen Glückwunsch!

Danke, Flocke. Setz dich.

Flocke rückt den Besucherstuhl näher ans Bett. Sie schauen sich an und lächeln.

Damit du Ian nachher sehen kannst, müssen wir der Schwester Bescheid geben, sagt Senta. Sie kann dich hinbringen.

Flocke nickt. Sie ist froh, dass Senta sofort seinen schwierigen Namen ausgesprochen hat, er klingt genauso wie bei Jeffrey vorhin. Sie kann sich also nicht mehr blamieren.

Es ist halt die Scheibe davor, ergänzt Senta.

Sie sagt es in ihrem typischen sachlichen Senta-Ton, doch

heute hat er nichts Bestimmendes. Es klingt eher entschuldigend, wie bei einer Moderatorin, die dem Publikum, das extra angereist ist, um den Star zu sehen, leider mitteilen muss, dass der Auftritt nicht so wie geplant stattfinden kann. Später wird es jedoch eine Liveschalte geben, zu Ian hinter der Glasscheibe.

Flocke nickt und merkt, dass sich Senta tatsächlich über ihren Besuch freut. Am liebsten würde sie ihre Schwester fragen, wie es ist, plötzlich Mutter zu sein, aber sie weiß nicht, ob das die beste aller möglichen ersten Fragen ist.

Wie war die Entbindung? Sie versucht, ihren Blick dem einer erfahrenen Hebamme so nahe wie möglich kommen zu lassen.

Ich hab nicht viel mitgekriegt. Es war ein Kaiserschnitt.

Senta lächelt noch immer und ganz schwach spielt wieder der entschuldigende Zug um ihre Lippen. Flocke hätte ihr Gespräch vielleicht mit etwas Unverfänglicherem anfangen sollen.

Und Robert?, fährt sie fort. Kann ich nachher auch ihn sehen?

Robert musste sofort wieder weg. Bei ihm im Büro stehen alle gerade unter Strom.

Seit zwei Jahren sind Senta und Robert zusammen und Flocke hat ihn dreimal gesehen, einmal an einem Weihnachtsfeiertag, einmal bei ihrer alljährlichen Familienfeier zum 1. August und einmal, das allererste Mal, als er Senta mit dem Wagen in Apfeltrang abgeholt hat. Robert ist Unternehmensberater, dreißig, etwas korpulent und wirkt angenehm normal. Alles passt zu ihm, zu seinem Typ, seinem Alter und zu dem sich leicht lichtenden dunkelblonden Haar. Er und Flocke haben an Weihnachten etwas Small Talk betrieben und er ist nett zu ihr gewesen, bis er irgendwelche Nachrichten auf seinem Mobiltelefon erhielt, wegen denen er, sich entschuldigend, zum Telefonieren in den Flur lief. Robert passt wunderbar in ihre Familie.

Beim zweiten Mal, am 1. August, war seine Telefoniererei noch etwas ausschweifender. Dafür hat er Ma an diesem Tag, der ja vor allem ihr Tag ist, einen großartigen Blumenstrauß mitgebracht. Ma nannte ihn »unvergesslich« und tatsächlich erinnert sich auch Flocke noch genau an ihn, an seine exorbitante

Größe und daran, dass alle Blüten irgendwie rot waren. Wie die Blumen hießen, hat sie vergessen, aber sie waren absolut originell. Mindestens so originell wie der Name von Senta und seinem Sohn.

Bevor Robert wegmusste, hat er mir noch ein paar Filme runtergeladen, erläutert Senta mit leichtem Kopfnicken in Richtung des ausgeschalteten Bildschirms. Das war »Django Unchained«.

Immer noch dieser Zug um Sentas Lippen, vielleicht, weil ihre Besucher, Flocke eingeschlossen, der Meinung sein könnten, eine Frau bräuchte keine Unterhaltung, wenn sie gerade Mutter geworden ist.

Sagt mir leider nichts. Diesmal ist es Flocke, die entschuldigend lächelt. Du weißt ja, ich bin nicht so die Kinogängerin.

Quentin Tarantino. Mit Christoph Waltz. Der spielt wirklich super.

Etwas komisch ist es ja schon, fährt es Flocke durch den Kopf, dass sie über Tarantino reden. Andererseits sind Architektur und Kino Sentas Steckenpferde und so verläuft ihr Wiedersehen eigentlich ganz gut. Wenn sie jetzt noch irgendetwas Intelligentes zu diesem Film sagen könnte, wäre alles perfekt.

Und worum geht's da?, fragt sie hilflos.

Ach, eine Persiflage. Italowestern. Blaxploitation.

Blacks-was?

Blaxploitation. Ausbeutung von Schwarzen. Sklaven und so.

Flocke nickt. Ihre Schwester schaut Filme anders, genauso wie sie auch Häuser beurteilt. Sicher geht es auch hier wieder um irgendwelche Zitate, diesmal aus der reichen Filmgeschichte von Western. Sentas Leben funktioniert in präzise abgesteckten Kategorien. Immer existieren Bezüge und wenn man etwas in Sentas Gegenwart sagen will, ist man gut beraten, beim Etwas-Sagen etwas anderes zu referenzieren. Flocke fühlt sich davon regelmäßig überfordert.

Tja, sagt Senta, da sie schweigt. Ich weiß nicht, ob der Film etwas für dich wäre. »Kill Bill« hast du ja auch nicht gemocht.

Flocke erinnert sich, damals hat sie nach zehn Minuten das Zimmer verlassen. Jene sind ebenso grässlich gewesen wie die geschaute Szene eben, Tarantino halt.

Sie nickt erneut und sie verstummen.

Lustig, du hast »Tja« gesagt, Senta, genau wie Forscher. Und genau wie Jeffrey vorhin. Sag mal, wie lange musst du hierbleiben?

Drei Tage mindestens.

Und dann gehst du zu Ma nach Hause? Ma hat gestern so etwas am Telefon erwähnt.

Ja, Robert ist wahnsinnig busy. Und Ma ist offenbar fest entschlossen, sich ein Bein auszureißen. Sie will nur noch für Ian und mich da sein. Kannst du dir das vorstellen? Ich weiß gar nicht, was sie darunter versteht.

Na ja, vielleicht weiß sie das ja selbst noch nicht so genau. Um die Familiengeschichte zu erzählen, wäre es wohl etwas früh. Flocke grinst. Ma vor der Glasscheibe, wie sie plötzlich ihr Bilderalbum herausholt, das von dem Onkel am Rhein. Aber beginnen wir auch hier von vorne.

Zum ersten Mal müssen sie beide lachen.

Ma hat offenbar eine Schwäche für deinen Sohn. Das muss sie erst verdauen – ein Enkel! Mannomann, das hast du geschafft, du hast sie zur Großmutter gemacht!

Senta nickt. Ich muss mir in jedem Fall unbedingt Roberts Filme zu Ende ansehen. Zu Hause lässt mich Ma bestimmt nichts gucken. Wahrscheinlich wird sie mich wie eine Siebenjährige behandeln, die Fieber hat. Irgend so etwas Fürchterliches schwant mir …

Wie ist es so, Mutter zu sein? Jetzt ist sie mit ihrer Frage doch herausgeplatzt.

Wenn ich das wüsste! Senta lächelt wieder das Moderatorinnenlächeln. Im Moment bin ich froh, nicht mehr diesen Bauch zu haben. Ich bin mir zum Schluss vorgekommen wie eine trächtige Kuh … Und dann sind da zu allem Überfluss die Schmerzen gewesen.

Flocke erinnert sich daran, dass Ma gestern am Telefon den

Begriff »Komplikationen« benutzt hat. Vielleicht auch deshalb der Kaiserschnitt. Flocke fragt sich, ob es passend oder genau unpassend wäre, wenn sie etwas genauer nachfragen würde, aber Senta spricht schon weiter.

Im Moment heißt Muttersein erst mal, dass ich nicht ins Büro kann. Obwohl wir gerade die neue Ausgabe vorbereiten. Eigentlich wollte ich bis Freitag die letzten Artikel redigieren. Hoffentlich schimpft die Schwester nicht wieder.

»Nicht wieder«. Sie hat es also schon probiert.

Und du meinst nicht, dass das warten kann, bis du …? Was für eine idiotische Frage von mir, denkt Flocke. Niemals würde Senta zulassen, dass ihre Flachdächer wegen eines Babys länger als bis Freitag warten müssen.

Senta tippt auf den Laptop. Ich hab ja Zugang zum Office. So wild ist das nicht, Flocke.

Flocke lächelt zustimmend.

Robert und ich haben schon darüber gesprochen. Auf Dauer brauchen wir eine Nanny.

Da ist sie: ihre Schwester Senta, vom Scheitel bis zur Sohle Mas Tochter.

Kein Wunder, dass ihr sogleich in den Sinn kommt, wie Ma in einem Urlaub, als Flocke noch klein gewesen ist, bereits am ersten Tag im Ferienbungalow auf und ab gelaufen ist, immerzu am Telefon, bis Forscher zu ihr gesagt hat: Lass doch mal das Ding in Ruhe.

Geht schon mal vor, haben Mas Lippen statt einer Antwort stumm geformt.

Sie sieht noch immer Mas artikulierenden Mund vor sich und dazu ihr lächerlich großes Mobiltelefon.

Tja, hat Forscher gesagt. Los, Kinder, wir gehen. Ma kommt gleich nach.

Umso erstaunlicher, dass sie plötzlich nur noch für Senta und diesen Knirps da sein will. Offenbar gibt es in ihrer Familie einen Hang dazu, Dinge erst dann zu tun, wenn es zu spät ist. Unwillkürlich muss Flocke an den Generalmajor denken, der gen Paris gezogen ist, jedoch unverrichteter Dinge kehrtgemacht hat. Hoffentlich schlägt sie in dieser Hinsicht weniger nach Ma, sondern mehr nach Forscher.

Senta wird bestimmt wie Ma, denkt Flocke. Sie kann es sich bereits vorstellen. Senta, wie sie in einer todschicken vollautomatisierten Küche die Knöpfe einer Espressomaschine drückt, während ihr Sohn mit dem außergewöhnlichen Namen – dann achtzehnjährig – neben ihr auf einem Küchenstuhl fläzt. Ihre älter gewordene Schwester würde vielleicht rundlicher um die Hüften sein, ansonsten bestimmt noch die gleiche Senta wie heute, so wie Ma, im Grunde unverändert über all die Jahre.

Weißt du, würde Senta wahrscheinlich sagen, jetzt bist du erwachsen, aber damals, als du auf die Welt gekommen bist, da habe ich gerade erst die Zeitschrift übernommen. Na, zum Glück fanden wir schnell eine Nanny. Ich hoffe, das nimmst du mir nicht übel. Du … Also ich würde mich wirklich freuen, wenn wir mal wieder öfter was zusammen unternehmen.

»Mal wieder« wäre natürlich die pure Farce. Ich werde nicht so.

Ihr kriegt das bestimmt schon hin, sagt sie.

Weißt du, Flocke, Kinderkriegen ist keine große Sache. Ich habe mal bei einer Agentur für Nannys nachgefragt. Es gibt Frauen aus Osteuropa. Was meinst du? Ich dachte, warum nicht?

Können die denn gut Deutsch?, fragt Flocke.

Na ja, bis Ian spricht, ist es ja noch eine Weile hin. Ich glaube, anfangs ist das mit der sauberen Grammatik nicht so wichtig. Wie geht's denn in Berlin?

Ach, ganz gut. Flocke überlegt, was sie erzählen kann.

Hier in diesem Zimmer fühlt sie sich noch ratloser als bei Jeffrey vorhin. Senta, so unterkühlt sie daherreden mag, hat Mies, Jeffrey und sie zu Onkeln und Tante gemacht. Sie dagegen spielt mit einer Schippe. Doch irgendwas muss sie sagen.

Wir haben gerade ein Projekt, da geht es um Menschenrechte und Arbeitsbedingungen in der Globalisierung. Ziemlich spannend.

Senta nickt.

Zum Beispiel stonewashed Jeans, fährt Flocke fort. Der ganze Westen kauft sie, aber niemand fragt sich, wo sie herkommen. Egal, was draufsteht, sie stammen fast immer aus China. Und wenn man da recherchiert, dann … Na ja, da gibt es schon heftige Sachen, Xintang, zum Beispiel.

Sie ist plötzlich unsicher, ob es eine gute Idee war, das Thema ihres Projekts zu wählen. Sie wollte etwas aus ihrem Studium erzählen, etwas, das im Vergleich zu ihrem neuen Neffen nicht völlig in der Belanglosigkeit verschwindet. Wenn sie jedoch ins Detail geht, ist das kaum eine passende Unterhaltung für einen Besuch am Wochenbett. Andererseits guckt Senta Tarantino-Filme und sorgt sich wie eh und je um ihre Ausgabe.

Das ist so eine Stadt, die sich auf Jeans spezialisiert hat. Diese Waschmaschinen, die sind riesig, weißt du, da kommen Kiesel, Farbstoffe und Bleichmittel rein, damit die Jeans nachher so aussehen, wie sie aussehen, stonewashed eben. Na ja, und die Arbeiter tragen keine Schutzkleidung. Sie sollten das, es gibt jedoch keine Kontrollen.

Soll sie weiterreden? Nun ist sie einmal dabei.

Und etliche erblinden, weil ihre Hände mit den Bleichmitteln in Berührung kommen, und über die Hände gelangt das Zeug in die Augen. Ihre Arme sind blau. Wirklich, ihre Haut nimmt die Farbe an! Und die Bleichmittel werden in einen Fluss verklappt, der an Xintang vorbeifließt, völlig ungefiltert. Der Fluss heißt Dong. An den Ufern des Dong wächst nichts mehr, was zu einem Riesenproblem für die Bauern dort geworden ist.

Senta guckt neugierig und ganz sachlich, eine klare Aufforderung, fortzufahren.

Das Beste wäre, man könnte überall, wo die Jeans verkauft werden, darauf aufmerksam machen, für einen Mindeststandard und so. Transparenz für den Verbraucher. Ehrlich gesagt, wir, also unsere Gruppe, glauben, dass der Verbraucher mehr zahlen würde, wenn er damit etwas ändern könnte. Es kaufen heute auch viele Freilandeier, obwohl die Käfigeier billiger sind. Die meisten wollen eine nachhaltige Umwelt. Vielleicht machen nicht gleich alle mit, doch es werden irgendwann mehr und ein Siegel wäre ein Anfang. In der Textilindustrie gibt es leider nichts dergleichen.

Senta lächelt ihr Moderatorinnenlächeln, als wäre Flocke ein interessanter Gast, den sie unbedingt angemessen zu Wort kommen lassen will. Talkshows, zumal solche, die nach ihrer Fernsehmoderatorin benannt sind, brauchen aufrüttelnde Thesen, damit lässt sich ein Publikum gut unterhalten. Heute ist Senta Moderatorin und Publikum in einem.

Es lassen ja noch immer alle dort nähen, wo es am billigsten ist, Senta. Sie wollen nur nicht, dass man darüber redet. Aber das mit den Farbstoffen und den Bleichmitteln, das ist noch schlimmer. Doch wer weiß das bei uns schon von denen, die sich eine stonewashed Jeans kaufen?

Senta nickt. Klingt nach einem spannenden Projekt, Flocke. Du scheinst ja richtig darin aufzugehen. Das ist gut! Nur, was sollen sie in Xintang, oder wie die Stadt heißt, denn machen, wenn sie da keine Jeans mehr waschen würden?

Sie schauen sich an, lächeln das Talkshowlächeln und schweigen.

Sei mir nicht böse, Flocke. Senta richtet sich halb auf, während sie sich den Bauch hält. Ich finde toll, was ihr da herausfindet. Doch sobald ich meine Figur zurückhabe, werde ich mir eine neue Jeans kaufen. Wahrscheinlich ganz klassisch. Dunkelblau. Sie lächelt und ihre Finger krempeln spielerisch an ihrem Laken, rollen es ein und wieder aus. Weißt du noch, als wir in der Schule dieses Thema gehabt haben?

Du meinst, »Die industrielle Revolution in Deutschland«?

Genau. Ich fand das so öde, schon diese Bilder von den hässlichen Backsteinfabriken überall, mit ihren rauchenden Schloten, und dann diese Karte vom Ruhrgebiet, die ich mir nie merken konnte. Weißt du, was Ma damals zu mir gesagt hat?

Flocke schüttelt den Kopf.

Ich weiß es noch wie heute. Schau mal, hat sie gesagt, wir hatten nie Kohle im Boden. In Gauchstein ebenso wenig, da sind nur ein paar Rehe und Pilze im Wald. Das Ruhrgebiet ist vergleichsweise gut dran, immerhin gibt es das: Bodenschätze. Aber der Volksmund kennt für Leute mit den Pilzen und Rehen ein kluges Sprichwort: »Hilf dir selbst, dann hilft dir Gott.« Am Ende zählt immer nur das Ergebnis! Flocke, daran habe ich in letzter Zeit oft denken müssen. Gerade dieses Jahr, in dem wir die Zeitschrift neu ausrichten wollen. Ich weiß, was ihr alle denkt. Ihr denkt, ich sitze da rum und überlege mir hübsche Überschriften für hübsche Artikel. Und dann wählen wir unter lauter Fotos die allerhübschesten aus. Immer sieht man irgendwo das Meer und im Fjord liegt ein Fischerboot.

Flocke will protestieren.

Senta winkt ab. Ist schon gut. So denkt Ma. Doch was ihr nicht seht, ist, wie wir jeden Tag kämpfen, damit die Zeitung nicht untergeht. Wir haben nur eine kleine Auflage, daher feilsche ich mit dem Grafiker um die Preise und dann verhandle ich die Annoncen und überlege jede Woche, ob wir noch kostendeckend sind. Architektur ist ein Nischenthema, Flocke. Da ist nichts, womit man mal eine Rücklage bilden könnte. Und immer spukt in meinem Kopf dieser Spruch von Ma: Am Ende zählt nur das Ergebnis. Schaffen wir's oder schaffen wir's nicht? Also überlege ich mir, soll ich das Blatt vielleicht als Lifestylemagazin hochziehen, für mehr Leser, mit einem Shopping-Blog und einer Spalte für Kochrezepte? Meine Leser sind Puristen. Die hassen Lifestyle!

Flocke liest weder Hefte mit Kochrezepten noch Architekturfachzeitschriften, sie kann zu dem Dilemma daher wenig beitragen, nickt jedoch brav.

Dann verliere ich mein Stammpublikum. Und ich sage mir, Schuster, bleib bei deinem Leisten, aber rechne es lieber noch mal durch – und dann noch mal! Und um China, Flocke, und um die Chinesen mache ich mir keine großen Sorgen. Da scheint alles recht schnell in richtige Bahnen zu laufen, meinst du nicht? Die bauen lauter Hochgeschwindigkeitszüge. Während wir in Berlin einen Flughafen bauen, bauen die da unten sechzig. Senta macht eine Pause und schaut aus dem Fenster.

Glaub mir, da steht bald niemand mehr an der Waschtrommel. Da sieht alles bald aus wie im Ruhrgebiet, nur besser.

Sie bewegt sich wieder im Bett und rutscht etwas zur Seite, offenbar ist das Liegen für sie noch unbequem.

Ich glaube ja, Flocke, das Waschen erledigen bald die Afrikaner. Es sei denn, sie machen das mit Robotern. Und weißt du, wem die dann gehören? Den Chinesen. Vielleicht sollte Ma etwas von ihrem Geld lieber darin investieren, Flocke. Chinesisches Hightech. Robert verliert sie nie aus dem Blick, die Börse von Shanghai.

Da ist es, Sentas höheres Wissen, und Flocke steht wieder einmal dumm da. Es gibt kaum etwas, das sie so wenig interessiert wie die Börse von Shanghai, allerdings muss sie zugeben, dass Shanghai und die Waschtrommeln am Dong irgendwie zusammenhängen. Das ist mal wieder typisch, in Berlin ziehen sie bei ihrem Projekt selbstanklägerisch über den egoistischen Westen und die immer kürzeren modischen Zyklen her. Kaum kommt sie nach Hause, schrumpfen die Nöte von Xintang zu irgendetwas Mickrigem zusammen, das sich in Kursen niederschlägt.

Mag ja sein, aber das ist keine Lösung, Senta, wenn wir deswegen nichts unternehmen. Dann ist der Dong völlig kaputt und wird es für immer bleiben. Weißt du, dass dort sogar die Ratten mittlerweile blaues Fell haben? Ja, da laufen tatsächlich blaue Ratten rum! Kommt alles von den Farbstoffen. Ich glaube nicht, dass wir warten sollten, bis sie Roboter bauen. Regenwälder, die abgeholzt sind, wachsen auch nicht nach. Mein Problem ist nicht, woher morgen die Wäscher kommen. Mein Problem ist: Was ist mit diesen Tonnen giftiger blauer Farbe mitten im Dong?

Sie bereut es, dass sie so weit gegangen ist. Senta hat ein Kind gekriegt und sie redet über blaue Ratten. Doch bitte nicht an einem Tag, an dem nebenan ihr Neffe im Brutkasten liegt, während Senta Schmerzen im Unterleib hat. Warum können sie nicht wie andere Schwestern sein? Warum reden sie nicht über Männer, Säuglinge und Babywäsche? Das wär's gewesen, ein himmelblaues Mützchen zu überreichen, eines mit einem niedlichen hippen Bären vorne drauf. Da wirft sie ihrer eigenen Familie Egomanie vor, dabei starrt niemand, wirklich niemand außer Felicitas Holzrichter so verbohrt auf das eigene Karamellbonbon. Schon am ersten halben Tag ihres Daseins als Tante hat sie grandios versagt.

Entschuldigung. Ich wollte nicht … Ich meine …

Ach, warum! Im Gegenteil, ich finde es interessant, was du mir da erzählst. Das ist mal was anderes als immer nur die Fragen, ob ich auch alles habe, was ich brauche. Was soll mir schon fehlen? Die Krankenschwester ist ja sowieso gleich da. Und so wie du über dein Projekt redest, Flocke, Mensch, du bist richtig gut! Dann bist du in Berlin ja voll und ganz angekommen, das ist die Hauptsache.

Senta sagt das so sachlich wie immer und das entschuldigende Lächeln hat wieder der alten Senta Platz gemacht. Fühlt es sich so an, Mutter zu sein? Fühlt sich alles wie immer und gar nichts nach etwas Neuem an? Eine Nanny würde bald Sentas Sohn polnische Koseworte ins Ohr flüstern, während am Dong weiter blaue Flecke über die Uferböschung huschten, aber alles ist gut.

Die Wahrheit ist, sie alle spielen noch mit ihren Schippen, als wäre die Welt ein schlosseigener Liliputbauernhof, wie damals zu Zeiten von Marie-Antoinette. Wen kümmern schon die Brände an der Bastille, solange es einen hübschen Schemel gibt, auf dem sich die eigene Ziege melken lässt? Ja, im Grunde sind auch Ma und Mies, Jeffrey und selbst Senta es, die noch immer mit einer Spielzeugschaufel in der Hand umherlaufen.

Flocke schaut auf die Uhr. Ich werde dann mal gehen. Jeffrey holt mich gleich ab. Meinst du, wir könnten der Schwester noch Bescheid geben? Ich würde ihn wahnsinnig gern sehen, wenn das geht.

Senta nickt und betätigt einen Knopf neben ihrem Bett.

Flocke steht auf und drückt Senta zum Abschied noch einmal sanft den Arm. Sorry, dass ich kein Geschenk dabeihabe. Es ist in meiner Tasche und die ist bei Jeffrey im Auto. Du weißt ja, was Mies sagen würde. Immer muss einer in dieser Familie etwas vergessen. Allen voran ich … Du bekommst es morgen.

Flocke. Senta schüttelt sanft den Kopf.

Ja?

Du brauchst kein Geschenk für uns. Übrigens heißt er Ian.

Flocke schaut entgeistert auf.

Ich dachte nur. Weil du seinen Namen bisher nicht ausgesprochen hast. Vielleicht geht es dir ja wie Ma. Ich habe ihn ihr bestimmt zehnmal gesagt, aber sie findet ihn offenbar schwierig. Dabei ist er ganz einfach. Er heißt Ian.

Natürlich hätte sie darauf wetten können, dass jetzt, da sie sich verabschiedet, noch irgendeine zuckersüße Ladung vom Bett kommend zwischen ihren Füßen landen würde.

Auf der breiten hölzernen Anrichte liegen alle Zutaten koch-
bereit da. Steinbutt, Seezunge, Schellfisch, Merlan, Rotbarbe
und Drachenkopf, dann das Gemüse. Lauch, Zwiebeln und
Knoblauch und die Gewürze Thymian, Oregano, Safran, Boh-
nenkraut und Lorbeerblätter. Neben dem Baguette steht die
Flasche mit dem kalt gepressten Olivenöl aus Kreta.

Hm, das ist einfach das beste, meint Ma, während sie den
Lauch wäscht. Ich habe deinem Vater gleich gesagt, lass uns
mehr kaufen. Nur wegen dieser dummen Kilo Freigepäck, er
war natürlich dagegen. Sehr vernünftig, wie immer. Aber für
heute reicht es noch.

Flocke lehnt neben ihr und liest das Rezept für die Bouilla-
baisse. Es steht in einem kleinen leinengebundenen Büchlein.
Sie kann die Zeilen kaum entziffern, denn die Einträge sind in
Sütterlin geschrieben.

Woher hast du das Rezeptbuch, Ma?, fragt sie.

Von Großmama, sagt Ma und trocknet sich die Hände.
Weißt du, ich wusste, es musste irgendwo sein. Vorige Woche
habe ich es endlich gefunden. Ich hatte die Idee, dass wir nachher das Familiengeschirr nehmen, was denkst du? Das haben
sie noch auf der Burg benutzt. Zum Glück haben sie es damals
im Wasserhaus gelagert, so hat es den Brand überstanden. Wir
müssen es nur mit der Hand abspülen. Der Goldrand ist so
empfindlich.

Ma zieht einen Schemel aus der Kammer links von der Spüle,
steigt hinauf und öffnet die oberen Türen.

Die große Terrine!, ruft sie. Wann habe ich die wohl das
letzte Mal in der Hand gehabt! Ich erinnere mich noch an
Großmamas Bouillabaisse. Meine Güte, wie lange ist das her?

Und die Schrift kannst du lesen?

Ach, das ist gar nicht so schwer. Als Schülerin habe ich das
mal gekonnt, man kommt wieder rein. Flocke, das sind wun-

derbare Rezepte! Die probieren wir alle aus. Jedes Mal, wenn ihr da seid, machen wir was Neues. Was sagst du dazu, hast du Lust? Ma lacht.

Woher stammt dieser Fisch? Flocke fragt, während sie auf die Fische auf dem Schneidebrett deutet, zögerlich, doch sie muss es wissen, für den Fall, dass sich ihre Befürchtungen bestätigen sollten.

Wie meinst du das, Schatz? Jeffrey hat ihn bei »Hellers« geholt. »Hellers« kennst du doch noch.

Ja, ich meine, woher holt »Hellers« seinen Fisch?

Ma guckt irritiert. Flocke, woher soll ich das wissen? Ich vermute mal Hamburg. Oder Paris. Bei »Hellers« findest du alles, was du für eine gute Bouillabaisse brauchst. Sie lächelt. Schau mal, ich habe sogar Drachenkopf aus dem Indischen Ozean! Davon steht zwar im Büchlein nichts, aber die bei »Hellers« haben gesagt, der passt auch gut in die Suppe.

Flocke schweigt.

Ach, du glaubst, ich habe zu viel besorgt? Ja, vielleicht. Jeffrey hat das auch schon vermutet. Ich denke, Senta hat ihr Kind und sie und der Junge sind gesund … und … Ach, ich bin so froh, Flocke! Erste Geburten sind immer etwas heikel, weißt du? Ich habe euch das nie erzählt, aber als Mies gekommen ist … Ma trinkt aus einem Glas Wein. Also, wenn es zu viel Suppe ist, friere ich etwas ein.

Ma, du weißt aber schon, was sie im Indischen Ozean machen?

Ma sieht sie fragend an, ihre Brauen zwirbeln sich.

Sklavenschiffe, Ma. Dort fischen sie so Sachen wie deinen Drachenkopf. Man nimmt ihnen vorher die Pässe ab. Die sehen ihr Zuhause nie wieder. Alles für Fisch für Europa.

Ma schaut entsetzt.

Auf was für einem Planeten leben Ma und Forscher eigentlich?, denkt Flocke.

Wer nimmt ihnen den Pass ab, Liebes?

Die Reedereien. So was ist da üblich, genau wie auf Baustellen in Russland oder am Golf. Die Arbeiter stammen meistens aus Pakistan oder Nepal … Ma, guck jetzt bitte nicht so wie Marie-Antoinette!

Du meinst …?

Ja, das meine ich. Alles richtig mies. Die Reedereien sorgen sogar dafür, dass die Schiffe auf hoher See gleich nachbetankt werden. So brauchen die Schiffe keinen Hafen und die Matrosen können nicht entfliehen. Das ist ein perfides System.

Und wie kommt der Fisch …?

Wie der Fisch in die Häfen gelangt? Dafür schicken sie Transportschiffe. Die löschen den Fang mitten im Meer. So kommt er dann nach Europa, wo »Hellers« ihn kaufen kann, mit all dem Blut, das an ihm klebt. Wenn einer der Matrosen nicht mehr mitspielt, werfen sie ihn einfach über Bord. Wie im Mittelalter.

Ma nimmt ihre Brille ab und knetet mit Daumen und Zeigefinger die Stirn. Das ist ja fürchterlich. Und du bist dir sicher?

Ich mail dir nachher mal den Link. Das kannst du dir alles im Internet anschauen. Flocke macht eine Pause und streicht langsam mit der Spitze ihres Zeigefingers über den Rücken des Drachenkopfs. Ma, ich kann deine Bouillabaisse nachher nicht essen. Nicht wenn du den Drachenkopf da reinschmeißt. Nimm es mir bitte nicht übel.

Ma setzt ihre Brille wieder auf und knetet weiter in ihrem Gesicht herum, nun sind es die Punkte hinter den Wangenknochen, wie immer, wenn sie konzentriert überlegt.

Gut, sagt sie. Es klingt noch etwas tonlos, aber entschieden. Dann werden wir den Drachenkopf weglassen, Flocke. Du hast recht.

Sie beginnen, die Fische zu filetieren.

Ich werde bei »Hellers« das nächste Mal fragen, murmelt Ma, dabei schaut sie die Fische an, als könnten die sie hören. Schau, so schöner Steinbutt und dann die Rotbarbe. So was kommt aus dem Atlantik. Und Fisch mögen Forscher und Mies gern. Du doch auch? Da fällt mir ein, sie guckt auf die Uhr, wo bleibt er denn? Das ist ja wieder mal typisch! Sie legt eine Hand auf Flockes Schulter, wo sie leicht ihre Schulterknochen massiert. Sag mal, das alles lernst du in deinem Studium in Berlin? Was habe ich für kluge Kinder!

Flocke lächelt, etwas unfreiwillig, sie kann jedoch nicht anders. Dieses Und-das-alles-lernst-du-in-Berlin ist völlig unverantwortlich, als handelte es sich um Informationen für wenige Eingeweihte, obwohl Ma nur zu googeln bräuchte, sie schafft es allerdings heute nicht, ihr lange böse zu sein. Irgendwie ist Ma auch wieder großartig, da findet sie ein altes Kochbuch und setzt sich plötzlich zum Ziel, eine Bouillabaisse zu kochen, obwohl sie jahrelang nur Arianna in der Küche hat walten lassen.

Was hat dir Mies denn gesagt, wann er kommen will?, fragt sie und reicht ihrer Mutter die Glasschälchen mit den vorbereiteten Gewürzen.

Ma fängt an, die Zutaten in den Sud zu rühren. Ja, er müsste längst hier sein ... Aber du kennst ja deinen Bruder! Sie wedelt mit einem der leeren Schälchen, als wäre sie auf einer Versteigerung und erwartete höhere Gebote. Gestern hat er angerufen, es tut ihm leid, irgendetwas wäre mit seinem Flieger, daher hat er umgebucht und wir sollen uns keine Sorgen machen, er kommt heute Nachmittag. Dann müsste er inzwischen längst hier sein! Ich wollte ihn abholen. Oder Jeffrey hätte fahren können. Aber er wollte sich unbedingt einen Mietwagen nehmen.

Ma rührt heftiger in ihrer Bouillabaisse, als es den Fischen guttut.

Ma, die Fische fallen ja auseinander.

Ja, sollen sie ruhig! Es ist doch eine Suppe! Weißt du, hoffentlich ist Mies nachher nicht völlig übernächtigt. Er war erst vor drei Tagen noch irgendwo in Asien und diese Langstreckenflüge schlauchen so. Wäre er schon gestern hier gewesen, hätten wir alle zusammen zu Senta ins Krankenhaus fahren und er hätte heute ausschlafen können. Sie wirft Steinbutt und Rotbarbe einen prüfenden Blick zu, als wollte sie sich vergewissern, dass sie den Fisch tatsächlich für einen Moment allein lassen kann, steigt auf den Schemel und reicht Flocke die Teller hinunter. Ich war nicht dafür, dass er sich gleich ins Auto setzt. Aber Mies wollte von meinen Vorschlägen nichts wissen. Immer ist er so eigensinnig. Er hat behauptet, er würde im Flieger sehr gut schlafen.

Und das glaubst du ihm?, fragt Flocke.

Was, dass er da gut schläft?

Nein, dass er seinen Flug umbuchen musste. Wenn du mich fragst, ist er längst irgendwo hier.

Ma guckt überrascht und wieder wie Marie-Antoinette, der man gerade mitteilt, dass der Abgesandte aus Versailles beim Pariser Straßenvolk kein Gehör gefunden habe.

Ma, du müsstest mal sehen, wie du schaust! Seien wir realistisch. Drei volle Tage mit uns in Apfeltrang stehen vermutlich nicht oben auf seiner Wunschliste.

Aber Flocke, Senta hat vorgestern ihr Kind bekommen! Wenn er schon gelandet wäre … Er beeilt sich sicher, so gut er kann!

Flocke muss grinsen. Ma, Ian läuft ihm nicht weg. Wäre auch etwas schwierig, solange er noch im Brutkasten liegt. Endlich hat sie es geschafft, seinen Namen richtig auszusprechen. Mies ist längst irgendwo in der Nähe. Da gibt es bestimmt jemanden, von dem wir alle nichts wissen sollen. Deshalb durfte keiner von euch zum Flughafen fahren, um ihn abzuholen.

Wen will er denn besuchen, wenn er schon hier ist?, fragt Ma.

Manchmal kommen Flocke ihre Eltern tatsächlich so vor, als säßen sie bei sinkender Sonne mit flatterndem Hutband im Wiesengrund und lauschten dem Harfenspiel. Sie denkt an Berlin und den Wagen mit der Regenbohnenfahne, schon vor Jahren haben es die Spatzen von den Dächern gepfiffen. Ihr Bruder Mies ist nun einmal schwul und an jeder Straßenecke geht es in dieser Hinsicht spannender zu als bei ihnen in Apfeltrang. Nur Ma lebt unbeirrt an allen Berliner Titelblättern vorbei in ihrer Welt und steht selbst heute noch mit runden Augen vor ihrem Topf, als drehte sich alles ausschließlich um ihre Bouillabaisse und Großmamas Terrine mit Goldrand.

Wenn er jemanden hat, kann er ihn doch mitbringen!, ruft Ma unwirsch. Da oben sind genug freie Zimmer. Ein Bett ist schnell bezogen.

Du bist so süß, Ma. Wenn er jemanden hat, bräuchten wir bestimmt kein zusätzliches Bett … Flocke räumt die leeren Glasschälchen in den Geschirrspüler und pikst ihre Mutter in die Seite. Im Grunde ist er nicht viel anders als du, Ma. Von wem er das wohl hat? Ihr lasst euch halt beide nicht gern in die Karten schauen.

Jetzt ist es Ma, die ihr helles, übermütiges Lachen lacht. Herrje, vielleicht hast du recht. Dabei gibt es nichts, das ich euch jemals verheimlicht hätte. Ich wollte nur ab und zu in Ruhe telefonieren und damit niemanden stören. Und warum das alles? Nur damit Forscher und ich euch eines Tages ein bisschen was hinterlassen können. Das Haus hier und die Burg. Allerdings ist die ja ziemlich weit weg … Und überhaupt, was wollt ihr am Ende damit? Eine Ruine mit einem Wasserhaus.

Sag mal, Ma, da wir schon beim Thema sind: Willst du wirklich aufhören zu arbeiten? Jeffrey und Senta haben so was erwähnt. Für das Salatdressing schneidet Flocke die Zwiebel, die Ma ihr wortlos hingeschoben hat, in hauchdünne Ringe.

Ihre Mutter wischt ihre Hände an der Schürze ab und Flockes Frage erntet ein unerwartet heftiges Kopfschütteln, halb abwehrend, halb nickend. Tja, wenn du mich so direkt fragst, ihr macht ja alle etwas Neues, nicht wahr? Du bist in Berlin und Senta hat ihr Kind. Jeffrey ist in München, mit besten Aussichten auf eine Anstellung in der Kanzlei, in der er angefangen hat. Toll finde ich das! Und Mies hat es bei Pavier sowieso großartig getroffen! Sie lächelt. Ich bin so stolz auf euch alle.

Pavier ist ein ganz mieser Lebensmittelmulti, Ma. Das war völliger Mist von Mies, da hinzugehen. Ich verstehe noch immer nicht, wie er das tun konnte.

Na, du gehst ja heute streng mit uns allen ins Gericht … Pavier ist eine gute Adresse! Weltweite Niederlassungen, soweit ich weiß. Sehr erfolgreich.

Das ist es doch, Ma. Flocke schiebt ihr die Zwiebelringe hinüber. Ein riesiger Laden, der überall die letzten Ressourcen herausquetscht. Aber zurück zu dir. Warum willst du plötzlich aufhören?

Tja, also weißt du … Ma schaut noch mal in das Rezeptbuch und legt es weg. Vergiss bitte nicht, mich nachher daran zu erinnern, wir machen noch die Sauce Rouille zu dem Baguette. Wir brauchen nur das Brot mit etwas zerlassener Butter und Knoblauch zu bräunen, in der Pfanne … Ich glaube, für den Moment haben wir alles. Ihre Hände kneten an ihrer Hüfte, dann zieht sie kurz entschlossen an der Schleife ihrer Schürze. Weißt du …, sagt sie und wirft die Schürze auf eine Stuhllehne. Plötzlich scheint sie froh zu sein, etwas aussprechen zu können, das sie schon lange beschäftigt haben muss. Die Sauce Rouille hat damit irgendwie zu tun, der einzige Grund ist sie allerdings nicht.

Als ich vorige Woche in diesem Rezeptbüchlein geblättert habe, nimmt Ma den Faden wieder auf, habe ich mich gefragt: Für euch alle bricht gerade eine neue Ära an, nicht wahr? Ihre unruhigen Hände suchen nach etwas, sie nimmt Flocke das Schneidebrett ab und hält es unter den Wasserhahn. Ich fürchte, ich kann das alles nicht mehr ändern. Dass ich so wenig für euch da gewesen bin. Das tut mir leid. Habe ich euch vernachlässigt, Flocke? Erst dachte ich, es ist nur eine alte Regenschirmfabrik. Ich baue sie um und vermiete die Einheiten. Aber bis das dann alles über die Bühne war …

Weißt du noch, wie du uns das erste Mal davon erzählt hast? Flocke lacht. Ich war heute shoppen, hast du damals beim Abendessen gesagt. Und, was hast du gekauft?, hat Mies gefragt. Regenschirme, hast du geantwortet. Aber wir haben schon genügend, hat Forscher gesagt. Tja, hast du erwidert und uns alle angeschaut, genauso wie Forscher es immer tut, wenn er »Tja« sagt. Dann, fürchte ich, hast du gesagt, werden es jetzt noch ein paar mehr …

An dem Tag war ich zum ersten Mal in dieser schönen alten Halle mit ihren gusseisernen Säulen. Ich sehe sie noch vor mir. Dieser Immobilienmensch hat mich dort hingebracht. Wie hieß er noch gleich? Kampfmeyer, glaube ich. Ein schrecklicher Mann. Die Säulen waren völlig stumpf von Rost und Spinnweben. Aber schon damals hatte ich so ein Gefühl …

Arianna hat uns jahraus, jahrein morgens das Frühstück gemacht, Ma. Du warst ja schon aus dem Haus.

Ich musste die Vorarbeiter rechtzeitig erwischen. Immer gab es Änderungen an den Plänen, zuerst wegen des Denkmalamts, später wegen anderer Dinge.

Abends, wenn du wiedergekommen bist, hast du uns von den neuen Auflagen erzählt. Du hast sie verflucht.

Und wie! Wobei, der Denkmalschutz, das war harmlos. Richtig geflucht habe ich später, als ich die Probleme mit der Elektrik hatte. Ma lacht.

Und dann war da noch die Sache mit der Parkplatzsituation. Flocke pikst Ma mit dem Kochlöffel in den Bauch und Ma muss erneut lachen.

Ich habe manchmal kaum schlafen können. Hätten wir neu gebaut, hätte ich mit einer Tiefgarage angefangen. Aber die Fabrik stand ja schon da, wo sollten all die Leute parken? Die Kundschaft, die Mitarbeiter!

Weißt du noch, wie Senta dir diesen alten Film zu Weihnachten geschenkt hat? Die DVD. Mit Catherine Deneuve. »Die Regenschirme von Cherbourg«.

Natürlich! Als Einpackpapier hat sie Alufolie genommen und lauter kleine Regentropfen aus Zuckerguss daraufgeklebt. Die von den Kindertorten, süß war das. Nur wird in dem Film ja immerzu gesungen, ich habe ihn nie zu Ende geguckt.

Wenn abends jemand gefragt hat, ob du schon zurück seist, war unsere Antwort immer die gleiche. Ma? Ma ist noch in Cherbourg.

Ja … Und jetzt, wo du das sagst, wo sind all die Jahre hin, Flocke? Gestern dachte ich, warum soll ich nicht etwas Neues beginnen wie ihr? Etwas ganz anderes, weißt du, etwas, auf das ich später zurückschauen und über das ich mir sagen kann, auch das habe ich ihnen hinterlassen. Nicht nur das Geld auf den Konten. Einen Hafen, ein Zuhause. Ihr habt hier einen Ort, wo ihr alle jederzeit Luft holen könnt, wo wir zusammen sind. Ma macht eine Pause, dreht sich zur Spüle, faltet die Schürze auseinander, die sie gerade erst zusammengelegt hat, und streicht sie glatt. Weißt du, Flocke, ich denke, auch mir würde das guttun. Einfach mal etwas für mich tun.

Ma sagt es und schaut, die Schürze über dem Arm, in den Garten, genauso hat sie damals geguckt, kommt es Flocke in den Sinn, als sie uns die Geschichte von Gauchstein erzählt hat. Als könnte man dort hinten eine Burg sehen, dabei ist der graubraune Strich nur der Wald.

Doch was vermisste sie an Gauchstein? Als wären ihre Projekte in all den Jahren nicht genau das gewesen, das Einzige, dem ihr Interesse gegolten hatte. Für wen hatte sie das alles gemacht, wenn nicht für sich? Für Familienausflüge nach Gauchstein ist nie Zeit gewesen.

Cherbourg erinnerte unter Mas detailversessenen Händen tatsächlich an jenes Liliputbauerndorf, das sich einst Marie-Antoinette samt Ziege und Kohlrübenbeet im Versailler Garten hat anlegen lassen. Nie war es zu Ende, immer fehlte etwas. Und warum? Weil ihr, Ma, auf ihrer Terrasse ansonsten kreuzlangweilig gewesen wäre. Genau wie Marie-Antoinette.

Ma, du willst mir nicht im Ernst erzählen, dass du irgendetwas bereust. Als hättest du es auch nur zwei Tage ausgehalten, uns bei den Schulaufgaben zuzusehen.

Du missverstehst mich. Ma wendet sich den Schrankfächern mit den Gläsern zu. Hm, welche wollen wir nehmen, Flocke? Ich wollte nur sagen, ich kann nicht glauben, dass das, was jetzt ist, schon alles gewesen sein soll. Weißt du, euer Vater schreibt seine Fachbücher. Keine Ahnung, wie lange man die noch lesen wird, Forschung entwickelt sich ja immerzu weiter. Und ihr? Ihr verwirklicht euch und … Weißt du, ich dachte, da muss noch etwas kommen. Vielleicht sollte ich mir mal Zeit nehmen, das herauszufinden. Und die Zeit genießen, die wir zusammen verbringen. Wir sind doch eine Familie!

Der Satz steht im Raum und vermischt sich mit den Gerüchen der Bouillabaisse. Was da durch die Küche weht, ist für Flocke so ungewohnt wie der Anblick der Teller und Gläser, die Ma und sie auf dem Esstisch verteilt haben. Es ist Geschirr, von dem Flocke lediglich weiß, dass es oben in den Küchenschrankfächern gestanden hat. Seit jeher hat es dort nur dem Zweck gedient, möglichst viel Platz zu belegen, sodass anderes, das sie regelmäßig benutzen, ausweichen musste. Alles, was sie in den letzten Jahren täglich in die Hand genommen haben, hat gequetscht über- und untereinandergestanden, bis Arianna irgendwann begonnen hat, einen Teil der Schubladeninhalte in die Schränke im Flur zu verbannen, weil sie sonst noch verrückt werde, weil sie nichts mehr wiederfinde, wie sie gesagt hat.

Von da an hat immer jemand von ihnen laufen müssen, wenn sie Arianna zur Hand gegangen sind. Nur das Geschirr mit dem Goldrand wegzuräumen, auf die Idee ist niemand von ihnen verfallen. Es wäre ein Frevel gewesen.

Bei dem Drachenkopf ist sie im Recht, bei der Idee, heute das Familiengeschirr aus seinem Dornröschenschlaf zu reißen, ist es Ma, die recht hat.

Womöglich gehörten diese alten, vergessenen Rezepte ja tatsächlich nicht Großmama allein, sondern ihnen allen und bilden zusammen am Ende das Rezept, das sie wieder zusammenbringt. Das Büchlein liegt mitten auf der Anrichte, als hätte es schon immer dort gelegen, an seinem angestammten Platz.

Dann sind all die Jahre, in denen Ma in Cherbourg gewesen ist, während Mies, Senta, Jeffrey und sie aufgewachsen sind, ja, möglicherweise sind all diese Jahre nur ein Zwischenspiel gewesen. Wer sie als Familie sind, würde sich erst jetzt herausstellen.

Wahnsinn, würde Flocke sagen. Wie du so dasitzen kannst, stundenlang, ohne dich anzulehnen.

Tatsächlich sitzt Jeffrey gern dort, auf der einfachen Holzbank vor dem Haus. Er könnte sich die von der Sonne gewärmte Rückwand zunutze machen, tut es jedoch nicht. Im April ist die Luft noch frisch und Ma würde sagen, ah, das tut gut, wenn sie beim Anlehnen das warme Holz spürt. Doch er friert nicht und seine Rückenmuskulatur bildet eine ausreichende Lehne.

Es gibt niemanden, der gerade etwas von ihm will. Er genießt den Moment. Sein Blick wandert in den vertrauten Garten, hin zu den Bäumen. Einige Vögel sind zu hören. Mehr als diese Bank braucht er nicht, um zur Ruhe zu kommen, sie gehört zum Haus und gleichzeitig zum Garten. Sie ist der Ort, der mit beidem verbunden ist, und so ist er es auch.

Meditierst du?, fragt ihn Flocke oft bei solchen Gelegenheiten.

Er denkt nach, ob man das, was er tut, »meditieren« nennen kann.

Nein, antwortet er immer, aber es ist schön hier.

Beim letzten Mal hat Flocke genickt. Und woran denkst du?

Nichts Bestimmtes. Hier hat man das Gefühl, alles im Blick zu haben. Findest du nicht?

Hm.

Du kennst Antilopen.

Ja.

Jedes Tier folgt der Herde.

Ja.

Alle sehen immer nur die Herde. Keines sieht, was passiert. Hier habe ich das Gefühl, ich kann sehen, was passiert.

Flocke schaute ihn noch immer fragend an, sichtlich bemüht, seinem Bild zu folgen, doch auch sie war in dem Moment nur eine Antilope, die auf sein Zeichen wartete, wohin sie laufen soll. Bedrohung gibt es immer, nur Ma, Mies und Senta und selbst Flocke galoppieren gern blind nach vorne, als genügte es, den kleinen Zwischenraum bis zum nächsten Hinterteil zu erfassen, der ihnen bleibt. So rennen sie alle schon seit Jahren, hintereinander, nebeneinander, ohne auch nur einmal für fünf Minuten innezuhalten.

Vielleicht hat es ja damit zu tun, dass sie keine Bedrohung kennen. Sie haben sie nie gekannt und so hechten sie unter einem von Wolken kaum befleckten Himmel von einem Wasserloch zum nächsten – what a wonderful world. Niemand von ihnen ist bislang gestolpert, aber das heißt nicht, dass es keine Verfolger gibt. Vielleicht haben sie nur Glück gehabt. Vielleicht wartet ein Augenpaar bereits darauf, dass einer von ihnen auf eine Mulde im Boden zusteuert oder auf einen Abhang mit lockerem Geröll. Umso wichtiger, immer die ganze Situation zu erfassen.

Seine Blicke folgen den Eichhörnchen, die wenige Meter von ihm entfernt die Bäume senkrecht hinauf- und hinunterlaufen. Innerhalb kürzester Zeit absolvieren sie ein engmaschiges Netz aus Linien, das sich über den ganzen Garten erstreckt. Auch seine Augen rastern die Bäume. Er hat das Gefühl, dass sich sein Leben hier vor ihm wie auf einer Landkarte ausbreitet, in der er lesen kann. Nein, »meditieren« würde er das nicht nennen, doch die Karte ist mit Markierungen gespickt. Wenn die Eichhörnchen ihre Nüsse hervorholen, graben sie nie willkürlich, sondern gezielt. Sie kümmern sich um das, was sie brauchen, und wissen exakt, wo es liegt. Im Garten wird ihm mühelos bewusst, was die Dinge sind, die *er* braucht. Und was er tun sollte, bevor das Jahr zu Ende ist.

Bereits gestern hat er sich hierhin zurückziehen wollen, Ma hat ihn jedoch auf Trab gehalten mit all den Besorgungen, um die sie ihn gebeten hat. Nachdem er Flocke in Augsburg abgeholt hat, ist er zu »Hellers« gefahren. Kiloweise Fisch. Wer sollte den alles essen? Jetzt endlich können seine Gedanken streunen, vertikal und horizontal, aber zielsicher.

Er hat auf ihrer Fahrt zu Senta von seiner Arbeit gesprochen und irgendetwas von dem, das er Flocke erzählt hat, hat ihn in Unruhe versetzt. Dabei ist nichts von dem für ihn neu. Er kennt seinen Münchner Tagesablauf in- und auswendig. Kaffee, bevor er das Haus verlässt, Tomatensaft im Flieger, Datenraum, Sandwich, Flieger, so sind die Dinge. Gleich Montagfrüh wird er die Quittungen seiner aktuellen Spesen einreichen. Pünktlich am Mittwoch wird er sein Memo abgeben.

Ma und seine Geschwister müssen immerzu Staub aufwirbeln, ihm liegt das nicht im Blut. Er schaut nach dem Muster, es ist wie bei den Lauflinien der Eichhörnchen. Folgt man dem Muster, gibt es keinen Grund für Unruhe, gleichgültig, wie schnell sie flitzen. Er muss sich nur konzentrieren, dann wird sich seine Unruhe legen.

Forscher tritt aus dem Haus und kommt auf ihn zu. Obwohl er die Stille gesucht hat, ist er froh. Mit Forscher allein, nur sie zwei, das ist selten.

Forscher hat einen seiner alten, abgetragenen Wollpullis an. Er liebt sie und es sind immer dieselben, auch wenn Ma seit Jahren versucht, sie durch neue zu ersetzen.

Wo ist er denn?, fragt Forscher dann.

Was meinst du?

Mein grauer Pulli.

Dabei weiß sie das sofort, auch ohne seine Antwort.

Es zeigt sich, dass sich Ma doch nie traut, das aussortierte Zeug wegzuwerfen, sondern es nur irgendwo verstaut hat. Alle Pullover von Forscher sind gleichermaßen ausgeleiert, mit Spuren von Verfilzungen und dünn geriebenen Maschen an den Ellenbogen.

Ich brauche keine neuen, sagt Forscher immer, während er Ma den kleinen Stapel der von ihr einsortierten nagelneuen Wollpullis in die Arme drückt. Heb sie auf und schenk sie mir zu Weihnachten.

Wie du immer rumläufst, sagt sie mit zerknittertem Blick, aber Forscher liebt nun einmal seine Pullover so, wie sie sind, oder, besser gesagt, wie sie werden, nachdem er sie jahrelang getragen hat.

Schön zu wissen, wo man dich findet, sagt Forscher jetzt. Es wird leer hier ohne euch.

Jeffrey rutscht ein Stück beiseite. Es ist nur eine Geste, dass Forschers Gesellschaft ihm willkommen ist, denn die Bank ist lang und hat Platz für fünf.

Zu zweit schauen sie in den Garten. Das Angenehme an Forscher ist, dass man nicht immer gleich reden muss. Gemeinsam hängen sie ihren Gedanken nach. Solange sie ruhig sind, lassen sich auch die Eichhörnchen vorne im Garten nicht stören.

Seine Gedanken kreisen weiterhin um München und das, was er dort tut. Es ist, als könnte er von der Bank aus die Bedrohung wittern.

Dabei sind ihm bisher keine Fehler unterlaufen. Dennoch hat er ein ungutes Gefühl. Die Steppe, auf der er unterwegs ist, ist vielleicht der falsche Boden. Es macht ihm nichts aus, morgens in aller Herrgottsfrühe aufzustehen und mit dem Mantel überm Arm zum Flieger zu hechten. Er ist nicht eitel. Wenn es andere sind und sich mit seinen Arbeitsergebnissen brüsten, spürt er keinen Groll. Doch seine Memos sind nichts, das er später hervorholen will, sie taugen nicht als Proviant für nahrungsarme Zeiten.

Und was nicht stimmt, ist das Miteinander in der Kanzlei selbst. Wer ist zuerst am Wasserloch? Geld beherrscht ihre Zeit, Geld beherrscht ihr Denken. Bei den Anwälten wird die Arbeitszeit in Zehn-Minuten-Einheiten abgerechnet, »billen« heißt das. Geld beherrscht so auch die Frage, zu wem man freundlich ist. Freundlichsein, wie etwa eine Frage nach dem Wochenende, kostet Zeit und ist damit teuer. Und immer gibt es jemanden, den man vom Pferd stoßen muss, ehe der andere das mit einem selbst tut. Es ist wie bei Mas Auritter mit seinen Geschichten aus dem Mittelalter. *Der erste unwille hadt ein anfangk, so slug her Laschke Tann uffs mawl.* Mies hätte seinen Spaß daran, nur ist er nicht Mies.

Es ist Mas Idee gewesen, dass er sich bewirbt, sie hat sich dort einmal beraten lassen und den Laden gut gefunden. Sie ist sich bei ihrem Vorschlag so sicher gewesen, dass er nicht lange überlegt hat. Warum soll er sich nicht im Gesellschaftsrecht profilieren? Irgendeine Spezialisierung muss es sein. Die Kanzlei ist tatsächlich gut. Dennoch ist es falsch gewesen. Wenn er sieht, wie Mies, Senta und Flocke unermüdlich auf ihren Fluren äsen, kann er förmlich beobachten, wie sie satt werden – im Unterschied zu ihm.

Er hat in seiner Kindheit keinen Tag gekannt, an dem sich Ma nicht voller Elan in eine neue Herausforderung für ihr Cherbourg gestürzt hat. Forscher taucht in seine Forschung ab wie ein Wal in den Ozean, sein Marianengraben ist tief. Alle gehen sie in ihren Aktivitäten auf, Mies zuallererst. Er identifiziert sich bereits mit Pavier, als hätte der Auritter persönlich den Grundstein für das Unternehmen gelegt. Dabei hat Mies erst letztes Jahr da angeheuert. Senta lebt nur für die Architektur, außerdem hat sie nun auf einmal ein Kind. Und selbst Flocke scheint ihr Weideland gefunden zu haben. Sehr viel hat sie gestern nicht von Berlin erzählt, aber er spürt, dass sie am richtigen Platz ist. Vielleicht lässt sich die Welt in der Hauptstadt tatsächlich ein kleines bisschen verändern. Und selbst wenn es naiv ist, das zu glauben, wer ist er, ihr das vorzuhalten? Immerhin verhilft ihr der Glaube an das, was sie tut, zu einem vollen Magen und bei ihnen allen gibt es keine Signale einer Störung. Instinktiv meiden sie, was für sie giftig ist, nur er treibt sich auf einer Steppe herum, die falsch bleibt.

Ist das die einfache, aber folgenschwere Erkenntnis seiner Stunde auf der Bank? Dass er, wenn er weitermacht, bald das Tier mit dem vergifteten Gedärm sein wird, das langsam läuft, ein perfektes Exemplar für die Verfolger? Sie müssen nur darauf warten, dass er beginnt, Haken zu schlagen und in die falsche Richtung zu preschen. Immer in der Hoffnung, noch ausweichen zu können. Ja, dann ist es zu spät.

Und plötzlich hört er das Geräusch wieder, das ihm so vertraut ist. In seinem Rücken, hinter der Wand, ein leises Rascheln, doch für den, der aufmerksam ist, unüberhörbar.

Die Marder. In den Innenwänden ihres Hauses.

Es ist ein stabiles Haus. In seiner vollhölzernen Bauweise nicht viel anders als die, mit denen Sentas Architekturzeitschrift heute modernem Wohnen huldigt. Nur ist ihr Haus in den frühen Dreißigerjahren des letzten Jahrhunderts erbaut worden und um so vieles schwerer und massiver. Die dicken doppelwandigen Holzwände mit den dazwischenliegenden Hohlräumen sind damals so präzise ineinander verkantet und miteinander verleimt worden, dass sie das Haus zersägen müssten, um an sein Innenleben heranzukommen. Diese Struktur, dazu gemacht, ewig zu halten, hat so unfreiwillig einen Schutzwall um jene Hohlräume gezogen, schmal, jedoch uneinnehmbar, zwischen Innenwand und Außenwand. Genau dort haben sich seit Jahren ihre Verfolger eingenistet, unsichtbar sind sie ihnen seitdem auf den Fersen. Er kann sie hören und sie können ihn hören. Zusammen sind sie die Hausbewohner. Jedes Rudel ist auf das eigene Überleben aus.

Ach, Boxer. Was machen wir nur mit diesen Viechern? Forscher seufzt.

Forscher nennt ihn »Boxer«, seit sie damals geboxt haben. Dabei haben sie gar nicht geboxt, sondern Forscher hat ihn geboxt.

Ja, die sind fein raus. Wir müssten ihnen mal eins aufs Maul geben, wenn wir könnten. Sag mal, wie alt bin ich damals genau gewesen, als du mich geboxt hast?

Du warst noch klein. Ich glaube, sechs oder so. Das war in dem Jahr, nachdem wir nach Tansania geflogen sind, um dich zu adoptieren.

Dann war ich wirklich noch ziemlich klein.

Sie müssen grinsen.

Irgendwann erwischt es jeden, Boxer. Man bekommt Schläge, der eine früher, der andere später. Als das Flugzeugunglück mit deinen Eltern geschehen ist, das war ein schrecklicher Tag, vor allem für dich. Wir wollten, dass du schnell darüber hinwegkommst. Also musstest du bei uns rasch ein neues Zuhause finden. Und ich fragte mich, wie kann ich ihn beschützen? Ein Zuhause zum Wohlfühlen endet nicht an der

Gartenpforte. Deine Hautfarbe blieb für viele ein Hingucker, nicht alle würden es in der Schule gut mit dir meinen. Da dachte ich, besser früher als später, so lernt er es. So bist du gewappnet.

Irgendwann lässt der Schmerz nach. Das hast du damals gesagt.

Ja, so ist es auch. Nur deine Mutter war völlig entsetzt. Du hattest eine blaue Nase.

Ja, das weiß ich noch. Ich habe sie lange im Spiegel betrachtet.

Ich fand ja, das hat interessant ausgesehen, weißt du? Eigentlich war sie gar nicht blau, sondern immer noch schwarz. Nur anders schwarz. Forscher nickt. Verrückt, wie schnell ihr alle erwachsen geworden seid. Du bist längst größer als ich, sogar größer als Mies.

Sie schauen in die Bäume, wo die Eichhörnchen laufen.

Weißt du, Boxer, als wir gestern Senta im Krankenhaus besucht haben, ist mir das klar geworden. Jetzt gibt es Ian. Komisch ist das. Jetzt seid ihr diejenigen, die Starthilfe geben müssen.

Das Dämmerungsspiel war schön damals, erinnert sich Jeffrey.

Ja, nicht wahr? Forscher lächelt. Du bist immer am schwersten zu finden gewesen, wenn ihr euch versteckt habt. Kein Blondschopf hinter den Büschen wie bei den anderen. Konnte dich fast nicht sehen.

Jeffrey lacht. Forscher, gib's zu. Du hast mich trotzdem immer gleich entdeckt.

Tja. Aber ich konnte wenigstens eine Weile so tun, als hätte ich dich noch nicht gesehen. Das hat das Spiel viel spannender gemacht. Die anderen waren so schnell zu finden. Senta und Flocke zumindest. Sie waren, ehrlich gesagt, auch nicht besonders clever darin, sich gute Verstecke auszudenken.

Und Mies?

Ja, Mies, das war etwas anderes. Immer eine Klasse für sich, dieser Junge! Weißt du noch, wie er einmal ganz hoch in die Esche geklettert ist? Meine Güte, ich konnte es erst nicht glauben, als wir ihn dann da oben bemerkt haben.

Er wollte, dass ich auch raufkomme. Ich habe zu lange gezögert. Dann habe ich dich gehört und da war es zu spät.

Na, zum Glück! Ma und ich hatten richtig Sorge um ihn, bis er wieder unten war. Doch er war schon ein unglaublicher Kletterer. Das hat mir Respekt abverlangt.

Sie schweigen einen Moment.

Ma hat nie verstanden, warum du mich damals geboxt hast, nicht wahr?

Nein, das hat sie nicht. Sie war völlig auf dem Holzweg, sie dachte, ich würde dich zu einem Boxer machen wollen oder so was. Du weißt schon, der große Schwarze im Ring. Sie und ich haben richtig gestritten. An so etwas habe ich nie gedacht, fährt Forscher fort. Ich glaube, das weißt du.

Du wolltest nur, dass ich immer gut auf mich aufpasse, richtig? Das hast du damals zu mir gesagt.

Ja, so habe ich es gemeint. Weißt du, die Leute waren damals noch nicht so aufgeschlossen Andersfarbigen gegenüber. Manchmal frage ich mich, ob die Menschen ihre Scheuklappen überhaupt je ablegen werden. Er schaut Jeffrey an. Ich konnte ja nicht immer neben dir stehen, Boxer. Nach unserm kleinen Kampf war ich ruhiger. Ich habe mir ab da nicht mehr so viele Sorgen um dich gemacht.

Dann war es so etwas wie eine Impfung ...

So kann man es nennen. Ich habe dich ja nur leicht geboxt. Gerade so viel, dass du eine blaue Nase bekommen hast, an die du dich erinnern würdest. Ich meine natürlich, eine schwarze Nase mit einem Schatten ins Schwarzviolett.

Sie lachen.

Und seitdem nennst du mich Boxer.

Ja. Das war auch ein kleiner Stich gegen Ma. Weil wir auf ihren Wunsch hin deinen Bruder nach ihrem berühmten Vorfahren benannt haben. Vincent, du weißt schon, nach diesen Rittern von der Schlacht am Weißen Berg und dem Auritter mit der stechenden Lanze. Da wollte ich Waffengleichheit zwischen euch Jungs. Du warst adoptiert und bereits getauft, du konntest keinen der drei Vornamen mehr bekommen. Da wollte ich für dich einen Namen, der einem Auritter ebenbürtig ist. Jetzt trägt jeder meiner Söhne eine Lanze.

Die Eichhörnchen sind im Moment nicht zu sehen, es ist ruhig im Garten.

Ma ist lange richtig böse mit mir gewesen, sinniert Forscher. Ich versuchte öfter, es ihr zu erklären, aber sie hörte kaum zu. Du weißt ja, wie sie manchmal ist. Du kannst Jeffrey nicht boxen, hat sie immerzu gesagt. Ein Pearl Harbor gegen die eigenen Kinder!

Du hast recht behalten, Forscher. Ich habe mich lange an meine Nase erinnert. An die schwarze mit dem Stich ins Schwarzviolett.

Sie schauen sich an und grinsen.

Tja, und heute – ein schwarzer Hüne bist du geworden! In den USA hätten Ma und ich wahrscheinlich nicht einmal für dein Studium zu zahlen brauchen. Dort wäre aus dir ein Star in irgend so einem Baseballteam geworden. Na ja, wir haben dir das Auslandssemester ja angeboten. Du weißt, für die Karriere unserer Kinder würde deine Mutter alles tun.

Jeffrey lächelt. Ich bin eigentlich ganz froh, dass ich hiergeblieben bin. Es ist schön, bei der Familie zu sein, weißt du?

Eine Weile sitzen sie so nebeneinander. Irgendwann fühlt Jeffrey das Handy in seiner Hosentasche vibrieren und ahnt, wer versucht, ihn zu erreichen. Seine Hand tastet, um es herauszuziehen, dann lässt er sie auf dem warmen Holz der Bank neben der von Forscher liegen. Momente wie dieser sind selten.

Ein Eichhörnchen taucht auf dem Stamm einer Kastanie auf und dreht ihnen neugierig den Kopf zu. Da er den Anruf nicht angenommen hat, erklärt er stumm dem Eichhörnchen, welcher Gedanke ihm gerade durch den Kopf geschossen ist. Vielleicht wollte ja Forscher, dass ich nicht nur auf mich, sondern auf uns alle aufpasse. Denn wenn ich das nicht tue, tut's niemand. Aufpassen liegt einfach nicht in ihrem Blut.

Das Eichhörnchen hört aufmerksam zu, während seine Barthaare in der Luft zittern, und er wünscht sich, er wäre doch ans Telefon gegangen.

Um zu verstehen, was er meint, muss man Ma, Forscher, Senta und Flocke und vor allem Mies live erleben. Warum wünscht er sich so sehr, die Anruferin wäre hier? Ja, er wird beobachtet. Diesmal ist es ein gutes Gefühl, im Fokus von jemandem zu sein.

Ein neues Geräusch macht sich bemerkbar. Diesmal ist es ein Motorengeräusch vom Hang her, über den der Weg zum Haus führt. Kurz darauf erscheint ein schwarzer 1er BMW, der die Kurve nimmt und ein paar Meter neben ihnen vor der Garage zum Stehen kommt.

Tja, sagt Forscher. Dann sind wir ja jetzt vollzählig.

Es ist nicht immer einfach, alles unter einen Hut zu kriegen. Wenn man sich allerdings angewöhnt, nur einen Bruchteil der Disziplin, die man beruflichen Terminen schuldet, über den Freitagabend hinaus ins Wochenende zu retten, ist es ein Kinderspiel.

Wenn Mies bei Pavier für Meetings angefragt wird – und das wird er zunehmend, auch zu Themen, die seine Abteilung nur interdisziplinär betreffen –, schaut er kurz, wer daran teilnimmt. Bietet es ihm Profilierungsmöglichkeiten, sagt er zu.

Scheint das Meeting wenig gewinnbringend, greift er zum Telefon und simuliert sein Bedauern darüber, nicht teilnehmen zu können. Der Angerufene wird eine volle Minute gepudert, während der er die Luft durch die Zähne zieht. Er wäre so gern dabei, leider stehe dem ein seit Langem anberaumter Termin entgegen. Das nächste Mal aber sei mit ihm in jedem Fall zu rechnen.

Wenn er auflegt, weiß er, dass er ab jetzt fest im Verteiler ist. Wer sich so motiviert zeigt und persönlich anruft, um abzusagen, kann für jedes Meeting nur ein Gewinn sein. Alle glauben sie ihm seine Terminkollisionen unbesehen.

Wobei – er lügt nicht einmal. Ändert eine Runde durch neue Besetzung ihre Bedeutung, ist er tatsächlich und sehr gern das nächste Mal mit von der Partie.

Ma hat am Telefon berichtet, dass die Ärzte Senta am Mittwoch per Kaiserschnitt entbinden, und sobald das Balg da ist, wird seine Familie kopfstehen. Mindestens Ma wird ab dann die Stunden zählen, bis sie alle um sich weiß. Schließlich ist das der erste Nachwuchs, der sie und Forscher zu Großeltern macht, ein Datum für die Familienannalen. Viel wichtiger jedoch, wenn man sich Mas adeligen Stammbaum vor Augen führt, ist die Tatsache, dass damit ein künftiger Erbe für Gauchstein das Licht der Welt erblicken wird. Ob die Burg überhaupt noch steht oder nur noch eine Ruine ist, ist gleichgültig. Mas Linie lebt, und das seit sechshundert Jahren.

Diese Wichtigkeit empfindet auch er, schließlich ist sein zweiter Vorname Vincent und nie vergisst er bei den Namenskürzeln, mit denen sie bei Pavier in den Verteilern operieren, seine vollen drei Initialen anzugeben. Wer Frederik Müller heißt und so kurzsichtig ist, sich mit einem FM zufriedenzugeben, verdient es nicht anders, als die Späße der hinter vorgehaltener Hand witzelnden Kollegen zu ertragen (Fuck Me). Wer Stefan oder Stefanie Mayer heißt, ist nicht besser dran (SM). Ganz schlimm trifft es einen Kollegen bei ihnen, der Sandro Sennhofen heißt. Er gilt als schwierig und wenn man überlegt, ob man ihn dazuholen will, ist schon wegen des Namenskürzels die Antwort meist einhellig. Nee, lieber ohne die SS. Er hingegen ist Mies Vincent Holzrichter und über jedes billige Schulhofniveau erhaben. Er ist MVH.

Nicht nur bei Meetings, auch bei allem Sonstigen, das nach Aufmerksamkeit heischt, hat er mittlerweile die Angewohnheit, sich einen kurzen Moment zurückzulehnen, ehe er zusagt. Privates bleibt privat, aber hier wie da funktioniert das Leben nach nämlichen Regeln. Verlangt die Geburt seines Neffen wirklich seine sofortige Teilnahme an den Feierlichkeiten? Bei nüchternem Blick ist klar, dass der Wurm am zweiten und dritten Tag seines Erdendaseins nicht anders aussehen wird als am ersten. Im Gegenteil, wahrscheinlich würde er sich bis dahin schon regeneriert haben. Eine kleine Verschnaufpause ist ihm zu gönnen, bevor die Antrittsrunde weiterer Bewunderer ansteht. Es ist also völlig ausreichend, wenn er erst am Samstag erscheint. Wahrscheinlich wird sich die Euphorie seiner Familie bis dahin noch gesteigert haben, da sich solch ein Ereignis auf die Schnelle gar nicht begreifen lässt. Er braucht nicht zu befürchten, irgendeinen Höhepunkt zu verpassen.

Seine Schwester Senta, die Auslöserin dieses revolutionären Ereignisses, schätzt zum Glück Dinge wie die Ankunft des eigenen Kindes völlig pragmatisch ein. Von ihrem letzten Telefonat weiß er, dass sie die Angelegenheit ganz in die Hände der Ärzte abgeben wird. Sie betreibt dieses Kapitel nicht anders als ihre Zeitschrift. Dinge, deren Erledigung bei Dritten besser aufgehoben ist als bei einem selbst, darf man ohne viel Federlesen delegieren. Für die Ärzte wird der Kaiserschnitt routiniertes Tagesgeschäft sein.

Überdies hat Senta in jenem Telefonat einen Satz fallen lassen, sinngemäß, dass Robert und sie einmal schauen müssten, wie das Konzept für die Zeit danach aussehe, denn sie könne ja nicht ewig aussetzen. Da war sie, seine ehrgeizige, tüchtige kleine Schwester. Ein Kind zu kriegen heißt nicht, dass in ihrer Familie alles andere von heute auf morgen verblassen muss. Senta wird es ihm nachsehen, wenn er sich leicht verspätet.

Den Freitag wird er dennoch freinehmen und den halben Donnerstag dazu. Direkt vom Büro aus wird er nach München fliegen, das verschafft ihm zwei fast volle Tage, besser gesagt, zwei Nächte bei Nikos, seiner jüngsten Affäre. Nikos ist Halbgrieche, ein Fitnesstrainer, den er am Rande seines letzten Heimaturlaubs aufgegabelt hat.

Nikos ist nicht der Mann, mit dem er Career Opportunities bei Pavier hätte diskutieren wollen, aber das braucht Nikos auch nicht zu sein. Schließlich geht es bei ihren Treffen im Kern um etwas Elementares und wenn sich der Zweck ihres Wiedersehens darin erschöpft, umso besser. Nichts anderes hat er derzeit im Sinn. Eine darüber hinauswachsende Nähe könnte Probleme schaffen, schließlich ist sein Job noch frisch und Pavier kann ihn jederzeit für ein vielversprechendes Kreuzritterkommando auf dem Schirm haben, dann muss er abfahrbereit sein. Außerdem empfiehlt sich bei Feldzügen ebenso wie auf Turnieren, so früh wie möglich das Terrain zu erkunden, während die anderen noch schlafen. Nur Dummköpfe verzetteln sich, indem sie am Abend zuvor den Minnesänger geben. Der Parcours von Pavier ist groß und komplex, er erfordert seine ganze Aufmerksamkeit.

Andererseits wäre es, denkt er an Nikos' runde Schultern, wirklich schade, wenn ihre Bekanntschaft gleich wieder sang-

und klanglos einschliefe. Auf seine kurz entschlossen getippte Frage auf WhatsApp, wie es für kommenden Donnerstag oder Freitag aussehe, erhält er bereits nach wenigen Minuten eine Antwort mit drei Smileys, zwei davon mit heraushängender Zunge. Die Freitagsschicht im Fitnessstudio, kündigt Nikos an, lasse sich problemlos tauschen.

Von Nikos nach Apfeltrang wird es ein Katzensprung sein, so schlägt er zwei Fliegen mit einer Klappe. Die einzige Aufgabe besteht darin, Ma sein spätes Kommen zu erklären. Er wird sich pünktlich ankündigen, kurzfristig anrufen und die Luft durch die Zähne ziehen. Leider habe er den Flieger knapp verpasst und umbuchen müssen. Der nächste freie Platz sei erst samstags verfügbar, die Freitagsmaschine sei schon voll. Die Flugverbindung nach München ist an Freitagen tatsächlich oft überbucht und sein vorsorglicher Anruf bei der Fluggesellschaft bestätigt das. Wieder muss er nicht einmal lügen.

Wie nicht anders erwartet, vergehen die gut sechsunddreißig Stunden in Nikos' Armen viel zu schnell und die fünf Minuten, in denen er beim Abschied in Nikos' schwarze Augen blicken muss, schneiden ihm ins Herz. Was tut man nicht alles für die liebe Familie, dafür hat er die beste der Welt. Er küsst Nikos ein letztes Mal, sie werden sich bald wiedersehen, das verspricht er, und vergräbt beim Kuss die Hände mit bestätigender Entschlossenheit in Nikos' Rückenmuskeln. Dann steigt er in den Wagen.

An der ersten roten Ampel schickt er ein Kuss-Smiley über das Handy und fügt hinzu: *P.S. I miss you.* Er stellt sich den Ausdruck in Nikos' Augen vor, wenn er das liest, und ist mit sich und der Welt im Reinen. Es müsste mit dem Teufel zugehen, wenn diese Augen bei diesem P.S. nicht jenes umwerfende, leicht feuchte Glänzen bekämen. Wie alle in seiner Familie liebt Mies die Nachsätze.

Jetzt kann er es kaum erwarten, sie alle wiederzusehen. Jeffrey, Ma und Forscher, Senta und Flocke! Warum müssen sich andere nur das Leben schwer machen? Bei ihm ist Platz genug für alle, mit Ausnahme von Jeffrey, für den es nie genug Platz geben kann, zumal bezogen auf die Zeit, die sie allein zu zweit verbringen.

Er ist richtig gespannt, die neue Generation der Familie zu begrüßen. Mit Ian haben sie einen Spross, an den sie den Staffelstab weitergeben können.

Mit jedem Kilometer verblasst die Erinnerung an den Duft von Nikos' Rasierwasser und den seiner Brusthaare, die sich in den letzten beiden Nächten so wunderbar in den Laken vermischt haben, und macht Platz für die Dinge, die auf ihn warten.

Wenn sie ihn in weniger als zwei Stunden mit viel Trara um das Baby vereinnahmen wollen, darf er darüber nicht vergessen, nach dem Garten zu sehen. Das letzte Mal hat er festgestellt, dass die Bäume unbedingt geschnitten werden sollten. Der Hangweg bis zur Kurve muss bald so zugewuchert sein, dass jedes Auto zwangsläufig zerkratzt wird. Er hat seine Eltern daran erinnert, die Gärtnerei anzurufen, und sie haben genickt. Er kann sich fast sicher sein, dass sie es vergessen haben.

Als er mit dem Wagen die Anhöhe nimmt, streifen die Esche, die Linde und sogar schon einer der beiden Ahornbäume mit ihren ausufernden Ästen das Dach, und nicht nur das, sie klatschen ihm sogar gegen die Windschutzscheibe. Er könnte toben. Dennoch beschließt er, sich nicht aufzuregen und die Eltern erst morgen auf die Bäume anzusprechen. Sein Neffe verdient es, dass er ihm ein kurzes sorgenfreies Hallosagen gönnt, bevor er lernen muss, was in ihrer Familie alles schiefläuft. Trotzdem. Warum hat man Eltern, die Mitte fünfzig sind, wenn sie sich noch immer wie ichsüchtige Teenager benehmen? Der eine lebt nur für seine Forschung und die andere brütet Tag und Nacht über Bauplänen von Cherbourg oder von wer weiß welchen Nachfolgeprojekten und darüber, wie sich noch mehr Geld scheffeln lässt. Nur für einen kurzen Anruf bei der Gärtnerei reicht es nie.

Es ist vor allem die Esche, die ihm Sorgen bereitet. Eines Tages wird sie ihnen mit ganzer Wucht auf das Hausdach krachen. Mitten zwischen Mas Papierrollen mit den Aufrissen ihrer neuen Shoppingmalls und Forschers Elementarteilchen. Dann werden Ma und Forscher mit ihren Platzwunden an den Köpfen große Kulleraugen machen und beteuern, das habe man nicht ahnen können. Dabei hat die Esche letztes Jahr nicht mehr viel Blattwerk hervorgebracht, was unschwer zu sehen gewesen ist. Er befürchtet Pilzbefall. Zu allem Überfluss steht sie schief. Man muss kein Hellseher sein, um zu ahnen, was ihnen jeder Gärtner nahelegen würde: Abholzung.

Wären es nur die Bäume. Das viel gravierendere Problem, über das er schon oft gegrübelt hat, sind die Marder. Man kann wohl tatsächlich nichts gegen sie unternehmen, aber er sucht wenigstens eine Lösung und wird die Suche nicht aufgeben. Ma und Forscher hingegen nehmen die Viecher inzwischen als naturgegeben hin und hören über sie hinweg, als wäre es nicht eine ziemlich kritische Frage, woran sie eigentlich nagen. Der Intensität ihres Getrappels nach zu urteilen, werden es von Jahr zu Jahr mehr und offenbar führen sie in den Hohlräumen ein prächtiges Leben.

Wenn er laut die Frage stellt, was sie tun wollen, sagt Forscher nur: Tja, wir können das Haus ja nicht zersägen.

Und Ma nickt beiläufig, wie immer, wenn sie etwas so oft gehört hat, dass es sie fürchterlich langweilt. Im Ergebnis bleiben beide taub und so wird an dem Tag, an dem ihnen die Esche aufs Dach schlagen wird, die Wucht womöglich das ganze Haus eine Etage tiefer in den Keller drücken, dank der Marder, die den Unterboden bis dahin sicher schon zu Crunchy Nuts vorbereitet haben. Darauf zu warten, dass seine Geschwister etwas dagegen unternehmen, ist noch aussichtsloser. Niemand fühlt sich zuständig, man hört ihm nicht einmal zu.

Mies fährt zur Garage und muss angesichts der Bäume feststellen, dass alles beim Alten geblieben ist. Er könnte vor Zorn mit Schmackes gegen die Hauswand fahren, dorthin wo die Holzbank steht. Es gäbe einen Blechschaden, den die Vollkasko der Mietwagenfirma übernehmen würde, und die zerlegte Bank wäre ihnen allen vielleicht endlich einmal eine Warnung vor dem, was passieren würde, wenn erst die Esche angerauscht käme.

Aber die Bank vor dem Haus ist vor allem Jeffreys Bank, auf der er immer meditiert. Niemand weiß, worüber, doch es ist jedes Mal zum Malen schön. Wie ein afrikanischer Häuptling thront er dort, reglos und ausdrucksstark. Diesen Anblick, den er so liebt, wird Mies nie missen wollen, daher bremst er den Wagen scharf ab.

Dafür wird er sich morgen den Wecker auf ganz früh stellen. Während diejenigen, die hier leben und an Festtagen nur an Champagner und Foie gras denken, entweder noch in den Federn liegen oder bereits genusssüchtig durch die Küche lärmen, wird er durch das Haus schleichen und überall nachsehen, ob der Tank noch intakt ist und wie Keller und Dachboden aussehen. Ein doppelwandiges Holzhaus aus den Dreißigerjahren ist schließlich kein Legokasten, sondern ein Organismus, der atmet und altert.

Und was seine Familie betrifft, so muss er die Erwartungen tiefer hängen. Da kann er schon von Glück sagen, wenn sie bei gemeinsamen Reisen nicht gleich alle wieder zurückfahren müssen, kaum dass sie das Urlaubsdomizil hinter sich abgeschlossen haben. Immer ist da eine heiß geliebte Haarbürste im Bad oder eine Aktentasche mit Fachbüchern, die einer von ihnen vergessen hat. Sein Zuhause ist ein einziger Kindergarten.

Jeffrey und Forscher kommen zu seiner Begrüßung und spätestens beim Anblick von Jeffrey vergisst Mies Esche und Marder.

Wieder einmal ist er völlig überrascht, wie groß Jeffrey mittlerweile ist – deutlich größer als er. Das ist Jeffrey inzwischen seit Jahren, doch irgendwie kann sich sein Herz nicht daran gewöhnen. Jeffrey bleibt sein Little Brother und die Tatsache, dass sie irgendwann gleich groß geworden sind, ist das Letzte, das sein Gehirn noch bereit ist zu akzeptieren. Dieser Hüne, und wie gut aussehend er ist! Auch daran müsste er längst gewöhnt sein, nur potenziert Jeffreys Größe, die er so gern verdrängt, die ebenfalls für alle anderen unübersehbare Anziehungskraft seines Bruders.

Jedes Mal – noch immer – wenn sie sich nach längerer Zeit

gegenüberstehen, durchfährt es ihn. Wäre Jeffrey nicht sein Bruder, er wäre die perfekte Wahl, schon äußerlich. Da sind die wunderbaren Umrisse seines Oberkörpers, das V bis zu den schmalen Hüften. Die Linien seiner langen Männerbeine: Läuferbeine. Wie soll er bei diesem bildschönen Mann nicht Gefühle kriegen? Vor allem aber Jeffreys Arme! Er liebt sie, hat sie immer geliebt und auch alle Berliner Zeitungsleser müssen sie damals bewundert haben. Jeffrey trägt heute Freizeitkleidung, ein loses T-Shirt und eine tief sitzende Hose im Schlabberlook, was beides umso deutlicher erahnen lässt, wie athletisch sein Körper darunter ist.

Die Frage, ob er Ma, Forscher, Senta und Flocke gut aussehend findet, würde ihm nicht in den Sinn kommen. Bei Jeffrey hingegen registriert er alle Details. Er ist eine zweite Version seiner selbst, nur mit schwarzer Haut und, wenn man so will, weiteren Eigenschaften. Da gibt es diese zusätzlichen Zentimeter an seinen Schultern. Jeffreys Anblick löst bei ihm den gleichen Reflex aus, den er beim Blick in den Spiegel empfindet, selbst ein einzelnes feuchtes Haar ist von Interesse. Es ist zum Verrücktwerden, dass es da diesen einen Haken gibt, warum sie nicht zum Paar taugen, dabei wären sie nicht einmal blutsverwandt, wer wollte da etwas sagen? Ein Punkt lässt sich jedoch nun einmal nicht wegdiskutieren – Jeffrey liebt Frauen.

Wegnehmen lässt er sich Jeffrey dennoch von niemandem. Jeffrey ist der Mensch, den er kennt und liebt, seit er acht war, und der ihn kennt und liebt wie kein Zweiter. Sie sind Brüder und trotz verschiedenen Bluts einander verbunden, wie Brüder es nur sein können. Die Tatsache, dass sie sich auf ihren ersten Reisen zu zweit die Matratze und einmal sogar den Schlafsack geteilt haben, hat ihre Verbindung nur umso enger gemacht. Und dann ist da noch jenes einmalige Vorkommnis, an das er sich gut erinnern kann, wenn er will, aber er will nicht. Über zehn Jahre ist das her.

Dabei scheint jede und so auch ihre jetzige Umarmung unwillkürlich an das anzuknüpfen, was damals passiert ist. Zumindest für ihn fühlt es sich so an und wird sich immer so anfühlen. Vielleicht hat er die Umarmung mit Nikos nur beendet, damit er sie nach kurzer Fahrt in Jeffreys Armen fortsetzen kann. Er weiß, dass Jeffrey die Umarmung anders meint – anders als Nikos und anders, als er sie selbst empfindet, doch auch das kann er verdrängen. Wie jedes Mal, für diese wenigen kostbaren Sekunden.

Nikos und Jeffrey, man sollte ihre Formen in tönerne griechische Vasen eingravieren. Einmal rot auf schwarz und einmal schwarz auf rot. »Rotfigurig« und »schwarzfigurig« nannte man das in der griechischen Vasenmalerei. Ja, so könnte man sie festhalten. Nikos, das ist zu ahnen, wird irgendwann dazu neigen, eine gewisse Korpulenz zu entwickeln. Die Körperfülle ist für seinen kompakten südeuropäischen Typ typisch. Nur Jeffrey wird dann wohl immer noch diesem Idealbild eines afrikanischen Kriegers entsprechen, wie aus einem alten Völkerkundebuch. Mies darf das nicht offen sagen, es könnte missverständlich klingen, solche Bücher sind nicht mehr politisch korrekt. Und dennoch würde Jeffrey, vermutet er, seine Formen sicher über Jahrzehnte behalten, wie auch immer Afrika das geschafft haben mochte in Jahrmillionen Jahren der Evolution. Hätte ihn Nikos nicht heute Nacht mit einer Abfolge olympischer Höhepunkte verwöhnt, könnte er über dem Anblick von Little Brother fast bereuen, nicht schon früher eingetroffen zu sein. Leider bleiben sie bei den Familientreffen nie lange allein.

Sorry, Mies nickt über Jeffreys Schulter hinweg Forscher zu, mein Flug …

Sein Mund sagt das, aber sein Innerstes spürt Widerwillen, die Fluggeschichte schon auszubreiten. Genieße den Moment, denkt er sich. Ein Hochgefühl fegt durch ihn wie ein kurzer warmer Gewitterregen.

Ja, Ma hat so etwas erwähnt. Na, erst mal willkommen! Forscher klopft ihm auf den Rücken, während Mies sein Kinn noch tiefer in Jeffreys Schulter drückt.

Er lässt es noch ein wenig da, wissend, dass er Forscher damit einer gewissen Hilflosigkeit überlässt, wie immer, wenn bei seinen Söhnen die Wiedersehensfreude körperlich wird und sich ihre Begrüßung ausdehnt. Lächelnd wippt Forscher mit dem Oberköper einige Zentimeter vor und zurück und es sieht so aus, als wollte auch er in ihre Rudermannschaft aufgenommen werden, in der sie sich ineinander verkeilt haben, nur ohne mitmachen zu müssen.

Flocke kommt heraus.

Hey, toll, dass du da bist, sagt sie, Jeffrey in der geschwisterlichen Umarmung ablösend. Dabei sieht sie Mies kurz ins Gesicht und studiert es neugierig wie eine Leinwand, auf der sie gleich mit Fingerfarbe silberne Streifen verteilen will. Das Schreckliche ist, sie kann tatsächlich in ihm lesen wie in einem Buch – schon immer.

Hallo, Bundeskanzlerin, sagt er lächelnd und küsst sie auf die Wange.

Dieser Kosename für Flocke, seit sie in Berlin Politikwissenschaften studiert, ist eine weitere Gemeinsamkeit, die Jeffrey und er teilen. Wer von ihnen hat zuerst die Idee dazu gehabt? Er weiß es nicht mehr, aber es ist gleichgültig.

Mensch, da kann man Ian richtig dankbar sein, sagt Flocke und dreht den Kopf, damit er sie auch auf die andere Wange küsst, nach französischer Art. Wer weiß, wann man dich sonst das nächste Mal zu sehen bekommen hätte.

Was ist das überhaupt für ein Name?, fragt er.

Genau, warum hat Senta ihn nicht Vincent genannt?, fragt Ma, die als Letzte aus dem Haus tritt.

Sie trägt eine Schürze, was denkwürdig ist, ein völlig ungewohnter Anblick. Ma erinnert ihn heute an eine Gutsherrin auf Gauchstein um die Jahrhundertwende, die es sich bei der festlichen Gelegenheit der Geburt ihres Enkels nicht nehmen lässt, in der Küche selbst nach dem Rechten zu sehen.

Komm doch mal rüber und gib deiner Mutter einen Kuss. So. Grüß dich. – Weißt du, Senta hätte ihn wenigstens mit zweitem Vornamen so nennen können, wie wir das bei dir gemacht haben. Aber nein! Vielleicht kann mir da mein Sohn erklären, wie ich seinen Namen vernünftig aussprechen soll.

Ma, es ist ganz einfach, antwortet Flocke statt seiner. Einfach Ian.

Hm, passt das denn zum Nachnamen? Ian Leininger! Er wird sicherlich nach Robert heißen. Na, schrecklich, diese modischen amerikanischen Vornamen, findet ihr nicht? Das klingt wie eine Berliner Promenadenmischung. Dort heißt ja jeder Dritte mittlerweile Kevin Schmitz. Vincent Leininger wäre so schön gewesen!

Ma, Ian ist ein walisischer Name. Nicht amerikanisch, sagt Flocke.

Ist doch gar nicht schlecht, Ma, steht Mies Flocke bei. Etwas Weltläufigkeit schadet nicht. Ich habe bei Pavier lauter Kollegen aus Asien, bei denen niemand weiß, wie man sie aussprechen soll. Ian gefällt mir gut. Es ist international und easy.

Ma rollt die Augen. Easy! Sag mal, wissen deine Asiaten wenigstens, wie sich dein Name ausspricht? Und wissen sie, dass du nach Mies van der Rohe benannt bist?

Ma, Mies' Kollegen kümmern sich um Hipsterwasserflaschen und teure Müsliriegel. Da kannst du nicht erwarten, dass die sich für das Bauhaus interessieren, spottet Flocke. Europas Kultur ist für solche Player nur überflüssiger Ballast. Der arme Auritter, na, dann geht eben auch die deutsche Sprache irgendwann den Bach runter. Alles hat seinen Preis. Dafür hat die Menschheit den Energydrink entdeckt.

Ma streicht ihre Schürze glatt, während Flocke ihre foppenden Sprüche vom Stapel lässt.

Plötzlich spielt ein verschmitztes Lächeln um Mas Lippen. Ach, Flocke, ich weiß nicht, vielleicht haben Mies und Senta ja recht. Ich mag sie zwar nicht, die Anglizismen, und hätte meinen Enkel gern Vincent genannt, aber jede Generation erfindet das Rad neu. Sonst würden wir wohl immer noch aus römischen Tonschalen essen und niemand hätte Autos und Flugzeuge erfunden. Ich meine solche, die man verpasst und bei denen die Strecke am nächsten Tag ausgebucht ist. Sie wirft Mies einen heiteren Blick zu, ihren Nachsatz auskostend.

Er öffnet den Mund.

Wir wollen essen, setzt sie rasch hinzu, ehe er etwas erwidern kann, und winkt sie hinein. Ich kann nicht versprechen, dass es gelungen ist, aber Flocke hat mir geholfen. Zusammen haben wir ein altes Familienrezept ausprobiert. Mies, bleib gleich unten, du kannst deine Sachen später noch auf dein Zimmer bringen. Forscher, möchtest du uns allen schon mal einen Aperitif einschenken? Sie wedelt unerbittlich Richtung Tür.

Mies kneift sie in die Seite. Ma, es ist wie immer. Da leistet man sich einmal eine kleine Verspätung und schon kriegt man eine Lanze zwischen die Rippen! Sag mal, was hast du denn gekocht? Das ist ja was ganz Neues.

Es gibt Bouillabaisse, Sohnemann. Im Krankenhaus liegt schließlich mein Enkel. Soll ich da nicht ein bisschen auftischen dürfen? Forscher, für mich bitte einen Gespritzten. Wir können euch auch sonst einiges anbieten, einen Hugo, wer möchte. Ich habe frische Minze geholt. Na, ihr schaut einfach.

Ma hat eingekauft, als hätten wir Napoleon zu Gast, flüstert ihm Flocke zu, während sie hineingehen. Ach, fügt sie mit noch leiserer, aber beharrlicher Stimme hinzu. Nicht dass ich das vergesse: Du musst mir nachher unbedingt noch deine neue Flamme zeigen.

Er schaut sie fragend an.

Mies, ich will nur ein Foto. Du hast bestimmt ein Foto von ihm auf deinem Handy.

Er versucht so verdattert wie möglich dreinzuschauen. Flocke, wovon redest du, hat Ma es euch nicht gesagt? Ich musste umbuchen. Sonst wäre ich längst hier gewesen!

Das war ganz mies geschauspielert. Sie boxt ihn gegen die Brust. Du kannst mir sein Foto später zeigen. Blinzelnd zeichnet sie mit ihrem Zeigefinger Wellen auf seine Schultern. Er sieht bestimmt wahnsinnig gut aus.

Du und Ma, ihr seid wirklich die Pest! Habt ihr jetzt schon den Bundesnachrichtendienst auf mich angesetzt? Finger weg von meinem Handy!

Pah, macht Flocke und ihre Hand wischt seinen Satz beiseite

wie einen überflüssigen Pinselstrich. Natürlich habe ich recht. Wenn sich mein Bruder dermaßen verspätet, ich meine, drei Tage, nachdem er Onkel geworden ist, dann *muss* er unheimlich gut aussehen …

Mies sitzt noch immer sprachlos vor seinem Teller. Mittlerweile ist er leer, doch sein Staunen, dass Ma tatsächlich selbst gekocht und es so hervorragend geschmeckt hat, bleibt. Während er die gut gewürzte Brühe geschlürft hat, in der dicke safrangelbe Fischstücke geschwommen sind, haben die anderen lebhaft von ihren Besuchen im Krankenhaus und dem geknautschten Etwas im Brutkasten erzählt. In ihren Eindrücken ging es schon bald um all die Kindheitserinnerungen, die Ian in ihnen wachruft. Das Dämmerungsspiel damals im Garten! Er, Mies, ganz oben in der Esche, ob er noch wüsste, welchen Schrecken er ihnen da eingejagt habe! In Zukunft würden sie da mehr aufpassen müssen. Tatsächlich scheint Ma fest davon auszugehen, dass sie alle schon bald wieder hier sitzen. Er hat sich gefragt, auf welchem Baum sich Ian wohl verstecken soll, wenn sie die Esche abholzen müssen, denn auf die anderen Bäume lässt sich nicht so hoch klettern, aber bis Ian so weit ist, bleibt ihnen noch etwas Zeit.

Da sein Teller leer ist, hebt er ihn hoch und studiert die Unterseite mit dem Stempel. Bisher wusste er gar nicht, wie das berühmte Familiengeschirr aussieht. In der Mitte des Esstisches steht die Terrine, als wäre das alles nie anders gewesen. Mit seinen Kerzen nimmt sich der Tisch tatsächlich aus wie auf einem Foto aus dem Familienalbum aus den Zwanzigerjahren, das jener rheinische Onkel angelegt hat, bevor die Burg niedergebrannt ist. Und all das Drumherum, die schimmernden Gläser und die Serviettenringe mit der Gravur des Wappens ihrer Familie – Reiter, Lanze, Wiesengrund mit Quelle. In welchen Schubladen hat Ma das alles nur ausgegraben?

Neben seinem Suppenteller steht ein Tellerchen mit einer letzten knusprig gebratenen Scheibe Baguette, auf der ein Klecks Rouille klebt.

Ma, stammt das alles aus Gauchstein oder ist die Suppe ein Catering aus Bad Gastein? Und wann hast du heimlich einen

Sommerkurs auf einer Hotelfachschule belegt? Ich wusste gar nicht, dass du so gut kochen kannst!

Ein Blitzen in Mas Augen honoriert sein Kompliment, bevor sie zu Flocke hinüberblinzelt, um es an sie weiterzureichen.

Nein, ich habe nur zugeschaut. Außerdem hätte ich niemals Bouillabaisse gemacht.

Flocke, bitte, sagt Ma.

Was denn?, fragt Jeffrey.

Ach, es ging nur um den Fisch, erklärt Ma und wedelt abwehrend mit der Hand. Ich hatte noch Drachenkopf bestellt, dabei steht er nicht in Großmamas Rezept. Wir haben ihn weggelassen, ich hätte ihn gar nicht gebraucht.

Ich habe Ma nur daran erinnert, dass Drachenkopf aus dem Indischen Ozean kommt, ergänzt Flocke.

Ach, sagt Forscher. Und was stimmt nicht mit dem Indischen Ozean?

Forscher, ich dachte, wenigstens du wüsstest das. Aber lass dir nicht den Appetit verderben. Ma hat toll gekocht. Sie erzählt es dir sicher einmal.

Oh, da will ich dabei sein, sagt Jeffrey.

Wenn Jeffrey dabei sein darf, dann ich auch. Mies grinst. Außerdem habt ihr das Thema selbst aufgebracht. Also, Frau Bundeskanzlerin, warum gibt es heute keinen Drachenkopf?

Immer diese fatale Neigung in ihrer Familie, auf den Dingen herumzureiten, diesmal ist Ma jedoch das Opfer und das müssen sie genießen, oft genug ist es andersherum gewesen. Sie quittiert seinen Satz mit tadelndem Kopfschütteln, doch solange er gut spielt, schafft sie es nicht, ihm lange böse zu sein, und alle wissen es.

Mies, bei vielen Dingen ist es nicht korrekt, sie zu kaufen. Das muss ich jemandem, der bei Pavier arbeitet, bestimmt nicht erklären.

Flockes Blick ruht auf ihm und bei der gelassenen Art denkt er, wow, nun ist auch sie fast schon so weit wie Ma. Geben wir ihr noch fünf Jahre, aber dann. Ihre Auritter-Familie ist eben aus einem Guss.

Beim Fisch ist das nicht anders als bei Handys, sagt Flocke, als wäre das eine Allerweltsweisheit.

Was stimmt denn mit meinem Handy nicht?, fragt er zurück. Er ist amüsiert.

Mies, du wolltest mir sowieso noch etwas zeigen. Gib es mir mal kurz rüber.

Er zieht es aus der Hosentasche und hält es hoch.

Was will die Bundeskanzlerin mit meinem Handy? Werde ich wieder abgehört?

Dachte ich's mir. Sieht wahnsinnig neu aus. Wie alt?, fragt Flocke.

Aus der aktuellen Reihe. Die gibt's seit genau drei Monaten. Er grinst.

Flocke legt ihren Löffel zur Seite. Mies, das ist wirklich mies. Dein altes hätte es noch eine Weile getan.

Das hier hat aber mehr Speichervolumen und ein paar neue Funktionen. Außerdem sieht es klasse aus.

Jaja, fare bella figura. Als wüssten wir nicht, wie wichtig das für dich ist. Aber denk bitte mal zur Abwechslung an das, was darin verbaut ist. Seltene Erden. Und denk an die Minen. Das sind halbe Kinder, die da arbeiten. Wenn wir alle unsere Handys länger benutzen würden, bräuchte die Welt viel weniger von diesen Erden. Mein Handy ist zwei Jahre alt und noch völlig okay. Das ist ganz einfach: nachhaltig denken, nachhaltig handeln.

Um den Tisch herrscht Schweigen.

Habt ihr euch mal angeschaut, wo diese Minen liegen?, fragt Flocke trocken.

Sie sieht Jeffrey herausfordernd an, aber er hat großes Talent, ausdruckslos auf sein Essen zu starren, wenn er sich nicht einmischen will. Jeder in der Familie hat ausgiebig Gelegenheit gehabt, von Ma zu lernen.

Na, wo wohl?, setzt Flocke nach. In Afrika. Da sind die Schächte so eng, dass nur Vierzehnjährige hindurchpassen. Sehr alt werden sie da nicht. Schon wegen der Staubbelastung. Ziemlich hoch, da unten.

Das wusste ich nicht, sagt Jeffrey. Er wirkt betroffen.

Bitte, ihr Lieben, sagt Ma. Sie zwirbelt die Brauen und irgendetwas läuft offenbar anders, als sie es sich vorgestellt hat. Flocke, seit du diese Berliner Seminare besuchst, weiß ich kaum noch, was ich euch vorsetzen kann. Morgen gibt es Mangold und der kommt aus Italien. Jeffrey war gestern so nett und hat ihn für uns im Biosupermarkt geholt. Ich hoffe, dann habe ich mal etwas Ruhe.

Ma, es geht nicht um deinen Mangold! Es geht um Standards, an die sich alle mal halten müssten. Allen voran Pavier. Flocke tritt unter dem Tisch leicht gegen Mies' Schienbein.

Sie ist eine gute Barrikadenkämpferin geworden, das muss er zugeben. Eine kleine Marianne auf der Bastille. Eigentlich ist das nicht anders zu erwarten gewesen. Flocke hat noch nie zum Nesthäkchen getaugt, obwohl Mas weitläufiger Garten dazu eingeladen hätte, mit goldener Kugel auf dem Rasen zu spielen. Irgendwie hat er Flockes bissige Art sogar vermisst.

Bundeskanzlerin, sagt er, hebt sein Glas und prostet ihr zu. Bei Pavier sind alle nett zueinander, wusstest du das? Nur meine kleine Schwester ist eine perfekte Kratzbürste. Dabei ist gegen Nettsein nichts einzuwenden oder was würde Little Sister dazu sagen, hm?

Little Sister würde dazu sagen, nett ist die kleine Schwester von Du-weißt-schon.

Ruhe, fährt Ma dazwischen.

Dabei sind sie alle so schön in Fahrt gekommen, nirgendwo flitzen die Bonmots so treffsicher über den Tisch wie bei ihnen. Dafür braucht es jahrelanges Training auf dem Turnierfeld. Und wer hat sie da wohl gecoacht!

Ach, Flocke, in punkto Schlagfertigkeit ist Pavier ein Entwicklungsland!, sagt Mies versöhnlich. Ihr könnt euch nicht vorstellen, wie fad mir da manchmal ist. Mal im Ernst: Ich finde es großartig, dass du die Hightechproduktion revolutionieren willst. Aber glaub mir, sogar Afrika will neue Handys. Wenn die Welt kaufen will, lass sie kaufen. Wie sonst wohl fließt Geld in die Kassen?

Du redest genau wie Senta, folgt das Antwortgeschoss von der Barrikade. Wir essen mit Goldrandterrine, während dein Handy dank neuem Speichervolumen all deine Apps aktualisiert, nur bitte ohne sich gleich zu entladen. Das ist ja schön! Und China und Afrika zahlen die Zeche – verdreckte Flüsse, verbotene Arbeitsbedingungen. Hauptsache, bei Monsieur Turbokapitalismus stimmt die Kasse.

Na dann.

Ma wirft ihm einen intensiven Blick zu, ob sie nicht endlich das Thema wechseln könnten, nur jetzt wird es spannend und daher ignoriert er sie.

Nehmen wir an, Flocke, du könntest alle Phasen der Herstellung unter deine Fittiche bringen, kontert er. Und dann? Wie viel Klimaschutz soll es denn sein? Und erhalten deine Minenarbeiter auch Vaterschaftsurlaub und eine firmeneigene Kita wie bei Google und Facebook im Silicon Valley? Wir bei Pavier überlegen gerade, genau das zu tun. Ich meine die Kitas.

Ja, aber nur für die Kinder der Leute in eurer Zentrale. Und wo sitzt die? In der Schweiz. Mies, sorry, aber das ist ganz, ganz mies.

Du kannst den Globus nicht so drehen, wie du willst. Er dreht sich lieber von selbst.

Da hat Mies recht, schaltet sich Forscher ein. Da er meistens nichts sagt, sind alle überrascht. Flocke, das hatten wir in diesem Land schon einmal. Vergesst das bitte nie. Am deutschen Wesen soll die Welt genesen. Damit ist die Welt auf die Nase gefallen und wir sowieso. Die anderen tanzen nicht gern nach unserer Pfeife. Und das sollen sie auch gar nicht.

Flocke, wir verstehen dich ja, pflichtet Ma Forscher bei. Und es ist sehr lobenswert, so zu denken. Fridays for Future – ich finde das richtig! Aber ich stimme Forscher zu. Wir dürfen mit unserer Erwartungshaltung aus Deutschland nicht zu dick auftragen.

Forscher kaut ein Stück Baguette und das krosse Weißbrotstück kracht zwischen seinen Zähnen. Sehr gut übrigens, Ma. Mies hat auch da recht. Und was eure kleine Diskussion betrifft, bitte, widmen wir Mas Kochkunst ab jetzt mehr Aufmerksamkeit. Sie hat es rundum verdient! Wenn ihr mich fragt, beschließen wir es damit. Eine Spur Bescheidenheit steht uns gut zu Gesicht.

Aber Forscher! Flocke runzelt ihre Brauen so, dass nicht nur Mies, sondern sie alle sehen können, wie sehr sie die Tochter ihrer Mutter ist.

Wahrscheinlich, fährt es Mies durch den Kopf, hat Ma damals genauso konsterniert geschaut, als sie von Großmama gefragt worden ist, ob sie tatsächlich diesen bürgerlichen Hans-Joachim heiraten wolle. Gewiss, ein kluger Kopf, aber es gebe ja ebenso sympathische junge Männer in ihren Kreisen.

In Afrika missbrauchen sie halbwüchsige Kinder für Minenarbeit, sichtbar für alle hisst Flocke die panafrikanische Fahne, und das kann niemand gutheißen. Und du sagst, beschließen wir es bitte damit. Damit wir alle weiterhin in unserem Elfenbeinturm bleiben und konsumieren, nur weil wir das Geld dazu haben? Du hast selbst einmal gesagt, wer, wenn nicht wir, trägt Verantwortung. Gerade wegen unserer Geschichte! Also frage ich dich, wer, wenn nicht wir, sollte etwas dafür tun, damit Menschenrechte in Afrika nicht nur auf dem Papier stehen?

Ich muss sagen, da hat Flocke doch recht, wechselt Ma plötzlich die Fronten.

Da sich ihr Wunsch nach unverfänglicher Tischkonversation nicht erfüllt, hat sie offensichtlich beschlossen, den Kampf wenigstens nach ihrer Vorstellung zu entscheiden. Dass sie dabei urplötzlich die Seiten wechselt, kommt für niemanden sonderlich überraschend. Das gehört zu den Spielregeln, die erlaubt sind, schließlich hat bereits Moreau zunächst für Frankreich und später gegen Napoleon gekämpft. Am Ende zählt bekanntlich nur das Ergebnis.

Ja, ich habe mit Cherbourg gutes Geld verdient. Normalerweise kennt ihr von mir wirtschaftsliberalere Töne, ich weiß, setzt sie beiläufig hinzu. Aber ich denke, wir sollten den Mund mehr aufmachen, wenn es um Afrika geht. Brüssel hat enormen Einfluss! Man sollte das stärker an Bedingungen knüpfen.

Die da wären?, fragt Forscher. Im Ernst, Ma, woran willst du die Einhaltung der Menschenrechte knüpfen – an die Leistung von Entwicklungshilfe? Wenn du die streichst, geht es den Menschen dort unten noch schlechter.

Brüssel verkauft ziemliche Mengen unserer eigenen Agrarproduktion nach Afrika, wirft Jeffrey vorsichtig ein. Nur weiß ich nicht, ob damit Afrika geholfen ist.

Überhaupt nicht, es ruiniert die Kleinbauern dort, ruft Flocke. Und was die Handys betrifft, zumindest eine Kennzeichnungspflicht! Irgendeinen warnenden Aufkleber, wie bei Zigaretten. *Mit dem Kauf dieses Produkts unterstützen Sie Kinderarbeit in Afrika.* Brüssel macht nichts, nur wenn wir rauchen. Aber wenn Vierzehnjährige in Afrika Staublungen kriegen, ist das Europa egal.

Flocke, was erwartest du denn?, wirft Mies ein. Wenn du so penibel hinter alle Türen leuchtest, kann der Freihandel einpacken. Und gerade wir leben vom Export. Freie Länder, freier Handel, so lautet mein Credo! Stehe ich damit etwa allein?

Weswegen du prompt bei Pavier anfangen musstest!

Warum denn nicht, Bundeskanzlerin? Findest du das so falsch, an Bord zu gehen, wo die Dinge entschieden werden? Um seine Mundwinkel spielt ein Lächeln. Na gut, bislang habe ich wohl nur zu den Matrosen gehört. Vorhin habe ich eine Nachricht bekommen. Es könnte sein, dass man mich schon bald auf die Brücke holt.

Du meinst, sie holen dich in die Schweizer Zentrale? Ma hebt das Glas und ihre Augen funkeln hinter dem böhmischen Kristall mit dem Merlot. Wenn es um die Karrieren ihrer Kinder geht, kann sie alles andere von einer Minute auf die andere vergessen. Mies, das ist ja fantastisch!

Nein, in Genf sitzen nur der Vorstand und ein paar Stellen der Verwaltung. Genf wäre auch ein wenig altbacken. Das operative Europageschäft betreibt Pavier in Paris. Paris ist cool.

Wow, sagt Jeffrey. Das heißt, du gehst nach Paris? Ist das sicher?

Mies genießt den Moment, dann grinst er und prostet Jeffrey,

Ma und ihnen allen nacheinander mit einer kleinen Verneigung zu.

Eh oui, messieurs dames, les jeux sont faits. Nach außen noch nicht offiziell, aber nächste Woche soll ich es vom Haus schriftlich erhalten.

Mies in Paris! Flocke seufzt. Das ist natürlich eine Sache. Dann werden wir dich wohl gar nicht mehr zu Gesicht kriegen ...

Ma strahlt. Wollen wir uns da heute nicht mal freuen, bei so vielen guten Nachrichten? Jetzt stoßen wir erst einmal an, auf euren Neffen, meinen Enkel, und dann auf dich, Mies!

Danke. Aber bevor wir anstoßen und ihr beide eure Fahnen endgültig einrollt, erlaubt mir eine allerletzte Frage, Ma, Flocke. Es juckt ihn in den Fingern, die Barrikade an einem Tag, an dem er seinen Pariser Sieg zu vermelden hat, nicht gleich zu räumen. Nehmen wir an, wir klingeln an Afrikas Türen und sagen ihnen, was sie zu tun haben. Glaubst du, Flocke, die Afrikaner würden sich bedanken? Jeder will doch selbst entscheiden, was er tun und lassen kann.

Mies, wer keine Wahl hat, hat keine Alternativen. So ist das. Das entbindet uns nicht davon zu handeln.

Es gibt Dinge, Flocke, die brauchen Zeit. Und ich behaupte mal, Afrika braucht noch etwas Zeit. Also komm, ganz konkret, wie breit muss dein Schacht sein, damit ein Vierzehnjähriger dort anheuern darf?

Mies, stopp!, sagt Ma mit überraschender Schärfe. Ich finde deine Frage absolut geschmacklos!

Mies hat aber recht, sagt Jeffrey mit einem sanften Lächeln. Wir müssen irgendwann anfangen, genau diese Frage zu stellen: Wie breit muss der Schacht sein?

Nun ist es Ma, die überrascht schaut, doch ihre Überraschung währt nicht lange. Im Grunde kennen sie das. Wenn Ma und Flocke zueinanderhalten, hält Jeffrey zu Mies. Forscher ist schwer einzukalkulieren, seine Stimme jedoch meistens nicht kriegsentscheidend. Sobald die Schlacht brenzlig wird, zieht er sich zurück. Dann steht es unentschieden, zwei gegen zwei, jedenfalls so lange, wie ihre fünfte Stimme fehlt: Senta. Jedes Mal gibt es diese beiden Lager und bis zum Schluss bleibt offen, ob Napoleon oder Moreau die Oberhand behält.

Jeffrey sieht Ma ruhig an und jetzt, das wissen sie, ist er es, dem bei ihrer Diskussion das letzte Wort gebührt.

Ich meine, wenn wir diese Frage stellen, Ma, ist das doch das Beste, das den Jungen dort in den Minen passieren kann. Sonst ändert sich nie etwas. Vor allem nicht in Afrika.

Mies und Ma könnten ihn küssen. Irgendwie hat er es wieder einmal geschafft, den Brückenbogen zu kitten und dabei zu Mies zu halten. Als Brüder sind sie unschlagbar.

Was habe ich doch für kluge Kinder. Ma seufzt. Da habt ihr Forscher und mich mit unseren eigenen Waffen geschlagen und so gibt es wohl nichts mehr, das wir euch noch beibringen könnten. Sie faltet ihre Serviette und steht auf. Mag mir jemand helfen?

Und während alle aufstehen, rutscht ihr auf Höhe der Tür zur Küche noch eine Bemerkung heraus, nicht besonders laut, aber so, dass alle es hören können. Wenn es jemanden gibt, der bis zur letzten Sekunde um den letzten Stich kämpft, dann Ma.

Offenbar habe ich bei meinen großartigen Kindern ja einiges richtig gemacht, murmelt sie und knetet ihre Schläfen. Alle wissen so gut, was sie für richtig halten. Sie lässt ihre Schläfen los. Egal, ob es zum Tischgespräch taugt oder nicht.

Damit rauscht sie durch die Tür, feine unsichtbare Rauchfahnen senken sich langsam über die Goldrandteller. Die Freude am letzten Wurfgeschoss ist in ihrer Familie uralt.

Nur hat niemand von ihnen heute mit Forscher gerechnet.

Tja, sagt er und nickt zur schwingenden Tür. Ich bin schon gespannt, wer das letzte Wort hat, wenn Ian etwas älter ist. Ein neuer Ritter der Tafelrunde! Man möchte sich den Tag nicht ausmalen, an dem wir alle einer Meinung sind, man müsste sich ja die allergrößten Sorgen machen …

Ma steht vor der Hecke, die Heckenschere in der Hand, und überfliegt das kurze Stück, das sie bereits geschafft hat. Dann betrachtet sie das lange Stück, das noch vor ihr liegt. Die Hecke, die die Außengrenzen des Gartens einfasst, ist ihr von unzähligen Blicken aus den Fenstern vertraut. Zahllose Male ist sie das Grundstück abgelaufen, an den Büschen entlang, um ihre Gedanken zu beschließen. Da der Garten dafür nicht reicht, hat sie in umgekehrter Richtung eine zweite Runde gedreht.

Heute Mittag ist alles anders, jetzt, da es um das Schneiden geht, scheinen die Büsche plötzlich viel mehr geworden zu sein. Jeder Meter verfügt über ungeahnte Komplexität, die Frage, wo sie etwas zurückschneiden soll, ist viel schwieriger, als sie gedacht hat.

Einen Moment schwankt sie, ob sie nicht doch die Gärtnerei anrufen soll. Dann reißt sie sich zusammen, sie ist gestern extra auf dem Rückweg von der Stadt beim Baumarkt vorbeigefahren, nur um eine neue Heckenschere zu kaufen. Ein Umweg, aber sie hat keine Lust verspürt, in dem muffigen Keller nach der rostigen Schere zu suchen. Außerdem will sie etwas, das in ihrer Hand blitzt wie auf einem Werbeplakat. Das bestärkt sie in ihrer Erkenntnis, dass sich ein allumfassender Neuanfang vollzieht, der auch sie mitnimmt. Ein Neuanfang, auf den sie schon lange gewartet hat, nur hat sie nicht die Muße gehabt, sich das einzugestehen.

Wie hat sie sich nach dem Kauf der Schere auf das Geräusch gefreut, auf dieses ruhige, unaufhörliche Schnippschnapp auf der Zielgeraden. Nun hat sie gerade einmal ein Zehntel hinter sich – wenn überhaupt – und möchte bereits gern zum Ende kommen.

Schon nach dem Frühstück hat sie eine Vorahnung gepackt, die Gartenarbeit könnte mühsamer werden. Daher hat sie gleich zwei Flaschen Mineralwasser aus der Küche vorne am

Übergang von der Terrasse zum Garten in einem Korb postiert, um sich keinen Grund zu geben, zwischendurch ins Haus zu laufen. Die Küche mit all ihren Möglichkeiten erweist sich, seit sie sich diesen Raum zurückerobert hat, als Verbündeter mit Hang zu Exklusivansprüchen – ständig ist sie in Versuchung, dort länger zu verweilen.

Die Kücheneroberung ist ihre erste und überaus erfolgreiche Etappe auf dem Feldzug für den Neuanfang gewesen. Sie hat sich dabei gefühlt, als stünde Moreau, ihr aller Schutzpatron, persönlich neben ihr. Mit dem leinenen Kochbüchlein, das ihr Großmama hinterlassen hat, ist sie mit wehender Kokarde am Hut einmarschiert und siehe da, die Küche, jahrelang eine vorwurfsvolle Gegnerin, hat kaum Widerstand geleistet.

Zu den von Ma gestellten Bedingungen haben sie Frieden geschlossen. Bedingung Nummer eins: Über Mas lieblose Abwesenheit der letzten Jahre wird nicht geredet. Bedingung Nummer zwei: Sie wird alles, was in Schubladen liegt und von dem sie nicht weiß, wofür sie es braucht, wegwerfen und alles, das sie braucht, neu kaufen, nämlich aus schönem gebürsteten Edelstahl, in einheitlicher Garnitur, inklusive Magnetfeldern in handlicher Höhe über dem Herd und der Anrichte. Seitdem kann sie sich keinen besseren und treueren Alliierten als Rückendeckung bei ihren weiteren häuslichen Feldzügen wünschen, wäre da nur nicht jener Hang der Küche, sie immerzu für sich zu beanspruchen.

Ihr Küchenfeldzug beruht auf dem plötzlichen und verrückten Einfall, zur Feier von Ians Geburt Großmamas Bouillabaisse nachzukochen und im Familiengeschirr zu servieren. Kein einziges Schrankfach mit dem jahrzehntelang vernachlässigten Porzellan hat damit rechnen können, dass Ma auf einmal Gelüste nach Dingen wie der Terrine mit dem Goldrand verspürt, samt böhmischem Kristall, Serviettenringen und allem, was dazugehört. So ist ihr das Pearl-Harbor-Manöver gelungen. Sie hat den Schemel geholt, das verdatterte Erbgut aus dem Dornröschenschlaf gerissen und mit selbst gekochter Bouillabaisse gefüllt. Verblüffend, wie einfach das gewesen ist.

In den darauffolgenden Tagen hat sie weitere Siege gefeiert. Suchende Hände überrannten Siebkellen, Knoblauchreiben und Geflügelscheren in tief liegenden Schubladen und unversperrte Besteckfächer mussten bitter büßen, so schlecht gesichert zu sein. Es war beinahe wie in der Familienlegende. Auf Mannheim folgten Rastatt und Malsch, zuletzt kam Biberach an der Riß und sie war wie berauscht. Großmamas Sütterlin empfahl gefüllte Kohlrouladen (ein Rezept aus den schwierigen Jahren der Inflation, aber mit wohlschmeckendem Gemüse aus dem Biosupermarkt und einem Löffel saurer Sahne eine Delikatesse), Bœuf Bourguignon (mit Fleisch vom benachbarten Bauernhof, der noch Hausschlachtung macht) und Ente à l'Orange. Jeder dampfende Teller ein neuer Triumph. Alle haben ihr gehuldigt, Forscher und die Kinder.

Es ist an der Zeit, weitere Schätze zu heben. Vielleicht findet sich etwas, von dem sie sagen wird, ach, da ist es ja! Wie damals, als ihr Vater und sie die Unterlagen zu Gauchstein durchstöbert haben und auf jene Abschrift von dem Kaufvertrag gestoßen sind, mitsamt Inventarliste, die offenbarte, welche Schätze die Burg einst beheimatet hat. Vor allem ein Schatz, der ihr besonders am Herzen liegt, hat ihr damals sein Geheimnis preisgeben müssen – der Gobelin. Ja, man muss nur graben, dann stößt man auf Gold.

Die Kinder sind mittlerweile alle wieder fort, niemand wird sie in den nächsten Stunden stören. Dennoch hat sie unvorsichtigerweise vorhin noch geblättert und hat ein österreichisches Rezept gefunden, das sie am liebsten gleich nach der Gartenarbeit in Angriff nehmen möchte, denn Großmama hat daneben ein Ausrufezeichen gesetzt. Zwetschgenknödel, die vor dem Servieren in karamellisierten Butterbröseln gewendet werden. Sofort ist ihr das Wasser im Mund zusammengelaufen, denn durch die bloße Vokabel »Zwetschgenknödel« sind Erinnerungen an ihre Kindheit erwacht. Woher kommt das nur?

Es hat mit Ian zu tun. Jedes Mal wenn ein Wiedersehen mit ihrem Enkel bevorsteht, kann sie ihre Vorfreude kaum bändigen. Sie fragt sich dann, wie es früher gewesen ist. Und damit meint sie nicht die Jahre, als Mies, Senta und Flocke auf die Welt gekommen sind und sie Jeffrey adoptiert haben, sondern die Zeit, als sie selbst klein gewesen ist.

Ja, nach Stimmung hätte sie auf der Stelle mit der Vorbereitung anfangen können – im Internet nachschauen, in welchem Markt sie zur jetzigen Jahreszeit schon Pflaumen kaufen kann, dann den Teig mischen und ruhen lassen –, doch das hätte bedeutet, die Gartenarbeit auf Platz zwei zu degradieren. Forscher macht sich außerdem nicht viel aus Süßem. Also hat sie die beiden Mineralwasserflaschen in den Korb gepackt und bei ihrem Mobiltelefon die Rufumleitung auf die Mailbox eingeschaltet. Natürlich sind ihr manche Anrufe wichtig, vor allem die der Kinder. Die kann sie jedoch zwischendurch selbst anrufen.

Was die übrigen Anrufer betrifft, so werden sich die daran gewöhnen müssen, dass sie nicht mehr ständig zu sprechen ist. Denn Marianne Holzrichter, Geschäftsfrau, Eigentümerin einer Burg in Sachsen und Bewohnerin eines Anwesens im Allgäu mit einem sehr weitläufigen Garten, Ehefrau, Mutter von vier Kindern und seit Neuestem Großmutter, wird ab jetzt einmal etwas für sich tun.

Vor ihrem geistigen Auge sieht sie die vielen überraschten Gesichter, aber ja, man hat richtig gehört. Wie heißt das gleich, wenn prominente Politiker den Rückzug antreten? Die winken noch einmal in die Berliner Kameras und wenden sich dann ab, um mehr für ihre Familien da zu sein. Genau das will sie auch. Man muss nicht erst im Bundestag sitzen, um irgendwann Anspruch darauf zu haben. Nicht, wenn man sich so aufgerieben hat wie sie, viel Geld verdient und es allen bewiesen hat, dass Frauen die besseren Unternehmer sind. Zuverlässig, schnell, umsichtig. Vor allem sich selbst hat sie das bewiesen.

Und so darf sie zur Ruhe kommen. Genau hier, auf dieser Terrasse, wo es, sobald die Kinder wieder da sein werden, diese Zwetschgenknödel geben wird, inmitten blühender Sträucher und zu Füßen stattlicher Bäume, um die sie damals das Dämmerungsspiel gespielt haben. Sie hat dem Garten unrecht getan, ihn immer nur gedankenverloren abzulaufen, auf der Suche nach Lösungen für Denkmalschutzauflagen, für die Elektrik und eine vernünftige Parkplatzsituation. Dessen Weitläufigkeit sie allenfalls beiläufig registriert hat, wenn sie sich vom Fenster aus in seinen Sträuchern festgesehen hat, ohne zu wissen, worauf sie überhaupt schaut. Bis zu diesem Mittag.

Tja, würde Forscher sagen, na dann.

Sie hat sich mit einer Gartenschürze ausgerüstet und sich wegen der hellen Frühjahrssonne das Gesicht mit Sonnenschutz eingecremt. All das ergibt nur Sinn, wenn sie es auch zu Ende bringt. In Schlachten gesprochen kommen heute Engen und Ulm. Später wird sie sich belohnen, wenn sie mit Forscher auf der Terrasse sitzt und seinen erstaunten Blick auffängt.

Hast du die Gärtnerei angerufen? Na, das ist gut, wird er sagen.

Sie wird am Bouquet ihres Rotweins schnuppern und mit einem Blinzeln verraten, was von Engen und Ulm zu halten ist, für einen Feldmarschall wie sie kaum der Rede wert. Schon am Mittag sind beide gefallen.

Ach, du meinst die Hecke, wird sie über das Glas hinweg sagen. Ja, die habe ich heute geschnitten.

Die Bemerkung wird ihren Abend einläuten, einen Abend, der sich wie zu Beginn ihrer Ehe gern bis in die Nachtstunden fortsetzen darf. Forscher hat sie in den letzten Jahren ebenfalls vernachlässigt, auch hier will sie Terrain zurückerobern. Freilich hat sie bei ihm kein Pearl Harbor vor, sondern wird behutsam vorgehen. Ein gemeinsamer Urlaub vielleicht. Nur sie beide, weit weg von seinen Vorlesungen und seiner Forschung. Türkisblaues Wasser oder ein Bummel Arm in Arm durch eine schöne Stadt. Das haben sie lange nicht mehr gemacht, so zu zweit.

Wie ist es dazu gekommen?, versucht sie sich zu erinnern, dass sie ihn damals »Forscher« genannt hat? Immer diese Spitznamen in ihrer Familie! Erst letztes Jahr hat Mies Flocke »Bundeskanzlerin« getauft, als sie ihnen ihre Entscheidung kundgetan hat, in Berlin Politikwissenschaft zu studieren. Jeffrey hat es sofort übernommen. Forscher nennt Jeffrey »Boxer«, obwohl sie das früher nicht gern gehört hat.

Es erinnert sie an ein unrühmliches Kapitel aus der Zeit, als die Adoption von Jeffrey noch frisch gewesen ist. Forscher boxte ihn einmal völlig grundlos auf die Nase. Ihr Haus ist kein Berliner Hinterhof, in dem jeder bolzen darf, wie er will. Außerdem blutete Jeffreys Nase stark. Er war von dem Angriff vollkommen überrascht. Was ist damals Forscher nur eingefallen – Gewalt gegen das eigene Kind!

Heute ist Jeffrey ein schwarzer Riese, damals ist Forscher größer gewesen, dazu weckte ein solches Bild ungute Konnotationen an unrühmliche Epochen aus den Zeiten von Kaiser Wilhelm: ein Weißer, der einen Schwarzen schlägt. Sie könnte noch heute in Rage darüber geraten, selbst wenn es nur spielerisch gemeint gewesen ist. Das Fatalste wäre gewesen – und diese Gefahr hatte es ja tatsächlich gegeben –, dass das arme misshandelte Kind womöglich noch Geschmack daran gefunden hätte. Männer! Sie braucht ganz gewiss keinen Muhammad Ali zum Sohn, der mit Pflastern auf den Wangenknochen und zerdepperten Gehirnzellen tranig an ihrem Küchentisch sitzt.

Dennoch muss sie einräumen, dass sich Forscher seitdem zu einem guten Vater entwickelt hat. Kurz darauf hat er für sie alle das berühmte Versteckspiel in den frühen Abendstunden erfunden, das sie »Dämmerungsspiel« getauft haben. Und gerade in den letzten Jahren: Ist nicht er es gewesen, der sich Zeit für die Kinder genommen und ihr so den Rücken freigehalten hat, als das große Projekt auf sie zugekommen ist? Ihr »Cherbourg«, wie die Kinder es nennen.

Heute bilden Forscher und Jeffrey ein wunderbares Vater-Sohn-Gespann. Ein besseres womöglich als das, das er und Mies abgeben. Was weniger an Forscher als vielmehr an Mies liegt, da der nicht zum Teamplayer taugt. Besser gesagt, Mies ist das nur dann, wenn er selbst ein Team braucht. Ansonsten ist Mies ein strategisch versierter, aber gnadenloser Einzelkämpfer, der es mit unerschütterlichem Selbstvertrauen und Charisma schafft, dass die Menschen ihm zuspielen. Das muss er von ihrem Urahn haben. Bei dem kann es hinter den Kulissen nicht immer koscher zugegangen sein, aber am Ende haben seine Unternehmungen ihrer Familie Reichtum, eine Burg und eine Familiengeschichte eingebracht, auf die sie stolz sein können. Am Ende zählt eben immer das Ergebnis.

Das ist alles ganz schön mies, würde Flocke sagen, doch bei ihr schwingt dann immer ein neckender Unterton mit, denn ihre Kinder halten unverbrüchlich zueinander.

In Fragen des Tun-und-lassen-Dürfens ist Ma viel groß-züiger als ihre eigenen Sprösslinge untereinander. Wenn sie ihren Einfluss nicht verspielen will, darf sie es ihnen nicht un-umwunden zeigen. Wer aber in so jungen Jahren bereits das Marketing eines Weltkonzerns mitbestimmt, bei dem wird sie nicht so kleinlich sein, vor Paviers Türen zu kehren, ob der Konzern es auch immer etepetete mit allen meint.

Und jetzt Paris. Das ist erst der Anfang, sie ist tatsächlich neugierig, in welcher Form sich Pavier demnächst noch für die Dienste ihres Sohnes erkenntlich zeigen wird. Weltkonzerne sind schließlich die Markgrafen der heutigen Zeit. Eine Burg brauchen sie nicht mehr, die besitzen sie bereits, aber es würden bestimmt wertvolle Schätze sein, die Pavier anzubieten hat. Recht tust du, Sohnemann. Ohne etwas Chuzpe ist Fortune nicht zu erlangen.

Wo ist sie mit ihren Gedanken gewesen, bevor die wieder zu ihren Kindern abgeschweift sind? Richtig, bei Forscher! Schon damals, als sie sich kennengelernt haben, ist er immerzu mit seiner Physik befasst gewesen, während sie auf ihn gewartet hat, zuerst an der Universität und später im Max-Planck-Institut in München. Immer hing er am Telefon fest, auch abends, wenn er Gespräche mit Kollegen im Genfer Forschungszentrum CERN führte. Sie zog ihn damit auf.

Das bringt doch nichts. Und wenn du bis in die Puppen an deinem Schreibtisch sitzt, der Kosmos ist zu tief.

Ob er sich denn sicher sei, dass die Welt so lange stillstehe, bis er eins und eins zusammengezählt habe? Oder null Komma eins und null Komma eins, denn seine Elementarteilchen seien ja so entsetzlich klein.

So stand sie hinter ihm, zu dieser späten Stunde, und malte mit ihrem Finger die beiden Nullen und Einsen auf den dünnen Hemdstoff seiner Schultern unterhalb des Kragens und strich ihm danach durch sein damals noch volles Haar.

Meinst du, deine zwei Nullen mit den zwei Einsen werden ausreichen, um den Kosmos zu erklären?, fragte er sie daraufhin, stand auf und drehte sich zu ihr um. Denn dann sollten wir heiraten. Optimismus, er lächelte, während er sich zu ihr vorbeugte, um sie zu küssen, ist das Wichtigste, das ein Forscher sein Leben lang braucht.

In dem gemeinsamen Kuss ging ihre Antwort auf seinen Vorschlag unter. Seit diesem Heiratsantrag nennt sie ihn Forscher. Später dachte sie in stillen Stunden darüber nach, ob seine Art, sie zu fragen, nicht etwas unromantisch gewesen ist. Sein Heiratsantrag war ja quasi nur eine Schlussfolgerung seiner Berechnungen von diesem Abend. Aber immer wenn sie sich an seinen Satz mit dem Optimismus erinnert, verzeiht sie ihm sofort.

Nachsätze enthalten die Kernbotschaft, um es mit dem Vokabular der Physik zu sagen. Ja, sie sind beide unverbesserliche Optimisten, das bringt ihr Wesen auf den Punkt. Ihre Mutter, die ihr unverblümt die Frage gestellt hat, warum sie keinen Adeligen heirate, hat sie keiner Antwort gewürdigt. Stattdessen lächelte sie heiter, als hätte es diese Peinlichkeit gar nicht gegeben. Ihre Mutter, die so gern Stammbaum und Benimm im Mund führte, hat die darin liegende Ohrfeige sehr wohl registriert, und genau das hat Ma damals auch beabsichtigt.

Seit zwei Stunden schneidet sie diese Hecke und ist sich nicht mehr so sicher, ob die kommenden Stunden ebenso schnell verfliegen werden wie die in Cherbourg oder an den anderen Orten, an denen die Unternehmerin Marianne Holzrichter von Sieg zu Sieg geschritten ist. Unwillkürlich kommt ihr ein anderes Bild aus der Familienlegende in den Sinn. Es ist nicht das von Mannheim, Rastatt und Malsch, sondern das von Pennsylvania. Das Bild von dem Teich, an dem Moreau kampiert und darauf wartet, dass ein Fisch anbeißt. Der von Napoleon oktroyierte, zum Sterben langweilige Jagd- und Anglerausflug! Hat sie sich heute Morgen mit diesem Gartenjob womöglich ihr eigenes kleines Waterloo eingebrockt?

Nein, sagt sie sich. Meine Hecke ist heute Abend geschnitten und dann wird sich zwischen Forscher und mir ein wunderbarer Plausch entwickeln, wie ihn der arme Moreau bei seinen stummen Fischen entsetzlich vermisst haben muss.

Brombeere, wird Forscher sicherlich sagen, mit ihr die Eindrücke seines Gaumens teilend.

Er schmeckt ja nie Nussiges oder sonst etwas, nein, immer nur Beeren.

Sie wird wahrscheinlich etwas antworten wie: Ja, und auch etwas Schokolade.

Und dann wird er sie seinerseits necken. Immer sagst du das mit der Schokolade.

Die Eröffnung ihrer Gespräche beim Wein ist wie die Eröffnung einer Schachpartie, die ersten Züge sind immer die gleichen. Von dort wird ihr Gespräch weiter ausgreifen, noch nicht vorhersehbar, aber sehr lebendig, wie ein junger Brombeerstrauch in alle Richtungen.

Sie wird dabei auf seinen fürchterlich ausgeleierten alten Pullover schauen müssen und nimmt sich vor, heute Abend nichts dazu zu sagen. Was braucht sie mehr für neuen Schwung in ihrer Ehe als eine gute Flasche Merlot und etwas gemeinsame Zeit, ohne Blick auf die Uhr und die Erkenntnis, dass sie beide dringend ins Bett gehören?

Den Frühstückskaffee morgen könnten sie in aller Ruhe auf der Bank vor dem Haus nehmen, wo die Sonne bis mittags scheint. Es ist die Hausseite, vor der Jeffrey so gern sitzt, um zu meditieren. Forscher und sie sind fast nie dort.

Da haben wir dieses wunderbare Haus, denkt sie, und die Einzigen, die es täglich nutzen, sind diese dämlichen Viecher. Forscher hat erzählt, dass er und Jeffrey über die Marder gesprochen haben. Man kann wohl tatsächlich nichts gegen sie unternehmen, wenn nicht einmal Jeffrey, ihr kluger künftiger Anwalt, eine Idee hat. Ach, Jeffrey.

Sie hat sich schon manches Mal gefragt, was er wohl denkt, wenn er reglos auf der Bank ausharrt. Doch auch bei ihm wird sie nicht hinter die Kulissen schauen und ihm, wie jedem ihrer Kinder, seine kleinen Geheimnisse lassen. Sie sind eine glückliche Familie. Jeffrey wird ein wunderbarer Anwalt werden, wie sie es sich immer für ihn gewünscht hat. Ein Ergebnis, mit dem er dann ebenso glänzen kann wie Mies und Senta mit den Ergebnissen, die sie schon jetzt vorweisen. Sie sieht es in seinen Augen, er hat das Zeug zu etwas Großem. Er ist kein lauter, sondern ein leiser Krieger und ein unermüdlicher, einer, der den Krieg nicht braucht, da er schon im Frieden allen Achtung einflößt. Möglicherweise hat Jeffrey nicht die Chuzpe ihres Urahns, dafür jene unvergleichliche Ruhe. Ein Häuptling ohne Säbelrasseln, ein König nur durch die Macht seiner Blicke. Sie werden einen Heidenrespekt vor ihm haben, sobald er erst fest im Sattel sitzt. Genauso wie alle schon jetzt vor Mies den Hut ziehen, ihrem manchmal selbstsüchtigen, aber umso schneidigeren zweiten Sohn!

Komisch ist nur eines, denkt sie, während sie auf das glatte Metall ihrer Schnippschnappschere schaut, in Erwartung neuer reflektierender Sonnenblitze, sobald die Scherenblätter den richtigen Winkel erwischen. Bei beiden weiß sie noch immer nicht, wen sie eigentlich lieben. Das ist wirklich komisch, doch just an diesem Punkt hilft ihr selbst ihr mütterlicher Instinkt nicht weiter.

Gerade was Mies betrifft, ist es für sie an und für sich ein Leichtes, sich in ihn hineinzuversetzen. Schließlich empfindet sie ebenfalls Sympathien für hübsche junge Männer – welche Frau empfände die nicht? – und sie hat mit seinem Schwulsein nie gehadert. Kopfschüttelnd wundert sie sich über Mütter, die in Tränen aufgelöst die Enkel beklagen, die ihre Söhne in die Welt hätten setzen sollen. Ach, zum Kuckuck damit. Man kann Kinder auch adoptieren – sie hat es vorgemacht. Auch Mies darf gern welche haben, die dann neben Sentas, Flockes und

Jeffreys Kindern gleichermaßen wunderbare Enkel abgeben würden.

Sie hat deswegen keine Minute daran vergeudet, sich die Frage zu stellen, ob sie alles richtig gemacht hat. Selbstzweifel sind etwas für Frauen in nordamerikanischen Nadelwäldern, die sich in Treue zu irgendwelchen Quäkervorfahren selbst im Weg stehen.

Relax, würde Mies sagen, der in einem Konzern arbeitet, wo die deutsche Sprache mittlerweile den Bach runtergeht.

Und sollten weitere Enkel ausbleiben, können sie Gauchstein später immer noch Ian vererben, für Nachwuchs, der sich um Burgruinengemäuer kümmern darf, ist also gesorgt. Senta darf später die Urmutter künftiger Gauchstein-Generationen werden.

Und Jeffrey? Nun, da würde bestimmt bald jemand auf der Bildfläche erscheinen.

Aber was dann? Zumindest bei Mies lässt ihr Gespür sie in einem Punkt nicht im Stich. Er hängt nach wie vor an Jeffrey. Flocke hat zwar anklingen lassen, dass Mies jemanden haben müsse, doch das nimmt sie nicht ernst. Wenn Mies ihnen nichts davon erzählt, kann es nichts Erwähnenswertes sein.

Sollte es an Jeffrey liegen, müssen die beiden das unter sich ausmachen. Sie wird einfach für beide da sein und tun, was sie kann.

Sie zieht die Gartenschürze aus, setzt sich auf die Terrasse und studiert blinzelnd die Hecke, während sie mit geübtem Daumen und Zeigefinger ein Streichholz für ein Zigarillo entzündet. Mittlerweile hat sie etwa fünfzehn Prozent der Hecke geschafft. In prozentualen Einschätzungen ist sie gut. Der Garten ist zu groß, um es allein zu tun. Forscher könnte ruhig mal anpacken, der zählt jedoch lieber null Komma eins und null Komma eins zusammen. Es wird an ihr hängen bleiben, damit der Garten einladend aussieht, wenn die Kinder zurückkehren.

In diesem Moment hört sie das Klingeln des Telefons. Ihr Handy hat sie ausgeschaltet, es ist der Festnetzanschluss im Haus. Seit Senta schwanger gewesen ist, hat dieses Telefon für sie neue Bedeutung gewonnen. Der Apparat ist in dem kleinen Wintergarten, der sich an Forschers und ihr Schlafzimmer oben anschließt. Dort steht ein gemütlicher Korbsessel und sie ist beruhigt gewesen, mit wenigen Schritten vom Bett aus jeden Anruf entgegennehmen zu können, der Senta betrifft. Komischerweise hat sie sich immer vorgestellt, der entscheidende Anruf würde nachts kommen, sie würde im Nachthemd die gute Nachricht hören und sich erleichtert in den Korbsessel setzen. Der Anruf ist dann mitten am Tag erfolgt, als Ian schon auf der Welt gewesen ist. Natürlich hat sie das Gespräch auf ihrem Mobiltelefon geführt.

Bis sie im ersten Stockwerk beim Korbsessel ist, fürchtet sie, wird der Anrufer aufgegeben haben. Es klingelt jedoch nur zweimal. Offenbar ist Forscher noch zu Hause, obwohl sie vermutet hat, er wäre längst unterwegs, und hat abgenommen.

Sie hört seine Schritte auf der Treppe.

Ich bin auf der Terrasse!, ruft sie.

Er steht in der Tür und schaut sie an, sieht auf die neben ihr liegende Gartenschürze und die Heckenschere. Dann blinzelt er zur Hecke und auf das schmale Ergebnis ihrer Schufterei. Seine Augen schweifen zu ihr zurück und verharren an ihren fest entschlossenen Mundwinkeln.

Ma, bestell doch die Gärtnerei. Das ist zu viel, selbst für dich.

Schon gut. Wer war es denn?

Kellenberger. Er sagt, er hätte dich nicht auf dem Handy erreicht. Ob du ihn am besten heute noch zurückrufen könntest.

Ach, Kellenberger?

Ja, die »Wasser Südwest«.

Die Wasser Südwest GmbH ist eine Firma in der Region, keine fünfzig Kilometer von Apfeltrang entfernt. Sie ist auf sie gestoßen, als sie erfahren hat, dass dem Unternehmen erhebliches Wachstum vorausgesagt wurde. Also erwarb sie einen kleinen Anteil am Stammkapital, der längst einen Teil ihrer soliden Wertanlagen bildet, die die Kinder einmal erben werden. Der Anteil ist immer so bemessen, dass ihre Stimme in der

Gesellschafterversammlung Gewicht besitzt. Irgendwann verstanden alle Männer dieser Firma, dass Marianne Holzrichter nicht nur eine Miteigentümerin ist, die etwas Geld verdienen will, sondern eine erfahrene Geschäftsfrau, die kluge Fragen stellt. Die Kontakte wurden enger und dann wechselte sie auf Bitte der Wasser Südwest in den Aufsichtsrat. Damals wusste sie vieles, wenn nicht alles über die Wasser Südwest.

Als ihr Cherbourg-Projekt immer umfangreicher geworden ist, hat sie ihr Engagement für die Wasser Südwest zurückgefahren, den Anteil jedoch gehalten. Mit den geschäftsführenden Gesellschaftern schreibt sie sich Weihnachtskarten. Die Karten der Südwest zeigen statt kerzengeschmückter Tannenbäume kunstvolle Eiskristalle, damit der Empfänger zu keiner Jahreszeit vergisst, was der Baustoff allen Lebens ist: Wasser. Einmal im Jahr wird sie auf das legendäre Sommerbarbecue eingeladen. Jedes Mal gibt es Berge von Steaks, die niemand bewältigen kann.

Na, sagt sie. Dass die auch mal wieder von sich hören lassen.

Eigentlich ist Kellenberger von der Wasser Südwest der Inbegriff jener Leute, die von nun an werden warten müssen, bis sie wieder zu sprechen ist, weil Marianne Holzrichter beschlossen hat, einmal etwas für sich zu tun. Andererseits ist sie neugierig, was Kellenberger will. Es kann sich nicht um nachgeholte Weihnachtsgrüße handeln und für eine Einladung zum Sommerbarbecue ist es zu früh. Von der Heckenschere hat sie vorerst sowieso genug.

Gut, sagt sie und steht auf. Dann werde ich mal schauen, was er will.

Du kannst danach ja gleich noch in der Gärtnerei anrufen.

Sie ignoriert seinen Nachsatz, während sie mit einer Leichtigkeit, die sie selbst überrascht, die Treppe hinaufläuft.

Guten Tag, Herr Kellenberger.

Grüß Gott, Frau Holzrichter. Vielen Dank, dass Sie gleich zurückrufen.

In der Leitung entsteht eine Pause und sie merkt, dass sich Kellenberger räuspert. Sie hört seine Stimme und sieht ihn vor sich, diesen untersetzten Mann mit seinen flinken Augen.

Frau Holzrichter, ich will gar nicht lange herumreden. Wir haben hier jemanden, der mir gerade gegenübersitzt. Kurzum, ich dachte, dass Sie beide sich kennenlernen sollten. Herr Okereke kommt aus Südafrika und ist nur noch zwei Tage hier. Alles Nähere ließe sich am besten bei uns im Büro besprechen. Oder bei einem gemeinsamen Mittagessen morgen in der Stadt. Wir können auch zu Ihnen hinausfahren, wenn es für Sie nicht anders geht.

Sie ist überrascht. Einen Hausbesuch hat Kellenberger bisher nie angeboten.

Worum genau handelt es sich denn?

Ja, Frau Holzrichter, kommt die Antwort vom anderen Ende der Leitung, das wollen wir gern persönlich besprechen. Frau Holzrichter, wir brauchen Sie.

III. DAS PROJEKT

Sie kennen sich ja mit unserer Firma und mit Wasser schon etwas aus, Frau Holzrichter. Sagt Ihnen der Begriff »Acid Mine Drainage« etwas?

Ein Thema beim Bergbau. Das sind saure Grubenwässer, nicht wahr?

Kellenberger sieht sie anerkennend an. Er spielt wie ein Lehrer in der Schule mit dem Kugelschreiber, während seine kleinen, flinken Augen sie taxieren.

Sie sitzen in seinem Büro im obersten Stock des neuen Wasser-Südwest-Verwaltungstrakts, eines äußerlich weitgehend unauffälligen Betonriegels, der innen über großzügige und helle Räume verfügt. Kellenberger und seine Truppe haben die bauliche Erweiterung vor wenigen Jahren auf das platte Feld neben das alte Werkgelände gesetzt, nachdem sie sich zuvor den Luxus zweier alternativer Architektenentwürfe gegönnt hatten.

Die einzige Besonderheit des Neubaus, durch die das Rennen damals entschieden wurde, ist eine ovale Spitze, die wie ein Bug aus der südlichen Längsseite des Riegels bricht. Das so angedeutete Schiffsmotiv – vage auf Wasser anspielend – hat Ma für überflüssigen Schnickschnack gehalten, schließlich ist die Wasser Südwest keine Kreuzfahrtschiffreederei, sondern betreibt Wasseraufbereitung in denkbar nüchterner Form. Doch Kellenberger hat an dem Bug einen Narren gefressen. »Auf zu neuen Ufern!« ist seitdem sein Lieblingsspruch, mit dem er alle und vor allem sich selbst motiviert. Gemessen an den Erträgen der letzten Jahre, über die er regelmäßig in der Gesellschafterversammlung lächelnd berichten kann, hat sich sein Schiffsspielzeug längst amortisiert. Sie kennt die Spitze des Bugs mittlerweile gut, denn sie enthält das Konferenzzimmer, in dem sie seit Fertigstellung des Neubaus ihre Sitzungen abhalten. Alle Zusammenkünfte dort schließen mit jenem Kellenberger'schen Satz: Meine Dame, meine Herren, auf zu neuen Ufern! Seit Kurzem sind auch bei den sommerlichen Firmenbarbecues Papierservietten mit Ankern und Segelmasten aufgetaucht.

Wenn sie zum Neubau will, der sie zu den neuen Ufern führt, muss sie zunächst die neue Zufahrtstraße nehmen, die von der Bundesstraße abzweigt und in einem weiten Bogen im Rücken des alten Firmengeländes verläuft. Erst an der weiß verputzten Rundung des Bugs endet sie. In die Mitte der halbkreisförmigen Auffahrt sind Blumen gesetzt, was sie an amerikanische Anwesen in Filmserien erinnert. Oberhalb der Drehtür prangen die blauen Lettern des Firmenschriftzugs, daneben das neu gestaltete Logo, eine abstrakte Welle, die den Grundriss des neuen Gebäudes wiederholt, unten ein schlanker Riegel mit einer daraufsitzenden blau-weiß gestreiften Wölbung in der Mitte.

Ein richtiger Vorzeigebetrieb ist die Wasser Südwest geworden, das muss sie zugeben. Zumal an Tagen wie heute, wenn die Sonne scheint, will man unwillkürlich darauf warten, dass gleich ein Verbandsvertreter oder sogar ein Staatssekretär aus dem Landwirtschaftsministerium vorbeischaut. Anschließend könnten sie im Live-Interview mit dem Regionalsender das aufstrebende Allgäu loben. Beim Kameraschwenk würden die blauen Lettern mit dem Wellenlogo telegen um die Wette leuchten.

Zur Rechten des weißen Tresens in der Lobby nehmen zwei Sitzgruppen aus Stahl und schwarzem Leder ein Glastischchen in ihre Mitte, das neben einer Handvoll Fachzeitschriften auch die neu gestaltete Firmenbroschüre bereithält. Das Design der Broschüre stammt von der Ehefrau jenes Architekten, der dem Neubau den Schiffsbug verpasst hat.

Während sie darauf gewartet hat, dass man sie abholte, blätterte sie durch die frisch erschienene Broschüre, steckte sie in ihre Handtasche und schmunzelte, nicht ohne Sympathie für das Paar, das sich die Wasser Südwest als dicken Fisch geangelt hat.

Im ersten Stock befindet sich der Konferenzraum und darüber, im zweiten und dritten, liegen die Räume für die kaufmännische und technische Leitung. Hammers, Kaufmännisches, sitzt im zweiten, Kellenberger, Innovation & Technik, im dritten. Sie kennt Hammers. Ein netter Mann, leider etwas wortkarg. Bei den Sommerbarbecues leiden alle unter den Pflichtminuten, die man in seiner Gesellschaft verbringt. Er selbst fürchtet die Barbecues am meisten, so scheint es, bleibt aber jedes Mal eisern bis zum Schluss. Kellenberger hat sich Hammers vor knapp zehn Jahren zur Entlastung ins Haus geholt. Die Vision für die Firma liegt nach wie vor in seinen Händen. Er, der die Firma von der Pike an aufgebaut hat und ihr Haupteigner ist, thront standesgemäß über allen.

Das freundliche Sonnenlicht, das durch die Lamellen der verglasten Spitze in sein Büro bricht, lässt sie gelegentlich blinzeln, dem zweiten Gast ergeht es nicht anders. Es ist ein schwarzer, mittelgroßer Mann in einem hellgrauen Anzug, der auf dem Besucherstuhl zu ihrer Linken sitzt und bislang große Zurückhaltung gezeigt hat. Fast müsste sie auf Teilnahmslosigkeit schließen, sie ist sich jedoch sicher, dass der Gesichtsausdruck trügt. Sein Nachname, den Kellenberger gestern am Telefon erwähnt hat, fiel vorhin bei ihrer Begrüßung und gegenseitigen Vorstellung, doch er ist für sie so ungewohnt, dass sie hofft, Kellenberger wird ihn gleich wiederholen. Dass ihr Enkel einen verrückten Namen hat, reicht ihr fürs Erste.

Ganz recht, saure Grubenwässer, Frau Holzrichter, wobei sich dieser Begriff irgendwie nicht durchsetzen will. Inzwischen ist ja alles Englisch und gerade wir wollen international sein. Lassen Sie uns daher von Acid Mine Drainage sprechen oder, abgekürzt, von AMD, metallreiches Wasser, das entsteht, wenn schwefelhaltige Mineralien ausgewaschen werden. Ein großes Problem, überall.

Helfen Sie beide mir bitte auf die Sprünge. Was genau passiert da?

Eigentlich ist es simpel. Überall im Bergbau werden große Mengen an Gesteinsschichten abgebaut. Das Gestein, das zuvor fest aufeinandergepresst in der Erde gelagert hat, kullert lose auf Schutthalden, ihre Oberkanten bilden schüttere Oberflächen. Sie laden das Regenwasser geradezu dazu ein, alles auszuwaschen, das nicht niet- und nagelfest ist. Und bei der Auswaschung reden wir beileibe nicht nur vom Regen, der von oben kommt!

Denken Sie an die Tonnen und Abertonnen Kubikliter Wasser, die für die Minenaktivitäten in die Gruben hineingepumpt werden, ergänzt der schwarze Herr neben ihr mit einem liebenswürdigen Lächeln.

Genau. Und was macht unser Wasser?, fährt Kellenberger fort. Es trifft auf das schüttere Gestein und dort auf die Sulfidminerale, vor allem auf Pyrit. Pumpen- und Regenwasser verbinden sich mit diesen Sulfidmineralen – eine perfide Sache. Denn durch die Oxidierung bildet sich Sulfat. Lange haben wir in Deutschland geglaubt, dies wäre nur ein Problem in dritten Ländern, mittlerweile kann selbst die Lausitz ein Lied davon singen.

Ma runzelt die Brauen.

Da nehmen sie sauberes Wasser aus der Spree, um aus den verödeten Bergbauarealen hinter Cottbus blühende Landschaften zu machen. Lauter Seen mit Bootsstegen, Tourismus und Freizeitspaß. Eine schöne Idee, nur ist die Lausitz dafür viel zu trocken und das meiste Wasser dieser Seen würde gleich wieder verdunsten. Das ist ein Thema für sich. Viel entscheidender: Das eingeleitete Wasser ist wegen des Sulfats belastet.

Ich habe gehört, Teile davon werden in die Spree zurückgeleitet. Ein Trinkwasserproblem für etliche Städte, womöglich sogar für Berlin, bemerkt der schwarze Herr.

Kellenberger nickt. In der Tat.

Jedes Mal wenn er hinter seinem massiven Schreibtisch beim Sprechen den Kopf bewegt, werfen die Lamellen der Fenster neue Linien auf seine Glatze. Er trägt einen schwarzen Anzug und das Erkerlicht, das hinter seinem Rücken in den Raum strahlt, verleiht den Konturen seines Kopfes und seiner Schultern eine eigene Aureole. Ein bisschen erinnert Kellenberger Ma an Szenen aus Hollywoodklassikern, in denen Männer wie

Bogart wichtige Dinge wissen und im Zwielicht von Lamellen entscheidende Sätze sagen. Sätze, die man für den Fortgang der Handlung keinesfalls verpassen darf. Kein Wunder, dass Staatssekretäre, die die Wasser Südwest besuchen, an Kellenbergers Lippen hängen und sein Büro als neu gewonnene Jünger der Wasser-Südwest-Projektstrategien verlassen.

Aber entsteht diese Verbindung nicht sowieso?, fragt sie, zwischen beiden hin- und herschauend. Ich meine, sobald Regen auf die Erde fällt, auch dort, wo Boden nicht abgebaut wird?

Vollkommen richtig, allerdings sind die Gesteinsschichten durch ihre Ablagerungen vor dem Eintritt großer Mengen an Wasser und Sauerstoff gut geschützt.

Die Oxidation in Abraumhalden verläuft etwa zehntausendmal schneller, ergänzt der Schwarze. Eine Verwitterung im Zeitraffer.

Und am Ende zählt nur das Ergebnis.

Sie sagen es, Frau Holzrichter, und das Ergebnis ist immer das gleiche. Kellenberger hat wieder übernommen und sein Kugelschreiber kreist in der Luft. Metalle und Semimetalle werden als Ionen gelöst und aus Schwefel wird Schwefelsäure – das giftige Sulfat.

Doch was hat die Wasser Südwest und vor allem was habe ich damit zu tun?

Nun, Sie wissen ja, sobald es ums Wasser geht, sind wir gern mit dabei.

Kellenberger steht auf und wandert durch den Raum. Trotz seiner massiven Vierschrötigkeit ist ihm anzumerken, wie es ihn nicht mehr auf dem Stuhl hält. Das mag Ma an ihm, für gute Ideen ist der Raum hinter Schreibtischen einfach zu klein.

Bevor ich auf den Grund Ihres Besuchs komme, erlauben Sie mir einen kurzen Schlenker. Denn es ist wichtig, dass wir alle die Dimension dieses Themas richtig umreißen. Werfen Sie, wenn Sie möchten, nur einmal einen Blick in die Fachzeitschriften, die unten ausliegen. Alle suchen händeringend nach Lösungen und wer eine hat, sitzt auf einer Goldgrube. Und ja, es könnte sein, dass wir eine solche gefunden haben.

Und warum gibt es, Herr Kellenberger, diese Lösungen nicht längst? Ich meine, Bergbau gibt es seit Hunderten von Jahren. Das Problem, dass Wasser auf Stein trifft, sollte mittlerweile bekannt sein, möchte man meinen.

Wieder haben Sie recht und Sie wissen, wie sehr ich Ihren kritischen Blick schätze. Tatsächlich kannten sogar schon die Römer die Pyritverwitterung, als sie ihre Aquädukte gebaut haben. Freilich ging es damals um vergleichsweise kleine Mengen Wasser, heute dagegen baggern alle im großen Stil. Bergbau wird darüber hinaus an abgelegenen Orten betrieben. Die Lausitz liegt zwar nebenan, aber gehen Sie mal ins Ausland, in Länder mit richtig viel Fläche und wenigen Einwohnern. Da pflegt man zu den Orten, wo gebuddelt wird, kaum Kontakt. Man ignoriert die Folgen, so lange es geht. Nur entsteht angesichts der vielen Minen, die in den letzten fünfzig Jahren angelegt worden sind, mittlerweile eine gefährliche Massierung des Problems.

Vor allem bei jenen Minen, meldet sich der Schwarze wieder zu Wort, die mittlerweile aufgegeben wurden. Denn dort ist niemand mehr, der sich um sie kümmert.

Und das von AMD verunreinigte Wasser sickert in den Boden und trifft dort auf Grundwasser, mit dem es sich vermischt?

Richtig, Frau Holzrichter. Kellenberger ist nun ganz in seinem Element und stützt eine Hand auf ihrer Stuhllehne ab, sodass sie sich etwas vorbeugen muss, um Körperkontakt zu vermeiden. Er bemerkt es und lässt sofort wieder los. Aber wäre es nur das! Das eigentliche Unheil kommt von oben. Und das kann niemand mehr ignorieren.

Sie schaut ihn fragend an.

Der Regen, Frau Holzrichter. Die größte Gefahr ist das Dekantieren, das Überlaufen stillgelegter Gruben. Er baut sich vor ihr auf und seine Hände formen einen Kegel. Stellen Sie sich eine Karaffe vor, die Sie unter einen laufenden Wasserhahn setzen. Was passiert? Bei den Minen ist es genau das Gleiche. Die Abbaugebiete bilden Krater und solange sie betrieben werden, wird Wasser auch wieder abgepumpt. Werden die Minen hingegen aufgegeben, regnet es von oben hinein, jahraus, jahrein. Kontinuierlich steigt der Pegel und es entstehen riesige sulfathaltige Seen. Wenn die Krater vollgelaufen sind, dekantieren sie, wie bei Ihrer Karaffe, die unter dem Wasserhahn steht. Das Wasser läuft über und es bilden sich Rinnsale. Wohin führen Rinnsale, die aus den Bergen stammen?

Sie sammeln sich. Am Ende landet alles in Flüssen.

Exakt, Frau Holzrichter. Und diese Flüsse tragen das giftige Sulfat weiter. Alle Bewässerungssysteme, die von ihnen abgeleitet werden, kollabieren. Ganze Regionen, die von diesen Flüssen leben, werden derzeit in den Grundfesten ihres Ökohaushalts erschüttert.

Die Lamellen haben eine neue Netzstruktur auf Kellenbergers Glatze gebildet und unwillkürlich muss Ma an die vielen Rinnsale denken, die an seinem Kopf hinunterfließen müssten. Der Schwarze im hellgrauen Anzug ist ihrem Blick gefolgt und auch er kann ein leichtes Kräuseln der Mundwinkel nicht unterdrücken, also haben sie das Gleiche gedacht. Um von ihrem Schmunzeln abzulenken, schenken sie Kellenberger ein synchrones Nicken, der in seinem Vortrag derweil längst fortgefahren ist.

Das sind die Bergbauschäden, Frau Holzrichter, gegen die mittlerweile die ganze Welt ankämpft. Nicht nur in Europa oder in den USA, auch in Australien beispielsweise. Kellenberger lässt seinen Kugelschreiber wie einen Hubschrauber über ihren Köpfen kreisen. Wissen Sie, aus der Luft lassen sich die Folgen am besten nachvollziehen. Die letzte Ausgabe einer führenden Fachzeitschrift war voll davon – Seiten über Seiten australischer Luftaufnahmen! Er schnappt sich ein Heft, schlägt eine markierte Seite auf und reicht sie Ma. Schauen Sie mal. Sieht aus wie abstrakte Kunst, nicht wahr? Das fand jedenfalls meine Frau, sie liebt solche Bilder. Wenn die Wahrheit dahinter nur nicht so traurig wäre. Denn das sind immense Gebiete, Hunderte von Quadratkilometern, selbst aus der Luft kaum zu erfassen.

In Zeiten knappen Trinkwassers einigermaßen beunruhigend. Ma nickt. Unwillkürlich muss sie an Flocke denken, die in ihrem Berliner Studienprojekt die Folgen des Raubbaus studiert. Auch heute würde sie sicher wieder zu dem Schluss kommen, dass es ganz schön mies ist, was für eine Welt ihrer Generation da überantwortet wird und welche Schäden womöglich schon irreversibel sind. Sie reicht die Zeitschrift an den schwarzen Herrn neben sich weiter, der sie bereits zu kennen scheint, sie ihr jedoch höflich abnimmt.

In Kalifornien verbieten sie mittlerweile das Waschen von Autos und das Sprengen von Rasen, habe ich gehört, sagt sie, um etwas beizutragen. Es soll eine grüne Sprühfarbe geben, die man kaufen kann.

Das 21. Jahrhundert wird das Jahrhundert der Wasserkriege, Frau Holzrichter. Schauen Sie sich beispielsweise Spanien an. Der Grundwasserspiegel in Huelva, wo sie unter immensem Wasserverbrauch Erdbeeren züchten, ist bereits so weit gesunken, dass die Guardia Civil die Brunnen der Bauern gekappt hat, um die Region vor der Verwüstung zu bewahren. Und warum musste es dazu kommen? Damit die Nordeuropäer auch im Winter frische Erdbeeren in ihr Frühstücksmüsli mischen können.

Da revoltieren ganze Dörfer, sagt der schwarze Herr.

Natürlich tun sie das. Sie errichten Straßensperren, denn sie fürchten ihren wirtschaftlichen Ruin und das war vorherzusehen. Jahrelang wurde nichts unternommen, es ist ja auch ihr Grund und Boden. Fragt sich nur, wem gehört das Wasser? Was ich mit diesem Beispiel sagen will: Firmen, die sich auf Wasseraufbereitung verstehen, werden immer wertvoller.

Es kann kein Fehler gewesen sein, schon früh bei Ihnen eingestiegen zu sein. Ich weiß das sehr gut. Sie lächelt.

Kellenberger nickt zufrieden und erinnert sie an einen stolzen Pennäler, der vorhat, mit ihnen beiden gleich die beste Arbeit der Klasse abzuliefern.

Deshalb habe ich schon vor drei Jahren zu Hammers gesagt, lass uns nicht länger herumsitzen. Du bist gebürtiger Aachener – eine Bergbauregion. Er macht eine Pause. Kurz, wer sitzt

Karl dem Großen sozusagen auf dem Schoß und macht beim Thema AMD von sich reden? Die Rheinisch-Westfälische Technische Hochschule, eine der Eliteuniversitäten unseres Landes! Die Bergbaufakultät dort nennt sich zwar inzwischen »Fakultät für Georessourcen und Materialtechnik«, doch das ist nur ein schicker Name und bei Licht betrachtet geht es nach wie vor um profane Dinge. Profan, aber lukrativ! Denn das wird ein Riesengeschäft. Lass uns rechtzeitig den Fuß in die Tür bekommen, habe ich zu Hammers gesagt. Frau Holzrichter, was soll ich sagen, mein Riecher war richtig.

So kenne ich Sie – Sie sind ein Visionär! Karl der Große wäre sicherlich mit der Wasser Südwest zufrieden gewesen.

Kellenberger hält inne, lächelnd lüftet er einen imaginären Hut. Sofort danach spurtet er im Thema schon wieder weiter.

Was ist seitdem passiert? Schon nach wenigen Wochen haben wir ein kleines Joint Venture gestartet. Wenn ein Projekt etwas taugt, erhalten Sie Forschungsmittel. Bald verfügten wir über gute Namen in unserem Team. Danach dauerte es nicht lange und es klopften lauter junge Wissenschaftler an unsere Tür, die unbedingt an Bord kommen wollten. Wir wuchsen rasch und waren irgendwann genug Leute, um solide Recherche zu machen. Was Gott zusammengefügt hat, das soll der Mensch nicht scheiden. Aber was das Schwefelteufelchen zusammengefügt hat, da muss man ran! Die meisten haben aus Gründen des Umweltschutzes bei uns angefangen, das war ihre Motivation. Mittlerweile herrscht nicht nur bei mir so etwas wie Goldgräberstimmung. Denn AMD ist eine Goldgrube! Wie sich zeigt, lässt sich also nicht nur mit dem Graben nach Gold Geld verdienen, sondern umso mehr mit dem Dreck, den die Goldgräber hinterlassen.

Die hinterlassen leider in der Tat ziemliche Mengen davon. Der Schwarze nickt mit einem Lächeln, das etwas zerknittert wirkt.

Russland beispielsweise hat uns in den letzten Monaten zwei schöne Aufträge erteilt, Frau Holzrichter. Kellenberger pflanzt sich vor der Tischkante seines riesigen Schreibtischs auf und wippt. Aber nun zu Ihnen. Das alles ist für Sie Neuland, das ist mir klar, denn bislang haben wir das Thema in der Gesellschafterversammlung nicht angesprochen. Wir wollten erst einmal schauen, wo wir landen … Sie waren, wenn ich mich richtig erinnere, in letzter Zeit ja recht beschäftigt. Ging es nicht um eine Fabrik für Regenmäntel?

Regenschirme, Herr Kellenberger. Eine Fabrik für Regenschirme und ich habe sie umgebaut.

Richtig. Na, offenbar haben Sie ja eine Schwäche für alles, das sich ums Wasser dreht. Uns kann das nur recht sein! Er flattert mit den Fingern und schaut sie und den schwarzen Herrn vergnügt an. Denn inzwischen, Frau Holzrichter, kriegen wir Besuch aus der ganzen Welt. Ich habe Sie ja schon miteinander bekannt gemacht. Frau Holzrichter, Herr Okereke, wenn ich Sie beide nun bitten darf, mir zu folgen? Im Kellergeschoss haben wir ein verkleinertes Modell unserer Aachener Versuchseinrichtung aufgebaut.

Kellenberger kann ein erneutes Schuljungengrinsen nicht unterdrücken. Seinem Bewegungsdrang folgend, ignoriert er den Fahrstuhl und so nehmen sie alle die Treppe.

Bei allen Versuchen zur Trennung von Schwefelverbindungen, berichtet er ihnen, immer zwei der flachen Stufen auf einmal nehmend, lag der Fokus bisher auf dem Einsatz von Chemikalien. Die haben allerdings einen Nachteil – sie sind teuer.

Außerdem sind sie toxisch, ergänzt der Schwarze, der Okereke heißt.

Genau, greift Kellenberger den Faden auf. Man kommt, wenn Sie mir das Wortspiel erlauben, vom Regen in die Traufe. Der Einsatz von Chemikalien verlangt komplexe Anlagen, ihr Bau ist äußerst aufwendig. Unsere Minen liegen fast immer in abgelegenen Regionen der Welt. Sobald sie einmal aufgegeben sind, fehlt dort jede Infrastruktur. Wo sollen der Bautrupp und das Personal für die Wartung der Anlage wohnen? Wo wäre ein Supermarkt zu finden oder ein Sportplatz? Unsere Suche ging daher Richtung Einfachtechnologie. Sie muss naturnah sein.

Wir nutzen das, was sich sowieso rund um die Minen befindet: Brachland. Und so sind unser Vorschlag biologische Pflanzenklärsysteme. Oder, wie sie im Englischen heißen, Constructed Wetlands.

Sie lassen das vergiftete Wasser in die Pampa ablaufen, Herr Kellenberger? Und was dann?

Das passiert nicht unkontrolliert. Constructed Wetlands sind Systeme, die auf die Bedürfnisse vor Ort zugeschnitten sind. Wir bauen Kanalisierungen für den Zu- und Ablauf. Wir bedenken maßgebliche Faktoren: Welche Mengen strömenden Wassers wollen wir bewältigen? Wie hoch ist die Schadstofffracht und wie ist sie zusammengesetzt? Dann müssen Sie das Landschaftsgefälle berücksichtigen und die Entfernung zu Agrarnutzflächen im Umland. Vor allem aber müssen Sie sich um die Bodenbeschaffenheit Ihres Feuchtgebiets kümmern. Und Sie dürfen die klimatischen Bedingungen nicht vergessen. Die Kombination all dieser Faktoren ist eine Wissenschaft für sich. Und genau darum geht es bei unserem Forschungsprojekt: Klarheit in die trübe Brühe zu bringen. Soll es ein Teich mit Schwimmpflanzen sein, die die Wasseroberfläche bedecken? Oder wollen wir stattdessen einen Teich mit submersen Pflanzen, also solchen, die mit ihren Köpfchen immer schön unter Wasser bleiben?

Das sind tatsächlich entscheidende Alternativen, sagt Okereke.

Und schließlich die Frage: Wie soll das Wasser fließen? Von links nach rechts, sprich horizontal, oder lieber vertikal, indem es von oben nach unten sickert? Oder womöglich und am besten beides über gestufte Becken?

Mittlerweile haben sie den Kellerraum erreicht, mit mehreren Edelstahlkästen, jeder etwa einen Meter lang. An den Schmalseiten kann Ma die Röhren für den Zu- und Ablauf erkennen. Oben wächst Schilf aus den Kästen.

Juncus effusus, Frau Holzrichter, Flatterbinse. Kellenberger stellt die grünen Halme vor, als handelte es sich um VIPs. Was Sie nicht sehen können – dabei sind sie das Wichtigste – sind unsere Böden. Die Kästen sind nummeriert. Wenn Sie möchten, zeige ich Ihnen zu jedem Kasten die dazugehörige Matrix. Er greift einen schmalen Aktenordner, der auf einem Tisch neben der Versuchseinrichtung liegt. Wir haben alles Mögliche im Angebot, es ist wie bei einem Büfett. Möchten Sie Ton oder lieber Kies? Oder bevorzugen Sie es gemischt?

Sehr sympathisch, das alles, Herr Kellenberger. Biologische Binse ohne Chemikalien und ich verstehe, dass Ihr Wasser strömen muss. Sie wendet sich an Okereke, um zu zeigen, dass sie ihn bei aller Konzentration auf Kellenbergers Redefluss nicht außer Acht lässt. Immer von links nach rechts und von oben nach unten. Aber helfen Sie mir, was macht die Binse mit dem Sulfat? Verschluckt sie es?

Eine gute Frage. Es sind Sumpfpflanzen, Frau Holzrichter, sagt Okereke. Helophyten, nach dem griechischen »helos«, dem Sumpf. Die Pflanzen bauen Moleküle, die das Sulfat binden und sie als Baustein beim eigenen Wachstum verwenden. Die sogenannte Assimilation.

Es gibt auch die Variante, dass die Halme das Sulfat nach der Bindung wieder absondern, dann sprechen wir von Dissimilation. Kellenberger überreicht ihr den Aktenordner. Wenn ich unsere Chemiestunde kurz abrunden darf, die Helophyten schaffen das nicht von allein. Bei der Reduktion des Schwefels greifen sie auf kleine Armeen zurück, auf Koalitionäre am Boden, wenn Sie so wollen. Das ist unsere Bodenmatrix.

Ma findet, das klingt ganz nach dem russischen Zaren, der Moreau rufen ließ, als er merkte, dass er es allein nicht schaffen würde.

Koalitionäre und Fußtruppen zur Unterstützung der Helophyten hoch zu Ross, das leuchtet mir sofort ein, Herr Kellenberger. Doch wo sind sie? Ich sehe in Ihrem Ordner nur Kiesel und Tonklumpen.

Mikroorganismen, Frau Holzrichter. Mikroorganismen, die sich alle im Ton befinden und in regem Austausch miteinander stehen. Etliche Prozesse, die teilweise gegensätzlich sind, können sogar parallel ablaufen. Am besten, Sie stellen sich unsere Bodenmatrix wie eine Fabrik vor. Da werden Stoffe an- und abtransportiert, weiterverarbeitet, verpackt und neu versandt. Barrieren organisieren die Ein- und Ausfahrt, wie in einer großen Garage. Immer führt eine einzige Spur hinein und eine andere wieder hinaus. Die Metallionen können gar nicht anders. Sie müssen der vorgegebenen Spur folgen.

Na, ich fürchte, das übersteigt meinen simplen Verstand. Ich bin ja keine Ihrer Wissenschaftlerinnen.

Im Grunde ist es einfacher als man denkt, sagt Okereke und lächelt beruhigend. Ich kann mit Herrn Kellenberger und seinem Wissen nicht konkurrieren, aber ich denke, Sie haben alles, oder sagen wir, das Wichtigste schon gehört.

Bis auf einen allerletzten Punkt, mit dem ich unsere Schulstunde dann auch wirklich enden lassen will. Wenn unsere Fabrik arbeiten soll, wie tut sie das? Anders gefragt: Wie gelangen die nötigen Mengen an Sauerstoff nach unten? Kellenberger reißt die Augen auf und funkelt sie an, um ihre erlahmende Aufmerksamkeit ein letztes Mal auf Trab zu bringen.

Sie wollen sagen, unsere Fabrik arbeitet unter Wasser?

Genau, Frau Holzrichter. Und alle Pflanzen brauchen Sauerstoff, auch unsere Helophyten. Zum Glück ist die Natur der menschlichen Fantasie weit überlegen. Die Sauerstoffversorgung unserer Halme erfolgt über eine Art Luftkanalsystem. Und das Beste dabei: Sumpfpflanzen ziehen die Frischluft nicht nur über frische grüne Triebe, sondern auch die abgestorbenen Halme helfen mit. Was von oben betrachtet matschig und hässlich aussieht, ist in Wirklichkeit Teil einer perfekten Maschinerie. Die Arbeitsfähigkeit der Constructed Wetlands ist so selbst im Winter gewährleistet, wenn die Pflanzen modern. Ein Ganzjahresbetrieb.

Ihre Flatterbinse ist ja ein richtiger James Bond, würde meine Tochter sagen. Wissen Sie, Herr Kellenberger, mit Umbauten kenne ich mich ein wenig aus. Ich glaube, für meine Regenschirmfabrik war ich wohl so etwas wie Ihre Flatterbinse. Wo gestern noch genäht worden ist, da finden Sie heute lauter Läden, Friseursalons und Restaurants. Sozusagen eine nagelneue

Bodenmatrix. Nur meine gusseisernen Säulen stehen noch, sie wurden buchstäblich zu den Säulen meines Geschäfts. Ein bisschen so wie Ihre Helophyten.

Er lässt Ma die Stahlkästen umrunden und winkt sie Richtung Treppenhaus. Ein schöner Vergleich, sehr treffend! Na, ich sehe schon, Sie verstehen ganz intuitiv, wie hier das eine mit dem anderen zusammenhängt. Zumal bei Ihrer schnellen Auffassung und breiten Erfahrung, das kann gar nicht anders sein. Ich denke, es wird Zeit für einen Kaffee, sagt er, mit ihnen die Stufen hinauflaufend. Frau Meerbaum hat im Konferenzzimmer einen Imbiss vorbereitet. Und dann wird es endlich Zeit, dass wir zu Ihnen kommen und dazu, warum wir Sie hergebeten haben. Aber bitte, erst nachdem Sie Gelegenheit hatten, sich zu stärken.

Sie greifen beherzt zu. Frau Meerbaum, die auch die Barbecues organisiert, hat es wieder überaus gut gemeint. Wer soll das nur alles essen?, denkt Ma und schüttelt angesichts der vier Platten ungläubig den Kopf.

Der Grund, warum ich so froh bin, dass Sie heute Zeit für uns gefunden haben, Frau Holzrichter, ist der Besuch unseres liebenswürdigen Gastes aus Südafrika. Herr Okereke ist ein hochrangiger Vertreter seines Landes, das sich ebenfalls seit Längerem mit diesem Thema befasst. Und so übergebe ich an dich, Adama, bitte.

Okereke, den das wechselnde Siezen und Duzen von Kellenberger nicht zu stören scheint, lächelt und isst ohne Hast sein Vollkorndreieck zu Ende, anschließend schiebt er den Teller zur Seite.

Wissen Sie, Frau Holzrichter, für einen Afrikaner wie mich ist es beeindruckend zu sehen, was in Europa mittlerweile beim Thema AMD geleistet wird, sagt er und dreht den Oberkörper zu ihr, während er beide Ellenbogen auf den Konferenztisch stützt. Die Spitzen seiner Daumen, Zeige- und Mittelfinger drücken gegeneinander. Und es ist beschämend, setzt er hinzu. Denn mein Land sollte der Vorreiter sein.

Sie schaut ihn höflich fragend an.

Nun, die am schlimmsten betroffenen Regionen liegen keineswegs bei Ihnen oder in Russland. Verglichen mit dem, was wir gerade erleben, nehmen sich kontinentaleuropäische und selbst australische oder amerikanische Bergbauprobleme fast wie eine Testübung für den Ernstfall aus. Südafrika hingegen … Sie wissen sicherlich, was bei uns alles abgebaut wird. Kohle, Diamanten, verschiedene Erze. Und Gold, jede Menge Gold.

Ja, Ihr Land kann sich mit seinem Reichtum an Bodenschätzen glücklich schätzen, sagt Ma und erwidert sein Lächeln. Wissen Sie, dort, wo ich herstamme, finden sich nur ein paar Burgruinen und ab und zu ein steinernes Kreuz am Wegesrand. Sie können Ihnen einiges über europäische Geschichte verraten, ansonsten gibt es da nicht viel. Wenn Sie graben, stoßen Sie allenfalls auf Pilze. Es sind viele und sie schmecken vorzüglich, doch mit Gold und Diamanten wohl nicht zu vergleichen.

Vielleicht sind Sie ja am Ende um Ihre Pilze zu beneiden, Frau Holzrichter. Denn der Reichtum, der in Südafrikas Boden liegt, dürfte langsam zu unserem Fluch werden. Die Zahl an aufgegebenen Minen ist so groß, dass uns ihre Krater kaum noch ruhig schlafen lassen. Viele haben sich inzwischen gefüllt – bis an die oberste Kante.

Sie meinen, es ist fünf vor zwölf?

Ich fürchte, diese fünf Minuten bleiben uns gar nicht mehr. Das Dekantieren hat bereits begonnen. Uns droht ein ökologisches Todesurteil für ganze Landstriche.

Und das, liebe Frau Holzrichter, schaltet sich Kellenberger wieder ein, bringt uns zum Grund Ihres Hierseins. Herr Okereke hat mich nämlich eingeladen, mit ihm nach Südafrika zu kommen, um unser Modell vorzustellen. Es geht allerdings um mehr als einen Blitzbesuch. Was Herrn Okereke vorschwebt – und offen gesagt, mir auch –, wäre eine längere Präsenz vor Ort. Sie können sich sicher denken, wie das ist, da ist noch Überzeugungsarbeit zu leisten. Bei einem Wirtschaftszweig von nationaler Bedeutung reden viele Leute mit. Da sind die Regierung und die Kommunen sowie die Minengesellschaften und alles, was da dranhängt.

Es ist, wie Herr Kellenberger sagt, fügt Okereke hinzu. Lobbyisten sind nicht immer einfache Gesprächspartner, auch wenn letztlich kein Weg an den Wetlands vorbeiführen wird. Wir müssen sie jedoch mit Sachverstand bauen und so, dass sie die Wasserreinigung tatsächlich leisten. Nichts wäre misslicher als einige Attrappen, die im Ergebnis versagen. Bei der Expertise der Wasser Südwest sollten sich bald ganze Auftragsbücher füllen lassen.

Zumal unsere Einfachtechnologie in der Tat konkurrenzlos ist. Kellenberger hat sich ein Glas Mineralwasser eingeschenkt und trinkt es in langen Zügen aus. Bei dem Zeitdruck, unter dem Südafrika steht, benötigen technisch komplexe Anlagen zu viel Vorlauf.

Mein Ministerium könnte kompetente Hilfe gut gebrauchen. Okereke lächelt gewinnend.

Meine Güte, denkt Ma. Die beiden scheinen sich tatsächlich abgesprochen zu haben.

Meine Antwort auf Adamas Frage hätte ein Ja sein müssen, Frau Holzrichter. Wir sind ja alle Kinder dieser Erde und haben nur diesen einen Planeten. Schon aus diesem Grund … Meine Antwort aber war ein Nein und ich muss leider dabei bleiben. Sie wissen selbst, Hammers kann den Laden nicht schmeißen. Und zum Globetrotter tauge ich nicht. Allein mein Englisch, immer mit diesem schweren Akzent. Und wenn ich Hammers schicke? Nun, der hat Familie und seine Kinder sind noch klein. Außerdem, Sie kennen Hammers, bei all seinen Vorzügen, ein überzeugender Redner ist er nicht.

Ja, ich hatte letztes Jahr wieder das Vergnügen auf Ihrem Sommerbarbecue.

Und alle hoffen jedes Mal, bald von ihm loszukommen, sonst werden die Steaks kalt und meine Gäste flüchten zu ihren Wagen. Ich weiß, wie es ist! Kurz, auch Hammers fällt aus. Und so haben wir an jemanden gedacht, der uns kennt und den wir kennen und auf den wir uns blind verlassen können. Es sollte jemand mit schneller Auffassungsgabe sein, der sich das nötige Wissen rasch aneignen kann. Und jemand mit Geschäftssinn, denn am Ende möchte die Wasser Südwest auch etwas Geld verdienen. Nicht zu vergessen eine glaubwürdige Persönlichkeit und ein souveränes Auftreten mit etwas Weltläufigkeit und der berühmten Portion Hartnäckigkeit, die es braucht, wenn es einmal mühsam wird. Zu guter Letzt sollte es jemand sein, der aktuell ohne Verpflichtungen ist und die Muße hat, die Sache vor Ort richtig anzugehen, nicht nur hopplahopp. Gegen eine satte Beteiligung am Gewinn selbstverständlich.

Wetlands sind alternativlos. Das wird tatsächlich ein Riesengeschäft. Okereke nickt und nimmt ein weiteres Dreieck, diesmal mit Lachs.

Ma mustert einen Moment gedankenverloren den Schnittlauch auf ihrem veganen Brotaufstrich und überlegt, was sie gleich sagen soll, doch schon hat Kellenberger sie wieder im Visier.

Tja, glauben Sie mir, ich habe mir die Sache nicht leicht gemacht und vorige Woche mehr als eine schlaflose Nacht darüber verbracht. Aber wie Hammers und ich es auch drehten und wendeten, es blieb immer nur dieser eine Name übrig, ein Name, der in jeder Hinsicht perfekt wäre. Ein Name, der uns selbstverständlich gleich als Allererstes eingefallen ist. Kellenberger holt Luft. Der Name Marianne Holzrichter. Er macht eine kurze Pause, dann setzt er plötzlich hinzu, als hätte er Angst, sie könnte ihm mit ihrer Reaktion zuvorkommen: Sagen Sie bitte noch nichts! Ich weiß, Sie müssen das in Ruhe überlegen. Und auch Sie haben einen Mann und Familie, das ist mir klar. Doch Ihre Kinder sind, wenn ich das richtig erinnere, schon etwas älter?

Ja, leider, Herr Kellenberger. Ehe Sie es sich versehen, sind sie flügge und auf und davon.

Ja, das war meine Vermutung oder, wenn ich ehrlich sein darf, meine Hoffnung. Und diese Fabrik für Regenmäntel, Verzeihung, Regenschirme. Sie sagten vorhin, man könne dort schon Läden und Restaurants bewundern. Darf ich offen fragen: Umbau fertig und alles in Betrieb?

Kellenberger fragt das leichthin und wendet sich zum Fenster, um die Lamellen zu kippen, damit die sinkende Sonne sie nicht blendet. Vielleicht soll sie in seinem Gesicht ja nicht zu leicht lesen können, was für die Wasser Südwest auf dem Spiel steht.

Und dabei hätte ich es fast geschafft, denkt sie. Ich hätte es bestimmt geschafft, die Hecke zu Ende zu schneiden, wäre der Anruf nicht gekommen. Freilich geht es bei dem Feldzug, den sie in diesem Zimmer gerade aushecken, um Dimensionen, bei denen Engen und Ulm, Rastatt und Malsch und Biberach an der Riß einpacken können. Ja, ihr Vorfahr, der Generalmajor mit dem Jägercorps, ihr Urahn, der Auritter, und selbst Moreau, sie alle würden sich warm anziehen müssen, wenn künftig ausschließlich von ihnen die Rede sein soll. Denn die Wasserkriege des 21. Jahrhunderts, sie stehen vor der Tür und offenbar braucht es ein Feldmarschall-Schneewittchen, das sich alldem gewachsen fühlt. Es ist fünf vor zwölf und das Dekantieren hat schon begonnen. Also geht es wieder einmal, wie so oft in ihrer Familie, um nichts weniger als ums Ganze, und das schnell.

Sie müssten nicht in die Berge. Man kann das Business auch von Kapstadt aus aufziehen, sagt Kellenberger vom Fenster aus. Kapstadt ist eine wunderschöne Stadt. Herrliche Lage, direkt am Wasser. Sie haben doch eine Schwäche für Wasser.

Kapstadt ist internationales Pflaster, sagt Okereke. Es gibt eine große europäische Gemeinde. Sie würden sich sofort wohlfühlen.

Selbstverständlich würden Sie von uns in jeder Hinsicht unterstützt werden. Sie sagen der Wasser Südwest, was Sie brauchen, und zwei Tage später ist es da. Und Adama, Pardon, Herr Okereke kann Ihnen vor Ort alle Türen öffnen. – Frau Holzrichter?

Warten Sie, kommt ein Einwurf zu ihrer Rechten. Okerekes eingangs so unbeteiligt wirkender Gesichtsausdruck ist gänzlich verschwunden und fast scheint es, als fürchtete er, Kellenberger und er könnten mit ihrem Hinweis auf das schöne Kapstadt bei ihr die falschen Knöpfe gedrückt haben. Wieder presst er Daumen, Zeige- und Mittelfinger gegeneinander und sieht sie mit großen Augen an. Ein Allerletztes vielleicht, bevor Sie uns antworten. Wissen Sie, Frau Holzrichter, jeder ist im Leben ersetzbar. Da unten kämpft jeder für sich. Da sind die Minenbetreiber und wir, die Leute von der Regierung. Dann sind da die Kommunen und alle sind gut miteinander im Geschäft. Treten Schwierigkeiten auf, misstraut einer dem anderen und sofort bilden sich Lager, egal, wie der Lösungsvorschlag lautet. Aber Sie, Frau Holzrichter, Sie kommen von außerhalb. Ihnen würde man glauben.

Tja, meine Herren, sagt Ma. Habe ich Ihnen eigentlich schon erzählt, dass ich einen Sohn aus Tansania habe? Jeffrey, wir haben ihn damals adoptiert. Ein heller Kopf, er wird seinen Weg machen. Schon aus diesem Grund habe ich Sympathien für Ihr afrikanisches Projekt. Sie zieht langsam und tief die Luft ein. Was meine Familie angeht, ich habe es Ihnen ja schon erzählt. Ich rede nicht von meinen Kindern, sondern von dem Ort, wo ich herstamme, da ist es mit Bodenschätzen nicht weit her. Dafür haben wir eine Burg. Ein Familienerbe, wenn Sie so wollen. Und ich glaube, es ist an der Zeit, dass ich mich wieder stärker diesem Familienerbe zuwende, jetzt, da auch das letzte meiner Kinder aus dem Haus gegangen ist.

Kellenberger und Okereke gucken sich fragend an und ein Anflug von Skepsis malt sich auf ihren Gesichtern. Ma kostet die Sekunden voll aus. Momente wie diesen müssen auch der Auritter und Moreau gekannt haben. Der hier gehört nur ihr.

Denn daran, meine Herren, musste ich denken, als Sie mir von Ihrem Projekt erzählt haben. An die Geschichte unserer Burg und jenes Teils, der alle Wirren heil überdauert hat. Was noch steht, ist ein Wasserhaus. Wasser ist kriegsentscheidend, wenn es zu Belagerungen kommt. Und wissen Sie, das Wichtigste, das wir unseren Kindern weitergeben können, ist unsere Haltung. Unsere Burg ist seit jeher das, eine Mahnung für ein Zusammenstehen in schweren Zeiten. Braucht nicht jeder von uns ab und zu Koalitionäre, wenn es brenzlig wird? Nur mit einer Allianz kann man siegen, nur zusammen ist man stark. Wie könnte ich da Nein sagen?

Die beiden Herren beginnen offenbar zu verstehen, vielleicht nicht alles, jedoch immerhin ihren letzten Satz und so schauen sie erst sie und dann einander an und fangen an zu lächeln. Okereke lächelt strahlend und liebenswürdig, Kellenberger hingegen mit dem breiten Grinsen eines Pennälers, der gerade erfahren hat, dass sie mit seiner Gruppenarbeit einen bundesweiten Schulwettbewerb gewonnen haben.

Ich wusste es, Frau Holzrichter. Ich wusste, Sie würden uns nicht im Stich lassen! Es ist eine Herkulesaufgabe, aber wer, wenn nicht Sie, könnte sie vollbringen!

Danke, fügt Okereke hinzu. Mein aufrichtiger Dank, Frau Holzrichter.

Sie nickt. Ich danke Ihnen für Ihr Vertrauen, denn das ist ja wohl eine recht verantwortungsvolle Sache, die uns da bevorsteht. Ich weiß nur noch nicht, wie ich es meinem Mann sage.

Nun ist sie es, die sich ein weiteres Dreieck nimmt, mit Schinken und Tomatenwürfeln, etwas Rucola und dunklen Oliven. Fehlt nur der Senf, denkt sie, dann wären es die panafrikanischen Farben.

Ich könnte ihm nachher vielleicht sagen, überlegt sie laut, während sie einen Bissen nimmt und sich anschließend mit einem Taschentuch die Mundwinkel tupft, dass ich einkaufen gewesen bin. Er wird mich fragen, was es diesmal ist, das ich mitbringe. Das letzte Mal waren es Regenschirme.

Und, fragen beide wie aus einem Mund, was werden Sie ihm antworten?

Wasser. Wasser für Afrika.

Das sind übrigens nicht österreichische, sondern süddeutsche Zwetschgenknödel, sagt Ma und hält Okereke mit einem Lächeln die Schüssel hin. Heute Morgen hat sie die Knödel gemacht und sie weiß, dass sie ihr hervorragend gelungen sind. Bevor Sie heute Abend in Ihren Flieger steigen, wollte ich Ihnen etwas Typisches aus meiner Heimat anbieten. Zumal wenn Sie sich die Mühe machen, mich zu besuchen. Den Anblick der Hecke bitte ich zu entschuldigen. Morgen kommt die Gärtnerei. Wo sind wir stehen geblieben?

Okereke ist ein angenehmer Mann und sein Wissensfundus zu Constructed Wetlands ist immens. Obwohl sie diejenige ist, die bald als Botschafterin der Wasser Südwest in Kapstadt in alle Richtungen Auskunft geben soll, ist er es heute, der ihr geduldig weitere Einzelheiten erklärt. Wie immer steckt der Teufel im Detail und in diesem Fall hat es das Schwefelteufelchen offenbar dicke hinter den Ohren.

Wir waren bei der Überlegung, welches Modell am ehesten für einen Testlauf in Afrika infrage kommt. Leider gibt es bei Constructed Wetlands bislang kaum Erfahrungswerte.

Aber die Flatterbinse gehört immer zum Programm, nicht wahr? Was so ein bisschen Schilf nicht alles vermag!

Und doch ist die Bodenmatrix, die uns Herr Kellenberger gestern gezeigt hat, der eigentliche Held bei seinen Versuchen. Auch wenn bei seinen Kästen jeder auf die Binse schaut, das Gold liegt im Boden.

Dort wirken seine Koalitionäre, richtig?

Das sind die von Moreau befehligten Männer, denkt sie. Man sieht sie nicht, denn alle sehen nur auf den Zaren oben am Bergkamm, der auf einem prächtigen Schimmel mit goldenem Zaumzeug über die Schlacht blickt. Diejenigen aber, die sie entscheiden, kämpfen unten im Getümmel, wo die Kanonenkugeln einschlagen, tief in der Bodenmatrix.

Bitte erzählen Sie mir mehr davon, Herr Okereke.

Nun, den Boden, in dem die Wasserreinigung erfolgt, nennen wir auch »Wurzelraum«, die Rhizosphäre. Dank der Mikroorganismen werden dort die Metalle umgewandelt, ein Stoffwechselprozess. Allerdings stößt eine normale Rhizosphäre schnell an ihre Grenzen. Und da gelangen wir zu dem Punkt, an dem Ihre Firma, die Wasser Südwest, Hervorragendes geleistet hat.

Der da wäre?

Lange Zeit hat man geglaubt, die Aufnahme der Giftstoffe durch die Pflanze – die Assimilation – wäre der Königsweg. Der Erfolg dieses Wegs ist jedoch begrenzt. Plastisch gesprochen: Die Mengen an angereichertem Metall sind enorm. Und die Sumpfstengelchen sind, bei allem Respekt, nicht Herkules.

Sie meinen, wir sollten ihnen nicht zu viele Eisenscheiben auf die Stange schieben.

Ein gutes Bild. Und deswegen sind Herr Kellenberger und sein Team bei ihren Versuchen der Frage nachgegangen, wie man die Rhizosphäre bei der Arbeit unterstützen kann. Man müsste den Boden stimulieren, um ihn dazu zu bringen, dass die Mikroorganismen einen noch größeren Teil der Arbeit übernehmen.

Ja, wenn die zaristischen Truppen es allein nicht schaffen, braucht es eine Allianz. Sehen Sie es mir nach, ich musste bei Ihren Erläuterungen wieder an die Geschichte meiner Vorfahren denken. Die Scheiben, die der arme Zar damals hätte wuchten sollen, waren zu schwer. Er hatte es schließlich mit Napoleon zu tun!

Okereke guckt sie verständnislos an.

Entschuldigen Sie, ich möchte Sie nicht langweilen, die Geschichte ist auch recht komplex. Sie sagten, es ginge darum, die Bodenmatrix zu stimulieren. Und wie tun wir das?

Die Wasser Südwest hat erkannt, dass man die biologischen Prozesse um einen weiteren Prozess ergänzen muss. Was brauchen Mikroorganismen, damit sie besonders gut arbeiten können? Die Forschung hat eine überraschend einfache Lösung gefunden – Kohlenstoff! Der findet sich auch in der Natur, gerade an den Orten unserer stillgelegten Minen. Sie nehmen abgestorbenes Pflanzenmaterial.

Ach, und das ist schon das ganze Geheimnis? Ein paar alte Gräser, die man obendrauf schüttet?

Beinahe. Nun brauchen Sie nur noch, bildlich gesprochen, das Benzin, mit dem Sie Ihren Motor in Gang setzen. Dafür gäbe es ebenfalls organische Mittel, allerdings ist da Vorsicht geboten. Wenn Sie zu viel mischen, gehen die Substanzen unbequeme Verbindungen ein.

Hierfür gibt es ein deutsches Sprichwort, Herr Okereke. »Zu viele Köche verderben den Brei.«

Ganz recht. Herr Kellenberger und seine Wissenschaftler haben sich daher schlicht für Wasserstoff entschieden. Und siehe da, Kellenbergers Ergebnisse sind phänomenal!

Sie stellen mich auf eine harte Probe, Herr Okereke. Wenn ich mir ausmale, dass ich selbst bald diejenige sein soll, die das alles anschaulich erklären soll …

Sie werden sich rasch einarbeiten, dessen bin ich mir sicher. Ich möchte heute auch nicht unsere ganze Zeit den Wetlands widmen. Herr Kellenberger wird Sie detailliert vorbereiten, weit besser, als ich es kann. Wenn Sie bald nach Afrika kommen, sind Fragen unserer politischen Situation ebenso wichtig. Denn wir befinden uns bei diesem Thema unter Beschuss, innenpolitisch wie in Beziehung zu unseren Nachbarn. Kurz, wir könnten bald völkerrechtliche Probleme kriegen und diesen Kontext sollten Sie kennen.

Ma schaut ihn interessiert an.

Südafrika ist, wie Sie wissen, eines der wichtigsten Bergbauländer der Welt, fährt er fort. Wir sind der größte Platinumlieferant, bei Gold bestreiten wir knapp ein Drittel der globalen Fördermengen. Bei Chrom ist es fast die Hälfte. Und dann ist da noch die Steinkohle nebst verschiedenen weiteren Industriemineralien. Allein eine Goldmine benötigt zwischen hundert- bis hundertvierzigtausend Liter Wasser pro Stunde. Für unseren Bergbau pumpen südafrikanische Minen insgesamt jeden Tag siebzig Millionen Liter Grundwasser an die Oberfläche.

Nachdem er sie mit seinen Zahlen bombardiert hat, macht er eine gewichtige Pause, ehe er fortfährt. Die wichtigsten unserer Rohstoffminen befinden sich, Frau Holzrichter, im trockenen Nordosten. Und dort gibt es einen Fluss, von dessen Wasser gleich drei Länder leben, den Incomati.

Incomati? Sie hat den Namen noch nie gehört.

Ja, und dieser Fluss bereitet uns zurzeit Kopfzerbrechen. Gerade weil sein Wasser mehrere Grenzen passiert …

Das gibt es auch bei uns. Nicht weit von hier fließt die Donau, sie schafft es vom Schwarzwald bis ins Schwarze Meer. Deutschland, Österreich und über Ungarn weiter nach Rumänien, ein langer Strom.

Sehen Sie, jeder Kontinent kennt das und bei uns ist es der Incomati, der von Südafrika über Swasiland weiter nach Mosambik fließt, wo er bei dessen Hauptstadt Maputo ins Meer mündet – ein Fluss mit vielen Kunden, nicht nur beim Bergbau. Auch die gesamte Landwirtschaft hängt von ihm ab. Last but not least gibt es dort einen Nationalpark, noch solch ein Kunde. Denn ein intakter Wildtierbestand verlangt Frischwasser. Und die Menschen brauchen wiederum die Tiere, denn die bedeuten Safaritourismus. Lassen Sie es mich abkürzen. Südafrika, Swasiland und Mosambik haben bereits vor Jahren einen Vertrag geschlossen, der die Nutzung des Incomati genau regelt. Dieses Abkommen ist eine der Säulen unter Afrikas Verträgen. Und dieser Vertrag steht und fällt mit der Menge des Wassers, das in unsere Nachbarländer fließt – sauberen Wassers natürlich! Wird der Incomati auf unserer Seite durch dekantierende Krater vergiftet, droht uns Krieg mit unseren Nachbarn.

Die Wasserkriege des 21. Jahrhunderts, von denen Kellenberger gestern gesprochen hat.

Genau, Frau Holzrichter. Wir haben unter diesem Gesichtspunkt ein großes Interesse, dass unser Problem gar nicht erst zum Thema wird. Und das heißt, es muss sehr schnell etwas passieren. Ich denke, dass wir unseren Testlauf im Incomatibecken vornehmen sollten. Sind wir erfolgreich, ist das auch ein Signal an unsere Nachbarn, dass wir aktiv werden. Denn sie sind schon hellhörig geworden.

Ich werde mein Bestes geben. Was haben Sie gestern gesagt? Ich hätte die Chance, dass man mir glaubt, da ich von außen komme und aus Europa bin?

Absolut. Nur dürfen wir darüber nicht vergessen, dass all Ihre Kunden Afrikaner sein werden. Jedes Land – auch wir – hat ein Interesse daran, nicht in neokolonialistische Abhängigkeiten zu geraten. Es wäre daher, sagen wir, empfehlenswert, wenn die Technologie unter dem Namen einer afrikanischen Firma angeboten werden würde. Das ist einer der Gründe, warum eine längere Präsenz von Ihnen bei uns Voraussetzung für ein Gelingen unseres Vorhabens ist.

Sie meinen, ich soll eine Firma gründen?

Wir können Ihnen auch hier Starthilfe geben, Frau Holzrichter, und Sie dürfen auf meine Unterstützung zählen. Der juristische Aufwand ist überschaubar. Es braucht nicht viel – ein Büro, eine Adresse, eine Registrierung. Und Sie sollten überlegen, heimische Mitarbeiter einzustellen.

Sie meinen, jemanden für die Buchhaltung und die Raumpflege? Das hatte ich sowieso vor.

Ich dachte, offen gesagt, an einen wichtigeren, um nicht zu sagen zentralen Bereich. Sie brauchen ein schwarzes Gesicht. In der Sache werden Sie es sein, die die Wetlands steuert. Und alle, die mit Ihnen zu tun haben, werden das wissen. Doch mit einer, ich nenne es mal südafrikanischen Visitenkarte in der Geschäftsführung könnten wir vermeiden, dass unsere kleine Vision am Ende an so banalen Dingen wie Ihrer Hautfarbe scheitert. Haben Sie einmal vom BBBEE gehört?

Sie muss lachen. Das klingt nach vielen Bs, Herr Okereke. Wenn man in Europa so viele Bs hintereinander hört, geht es meistens um die BBC. In meiner Kindheit hat man öfter BB gehört, das meinte dann Brigitte Bardot. Das ist freilich lange her.

Nun ist es Okereke, der lacht. BB wäre tatsächlich nicht

die Kandidatin, die wir brauchen, sie ist in der Tat etwas zu blond. Bei uns steht BB für »broad based«, eine breit angelegte Kampagne. Es ist ein Regierungsprogramm zur Stärkung der Schwarzen. Sehen Sie, jahrzehntelang hat es bei uns aufgrund der Apartheid ein großes Gefälle gegeben zwischen der weißen Oberschicht einerseits und den Schwarzen andererseits oder, richtiger gesagt, den Coloureds. Eines der wichtigsten Ziele des ANC bei seiner Regierungsübernahme war daher eine gerechtere Chancenverteilung.

Oh, ich kenne das. In Europa gibt es auch immer wieder Programme, etwa zur Stärkung von Frauen. Wobei ich meinen Weg ohne ein solches Programm gemacht habe.

Daran habe ich keinen Zweifel. Er lächelt. Aber nicht alle Menschen sind so stark wie Sie und ein schwarzes Gesicht wäre gut. Denn nachdem bei uns der Employment Equity Act erlassen worden ist, haben wir jetzt den Broad-Based Black Economic Empowerment Act, kurz BBBEE. Ein Wortungetüm, ich weiß. Dazu gibt es etliche Durchführungsbestimmungen, sogenannte Codes of Good Practice.

Hm. Und deshalb, sagen Sie, darf ich selbst nicht das Aushängeschild für das sein, was ich tue?

Es ist nur ein Vorschlag. Er würde die Dinge erheblich vereinfachen. Und sollte das, was die Wasser Südwest an Forschung auf den Weg gebracht hat, in ein Patent münden, kann Herr Kellenberger das Nutzungsrecht für Südafrika einfach an Ihre Firma lizenzieren. Was Ihre Suche nach dem Aushängeschild betrifft, auch da kann ich helfen, wenn Sie möchten. Eine gute Freundin meiner Frau und mir ist Schwarze. Ursprünglich stammt sie aus den USA. Ihr Mann ist Südafrikaner und seit ihrer Heirat hat sie sich bei uns gut eingelebt. Mittlerweile ist sie eingebürgert. Sie sucht nach einer Beschäftigung, die ihr Spaß macht. Sie beide würden sich zweifellos gut verstehen.

Und wer ist sie? Auf wen lasse ich mich da ein?

Auf jeden Fall auf einen klugen Kopf. Sie denkt in jeder Hinsicht westlich und hat eine Zeit lang als Model und Jazzsängerin gearbeitet, zunächst in den Staaten, später mit Gastspielen in

Europa. Sie hat eine wunderbare Stimme, wir haben sie einmal gehört. Nun haben ihr Mann und sie kleine Kinder und sie möchte gern selbst diejenige sein, die sie zu Bett bringt, ein mütterlicher Wunsch, den man gut verstehen kann.

Ma nickt.

Damit ist der Beruf einer Jazzsängerin nicht mehr in Einklang zu bringen. Die Klubs pflegen sie für ihre Abendunterhaltung zu buchen. Selbst wenn man sie früh gehen ließe, sei sie nie vor zehn Uhr zu Hause, hat sie kürzlich erzählt, und ihre Kinder schliefen zu dieser Zeit dann schon.

Ma spürt einen Stich, lässt sich jedoch nichts anmerken. Diese Dame, von der Sie sprechen, sie stünde bei mir nur pro forma auf dem Klingelschild? Während sie in Wirklichkeit ihren Kindern Gutenachtlieder vorsingt? Natürlich immer mit dieser wunderbaren Jazzstimme.

Okereke lacht. Alaska wird Ihren Witz mögen, Frau Holzrichter. Doch unterschätzen Sie Alaska nicht. Sie ist ein wahres Multitalent und nicht der Typ, der zu Hause herumsitzt, bis ihre Kinder aus dem Kindergarten kommen. Der eigentliche Kopf hinter der ganzen Unternehmung bleiben aber selbstverständlich Sie.

Alaska, sagen Sie? Das klingt nach viel weiß und wenig schwarz ...

Ja, ihre amerikanischen Eltern sind immerzu unterwegs gewesen, hauptsächlich im hohen Norden. Nun ist sie hier gelandet, an einem der südlichsten Punkte der Weltkugel. Sie sagt immer, sie kommt und geht mit den Meeresströmungen. Er schmunzelt. Wer es bei seiner Sprache mit dem Wasser hält, kann bei unserer Unternehmung keine falsche Wahl sein, denken Sie nicht auch? Für uns bleibt dabei das Wichtigste, ihre Hautfarbe stimmt. – Ihre Süßspeise ist übrigens köstlich.

Die Knödel sind das Rezept meiner Großmutter, nur die Kakaostreusel sind eine Idee von mir, sagt Ma lächelnd und nimmt sich einen weiteren Zwetschgenknödel.

Die Zwetschgen sind sicherlich weit gereist?

Um diese Jahreszeit, Herr Okereke, haben unsere Obstanbauer nicht viel zu bieten. Am liebsten koche ich mit regionalen Produkten, wer tut das nicht? Im Frühjahr sind wir weitgehend auf Importobst angewiesen.

Sie meinen, auf virtuelles Wasser.

Wie bitte?

Unter »virtuellem Wasser« versteht man die Verschiebung von Wasservorräten. Agrarprodukte, die eine wasserintensive Bewirtschaftung benötigen und zwecks früher Reife in Ländern mit viel Sonne produziert werden, werden in wasserreiche Länder verschifft, typischerweise in solche der Nordhalbkugel. Äußerlich handelt es sich um Obst und Gemüse. Genauer betrachtet, geht es um Wasser. Für trockene Länder ein Spiel mit ihrer Zukunft.

Ach, Sie sagen das wegen der spanischen Erdbeeren, von denen Herr Kellenberger gesprochen hat? Die kaufe ich nicht, sie haben gar kein Aroma.

Wären es nur die, Frau Holzrichter. Ich glaube, der Westen unterschätzt, was alles aus dem Süden kommt. Denken Sie nur an die Avocado – verzeihen Sie, ich drifte ab. Und missverstehen Sie mich bitte nicht. Ihre Knödel sind grandios.

Nur sollte ich als künftige Fachfrau in Sachen Wasser wissen, was es mit virtuellem Wasser auf sich hat. Ich bin ganz bei Ihnen. Bedienen Sie sich, wenn Sie noch Appetit haben. Wenn ich demnächst Seite an Seite mit einem ehemaligen Model arbeite, sollte ich wohl lieber an mich halten. Sie schiebt den Teller mit ihrem Knödel ein Stück weg und schenkt Schorle nach. Erzählen Sie mir bitte noch etwas mehr von diesem Nationalpark im Incomatibecken. Schon als Kind hatte ich eine Schwäche für wilde Tiere! Den schaue ich mir bestimmt einmal an.

Es ist der Great Limpopo Transfrontier Park, Frau Holzrichter. Ein Friedenspark, der ein Vorzeigeprojekt geworden ist. Er beinhaltet drei Nationalparks. Kruger in Südafrika, Ghonarezou in Zimbabwe und Gaza in Mosambik. Zu Beginn unseres Jahrtausends überquerten die ersten Elefanten ungehindert die Grenze. Er wurde von einem gewissen Anton Rupert gegründet, der über lange Jahre Chairman im World

Wildlife Fund war. Würde Rupert senior heute noch leben, würde er unsere Wasserpläne mit Nachdruck unterstützen.

Wegen der Elefanten?

Nicht nur. Er besaß ein Zuckerimperium, das an den Kruger grenzt. Auch heute spielt Zucker bei uns eine beachtliche Rolle, ebenso bei unseren Nachbarn. Allein die Zuckerrohrraffinerien verbrauchen etwa die Hälfte der Wasserressourcen des Incomati. Daran hängen Arbeitsplätze, rund dreißigtausend im Incomatibecken.

Also brauchen alle den Incomati.

Richtig. Und deshalb brauchen wir alle Sie, Frau Holzrichter.

Ich denke, für heute habe ich genug gelernt. Ma steht auf und holt das Tablett. Kann ich Ihnen noch etwas anbieten, vielleicht einen Schnaps? Wir haben wunderbare Obstbrennereien in Süddeutschland. Ein regionales Produkt. Möchten Sie Ihrer Frau nicht eine Flasche mitbringen? Einen Williams oder lieber Marille? Ach was, Sie nehmen einfach beide und ich kaufe meinen Vorrat nach. Keine Widerrede! Einen für Ihre Frau und einen für Alaska. Mit allerbesten Grüßen!

Sie läuft in die Küche. Als sie mit ihren Flaschen zurückkehrt, zwei davon originalverschlossen, die sie in hübsche Papiertüten gesteckt hat, lässt sie den Blick über den Garten schweifen.

Wissen Sie, diese lange Hecke, ich habe versucht, sie zu schneiden. Es ist eine ziemliche Plackerei. Seltsamerweise habe ich mir nie Gedanken darüber gemacht, wie viel Wasser so ein Garten braucht. Noch haben wir genug, aber in manchen Regionen Deutschlands ... Lassen wir das, ich hoffe, er bleibt, wie er ist. Ich liebe ihn sehr. Was ich damit sagen will, es wäre tatsächlich gut, wenn wir Ihre Alaska für unser Projekt erwärmen könnten. Denn ab und zu werde ich schon hier sein wollen. Außerdem habe ich seit Kurzem ein Enkelkind. Und mein Mann wird mich bald vermissen.

Sie schenkt ihm aus ihrer offenen Williams-Flasche ein, prostet ihm zu und trinkt ihr eigenes Stamperl in einem Schluck. Als sie die Schüssel mit den übrig gebliebenen Zwetschgenknödeln in die Küche bringt, räumt er artig ihre Teller ab und folgt ihr.

Ach, danke, das ist nett. Stellen Sie sie auf die Anrichte. Dort, gleich neben den Umschlag. Sie setzt die Schüssel ab, tritt neben ihn und hält den erwähnten Umschlag mit einem Lächeln hoch. Schauen Sie mal, ich bin vorhin im Reisebüro gewesen. Fragen Sie bitte Ihre Freundin Alaska, ob ich Sie beide in zwei Wochen zu einem Abendessen einladen darf. Kapstadt soll hervorragende Steaks haben, hat Herr Kellenberger erwähnt. Die probieren wir. Mein Flug ist gebucht!

Wie gestern presst Adama Okereke die Fingerkuppen gegeneinander, während er mit dem Kopf eine leichte Verbeugung andeutet. Ein Strahlen breitet sich auf seinem Gesicht aus.

Sie haben schon gebucht! Damit machen Sie mir eine Riesenfreude, Frau Holzrichter. Wirklich.

Ganz meinerseits. Dann hoffe ich mal, dass wir Alaska mit unseren Wetlands bald zu einer spannenden Aufgabe verhelfen können. Denn nur Gutenachtlieder singen muss ja furchtbar eintönig für sie sein. Also, wir sehen uns zu einem guten Steak und machen uns einen gemütlichen Abend! Natürlich nur, wenn Alaska nicht gerade ihre Kinder zu Bett bringt, setzt Ma hinzu und ein Kräuseln spielt um ihre Mundwinkel. Ansonsten sehen wir drei uns zum Lunch.

Jeffrey schaut auf die Rue de Moscou in der Google-Maps-Anzeige auf seinem Smartphone und weiß, dass es nur noch zwei bis drei Minuten dauern wird, bis er da ist. Dann wird sich der blaue Punkt über den roten Tropfen schieben und er hat sein Ziel erreicht. Er gibt den Code ein, den Mies ihm geschickt hat, durchquert den Innenhof und läuft die sechs Treppen hoch, die ihn im Hinterhoftrakt des Hauses zu jenem Dachgeschossapartment führen, das sein Bruder nun bewohnt, gleich hinter der Métrostation Rome.

Die letzten zwei Tage hat er nur in Datenräumen und Verkehrsmitteln gesessen und ihm fehlt der Sport im Freien. Wo soll er in dieser riesigen, dicht bebauten Stadt danach Ausschau halten? Solange er hier ist, sind die sechs Stockwerke ein mickriges Ersatztraining, doch immerhin besser als nichts. Das Einzige, wonach es im Treppenhaus allerdings riecht, ist Katzenpisse.

Oben steht Mies im Türrahmen und grinst breit.

Willkommen in Versailles, sagt er und tritt rückwärts zur Seite, damit Jeffrey durch die schmale Tür passt.

Weil Mies einen Schritt nach hinten tut, steht er schon mit einem Bein in einem angrenzenden winzigen Kabuff, das angesichts der Feuchtigkeit, die ihm entströmt, offenbar so etwas wie ein Badezimmer darstellt.

Ich habe dem Concierge gesagt, ich empfange heute im Westflügel, sagt Mies, indem er sich des Dandytonfalls einer Oscar-Wilde-Komödie bedient und dann schallend lacht. Nur bitte, fügt er hinzu, achte nicht so auf den Staub, die Putzkolonne ist noch im Spiegelsaal und ich hatte heute keine Lust.

Wow. Jeffrey nickt und quert an seinem Bruder vorbei mit zwei Schritten die knappen drei Meter, um zu dem kleinen Fenster zu gelangen, das die Lichtquelle für das bildet, was das Wohnzimmer sein soll. Das Fenster zeigt in den Innenhof und Jeffrey lässt den Blick über die gegenüberliegenden grauen Blechdächer schweifen. Das ist der Wahnsinn, Mies. Sous le ciel de Paris.

Ach, nur vorübergehend, winkt Mies ab, bis sich Pavier etwas Neues für mich ausgedacht hat. In diesem Laden zu arbeiten ist im Grunde wie Métrofahren. Wenn du endlich weißt, wo die beste Boulangerie des Viertels ist, macht es piep, die Türen schließen und es geht schon wieder weiter. Wenn ich ein Zuhause habe, ist es wohl mein Koffer. Mit einer wegwerfenden Handbewegung deutet er auf das sie umgebende Provisorium, aber an dem Blitzen in seinem Blick lässt sich ablesen, wie rasend stolz er ist.

Jeffrey rollt ausführlich die Augen zum Zeichen der Bewunderung, aber Mies genügt das nicht. Er spürt, wie ungeduldig sein Bruder darauf gewartet haben muss, ihm das hier zu zeigen und mit ihm zu teilen. Es ist wie immer. Mies tut etwas und verlässlich wie bei einer Felswand, die das Echo zurückwirft, bildet Jeffrey den Resonanzboden. Ganz egal, wie viel Zeit verstrichen sein mag, seit sie sich zuletzt gesehen haben, ganz egal, wie alt sie mittlerweile sind.

Natürlich ist es ein Drecksloch, legt Mies los. Ich meine, schau dir nur das Treppenhaus an, mit diesem Gestank! Kaum auszuhalten, wenn die Sonne richtig rauskommt und es warm wird. Und wenn du vernünftig duschen willst, müssen wir ins Schwimmbad. Diese armselige Dusche produziert nämlich nur ein Rinnsal. Das Kabuff ist ja gar kein richtiges Bad, auch wenn sie das behaupten. Es ist nur ein Klo mit einem alten Waschbecken. Die Duschkabine haben sie einfach an den Türsturz gehämmert! Bienvenue à Paris! Ach, und ehe ich's vergesse, die Bude ist entsetzlich hellhörig. Wenn du heute Nacht im Wohnzimmer schläfst und einer von uns macht Geräusche, ups, der andere hört's! Und die Türen sind so schief. Jedes Mal, wenn ich Pasta und eine Käsesoße koche, riecht man das in der ganzen Wohnung. Doch keine Sorge, wir gehen nachher einfach nach unten ins »Bibi«, das ist praktisch meine Küche hier. Die kennen mich inzwischen gut und wir kriegen schon einen Tisch. Dann machen wir heute Nacht nur die Fenster zu. Im »Bibi« lassen sie nämlich die Tür zum Hof offen.

Für den Luftzug?

Genau, aber das heißt, nachts ist es ganz schön laut im Hof. Also bleiben wir später am besten noch eine Weile unten sitzen. Wenn du dann immer noch nicht schlafen kannst, komm zu mir und schlaf bei mir. Im Schlafzimmer schließt das Fenster etwas besser, da ist der Lärm weniger schlimm.

Mies prustet es heraus, während seine Augen tanzen, und spätestens jetzt kann er das Triumphieren in den Mundwinkeln nicht mehr bezwingen. Das ganze Rotzen dient einzig und allein dem Zweck, damit anzugeben, dass er nicht irgendwo in Paris, sondern in einem der angesagtesten Viertel gelandet ist. Außerdem nicht etwa in einer WG, sondern in einer eigenen Wohnung, die sogar aus zwei getrennten Zimmern besteht. Der Nebensatz über das »Le Bibi«, das zu seinem zweiten Wohnzimmer geworden ist, übersetzt sich in den Hinweis, dass es sich hierbei offenbar um einen Laden handelt, der in jedem aktuellen Paris-Reiseführer unter den Top-zehn-Trendtipps gelistet ist. Und das Schimpfen auf den kläglichen Duschstrahl, der für die Dachetagen in den Pariser Altbauten so typisch ist, verweist auf die Tatsache, dass Mies sage und schreibe eine Bleibe mit Blick über die Stadt ergattert hat. Ein dünnes Rinnsal nimmt da tout Paris gern in Kauf.

Als Jeffrey Mies anerkennend an sich drückt, merkt er, wie das vor Anspannung platzende Bündel in seinen Armen langsam ruhig wird.

Wirklich der Wahnsinn, flüstert Jeffrey. Du hast es geschafft, Bro – Paris!

Was willst du denn gleich unternehmen? Mies spricht es gegen seine Schulter und versucht, seinen coolen, nebensächlich wegwerfenden Tonfall beizubehalten. Wir haben ja noch Zeit bis zum »Bibi«. Willst du 'nen Bummel entlang der Quais oder sollen wir in ein Museum? Rodin oder Musée d'Orsay? Oder wir machen das morgen, wir könnten gleich im Internet nach Tickets schauen. Spätestens für Sonntag sollte es klappen mit 'nem guten Timeslot.

Bro, ich bin in erster Linie da, um dich zu sehen. Nicht für die Impressionisten.

Hey, danke, bin echt erleichtert! Kriege in letzter Zeit nämlich so was wie eine Überdosis Monet. Außerdem ist es da megatouristisch. Franzosen sieht man da kaum … Das geht übrigens jedem so, weißt du, wenn man eine Weile hier lebt. Klar, die ganze Welt liebt Paris und alle Pariser haben wahnsinnig Schiss, dass sie Besuch bekommen und dann schon wieder ins Orsay oder so eine Seine-Fahrt machen müssen. Kannst du dir vorstellen, wie sich das für einen Pariser anfühlt, so zwischen den Amerikanern mit ihren Baseballcaps in der Schlange? Die reinste Hölle!

Mies lacht wieder sein ungestümes Lachen, das Jeffrey so vermisst hat.

Der Platz vor Notre-Dame, Sacré-Cœur, Centre Pompidou, Champs-Élysées – es ist überall gleich schlimm, Little Bro! Und vor allem will niemand in den Louvre! Der gilt als der Inbegriff von Asiaten und uns Deutschen. Wir sind eine Pest, Jeff! Ich wusste gar nicht, dass es so viele Deutsche gibt. Aber das Allerschlimmste, das ist Versailles. Ein Blick darauf würde völlig reichen. Nur weißt du, was das Perfide daran ist?

Nein.

Jeder will dahin, weil es so groß ist, und wenn sie nur einen Blick darauf werfen würden, denken sie, sie hätten noch nicht alles gesehen. Deshalb irren sie stundenlang herum und suchen immerzu die Größe, dabei steht der Kasten die ganze Zeit direkt vor ihnen. Und damit wirst du als Gastgeber total gelinkt. Bei einer Ausstellung im Grand Palais, du, da sage ich nichts, aber Versailles?

Jeffrey lächelt.

Als Flocke neulich da gewesen ist, hab ich mich breitschlagen lassen. Endlich hatten wir den Spiegelsaal hinter uns, doch dann wollte sie noch schnell mal eben in den Park. Little Bro, glaub mir, dann ist der Tag gelaufen. Man schafft es nicht, das verdammte Ding in zwei Stunden abzuhaken. Als ich das am Montag im Büro erzählt habe, haben alle nur gegrinst. Parisbesuch am Wochenende, wenn der nach Versailles will, da ist ein Tag schon mal futsch!

Was hast du denn noch nicht gesehen?, fragt Jeffrey. Lass uns etwas machen, das nur Pariser tun.

Tja, dann könnten wir gleich die ganze Zeit im »Bibi« bleiben. Waschechte Pariser gehen nämlich nur essen.

Jeffrey packt seine Sachen aus und Mies erzählt munter weiter. Noch immer kann er seinen Drang kaum bändigen, ihm zu zeigen, dass er bei allem, das Paris betrifft, einen Insiderkommentar abgeben kann. Doch egal, worum es geht, die Quintessenz bleibt die gleiche: Alle Sehenswürdigkeiten sind zum No-Go geworden.

Bro, ich glaube, ihr macht daraus einen Wettbewerb, kann das sein? Habt ihr so eine Spielregel: Wer auf einen Touristen trifft, hat verloren? Das ist verrückt, oder? Ich meine, wir sind in Paris!

Ja, aber das ist nur die Spielregel im ersten Jahr. Ab dem zweiten Jahr wird es richtig tough. Dann musst du der Erste sein, der etwas entdeckt, das die anderen noch nicht kennen. Erst dann hast du es allen gezeigt.

Ja, so etwas in der Art habe ich vermutet.

Siehst du, Little Bro.

Und du willst auch darin der Beste sein. Bist gerade mal drei Monate da, komm, gib's zu. Er knufft Mies in die Rippen. Okay, wie früher! Du zeigst mir etwas, das noch keiner kennt – bin dabei! Ist doch ein prima Plan für unser Wochenende.

Sie nehmen ihre Jacken, gehen in ein Café, bestellen zwei Tassen Café au Lait und schmieden an ihrer Idee.

Jeffrey scrollt auf dem iPad über die Arrondissements. Okay, Île-de-France und das Marais scheiden aus, richtig?

Ja, aber auch bei den Ecken, die ab vom Schuss liegen, musst du total aufpassen. Da sind viele längst zum Hype geworden. Zum Beispiel der Canal Saint-Martin oder das. Mies tippt auf den Bois de Boulogne. Dieser neue Gehry-Tempel, die Fondation Louis Vuitton. Schwer zu erreichen, dennoch richtig verseucht. Sie haben extra ein Shuttle von Charles de Gaulle-Étoile eingerichtet, damit es ja alle finden. Dabei ist die Fondation nur eine riesige Kakerlake – aus Glas.

Wie wär's damit?, fragt Jeffrey. Schau mal, das Jacquemart-André. Davon habe ich noch nie gehört.

Dieses Museum kennt jeder Pariser aus dem Effeff. Eine Privatsammlung, bei näherer Betrachtung enttäuschend. Die Maler sind alle berühmt, aber die Bilder gehören nicht zu ihren besten. Eigentlich geht man nur wegen des Treppenhauses hin. Es hat ein schönes Fresko. Nur wenn du einmal dort warst, hast du es auch gesehen.

Was ist denn drauf, auf dem Fresko?

Irgendeine dicke Mamsell auf dem Weg zu ihrer Hochzeit. Ich glaube, Tiepolo. Hauptsächlich sieht man viel grauen Himmel. Die Villenbesitzer haben es aus dem Veneto gekapert, mit Paris hat das Fresko gar nichts am Hut.

Wie wär's denn damit, Dapper? Afrikanische Sammlung. Frankreich hatte früher afrikanische Kolonien.

Mies guckt ihn ratlos an.

Das klingt gut! Jeffrey googelt auf seinem Handy.

Das hat jetzt aber nichts mit Ma zu tun, dass du da hinwillst, oder? Mit ihr kann man ja über nichts anderes mehr reden als über ihr Wasserding, seit sie in Kapstadt ist.

Na ja, warum nicht? Ich finde, sie macht das gut. Und das Dapper klingt interessant. Guck mal, die haben gerade eine Ausstellung mit lauter afrikanischen Masken …

Eine Stunde später stehen sie tatsächlich in der Fondation Dapper. Es ist ein kleines, unscheinbares Gebäude in einer Seitenstraße in einem menschenleeren Viertel hinter dem Arc de Triomphe. Die afrikanischen Masken sind wirklich schön.

Hey, Jeff, Wahnsinn! Die sind echt gut. Mit meinem Little Bro im Dapper. Dass ich nicht selbst auf die Idee gekommen bin!

Freut mich. Und keine Touristen weit und breit. Nicht einmal Deutsche – außer uns.

Guck mal, die sieht aus wie aus einem Disney-Film. »König der Löwen«.

Stimmt, eine ziemlich lange Nase. Und dann die Augenschlitze.

Can you feel the love tonight …? Mies imitiert summend einen übertrieben theatralischen Musicaldarsteller.

Wieder müssen sie lachen. Da sie allein sind, können sie tun und lassen, was sie wollen.

Little Bro, hier ist noch mehr Hollywood! Guck mal, die sieht aus wie aus »Star Wars«. Könnte Darth Vader sein, oder? Total schwarz und dann diese kantige Stirn und die brettharten Wangen. Wenn die einer aufhat, ist mit dem bestimmt nicht zu spaßen.

Und die hier, Mies. Schau mal.

Mann, so kriegerisch! Die tiefen Augenlöcher.

Und der Hals erst, so lang und dick.

Du, wenn ich das am Montag bei Pavier erzähle … Hey, Little Bro, lass uns jeder eine Maske aussuchen, einverstanden? Und dann ziehen wir in die Schlacht. Wir zwei gegen den Rest der Welt – wie früher! Guck mal, soll ich die mit den langen Stoßzähnen am Unterkiefer nehmen? Oder die mit dem Keil in der Stirn – obwohl, nein, warte …

Okay, einverstanden. Jeder sucht sich eine Maske aus.

Sie stromern zwischen den Glaskästen und sehen sich die Exponate an. Es gibt solche mit knorrigen Zapfen auf den Wangen und einarmige, deren gebogener Arm in den offenen Rachen reicht. Andere sind so geschnitzt, dass das Gesicht über dem Rücken sitzt.

Am Ende entscheidet sich Mies für eine aus dunklem Holz, deren lange Zunge wie ein gebogener Dolch aus dem Mund ragt. Die Partie über den Augen erinnert an einen gehämmerten Helm, der sich nach oben verjüngt und schließlich in einer martialischen Nadelspitze ausläuft. Auch bei dieser bilden bedrohlich nichtssagende runde Löcher die Augen.

Toll, oder? Das totale Pokerface! Die würde Ma gefallen, meinst du nicht? Und jeden Winkel haben sie ausgenutzt –

alles an dieser Maske ist Waffe! Oben. Unten. Wie geil ist das denn!

Ja, angsteinflößend. Dem Träger will man lieber nicht begegnen.

Und was ist deine?

Hab keine.

Ach komm, Little Bro.

Na gut. Am besten gefällt mir die hier. Jeffrey zeigt auf eine Maske mit einem langen, tierähnlichen Maul.

Die? Das ist keine Kriegermaske, Jeff. Schon wie es die Ohren anlegt. Die schaut ja aus wie der Hund aus den »Tintin«-Comics, wenn sie durch die Luft fliegen. Ein lachendes Nilpferd!

Meinst du? Ich war mir nicht sicher. Ich dachte, es könnte auch ein Krokodil sein. Es hat so viele Zähne im Maul. Nilpferde haben nur zwei Hauer.

Ist doch völlig schnurz. Nilpferd oder Krokodil – es lacht, Jeff! Schau mal, wie es das Maul aufreißt und die Augen zusammenkneift. Das will nicht fressen, das will nur spielen.

Vielleicht gefällt es mir ja deshalb so gut.

Sorry, Jeff, aber diese Maske geht nicht.

Warum?

Warum! Mies macht plötzlich ein ernstes Gesicht. Jeff, das ist nicht nach den Spielregeln.

Wieso? Die Spielregel lautete: Wir finden ein Museum in Paris ohne Touristen. Und jeder sucht sich eine Maske aus.

Nein, eine Maske, mit der wir in die Schlacht ziehen können. Ich habe eine, du hast keine.

Das war deine Spielregel, nicht meine. Es sind alles afrikanische Masken. Meine ist genauso schwarz wie deine.

Deine Maske ist ein Witz. Die ist ein Schokokuss für den Kindergeburtstag.

Sie stehen sich gegenüber. Jeffrey will grinsen, Mies bleibt überraschend ernst.

Nimm eine andere Maske, Jeff, bitte. Die da ist lächerlich.

Ich mag mein Nilpferd.

Damit kannst du nicht kämpfen.

Muss ich das denn?

Sie stehen noch immer zwischen den Glaskästen und Mies' Augen blitzen. Mein Bruder ist ein afrikanischer Krieger und will nicht kämpfen. Wow.

Was soll das heißen, wow?

Ich hab einen Bruder, der den Schwanz einzieht. Das Leben will's nun mal so – höher, schneller, weiter. Jeder kämpft.

Fehlt nur, dass du gleich diesen Naziquatsch zitierst.

Was meinst du damit?

Flink wie Windhunde, zäh wie Leder, hart wie Kruppstahl.

Ach komm, vergiss es. Masken, ich meine richtige Masken, müssen Kriegermasken sein. Und du weigerst dich, dir eine auszusuchen, obwohl du Afrikaner bist.

Jeffrey schweigt und so stehen sie sich gegenüber.

Ich glaube, wir gehen besser, sagt er dann.

Schweigend laufen sie nebeneinander zurück über den Boulevard mit seinen makellosen Fassaden und den geschlossenen Fensterläden, hinter denen die leeren Wohnungen ihrer arabischen und russischen Besitzer liegen. Schweigend steigen sie in die Métro, steigen um und laufen schließlich, noch immer schweigend, zur Rue de Moscou.

Zu Hause macht Mies eine Flasche Wein auf, schenkt ihnen beiden ein und schiebt ein Glas zu Jeffrey hinüber, ohne ihn anzusehen.

Mies, lass uns anstoßen, okay? Das ist unser Wochenende, mach jetzt nicht auf miese Stimmung.

Mies hält ihm sein Glas hin, sie stoßen an, aber nach wie vor schaut Mies ihn nicht an.

Okay, wenn du es unbedingt wissen willst, ich habe im Moment keine Lust, ein großer Krieger zu sein. Wollte ich noch nie. Kriege sind keine Lösung.

Ich habe keine Lust, äfft Mies ihn nach und guckt weiter starr zum Fenster. Wir sind nicht mehr im Vorschulalter, Little Bro. Du bist bald Anwalt. Gibt es keinen Wettbewerb unter euch?

Hör auf, mich »Little Bro« zu nennen. Und was dieses ganze Gerangel betrifft, das ist ein Riesenmist. Etwas für große Jungs, die unbedingt Boxring spielen müssen. Erst gegen die anderen und dann noch mal im eigenen Team.

Als du dich beworben hast, musstest du da niemanden ausstechen? Du hast das Rennen gemacht, oder? Was ist auf einmal los mit dir?

Ich will da nicht mehr mitmachen. Das ist los mit mir.

Mies guckt ihn endlich an, mit großen, ausdruckslosen Augen, die an ihre Masken erinnern.

Mach nicht so ein Pokerface, Mies, du guckst wie Ma. – Okay, ich wollte es euch allen sagen, wenn ich das Zweite Staatsexamen hinter mir habe. Dann schaue ich mal.

Was schaust du dann?

Was ich mache. Ich kann mit der Kanzlei, wo ich jetzt bin, nicht viel anfangen. Es fühlt sich falsch an. Bei dir ist das was anderes. Du bist bei Pavier, ist doch prima so. Ich mach dir deinen Erfolg nicht streitig.

Mies schnauft durch die Nase, nimmt sein Glas und schmeißt es mit Schmackes auf den Boden.

Hey!

Ist nur Glas. Und sowieso 'n beschissenes Zeug. Scheißzeug hat der mir verkauft! Aber mach dir mal keine Sorgen, Little Brother. Ich wisch das gleich weg.

Ich hab es dir schon gesagt, hör auf, »Little Brother« zu mir zu sagen.

So benimmst du dich aber! Ich will, dass mein Bruder genauso viel Erfolg hat wie ich. Ich dachte, wir kämpfen – wie früher. Wir sind hoffentlich noch diejenigen, die wir immer waren. Die Enkel des Auritters.

Du bist das, nicht ich. Außerdem, das ist es gerade, Mies. Ich habe gekämpft, nur vor allem gegen mich selbst. Das kann nicht der Sinn sein!

Und was willst du tun?

Ehrlich gesagt, ich weiß es nicht. Außerdem weiß ich nicht, warum wir immerzu über die Arbeit reden. Ich wollte dir etwas anderes erzählen. Etwas, das mir passiert ist und, na ja, bei dem mir wichtig ist, dass du es mal erfährst.

Mies dreht den Kopf und endlich schaut er ihn länger an.

In der Familie weiß es bisher keiner. Nur bin ich mir nicht mehr sicher, ob jetzt der richtige Zeitpunkt dafür ist. Ich wollte es dir in Apfeltrang erzählen, als Ian auf die Welt gekommen ist. Aber da waren wir nie allein.

Na, dann mal raus damit.

Ich kann es wiedergutmachen, denkt Jeffrey. Gib mir fünf Minuten und es wird wie heute Mittag.

Also, es gibt da jemanden, Bro. Eine Frau, die ich kennengelernt habe. Sie heißt Kristina.

Aha.

Es war anfangs noch lose. Inzwischen haben wir uns besser kennengelernt und es fühlt sich gut an. Ich glaube, das ist was Festes. Kristina empfindet es genauso.

Was?

Du fragst halt nie. Wir wollten dir vorschlagen, ob wir uns nicht mal treffen. Damit du sie kennenlernst – und Kristina dich.

Das wird ja immer besser, mein Bruder redet schon im Wir!

Ach komm, ich weiß nicht, was bei dir gerade läuft. Du redest ja auch nie darüber.

Sie schweigen und Mies steht auf, holt eine Kehrschaufel und fegt die Scherben zusammen. Er holt ein Spültuch, wischt die Pfütze mitsamt den Splittern auf und bringt alles in den Küchenmüll, bevor er sich wieder setzt.

Na schön. Dann erzähl mal.

Nun ist es Jeffrey, der aufsteht. Er geht zum Fenster und schaut wie bei seiner Ankunft auf die gegenüberliegenden Blechdächer, dabei dreht er sein Glas in der Hand.

Da gibt es nicht so viel zu erzählen, Mies. Sie ist nicht so wie wir, jedenfalls nicht so wie du oder Ma. Auch nicht wie Senta oder Flocke. Sie macht Landschaftsplanung. Ihre Freizeit verbringt sie meistens im Alpenverein. Am Wochenende ist sie draußen. Er wendet sich zu Mies um. Neulich hat sie mich mitgenommen. Kannst du dir deinen Bruder neben einer Bergsteigerin vorstellen? Er lacht.

Mies schaut, als müsste er gleich kotzen.

Ich glaube, ich weiß, was du mich gleich fragen wirst: Was sind ihre Pläne? Ich glaube, Kristina hat keine, Mies, aber sie genießt das Leben. Das spüre ich, wenn ich mit ihr zusammen bin – und es ist ansteckend. Das Leben fühlt sich leicht an.

Soso. Und was wollt ihr tun? Landschaftsgärtnerei? Dann könntest du dich mal um die Esche zu Hause kümmern, Jeff. Die hat es bitter nötig.

Lass die Ironie. Zu Hause und der Garten, darauf aufzupassen, das hast immer du gemacht. Du weißt immer, was du willst und worauf es ankommt. Ich dagegen habe Jura studiert, nur weil Ma das für eine gute Idee gehalten hat. Und jetzt suche ich nach Möglichkeiten, damit etwas Vernünftiges zu machen. Es muss doch noch etwas anderes geben, als immer nur die andere Seite auszubooten und aus Schwäche Profit zu schlagen.

Das fällt dir ja früh ein. Und an diesem plötzlichen Wandel ist Kristina schuld?

Ehrlich gesagt, du warst es, der bei mir den Entschluss bewirkt hat, dass ich etwas ändern muss. Als Ian auf die Welt gekommen ist und wir alle in Apfeltrang gewesen sind. Du hast Flocke gefragt: Wie breit müssen die Schächte denn sein? Und ich habe zu Ma gesagt: Mies hat recht, man muss diese Frage stellen. Sonst ändert sich nie etwas.

Herrje, du hörst dich schon an wie Flocke. Ist es wegen dieses Zeugs in den Handys? Dann könnt ihr drei, du und Kristina und Flocke, ja Ma da unten ein wenig Gesellschaft leisten – in ihren Minen. Wasser für Afrika!

Lass Ma aus dem Spiel. Außerdem tut sie das Richtige, glaube ich.

Nur dass sich unsere Eltern kaum noch sehen. Aber wer bin ich, glücklichen Paaren zu erklären, was ich mir unter Familienleben vorstelle?

Du bist doch auch kaum noch zu Hause. Was soll Ma allein dort herumsitzen, wenn Forscher über seiner Physik brütet?

Cherbourg ist abgeschlossen. Und ihr neues Projekt ist klasse! Wenn wir nicht irgendwann anfangen, Afrika zu helfen, setzen sich die Afrikaner in ein Schlauchboot und kommen übers Mittelmeer. Das ist auch keine Lösung. Daher brauchen sie eine Lebensgrundlage und darum kümmert sich Ma gerade.

Na, wenn du meinst, dann ist ja alles paletti.

Was ist denn mit dir? Hast du nicht jemanden, mit dem du mal über deine Arbeit reden kannst? Mit wem sitzt du denn abends im »Bibi« unten, in deiner Küche?

Mies starrt auf den Mülleimer, in dem das Spültuch mit den Scherben muffelt.

Ich hab keine Zeit für Valentine's Dinner, Jeff. Arbeitstage bei Pavier sind lang.

Okay, aber irgendwann musst du was essen, warum nicht zu zweit?

Du stellst Fragen! Ja, es gab jemanden, vor einer Weile. Aber seit ich in Paris bin … Ach, lassen wir das. Und was die Pariser Jungs betrifft, die wollen Partys, auf denen sie sich zukoksen können. Nicht meine Welt, Jeff.

Aber es muss auch andere geben.

Dann sag mir, wo. Außerdem bin ich busy. Wenn ich morgens in die Firma komme, Jeff, da brennt die Luft! Wir kämpfen mit allen Bandagen, damit wir am Ruder bleiben. Sonst übernehmen irgendwann die Chinesen und dann ist Paris nur noch ein Disneyland. Und der Rest von Europa gleich dazu. Meine Geschwister scheinen das nicht zu kapieren. Senta vielleicht mal ausgenommen.

Hey, Mies, Respekt. Ich versteh dich ja. Und du hast dir deinen Erfolg verdient.

Sie schweigen.

Hast du noch Hunger?

Du meinst das »Bibi«? Und du?

Eigentlich nicht mehr so. Wir können ja morgen hingehen.

Gut, dann lass mich das Sofa ausklappen, ich mach mir schon mal mein Bett. Wo hast du die Bettwäsche?

Lass das. Wir pennen im Schlafzimmer. Wie früher.

Aber ich stehe früh auf! Ich will morgen früh joggen, vor dem Frühstück. Ich habe extra meine Laufschuhe dabei. Ich nehme das Sofa und du kannst ausschlafen.

Vergiss die Laufschuhe. Um neun müssen wir am Trocadéro sein.

Jeffrey sieht ihn mit fragenden Augen an.

Ich hab schon vor Tagen Tickets für uns besorgt. Im Internet. Für den Eiffelturm.

Für den Eiffelturm? Sagtest du nicht, der Louvre und Versailles seien das Schlimmste überhaupt? Und jetzt schleppst du mich auf den Eiffelturm?

Mag sein, sagt Mies und drückt Jeffrey einen Zahnputzbecher in die Hand. Ja, kann sein, dass es etwas voll wird. Deswegen ja gleich morgens um neun. Ich hoffe, da geht's noch. Mit der Zahnbürste im Mund läuft Mies zum Schrank und zieht einen Kissenbezug für ihn aus dem oberen Fach. Halt mal, Jeff.

Sobald er eine Zahnbürste im Mund hat, klingt jedes Wort wie ein zerkauter Schuhkarton, aber sie kennen sich seit nahezu zwanzig Jahren.

Außerdem ist er nun mal der schönste Turm der Welt. Und ich war noch nie da oben. Mal im Ernst. Wann soll ich sonst dahin, wenn nicht dann, wenn Little Bro endlich mal in Paris ist?

Als sie später in Mies' Bett liegen, ist es tatsächlich wie früher, wenn sie zusammen auf Reisen gewesen sind und sich ein Zimmer geteilt haben. Mies schläft nach fünf Minuten ein, den Kopf in Jeffreys Armbeuge, ein Bein verkeilt zwischen seinen, und Jeffrey braucht mindestens eine halbe Stunde, bis er einschlafen kann, weil seine Beine blockiert sind.

Während er zum Schlafzimmerfenster blinzelt, hinter dem er noch den Lärm vom »Le Bibi« hört, fragt er sich voller Neugier, wie Paris von oben aussieht. Morgen früh wird er es wissen. Dank Mies, dem besten Bruder der Welt.

Ihr hat ja schon ein bisschen davor gegraut. Dass sie dann dasteht, irgendwo im Niemandsland, unter der sengenden Sonne Afrikas. Neben ihr hat hungriger Bergbau Löcher in Mutter Erde gefräst, Hunderte von Metern tief, quadratkilometerlang und alles, worauf sie schaut, ist kaputte, karge und endlose Landschaft, ohne Dörfer und Menschen. In ihrem Rücken würde ein dunkler Kratersee gefährlich nah gegen die Geröllkante schwappen, auf der sie steht, schwefelbelastet und hochgiftig, sodass er nicht zum Baden taugt, auch wenn es in der Mittagshitze unerträglich heiß ist und jeder von ihnen – vor allem sie, denn sie ist diese Hitze nicht gewohnt – ein Königreich für einen Sprung ins kalte Nass geben würde.

Dort würde sie stehen, mit ihrem Tropenhut, unter dem ihr das Wasser in den Blusenkragen läuft, und in lauter fragende afrikanische Augen schauen, denen sie sagen soll, wo ihre Biopflanzenkläranlage hinkommt. Auf den linken Hang oder den rechten? Mit wie vielen Becken und welche Fauna sie nehmen sollen. Will sie zuunterst Ton oder Kiesel und wo werden die Rohre für den Zu- und Ablauf verlaufen?

Ihr hat davor gegraut, nicht wegen der Niemandslandschaft, nicht wegen der Hitze und des giftigen Wassers, in dem sie nicht schwimmen darf, sondern deshalb, weil sie von den Antworten, die sie geben soll, genauso viel versteht wie die anderen um sie herum – nämlich nichts. Nur mit dem Unterschied, dass alle erwarten, dass sie, die Europäerin, die Lösung weiß.

Sie hätte sich nicht ängstigen müssen. In Kapstadt stellt sich heraus, dass das Projekt, das Kellenberger ihr angehängt hat, eine weitere Regenschirmfabrik ist und dass sie dafür wie gemacht ist. Die Einzelaufgaben lösen andere. Sie ist dafür da, alle ein wenig zu scheuchen und sicherzustellen, dass nichts vergessen wird. Niemand bewältigt solch eine Aufgabe verlässlicher als sie.

Das Erstaunliche ist, obwohl sie nun in Afrika lebt, hat sie die Minen noch immer nicht in natura gesehen. Sie pendelt von ihrer gemieteten Villa in ein Stadtbüro, wo sie ihre Termine wahrnimmt. Es sei denn, es sind welche, zu denen sie einbestellt wird. Aber auch dann befindet sie sich in gut klimatisierten Kapstädter Hotels oder Büros und die Orte, um die es geht, werden auf einem Screen eingespielt. Manchmal werden auf Tischen großflächige Landkarten ausgebreitet. Was diese Karten betrifft, sind die Dinge vielleicht nicht viel anders als damals bei Moreau, als der Zar und er in ihrem Feldlager die vermuteten Stellungen von Napoleons Truppen eingezeichnet haben, um die geplanten eigenen Bewegungen zu markieren. Vielleicht bildet sie sich das nur ein, doch kaum dass sie auf die Karten schaut, fühlt sie sich sofort in ihrem Element.

Sie telefoniert viel, eigentlich die ganze Zeit, und läuft Zigarillo rauchend auf und ab, mit Vorliebe im Garten der Villa, die sie gemietet hat. Abends schreibt sie E-Mails. Diesen Rhythmus kennt sie, das alles kann sie und ihr geht es blendend.

Erst jetzt wird ihr bewusst, warum sie sich zu Hause mit solchem Elan auf die Küche gestürzt hat. Sie ist nur eine vorübergehende Krücke gewesen, genau wie ihr Garten. Kaum dass sie wieder von Termin zu Termin läuft und in den Pausen ununterbrochen telefonieren kann, reduzieren sich Gartenflächen wieder zu dem, wozu sie da sind. Damit da etwas ist, das sie beim Nachdenken fixieren kann. Worauf sie schaut, ist ganz egal. Eine geschnittene Hecke oder ein Blumenbeet, das eine taugt so gut wie das andere. Sie konzentriert sich auf das, was sie morgen nicht vergessen darf über dem, das sowieso ansteht.

Unten in der Stadt, in der Bree Street, in der sie die Räume für ihre neue Firma angemietet hat, ist vorige Woche eine exakte Zweitkopie der Aachener Versuchseinrichtung eingetroffen. Bis auf das i-Tüpfelchen gleicht sie jener, anhand der ihr in der Wasser Südwest die Funktionsweise erklärt worden ist. Kellenberger hat sie ihr für ihre »CWC Ltd.« geschickt: die

Constructed Wetlands Capetown Limited, Geschäftsführerin Alaska de Wet.

In einem der drei Zimmer stehen die Edelstahlkästen und oben schaut genau wie bei Kellenberger daheim die Flatterbinse heraus. Wie bei ihm sind bei ihren Terminen die Helophyten die Stars. Wenn jemand zu lange auf die Binse guckt, klopft sie freundlich, aber mit Nachdruck auf den schmalen Aktenordner, den sie schon in Händen hält, und interveniert.

Ich sehe, Sie stehen vor unserem Kasten Nummer sieben. Wenn Sie einmal schauen möchten? Das ist die dazugehörige Bodenmatrix. Fünfzig Prozent Kiesel, fünfzig Prozent Ton. Die Bodenmatrix, die Rhizosphäre, ist das Entscheidende, müssen Sie wissen. Das Gold liegt immer im Boden. Im Nachgang des letzten Satzes platziert sie regelmäßig ein heiteres Glucksen, als fiele ihr selbst gerade der Doppelsinn ihrer Bemerkung auf. Na, wem sage ich das, wir sind ja im Bergbau. Dann lächelt sie gewinnend und weiß ihre Zuhörer sofort auf ihrer Seite.

Das zweite Zimmer ist der Besprechungsraum und hat neben dem großen gläsernen Konferenztisch mit schlichten Beinen aus gebürstetem Stahl für sechs Personen noch eine bequeme Sitzecke, außerdem, etwas abgerückt, einen Schreibtisch. Er ist im gleichen Stil wie der moderne Konferenztisch, samt passendem Chefstuhl, Bezug grauer Leinenstoff. Eine hohe, ergonomisch geformte Rückenlehne. Diese nüchtern, jedoch hochwertig designte, repräsentative Schreibtischecke überlässt sie Alaska, schließlich ist sie das Aushängeschild der CWC. Sie selbst begnügt sich mit einem schmalen Schreibtisch im dritten Raum, einem recht kleinen Zimmer nebenan, wo sie beim Telefonieren bei geöffnetem Fenster ungestört ein paar Züge rauchen kann. Ein Zimmer, das sie jedoch relativ selten nutzt, da sie fast alle E-Mail-Korrespondenz und Telefonate von der Terrasse ihrer Villa aus erledigt.

Die Villa liegt in der Higgo Cres, einer Seitenstraße der Bellevue Street, die ihrerseits die nördliche Fortsetzung der Upper Kloof bildet. Sie wohnt dort, wo die Straßen steil ansteigen und unmittelbar zum Tafelberg führen. Sie liebt dieses Viertel.

Es ist ruhig und sicher und von hier aus hat man den perfekten Blick über die Stadt und zugleich auf das Naturschauspiel des Bergs. Er beschreibt im Osten eine leichte Kurve in nördlicher Richtung, sodass die Wand abends das Licht der im Westen untergehenden Sonne auffängt. Dann ist er am schönsten. Sie sitzt auf der Veranda, schaut abwechselnd auf das Blumenbeet und den Berg, liest E-Mails und schreibt welche, schwenkt ein Glas Rotwein und sammelt sich.

Jeden Abend um Punkt neun Uhr ruft sie Alaska an, um mit ihr die Termine und To-dos des kommenden Tages durchzusprechen. Dann hat Alaska ihre Kinder zu Bett gebracht. In jedem normalen Betrieb wäre diese Uhrzeit tabu, denn der Abend gehört dem Privatleben. Bei ihnen fügt sich diese halbe Stunde für ein Telefonat wunderbar in den Tagesablauf ein.

Das Haus ist keine opulente Villa von der Art der neu gebauten, etwas James-Bond-haften Architekturwunder weiter oben am Hang, die sich auf ihren steilen und luftigen Baugrundstücken auf spektakuläre Weise zum Meer hin öffnen. Ihren weiten Blick verdanken diese Häuser frei schwebenden Terrassen oder solchen, die auf hohen Stelzen ruhen. Zumal wenn sie die Straße bis zur Kloof Neck Road fährt und von dort, den Lion's Head im Rücken, in den Camps Bay Drive einschert, folgt von diesen preiswürdigen Exemplaren eins aufs andere, sämtlich so fotogen, dass sie jederzeit für Sentas Zeitschrift abgelichtet werden könnten.

Wer am Camps Bay Drive wohnt, ist in weniger als zehn Minuten am Strand, wo das »Bayside Café« und das »Tides Restaurant« liegen. Dort leben die Superreichen, von deren Gärten aus man auf die Zwölf Apostel sieht. Ihre Stadtvilla auf der mittleren Höhe der Bellevue Street hingegen ist ein gut achtzig Jahre altes, sehr bescheiden gebautes Haus in einem gemütlichen Architekturmischmasch, der sich am ehesten dem englischen Cottagestil zuordnen lässt. Am besten gefallen ihr die schlanken gusseisernen Säulen, die den Portikus und die Überdachung der Veranda tragen. Sie erinnern sie an Cherbourg und daran, dass das alles kein Hexenwerk ist, sondern bekanntes Terrain, nur etwas größer dimensioniert. Die Shoppingmall mit den beiden Zusatzetagen für kleine Handwerksbetriebe ist ihr Lehrstück gewesen, nun widmet sie sich Südafrika, wo der Incomati seine Reise zum Meer aufnimmt, von einem Land aus, das mit seiner Fläche das über Dreifache von Deutschland beträgt.

Ja, alles hier ist größer, auch die Steaks, die sie abends in einem der vielen Restaurants der Upper Kloof isst. Es sind aber nicht nur die Mengen, es ist vor allem die Qualität der Speisen, worin die Kapstädter nicht zu schlagen sind. Allein die Erdbeerdaiquiris, die man ihr vorneweg kredenzt, und die Desserts, die in versierter Kloof-Street-Tradition eine Fusion präsentieren – das Beste aus südafrikanischer, europäischer und kalifornischer Küche –, sind imstande, ihr Standbein hier unten zu rechtfertigen.

Spätestens wenn sie an die Weine denkt, die ihr Abendessen begleiten, glaubt sie sich im Paradies. Tanninhaltige aromatische Rotweine aus dem benachbarten Stellenbosch oder Franschhoek. Jenseits der klassischen Noten schmeckt sie einen Hauch von weißen Früchten. Ja, alle Tropfen hier, dessen ist sie sich sicher, besitzen eine solche Spur von Pfirsich und Ananas, wobei sie vor allem nach einem schmecken, und das intensiv und berauschend – nach Schokolade.

Sie kann es kaum erwarten, dass Forscher sie besuchen wird und sie abends zusammen auf ihrer Veranda sitzen werden, auf der er ihr dann die Zusammenfassung der Eindrücke seines Gaumens liefern wird. Ein Fazit, das die offenkundigen Vorzüge dieser Region auf den Punkt bringen würde. In seinem Fall sind das Beeren, insbesondere Brombeeren.

Freilich muss sie noch etwas warten, ehe sie ihn einlädt, denn ansonsten wird ihr für ihr Ausflugsprogramm nur übrig bleiben, ihn zu bitten, schon einmal nach Camps Bay an den Strand zu fahren. Sie wird nachkommen. Ja, es ist tatsächlich so, für Touren, selbst für eine kurze auf den schönsten Strandmetern Afrikas zu Füßen der Zwölf Apostel, fehlt ihr augenblicklich die Zeit. Wenn sie Alaska nicht hätte, würde sie sich fragen müssen, wann sie überhaupt noch schlafen will. Doch was soll sie tun, wenn sie die grandiosen Gelegenheiten nicht verpassen will, die Okereke ihrer CWC eröffnet?

Gestern hat sie das Telefonat um neun Uhr abends kurz gehalten, denn das, was es mit Alaska zu besprechen gibt, ist zu wichtig, als dass sie es telefonisch tun möchte. Stattdessen hat sie darum gebeten, dass Alaska heute Mittag keine Termine machen möge, und sie zum Lunch eingeladen. Im Büro würde die Muße fehlen, ihre wichtigen Besprechungen haben sie und Alaska daher regelmäßig beim Essen. Öfter laden sie Okereke dazu. Mit seinem Wissen zu den Grabenkämpfen zwischen einzelnen Stellen in den Behörden und manchen Minenbetreibern ist er ein unersetzlicher und zugleich unermüdlicher Ritter ihrer kleinen Tafelrunde. Jedes Mal, wenn sie die beiden oder Alaska ausführt, hat sie Gelegenheit, ein weiteres von Kapstadts vielen Restaurants auszuprobieren.

Heute sind Alaska und sie unter sich. Sie sitzen in einem Dachrestaurant der Stadt nahe dem Hafen, fußläufig zum Bo-Kaap-Viertel. Von hier oben können sie auf die lustigen grasgrün, violett, weiß und honiggelb gestrichenen Fassaden sehen.

Ich muss dir etwas erzählen, beginnt Ma und sticht ihre Gabel in den saftigen weißfleischigen Fisch auf ihrem Teller, den sie in die scharfe Marinade tunkt. Sie duftet nach frischen Gewürzen, vor allem nach Koriander, und dürfte angesichts der winzigen roten Punkte auch etwas Chili enthalten. Kellenberger und ich haben gestern geskypt. Ich bin gespannt, was du dazu sagen wirst.

Alaska hört ihr zu, während sie gegrillte Calamari in eine der weiteren Marinaden dippt, die man ihnen zu dem Fisch in ansprechenden handgetöpferten Tonschälchen serviert hat. Die Schälchen sind meerblau und würden mit dem farbenfrohen Geschirr hervorragend in Sentas Zeitschrift passen, jedenfalls würden sie dort etwas Leben auf die toten Seiten bringen. Sentas Holz-, Glas-, Stahl- und Natursteinkonstruktionen müssen immer braun und grau, will sagen, sachlich und steril bleiben, damit man das Pure der Architektur erkennt. Was für ein Blödsinn, denkt sie. Etwas Bo-Kaap-Pepp hat noch niemandem geschadet.

Als Kellenberger mir das Angebot gemacht hat, Alaska, hier seine Constructed Wetlands zu bauen, fährt sie fort, sah er in mir seinen Brückenkopf am Kap der Guten Hoffnung. Was ich meine, wir, die CWC, sind die Agentur. Das Geschäft, auf das er hofft, ist die Akquise von Kunden. Seine Gegenleistung ist unsere Provision. Der Auftrag geht an die Wasser Südwest.

Alaska lächelt und nickt, das alles ist ihr vertraut. Die in Mas Augen junge Frau – Alaska ist Ende dreißig – ist so schön, dass es ihr an Tagen wie heute, wenn sie einander allein gegenübersitzen, noch immer die Sprache verschlägt, wie beim ersten Mal, als sie von Okereke einander vorgestellt worden sind. Alaska hat lange, feste Gliedmaßen, wirkt dabei kein bisschen zerbrechlich, sondern trotz ihrer grazilen Erscheinung kraftvoll und widerstandsfähig. Ihre Haut ist ein Haselnussbraun, für Schwarze recht hell. Der Grund ist, dass Alaskas Mutter ihrerseits eine Coloured ist, wie Alaska einmal erzählt hat. Nur so viel steht fest, dass man das Märchen, laut dem Schneewittchen die Schönste im Land ist, in Kapstadt schleunigst umschreiben muss, sofern Schneewittchen, wie ihr Name nahelegt, weiß sein soll. Am Ende zählt eben nur das Ergebnis und jenes, das Ma jetzt gegenübersitzt, ist an makelloser Optik nicht mehr zu übertreffen.

Du verstehst ja mittlerweile unser Geschäft ebenso gut wie ich, Alaska. Wer unsere Auftraggeber sind, kann uns gleichgültig sein. Ob die Kommunen oder die Minenbesitzer, wichtig ist, dass sie verlässlich zahlen. Und in dieser Hinsicht läuft es in der Tat rund. Unter unseren Auftraggebern gibt es bislang kein einziges schwarzes Schaf – verzeih mir den Ausdruck, so sagt man bei uns. Und unsere Akquise für neue Aufträge könnte nicht besser laufen! Kellenberger kann bald womöglich gar nicht mehr alle Anfragen umsetzen, die wir zurzeit an Land ziehen könnten.

Es bietet aber auch niemand eine so breite Palette an Wetlandsmodellen an wie wir beziehungsweise wie die Wasser Südwest. Alaska lächelt.

Ja, du kennst die Klaviatur unserer Alternativen. Ich könnte dir blind das Feld überlassen – jedes deiner Gespräche mündet in eine schriftliche Absichtserklärung. Darauf sollten wir anstoßen!

Ihre Weingläser klingen.

Apropos, sagt Ma, habe ich dir schon erzählt, dass mein Sohn Jeffrey in Kürze sein Zweites Staatsexamen schreibt? Dann kann ich mit dem Check unserer Verträge »Born & Henkel« beauftragen. Das ist die Kanzlei, in der er arbeitet. Sie haben jede Menge Büros, internationale Präsenz. Ich werde darauf bestehen, dass man ihn die Änderungswünsche prüfen lässt, die unsere Vertragspartner haben. Er ist noch jung, ich weiß, und andere mögen mehr Erfahrung haben, aber er hat einen guten Riecher!

Alaskas Lächeln lässt offen, ob sie Mas Lobeshymne auf Jeffrey Glauben schenkt oder ihr den mütterlichen Stolz nachsieht. Je seltener sie ihre Kinder um sich hat, desto stärker verspürt sie das Bedürfnis, Dritten gegenüber von deren Bilderbuchkarrieren zu erzählen. Dass Flocke ihr neulich gesteckt hat, dass Pavier mit eindrucksvoller Rücksichtslosigkeit Ressourcen verschwendet und sich Jeffrey bei seiner Berufswahl noch immer nicht sicher ist, behält sie für sich. Ebenso dass Forscher von seinem letzten Besuch bei Senta und Robert zu berichten wusste, dass ihre Tochter alarmierende Sorgen wegen ihrer Fachzeitschrift plagen. Als er gemeint hat, sie rechneten schon mit der Einstellung, wenn das kommende Quartal nicht besser laufen würde, ist sie ihm ins Wort gefallen.

Ach, Cherbourg hat doch auch geklappt. Weißt du noch, meine Probleme mit der Elektrik? Durststrecken gibt es überall. Er hat am anderen Ende der Leitung geschwiegen und so hat sie heiter hinzugefügt: Da scheidet sich die Spreu vom Weizen. Unsere Kinder schaffen das.

Ich glaube, du redest dir da etwas schön, kam die lakonische Rückantwort. Schau mal wieder bei uns zu Hause vorbei.

Ich würde Jeffrey so gern mal kennenlernen. Alaska nickt. Und deine übrige Familie auch. Du musst sie bitte bald einmal einladen und dann müsst ihr uns unbedingt besuchen! Oder du schaust spontan vorbei, wie es für dich passt. Dann kann ich dir meine Kleinen vorstellen.

Gern. Übrigens seht ihr zwei, Jeffrey und du, euch ähnlich. Na ja, zumindest für ungeübte Augen wie meine. Beide seid ihr so große, schlanke und schöne Menschen – ein erhebender Anblick.

Tatsächlich hat sich Ma schon des Öfteren vorgestellt, wie es wäre, wenn man Jeffrey und Alaska nebeneinanderstellte. Dann gelangt sie zu dem Schluss, dass es gut ist, wenn es nicht dazu kommt. Jeffrey und Alaska würden ungeachtet der fünfzehn Jahre, die zwischen ihnen liegen, ein solch perfektes Paar abgeben, dass alle anderen neben ihnen – Ma nicht ausgenommen – wie Hobbits wirken müssten.

Schon weil sie Alaska endlich singen hören will, nimmt sie sich in diesem Moment vor, Alaskas wiederholte Einladung bald anzunehmen. Beim ersten Mal gehe ich allein, denkt sie. Forscher soll das nicht sehen.

Wenn sie »das« denkt, meint sie Alaskas großen, beweglichen Mund und diesen Schwanenhals. Nicht auszudenken, wenn diese Frau auch noch singen kann! Jeder Juwelier muss davon träumen, diesen Hals mit südafrikanischen Diamanten zu behängen. Alaska hält sich jedoch mit Schmuck weitgehend zurück, dafür trägt sie umso auffälligere Kreolen, heute sind es türkisblaue. Das Bemerkenswerte an ihnen ist die Größe. An anderen Frauen müssen sich solche Ohrringe als untragbar erweisen, doch an Alaskas langem Hals können sie frei schwingen. Es braucht schon viel Burgenherrlichkeit in ihrer Familiengeschichte, um beim Anblick dieser Gene nicht neidisch zu sein.

Entschuldige den Schlenker, sagt sie. Ich wollte dir ja heute von Kellenberger erzählen.

Die Zusammenarbeit mit seinem Team ist so gut, erwidert Alaska. Ich staune jedes Mal. Gleichgültig, wen du am Telefon hast, alle hundert Prozent zuverlässig. Ich habe bisher nie erlebt, dass eine Anfrage nicht sofort beantwortet wurde. Nur beim Englisch hapert es bei manchen.

Ich weiß, an wen du denkst. Das wird sich bei den Betreffenden nicht mehr ändern, aber das ist ja auch nicht schlimm. Ich habe ihnen gesagt, schreibt auf Deutsch, selbst wenn ihr an Alaska schreibt. Wir haben ja Übersetzungstools.

Was Alaska meint, sind die fast täglichen E-Mails über die Ergebnisse der Bodenanalysten im Labor der Wasser Südwest, sobald die Teamkollegen zur Sondierung des Bergbauterrains im Incomatibecken eingeflogen worden sind. Dort, in Südafrikas Nordosten, nehmen sie ihre Proben, machen ihre Vermessungen und schießen Unmengen an Fotos. In Aachen und im Allgäu wird dann getestet und berechnet und von dort erhalten sie die Vorschläge für Beckenbauweise, Bodenmatrix und Fauna. Anschließend wird bei ihnen vor Ort ein entsprechend ausgestattetes kleines Probebecken gebaut. Bewährt sich das durch Lieferung sauberen Wassers, folgen die Aachener und Allgäuer Maßnahmenkataloge für den Bau der Wetlands im großen Stil, inklusive des komplexen Rohrwegesystems. Am Ende geht es um Details für die Bauphase, damit das Ganze jahreszeit- und wettergerecht in Angriff genommen werden kann.

Sorry for my bad inglisch. Alaska ahmt den starken deutschen Akzent nach, den sie vom Telefon zur Genüge kennen, und zwinkert charmant. Ja, Hammers ist etwas speziell. Kellenberger und er machen dennoch hervorragende Arbeit. Der Rubel rollt.

Ob Alaska ahnt, worauf ihr heutiger Lunch hinausläuft? Sie haben ihren Fisch aufgegessen und Alaska schaut Ma aus ihren oval geschnittenen Augen neugierig an. Nein, der Groschen ist noch nicht gefallen. Wäre ich ein Mann, denkt Ma, könnte ich in ihrer Gegenwart wahrscheinlich nicht mehr klar denken. Männer sind so leicht abzulenken.

Gibt es irgendetwas, wobei ich dich entlasten kann, Mariann? Die Arbeit in der CWC macht mir riesigen Spaß. Ich hoffe, das weißt du. Alaska spricht ihren Namen auf amerikanische Weise aus, indem sie das letzte »e« verschluckt. Mariann klingt wie Mary Ann.

Wären wir in Deutschland, denkt Ma, wäre Alaskas Bemerkung, verbunden mit diesem Lächeln, die klare Einleitung, um mehr Geld von mir zu fordern. Das würde sie jedoch sicher nicht tun, ihr Gehalt ist gemessen an südafrikanischen Verhältnissen bereits recht stattlich.

Mir auch, sagt Ma. Aber wollen wir uns mit dem zufriedengeben, was wir bislang erreicht haben? Wir sind doch diejenigen, die hier unten die Stellung halten. Wir sind sozusagen die Löwinnen in der Savanne, wenn du mir das Bild erlaubst.

Alaska nickt und beugt den Kopf leicht vor, offenbar in der Hoffnung, eine Ahnung zu erhaschen, was Ma meint.

Sie ist heute tatsächlich etwas schwer von Begriff, denkt Ma. Gut, dass es neben singenden Schönheitsköniginnen auch solch klumpige Erdenbewohner gibt wie sie, Menschen, deren Ahnen sich nicht der Suche nach dem perfekten Haselnussbraun gewidmet haben, dafür aber so praktischen Fragen wie jener, wie sich zügig zu Reichtum kommen lässt, Reichtum ist schließlich nichts Schlechtes.

Was ich meine, Alaska, ist ganz einfach. Wenn wir die Löwen in der Savanne sind, ist es nur fair, den Löwenanteil der Beute zu bekommen, meinst du nicht?, sagt die Urahnin des Auritters und hebt langsam das Weinglas an die Lippen.

Unsere Provision ist schon großzügig kalkuliert. Glaubst du, man kann die Wasser Südwest dazu bringen, sie zu erhöhen?

Nein, antwortet Ma, trinkt einen Schluck und stellt das Glas ab. Dann schaut sie Alaska direkt an. Nein, das glaube ich nicht. Eine schöne Provision, in der Tat.

Zwei Brauen wandern ratlos fragend in die Höhe.

Und deshalb glaube ich, fährt Ma fort, dass wir unser Geschäftsmodell umstellen sollten. Sie holt Luft. Das Agenturgeschäft, Alaska, war gestern. Ab morgen ist die CWC Generalunternehmerin.

Alaskas lächelnde Lippen deuten ein halbes Verstehen an.

Das alles ist kein Hexenwerk, Alaska. Als ich in Deutschland eine Regenschirmfabrik umgebaut habe, wer ist da wohl für alles verantwortlich gewesen? Von den Auflagen des Denkmalschutzamts bis hin zur Elektrik und sogar für die Parkplätze, die geschaffen werden mussten, auch wenn ich erst nicht wusste, wo. Wer hat das wohl auf die Schiene gesetzt? Glaub mir, da war nur ich. Mary Ann.

Parkplätze, mag sein, doch wir können keine Wetlands bauen. Ich weiß nicht einmal, was die bei der Wasser Südwest mit ihren Proben machen.

Das weiß ich ebenso wenig, Alaska. Aber für jeden Stein, den wir setzen, findet sich jemand, der ihn klopft. Selbstverständlich werden wir weiterhin mit der Wasser Südwest zusammenarbeiten – mehr denn je! Ab jetzt zahle ich Kellenberger und seinem Team jede Stunde ihrer Arbeit und ich zahle gut. Wenn nötig auch eine Lizenzgebühr, wenn das, woran sie da tüfteln, noch in ein Patent mündet. Das war's dann. Der Auftrag gehört uns. Und damit der Löwenanteil am Ertrag.

Und was sagt Kellenberger dazu?, fragt Alaska. Meinst du, er ist damit einverstanden?

Nun, sagt Ma und schmunzelt, dieses Gespräch haben er und ich gestern geführt. Sicher, begeistert war er nicht. »Leider habe ich für einen Moment vergessen, wie gut Sie sind.« Das waren seine Worte.

Also ist er nicht einverstanden?

Alaska, was hat er denn für eine Wahl? Er wird nicht nach Kapstadt kommen, das weiß er ebenso gut wie ich. Er ist in Deutschland unabkömmlich und Hammers kann das, was wir tun, in keiner Weise leisten. Seine Kinder sind ja noch klein. Da möchte man abends gern daheim sein, nicht wahr? Ma holt Luft. Und was meine Person angeht, so leicht bin ich nicht ersetzbar.

Alaska nickt.

Sie brauchen jemanden, den sie kennen und dem sie vertrauen können. Und jemanden, der bereit ist, sich hier unten bis auf Weiteres einzurichten. Dafür bringe ich einige Opfer. Es ist schön in Kapstadt, ich lebe jedoch fern von meinem Mann und meinen Kindern – und meinem Enkel. Warum sollte ich dann auf den Löwenanteil verzichten? Er steht mir zu. Ma nimmt ihre Serviette, tupft sich die Mundwinkel, faltet sie und legt sie neben ihren Teller. Das Ganze wird nicht zu deinem Nachteil sein, Alaska. Ich habe vor, bei deinem Gehalt noch etwas draufzulegen.

Alaska nickt erneut, nun voller Bewunderung, und der schöne Schwanenhals senkt sich. Mariann, du bist großartig. Danke, das alles klingt fantastisch!

Auf diese Weise sind wir weniger angreifbar, gerade wenn es um die Frage geht, wo die Aufträge landen. Als Generalunternehmer und rein südafrikanisches Unternehmen kann der Vorwurf nicht länger verfangen, wir wären bloß der verlängerte Arm für Europa. Das war es, womit ich Kellenberger am Ende überzeugen konnte. Denn sobald ein heimischer Konkurrent auf die Idee kommt, es uns nachzutun, hat die Wasser Südwest einen strukturellen Nachteil. Dann geht der Auftrag womöglich nicht mehr an uns. Bündeln wir hingegen alle Aktivitäten unter dem Dach der CWC, haben wir die besten Chancen, weiterhin der Platzhirsch zu sein. Die Wasser Südwest bleibt so ebenfalls sicher im Geschäft.

Und was ist, wenn Aufträge einmal schiefgehen?

Das werden sie nicht, Alaska. Ma lächelt. Schau in unsere Bücher. Warum sollte sich daran etwas ändern? Wir brauchen nur unseren Umsatz etwas nach oben zu skalieren. Dafür werde ich eine höhere Kreditlinie für die CWC beantragen. Ich habe nach dem Gespräch mit Kellenberger schon mit meiner Bank in Deutschland telefoniert. Sie spielen mit! Was mich im Übrigen nicht wundert, die Wasser Südwest ist einer ihrer Kunden. Also kennen sie die Zahlen. Sie wissen, das wird ein Bombengeschäft.

Und du meinst, es gibt wirklich kein Risiko?

Worin sollte das liegen? Unsere Wetlands haben sich mittlerweile durch mehrere Praxisbeispiele bewährt. Ihre Unbedenklichkeit für Landschaft und Natur ist über mehrere Gutachten belegt. Und schließlich operieren hier keine Anfänger. Gerade du und ich als handelnde Personen in der CWC sind der Bank inzwischen gut bekannt. Kellenberger ist ein solider Dienstleister, der hinter uns steht. Übrigens habe ich mithilfe derselben Bank damals den Umbau meiner Regenschirmfabrik realisiert. Sie wissen, dass sie sich auf mich verlassen können.

Hervorragend.

In meinem Telefonat gestern mit der Bank habe ich dich bereits als Geschäftsführerin der künftigen Generalunternehmerin CWC platziert. Niemand hat den geringsten Zweifel an deiner Eignung, wenn sich unser Geschäftsfeld jetzt so deutlich erweitert, zumal ich mir erlaubt habe, diesmal zum Beleg deine Vita beizufügen. Du kommst aus den USA, das liest sich alles sehr überzeugend.

Und wir haben gute Berater. Okereke kann uns jederzeit helfen.

Du sagst es, Alaska. Er hat mir sogar bereits mit einem amtlichen Schreiben bestätigt, dass sein Ministerium unsere Wasseraufbereitungstechnologie in jeder Hinsicht begrüßt und man die Zusammenarbeit mit der CWC sehr schätzt. Die Vergabe staatlicher Aufträge an die Generalunternehmerin CWC ist damit so gut wie sicher. Und selbst wenn Okereke einmal ausfallen sollte – Südafrika drohen nicht nur innenpolitische Probleme, sondern sogar ein Eklat mit seinen Nachbarn, wenn es nichts tut. Südafrikas Behörden können es sich gar nicht leisten, ihre Meinung über die Notwendigkeit unserer Wetlands zu ändern. Nicht wenn Südafrika verhindern will, dass vergiftetes Wasser dekantiert und in den Incomati fließt. Kurzum, wer sollte etwas gegen uns haben – und gegen sauberes Wasser?

Alaska lächelt. Dann steht der Auftragnehmerin Mariann nichts mehr im Weg?, fragt sie und ihr großer beweglicher Mund formt sich zu einem strahlenden Lächeln, das zwei Reihen herrlich weißer Zähne preisgibt.

Die Auftragnehmerin heißt CWC. Und ab dem 1. März erhält die Geschäftsführerin Alaska de Wet eine Gehaltszulage von zwanzig Prozent. Auch Ma muss lächeln und unwillkürlich sucht ihr Mund ein Versteck hinter dem Weinglas, denn ihre

Zähne können mit denen ihres Gegenübers nicht konkurrieren. Es ist schon ungerecht, denkt sie. Dieser Schwanenhals, diese Lippen – und dazu noch diese Zähne. Doch dann fasst sie sich ein Herz und ihr Mund gibt sein Versteck preis, damit sie anstoßen können.

Dafür besitze ich den schärferen Blick, denkt sie, während ihre Gläser klingen. Die Löwin, die die Beute als Erste entdeckt hat, fasst zuerst und erhält das schönste Stück, für sich und ihre Jungen. Am Ende zählt eben immer nur das Ergebnis. Da fällt es wohl nicht weiter ins Gewicht, dass sie eines überhaupt nicht kann: singen. Aber schließlich haben ihre Kinder auch ohne Cole Porter und Louis Armstrong den Weg ins Leben gefunden und sind dabei höchst erfolgreich. Und Senta würde ihnen bestimmt noch beweisen, dass Forschers Bedenken unbegründet sind. Es sind ihre Kinder, die Enkel des Auritters. What a wonderful world.

Wie immer an Orten, die für ein Event kreiert wurden, ist es auch heute hier viel zu voll. Aber was hat sie erwartet, wenn sie zu einer Weltausstellung fährt? Sie hat die Presseführung vor ein paar Wochen mitmachen wollen, die jedoch stattgefunden hat, als sie noch mit Ian im Arm auf dem Sofa gelegen hat, bevor Robert und sie Milena gefunden haben, ihr tschechisches Au-pair. Milena ist fröhlich und in Ian vernarrt, vor allem ist sie zuverlässig. Senta kann Ian heute ihrer Obhut überlassen. Wenigstens diese Sorge ist ihr genommen.

Es ist schade, dass sie die Presseführung verpasst hat, denn solche Führungen sind klasse. Man wird schnell an allen vorbeigelotst und bekommt die wichtigen Informationen in gut vorportionierten Häppchen verabreicht. Die Pressereferenten bei solchen Terminen – in der Regel Ende zwanzig oder maximal Anfang dreißig – wirken immer fitnessbewusst und haben eine entsprechende Figur, die durch eng geschnittene peppige Messeoutfits betont wird. In dieser Aufmachung und mit einem gut gelaunten Expo-Logo auf dem Revers verbreiten sie jede Menge Aufbruchsstimmung, die nicht nur der Gruppe an sich, sondern auch der Weltlage im Allgemeinen gilt. Das ansteckende Lächeln signalisiert, dass man sich bloß mit den Ausstellungsideen zu identifizieren braucht, die selbstverständlich alle großartig sind. Schlendert man in ihrem Schlepptau über das Gelände, ist es ein Leichtes, zu erkennen, wie visionär die Gegenwart ist, was die Pavillons zeigen. Ja, Zukunft macht Spaß.

Die Menschen früherer Jahrzehnte kann man auf solchen Pressetouren daher nur bedauern. Ihr Leben ist noch von dunklen Vorurteilen bestimmt gewesen, sobald einmal etwas nicht westlich war. Russland und China lagen weit vom Schuss und galten als böse und vor allem als hinterwäldlerisch. Einer pressegeführten Expo-Truppe im 21. Jahrhundert hingegen fällt die vergnügliche Rolle zu, alle Neuerungen freudig begrüßen zu können, die kürzlich irgendwo im Global Village erdacht worden sind und nun präsentiert werden.

Das meiste Neue, das spannend ist, kommt inzwischen aus Asien. Warum auch nicht? Außerdem wird man auf der Expo gut unterhalten. Die Ablenkung von den Verlagsthemen wird ihr guttun.

Warum sie Expos immer schon geliebt hat, ist die Tatsache, dass sich bei ihr nach Minuten das Gefühl einstellt, am Place to be zu sein. Weder ein Urlaubsort noch das eigene Zuhause vermochten das je bei ihr. Trifft sie am Urlaubsort ein, fängt sie unwillkürlich an zu zählen, wie lange sie bleiben wird, und kommt zu dem Schluss, dass es sich nicht lohne, hier »anzukommen«. Kehrt sie braun gebrannt nach Hause zurück, fühlt sie sich nach den ersten beiden Waschmaschinenladungen, einem Check ihres überbordenden E-Mail-Accounts und der Sichtung der Post schon wieder urlaubsreif. Es ist unglaublich, wie viele Rechnungen man während eines Urlaubs erhalten kann, obwohl man in dieser Zeit gar nicht zu Hause gewesen ist.

Expos suggerieren dagegen, dass die Probleme für immer geschafft sind – oder dass es gar keine gibt. Ja, Expos simulieren ein fröhliches Happily ever after der Menschheitsgeschichte. Alles ist inspirierend, interessant und heiter. Nach der Presseführung gibt es gutes Essen und anschließend fährt ein Kleinbus, der schon mit laufenden Motoren wartet, sie und die anderen zurück zum Hotel.

Als wäre das nicht genug, erhält sie jedes Mal eine Giveaway-Tüte, in der sich neben Hochglanzbroschüren zu den Pavillon-Exponaten etliches von Sponsoren befindet, das mit der Ausstellung mitunter wenig oder gar nichts zu tun hat, sich jedoch als nützlich erweist. Von der letzten Expo hat sie noch die Flasche eines extravaganten und fraglos teuren Badeöls in Erinnerung, das sie sich nie gekauft hätte, das allerdings sehr gut riecht.

Weil sie so spät dran ist, hätte sie heute im Grunde gar nicht mehr zu kommen brauchen – längst ist alles Wichtige geschrieben worden. Doch sie möchte sich nicht die Blöße geben, die Expo in ihrer Zeitschrift unerwähnt zu lassen. Niemand soll später glauben, die Gründe dafür zu kennen, weshalb es für ihre Zeitschrift rückblickend nicht gereicht hat. Noch ist es nicht so weit, aber sie will lieber vorbauen. Also wird sie etwas schreiben, das sich als frühe Retrospektive auf die Expo interpretieren lässt. »Expo – Was bleibt?«, will sie ihren Artikel nennen, deswegen ist sie hier.

Ohne lächelnd vorauseilende Referenten erinnert die Expo an eine aufgebauschte Szenerie oder, wenn sie ehrlich mit sich sein will, an Fake Facts. Dabei ist alles wie immer. Wimpel, wohin sie nur schaut, und das Leben gleicht einem glucksenden und immerzu Musik abspielenden Abenteuer. Alle fünf Minuten muss sie niedliche Brücken überqueren, während ihr von jenseits des plätschernden Rinnsals heitere Rhythmen entgegenströmen. Die folkloristischen Melodien dringen aus den blechernen Lamellen eines organisch geformten Pavillons, dessen Kurven in der Sonne silbern glänzen.

Vieles in dieser Ausstellung hat amorphe Formen, denn die Welt ist rund und Kurven in der Architektur sind hip. Dabei bleiben solche Gebäude unsinnig und ärgerlich, sobald man sich die Grundregeln der Bauphysik vor Augen führt. Die Welt braucht Raum und der rechte Winkel ist das Maß der Dinge. Darin liegt die Ironie. Orte wie dieser predigen gern Zukunft durch verträgliches Wachstum, doch der Luxus ihrer Ellipsen überführt die Botschafter der Doppelmoral. Wer kann sich diese Austern und Quallen mit ihren gläsernen Furchen und Ausstülpungen schon leisten, es sei denn, es geht um Museen und Opernhäuser für Paris oder Abu Dhabi? Später erweist sich, dass die riesigen Ungetüme von außen schlecht zu reinigen sind, dann ist es zu spät. Meistens sehen sie bereits nach zwei Jahren ganz scheußlich aus.

Sicherlich ist auch der Inhalt dieser Monsterkartoffel der Nachhaltigkeit gewidmet. »Feed the Earth« ist das Motto der diesjährigen Expo und so gibt es kaum einen Pavillon, der ohne das Nachhaltigkeitsthema auskommt. Hinter dem Pavillon vermutet sie Frankreich, denn die Kartoffel wirkt wie eine Miniatur-ausgabe der »verglasten Kakerlake« im Pariser Bois de Boulogne, von der ihr Flocke und Mies erzählt haben, der Fondation Louis Vuitton. Mies hat ihr diesen Spitznamen gegeben.

Immerhin, sobald sie Frankreich abhaken kann, warten vier Glastürme auf sie, die sie von der kleinen Fußgängerbrücke aus schon entdeckt hat. Auf angenehm nüchterne Weise ragen sie senkrecht in den Himmel, ohne Drehung oder Knick. Diese Türme sind – so viel weiß sie bereits – das Expo-Meisterstück der Schweiz. Wieder einmal glänzt dieses kleine, bodenständige Land mit wohltuender Einfachheit. Aufgrund der Artikel, die sie im Vorfeld gelesen hat, ist sie vor allem auf die Schweizer Ausstellungsinhalte neugierig. Die vier Eckpfeiler bilden den Rahmen für das Menschsein von morgen: eat, drink, work, sleep. Die angeberische Pariser Blechkartoffel will sie da schnell hinter sich bringen.

Die geschwungenen Lamellen repräsentieren stattdessen vier westafrikanische Länder, die allerdings sämtlich ehemalige französische Kolonien sind und sich bei ihrer Selbstinszenie-rung sicherlich etwas Hilfe von der Seine geholt haben: Elfen-beinküste, Benin, Togo und Kamerun. Der Pavillon stellt, wie sie liest, eine Kaffeebohne dar. Alle vier Länder produzieren die Sorte »Robusta«. Die ethnischen Klänge aus den Lautsprechern sind afrikanische Bohnenpflückerlieder. Als sie den Pavillon betritt, informiert man sie über Einzelheiten des heutigen An-baus und der Erntebedingungen in Afrika.

Vorübergehende Überangebote im globalen, nicht steuer-baren Marktgeschehen bewirken, dass Preise rasch fallen, in der jüngeren Vergangenheit sei das wiederholt vorgekommen. Die farblich aufeinander abgestimmten Texttafeln auf den Stellwän-den im Pavilloninneren präsentieren sich thematisch passend in den Pflanzenröstfarben Grün, Rot und Dunkelbraun. Die Instabilitäten des Markts treffen in erster Linie das schwächste Glied – die Kaffeebauern selbst. Obgleich ohne sie der Markt zusammenbricht, sind sie kaum imstande, Rücklagen zu bilden. Viele von ihnen müssen wegen Verschuldung aufgeben.

Sie schlendert weiter, während ihr ein Modell einer Kooperative vorgestellt wird, die in der Lage sei, bessere Verhandlungspositionen durchzusetzen und unvorhersehbare Einbrüche abzufedern. Natürlich verkauft der Pavillon diese Kooperativen als afrikanische Erfolgsgeschichte. Mehrfach wird betont, das Ziel sei aus eigener Kraft erreicht worden. Da ist es also, das Happily ever after, verbunden mit einem kleinen und zweifellos bewussten Seitenhieb auf Paris, das man für die schöne Verpackung engagiert hat. Beim Inhalt des Pavillons legt Afrika auf die recht unverblümte Feststellung Wert, dass gute Lösungen für Afrika besser ohne ausländische Intervention zustande kämen.

Zum krönenden Abschluss wird sie mit einer weltumspannenden Zusammenarbeit bekannt gemacht. Eine versöhnliche, zugleich fordernde Geste an das Global Village, der Hinweis auf und der Dank an ein multinational vertretenes Händlernetz, das diese Kooperativen unterstützt.

Am Ausgang tanzen vier Frauen in gebatikten Gewändern, ihr beeindruckendes Körpergewicht verlagern sie in langsam wiegenden Schritten von einem Fuß auf den anderen, dazu lächeln sie und verteilen Flyer. Darauf steht, dass die Kooperative allein auf die Initiative von Dorffrauen zurückzuführen sei. Auf einem Plexiglasständer neben den Tänzerinnen hängt der Flyer in allen Sprachen.

Das Drama fehlender Rücklagen ist Senta nur zu vertraut und die afrikanischen Kaffeebäuerinnen sind, findet sie, auf dem richtigen Weg. Fast wünscht sie sich, sie könnte sich mit ihrer Zeitschrift den lächelnd tanzenden Frauen anschließen. Ihre Kopftücher in weiß und grün gemusterter Baumwolle leuchten in der Sonne, die durch die Lamellen bricht, um die Wette. Fair-Trade-Zeitschriften, denkt sie, das wär's doch. Wie für den richtigen Kaffee würden die Kunden für ein ehrliches und geradliniges Produkt wie ihr Heft ein wenig mehr zahlen, dafür mit dem guten Gewissen, dass die Fachzeitschrift in ihren Händen überleben wird. Das ist verdient, denn sie ist qualitativ hervorragend, auch wenn sie sich nur in kleiner Auflage verkauft. Ob in Afrika oder hier, letztlich sind es die

Frauen gewesen, die den Anfang hatten machen müssen und die den Wandel später zuwege gebracht haben. Aus welcher Ecke ist sonst Veränderung zu erwarten? Von ihrem Bruder Mies würde da kaum etwas kommen.

Sie steckt sich einen Flyer für Robert ein. Er kümmert sich um die Einkäufe, wenn sie geschäftlich verreist. Roberts Einkäufe finden statt, nachdem er das Büro verlassen hat, also auf den letzten Drücker. Dann weiß sie ihn in der Feinkostabteilung des Flagship-Stores einer Supermarktkette bei ihnen um die Ecke. Roberts Kaffee ist allerfeinstes Arabica, nur kann sich Senta nicht erinnern, je einen Fair-Trade-Aufdruck auf den Tüten entdeckt zu haben.

Mit leiser Erleichterung verlässt sie den Pavillon, um sich endlich den Schweizer Türmen zuzuwenden, als sie sich besinnt und noch einmal zurückläuft. Sie holt zwei weitere Flyer, einen davon in Englisch für Milena. Den deutschsprachigen wird sie bei ihrem nächsten Besuch Ma mitbringen, schließlich buddelt die gerade in afrikanischer Erde und trinkt pro Tag mindestens eine Kanne Kaffee. Sie darf den Flyer nur nicht vergessen, wenn Ma das nächste Mal zu Hause ist.

Bei den vier Türmen erfährt sie als Erstes über eine Texttafel am Eingang, wie perfekt man den Rückbau nach Ende der Expo schon geplant hat. Es ist eine Eventarchitektur, die sich auf sehr sympathische Weise selbst recycelt.

Die Glaspaneele, so liest sie, würden nach Schließen der Mailänder Ausstellungstore Schweizer Kindergärten zur Verfügung gestellt. Die Anschlussnutzung sehe vor, die Paneele zu Glaswürfeln zusammenzubauen, die den Kitas im Winter zusätzlich Raum für Spielaktivitäten böten, man brauche sie nur im Garten oder Hof zu platzieren. Sobald der Frühling komme, ließen sich die Paneele in weniger als einer Stunde wieder auseinanderbauen und platzsparend einlagern, sodass Gärten und Höfe wieder uneingeschränkt für Outdoorspiele zur Verfügung stehen würden. Schweizer Kinder, das muss sie zugeben, haben es im Global Village gut getroffen. Unwillkürlich muss sie an Flocke denken.

Wie schön, würde sie sagen. Warum schicken sie nicht einen der Würfel nach Xintang?

Sie als Besucherin des Schweizer Pavillons soll sich auf diese Weise entspannen. Sie kann die Turmbesichtigung rundum genießen, ohne sich in Sachen eigenem Footprint sorgen zu müssen. Im Zweifel sieht die Welt hinterher so aus, als hätte es ihren Besuch nie gegeben – ein Spielzeug, das die Erinnerung an jene, die es benutzt haben, proaktiv löscht. *Expo – Was bleibt?* Es würden die digitalen Bilder sein. Aber auch Datenbanken würden irgendwann der Aufforderung nachkommen, alle Expo-Bilder mit Menschen darauf wieder zu entfernen. Am Ende bleibt ein Hauch von Nichts. Ist das das ultimative Ziel der Happily-ever-after-Expo-Menschheit – die Selbstauflösung?

Sie schiebt den defätistischen Gedanken zur Seite und betritt den ersten Turm. Da die Reihenfolge, in der sie beginnt, gleichgültig zu sein scheint, wählt sie den mit der kürzesten Schlange, den Schlafturm. Gleich neben der Treppe, wo die Sponsoren gelistet sind, entdeckt sie ein ihr bekanntes Logo. Der diesjährige Schweiz-Pavillon ist ausgerechnet von Pavier gesponsert.

Na gut, denkt sie, warum nicht? Beim Motto »Feed the Earth« darf einer, der bei der weltweiten Ernährung ein maßgebliches Wörtchen mitzureden hat, nicht fehlen. Auf seinem Stammsitz in der Schweiz hat er bestimmt reichlich Rücklagen, auf die Verleger von Zeitschriften im Nischensegment oder afrikanische Kaffeebäuerinnen nur neidisch sein können. Ein kluger Schachzug. Selbstverständlich würde die Pavillonpräsenz in Mailand dazu beitragen, die Bekanntheit des Brands – die Marke Pavier – weltweit zu steigern. Erstaunlich, dass Mies nichts davon erzählt hat. Andererseits auch nicht, er ist ja erst seit Kurzem dabei. Projekte wie jenes der heutigen Expo haben da einen längeren Atem.

Sie überfliegt den kurzen Text über Pavier. Viel ist es nicht, nur dass sich Pavier glücklich schätze, zu diesem Vorhaben beigetragen zu haben. Die Schweiz und all ihre Pavillonsponsoren seien sich einig in der Erkenntnis, dass nachhaltiges Wirtschaften alternativlos sei. Mit den vier Türmen werde der Versuch unternommen, exemplarisch vor Augen zu führen, was heutige Konzepte in dieser Hinsicht bereits ermöglichen.

Sie steigt die Turmstufen hinauf in das, was sich »Sleep« nennt. Angesichts des knappen Wohnraums in den Ballungsgebieten der Welt werden Einraumwohnungen vorgestellt. Darüber hätte sie tatsächlich gern geschrieben. Da bezahlbarer Wohnraum weder in Hongkong noch in Paris oder Tel Aviv und ebenso wenig in Manhattan oder Frankfurt zu bekommen sei, gelte es, den Einraum multifunktional zu nutzen – gerade in Zeiten steigender Homeoffice-Beschäftigung ein Must. Mit ein paar Handgriffen lasse sich das Schlafzimmer in ein Arbeitszimmer, eine Küche oder ein Wohnzimmer verwandeln.

Also doch nur des Kaisers neue Kleider, denkt sie. Wie sich die Konzepte wiederholen. Da waren die Bauhaus-Klappbetten aus Rohrstahl aus den Zwanzigerjahren und die Küchen der Fünfziger, die sich in zierlichen Wandschränken verstecken mussten, nachdem Europa zerbombt worden war. Nun gelten diese Gesetze überall, als Fazit der hehren Epoche der Globalisierung.

Passend zu den vertikal verbauten Betten und Küchenkonsolen, die in bunten Kunststoffschalen auf sie warten und dazu einladen sollen, in Betrieb genommen zu werden, wird sie vor Verlassen des »Sleep«-Turms gebeten, es sich bei einem Espresso für ein paar Minuten in einem Sitzsack gemütlich zu machen, ehe sie den Ausstellungsbesuch fortsetzt.

Pavier hat dafür in der Turmlobby in großzügiger Weise Espressomaschinen nebst Minipappbechertürmen verteilt, die der Besucher mit den üblichen Kapseln befüllen kann. Auch sie sind fröhlich bunt. Dazu stylishe Schlafsitzsäcke, die angesichts des Turmmottos überraschend ausladend sind. Die anthrazitgraue Jute zeigt auf allen Säcken das Pavier-Logo, zusammen mit einem von dunkelblauen Monden garnierten Schriftzug. *Happy nap.* Das »Happy nap« ist halbrund gebogen, statt der Augen zwei Sterne, ein Smileylächeln.

Überall um sie herum hört sie das Geräusch der Kapseln, wenn die verbrauchten nach unten fallen, und wirft einen kurzen Blick auf die Espressomaschinen. Etliche der Kapselauffangbehälter scheinen vom Standpersonal noch nicht geleert worden zu sein. Und da von den Besuchern offensichtlich niemand Lust hat, sich der Bedienung der Maschinen zu widmen, haben sich vor den wenigen funktionstüchtigen mittellange Schlangen gebildet. Zum Glück ist sie nicht Ma – nein, sie braucht jetzt keinen Kaffee.

Das Konzept für den zweiten Turm, »Work«, ist sichtlich von dem Wunsch geprägt, der Welt zu zeigen, wie heutige Arbeitsplätze in Vorzeigebetrieben aussehen. Zunächst wird sie in ein Labyrinth von Innenausbauideen entführt, mit denen sich gesichtslose Bürotürme in freundliche Umgebungen verwandeln lassen. Immer sind ein Ruhe- und ein Fitnessraum Ausgangspunkt für die weiteren Planungen, alle Bereiche präsentieren sich ihr als grüne Oasen, dank Luftpflanzen und vertikaler Gartenwände. Arbeitgeber werden dazu angeregt, über den Tag verteilte Sport- und Yogakurse anzubieten und die Festarbeitszeiten entsprechend zu flexibilisieren. Tablets auf Plexiglasstelen erläutern mit wechselnden Texttafeln, wie wichtig Bewegung sei, nicht nur für die langfristige Gesundheit, sondern auch für die kurzfristige Wiederherstellung der Konzentration. Konzepte dieser Art führten daher, so der klugscheißende Kommentar, schon nach kurzer Zeit zu nachweislicher Ertragssteigerung. Außerdem lasse sich durch Einführung solcher Programme zur Mitarbeiterbindung dem drohenden Know-how-Abfluss im globalen Wettbewerb nachhaltig und erfolgreich begegnen.

Der Sprachgebrauch dieses Expo-Pavillons ist zunehmend irritierend und sie ist von dem, was es zu sehen gibt, einigermaßen enttäuscht. Den Rest des Turms kann sie sich sparen. Überdies geht ihr das Lottogewinnerlächeln der auf Videowalls sportelnden Pavier-Mitarbeiter in Paris, Singapur und Atlanta langsam auf die Nerven. Die afrikanischen Kaffeebäuerinnen werden wohl noch eine Weile auf ihren Ruhe- und Fitnessraum warten müssen. Drohender Know-how-Abfluss ist keine vornehmliche Sorge in den Dörfern der Elfenbeinküste und das Gleiche gilt zweifellos für Flockes Jeanswäscher in Xintang. Sie selbst hat ein Fitnessstudioabo und bräuchte keine Luftpflanzen, dafür gern etwas mehr Luft zwischen ihren Terminen zur Rettung von »bauen heute«. So hinreißend Milena mit Ian umzugehen weiß, irgendwann möchte sie doch wieder bei ihrem Sohn sein. Vermutlich steht sie mit diesem Wunsch im Global Village nicht allein da.

Paviers Rezepte scheinen eher etwas für Singles in Großstädten wie ihren Bruder zu sein. Mies findet seinen Pariser Feierabend sicherlich sterbenslangweilig, wenn nicht eine heiße schwule Party ansteht. Dann ist ein stündlich zu buchender Yogakurs nicht schlecht. Und was gilt für sie? Für die Frauen zwischen Waschtrommeln, Kaffeebohnen und Zeitschriftenartikeln, die sie redigieren soll, während Ian nebenan einen etwas zu roten Kopf hat und brüllt – Frauen mit Kind. Männer machen sich keine Vorstellung davon. Nicht einmal Robert.

Wer weiß, gegebenenfalls besteht noch Hoffnung und sie haben sich wenigstens für den »Eat«-Turm etwas Markantes einfallen lassen. Sie wendet sich ihm zu, ehe sie die Schweiz über den »Drink«-Turm verlässt. Dabei verspürt sie auf den Rest des Expo-Geländes schon gar keine Lust mehr. Nicht nur, dass sie sich nach den Artikeln so viel mehr versprochen hat, vor allem muss sie seit mehreren Minuten daran denken, was Milena wohl gerade mit Ian tut. Angesichts dieser Gedanken fällt es ihr schwer, sich auf schillernde Texttafeln zu konzentrieren.

Kurz darauf stellt sie fest, »Eat« ist überraschend klar, mit einem einzigen Exponat. Sie wird also rasch wieder draußen sein.

»Eat« enthält ein Minikornfeld mit den vier bekannten Getreidesorten Weizen, Hafer, Roggen und Gerste »zum Anfassen«.

Getreide, so der Text, bilde die Grundlage nicht nur für Brot, sondern auch für sämtliche Müsliprodukte, die bereits in vielen

Ländern bisherige Frühstücksgewohnheiten verändert hätten. Natürlich, denkt sie. Müsliriegel, wie überhaupt Riegel aller Art, sind eine wichtige Säule in Paviers Portfolio. Vollkorn-eiweißriegel beispielsweise erweisen sich bestimmt als ideal für Mitarbeiter, die keine Zeit haben, nach ihrem abendlichen Work-out die Kochmöglichkeiten ihrer Einraumwohnung auszuprobieren, bevor das Nachtleben ihrer Metropole lockt. Offenbar befasst sich Pavier nur mit Lebensgewohnheiten an Knotenpunkten wie Paris, Mexico City oder Beijing. Beijing baut gerade den größten Flughafen der Welt, hat sie kürzlich gelesen. Sie dagegen wohnt noch immer im Allgäu und hasst Eiweißriegel.

Wie schade, denkt sie. Man hätte zu dem Thema Kornfeld so viel Spannendes erzählen können. Die vermeintliche Vielfalt der vier Sorten lenkt von der weltweiten Vereinseitigung der wichtigsten Sorte beim Weizenanbau ab. Flocke hat ihr gegen-über kürzlich so etwas erwähnt. Globales Ziel: die Mengen jener einen Sorte, die sich im Zusammenspiel mit den Treibmit-telenzymen der Backwarenindustrie als bestgeeignet erwiesen hat, zu maximieren. Treibmittel haben das Sagen.

Alle übrigen Weizensorten, spottete Flocke, sind immerhin dazu gut, sich im Svalbard einlagern zu lassen.

Im was?

Du weißt auch gar nichts, Senta, erwiderte Flocke seufzend. Svalbard Global Seed Vault, das ist der weltweite Saatguttresor. Mitten in Fels und Eis.

Wo das denn?, bohrte sie.

Spitzbergen, Senta, Norwegen, arktisches Archipel. Da überwintern derzeit alle Saatgutvarianten, die aktuellen Anbau-methoden nicht gerecht werden. Für den unwahrscheinlichen Fall, dass wir es uns anders überlegen sollten. Nur darf jetzt mit dem Vault nichts passieren, fügte Flocke hinzu. Nirgendwo sind die Temperaturen so stark angestiegen wie in der Arktis. Zuletzt haben sie in Spitzbergen über einundzwanzig Grad gemessen, das Eis ist bald weg.

Am liebsten würde sie in ihrer Retrospektive darüber schreiben und Pavier damit eins auswischen, sie ist jedoch wegen der Architektur hier, nicht wegen der Getreidevielfalt. Einen kleinen Stich gegen den Konzern kann sie sich allerdings erlauben. Sie wird sagen, dass die Schweizer Pavillon-Inhalte oberflächlich gewesen sind und damit enttäuscht haben. Niemand soll ihr später vorwerfen können, sie wäre seinerzeit in »bauen heute« am eigentlichen Thema, ihrer aller Zukunft, blind vorbeigelaufen.

Bevor sie den Turm verlässt, muss sie eine Digitalschranke passieren, die die Turmbesucher zählt. Sie hält ihr Papierarmband mit dem Strichcode vor den Scanner und eine Anzeige leuchtet auf: *Snack gefällig?* Etwas unwillig drückt sie *Ja* und ein lachendes Strichmännchen deutet auf Ballons, die in knalligen Farben die alternativen Geschmacksrichtungen präsentieren. Sie wählt den himbeerfarbenen Kreis für *Waldbeeren* und ein Schriftzug poppt auf: *Enjoy. Buon appetito. Bon appétit. Guten Appetit.*

Der Riegel rutscht durch einen Trichter in das Ausgabefach. Der Miniglaskubus gibt eine Ahnung davon, wie die Würfel in den Zürcher Kindergärten bald aussehen werden. Auf dem Screen neben der Ausgabe ist eine Ampel abgebildet, die grün leuchtet.

Kauend denkt sie darüber nach, was wohl ihr Vater von dem Beerenriegel halten würde. Sie sieht ihn vor ihrem geistigen Auge und muss plötzlich lächeln.

Wären sie alle hier, würde er sich bestimmt zu ihnen umdrehen und an Mies' Adresse hinzufügen: Bestelle deinen Kollegen einen schönen Gruß. Sie können gern das nächste Mal mitkommen, wenn ich in den Wald gehe. Ich zeige ihnen dann, was ich als Waldhimbeeren kenne. Oder als Brombeeren.

Sie schluckt den Probierbissen schnell hinunter und schmeißt den Rest des in teure Folie verpackten Zeugs in den nächsten Müll. Mögen Mies und seine Kollegen in ihren mondänen Bürotürmen in Paris und Beijing sie auch für provinziell und hinterwäldlerisch halten, sie braucht keine neue Seidenstraße mit Schlusspunkt Duisburg oder Marseille, damit noch mehr

himbeerfarbene Riegel schneller als bislang den Globus umrunden. Solch ein Happily ever after mit Waldbeerengeschmack
braucht kein Mensch.

Und auch diese Expo ist definitiv nicht The place to be.

Der liegt in diesem Moment eindeutig woanders, bei Milena,
ihrem tschechischen Au-pair – und bei Ian.

Zu blöd. Aber jetzt ist sie nun einmal hier.

Muss sie den Wasserturm überhaupt noch machen? In »Drink« würde sich das Ganze wahrscheinlich nur wiederholen. Sie massiert sich mit beiden Händen die Kopfhaut, ihr neuer praktischer Kurzhaarschnitt erlaubt das, und beschließt, es rasch hinter sich zu bringen.

Sie hat mit ihrer Vermutung recht gehabt, die Glaskästen beinhalten statt der Müsliriegel die handlichen Wasserflaschen von Pavier. Eine dynamisch zackige Linie, die ihr bestens vertraut ist, löst die bonbonfarbenen hüpfenden Himbeeren ab. Es ist die Bergkette der Allgäuer Riviera, vom Forggensee aus gesehen. Ist es ein Zufall, dass es just ihre Berge sind, mit denen Pavier weltweit seine Flaschen verkauft? Aber nein. Mies sitzt ja im Marketing.

Sie passiert erneut eine Digitalschranke und drückt bei dem Button *Drink gefällig?* automatisch *Ja* auf dem Touchscreen. Eine kleine Flasche rollt durch den Trichter in das Ausgabefach. Komisch, denkt sie, dass sie die Kästen nicht nachgefüllt haben. Im Vergleich zu »Eat« ist der Bodensatz der Glasbehälter über ihr nur noch knapp mit Flaschen bedeckt. Wenn Pavier nicht bald dem Cateringservice Bescheid gibt, wird der Schweizer Pavillon wohl vorübergehend auf das Lottogewinnerlächeln seiner Besucher verzichten müssen.

In diesem Moment bemerkt sie, dass die Digitalanzeige der Ampel neben dem Touchscreen gelb leuchtet. *997 left.* Als sie den Wasserturm betreten hat, hat dort noch eine andere Zahl geblinkt – vierstellig. Sie ist sich ziemlich sicher. Unter der gelben Ampel ist ein Fragezeichenbutton, sie drückt den Button mit der deutschen Sprachfahne und auf einem Anzeigefeld erscheint der folgende Text:

Unsere Türme stehen für die begrenzten Ressourcen unserer Erde. Sie werden bei Verbrauch nicht nachgefüllt. Verschwenden Sie bitte kein Wasser – danke!

Aha. Das ist also der fadenscheinige Tribut an die Nachhaltigkeit, denkt sie, nachdem man sie vier Türme lang unverhohlen mit Werbung für die Marke dieses Lebensmittelmultis bombardiert hat. Typisch. Wasser predigen, Wein trinken. Schon vorhin viel überflüssiges Chichi, um eine simple Ruhezone für Besucher einzurichten, die sich nur für fünf Minuten hinsetzen wollen. Eine Bank hätte es ebenso gut getan. Und der Snack und die Flasche sind ihr geradezu aufgedrängt worden.

Bevor sie das Turmgelände verlassen kann, muss sie ein letztes Labyrinth passieren, das aus schulterhohen Glaswänden besteht. Die Schweizer Glaspaneele sind tatsächlich vielseitig verwendbar. Auf die Rückseiten sind Fotofolien in der Größe der Glasscheiben geklebt. Sie geht hindurch und schaut auf einen breiten trägen Fluss, eine dunkle Brühe, in der Frauen mit indischen Saris ihre Wäsche waschen, während im Hintergrund Kinder Wasser in Eimer schöpfen. Die nächste Fotofolie zeigt einen Elefanten, dann kommt eine Avocadoplantage. Das darauffolgende Bild erinnert an moderne Kunst, erst bei genauerem Hinsehen erkennt sie, dass es sich um riesige Bergbaugebiete mit Kraterseen handelt, die aus der Luft fotografiert sind. Davon muss sie Ma erzählen.

Es folgt ein Wasserspielpark, aufgenommen in den frühen Abendstunden. Das erleuchtete zentrale Becken ist von Fahnenstangen mit Sternenbanner umgeben, dahinter Springbrunnenfontänen in Rot, Weiß und Blau. Sodann dicht gedrängt pickende Hühner und eine Autowaschstraße unter der Dunstglocke einer Megacity. Und so geht es weiter. Ein Villengarten, die eingeschalteten Sprinkleranlagen produzieren Tropfenvorhänge, die in allen Regenbogenfarben schillern. Ein Wasserkraftwerk mit Turbinen und Kubiktonnen rauschenden Wassers. Bei jedem Foto steht die Ortsbezeichnung darunter, beim Wasserkraftwerk *Iguazú, Brasilien/Argentinien*.

Das Labyrinth setzt sich fort, aber ihre Aufnahmebereitschaft ist endgültig erschöpft. Flüchtig betrachtet sie einen Brunnen in einer Savanne mit Frauen, die Krüge auf dem Kopf tragen. Ihre Batikkleider erinnern sie an den afrikanischen Pavillon. Plötzlich stutzt sie – ein See mit Anglern. Die Fußzeile: *Lake Erie, Pennsylvania.*

Sie ist nicht hier angekommen und wird sich auch auf den letzten Metern nicht mehr einseifen lassen, dennoch muss sie lächeln bei dieser abermaligen Referenz an Ma. Erst die Bergbauseen und nun das. Natürlich, ihre Familienlegende, Moreaus Anglerausflug!

Sie ist fast am Ende des Labyrinths, als ihr ein letztes Foto begegnet, das sie aus irgendeinem Grund dazu bringt, innezuhalten, denn der Mann im Vordergrund hat einen blauen Arm.

Ein riesiger Fabrikraum mit turmhohen Waschmaschinen, die unzählige Reihen bilden, Arbeiter befüllen und entleeren sie. In den Wannen türmen sich blaue Kleiderberge. Erst jetzt entdeckt sie, dass es Jeans sind. Der blaue Arm des Arbeiters ist nicht der einzige. Darunter zwei Wörter: *Xintang, China.*

Sie hat genug gesehen und zum Glück ist sie am Ausgang des Vier-Türme-Geländes.

Ein Türloch in einer hohen Plexiglaswand erwartet sie, deren Umriss das weltberühmte Matterhorn abbildet. Über das winterliche Weiß des milchigen Plexiglases blitzen schwarze Linien, die aus der Ferne wie Gesteinsvorsprünge aussehen, glänzend wie nasse Felskanten. Je näher sie dem Matterhorn kommt, desto besser kann sie erkennen, was es ist: blinkende Schriftzüge.

Ein Mensch trinkt 1,5 Liter am Tag.

Ein Elefant trinkt 150 Liter am Tag.

Wasserverbrauch für den Anbau von 1 Kilogramm Avocados: 1.000 Liter.

Wasserverbrauch für 1 Kilogramm Eier aus Bodenhaltung: 3.061 Liter.

Es folgen die Angaben zu Wasserkraftwerken, Autowaschstraßen und Erlebnisschwimmbädern. Die digitalen Wörter hören nicht auf zu laufen. Sie verlöschen nur, damit neue Wörter auftauchen, die neue Zahlen listen. Sie ist im Begriff, sich abzuwenden, da liest sie:

Laut Prognose wird sich die Weltbevölkerung bis 2050 auf

bis zu 9 Milliarden erhöhen. Bevölkerungsreiche Länder wie China und Länder in Lateinamerika verzeichnen hohes Wirtschaftswachstum. Wissenschaftler rechnen dann mit einem im Vergleich zu heute doppelt so hohen Wasserverbrauch. Liebe Besucherinnen und Besucher, verschwenden Sie bitte kein Wasser!

Die Schriftzüge nehmen wieder ihre Literbotschaften auf: Vorstadtgärten, Goldminen und Jeansfabriken. Alles läuft weiter.

Wenn sich ihr Flug umbuchen lässt, könnte sie statt morgen schon heute Abend bei Ian sein. Sie muss nur noch durchs Matterhorn durch.

Sie beeilt sich und überholt zu Füßen der Plexiglaswand eine Schulklasse, die der Erläuterung eines Expo-Teammitglieds mit peppig rotem Outfit zuhört.

… Gletscherschmelze droht auch den weltberühmten Schweizer Alpen. Dort gibt es rund fünftausend Gletscher. Berechnungen der Süßwasserreserven zeigen, dass sich ihre An…

Die Kinder sind ihr im Weg und verhindern, dass sie überholen kann. Sie muss einen Bogen schlagen und bleibt unfreiwillig in Hörweite.

… in den nächsten Jahren halbieren wird. Nur etwa ein Viertel des weltweiten Süßwassers entfällt auf Grundwasser, Seen und Flüsse. Drei Viertel dagegen bestehen aus Eis und Schnee in Polargebieten und Gletscherregionen. Forscher suchen daher nach Alternativen, wie die betroff…

Genug! Endlich kann sie das Matterhorn überwinden und dreht sich erleichtert ein letztes Mal um, als wollte sie sich vergewissern, dass die vorwurfsvolle Schweiz Gott sei Dank hinter ihr liegt.

Vielleicht hätte sie das lieber nicht tun sollen.

Die Zahl, die sie liest, ist die gleiche wie die am Ende ihres Artikels vorige Woche, einer aus ihrer neuen Beitragsreihe »Freiraum«.

Klasse, hat ihr Fotograf Philipp gesagt.

Findest du auch, ja? Dein Urteil ist mir wichtig. Ich möchte, dass der Leser gleich versteht, worauf wir hinauswollen.

»Freiraum« steht für unbebaute oder wieder frei gewordene Areale. Liegt doch auf der Hand.

Ja, aber gleichzeitig steht er für Ideen und Fantasie, die frei fließen dürfen.

Dafür schieße ich dir schöne Fotos, Senta. Philipp nickte anerkennend.

Je mutiger, desto besser, hat sie »Freiraum« im Editorial überschrieben.

In ihrem ersten Artikel geht es um eine hässliche, laute Küstenstraße, die bislang jede vernünftige Nutzung des angrenzenden Stück Strands unterbunden hat. Endlich ist die Straße weiträumig verlegt und gibt so der Küste ihren alten neuen Raum zurück. Der Asphalt ist den hübschen Holzbohlen zierlicher Fußgängerbrücken gewichen, die über eine Reihe neu geschaffener Wasserbecken führen. Die Handläufe aus poliertem Edelstahl erinnern an die Relings von Segel- und Motorjachten. Der Leser soll sofort Lust verspüren, den Weg über diese Brücke zu nehmen, hin zu dem, was es auf den nachfolgenden Seiten darüber zu entdecken gibt. Den Artikel, der durch Philipps Foto angekündigt wird, überschrieb sie mit *Wegweisend*.

Zu beiden Seiten der Wasserbecken hat der durch die Verlegung der Straße neu entstandene Freiraum eine stattliche Zahl weißer Apartmentvillen ermöglicht. Blättert man durch die folgenden Fotos bis zur Luftaufnahme, erkennt man, dass die schmalen Süßwasserbecken eine in sich geschlossene Struktur bilden, die das neue kleine Viertel wie ein Spinnennetz durchziehen. Nur ein Becken ist etwas länger und breiter als die anderen. Es kreuzt in S-Form durch die kreisförmige Siedlung.

Ahnt man sofort, welches Vorbild hier referenziert wird, Philipp? Was meinst du?

So ein S gibt es nur einmal auf der Welt. Venedig, Canal Grande. Architekten wissen das.

Und andere Leser haben wir nicht.

Sie nickte. Im schimmernden Abendlicht sehen die Brücken und Becken außerordentlich stimmungsvoll aus. Danke, Philipp.

Zu Besuch in Petite Venise à la mer, hat sie ihren Artikel eingeleitet. Schon gleich in den ersten Zeilen schwärmt sie von der Idee und beglückwünscht im Interviewteil den Architekten.

Die Brücken schaffen einen lebendigen Ort. So entsteht Nachbarschaft ohne Anlaufschwierigkeiten. In den Becken lässt sich herrlich schwimmen, zumal im Frühjahr und Herbst, wenn es für ein Bad im Meer noch zu frisch oder stürmisch ist. Petite Venise à la mer verdankt seine Idee einem Konzept, das so »rund« ist wie die Siedlung selbst.

Der Architekt führt im Interview aus: *Ja, tatsächlich war das unser Wunsch. Durch die kreisförmige Anlage und die Verbindungen zwischen den Becken bildet Petite Venise ein geschlossenes Dorf nach mittelalterlichem Vorbild – ein Village. Niemand bleibt ausgesperrt, niemand kann verloren gehen. Jedes Kind findet immer zum Ausgangspunkt zurück.*

Die Apartmentvillen mit Schwimmbecken sind nicht ganz billig, auch im Unterhalt, was ihrem Frischwasserhaushalt geschuldet ist. Der Architekt und sie sind sich aber einig. In Petite Venise zu wohnen heißt, in der obersten Liga mitzuspielen. Nachhaltig und zukunftsorientiert, wie diese Siedlung geplant gewesen ist, würde eine Immobilieninvestition nicht nur werterhaltend sein. Bis 2050, so schließt ihr Artikel, dürfte sich der Wiederverkaufswert einer Villenwohnung, konservativ gerechnet, verdoppelt haben.

Daran muss sie nun denken, als sie auf die Rückseite des Matterhorns schaut. Denn diese Zahl ist es, die dort prangt.

2050, das Jahr, in dem sich der globale Wasserverbrauch verdoppelt haben wird.

Auf der Rückseite sieht das Matterhorn nicht mehr schweizerisch verschneit aus, sondern rot. Es ist ein leuchtendes Schweizer Rot, das an einen ausgebrochenen Vulkan erinnert. Die Zahl bildet die Spitze des Bergs.

Wie ihr »Freiraum« trägt auch das Matterhorn einen Untertitel: *Wege des Wassers*.

Das rückseitige Matterhorn listet alphabetisch alle Länder der Welt auf, von Afghanistan bis Zypern. Die Legende zeigt die Ampelfarben. In dreißig Jahren, so die Prognose, sind zwei Drittel des Bergs rot.

Senta rennt nun beinahe im Dauerlauf, immer den Schildern mit *Exit* hinterher. Währenddessen kommt ihr die Bemerkung wieder in den Sinn, die Jeffrey neulich in Bezug auf Pavier gemacht hat.

Ich bin nicht so scharf wie Flocke, Senta, ich verurteile nicht, dass sie das tun. Das ist Marktwirtschaft. Allerdings legen sie den Eigentumsbegriff sehr weit aus.

Wie meinst du das?, fragte sie.

Na ja, sie kaufen weltweit Brachflächen, um dort zu bohren und so den Bedarf für ihre Trinkwasserflaschenproduktion zu decken. Kennst du den Ort Martel? Die Einwohner brauchen jetzt eine Trinkwasserleitung, die aus dem Umland ins Dorf gebaut wird. Die Rede ist von zwanzig Kilometern, das wird eine teure Angelegenheit.

Und warum, Jeff?

Ganz einfach. Seit Pavier dort Land erworben hat und das hochgepumpte Wasser unter dem Label des Orts vermarktet, reicht das Wasser nicht mehr für die Einwohner. Mies hat mir das in Paris erzählt.

Senta nickte nachdenklich.

Nach der Vorstellung von Pavier soll die Kommune das Aquädukt bezahlen, das sind etliche Millionen – da gab's Ärger. Im Konzern arbeiten sie an Marketingstrategien, wie sie in den Social Media darauf reagieren wollen, um einen Shitstorm zu vermeiden. Es wurden offenbar schon Ermittlungen der Staatsanwaltschaft wegen Einflussnahme auf die örtlichen Wasserbehörden eingeleitet, einer ihrer Chefs steht da unter Beschuss. Bitte behalte das für dich. Zumindest möchte Mies nicht, dass wir den Eltern davon erzählen.

Und was sagst du als Jurist dazu?

Die Beeinflussung von Entscheidungsträgern in Wasserbehörden ist nach französischem Recht offenbar strafbar. Ich studiere da nicht, also frag nicht nach Details. Vielleicht wird es eine Geldstrafe geben. Das viel Entscheidendere ist, wie wir in Europa unser Eigentum definieren wollen. Wem gehört das Wasser? Die bohren tief, Senta, richtig tief. Flocke und ihre Freunde nennen das »Land Grabbing«. Afrika und Südamerika werden auf diese Weise verheizt.

Aber alle wollen sauberes Wasser, Jeff. Ich auch, besonders beim Trinkwasser. Mies hat mir gegenüber einmal erwähnt, tiefe Bohrungen dienten dem Zweck, dass Verunreinigungen in der Erdoberfläche gar nicht erst herausgefiltert werden müssten.

Senta, keine Ahnung. Vielleicht stimmt es, vielleicht ist das Marketing. Du kennst Mies. Wenn er etwas erzählt und plötzlich das Thema wechselt, ist es das Signal, bis hierhin und nicht weiter. In einem hat Flocke recht, fügte Jeffrey nach einer kurzen Pause hinzu. Das, was mit den Kleinbauern ringsherum passiert. Ihre Böden geben nichts mehr her, sie werden in die Pleite getrieben.

Das Gespräch haben sie geführt, nachdem die jüngsten Quartalszahlen von »bauen heute« auf ihrem Tisch gelegen hatten und in der Redaktion nach dieser Hiobsbotschaft die Kreditlinie angesprochen worden war, wie man die jetzt halten wolle. Sie ist peinlich berührt gewesen.

Wenn ihnen ein Shitstorm droht, Jeff, warum lassen sie es nicht mit dem Wasser?

Wasser, Senta, ist eine der Ecksäulen ihres Geschäfts. Vergiss die Riegel und Cornflakes. Die machen mit ihren Flaschen einen Riesenprofit.

2050 ist auch das Jahr, erinnert sie sich auf dem Weg zur U-Bahn-Haltestelle, in dem die Comicgeschichten spielen, die sie und Flocke sich in ihren Teenagerjahren ausgedacht haben. Sie schrieb die Dialoge für die Science-Fiction-Rittergesellschaft, die Flocke auf ihre Bitte hin zeichnen sollte. Schon damals spielte sie mit dem Gedanken zu veröffentlichen. Mindestens einen Auszug ihres Comics in der Schülerzeitung setzte sie sich zum Ziel. Nicht einmal das haben Flocke und sie erreicht. Beim Fest für das bestandene Science-Fiction-Abenteuer hätten die Edeldamen auf der letzten Seite den Ritter eingeladen, sie auf ihren Heimatplaneten zu besuchen, um dort Wasserburgen zu bauen. Zu der Zeit erwärmte sie sich für Mas Familienlegende, Burgruine und Wasserhaus verschmolzen in ihren geplanten Heften zu Wasserburgen mit spannenden Geschichten, Raumkapseln brachten ihre Ritter jederzeit dorthin. Auch im Universum benötigten Wasserburgen einen Graben und da es auf den Planeten ihrer Science-Fiction-Ritter recht staubig zugegangen ist, hat die erste Aufgabe für den eingeladenen Helden darin bestanden, dort Brunnen zu bohren.

Vielleicht hat sie schon damals zu viel gewollt. Denn Flocke dazu zu bringen, eine Burg samt Wassergraben so zu zeichnen, wie sie hätte aussehen sollen, glich der Quadratur des Kreises, ein aussichtsloses Unterfangen. Obwohl ihre Idee so schön gewesen ist: Wasser fürs Weltall. In ihren Comics haben Flocke und sie sich keine Gedanken darüber machen müssen, wem das Wasser gehört, es war darin nur um den Besitz von Burgen gegangen, Wasser war eine Selbstverständlichkeit.

Jeffrey sagt selten Überflüssiges und wenn die Frage nach dem Eigentum von Wasser etwas ist, das bereits Mies in seiner Pariser Marketingabteilung und demnächst Menschen wie Jeffrey in ihren Anwaltskanzleien beschäftigen wird, um es zuzuweisen, dann ist Wasser möglicherweise etwas, das auch sie demnächst berücksichtigen muss, wenn sie über Villenviertel schreibt, die an Venedig erinnern. Venedig lebt auf dem Wasser, die Lagune hat es schon immer gegeben, aber Petite Venise à la mer ist ein Nachbau. Damit er an Venedig erinnert, müssen sie das Wasser ankarren.

Ihre Zeitschrift ist etwas für Puristen. Vielleicht, überlegt sie, während sie dem Rattern der U-Bahn zuhört, die sie endlich zu ihrem Mailänder Hotelzimmer zurückbringt, sollte sie in ihrer Reihe einen Beitrag über Orte schreiben, die so sind, wie sie sind, ohne Wasser. Ausgetrocknete Flussbetten. Areale, die ihre Bäume nicht mehr halten können. Brachen frei von Ressourcen, frei von Menschen.

Es konnte demnach auch keine Architektur für sie geben, dennoch hätte solch ein Beitrag Platz in ihrer Zeitschrift. Die Gedanken ihrer Reihe sollen frei fließen und nicht nur Philipp, auch ihre Leser würden es sofort verstehen. Auch Verzicht ist Gestaltung.

Durch Bewahrung – von Freiraum.

Bee hat schwarz gelocktes Haar, das sie schüttelt. Ihre kuller-runden indischen Augen – wobei Bee nicht Inderin ist, sondern mixed und damit typisch für New York – rollen anklagend, weil sie findet, dass es Flocke mittlerweile besser wissen müsste.

Die Apfelschale kommt nicht in den Abfall, Flocky.

Bee sagt »Flocky« zu ihr, weil das offene »e« am Ende ihres Namens für amerikanische Zungen eine Zumutung ist.

Dafür haben wir Miss Cockroach.

Ja, aber Apfelschalen dauern ewig. Außerdem ist Miss Cockroach schon wieder randvoll.

Miss Cockroach ist Bees Biovessel, eine Minizimmerkompostanlage in Form und Größe einer Qualle. Bee hat das Tongefäß getöpfert, nur der Deckel ist aus Kork. Ob Bee den Kork selbst geschnitten oder sich Hilfe organisiert hat, um den so maßgeschneidert hinzukriegen, weiß Flocke nicht, denn Miss Cockroach ist schon hier gewesen, als Flocke eingezogen ist. Überall steht Getöpfertes. Bee ist nicht nur waschechte New Yorkerin, sondern – und das ist noch viel eindrucksvoller – eine New Yorker Künstlerin. Fast alle Behältnisse, die Flocke in ihrer gemeinsamen Wohnung mitbenutzt, stammen aus Bees Händen.

Dementsprechend ist die WG, in der sie für die drei Monate ihres Praktikums bei den Vereinten Nationen kampiert, eine Künstler-WG, und das, obwohl sie in dem Apartment zu dritt sind und außer Bee niemand künstlerisch veranlagt ist. Doch es ist Bees Wohnung, sie gehört ihren Eltern, die ebenfalls in New York, allerdings nicht im Greenwich Village leben und so hat Bee dem Apartment ihren Prägestempel aufgedrückt.

Von Flocke, dem Kurzzeitgast, erwartet niemand nennenswerte Prägungen, selbst Dan, der Nummer drei in ihrem Bunde, gelingt es nicht, einen wie auch immer gearteten Fußabdruck zu hinterlassen. Dabei ist er bereits vier Jahre hier.

Ursprünglich hat sein Aufenthalt nur für ein Jahr sein sollen, schweren Herzens, aber dann will er irgendwann doch nach Asien zurückkehren. Seine jetzige Planung lautet für nächstes Jahr.

Wenn sie auf dieses Thema kommen, rollt Bee ihre indischen Augen und sagt: Well, Dan, let's see.

Die weiße Qualle, die die Hälfte vom Regal rechts von der Spüle einnimmt, heißt Miss Cockroach, weil Flocke sie so getauft hat. Sie fanden das alle lustig und so haben es die beiden anderen sofort übernommen. Der Spitzname beschreibt treffend, was die Aufgabe von Miss Cockroach ist, nämlich alle Essensreste, die sie in ihr Inneres schaufeln, zu einem gärenden Endprodukt zu verwandeln, das Bee als Dünger für ihre Bioversuche auf dem Dach verwenden kann. Dort gibt es mittlerweile eine ernst zu nehmende Lebensmittelproduktion, die sich von den kümmerlichen Tomatenstauden auf den Nachbardächern und -balkonen auffällig unterscheidet.

Flocke hat Miss Cockroach so genannt, da Bees Biovessel sie jedes Mal an jenes Museum erinnert, das Mies und sie bei ihrem Besuch in Paris angeschaut haben, die Fondation Louis Vuitton, eine Art gläserne Kakerlake, deren organisch geformtes Inneres mit lauter abstrakter Ausstellungskunst zugestopft ist. Der Weg dorthin war mit viel U-Bahn-Fahrerei verbunden, Mies fand jedoch, dass sie nach dem Tag, den sie im pudrigen Versailles verbracht hatten, unbedingt etwas gebrauchen könnten, das eine volle Dröhnung modernes Paris sei. So haben sie das 19. Jahrhundert mit Monet, Manet und Rodin übersprungen und das nächste gleich dazu und fuhren am Morgen danach sofort zum anderen Louis, der ähnlich reich wie sein Namensvetter ist, nur am gegenüberliegenden Ende der Stadt residiert. In seinem Architekturtempel, den die Welt einem krakeligen Entwurf von Frank Gehry zu verdanken hat, stießen sie auf ebenso viel Trubel wie in Versailles, was ihren genervten Bruder nach der Kakerlake zu der Bemerkung veranlasst hat, dass er mit Jeffrey, wenn der demnächst komme, nur noch essen gehen würde, wenn es sein müsste, bis sie platzten.

Als sie ihren Mitbewohnern die Paris-Anekdote erzählt hat, hat Dan über seine asiatischen Kontakte einen goldenen Schlüsselanhänger von Louis Vuitton organisiert, bestehend aus den Initialen V und L. Es ist zweifellos ein Fake, wobei Flocke zugeben muss, dass er so gut gemacht ist, dass niemand weiß, woran man erkennen sollte, dass er gefälscht ist. Sie haben ihn seitlich an Miss Cockroach befestigt.

You know, unsere Biovessel ist halt nicht irgendeine Biovessel. Miss Cockroach ist premium, of course, hat Bee gesagt und mit dem Finger liebevoll gegen den Schlüsselanhänger geschnippt.

Bee ist wichtig, dass sie drei nie nachlässig werden, sondern alles kompostieren, was geht. Nur ist Miss Cockroach damit immerzu überfordert, ihr Drei-Personen-Haushalt ist viel zu kochfreudig.

Bee seufzt. Ich fürchte, sie ist zu dünn. Doesn't matter, wir geben sie weg und ich mache uns eine neue, a curvy one, mit größerem Appetit! Denkt an all meine kleinen Darlings oben auf dem Dach.

Schon das erste Mal, als Flocke Bees Gartenlandschaft auf dem Dach zu sehen bekommen hat, hat sie Bee vorgeschlagen, dass sie darüber bloggen könnten. Sie kannte auf Anhieb drei Plattformen mit einer Spalte für derartige Gastbeiträge. Beide sind sie Fanleser von allem, bei dem für gute Ideen zum Erhalt lebenswerter Bedingungen für Mensch, Tier und Natur gekämpft wird, vor allem in Städten. Deswegen hat sich Bee auch sofort für Flocky entschieden, als sich Flocke um das frei gewordene dritte Zimmer beworben hat.

Wow, United Nations – ein Praktikum in der NGO Section! Das klingt cool, my dear. Ich glaube, Dan und ich haben dich schon ins Herz geschlossen.

»NGO Section« ist die Abkürzung jener Sektion des DPI, Department for Public Information, die innerhalb der Vereinten Nationen für den Kontakt zu den nichtstaatlichen Organisationen zuständig ist. Zu diesen Non Governmental Organizations zählt neben Greenpeace ein ganzer Batzen weiterer, von denen Flocke teilweise noch nie gehört hat, von denen Bee jedoch unablässig schwärmt und deren Namen sie für Allgemeinwissen hält. Den obersten Balkon in Bees NGO-Olymp füllen die Ärzte ohne Grenzen, die hier Médecins Sans Frontières oder schlicht MSF heißen.

»The pigeon will save us when the duck fails to do so«, die Taube wird uns retten, wenn die Ente versagt, ist einer von Bees Lieblingssprüchen. Mit »pigeon« meint sie keine Friedenstaube – wegen ihrer Hinterlassenschaften sind Tauben im Village nicht sonderlich beliebt –, sondern Gérard Pigeon, einen der Gründer von MSF. Mit »duck«, der Ente, spielt sie auf Donald Duck und damit auf einen amerikanischen Präsidenten gleichen Vornamens an, der in seiner Amtszeit dafür bekannt war, permanent um sich zu hauen.

Weißt du eigentlich, dass er deutsche Vorfahren hat?, hat Dan grinsend gefragt, als sein Konterfei in den abendlichen News wieder einmal über den TV-Bildschirm gelaufen ist.

Oh Dan, I am so sorry. Flocke vergrub den Kopf schamvoll in ihren Händen.

Well, schon gut, niemand kann etwas für seine Familie. Denk nur das nächste Mal zweimal nach, ehe du deine Verwandten mitbringst, ließ er nicht locker. Es sei denn, wir zwingen curvy Miss Cockroach, ihre Arbeit wirklich schnell zu verrichten.

Bee lachte schallend. Oh Dan, das wird nicht klappen … Den schafft niemand, denk an seine Größe! Darling, ich glaube, es wäre das Beste, du nimmst ihn wieder mit, wenn dein Praktikum vorüber ist. Mach dir keine Sorgen. Dan und ich übernehmen die Kosten für euer Übergepäck, Flocky.

So witzelten sie weiter und ließen am mauerbauwütigen Präsidenten kein einziges gutes Haar. Bee musste Flocke irgendwann mit der Hand auf den Rücken schlagen, weil sie sich vor Lachen verschluckt hatte.

Am nächsten Tag organisierte Dan ein Büschel blonder Hundehaare und platzierte sie so oben auf Miss Cockroach, dass ein paar Haare zwischen ihr und dem Korkdeckel herausschauen. Auf Miss Cockroach befestigte er anschließend einen gelben Klebezettel. *Let's try.* ☺ Flocke hat sich ein weiteres Mal vor Lachen fast in die Hose gemacht und sofort gewusst, wie sehr sie das Village vermissen wird, wenn sie irgendwann nach Deutschland zurückkehren muss. Carpe diem.

Bee wird von allen im Viertel »Bee« genannt, weil sie zu den allerersten Pionieren im Village gehört, die auf ihrem Dach imkern.

Da sage noch jemand, Städte wären dreckig – bullshit, hat sie Flocky gleich am ersten Tag erklärt, während Flocke ihren Honig hat probieren dürfen. Städte sind für Bienen ein Paradies, Darling.

Im Village finden sich mittlerweile Hausimkereien auf jedem zweiten Dach.

Mir brauchst du das nicht zu erklären. Flocke nickte. Wenn du mal nach Europa kommst, musst du uns unbedingt besuchen. Sobald es um Lebensmittel geht, rede ich mir zu Hause den Mund fusselig. Meine Eltern leben noch auf dem Mond.

Sofern Bee etwas nicht selbst herstellen kann, kauft sie es im besten und teuersten Biosupermarkt im Village. Ihre Käufe ermöglicht sie weniger über ihr Künstlereinkommen als vielmehr mit den Mieteinnahmen für Dans und Flockes Zimmer, wobei Bee weit unter dem bleibt, was sie fordern könnte. Sie wünscht sich, dass viel mehr Vermieter im Village den Versuchungen der Gentrifizierung trotzen, und hofft, dass auf diese Weise mehr Leute wie Dan und Flocke ins Village ziehen und die Community bereichern.

Obwohl der Ausverkauf des einst für seine alternative Kultur so berühmten Stadtviertels kaum zu übersehen ist, bewahrt sich Bee bei ihrem Lokalpatriotismus einen uramerikanischen Optimismus und ist zutiefst überzeugt, dass nicht einmal die Flut zugezogener Investment Broker es schaffen wird, das Viertel zu übernehmen. Die Community, so Bee, werde immer siegen. Dabei vertraut sie maßgeblich auf die Beharrlichkeit der Village-Frauen und glaubt unter den Village-Bewohnern vor allem an die Künstler. Ein autarkes Prinzip, denn auf diese Weise tankt sie täglich neuen Glauben an sich selbst.

Dieses Urvertrauen in das eigene Ich ist so ansteckend, dass Flocke einen Entschluss gefasst hat. Sollte ihr Praktikum tatsächlich je zu Ende gehen, wird sie einige und notfalls selbst die Hälfte ihrer mitgebrachten Sachen hierlassen und dafür möglichst viele Dinge mitnehmen, die sie täglich ans Village erinnern werden. Das wird der Stoff sein, an dem sie sich festhalten wird, wenn ihr Berliner Studienalltag wieder einmal deprimierend ist, und sei es nur wegen des ewig grauen Winterhimmels über Berlin, der manchmal ein volles halbes Jahr dauern kann. Zugige Straßen mit Unmengen von Hundedreck inklusive.

Vorige Woche, als Flocke eingezogen ist, ist Bee gerade dabei gewesen, ein Besteck zu entwerfen, das kurze Zinken hat. Sie nannte es »Forks Against Excess« und quengelte ein wenig, dass sie drei es möglichst oft testen, und zwar zu unterschiedlichen Mahlzeiten. Man esse viel langsamer so, erklärte sie Flocke und Dan geduldig, und das sei doch großartig.

Warum? Flocke findet zwar auch, dass man bewusst essen solle, aber wenn sie hungrig sei, esse sie schnell. Sie wisse nicht, was daran falsch sein solle.

Unsere Essgewohnheiten haben sich über Jahrmillionen Jahre in unser Gehirn eingebrannt, erklärte Bee, die es sichtlich genießt, ihre Kunst zu erläutern, und so schon einmal etwas für den Tag übt, an dem sich die erste Galerie für ihre »Forks Against Excess« interessieren wird. In der Steinzeit ist es wahnsinnig schwer gewesen, an Zucker, Salz und Fette zu kommen, dein Körper weiß das. Er weiß nur nicht, dass wir im Village leben. Sobald er die Möglichkeit hat, ergreift er die Chance und bildet Reserven. Capisci, Darling?

Flocke nickte.

Das Signal, dass du satt bist, braucht zwanzig Minuten bis in dein Gehirn. Das heißt, wir essen zwanzig Minuten lang sinnlos weiter, aber mit den kurzen Zinken kannst du gar nicht so schnell essen. Wir tricksen unseren Körper einfach aus! Vor allem mithilfe der »Centerpieces«.

Damit meint Bee ihre selbst getöpferten, bauchigen und bunt

glasierten Elemente, die sie ihnen zu jedem Essen auf die Teller legen möchte und die sie »Centerpieces For Plates« getauft hat. All diese jüngsten Errungenschaften ihres kreativen Schaffens dienen ihrem großen Essenskunstprojekt »Fine Dining«.

Und was soll ich mit den »Centerpieces«, Bee?

Na, auf deinen Teller tun.

Die bunten Keramikkugeln erinnern Flocke an das Garnierobst aus Porzellan, das bei manchen Leuten in Dekokörbchen auf dem Couchtisch oder, in ganz schlimmen Fällen, auf dem Fenstersims im Gästeklo steht.

Bee, du weißt, ich liebe dich, und dein Honig ist fantastisch. Aber ich esse keine Tischdeko!

Bee schien enttäuscht. Ich dachte, wenigstens du würdest mich verstehen. Du kommst aus Europa, Flocky. Europa hat die Tischkultur erfunden: Fine Dining.

Ja, ein paar Kerzen auf dem Tisch, aber warum müssen diese Dinger auf den Teller?

Sonst geht die Idee verloren. Bee seufzte.

Flocke schaute verständnislos.

Früher hat es bei den großen Tafeln immer einen Tafelaufsatz gegeben, the centerpiece. Er bildete den Mittelpunkt des Geschirrs, der Gläser und des ganzen Essens. Je königlicher, desto prunkvoller. Schaut mal … Bee griff neben sich nach einem Stapel Bücher, die auf dem Boden lagen und die sie sämtlich aus der New York Library entliehen hat.

Sie blätterten durch einen abgegriffenen Bildband, darin übereinandergetürmte Schalen mit Blumen und Efeuranken. Die Schalen werden durch auf ihnen platzierte Tierchen und Fabelwesen bekrönt, daneben lauter barocke Ornamente. Sie blätterte brav durch die Seiten. Wenn es einmal nicht porzellanene weiße Tauben sind, die aus Blütenzweigen flattern, ist es ein weiß-blauer Delfin, der dem Tafelaufsatz auf einer schäumenden Welle entspringt.

Und der hier, sagte Bee, ist der größte und stammt von da, wo du herkommst, aus Deutschland.

Sie deutete auf einen Meißner Tafelaufsatz, der einen mittig platzierten chinesischen Teepavillon zeigt und mit den zierlichen umstehenden Figuren eine ganze Gartenparty abbildet, inklusive eines Boots für einen imaginären Teich, der mithilfe eines Rudels winziger Porzellanentchen dargestellt wird. Einige schwimmen, andere breiten die Flügel aus, als wollten sie gleich losfliegen.

Das ist mal ein masterpiece of a centerpiece. Flocky, sie haben die gesamte königliche Tischgesellschaft nachgebildet! Verstehst du, was ich meine? Fine Dining erzählt, wer wir sind und was wir essen. Wenn es am Dresdner Hof Fisch gab, Fischdekor. Ließ der König eine Wachtel braten, nahmen sie eins mit Vögeln. Jedes Essen wurde im Tafelaufsatz gespiegelt!

Das ist doch völlig überflüssig.

Denk nicht schlecht über Fine Dining, Flocky. Europa hat die Tischkultur in die ganze Welt exportiert. Schau dir Hotels von New York bis Kairo an und Restaurants von Sydney bis Shanghai. Überall werden Tische auf die gleiche Weise geschmückt – European Style. Ein weißes Tuch, ein silberner Kerzenständer, eine kleine Blumenvase aus Porzellan. Das sind die Überbleibsel der früheren Tafelaufsätze.

Stimmt.

Nur glaube ich, es ist an der Zeit, dass die Welt neue Formen findet. Unsere Essensituation hat sich verändert. Sie nahm eine ihrer blauen Tonkugeln und griff einen Teller vom Regal. Das nenne ich »fine dining today«, sagte sie und häufte eine Kelle von dem kalten Reis, den Dan auf dem Herd hatte stehen lassen, auf den Teller. Sie zerstückelte den Klumpen und platzierte in der Mitte ihr objet d'art. Stell dir vor, du bist in Afrika. Oder in Kalkutta. Von mir aus auch hier in New York. Enjoy!

Flocke guckte ratlos.

Findest du nicht, dass es so mehr Appetit macht? Niemand braucht einen Tisch, denn viele Leute haben gar keinen, wenn sie essen. Was noch wichtiger ist, durch das »Centerpiece« wird dein Teller nicht nur bunter, sondern auch voller. Wir wollen ja nicht mehr so viel essen, capisci? Dein Teller sieht jetzt nach einer üppigen Mahlzeit aus, dabei ist es nur eine Handvoll von

Dans kaltem Reis. Wenn du diese Portion Reis langsam isst, wirst du sehen, dass du satt bist und dass das Essen schmeckt. Denn durch das »Centerpiece« bekommt es ein Upgrade, es sieht wertiger aus. Das Auge isst mit! Und zum Essen nimmst du meine »Forks Against Excess«.

Sorry, Bee, aber das braucht kein Mensch.

Well, Flocky. Let's see, hat Bee ruhig gesagt.

Nun, drei Tage später, berichtet sie, dass eine New Yorker Galerie an ihren »Fine Dining – Centerpieces For Plates« zusammen mit den »Forks Against Excess« Interesse signalisiert und ein paar dabehalten habe, um sie demnächst in der Galerie zu zeigen. Sie haben sich sogar bereit erklärt, sie ihrem Caterer für ein Live Art Event anzuvertrauen, sofern Bee damit einverstanden ist und keinen Schadenersatz geltend machen wird, wenn einzelne ihrer »Centerpieces« dabei beschädigt werden sollten. Die »Centerpieces« sollen schon in wenigen Wochen in feinstes New Yorker Galeristen-Fingerfood integriert werden, womit Bee einige Aufmerksamkeit sicher sein wird.

Den ganzen Tag über strahlt Bee wie ein Honigkuchenpferd. Ihr zuliebe greift Flocke noch einmal nach dem Bildband aus der New York Library und guckt sich mit ihr zusammen Seite für Seite an. Und dabei fällt Flocke plötzlich etwas ein.

Es ist neulich gewesen, als sie alle in Apfeltrang waren und sie Ma geholfen hat, die Terrine und die Teller mit dem Goldrand aus den oberen Schrankfächern zu räumen, für die Bouillabaisse, die es zu Ehren von Ians Geburt gegeben hat. Fächer, in die sie vorher noch nie hineingeschaut hat. Hinter den Terrinen, im allerobersten Fach, fand sie etwas, das auch nach solchen Schalen mit Porzellanvögelchen darauf aussah. Vielleicht haben sie ja auf der Burg damals einen ebensolchen Tafelaufsatz besessen, der den Brand von 1945 überstanden hat.

Wer weiß, dann hat vielleicht schon ihr Urahn, der Generalmajor, auf diesen Tafelaufsatz geschaut – an dem Abend, als er sich gestärkt hat, bevor er nach Paris aufgebrochen ist. Ja, ganz bestimmt sogar.

Gut möglich, dass sie den Tafelaufsatz auch hervorholten, als Urgroßmama jenem Onkel aus dem Rheinland ihr gefülltes Rebhuhn kredenzte, dem Onkel, der all die Fotos gemacht hat.

Ist das Napoleons Degen, Ma?, fragte sie ehrfürchtig.

Ma hat gelächelt. Napoleons Degen, das wäre was! Nein, das ist er nicht, aber es ist dennoch ein besonderer Degen. Es war jener eures Vorfahren, der beinahe Frankreich befreit hätte.

Wenn sie das nächste Mal zu Hause ist, muss sie sich diesen Tafelaufsatz unbedingt näher anschauen.

Weil Sonntag ist, gehen Bee und sie heute in den Central Park, denn Bee findet, dass der Park etwas Magisches habe, das sie, Flocky, unbedingt erleben müsse, das sich allerdings nur erfahren lasse, wenn es die New Yorker seien, die von ihm Besitz ergriffen und nicht die Touristen. Seine einzigen echten Momente erlebt der Park laut Bee somit entweder unter der Woche morgens um acht Uhr, wenn all jene, die in den umliegenden Wolkenkratzern arbeiten, zwanzig Minuten joggen, oder an sonnigen Sonntagnachmittagen, wenn die New Yorker aus Harlem oder den ferneren Stadtvierteln herbeiströmen und ihre Kinder dabeihaben, mit denen sie hier spielen und picknicken.

Angesichts des guten Wetters haben sie sich spontan für die Sonntagsvariante entschieden und Bee hat selbst gemachte vegetarische Sandwiches mitgenommen, mit gebratenen Zucchini- und Paprikastreifen, Salat und einem leckeren Hummus, das eine Erdnuss- und Chilinote hat. Sie sitzen kauend auf einer Bank und blicken abwechselnd zu den spielenden Familien mit ihren Frisbeescheiben und auf die glitzernden Hochhäuser, die wie Parkwächterriesen das Geschehen unter ihnen bewachen.

Fantastisch, nicht wahr? In Stunden wie heute liebe ich den Park, Flocky. Das ist New York, besser als jedes Museum.

Flocke nickt.

Eine Frage. Wenn du Geld hättest, wo würdest du kaufen? Im Village oder hier, mit Blick auf den Park?

Wenn ich Geld hätte, würde ich eine Flasche Wein für uns drei für heute Abend kaufen. Ich glaube nicht, dass mein Geld für ein Apartment im Village reichen würde. Für eines am Park schon gar nicht. Die kosten doch ein Wahnsinnsvermögen.

Bees Kinn hebt und senkt sich vom Schlucken des letzten Bissens. Stimmt. Aber es kaufen viele Ausländer hier, Flocky. Russen, Araber, lauter Leute, die nicht aus New York sind. Sie leben nicht hier, sie kaufen nur. Die meisten der Wohnetagen stehen leer. Die Eigentümer kommen höchstens für ein paar Tage im Jahr.

Und warum kaufen sie dann? Sie könnten auch ins »Waldorf Astoria« gehen.

Schätzchen, das »Waldorf« ist auf der Park Avenue. Höhe neunundvierzigste Straße. Diejenigen, die was in New York wollen, suchen sich etwas mit direktem Central-Park-Blick. Am besten ganz oben.

Gut, aber warum kaufen sie?

Was weiß ich? Bee zuckt mit den Schultern. In erster Linie sind das Immobilienanlagen. Abgesehen davon wollen sie dazugehören.

Tun sie das, Bee?

Nein, wenn du mich fragst. Wie kann ein Russe, der in Moskau seine Gasgeschäfte dealt, bei uns dazugehören? Die Apartments listen nicht einmal die Namen derer, denen sie gehören. Alles anonym, mit Plastikchips und Codes. Versteh mich nicht falsch, ich habe kein Problem damit, wenn ein Russe mit Gas dealt und die Gewinne hierher verschiebt, dubiose Geschäfte gibt es unter Amerikanern genauso.

Flocke hebt die Brauen.

Nur sitzt er heute Abend in einem Theater am Broadway? Begegnen wir ihm kommende Woche im MoMA oder in einem Café? Das ist übrigens ein uralter New Yorker Streit. Wem gehört New York? Den Central-Park-Milliardären oder den Tausenden von Arbeitsameisen in den Wolkenkratzern oder aber den Künstlern, allen voran den berühmten Musikern, Schauspielern und Schriftstellern der Stadt? Lebenden Legenden oder den verstorbenen wie James Baldwin oder Norman Mailer?

Von James Baldwin habe ich schon mal gehört. Wer war Norman Mailer?

Schriftsteller, Essayist, Filmemacher, Schauspieler und Journalist. Gründer der »Village Voice«. Lange her, das war in den Fünfzigern.

Vielleicht gehört New York ja allen zusammen, Bee. Ihnen und dir. Mir. Weil du mich heute hergebracht hast. Niemand braucht dafür etwas zu kaufen.

Flocky, Schätzchen, so denke ich auch, doch vergiss bitte nicht: Die Wall Street gehört gleichfalls zu New York und ich frage dich, was würde die dazu sagen, wenn sie uns hören könnte? Zum Glück ist Sonntag.

Du hast recht, die Frage ist alt. Wem gehört die Krim?

Die was?

Die Krim. Entweder den Osmanen oder den Tartaren, so genau weiß man es nicht.

Bee guckt verständnislos.

Flocke schmunzelt. Ich bin noch sehr klein gewesen, Bee. Und mir war schlecht. Wir saßen auf genau solch einer Bank wie du und ich jetzt, ich zwischen den Eltern und Senta links daneben. Dabei ging es bei uns nur um ein Paar Ohrringe. Deswegen haben meine Schwester und ich allerdings fast einen Krimkrieg vom Zaun gebrochen. Ein Wunder, dass wir heute wieder miteinander reden.

Erzähl.

Mein Dad hat eine gemeinsame Schatzsuche für uns Kinder geplant, das war während eines Urlaubs im Berner Oberland. Es war im Hochsommer und wahnsinnig heiß. Also zogen Mies, Jeffrey, Senta und ich in Grindelwald mit der von Forscher gezeichneten Schatzkarte los.

Forscher?

Flocke lächelt. Der Spitzname von meinem Dad. Wegen der Hitze wurde mir unterwegs schlecht. Ma setzte sich mit mir auf eine Bank, die anderen suchten derweil weiter. So fand Senta die Ohrringe, die Forscher für mich versteckt hatte. Alle beschäftigten sich daraufhin mit der Frage, ob die für mich bestimmten Ohrringe mir gehören oder Senta, weil meine Schwester sie gefunden hat.

Das klingt spannend. Ich hätte für dich gestimmt.

Danke. Nur da kennst du meine Familie schlecht. Der Spaß an der Debatte war allen viel wichtiger als die Frage selbst. Ich empfand das damals anders. Es sollten meine Ohrringe sein und basta.

Bee zupft sich am Ohrläppchen und grinst. Hättest du die Ohrringe, wärst du jetzt reich? So weit kam es nicht, richtig?

Ihr könnt ja für Flocke noch mal Ohrringe kaufen, sagte Mies zu meinen Eltern. Das war typisch mein Bruder, Bee, typisch Mies, ganz mies. Meine Mutter streichelte sanft meinen Bauch und mimte die gute Fee. Wir werden eine Lösung finden, sagte sie immerzu. Dumm wie ich war, habe ich ihr damals geglaubt.

Deine Schwester hätte gar nicht suchen dürfen, solange dir schlecht war.

Das sagte Ma auch, Bee. Wir kaufen für dich neue, Senta-Schatz, hieß es. Die gehören Flocke.

Und?

Und dann konterte Senta, das kann sie gut. Es war eine Schatzsuche. Das sagte sie in ihrer sachlichen Art. Weißt du, sie klang schon damals wahnsinnig erwachsen. Und Mies futterte derweil aus seinen Fruchtbonbontüten, die Forscher für uns alle versteckt hatte. Mies hielt mir die Tüte hin, als hätte er nicht gewusst, dass mir speiübel war. Willst du welche? Das ist mein Bruder. Ich liebe ihn, aber manchmal …

Ha, Brüder! Aus Bees Mund tönt das wie ein Schlachtruf. Da muss ich dir auch etwas erzählen. Zurück zur Bank. Was hat dein Vater gesagt?

Das war's ja, Bee. Normalerweise ignoriert er unsere Streitigkeiten. Zu meiner völligen Überraschung ergriff er dieses Mal Partei. Senta hat recht, es sind ihre Ohrringe. Sie ist die Finderin.

Oh my god.

Genau. Ich war wie vom Donner gerührt. Da besorgt er für mich diese Dinger, versteckt sie und fällt mir dann in den Rücken. Forscher war die höchste Instanz meiner Kindheit.

Ich kann's mir lebhaft vorstellen. Väter.

Ich nahm diese verdammten Ohrringe und pfefferte sie Senta in den Schoß. Stell dir vor, was dann passierte. Ich will sie jetzt auch nicht mehr!, rief Senta, bis Ma sie in ihre Handtasche packte. Na gut, beschwichtigte sie uns. Dann lösen wir die Frage zu Hause.

Das ist ja ein richtiger Krimi, Flocky. Ich kann's kaum erwarten, wie es ausgegangen ist.

Zu Hause wollte ich den Ohrringen schon verzeihen, dass mich Forscher verraten hat, Ma legte sie in meine Schublade. In der Woche drauf nahm Senta sie und sagte wie selbstverständlich: Die kann ich mir mal ausleihen, oder?

In ihrer sachlichen, erwachsenen Art.

Du sagst es, in typischer Senta-Manier.

Und du hast nicht protestiert.

Ich war die Jüngere. Senta hat die Ohrringe ohne Unterbrechung getragen. Das ging über Wochen.

Der Hammer. Du hast irgendwann etwas unternommen, hoffe ich.

Ja, nur was sollte ich tun? Ich konnte keine Empörung mehr zeigen, ihre »Ausleihe« lief ja schon eine Weile. Diese Option ist mir durch die Lappen gegangen. Etwas ist mir schließlich eingefallen. Ich nahm, ohne zu fragen, Sentas Armband und trug es einen Nachmittag lang. Hätte sie mir vorgeworfen, du hast mich gar nicht gefragt!, hätte ich pariert: Und du? Das Hirnrissige war nur, dass Senta überhaupt nicht merkte, dass ich ihr Armband trug. Irgendein Junge hatte sie in der Schule abblitzen lassen und sie kam den ganzen Tag nicht mehr aus ihrem Zimmer.

Mann, was für ein beschissenes Timing.

Sie lachen, bis sich Flocke fast verschluckt.

Und immerzu in der Erwartung unserer Auseinandersetzung, Bee, das kostete mich so viel Kraft. Seitdem wusste ich, dass ich die Ohrringe gar nicht mehr will. Es war so anstrengend.

Besitz kostet enorm viel Energie. Die meisten Menschen in New York beschäftigen sich mit nichts anderem als ihren Apartments, Flocky. Wenn sie verkaufen würden, welchen Schnitt sie dann machen und ob der nicht noch besser wird, wenn sie eine Weile warten. Sie könnten stattdessen ins MoMA gehen oder meine »Forks Against Excess« ausprobieren, aber nein, lieber Apartments besitzen. Wie ist es ausgegangen?

Einige Tage nach ihrem Liebeskummer landeten die Ohrringe wieder in meiner Schublade, dennoch musste ich jederzeit mit einer Wiederholung rechnen. Daher passte ich nach meinem nächsten Friseurtermin Ma zusammen mit Senta in der Küche ab. Ich schüttelte die neuen Haare und fragte Ma: Wie, findest du, stehen mir meine Ohrringe? Ma zu fragen war der Clou, denn sie hätte mir nie darin widersprochen, dass es sich um *meine* Ohrringe handelte.

Das Ganze hatte nur den Zweck, dass Senta es hört, richtig? Kluge Flocky.

Was ich nicht voraussehen konnte, war, dass just in diesem Moment Mies in die Küche kam. Mein Theater durchschaute er sofort und warf uns dreien vielsagende Blicke zu. Bin schon wieder weg, sagte er, möchte im Krimkrieg lieber nicht zwischen die Fronten geraten.

Du erinnerst dich sehr gut. Es muss dich ziemlich beschäftigt haben.

Und ob! Ich wusste damals nicht, was die Krim ist, denn von Tartaren, Osmanen und Russen hatte ich noch nie etwas gehört. Schon damals schwor ich mir ein für alle Mal, dass ich mich nie wieder auf jemanden in meiner Familie verlassen werde. Ein Mal reicht.

Sie lachen erneut. Deine Ma hat immerhin zu dir gehalten.

Das war das Gemeinste an der Geschichte, das kam am Schluss. Da fiel auch sie mir noch in den Rücken. Du musst wissen, dass die Ohrringe danach einen Spitznamen weghatten und als »Krimfrage« in unsere Familienannalen eingingen. Wer die Geschichte nicht kannte, gehörte nicht dazu. Daher wurde sie bei allen möglichen Gelegenheiten aus der Schublade gekramt, vor allem von Ma. Das Tragen der Ohrringe vergällte sie mir damit kräftig.

Aber du hast etwas gelernt damals. Eigentum schafft mehr Feinde als Freunde.

Entsprechend froh war ich, Bee, als die Perlen nicht mehr

so recht passen wollten. Endlich hatte sich die Krimfrage er-
übrigt. Die Erinnerung ist geblieben und du hast recht. Bei den
meisten Menschen dreht sich alles um Besitz.

Siehst du.

Zu Hause bilden wir keine Ausnahme. Uns gehört eine Burg
in Sachsen, sie ist vom Krieg nahezu völlig zerstört und wir
Kinder sind nicht einmal je da gewesen. Die Geschichte der
Burg kennen meine Geschwister und ich trotzdem, seit ich
denken kann. – Bee?

Ja?

Wenn ich ein Apartment am Central Park haben könnte,
würde ich es, glaube ich, nicht wollen und verschenken. Ich
möchte mich nicht mein ganzes Leben lang um so etwas kümmern müssen. Die Versicherung, die Bankunterlagen, der
Wachschutz und so weiter, das muss man organisieren. Du
sollst Verträge lesen und unterschreiben und deine Abbuchun-
gen kontrollieren.

Schätzchen, auch dafür haben die Leute in den Stockwerken
da oben jemanden, der sich darum kümmert. Das nennt man
Vollmachten. Die Eigentümer wissen oft gar nicht, was mit
ihrem Besitz los ist.

Gut, aber warum kaufen sie dann, Bee?

Wenn wir das wüssten, würde uns die Wall Street die Antwort zu einem sagenhaften Preis abkaufen und du und ich
wüssten nicht mehr, wohin mit unserem Geld. Wir würden
wie sie lauter Apartments erwerben, die wir nicht bewohnen
werden, nur um es loszuwerden. Also stell mir nicht solche
Fragen. Wollen wir langsam zurück? Es wird kühl.

Sie stehen auf und laufen los, da bleibt Bee abrupt stehen.

Wir haben meine Sandwichboxen vergessen. Sie dreht sich
um, ihre Hand streift dabei Flockes Schulter. Übrigens dein
Angebot mit der Flasche Wein heute Abend, das nehmen Dan
und ich gern an. Und dann erzähle ich euch die Geschichte von
meinem Bruder und mir. Brüder, Flocky. It's always a drama.
Dabei fällt mir ein, in der Geschichte mit den Ohrringen hast
du deinen anderen Bruder gar nicht erwähnt.

Jeffrey?

Richtig, Jeffrey. Ist er dir auch in den Rücken gefallen?

Nein, Jeffrey nicht. Er hält sich bei allem am liebsten raus.

Sie laufen weiter, erst als sie schon in Höhe des Parkausgangs sind, fügt Flocke hinzu: Na ja, solange das halt irgendwie geht.

So abwechslungsreich das Leben in ihrer WG ist, desto gleich-förmiger erweist sich zu ihrer Überraschung ihr Alltag bei den Vereinten Nationen. Dabei hat sie sich den so spannend vorgestellt.

Selbstredend kann sie die Tatsache an sich, dass sie dort ein Praktikum absolviert, noch immer kaum glauben und jeden Morgen, wenn sie durch die Sicherheitsschleusen am UN Plaza geht, durchfährt sie ein Hochgefühl. Das passiert mir, denkt sie, das bin ich. Felicitas Holzrichter in New York. Bei den Vereinten Nationen!

Zu Hause in Berlin hatte sie sich keine großen Chancen ausgerechnet. Umso größer war ihr Staunen, als sie tatsächlich eine Zusage für ein Praktikum in ihren Semesterferien erhielt. Natürlich ist es unbezahlt, aber sie spekulierte darauf, dass Ma und Forscher – wenn es wirklich klappen sollte – ihr etwas leihen würden, nur so viel, wie sie braucht, um drei Monate in New York über die Runden zu kommen, wobei sie vorhat, eisern sparsam zu sein. Das Geliehene will sie später gleich von ihrem ersten Gehalt zurückzahlen. Als sie Ma am Telefon von der Zusage aus New York berichtete, zersprang Ma vor Freude fast.

Flocke, das ist wunderbar! So etwas im Lebenslauf einer Politologin, fantastisch! Was habe ich nur für talentierte und ehrgeizige Kinder. Ihr macht mir so viel Freude!

Wie läuft es denn in Kapstadt, Ma?, fragte Flocke. Seid ihr weiter das A-Team?

Ach, Kapstadt ist großartig, Flocke. Und Alaska sowieso. Ganz ehrlich, ich wüsste gar nicht, was ich ohne sie tun sollte. Habe ich dir schon erzählt, dass wir unsere Aufträge ab jetzt selbst durchführen werden? Ja, die CWC steigt richtig groß ein!

Ma machte eine Pause und Flocke spürte, wie sie nach etwas

suchte, das sie sagen konnte, ohne gleich in medias res zu gehen. Einmal hat sie versucht, ihnen etwas über ihre Arbeit mit den Helophyten zu erzählen, und ist auf den Unterschied zwischen Assimilation und Dissimilation zu sprechen gekommen. Angesichts des völligen Desinteresses ihrer Kinder hat sie das schnell wieder gelassen.

Ach, da du nach Alaska fragst, sagte sie. Gestern bin ich bei ihr zum Essen eingeladen gewesen. Ich durfte sogar dabei sein, als sie ihren Kindern ein Gutenachtlied gesungen hat. Irgend so ein Broadwayschlager von Gershwin. Sie hat eine wahnsinnig schöne Stimme! Dunkel und weich, sehr ausdrucksstark. Und dann ihre langen Gliedmaßen, wenn sie sich bewegt, alles so geschmeidig. Sie erinnert mich manchmal an Jeffrey, weißt du? An diesem Punkt musste Ma plötzlich etwas eingefallen sein. Übrigens, Flocke, selbstverständlich übernehme ich das. Ich meine, was immer du brauchst, in New York. Keine Widerrede! Wenn du nachher in Apfeltrang anrufst, kannst du Forscher gleich sagen, mit New York ist alles geritzt. Ma hat leise gegluckst, als wäre ihr bei einem Pokerspiel ein guter Stich gelungen.

Ihr beide seid so unglaublich lucky mit euren Eltern, hat Dan gesagt, als Flocke Bee und ihm berichtet hat, wie sie zu ihrem Praktikum gekommen ist.

Ach, ich glaube, meine Mutter möchte sich nur irgendetwas beweisen, antwortete sie. Am wohlsten fühlt sie sich, solange ihr niemand das Wasser reichen kann. Als ich sie angerufen habe, sprach sie von einer Freundin, die ihren Kindern abends Gershwin am Bett vorsingt. Meine Mutter kann überhaupt nicht singen. Außerdem ist sie früher nur selten zu Hause gewesen. Offenbar wurmt sie das.

In der Tat, lucky you. Bee hat gelacht. Klingt nach einem perfekten Timing für deinen Anruf.

Das Hochgefühl, das sie am Eingang der UN-Sicherheitsschleusen überfällt, hält an, solange sie im Fahrstuhl in den zehnten Stock hochfährt, wo die NGO Section ihre Räume hat. Erst beim Gang durch die schmalen Flure spürt sie eine gewisse Ernüchterung. Es ist nicht das billige Mobiliar. Eigentlich würde es sich mit seinem original Sechzigerjahredesign als perfektes Setting für ein James-Bond-Retro-Abenteuer anbieten, nur ist es mittlerweile derart zerkratzt, dass jeder Filmausstatter abwinken würde. Alle Stuhlbeine und Regalteile offenbaren ihr minderwertiges Innenleben. Welcher Möbelhersteller konnte im konsumwütigen Amerika auch damit rechnen, dass seine Spanholzteile ausgerechnet New Yorks wichtigste Adresse über solch lange Jahrzehnte ausstaffieren würden, ohne je ausgetauscht zu werden?

Nein, der fehlende Schick ist es nicht. Was Flocke deprimiert, sind diese Unmengen von Papier überall. Sie wirken einschüchternd und ausbremsend, als müsste erst geklärt werden, wer diese Tausenden von Seiten lesen darf und soll, bevor man mit dem Weltklima Ernst machen kann. Sie hatte gehofft, die Nationen kämen hier zusammen, um die Meere in letzter Minute vor Plastikmüll zu retten, von Flüchtlingslagern in Nordafrika, Dürrezonen und hilflosen Familien in Bürgerkriegsgebieten ganz zu schweigen.

Stattdessen passiert sie immerzu nur Aktenwagen und wenn sie durch die Glaspaneele in die Büros blickt, entdeckt sie weitere Ordner. Ständig Hände, die diese Ordner greifen, um etwas abzuheften und sie wieder zurückzustellen. Die Regierungszentrale der Weltgemeinschaft verkommt zu einem kafkaesken Ort, als hätten alle, genau wie die zerkratzten Stuhlbeine, die Zeichen der Zeit verschlafen.

Das Schlimmste aber sind die Aufdrucke auf den Dokumenten und den Papiertüten, die sie enthalten, diese Stempel mit »Confidential«. So gekennzeichnet werden sie auf Aktenwagen über alle Stockwerke hinauf- und hinunterbewegt, als erfüllten sie einen verborgenen Plan. Das erinnert an Vorbereitungen für ein Pearl-Harbor-Manöver, nur dass es nie zu diesem Manöver kommt. Und deswegen versteht sie es nicht. Worin liegt denn bitte das Problem, das Wissen über den Zustand des Planeten so breit zu streuen, wie es nur geht? Was fehlt, ist nur ein Fanal von der Spitze der Barrikaden, ein Satz, der sie alle mitreißt, ehe die Probleme schneller sind.

Flockes Chefin heißt Jolina, ist Mitte vierzig und die stellvertretende Leiterin der Sektion, die insgesamt vier Zimmer besetzt. Der Leiter ist während Flockes Praktikum so gut wie nie anzutreffen. Jolina ist eine gut aussehende Ägypterin, die eine Vorliebe für elegante große Halstücher hat, kunstvoll auf einer Schulter drapiert, wobei die Enden des Tuchs an der anderen Schulter so verknotet werden, dass das Tuch nie verrutscht. Für Flocke ist Jolinas Halstuchknotenkunst ein Rätsel, aber vor Jolinas Fingern kapituliert jedes Seidentuch der 5th Avenue sofort, ob es nun von Hermès oder von Tiffany stammt.

Beim Einführungsgespräch sitzt Jolina mit überschlagenen und beachtenswert langen Beinen auf ihrem abgenutzten Drehstuhl und lächelt Flocke nach wie vor an, als wollte sie signalisieren, dass sie sich noch einen klitzekleinen Moment des Kennenlernens gönnen dürften, obwohl der Zeitdruck, dem sie hier unterliegen, Jolina höllisch dafür bestrafen wird. Sie lässt ihre schön gemalten Augen auf die blinden Glasscheiben in Flockes Rücken wandern, die den Ausblick auf einen verschwommenen Hudson River freigeben.

Wie ich schon sagte, du und Patricia werdet euch durch viel Text arbeiten müssen.

Die erwähnte Patricia steht neben dem Schreibtisch und nickt zustimmend. Sie ist die Sekretärin der Sektion und offenbar das Mädchen für alles. Patricia ist Französin aus Paris und hat Flocke schon ihren Arbeitsplatz gezeigt, bis Jolina heute Morgen Zeit für sie gefunden hat. Flockes Schreibtisch wird in den kommenden Wochen demjenigen von Patricia gegenüberstehen.

Patricia weiß, was zu tun ist. Es wäre wunderbar, wenn du sie dabei unterstützen könntest, Felicity, und wir diesen Schritt rasch abschließen können. Je schneller, desto besser.

Flocke möge, so lautet Jolinas Bitte, Patricia dabei helfen, die Tonbandaufnahmen einer just stattgefundenen NGO-Konferenz in die Form eines gut lesbaren Transkripts zu bringen. Wenn Patricia und Flocke ihr Werk verrichtet haben werden, will Jolina das Transkript der Reden redigieren inklusive dem, was sie vom nachfolgenden Frage-und-Antwort-Diskurs im Auditorium übernehmen wollen.

Was immer wir vom Gesagten auswählen, wir werden es erheblich kürzen müssen. Jolina seufzt. Das Volumen des Conference Report wird ansonsten zu dick, jedes Jahr ist es das Gleiche.

Beim Redigieren werde Flocke dann wiederum ihr, Jolina, assistieren dürfen, sie werde so eine Menge über das Geschäft der UN lernen. Jolina erneuert ihr Lächeln und wippt aufmunternd mit den Füßen, ihre New Yorker Pumps passen genau zu dem Halstuch.

In den darauffolgenden Tagen hatte sich Flocke des Öfteren gefragt, was wohl zuerst war, die Halstücher oder die Pumps, aber die Suche nach einer Antwort ist wohl ebenso sinnlos wie jene bei der Frage nach der Henne und dem Ei. Am Ende, hätte Ma gesagt, zählt nur das Ergebnis.

Anschließend werde das Redigierte in die Hausdruckerei wandern, die daraus jenen Konferenzbericht fertigen werde, der dann weltweit über das DPI physisch verteilt werde. Parallel werde der Conference Report per E-Mail an alle registrierten NGOs versandt.

Auf diese Weise werden Sie, Felicity, dann zu etwas sehr Wichtigem beigetragen haben, sagt Jolina. Die Reports haben großes Gewicht. Sie schaut zum Fenster, als ahnte sie, was Flocke vorhin im Flur über das Papier auf den Aktenwagen gedacht hat. Wir müssen geduldig sein, sagt sie und aus ihren ägyptischen Augenwinkeln scheint sekundenweise das Wissen um rise and fall jahrtausendealter Kulturen zu blitzen. Die Tatsache, dass diese Konferenzen stattfinden, Felicity, ist immer eine gute Nachricht. Besonders in unseren Zeiten.

Flocke nickt.

Was euer Transkript betrifft, die Akzente, Felicity, sind manchmal etwas schwierig. Jolina seufzt kaum merklich. Selbst die beste Spracherkennungssoftware ist dem nicht gewachsen, es gibt immer Hintergrundgeräusche. Manches werden wir also auch künftig selbst erledigen müssen. Vielleicht ist das gut so. Sie lächelt erneut und schließt, nun doch auf ihre Uhr schauend: Wichtig ist, dass auf unsere Texte Verlass ist. Bitte denken Sie immer daran, es gibt keine Fake Facts bei den Vereinten Nationen. Wenn ihr meint, einen Satz lieber ein zweites Mal checken zu wollen, tut das. Es kann sein, dass wir genau diesen Satz drucken werden.

Die NGO-Jahreskonferenz, die sie zusammenfassen sollen, hatte sich, wie Patricia ihr kurz darauf erklärt, »Education for global citizenship« zum Thema gesetzt. Es ging um allgemeine, aber auch berufliche Ausbildung, die die junge Weltbevölkerung von morgen in die Lage versetzen soll, ihren Planeten in einen prosperierenden Ort zu verwandeln.

Ist das nicht ein zu breit gefasstes Thema, Patricia?, fragt Flocke, als sie sich an ihren Schreibtischen gegenübersitzen. Ich meine, hör dir das mal an. Sie klickt auf das Introvideo zur Konferenz und dreht den Bildschirm um neunzig Grad, sodass sie ihm beide folgen können.

Seit seiner Einführung vor fünfzehn Jahren hat das Programm der sogenannten Millenium Development Goals die Lebensbedingungen von Hunderten von Millionen Menschen in der ganzen Welt verbessert. Dennoch erwiesen sich die Bemühungen als nicht ausreichend. Die ärmsten Weltbürger, die am verletzlichsten sind, wurden zurückgelassen. Um diese Defizite zu überwinden, haben die Vereinten Nationen siebzehn Ziele definiert, um Armut zu beseitigen, den Planeten zu schützen und Wohlstand für alle zu gewährleisten.

Patricia, im Ernst, wie soll das gehen, alles gleichzeitig? Selbst die UN sind nicht allmächtig.

Na ja, das sind halt so Ziele, sagt Patricia. Wir sollten das mehr als Hinweis begreifen, worum es im Schwerpunkt geht. Wenn das Motto »education« ist, stehen immer die Aspekte bezogen auf die Jugend im Vordergrund.

Im Vordergrund?, fragt Flocke und schaut sie neugierig an, ob dieser Anmerkung noch etwas folgt, das ihnen bei ihrer bevorstehenden Arbeit helfen könnte.

Felicité-Chérie, kennst du Boule? Wir in Frankreich spielen

sehr gern Boule. Kennst du das kleine rote Kügelchen? Die Leute müssen wissen, wohin sie werfen sollen. Was zählt, ist Gemeinsamkeit, das Zusammenspiel. Hier ist es ähnlich. Am Ende geht es darum, dass alle miteinander im Gespräch bleiben.

Aber es geht auch um Bildung, nicht wahr? Bevor man einen Unterrichtsplan verabschieden kann, muss man zunächst die Bürgerkriegsparteien befrieden. Kein Mensch kann lernen, solange um ihn herum gebombt wird.

Alle Kriege, auch Bürgerkriege, sind sehr politisch, Chérie, antwortet Patricia. Das sind immer Spezialthemen und wenn du die zum Gegenstand machst, schaffst du es nie zu einem gemeinsamen Papier. Darum geht es hier jedoch ... Komm, lass uns anfangen!

Sie setzen die Kopfhörer auf und Flocke muss zugeben, dass das Englisch mancher Redner gewöhnungsbedürftig ist. Schwierig ist es vor allem bei Hustern im Saal oder wenn der Redner einen Satz nicht zu Ende bringt.

Irgendwann reicht sie Patricia kopfschüttelnd die Kopfhörer. Hör mal bitte. So wie der Satz da steht, ergibt er keinen Sinn.

Oh, dann lass den Satz weg, sagt Patricia leichthin.

Dürfen wir das denn? Das waren doch alles wichtige Leute. Es könnte der Satz sein, den Jolina drucken will.

Unter uns, Chérie, die großen Reden sind selten. Wenn du auf eine stößt, merkst du das gleich. Die guten Redner machen auch keine Fehler, die wissen genau, was sie sagen, und das schreibt sich runter wie Butter. Was den Rest betrifft, mach dir keine Sorgen. Das ist das übliche Konferenzzeug.

Sie arbeiten weiter und eine halbe Stunde später ist es Patricia, die ihr die Kopfhörer gibt. Felicité, Chérie, ich bin an einer bestimmten Stelle, da gibt es einen Zwischenruf mit der Forderung nach einer Pause. Sehr unprofessionell. »Longer efforts« oder »long-term efforts«? Sag mir einfach, was du verstehst.

Flocke setzt die Hörer auf.

While we appreciate the progress achieved it has to be stressed that only common and sustainable long – Zwischenruf – *efforts* … Der Text läuft weiter.

Der ist ja wirklich saudumm, dieser Zwischenruf, sagt sie.

Ich glaube ja, Chérie, sagt Patricia und knetet ihren Stift, er hat nicht bloß längere Maßnahmen gemeint, sondern Langzeitmaßnahmen. Das ist das Stärkere, nicht wahr? Ich schreibe jetzt »long-term efforts«.

Aber müssen wir nicht Jolina fragen, wenn wir uns nicht sicher sind?

Patricia lächelt. Du bist doch gerade erst hier. Jolina wäre damit bestimmt einverstanden, bei den UN braucht man immer einen langen Atem. »Long-term« klingt gut.

Und, Darling, hast du heute die Welt gerettet, zumindest ein wenig, hoffe ich?, sagt Bee, ihren Honig in Gläser abfüllend, als Flocke nach Hause kommt.

Na ja. Die Welt retten kann man das nicht nennen. Wir haben eine Weile überlegt, was auf dem Band zu hören gewesen ist, es war eine Rede, für die wir ein Transkript liefern sollen. Nichts, das mich in die Nähe des Friedensnobelpreises katapultiert. Flocke grinst und schaut in den Kühlschrank.

Wie immer ist auf Dan Verlass und er hat für sie alle um diese Zeit einen Happy-Hour-Drink gerührt. Die Mode der Happy Hour haben sie von den Bars ringsum übernommen, nur ist Dans Drink ohne Alkohol. Er will nichts von ihnen, jeder besorgt das, von dem er meint, dass es fehlt, und darf nehmen, worauf er Lust hat.

Help yourself. Sehr lecker, Darling. Irgendetwas mit Ananas, Zitrone und Melone. Dan hat auch etwas von meinem Honig hineingetan. Honey von Bee und ihren bees on the roof.

Wahnsinn. Das Zeug schmeckt göttlich.

Nicht wahr? Also, was war das mit deinem Band? Erzähl mal, was bei euch passiert.

Es gab eine Konferenz. Sie heißt »Bildung für die Weltbevölkerung« und wir fassen die Reden zusammen. Eine Rede bereitete uns Kopfzerbrechen, denn es gab einen Zwischenruf. Die Frage war dann, was der Redner verlangt hat, längere Maßnahmen oder Langzeitmaßnahmen.

Ist das denn nicht das Gleiche?

Na ja, längere Maßnahmen würden ja nur bedeuten, dass sie im Moment noch nicht beendet werden sollen. Die Forderung nach Langzeitmaßnahmen ist stärker.

Und was ist, wenn die Maßnahme schon lange läuft?

Dann wäre es andersherum. In dem Fall wäre »länger« stärker, weil der Redner sagen will, dass wir noch eine Verlängerung brauchen, obwohl die Langzeitmaßnahme bislang nichts gebracht hat.

Und worum ging es konkret?

Das hat der Redner offengelassen. Letztlich geht es darum, Armut zu beseitigen, den Planeten zu schützen und Wohlstand für alle zu sichern. Das sind aber, wenn ich das richtig verstanden habe, nur drei von siebzehn Zielen und die drei sind wohl die wichtigsten.

Bee schaut Flocke mit großen Augen an. Darling, dafür kämpft die Welt, seit Jesus auf Palmenblättern in Jerusalem eingeritten ist. Sie macht mit zwei Fingern das Peace-Zeichen. Und ihr fragt euch, ob der Redner »longer« oder »long-term« gesagt hat?

Um das Thema zu wechseln, weist Flocke auf eine Skizze, die Bee gefertigt hat. Darauf ist ein Huhn zu sehen, das eine Virtual-Reality-Brille trägt.

Und woran arbeitest du gerade?

Ach, schau mal! Für meine Reihe »Fine Dining«. Das hier nenne ich »Happy Chicken Farm«. Alle wollen immer Huhn, kaum dass ich aus dem Haus gehe, sehe ich immer, wie viel Huhn im Village gegessen wird. Beim Thai, beim Inder, beim Work-out, vorne am Tresen, als Wrap. Überall Huhn.

Und im Supermarkt. Mit dem Bild vom schönen Bauernhof.

Du sagst es, Darling. Und dieser Bauernhof sieht genauso aus wie bei euch in Germany. Hinten sind Berge und vorne ist ein See mit einer Wiese. Oder eine Wiese mit einem Bach. Und auf der Wiese ist das glückliche Huhn.

Das gibt es gar nicht überall in Deutschland. Aber ja, in Bayern schon, mag sein.

Und nun überlege ich, wie ich an ein ausgestopftes Huhn komme. Gar nicht so leicht.

Und was soll die VR-Brille?

Na, stell dir vor, alle Hühner trügen so etwas. Dann erlebt das Huhn die Welt durch die Brille. Die Hühner glauben, sie wären in Bayern. Denkst du nicht auch, dass ein Huhn dann viel glücklicher wäre? Ein solches Huhn würde doch total gesunde Eier legen, ist doch klar. Wobei es mir ja vor allem um das Huhn selbst geht.

Hm.

Ja, allerdings habe ich überlegt, ob das ethisch richtig ist. Ich meine, wenn wir den Tieren etwas vorspiegeln, das nicht da ist, diesen Bauernhof in Bayern zum Beispiel. Das Huhn würde sein wirkliches Leben also gar nicht empfinden. Andererseits soll auch ein Huhn einmal glücklich sein dürfen. Warum nicht? *Pursuit of happiness*, steht bei uns in der Verfassung. Tiere sind auch Lebewesen. Das sollte auch für sie gelten.

Bee, wer soll denn dein ausgestopftes Huhn kaufen? Das stellt sich niemand ins Wohnzimmer.

Well, let's see, Flocky. Man muss ein wenig warten, bis man bekannt wird. Niemand weiß genau, wie es passiert – aber es passiert. Und dann ist mein Huhn berühmt. Vielleicht steht es ja eines Tages im MoMA.

In diesem Moment kommt Dan von seinem Training zurück und begrüßt sie mit einer flüchtigen Umarmung. Das hat sich bei ihnen so eingebürgert, sobald sie sich länger als einen halben Tag nicht gesehen haben. Vor allem Bee liebt diese Umarmungen und ist der Meinung, dass sie diese Art der Begrüßung allein aus politischen Gründen nie vergessen sollten.

If the village fails to say hello the world may fail to join, sagt sie dann.

Im Erfinden von Sinnsprüchen, die ihre Haltung auf den Punkt bringen, ist sie unschlagbar. Es ist eines ihrer Mittel im Kampf gegen die Investment Broker im Viertel, sie hofft inständig, dass ihre Sprüche auf fruchtbaren Boden fallen, zitiert werden und so die bröckelnde Community stärken. Vielleicht sagt sie das nur, um Dan lang und fest drücken zu können.

Dan, Darling, möchtest du etwas essen?, ruft sie, doch er ist schon wieder verschwunden.

Er wollte bestimmt gleich zurück an seinen Computer, vermutet Flocke.

Er betreibt eine Internetplattform, über die er Reissorten vertreibt. Das ist, wie Flocke von ihm erfahren hat, durchaus lukrativ, denn neben dem Massenreis gibt es einige seltene Sorten. Ursprünglich wollte Dan Food Hunter werden, bis ihm das Geld dafür ausgegangen ist, bevor er seine kulinarischen Jagdausflüge abschließen konnte. Abgebrannt, wie er war, fand er in Bees kleiner Welt Unterschlupf und beschloss dort, aus seinem Wissen über Reis etwas zu machen.

Sosehr Bee und Dan ideologisch übereinstimmen, so unterschiedlich sind ihre Wege, sich zu verwirklichen. Während Bee versucht, mit ihren künstlerischen Ideen rund ums Essen in ständig neue Bereiche vorzustoßen, wird Dan immer mehr zum Puristen. Ein Reiskult, der mittlerweile fast religiöse Züge trägt.

Flocky, probier mal.

Gleich an ihrem zweiten Abend hat er sie exklusiv bekocht und ihr eine Kelle ohne Beilage, dafür mit einem verschwörerischen Augenaufschlag kredenzt, als hätte er gerade Wasser zu Wein verwandelt und sie wäre die Erste, die er probieren lässt. Kaum dass sie fertig gekaut hatte, wartete er auf ihre Antwort, doch sie blieb stumm.

Biologische Böden, Flocky. Da wächst ein ganz anderer Reis als der, den du aus dem Supermarkt kennst. Reis ist weißes Gold. Das Gold liegt immer im Boden.

Lustig, dass du das sagst. Flocke hat gelächelt. Diesen Satz höre ich seit einigen Monaten immer von meiner Mutter.

Als Flocke einen Monat später zusieht, wie Jolina ihren Kürzungsvorschlag für die von ihr transkribierten Reden nachvollzieht, erntet sie großes Lob.

Felicity, das übertrifft meine Erwartungen! Niemand im DPI wird mir glauben, dass dieser Text von unserer Praktikantin stammt. Ich sehe kaum etwas, das ich ändern müsste. Du hast ein genuin diplomatisches Talent und vor allem – das definitiv – eine journalistische Ader!

Nicht nur Flocke scheint heute über sich hinausgewachsen zu sein, auch Jolina. An diesem Vormittag trägt sie ein nachtblaues Seidentuch, in dessen Mitte astronomische Gestirne siedeln. Das geknotete Tuch fällt so, dass man sieht, wie die goldenen Gestirne im Stil von Leonardo-da-Vinci-Zeichnungen einen Schützen darstellen, der auf Jolinas Gegenüber zielt. Tuch und Gestirne bilden zusammen mit Jolinas dunkelblauen Pumps mit den schmalen goldfarbenen Schnallen wieder einmal eine atemberaubende Symphonie.

Neben Flockes Werk liegt das Einführungskapitel für den Conference Report, das Jolina gestern fertiggestellt und Flocke zu lesen gegeben hat. Jolinas Text beginnt so:

Ziel der Konferenz war es, die zivile Gesellschaft und neben ihr akademische Einrichtungen für die Agenda der Vereinten Nationen für 2030 zu gewinnen und zu mobilisieren. Bei dem Bemühen um nachhaltige Entwicklung ist insbesondere im Bereich der Bildung ein Schwerpunkt zu setzen. Bildung stellt die Weichen auf dem Weg zu globaler Veränderung durch aktives Handeln.

Auf der Konferenz ist es gelungen, Vertreter verschiedener Organisationen und solche der Vereinten Nationen mit Mitgliedern der Zivilgesellschaft und Schulträgern aus aller Welt zusammenzubringen, ebenso aber mit Gewerbetreibenden im Bildungsbereich, um die Kräfte zu bündeln. Diese Bildungsfragen wurden ins Zentrum gemeinsamer Überlegungen gestellt. Sie zielen auf eine Gemeinschaft aller Bürger, die ihrerseits Grundlage für weitere Nachhaltigkeitsziele ist – einschließlich der Bewältigung des Klimawandels.

Sie muss zugeben, Jolinas Einleitung perlt wie Bees Honig.

Ich hatte die beste Lehrerin, die ich mir wünschen konnte, antwortet sie auf Jolinas Kompliment und strahlt.

Als sie später wieder in der WG ist, hat sie einen Ausdruck des vorläufigen Conference Report dabei und legt ihn neben Bees blaue »Centerpieces« auf den Tisch.

Das ist mein Masterpiece, Bee. Da stecken mehrere Wochen Arbeit drin.

Oh, Darling. Ich bin so neugierig, ich kann's gar nicht sagen! Bee lässt sofort alles stehen und liegen, setzt sich hin und beginnt zu lesen. Hm. Deine Jolina schreibt gut.

Flocke nickt. Mittlerweile kennt sie sämtliche Passagen des Reports aus dem Effeff. Wenn du hinten in die Zusammenfassung schaust, sagt sie, wirst du sehen, dass die Konferenz im Einklang steht mit Ziel Nummer vier der Vereinten Nationen, das bleibt weiterhin die oberste Maxime für alle Schritte.

Ziel Nummer vier – was war das noch gleich?

Förderung der Bildungsmöglichkeiten für alle durch lebenslanges Lernen. Im Report klingt es noch griffiger: *Promote lifelong learning opportunities for all.*

Aha, macht Bee. Und wie setzt ihr das um?

Flocke deutet auf den untersten Textpassus. Du brauchst nur zu Ende zu lesen. Durch ein neues Verständnis der Welt, in der wir leben, indem wir unsere Beziehungen neu definieren, zwischen den Staaten, aber auch direkt zwischen den Menschen, in allen unseren Communitys. Siehst du? Die Communitys werden bewusst betont! Wenn man so will, meint der Report das Village. Unser Village! Greenwich Village als ein Modell für das Global Village!

Bee liest weiter, dann schlägt sie den Report plötzlich zu. Hm. Und wo bitte schön steht mal als Beispiel: Jede Schulklasse besucht einmal vor dem Schulabschluss eine Hühnerfabrik. Und dann einen Bauernhof, der biologisch wirtschaftet. Das würde nicht einmal etwas kosten. Es könnte viel bewirken.

Konkrete Maßnahmen sind immer schwierig, gibt Flocke zu bedenken. Nicht überall auf der Welt findest du gleich neben dem Schulhof einen bayerischen Bauernhof mit dem Biohuhn auf der Wiese. Wir müssen ein Forum bieten, weißt du, für alle, und etwas Geduld haben. Vielleicht ist es schon gut, wenn alle miteinander im Gespräch bleiben.

Bee scheint noch nicht überzeugt. Sag mal, magst du mir am Wochenende helfen? Ich will am Montag einige Honiggläser an Schulen im Village verteilen. Zusammen mit einem Flyer, wie ich ihn herstelle. Könntest du den für mich schreiben? Wichtig ist, dass die Kinder verstehen, was eine Biene ist, und Lust bekommen, selbst zu imkern. Du schreibst den Flyer und ich zeige dir, wie das geht.

Braucht man nicht etwas mehr als einen Nachmittag, um Imkern zu lernen? Flocke lächelt.

Na ja, vielleicht machen ja die Vereinten Nationen nächstes Jahr wieder so eine Konferenz und dann kommst du wieder.

Dann kannst du ihnen gleich sagen, Flocky, sie sollen sich die langen Reden sparen und euch stattdessen beim Abfüllen helfen. Dan grinst. Er steht im Türrahmen und ist ihrer Unterhaltung gefolgt. In der Hand hält er den Report mit Jolinas Einleitung auf der ersten Seite, die er offenbar überflogen hat. Den Report habt ihr ja schon geschrieben. Sie können ihn einfach übernehmen.

Bee stutzt, greift sich auf Dans Bemerkung hin wieder Jolinas Einleitung und liest sie erneut. Darling, Dan hat recht! Nehmen wir an, das Thema vom nächsten Jahr ist der Umweltschutz, hört mal, wie fändet ihr das? *Ziel der Konferenz war es, die zivile Gesellschaft und daneben auch akademische Einrichtungen für die Agenda der Vereinten Nationen für 2030 zu gewinnen. Bei dem Bemühen um nachhaltige Entwicklung ist insbesondere im Bereich des Umweltschutzes ein Schwerpunkt zu setzen. Umweltschutz stellt die Weichen auf dem Weg zu globaler Veränderung durch aktives Handeln.* Das klingt, finde ich, schon ziemlich gut!

Da hat sie ungezählte Tage darüber gebrütet, ob es in den Reden »longer efforts« oder »long term efforts« geheißen hat, und später hat sie getüftelt, was sie weglassen kann und was nicht, um Jolina einen perfekten Vorschlag zu machen. Welche Sätze sollten sie drucken? In all den vier Wochen hat sie darüber nur vergessen, dass das, was sie da produzieren, einen einzigen Haken hat. Es ist Papier.

Also gut, sagt sie. Danke für die Einladung für kommendes Jahr, im Village schaue ich so oder so bald wieder vorbei. Dann will ich alles über Honig wissen. Und über das weiße Gold.

Die besten Rezepte für die Zukunft bleiben offenbar noch immer die, bei denen alle mit anfassen. Am besten mit honigverschmierten Händen oder beim Rühren im Reistopf. Vielleicht besteht ja das Ziel aller Regierungserklärungen der Welt genauso wie das Wirken der Kunst und die Hinwendung zu gutem Essen überhaupt nur in einem, im Zusammenhalt der Community. Und wer weiß, womöglich ist Bee ja nächstes Jahr berühmt. Dann komme ich wieder und sie nimmt mich mit in die Galerie, in der man sie ausstellt. Wir werden vor ihrem Virtual-Reality-Huhn stehen und es wird Fingerfood mit ihren blauen Keramikmurmeln geben.

Vielleicht würde in einer fernen Zukunft eine Enkelin von Ian auch ein New Yorker Praktikum machen, in dieser Stadt, vielleicht sogar im Village, ja, vielleicht sogar in genau dieser Straße, und in einem Kunstband blättern, in dem Bees »Centerpieces« abgebildet sind.

Jene Urenkelin könnte dann ihrer WG-Community berichten, dass eine ferne Urgroßtante von ihr die weltberühmte Künstlerin damals persönlich kennengelernt habe. Sie habe sogar eine Zeit lang bei ihr gewohnt. In den Familienunterlagen befinde sich noch ein Flyer, den die Tante verfasst habe. Er handelte davon, was eine Biene sei, sie habe ihn damals für die Künstlerin geschrieben.

Von ihr habe sie dann das Imkern gelernt.

Neben ihnen auf dem Boden, keinen Meter von Dans Reistöpfen entfernt, die sie gleich spülen müssen, liegt der Bildband der Public Library und träumt mit ihr von einer verheißungsvollen Zukunft.

Okereke hat sie alle, Ma und Forscher sowie Alaska und ihren Mann, heute eingeladen und seinerseits seine Frau im Schlepptau, so sind sie zu sechst. Nachher, nach dem Musical, werden sie noch etwas essen gehen.

Den Anlass für diese Einladung verdankt sie Forschers Besuch.

Ihr Mann soll etwas Besonderes zu sehen bekommen, hat Okereke gesagt und gelächelt.

Sie ist Okereke doppelt dankbar, für einen schönen Abend, an dem sie Gelegenheit haben wird, Forscher mit ihrem kleinen sozialen Netz bekannt zu machen, vor allem aber für die Ablenkung. Wenn sie heute einen gelungenen Abend verbringen, wird das den Ausgleich zu dem schwierigen Einstand von Forschers Besuch bilden, denn noch hat sie seine Ankunft gestern nicht verdaut. Mit etwas Glück kann sie diese so enttäuschend verlaufenen Stunden rasch ausradieren und sie ist zuversichtlich, dass ihr das gelingen wird.

Sie hat immer die Vorstellung gehabt, sie würden, kaum dass er käme, gemütlich auf der Veranda sitzen, wunderbaren Rotwein trinken und seine freie Hand würde dabei ihre finden und so, in fester Verschränkung, würden sie schweigend und in heiterem Einvernehmen auf den Tafelberg schauen. Den Trumpf ihrer Terrasse hat sie gestern auch gleich ausgespielt und der abendliche Berg hat pflichtschuldig geleuchtet, als wollte er den Pokal für den schönsten Anblick der Welt einheimsen.

Doch weder das Terrassenpanorama noch die hinreißenden Brombeernoten ihres Rotweins konnten sie lange vor den gefährlichen Fahrwassern schützen, in die ihr Gespräch schlitterte. Schneller, als sie es befürchtet hat, hat eine Frage alles andere zur Nebensache werden lassen. Wann sie wieder nach Hause komme? Und sofern sie dem noch länger ausweichen wolle, was angesichts ihres dauerhaften Hierseins eigentlich vom Zustand ihrer Ehe zu halten sei?

Wenn zumindest heute alle Faktoren stimmten, wie sie es erhofft, ließen sich die Weichen womöglich noch so stellen, dass ein harmonisches Miteinander möglich ist. In sechs Tagen könnten sie sich liebevoll voneinander verabschieden. Nur dürfen ihr dann ab jetzt keine Fehler mehr unterlaufen.

Sie selbst wäre gar nicht auf die Idee gekommen, Karten für »District Six« zu besorgen, jedoch muss sie zugeben, bei dieser Stadt bietet es sich an, einmal in ihre aufregende Geschichte einzutauchen und – pars pro toto – an einem Originalschauplatz daran teilzuhaben. Sie werden ein Stück sehen, das von einem der berühmtesten Viertel Kapstadts und seinem Untergang handelt, dem District Six. Auch wenn heute so gut wie nichts mehr davon steht, liegt darin ein Grund für seinen Mythos. Die Leere des Brachlands lässt die Fantasie spielen, wie es früher hier wohl zugegangen sein muss. Also sind sie dort, wo in den Sechzigerjahren bunt gemischte Kulturen auf den Straßen abends Musik gemacht haben. Auf den Stühlen des Fugard Theatre sitzend, in einem der wenigen noch erhaltenen Gebäude jener Jahre, folgen sie der Handlung.

Es muss tatsächlich ein Funken schlagender Schmelztiegel gewesen sein. Bei einem Blick ins Publikum bemerkt Ma, wie viele kaum die Füße unter dem Stuhl still halten können. Nicht nur die Farbigen unter den Theaterbesuchern möchten offenbar am liebsten sofort aufspringen. Alte Schwarz-Weiß-Aufnahmen des Viertels füllen die Screens im Hintergrund der Bühne, während die Musiker vorne mit ihren Instrumenten ein Feuerwerk der Rhythmen entfachen, vor allem mit Trommeln, Banjos und Trompeten.

Mit der Musik scheinen sie alle in den Zuschauerreihen selbst zu Bewohnern des Viertels zu werden und offenbar haben die Stückeschreiber genau das beabsichtigt. So erstehen sie wieder auf, die vor Energie berstenden Gassen, bis jenes dunkle Jahr 1966 kommt, in dem Südafrikas Apartheidregierung Kapstadts sechsten Stadtbezirk zur weißen Zone erklärt. Das Ziel ihres gnadenlosen Umsiedlungsprogramms: neuer Platz für Weiße. District Six, zwischen dem historischen Stadtzentrum und dem Hafen gelegen, ist eine viel zu privilegierte Lage, um sie seinen heimisch gewordenen multiethnischen Besitzern zu gönnen.

Zum Glück kommt dieser traurige Part, wie sie aus dem Programmheft weiß, erst im zweiten Teil, nach der Pause. Im Moment dürfen sie sich einfach mitreißen lassen.

Okereke hat nicht zu viel versprochen und vielleicht wird diese adrenalinträchtige Show auch Forscher in Erinnerung bleiben. So kann sie ihm ihre neue Heimat näherbringen. Was kann besser als dieser authentische Stoff zeigen, wie sehr Südafrika es verdient hat, ein neues Kapitel aufzuschlagen? Es ist nur ausgleichende Gerechtigkeit, wenn sie, die weißen Europäer, ein Opfer bringen, nachdem sich Europa jahrhundertelang an diesem Winkel der Welt bereichert hat. Sie hilft, die Zukunft Südafrikas zu sichern, indem sie hier unten ihre Wetlands baut.

Je länger sie schaut, desto größer wird ihre Freude und Dankbarkeit gegenüber Okereke. Er muss geahnt haben, was es für ihre Ehe bedeutet, wenn sie ihre aufgeschlagenen Zelte weiter ausbaut. Er weiß, dass sie Schützenhilfe braucht, wenn sie wollen, dass sie bleibt. Forscher wird erkennen, das, was hier unten gerade passiert, ist gut.

Natürlich ist nicht alles gut. Anfangs hat sie sich vorgenommen, öfter zu pendeln, angesichts der Fülle ihrer Termine hat sich das als utopisch erwiesen. Selbst wenn sie Business fliegt, bleibt es kräftezehrend, vor allem aber zeitraubend und sie hat von beidem zu wenig. Das erste Vierteljahr hatte sie ein schlechtes Gewissen und hat sich wöchentlich in Erinnerung gerufen, dass es nächsten Monat Zeit wird, höchste Eisenbahn sozusagen, für einen Heimflug. Das ist der Preis, den sie für ihre Once-in-a-lifetime-Gelegenheit zahlt. Bis sie irgendwann müde geworden ist, beim Blick in den Spiegel die Gewissensbisse zu zählen. Seitdem hat es sich eingenistet, das Ritual zum Ende ihrer Telefonate.

Wann bist du mal wieder in Deutschland, Ma?

Ach, ich kann dir das im Moment nicht sagen. – Die Dinge

müssten sich noch etwas einspielen, fügt sie jedes Mal bittend hinzu. Ob er nicht Lust habe, bei ihr vorbeizuschauen?

In einem ihrer letzten Gespräche hat ihr Forscher umstandslos mitgeteilt, dass er einen Flug gebucht habe, in drei Wochen sei er da. Von Vorfreude auf ihr Wiedersehen war bei dieser Ankündigung nichts zu spüren. Ob ihr der Termin überhaupt recht war, hat er nicht einmal gefragt. Na dann.

Tja, Ma, wie soll das weitergehen?, warf er gestern Abend ähnlich abrupt hin, als sie beim untersten Finger ihres zweiten Rotweinglases angekommen waren.

Sie hat ihm da gerade lebhaft von Alaskas Einladung erzählt, wie Alaska am Ende des Abends für ihre niedlichen Kinder gesungen habe. Besser und anrührender als alles, was auf einer Gastspielbühne in Deutschland zu erleben sei! Sie dachte, das wäre eine hübsche Anekdote, die zeigt, wie sympathisch die Menschen sind, die sie um sich geschart hat und dass sie willkommen ist. Sie würden auch Forscher voller Herzlichkeit in ihren kleinen Kreis einschließen, wenn sie einander kennenlernten.

Mist, dachte sie später. Ich hätte die Kinder nicht erwähnen sollen. Sicher, eine Mutter gehört zu ihrer Familie. Bei ihnen sind die Kinder zwar alle ausgeflogen, doch zu einer Familie gehören auch die Eltern, nur leben die zurzeit mehr als neuntausend Kilometer Luftlinie voneinander entfernt. Offenbar vermisst er sie und sie denkt ab und zu an ihn, aber erst, nachdem sie darüber nachgedacht hat, was bei ihren Wetlands der nächste Schritt ist.

Möchtest du noch etwas Wein?, fragte sie. Da ist noch was in der Flasche. Und zu deiner Frage: Bitte sei ein bisschen nachsichtig mit mir, Forscher. Was soll ich denn machen? Es prasselt auf mich ein.

Du brauchst dich nicht zu entschuldigen. Ich möchte nur eine Antwort.

Unglücklich rutschte sie auf den Leinenkissen ihres Korbsessels hin und her. Sie ahnte, wegen dieses Teils ihres Gesprächs ist er hergeflogen, denn am Telefon hat er keine vernünftige Antwort erhalten.

Ich denke, zu Weihnachten kann ich mich ein paar Tage freimachen.

Aha. Zu Weihnachten. Und sonst?

Versteh doch, ich habe das Geschäft der CWC gerade erst neu ausgerichtet. Ich bin nicht mehr nur die kleine Agentur, die für Kellenberger ein paar Aufträge akquiriert. Da kommt einiges an Arbeit auf mich zu, aber die Gewinnaussichten sind fantastisch! Und ich habe das große Glück, dass ich dafür nicht einmal in den Bergen herumzuturnen brauche. Meine Leute müssen mich jedoch in Kapstadt greifen können. Ich denke, in einem halben Jahr sind die Abläufe etabliert. Dann kann ich meine Zeit freier einteilen.

Ma, Cherbourg hat dich in Atem gehalten, da haben wir allerdings noch eine Ehe geführt. Deutschland–Kapstadt, wie stellst du dir das vor? Möchtest du dir hier unten vielleicht einen Liebhaber zulegen?

Wie kannst du so was nur sagen!

Wir sind noch nicht zu alt für Sex, oder? Ich bin es jedenfalls nicht, also lass uns nicht so tun, als gäbe es das Thema nicht. Ich vermisse dich, Ma. Auch in dieser Hinsicht.

Aber du bist doch jetzt hier, erwiderte sie hilflos. Selten kam sie sich so dämlich vor. Und schlimmer, ja, sie war schlecht vorbereitet. Dabei ist das alles vorauszusehen gewesen.

Er sah sie unverwandt an. Weich nicht aus. Ich habe einen Lehrstuhl in München und beabsichtige nicht, mein Forscherleben zu beenden, so reizvoll dein Tafelberg ist.

Siehst du, du sprichst da eine Gemeinsamkeit aus, in dem Punkt ticken wir gleich. Auch ich möchte meine Wetlands nicht hergeben.

Ja, nur mit einem Unterschied.

Sie drehte ihr Glas und ahnte den Hinkefuß ihres Vergleichs.

Ich habe nicht geheiratet, damit meine Frau auf einem anderen Kontinent lebt. Das war nicht verabredet. Und ich habe keine Lust, mich erpressen zu lassen, wenn ich sie sehen will. Südafrikanischen Wein kriegt man auch bei uns. Komm heim.

Fieberhaft suchte sie nach einer Erwiderung, die versöhnlich klingen würde und am besten ein bisschen humoristisch, um ihrem Gespräch eine passende Wendung zu geben und sie wieder in ein besseres Licht zu rücken, zurück aus dem Abseits ihres Korbsessels mit Blick auf den bösen Tafelberg. Ihr, der Wortgewandten, ist nichts eingefallen.

Sie folgt dem Plot auf der Bühne, den jungen Frauen, deren Petticoats sich im Stil der damaligen Mode bauschen, und den schlanken, großen Männern mit ihren Hosenträgern und hochgekrempelten Ärmeln. Sie steppen in cremefarbenen Lederschuhen und tragen weiße Strohhüte, die sie in die Luft werfen und wieder auffangen. Das Stück hat ganz gemütlich mit Techtelmechteln begonnen, die an der bekanntesten Stiege des District Six ihren Anfang nehmen, einer Treppe mit sieben Stufen, dem Treffpunkt der Jugend. Seven steps of stone. Hier rauchen die Halbstarken eine Zigarette, während die Auserwählten am Fuß der Treppe an den Miedern nesteln.

Wie es weitergeht, davon weiß eine hübsche Bianca zu erzählen. Sie tut das mithilfe eines Fotoalbums, das sie gefunden hat. Es ist das ihrer Großmutter, in dem die Geschichte des Districts lebendig bleibt.

Sofort fühlt sie sich an das Bilderalbum jenes rheinischen Onkels erinnert. Wie die junge Frau hat auch sie damals ihr Publikum durch eine Geschichte geführt, auch bei ihr ist es um ein Zuhause gegangen, das es nicht mehr gibt. Aber solange man sie weitererzählt, bleibt jede Geschichte lebendig. Wie der junge schwarze Trompeter mit seinem Strohhut arbeitete sie mit Fanfaren, nur dass sie die ihrigen der Kinderfantasie überlassen musste, ebenso wie die mittelalterlichen Zinnen mit den steigenden Pferden, die Jagd am Moritzburger Weg und all das, bis hin zur brennenden Burg mit Urgroßvaters kleinem Blechauto, das damals geschmolzen ist, dem Bugatti Type 13. Und der unvergessene Besuch Napoleons, wie er wütenden Schritts durch den Rittersaal stapfte, den gezückten Degen in der Hand, um in den Gobelin zu stechen.

Sie wirft im Halbdunkel einen kurzen Blick zur Seite. Forscher folgt dem Bühnenspektakel interessiert und ruhig atmend. Sie erinnert sich, warum sie damals über sein Beschäftigtsein erleichtert gewesen ist. Sie hat eine Runde mit unisono leuchtenden Augen gewollt. Es ist ihre Geschichte, die sie den Kindern erzählt hat, und heute ist es wieder nur ihre Geschichte. So schön es wäre, wenn er daran Anteil nähme, er bleibt auch dieses Mal draußen. Neben ihr sitzt einer von vielen Kapstadttouristen im Publikum. Also alles wie immer, fährt es ihr durch den Kopf.

Fast wünscht sie sich, er säße nicht hier, dann könnte sie den Teil nach der Pause allein mit Alaska und Okereke sehen. Mit ihnen und ihren Partnern wären sie genau wie damals auf ihrem Sofa zu fünft, zehn leuchtende Augen, alle tief ins Geschehen eingetaucht. Schon das Glas Rotwein gestern Abend ist ein Reinfall gewesen und sie spürt, der heutige Abend wird der nächste. Forscher passt nicht hierher.

Sie kämpft sich an seiner unbeteiligten Seite durch den zweiten Teil und als das Stück zu Ende ist, gehen sie in ein nahe gelegenes Restaurant. Okereke leistet beim Essen ganze Arbeit und versucht, trübe Gedanken bei seinen Gästen zu verscheuchen, denn das Musical hat wie erwartet geendet: Die Apartheid setzte dem fröhlichen Treiben ein Ende. Melancholisch wehte im Schlussbild der Wind über zerzauste Wiesen, wo einst die Stiege mit den sieben Stufen gestanden hat.

Eine mitreißende Musik, nicht wahr? Sie bleibt uns für immer. Gott sei Dank, man kann sie nicht zerstören. Sie ist so typisch für Südafrika. Wir stolpern und es gibt Rückschläge, aber die Kraft im Herzen bleibt. Ja, das ist das Gute an diesem Land.

Das Pathos seiner Liebeserklärung ist aufrichtig, anschließend wechselt er nahtlos über zu einem fulminanten Lob über Mas unvergleichliches Engagement.

Wissen Sie, das ist nämlich ein häufiger Fehler von Europäern, sagt Okereke und schaut Forscher an, der ein Stück seines saftigen Steaks auf seine Gabel spießt. Bei uns braucht man Geduld. Ihre Frau hat das verstanden. Sie wartet und lässt sich nicht entmutigen.

Danke. Ich kenne meine Frau, sagt Forscher und lächelt knapp.

Ich habe so viel von ihr gelernt, pflichtet Alaska Okereke bei. Sie ist, wie nicht anders zu erwarten, heute Abend eine geballte Ladung an Schönheit und Charme. Es ist wie in dem Stück, das wir gesehen haben, Herr Holzrichter. Weiß gegen Schwarz, Schwarz gegen Weiß, das war schon immer das falsche Rezept. Wir lernen gerade, dass wir uns gegenseitig brauchen. Wir machen Fortschritte.

Alaska lächelt mit flatternden Wimpern. Sie widmet sich Forscher mit solcher Herzlichkeit, dass man meinen könnte, sie wollte mit ihm flirten, säßen nicht ihr Mann und Ma neben ihnen. In ihrem feuerroten Kleid mit den passenden Kreolen aus roter Koralle könnte sie sofort wieder modeln.

Dennoch weiß Ma, dass sie alle schon verloren haben. Es ist zu offenkundig, was sie heute Abend spielen. Sie nehmen ihren vom Langstreckennachtflug noch immer strapazierten Forscher unter Beschuss und hoffen, dass er bald kapituliert. Der sitzt da, kaut sein butterweich gegrilltes Steak, trinkt seinen Rotwein und lächelt ihnen höflich zu. Müde, aber nicht mürbe. Nur gelegentlich wirft er einen prüfenden Blick zu Ma, was sie mit diesem Abend für sie beide im Sinn hat.

Mies, ganz mies, denkt sie in einem kurzen Gedanken an ihre Kinder. Flocke sagt das so gern. Sie hofft, dass wenigstens Okereke und Alaska es ihr rasch verzeihen, dass Forscher ihnen nach Strich und Faden den Abend vermiest.

Sie nehmen ein Taxi und fahren nach Hause. Ihr Auto hat sie in der Nähe des Theaters geparkt, wissend, dass sie heute Abend noch etwas trinken würden und sie danach nicht mehr würde fahren können. Das ist vielleicht etwas unvorsichtig von ihr gewesen, denn sie hat keinen bewachten Parkplatz gefunden, doch gleich morgen früh kann sie den Wagen auf dem Weg ins Büro wieder einsammeln. Nach dem Büro will sie mit Forscher zum Abendessen nach Camps Bay an den Strand fahren, es sei denn, ihr fällt etwas Besseres ein. Mittlerweile ist es ihr beinahe schon egal, wie und wo sie den dritten Abend verbringen werden.

Vor seinem Besuch hat sie sich darauf gefreut, mal wieder mit dem Kopf in seinem Arm einzuschlafen, doch als er sie fragt, ob es ihr recht sei, wenn er auf dem Sofa im Wohnzimmer schlafe, nickt sie nur.

Ich habe etwas viel getrunken, Ma. Wieder dieses knappe Lächeln.

Schon gut. Ihr Bedürfnis ist im Grunde gegenseitig. Hier wirst du meinen Wecker morgen früh auch nicht hören. Sie zieht die Vorhänge zu und gibt ihm einen angedeuteten Kuss auf den Mund. Vorsorglich verschließt sie fest die Lippen, damit keiner den Alkohol im Mundgeruch des anderen schmeckt. Schlaf dich mal aus, du hast ja schließlich Urlaub.

Statt einer Antwort tätschelt er ihr die Schulter, ohne sie anzusehen. Wieder glaubt sie, in der Berührung mehr höfliche Distanz als Nähe zu spüren, und plötzlich flammt etwas wie Widerwille in ihr auf, nicht ihm gegenüber, jedoch gegenüber seinem stillen Vorwurf, auf ihre Situation bezogen. Dabei hat sie nur auf Kellenbergers Frage damals Ja gesagt, wie hätte sie auch Nein sagen sollen! Jetzt ist die verfahrene Lage ihre Schuld. Sie möchte nur noch in ihr eigenes Schlafzimmer und die Tür zumachen.

Am nächsten Morgen fühlt sie sich nicht fit, geradeso als wäre sein Schlafdefizit ansteckend. Wahrscheinlich hat auch sie gestern Abend zu viel getrunken, jedenfalls verspürt sie keine Lust darauf, gleich Alaska wiederzusehen und die Scharade fortzusetzen, was für ein fantastischer Abend es gewesen sei. Kurzerhand schreibt sie ihr übers Mobiltelefon eine Nachricht, sie möge sich einen Tag freinehmen, auch sie werde nicht ins Büro kommen. Sie werde ihre E-Mails von zu Hause aus erledigen, anschließend mit ihrem Mann frühstücken und mit ihm einen Ausflug unternehmen.

Vielleicht machen wir Hermanus, tippt sie.

Ja, Hermanus ist gut. Dort können sie an der Küste spazieren gehen und in einem der hervorragenden Fischrestaurants zu Abend essen.

Alles Weitere morgen. M, beschließt sie die Nachricht und legt das Handy weg. Dann nimmt sie es noch einmal zur Hand. *P.S. Danke für eure Gesellschaft gestern. Ein wunderbarer Abend!*

Sie schreibt Forscher einen Zettel und legt ihn neben die Espressomaschine. Dort steht, sie hoffe, er habe gut geschlafen, sie hole nur schnell den Wagen und sei in spätestens zwei Stunden zurück.

Lass uns dann an der Upper Kloof frühstücken, da gibt es sehr hübsche Cafés, fügt sie hinzu. *Und was den weiteren Tag betrifft, freu dich auf die Küste!*

Sie macht sich einen Kaffee und setzt hinter die »Küste« ein *K, M*. Das »K« ist ihre Formel für »Kuss« aus den Tagen, an denen sie auf dem Weg nach Cherbourg gewesen ist und es sehr eilig gehabt hat.

Dass sie volle zwei Stunden braucht, um den Wagen zu holen, ist eine Ausrede, aber sie hat im Gefühl, dass sie auf dem Rückweg an irgendeinem hübschen Aussichtspunkt haltmachen und, mit Blick über die Stadt, in Ruhe ein Zigarillo rauchen wird. Dort will sie nachholen, was sie vor Forschers Eintreffen versäumt hat, einen Plan zu zimmern, wie sie die Tage seines Besuchs füllen werden. Und, ganz prinzipiell, was sie ihm sagen will, sobald er irgendwann auf seine Frage vom ersten Abend zurückkommt.

Sie darf sich das Heft des Handelns nicht aus der Hand nehmen lassen, vielleicht kann sie ihm ja irgendeinen Deal anbieten, einen, der ihre Wetlands nicht aufs Spiel setzt und gleichzeitig ihre Ehe nicht zerstört. Vor allem dürfen die Kinder nichts davon erfahren, wenn sie, ihre Eltern, anfingen, plötzlich in getrennten Betten zu schlafen. Sie sollten sich gegenseitig nicht überfordern. Vorübergehende Distanz ist okay, solange sie miteinander ehrlich bleiben. Das muss ihre Familie nicht gleich aus den Angeln heben, zumindest wenn ihr Deal auf absehbare Zeit geschlossen wird.

Ihr schwebt ein Jahr vor, zwölf Monate sind überschaubar – auch für ihn – und in der Zeit lässt sich ihr Geschäft hoffentlich so weit festigen, dass sie es sich leisten kann, das meiste zu delegieren. Zufrieden trinkt sie den letzten Schluck ihres Kaffees, ruft ein Taxi und nennt die Adresse, an der sie den Wagen abgestellt hat. Den Schlenker über den Aussichtspunkt wird sie einsparen können und früher als angekündigt zurück sein. Umso besser.

Als sie zu dem Parkplatz in der Nähe vom Fugard kommt, sieht sie schon aus der Ferne die blau-roten Lichter einer Polizeistreife und quer über der Straße eine dünne schwarze Rauchsäule. Was hat diesmal gebrannt? Jenseits der Rauchschwade ist Niemandsland, nur Boden, der, wie sie gestern gelernt haben, nie wieder bebaut wurde. Jedes neue Haus muss verflucht sein. So bleibt das Gelände ein Un-Ort.

Und so geschehen sie hier, die Dinge, von denen sie gelegentlich in der Zeitung liest, wenn darüber nicht schon in den Abendnachrichten im Lokalfernsehen berichtet wurde. Die Brache rund um die einstigen sieben Treppenstufen erlebt die Auswirkungen einer zerrissenen Gesellschaft. Weiße Viertel werden von Weißen bewohnt, ihnen stehen ärmliche Townships gegenüber, die kaum ein Tourist je zu sehen kriegt. Ausgrenzung mündet in Auflehnung, ein leicht entflammbarer Kreislauf.

Voller Ungeduld wartet sie darauf, ihr Auto in Empfang zu nehmen und der Gegend den Rücken zu kehren. Um sich abzulenken, überlegt sie, welche Touren sie mit Forscher machen kann. Sie sollte ihn etwas verwöhnen, mag sein, dass es dann ein geschöntes Afrika ist, das sie ihm zeigen wird, aber sie möchte heitere Bilder in seinem Kopf verankern, wenn er später von Deutschland aus an sie denken wird. Vor allem soll er sich nicht um sie sorgen.

Die Zwölf Apostel und das Kap der Guten Hoffnung sind ein Must. Anschließend ein kleiner Bummel durch die knallbunten Gassen des aufgepeppten Bo-Kaap-Viertels. Und die Weingüter! Ein Ausflug nach Stellenbosch und Franschhoek, sie können es ja gemütlich angehen und vor seinem Abflug für eine Nacht auf einem der Weingüter bleiben. Sie wird ihr Arbeitspensum diese Woche zusammenstreichen.

Wo ist denn nur der Wagen?

Ein Polizist einer nahen Streife kommt auf sie zu. Vorne ist ein weiß-rotes Plastikband gezogen, näher lässt er sie nicht heranfahren.

Ma'm, grüßt er mit der Hand an der Mütze. Bitte wenden Sie und fahren Sie in die nächste Querstraße. Während er das sagt, dreht er den Kopf zu ihrem Fahrer, der nickt und den Rückwärtsgang einlegt.

Hinter den vorgebeugten Schultern des Polizisten kann sie durch das halb geöffnete Taxifenster auf die Straße sehen. Tatsächlich sind sie gar nicht mehr weit von ihrem Parkplatz entfernt, sie könnte laufen. Hinten sind die drei Akazien, unter denen sie geparkt hat. Genau von dort weht der feine Brandgeruch zu ihnen herüber und dringt in das Wageninnere. Das, was dort unter den Bäumen zu sehen ist, ist kein Auto mehr, sondern ein verkohltes Skelett, die rußig ausgebrannte Ruine ihres Wagens.

Gestern noch habe ich an das Fotoalbum gedacht, fährt es ihr durch den Kopf. Und jetzt das.

Sir, sagt sie und ist selbst überrascht, wie ruhig sie klingt. Der Wagen, der gebrannt hat, gehört mir. Bitte, wo kann ich meine Personalien aufnehmen lassen und Anzeige erstatten?

Der Polizist, mit dem sie vom Taxi aus gesprochen hat, hat die Anweisung, hierzubleiben und die Absperrung zu sichern, doch ein Kollege von ihm bietet ihr an, sie mit dem Streifenwagen direkt zur nächsten Polizeistation zu fahren. Sie greift ihre Handtasche, bezahlt das Taxi und rückt die Sonnenbrille zurecht, dann wechselt sie den Fond. Es ist ein Auto der gleichen chinesischen Billigmarke, nur mit noch stärker abgenutzten Sitzbezügen.

Der sie chauffierende Polizist ist sehr aufmerksam, gerade hat er sie wie eine Lady behandelt, indem er ihr den Schlag geöffnet und hinter ihr geschlossen hat. Jetzt lächelt er sie gewinnend im Rückspiegel an. Sie fragt sich, ob er Mitleid mit ihr hat und sie aufbauen will oder nur Freude an ihrer Fahrt hat. Vielleicht würde er, wenn er nicht im Dienst wäre, mit ihr flirten. Sie sind etwa gleichaltrig und er macht den Eindruck eines Mannes, der ihre Gesellschaft genießt.

Sein wachhabender Kollege, der sie in der Polizeistation hinter seinem Schreibtisch empfängt, ist weniger aufgeschlossen. Die sparsame Einrichtung müsste dringend erneuert werden. Das weiße Neonlicht ist viel zu hell. Dass Polizeistationen kaum einladend sind, gilt wohl überall auf der Welt, aber hier in besonderem Maße und für einen kurzen Augenblick fragt sie sich, warum das so sein muss. Sie versteht, dass ein Verhörzimmer nüchtern zu sein hat, doch der Raum ist keines und es gibt keinen Grund, sie zu vernehmen. Warum Menschen, die einen Schaden melden wollen, und diejenigen, die das protokollieren sollen, das in einer Umgebung tun müssen, die maximales Unwohlsein hervorruft, bleibt ihr ein Rätsel. Kein Wunder, dass sie es mit einem so griesgrämigen Menschen zu tun hat.

Er ist jünger als der Kollege im Streifenwagen, ein dunkelschwarzer, sehniger und ernster Mann, der nach seiner förmlichen Begrüßung mit jedem weiteren Satz noch feindseliger ihr gegenüber wird. Spätestens jetzt, da er ihr das Formular gibt, das sie ausfüllen soll, weiß sie, welch anstrengende halbe Stunde ihr bevorsteht.

Sie beschließt, brav auf dem ihr zugewiesenen hässlichen Besucherstuhl vor dem Blechtisch Platz zu nehmen, während sie in der Handtasche nach ihrem Kugelschreiber wühlt.

Dann gibt sie sich einen Ruck. Sir!

Unwillig hält er bei ihrem Ruf auf seinem Weg zurück hinter den Klapptresen inne. Ma'm?

Ich habe keinen südafrikanischen Pass. Sie deutet auf das Feld unterhalb der Zeilen, in die sie ihren Namen, ihr Geburtsdatum und ihre Adresse eintragen soll. Ich bin Deutsche. Kann ich das Feld frei lassen oder haben Sie ein anderes Formular?

Es gibt kein anderes Formular, Ma'm. Er wartet, ob sie etwas darauf erwidert, aber da sie das nicht tut, fügt er widerstrebend hinzu: Tragen Sie die Nummer Ihres Reisepasses ein. Sie können unten eine Notiz machen. Geben Sie Ihre Staatsangehörigkeit an, das Land und das Ausstellungsdatum Ihres Reisepasses. Sind Sie Touristin?

Nein, ich arbeite hier und habe ein Visum. Leider habe ich beides nicht dabei, ich wollte vorhin nur schnell meinen Wagen holen. Ich werde im Formular die Nummer meines Führerscheins notieren. Den habe ich bei mir.

Sie lächelt gewinnend in dem Bewusstsein, dass er davon kaum Notiz nimmt.

Dann schüttelt er den Kopf. Nein, Ma'm. Wir brauchen Ihren Reisepass und die Nummer Ihres Visums.

Er setzt sich an den Computer, wo er seiner Arbeit nachgeht, ohne sich weiter um sie zu kümmern. Soll sie sich verabschieden und später zurückkehren? Das würde Forscher und ihr den Tag rauben. Sie muss diesen Behördenkram irgendwie hinter sich bringen.

Ob es ihm passt oder nicht, sie wird das dumme Formular unter Zuhilfenahme ihres Führerscheins ausfüllen und es diesem ungehobelten Menschen kurz und schmerzlos auf den Tresen legen. Ein knapper Gruß, dann wird sie gehen. Morgen kann sie vom Büro aus der Polizeistation eine E-Mail schicken, mit dem Scan ihres Reisepasses im Anhang samt Visum. Sollten Südafrikas Behörden darauf beharren, würde sie noch einmal persönlich vorbeischauen. Unsinnige Vorgaben sind es nicht wert, sich aufzuregen.

Sie kommt zu dem breiten freien Feld, in dem sie den Schadenshergang eintragen soll. Laut Kopfzeile mit der schmierigen Druckerschwärze soll sie mit der genauen Orts- und Zeitangabe beginnen. Beim Notieren des Schadenstags zögert sie. Sie kann das gestrige Datum nehmen, als sie geparkt hat, oder das heutige, als sie den Wagen ausgebrannt vorgefunden hat. Wahrscheinlich kann sie beides tun, wer will sie daran hindern? Doch aus irgendeinem Grund zögert sie plötzlich.

Dieser ganze dumme Zettel bringt sie der Bewältigung ihrer Aufgaben keinen Schritt näher. Sicher, das Formular wird den in solchen Fällen üblichen Weg nehmen und einer völlig langweiligen Schadensabwicklung dienen. Die Leasingfirma und der Versicherer werden zufrieden sein und sie wird sicher schnell wieder ein neues Auto erhalten, wahrscheinlich schon morgen. Nur eine Tatsache bleibt: Jemand hat ihr Auto in Brand gesteckt und eine Stimme sagt ihr, dass das kein Zufall ist.

Nachher, wenn sie nach Hause kommt, kann sie es Forscher gegenüber so darstellen, dass er sich um sie keine Sorgen zu machen braucht. Das hätte ihr gerade noch gefehlt, dass sie selbst es ist, die ihm mit ihrem Auto die letzten fehlenden Argumente liefert, weshalb sie nach Deutschland zurückkehren sollte.

Ach, wird sie sagen und leicht den Kopf schütteln, Kapstadt ist nicht München, lassen wir die Kirche im Dorf. Das waren sicher nur ein paar arbeitslose Jugendliche, die herumgelungert und ein bisschen randaliert haben, als gerade keiner nach ihnen geschaut hat. Sicher unter dem Einfluss von Alkohol oder Drogen.

Wahrscheinlich lässt er sie nicht so leicht davonkommen, seine zusammengezogenen Brauen werden bedeuten, dass man in einer Stadt, in der man nicht einmal sicher parken kann, auch keine Geschäfte machen sollte. Sie hat die Szene beim Frühstück gleich auf der Upper Kloof schon vor Augen.

Ach, Forscher, sieh bitte keine Gespenster. Das war bestimmt nur überschüssiges Testosteron. Es ist eine unsichere Gegend. Vielleicht hat sich eine Seite hinter meinem Auto verschanzt und die andere hat einen Lappen mit Benzin genommen und angezündet und auf mein Auto geworfen, damit die Jungs ihre Barrikade wieder aufgeben. Da wollten einige nur Napoleon spielen.

Sie wird mit größtmöglicher Heiterkeit dazu lächeln, ihre Anspielung auf ihre Familiengeschichte, in der es hoch her- und am Ende in aller Regel immer gut ausgeht, wird ihm signalisieren, komm bitte, alles halb so wild. Dann wird sie sanft, aber bestimmt mit den Fingern auf seinen Unterarm trommeln.

Weißt du was, lass uns austrinken und fahren. Ich möchte dir etwas zeigen, wenn alles klappt, werden wir gleich Wale sehen. Das wird toll.

Forscher wird sie so hoffentlich in Schach halten können, doch wenn sie ehrlich mit sich ist, weiß sie, dass sie ihm und sich selbst etwas vormacht. Von wegen große Jungs, die Langeweile hatten. Jemand hat es auf sie abgesehen. Ihr Magen spricht plötzlich eine klare Sprache.

Sie beschreibt den Tathergang beziehungsweise, da sie dazu nicht viel sagen kann, die wenigen Umstände, mit denen sie zur Ermittlung beitragen wird. Sie skizziert auf die Viertelstunde genau, wann sie geparkt hat, berichtet, nach dem Theater nicht noch einmal vorbeigekommen zu sein. Dass und wo sie bis kurz vor Mitternacht im Restaurant gesessen haben, sie dort etwas getrunken hat und sie sich anschließend ein Taxi genommen haben.

Nur, fragt sie sich, während ihr Kugelschreiber die nichtssagenden Zeilen zu Papier bringt, wer hat etwas gegen sauberes Wasser? Alle, wirklich alle, mit denen sie hier unten seit ihrer Ankunft zu tun hat, haben ihr versichert, wie großartig ihre Wetlands seien. Und wie alternativlos. Das, was sie tut, ist schließlich der Inbegriff dessen, worauf das Global Village gewartet hat. Der Mensch kam und bohrte hemmungslos in Mutter Natur herum, er hinterließ viel Dreck und Verunreinigung, dann kam sie und räumte auf. Das saubere Wasser, das man ihr zu verdanken hat, wird überall gebraucht. Irgendjemand hat einmal zu ihr gesagt und dazu charmant gelacht, sie sei so etwas wie die »Mutter Teresa der Berge«, wäre sie nicht zu jung und zu hübsch für diesen Vergleich.

Die Bergbauaktivitäten des Menschen stellen einen außerordentlich rabiaten Eingriff in die Erdoberfläche dar und wahrscheinlich ist all das in den letzten Jahrzehnten viel zu schnell, vehement und räumlich ausgreifend vonstattengegangen, als dass Mutter Teresa mit ihrem jetzigen Aufräumen sonderlich weit kommen könnte. Wie immer, wenn der Mensch eine Möglichkeit sieht, Profit zu machen, ist auch hier ohne langes Nachdenken losgelegt worden, überall, wo Bodenvorkommen das nahelegen, und das tun sie weltweit. Je größer die Erzvorkommen, desto tiefer die Grabungen, desto höher der Gewinn.

Die Zulieferindustrie organisiert immer größere Bagger. Alles wird gulliverhaft, auch die Lkws für den Abtransport. Bergbau, als wäre er für Riesen erdacht. Die drohenden Langzeitauswirkungen des exzessiven Grabens hat sich die Spezies Mensch nie richtig vor Augen geführt. Der Mensch ist zwar klug, nutzt Klugheit seit jeher jedoch nur partiell, nämlich so, wie es ihm gerade in den Kram passt. Und das heißt, in aller Regel erst dann, wenn er ein Problem kriegt. Mit Langzeitauswirkungen kann man sich ja beschäftigen, wenn es so weit ist.

Und das nicht nur in Südafrika, nein, im globalen Maßstab. Sie erinnert sich an die Luftaufnahmen, die in Kellenbergers Fachzeitschriften zu Acid Mine Drainage zu sehen sind.

Wie abstrakte Kunst, hat Kellenberger gesagt und den Eindruck wiedergegeben, den seine Frau von diesen Bildern gewonnen hatte.

Quadratkilometer über Quadratkilometer aufgerissener brauner, silbriger und roter Schlieren, die seltsame Ellipsen auf die Erdoberfläche malen und an Formel-1-Rennstrecken erinnern. Mondlandschaften, die nie vernarben können. Darin bilden sich mit zunehmendem Niederschlag die Seen. Das, was der Mensch, zumal nach den jüngsten, besonders gierigen Jahrzehnten hinterlässt, hat nichts mehr mit dem zu tun, was sich Mutter Erde mit ihrem oberen Segment vorgenommen hat – Lebensgrundlage für alles Werden und Wachsen zu sein.

Angesichts dieser Dimensionen ist die Frage, ob Mutter Teresa alias Ma heute ein paar Krumen Erde mit ihren Schilfbinsen streichelt, recht belanglos. Dann hat sie sich all die Zeit über etwas vorgemacht. Symbolisch leistet sie eine richtige Geste, aber das war's auch schon.

Wenn sie sich ehrlich fragt, ist sie selbst so viel besser? Sie hat die CWC Ltd. aus einem einzigen Grund gegründet: Profit. Und selbst wenn man ihr anrechnen kann, dass sie mit ihrem Aktionismus etwas Gutes tut, bleibt ihr, der Mutter Teresa der Berge, nichts anderes übrig, als sich einzugestehen, dass offenbar nicht alle ihrem Kinderheim applaudieren. Wer hat etwas gegen sauberes Wasser?

Vielleicht sehen ihre Feinde in ihr nur ein Pflaster, das man der Regierung gönnt, eine PR-Aktion, damit die nicht dasteht, als wäre sie tatenlos geblieben. Man duldet sie, solange ihr Mutter-Teresa-Spiel ein Winkelement für die Pappkulisse bleibt. Sie hat in ihren Grenzen zu bleiben und die ihr zugedachte Feigenblattfunktion zu erfüllen, ohne in das Strömen einzugreifen. Ihre Wetlands sind lächerlich. Und sollte es ihr doch geglückt sein, aus dem Schatten der Belanglosigkeit herauszutreten, scheint sie nun damit schon zu stören. Mutter Teresa bekommt Feinde. Wenn sie Feinde hat, fragt sie sich, wer sind ihre wahren Freunde? Sie wird einige brauchen, nein, nicht einige, sondern viele.

Zu allem Überfluss gibt in diesem Moment der Kugelschreiber den Geist auf, sie kramt erneut in ihrer Tasche, aber da ist kein zweiter. Ihre Bereitschaft, den griesgrämigen Polizisten um Hilfe zu bitten, tendiert gegen null, nur wird ihr wohl nichts anderes übrig bleiben, bis ihr einfällt, in ihrem Mantel nachzusehen. Ja, zum Glück, in der Innentasche ist ihr Retter.

Das hat sie sich gleich bei Forscher abgeschaut, damals,

als sie sich kennengelernt haben. Vorsorglich verteilt er in all seinen Jacken Stifte – für solche Fälle wie heute. Es hat ihr schon einmal genutzt, bei Cherbourg, als sie einen Termin mit diesem fürchterlichen Kampfmeyer gemacht hat, damit er ihr die Regenschirmfabrik zeigt. Sie wusste sofort, sie wird unterschreiben, ehe ihr jemand anders zuvorkommt. Mit eigenem Stift, nicht mit dem des schmierigen Maklers.

Dem Himmel sei Dank ist auf ihre Manteltasche Verlass. Es versetzt ihr einen Stich, dass sich die schönen Gemeinsamkeiten von Forscher und ihr, die über die Jahre auf geräuschlose Weise ein Wir geformt haben, gerade in Luft auflösen. Immerhin hat sie jetzt einen Stift.

Wo soll sie ihre Freunde rekrutieren? Menschen müssen von den Kratern erfahren und von dem sauberen Wasser, das sie organisiert.

Sicher, da nicht nur Afrika, sondern auch die USA, Russland, China und Australien von Acid Mine Drainage betroffen sind, könnten die Menschen davon wissen und sollten es wohl auch. Andererseits, wer liest schon Fachzeitschriften darüber? Kaum jemanden interessieren Kellenbergers Luftaufnahmen, außer Okereke und ihr und eine Handvoll Fachleute, die mehr oder minder direkt oder indirekt vom Bergbau leben. Sie taugen kaum dazu, das Hohelied der Mutter Teresa der Berge anzustimmen. Multiplikatoren braucht sie hier nicht zu suchen.

Soll sie Journalisten anrufen? Können die Medien ihr helfen, wenigstens in Europa? Es gibt auch Bergbau bei ihr zu Hause. Deutschlands Medien sind eine starke Bastion und die Bergbaulobby ist im Vergleich zu der Südafrikas deutlich kleiner.

Und immerhin richtet man in Westeuropa gern mal den Blick über den Tellerrand hinaus. Seit die Kinder aus dem Haus sind und sie Cherbourg abgeschlossen hat, hat sie bis zu ihrer Abreise nach Kapstadt an manchen Abenden ferngesehen. Sie hat ein recht gutes Bild vor Augen, worauf Sender schauen, wenn sie an ihrem Programm basteln.

Es gibt Dokumentationen darüber, was die Welt in Bälde im Hinblick auf den tauenden Permafrost in Sibirien erwartet.

Nach spätestens einer Dreiviertelstunde ist der Dokuschrecken vorüber und wird von einer Nachrichtensendung abgelöst, die sich vorrangig mit den Streitigkeiten heimischer Politiker beschäftigt. Irgendein Gute-KiTa-Gesetz hat noch nicht den koalitionsweiten Segen erhalten. Nach den Tagesnachrichten folgt ein Krimi. Wenn er nicht in Zürich oder Amsterdam spielt, darf sie damit rechnen, dass er mit den Bergen rund um Bozen aufwartet. Die sind herrlich, dort gibt es ja auch keinen Bergbau.

Im Anschluss sitzen prominente Schauspielerinnen und Ex-Olympiasportler in einer Talkshow, die sich mittlerweile gemeinnützige Unternehmungen auf die Fahnen geschrieben haben, idealerweise solche, die auch ihre Namen tragen. Dort wird auf jede Frage des Anchorman gelächelt, gleich, wie das Thema lautet, mal wissend, mal besorgt, nur das Lächeln bleibt. Hier haben die Richtigen zusammengefunden, der erste Schritt ist getan. Gemeinsam fragen sie sich, der Wortgewandte und seine Gäste mit den wohlmeinenden Ideen, wann etwa die innere Einheit des ach so zerrissenen Landes gelingen kann, das seit Jahrzehnten an seinen Komplexen laboriert und dem man unbedingt helfen muss. Vor allem mehr Angebote für die Jungen in den strukturschwachen Gebieten.

Das alles darf die Permafrost-Dokumentation schnell überlagern und soll das offenbar auch. Gute-KiTa-Gesetze und Ausbildungsförderungsprojekte für schwächelnde Bundesländer sind beherrschbare Probleme. Warum den Zuschauer mit Dingen quälen, die ihn überfordern, was soll er denn in Sibirien ausrichten? Im Vergleich zu diesen Talkshowthemen sind ihre Bergkrater sibirisch fern, in der Thematik zu komplex. Vor allem sind sie eines: wie der Permafrost nicht gut beherrschbar. Weil Mutter Teresa napoleonische Armeen von Menschen und Material bräuchte, um die geschlagenen Wunden auf der Erdoberfläche in den Griff zu kriegen, und dennoch nicht weiß, ob die aufgeklebten Pflaster angesichts des Klimawandels überhaupt halten. Dabei hat Ma keineswegs eine Wiedergutmachung und Renaturierung vor Augen, ihr würde reichen, das Umland dieser vergifteten Areale davor zu bewahren, dass die dekantierenden Krater ihr Gift über die Bergabhänge in die Flüsse weiterleiten.

Sie darf nicht ungerecht sein, sagt sie sich, während ihr Kugelschreiber die einfachen Dinge notiert: Kontaktdaten für Benachrichtigungen, inklusive der Person, die man ansprechen kann, sollte sie nicht erreichbar sein. Sie holt Alaskas Visitenkarte aus der Tasche und schreibt die Mobilfunknummern auf. Als Letztes fügt sie ihre unzulässige Führerscheinnummer hinzu.

Nein, sie und der Permafrost stehen nicht allein. Flüchtlinge, die es mit dem Schlauchboot bis Lesbos, Malta oder Sizilien geschafft haben – im Zweifel unter höchster Lebensgefahr –, bleiben sich selbst überlassen. Eine erstaunlich ruhige Bundeskanzlerin, die all das schaffen will, reist von Termin zu Termin, doch die Gespräche auf den Besprechungssofas zwischen Brüssel, Berlin und Athen führen zu nichts. Die Farben der Anzugjacken wechseln, das Wesentliche bleibt: die wartenden Kameras vor den Regierungszentralen, die eingekerbten Mundwinkel der wortarmen Entscheider und das Problem mit den Lagern. Ma kann nur den Kopf schütteln. Vielleicht rettet man ein paar Einzelne und redet viel darüber, doch Tausende bleiben zurück. Ein Tropfen auf den heißen Stein und auch solch ein Kinderheim wie bei ihren Wetlands.

Nach der Nachricht über die Lager wird es Zeit fürs Wetter, vorher kommen die Lottozahlen. Der Krimi in der nächsten Woche wird in einer anderen Stadt spielen und anstelle von Südtiroler Panoramen werden vielleicht Ringstraßenfassaden und Heldenplatz die Kulisse abgeben. Auch der nächste Täter wird dem Zuschauer ein mit Sicherheit beherrschbares Problem bescheren, denn nach neunzig Minuten wird der Fall gelöst sein.

Nein, ihren Bergkratern mit dem dringend benötigten sauberen Wasser wird es in den deutschen Medien nicht besser ergehen als dem Permafrost oder den Tausenden auf den Mittelmeerinseln. Regierungen reicht in der Not ein Feigenblatt und Senderverantwortliche hoffen mit guter Unterhaltung auf entsprechende Quoten. In den Medien ist kein Platz für ihre Krater, weder vor dem Wetter noch danach.

Sie merkt, wie eine schwer greifbare Wut in ihr hochkocht. Vielleicht hat sie noch einen Verbündeten, wenn sie es richtig anstellt und eine Social-Media-Kampagne lostritt: die Jugend. Mit der Aufmerksamkeit einer neuen Generation im Rücken könnte sie ihren unbekannten Widersachern vor Ort aufrechten Hauptes entgegentreten.

Das junge Europa lässt sich nämlich nicht mehr mit der Art und Weise abspeisen, wie mit dem Klimathema umgesprungen wird. Auch wenn vieles von dem, was den Inhalt der Nachrichtensendungen füllt, wichtig ist, entsteht beim Blick auf das, was durch die Fokussierung auf das Berichtete unberücksichtigt bleibt, ein Tableau gefährlicher Halbwahrheiten und die Jungen spüren das. Etwas, das Erwähnung finden müsste, fällt unter den Tisch, weil Mas dekantierende Bergkrater unsichtbar sind.

Die Jugend unternimmt auch etwas. Flocke und die jungen Leute in ihrem Umfeld gehen auf die Straße und die noch schulpflichtigen unter ihnen zeigen sich erfreulich bockig, wenn man sie mit dem Verweis auf geschwänzte Schulzeiten wieder einfangen will. Ja, dieser Generation ist zuzutrauen, dass sie etwas erreichen wird. Ihre Demonstrationen zählen Hunderttausende von Anhängern. Doch sie ist wohl gut beraten, skeptisch zu bleiben, bevor Bilder in ihrem Kopf die neue Bewegung malen.

Sie ist fertig mit dem Formular und bleibt noch einen Moment sitzen, weil sie spürt, dass sie diesen Gedanken zu Ende bringen muss. Für die Medien und für die aufgewachte Jugend sind ihre Bergbaugebiete zu abgelegen, als dass sie bei ihnen eine Lobby finden würde. Die Amazonaswälder, die brasilianische Präsidenten regelmäßig schinden – die Regierungen dort scheinen phasenweise nicht nur blind, sondern grenzwertig debil zu sein –, können immerhin für sich reklamieren, in ihrem Urzustand wunderschön zu sein. Junge Globetrotter, die in Manaus Papageien und Krokodile erleben, werden so zu leidenschaftlichen Fürsprechern des Regenwalds.

In ihren Bergkratern gibt es dagegen keine Touristen und

es gibt auch keine Flieger dorthin. Die Fakten, wie Regenwasser in Erdkrusten eindringt, mit schütterem Gestein toxische Verbindungen eingeht und verschwefelt, und vor allem, was man tun muss, um diese Moleküle wieder aufzulösen, all das ist mühsam zu erklären, denn der Teufel steckt im Detail. Ihre Details sind zu technisch, um auf echtes Interesse zu stoßen. Ihre Wetlands sehen, das muss sie zugeben, ästhetisch zudem kein bisschen ansprechend aus. Man fragt sich bei ihrem Anblick unwillkürlich, was es da eigentlich zu retten gibt.

Was sie zu bieten hat, ist moderndes Schilf. Ihr fehlen die Papageien, Krokodile und das saftige Grün des Amazonas. Sibirien hat wenigstens die Tundra, den Schnee und die Schlittenhunde. In einer Gesellschaft, die nur nach dem medialen Mehrwert funktioniert, steht sie auf verlorenem Posten. Selbst Zwanzigjährige, die mit der Überzeugung und Energie künftiger Entwicklungshelfer internationale Praktika absolvieren, um das Weltklima zu retten, wollen ein cooles Instagram-Foto nach Hause schicken. Aride Becken, in denen trüber Schlamm schwappt, sind nicht catchy.

Sie braucht sich nicht zu wundern, wenn sie keine Mitstreiter finden wird. Sie selbst ist eine Drückebergerin, was die letzte Meile betrifft. Ein Flug bis Kapstadt ist lang, aber machbar. Die unappetitlichen vergifteten Krater überlässt sie lieber sich selbst. Wenn Flocke sie eines Tages zur Rede stellt, wird sie zweifellos eine Anspielung bringen wie damals anlässlich der Bouillabaisse.

Ma, guck jetzt bitte nicht so wie Marie-Antoinette!

Ganz richtig, auch Ludwig XVI. und sein Hofstaat haben die Sorgen des Landes lieber von der Schlossterrasse aus lösen wollen. Ebenen mit Moorland und verzweifelnden Bauern, die angesichts der Stechmücken und des Fiebers dazu geneigt haben, gegenüber dem Verhungern lieber den Freitod zu wählen, hat es schon damals gegeben. Dringend müsste der Boden kanalisiert und trockengelegt werden.

Man weiß das und sitzt da, auf das Farbenspiel der in der Sonne glitzernden Fontänen blickend, die steigende Flussrösser aus ihren wilden Nüstern speien. Dieses Moorland, sollte man es vielleicht einmal selbst in Augenschein nehmen? Nur diese Mücken dort – lieber nicht. Man würde jemanden schicken.

Nein, sie ist kein bisschen besser als Marie-Antoinette. Moorlandschaften und ihre Bergkrater bleiben Un-Orte, gleichermaßen. Don't go there.

Ungelöste Probleme haben schließlich dazu geführt, dass das französische Volk seinem Monarchen die Rechnung präsentiert hat. Wer würde mit ihr abrechnen? Hinten am Fugard Theatre steht ein verkohltes Autoskelett und ihr einziger Trumpf, auf den sie bei ihrem Don-Quichotte-haften Unternehmen zählen kann, ist angesichts der fehlenden Massen ihr lachhaft mickriges Team, sie selbst mit ihren beiden Vasallen, Okereke und Alaska. Eine Posse im Grunde genommen, nicht einmal ihr eigener Mann gibt ihr Rückendeckung.

Ihre Feinde wird es keine nennenswerte Anstrengung kosten, diese Unternehmung mitsamt ihren wenigen Protagonisten einzustampfen. Plötzlich krampft sich ihr Magen zusammen, als sie begreift, was ihr bevorsteht. Wahrscheinlich ist es nur ein kurzer Anruf, den es braucht, um alldem ein Ende zu setzen.

Verdient sie es anders? Glaubt sie, das alles wäre ein lustiges Abenteuer, das das Global Village für sie aufgespart hat, weil ihr sterbenslangweilig gewesen ist und die Lust gefehlt hat, die Hecke fertig zu schneiden?

Bei dem kurzen Anruf würde nur ein Wort, ein Code ausgesprochen, den es braucht, damit Attentäter tun, was in solchen Fällen zu tun ist.

Wie würde er lauten? Die Bösen in den Krimis in Bozen, Zürich und Wien haben in aller Regel Sinn für deftige Ironie. Mutter Teresa hat sich gebogen und weit aus dem Fenster gelehnt, zuletzt etwas zu weit, nun muss man sie brechen.

Ja, vielleicht lautet der Codename »Schilf«.

Schilf, ein Auto muss hochgehen – Mas Auto, sobald sie den Zündschlüssel dreht.

Wie naiv ist sie gewesen?

Die Polizeistube ist unverändert, alles ist neonhell erleuchtet. Man hat vor, sie zu töten, und plötzlich sieht sie es bereits vor sich. Alaska, wie sie in diesem Raum vor dem Klapptresen steht und Anzeige gegen unbekannt erstattet, sofern nicht sowieso schon ermittelt wird. Dort ist er, der Mann hinter dem Schreibtisch, der auch Alaska ein Formular geben wird. Alaska, wie sie Platz nimmt, wahrscheinlich auf demselben Blechstuhl, auf dem sie gerade sitzt.

Wenn sie nicht sofort etwas unternimmt, wird sie gleich einen Nervenzusammenbruch haben, und das in aller Öffentlichkeit. Wobei ihr der Polizist hinter dem Schreibtisch herzlich gleichgültig sein kann. Soll er sie doch brechen sehen, sie werden einander nie wieder begegnen.

Doch zu Hause wartet Forscher. Sie kann das Wiedersehen mit ihm vielleicht noch eine Stunde aufschieben, bis dahin braucht sie eine Lösung. Und was diese nächste Stunde betrifft, das Schlimmste, das ihr passieren kann, ist, dass man ihr zuvorkommt, bevor sie diese Lösung gefunden hat. Wenn sie jetzt einknickt, wird ihr der Polizeibeamte das Formular aus den Händen nehmen und tun, was man in solch einer Situation naheliegenderweise tut, allein aus dem einfachen Grund, um das heulende Knäuel auf dem Besucherstuhl loszuwerden. Er wird den Namen von ihrem Formular ablesen und bei ihr zu Hause anrufen, damit man sie abholt.

Sobald sie das Formular aus der Hand gibt, wird Forscher mit dramatisch zusammengezogenen Brauen in das Polizeirevier stürmen und eine schluchzende Ehefrau in die Arme schließen. In fünf Tagen wird er sie auf den Sitz neben sich im Flieger auf dem Weg zurück nach Deutschland verfrachten. Raus aus dieser Hölle, die seine Frau beinahe fertiggemacht hätte. Wäre er nicht erschienen, zum Glück gerade noch rechtzeitig, in buchstäblich letzter Minute.

Sie überlegt, ob sie das Formular zerknüllen soll, aber das Formular ist nicht das Problem, sie braucht eine bessere Idee. Solange ihr Kopf fortfährt, fieberhaft nachzudenken, hat sie eine Chance, gegenüber den Zitterattacken, die ihren Körper unkontrollierbar schütteln, die Oberhand zu behalten. Am liebsten würde sie aufstehen und im Zimmer auf und ab laufen, wie sie es immer macht, wenn sie nachdenken muss, in Apfeltrang und zuletzt in ihrer Tafelbergvilla. Doch ihr Körper gehorcht ihr nicht mehr und sie weiß nicht, ob es ihr überhaupt gelingt, aufzustehen. Außerdem, wenn sie das tut, schafft das Unruhe und ihr Gegenüber ist unberechenbar. In ihrem jetzigen Zustand ist sie unmöglich in der Lage, die sich dann entwickelnde Situation zu steuern. Mag er sich wundern, dass sie noch immer über dem Bogen brütet, sie bleibt auf ihrem Blechstuhl sitzen.

Geh noch einmal an den Anfang deines Projekts, sagt sie sich. Wenn es zu schweren Brüchen kommt und ihr vorzuwerfen ist, irgendetwas übersehen zu haben, ist da irgendwo – so ist es meistens – ein Geburtsfehler. Denk nach!

Sie besorgte sich damals noch zwei dieser Acid-Mine-Drainage-Hefte, die bei Kellenberger lagen, und las sie daheim vor ihrem Abflug nach Kapstadt. Den Inhalt ließ sie allerdings auch da nicht an sich heran oder, besser gesagt, ihr Kopf filterte bei der Lektüre das Überdimensionierte aus und ließ nur das übrig, was für sie beherrschbar ist. Was will man von ihr? Kellenberger zeigte, worauf es ihm ankommt, und da waren sie, seine Versuchskästen mit dem Lehm und dem Schilf.

Sie sollte das Ganze nachbauen, nach Schema F, nur größer. Dazu würde sie fachkundige Hilfe erhalten und dieses Team würde auch auf das Gefälle des Geländes achten und die weiteren relevanten Faktoren berücksichtigen. Die Volumina des transportierten Wassers. Den Schadstoffgehalt. Die Klimabedingungen vor Ort.

Sie kann sich an all das genau erinnern. Hat darin irgendein Fehler gelegen? Nicht dass sie wüsste. Die Kästen hat sie daher gleich gemocht.

Und nun versteht sie, warum. Egal, wie groß Herausforderungen sind, Kellenbergers Kästen beweisen, dass es keine unlösbaren Probleme gibt.

Sieht man nämlich mit ruhigem Auge hin, lässt sich alles oder immerhin fast alles lösen. Das weiß man in ihrer Familie bereits seit den Tagen vom Moritzburger Weg. Auch Moreau und der Zar haben seinerzeit unter einer einfachen Zeltplane gestanden, Landkarten auf einem Klapptisch ausgebreitet und ihren Schlachtplan entworfen. Am Ende lässt sich alles in eine Versuchsanordnung bringen, wie Kellenberger sie gebaut hat. Der Rest ist leicht, das bestgeeignete Modell wird siegen. Mal mit etwas mehr Kies, mal mit etwas mehr Sand.

Die Kästen sind nur viel kleiner gewesen, so hat Kellenberger sie positioniert – als überlebensgroße Galionsfigur der Kellenberger'schen Versuchsanordnung. Sachsen, Preußen und Russen gegen Franzosen, da ist man sich immerhin noch mit gleichem Maß begegnet, sobald man das Zelt verlassen hat.

Nur was gilt hier für sie? Vielleicht liegt darin der Fehler, sie ist nicht Goliath, nicht einmal auf Augenhöhe, denn die Berge sind riesig und sie ist nur ein winziger Punkt.

Was willst du?

Sauberes Wasser.

Das ist es. Auf einmal verspürt sie ein überwältigendes physisches Bedürfnis nach sauberem Wasser. Wenn es ihr gelingt, ihrem Körper und ihrer Seele das zu geben, wonach es beide offenbar verlangt, schafft sie es vielleicht, wieder Herr über ihre Sinne zu werden und nachfolgend die Dinge zu ordnen.

Ihr ist nach viel Wasser, am besten Unmengen davon. Wenn sie die Augen schließt, kann sie spüren, wie es ihre Gliedmaßen entlangfließt. Es wird all die Scheußlichkeit dieses Tages mit dem verkohlten Stahlskelett am Fugard Theatre aus ihrem Leben spülen und die Unbekannten, die sich gegen sie verschworen haben, gleich dazu. Das Wasser wird ihre Feinde forttragen, genauso wie das ihre Wetlands mit den Schwefelmolekülen machen. Und danach, wer weiß, würde ihr Problem vielleicht gelöst sein.

Und zwar von selbst.

Denn das ist die Lösung, das Wasser in ihren Wetlands reinigt sich ohne Zutun, es ist überhaupt nicht der Mensch, der das vollbringt. Von ihr wird also gar nichts Unlösbares erwartet, sie muss das Wasser nur fließen lassen.

Es hält sie kaum noch auf ihrem Stuhl. Sie könnte schnurstracks nach Hause fahren und es dort tun, aber dann wird Forscher in der Tür stehen und sehen, wie verstört sie ist, bevor sie die Gelegenheit hat, sich zu fangen, und so wie sie jetzt ist, darf er sie nicht sehen. Außerdem will sie allein sein. Nur das Wasser und sie.

Endlich steht sie auf, überrascht, wie leicht das plötzlich ist, und knallt das Papier mit größerer Wucht, als sie es beabsichtigt hat, auf den Klapptischtresen. Den Polizeibeamten scheint selbst das nicht sonderlich zu beeindrucken. Ebenso unbeteiligt und knapp wie vorhin schaut er zu ihr hoch.

Ma'm?

Ich habe alles ausgefüllt, morgen komme ich vorbei und lege Ihnen meinen Pass vor. Und das Visum. Ich wünsche einen schönen Tag!

Schon rauscht sie durch die Tür und ruft bereits im Gehen auf ihrem Mobiltelefon eine Hotel-App auf, gibt ihren Standort ein, drückt *Nächstgelegenes Hotel* und winkt auf der Straße einem vorbeifahrenden Taxi. Vielleicht schwankt sie beim Gehen, doch sie hat es nicht mehr weit und wird sich für die wenigen Schritte zusammenreißen.

Kaum dass sie ihr Zimmer erreicht – sie hat für eine Nacht gebucht –, stellt sie fest, dass ihr Badezimmer nicht nur eine Duschkabine, sondern sogar eine Badewanne hat. Sofort lässt sie das Wasser ein.

Während es läuft, strampelt sie sich voller Ungeduld aus ihren Kleidern und tippt parallel mit fahrigen Fingern eine Nachricht an Forscher.

Verspäte mich etws. K, M.

Sie bemerkt den Tippfehler, aber das ist ihr egal.

Im Badezimmer macht sie das Licht aus und schließt die

Tür hinter sich. Sie hört das Wasser, steigt mit einem Bein in die Wanne – und darf endlich laut schreien. Sie wirft sich hinein, fast stolpert sie, als sie das andere Bein über die Badewannenkante nachzieht. Es macht einen immensen Platsch, weil das schwunghafte Eintreffen ihres Körpers die Hälfte des zusammengelaufenen Wassers nach draußen befördert. Herrlich! Sie hört das Klatschen auf den Badezimmerfliesen und schreit erneut. Dann rappelt sie sich in eine Hockstellung, schreit weiter und trampelt, sie kann von dem Schwappen und Spritzen gar nicht genug bekommen. Immer wieder will sie das Klatschen des Wassers hören, wenn es dekantiert und auf den Fußboden trifft. Das macht sie so lange, bis sie vom Trampeln und Schreien keucht. Sie lässt sich hineinplumpsen, holt Luft und taucht mit dem Kopf unter. Nun hört sie nur noch den laufenden Hahn.

Das Wasser rauscht.

All dieses Fließen auf ihrer Haut, gut ist das. Ja, sehr gut. Endlich wird alles abgewaschen, auch die Tränen.

Jetzt erst recht. Sie schluchzt laut auf und es kommt aus so tiefer Kehle, dass es unglaublich guttut, also stöhnt sie mehrere Male, lang und vernehmlich. Sie macht röhrende, dunkle Aaahs, streckt dazu die Glieder, tritt mit den Beinen in die strömende Welle unterhalb des Wasserhahns, rudert mit den Armen und planscht und platscht. Genau so hat sie es sich vorhin vorgestellt, je mehr, desto besser. Sauberes Wasser! Wer tut ihr das an, sie in die Rolle eines Zwergen stecken zu wollen? Wer hat sich in den Kopf gesetzt, sie umzubringen? Sie ist Ma.

Sie taucht aus Erschöpfung in einen Dämmerzustand und ihr Schluchzen wird leiser. Dafür sieht sie Bilder in ihrem Kopf, wie sie in einem langsam gleitenden Vogelflug über die Krater zieht. Unter ihr liegen die giftigen Seen. Sie schillern silbrig, wobei sie nicht sagen kann, ob es Tages- oder Mondlicht ist. Auf den Kraterrändern hocken Gestalten. Sie sind nicht zu erkennen, winken aber nach ihr und wollen sie wohl auffordern, neben ihnen Platz zu nehmen. Ihr scheint, sie deuten dabei mit ausgestreckten Armen auf die Seen. Soll sie sich um die Seen kümmern? Das tut sie doch schon. Vielleicht soll sie sich zu ihnen auf den Kraterrand setzen, damit sie sie hineinziehen können. Die Füße der Winkenden – genau kann sie das nicht erkennen – hängen schon im giftigen Wasser.

Du siehst ja Gespenster, sagt sie laut und bricht in erneutes Zittern aus.

Es ist heftig und sie weiß nicht, ob ihr kalt oder warm ist. Alles, was sie weiß, ist, dass sie nur dieses Geräusch des fließenden Wassers braucht, und so beschließt sie, ausschließlich darauf zu hören – und alles andere loszulassen.

Ihr schwappendes Wasser dürfte wiederholt die Badewannenkante erreicht haben, aber deswegen ist sie hier. Es soll dekantieren. Sie könnte wetten, dass sich das Gift bereits in einzelnen Poren festgesetzt hat. Endlich sauberes Wasser. Endlich ist sie dort, wo ihr niemand mehr etwas anhaben kann, es umfließt sie vom Scheitel bis zur Sohle, sie ist umgeben von Gutem. Hat sie nicht irgendwo gelesen, dass Wasser Informationen speichert?

Du bist gut, sagt sie laut und planscht. Du bist gut!

Sie reißt die Augen auf und presst sie wieder zu, noch einmal auf und zu, um zu versuchen, endlich die Gestalten auf den Kraterrändern zu erkennen, doch die sind nicht mehr da. Es gibt auch keine Krater.

Mit offenen Augen schaut sie auf die dunkle Wand mit der in dem spärlichen Licht kaum erkennbaren Maserung der Fliesen und vernimmt das Geräusch des fließenden Wassers. Sie fasst an die Badewannenkante, stemmt sich hoch und steigt mit einem Fuß auf den Badezimmerboden. Wieder tritt sie in Wasser – knöcheltief. Sie ist überrascht, dass es nicht mehr ist. Sie hat keinerlei Vorstellung davon, wie lange sie hier gelegen hat, aber es kommt ihr lange vor.

Sie steigt vollends aus der Wanne und watet nackt Richtung Badezimmertür, dann fällt ihr etwas ein. Sie watet zurück und dreht den Hahn der Badewanne ab. Sie weiß, was passieren wird, wenn sie gleich die Tür zum Zimmer öffnet, doch sie hat keine Wahl. Hier kann sie nicht bleiben.

Mit einem schnellen Ruck stemmt sie die Tür auf, nur einen Spalt und gerade so breit, dass sie hindurchgleiten kann. Das Wasser ergießt sich in einem großen Schwall auf den Teppich und hinterlässt eine riesige Pfütze. Blitzartig zieht sie die Tür hinter sich zu.

So verrückt es ist, plötzlich muss sie lachen. Sie lacht so laut, wie sie gerade noch geschrien hat, und spürt, wie eine unbändige Freude sie erfüllt. Sie sieht zu, wie der Fleck auf dem Teppich, der durch die winzige Ritze unter der Tür neue Nahrung bekommt, langsam wächst. Wie bei ihren Kratern, in die es regnet.

Ich glaube, du bist ein beherrschbares Problem, sagt sie laut zu dem Teppich, dann setzt sie sich aufs Bett.

Für weitere schwer zu schätzende Minuten tut sie nichts als zuzuschauen, wie die Wassertropfen auf ihrer Haut trocknen. Zum Schluss nimmt sie das gerollte Handtuch neben sich und hilft unter ihren Brüsten nach, am unteren Rücken, an den Fersen und in den Kniekehlen.

Sie holt tief Luft und atmet langsam wieder aus. Weil ihr das hilft, tut sie es gleich noch mal.

So sitzt sie eine Weile da – einatmend, ausatmend – und sieht dabei ihrem Bauch zu, der sich hebt und senkt. Sie stellt sich vor, wie ihr Blut darunter fließt. Anschließend betrachtet sie ausgiebig ihre Haut. Die Haut einer Frau, die nicht mehr jung ist, aber noch immer glatte Gliedmaßen hat. Nichts an ihrem Körper sieht müde aus.

Ich bin Ma, sagt sie laut. Mein Wasser ist gut. Und noch mal: Ich bin Ma.

Und plötzlich weiß sie, dass sie einen unsichtbaren Zuhörer hat. Er schaut höflich weg, denn sie ist unbekleidet.

Immer wenn es darauf ankam, warst auch du allein, nicht wahr?, sagt sie zu Moreau.

Er nickt bedächtig.

Das dachte ich mir.

Sie redet laut, fast mit Rednerstimme, doch sie kann es sich leisten. Außer ihr ist hier schließlich niemand.

Ich habe keine Mitstreiter, Moreau. Vielleicht kommen sie irgendwann, vielleicht kommen sie nicht. Sie atmet wieder ruhig ein und aus und blickt erneut an sich hinunter. Kopf hoch, sagt sie laut. Und wieder: Kopf hoch.

Sie steht auf und zieht sich den weißen Bademantel an, der im Kleiderschrank hängt.

Unverwandt blickt sie vor sich hin und sagt: Schau mich an! Ihre Rednerstimme pausiert, sie fügt hinzu: Das tue ich.

Dann merk dir eins. Wenn man der Erste ist, der läuft, ist da keiner vor dir. Du brauchst nur nach vorne zu sehen. Und es gibt keine Gespenster.

Als sie sich anzieht, macht sie es mit sicheren Bewegungen. Was hat sie sich da geleistet? Offenbar einen Nervenzusammenbruch, der sich gewaschen hat. Und doch hat sie sich selbst heute im Griff. Wie in einer Schlacht, in der man sich keinen Fehler erlauben darf, hat sie das einzige kurze Zeitfenster genutzt, das ihr für ihre Auszeit zur Verfügung gestanden hat. Jemand muss ihr dabei geholfen haben. Wie gut, dass Verlass auf ihre Familie ist, auf die Burg und ihren Schutzpatron. Mag ein Dritter, hätte er sie sehen können, glauben, sie führte inzwischen Selbstgespräche. Und wenn schon? Sie hat jemanden, mit dem sie reden kann. Dank Moreau weiß sie immer, wer sie ist.

Als sie die Treppe zur Rezeption hinunterläuft, muss sie lächeln. Sie denkt an die Wachau und ihren Sohn. Wenn Mies wüsste, was sie da gerade gemeistert hat, wäre er vollauf zufrieden mit ihr. Ja, sie hat in weniger als einer Stunde aus einem Krater einen nassen Fleck gemacht.

Ich checke schon wieder aus, sagt sie zu dem überraschten Concierge. Machen Sie die Rechnung fertig? Schicken Sie sie mir bitte an mein Büro. Ach ... es ist ein Malheur passiert. Das Bad steht unter Wasser. Knöcheltief. Ihr Personal wird ziemlich viel wischen müssen. Ich nehme an, Sie werden den Teppich im Zimmer reinigen lassen. Das ist für den Teppich und das für Ihr Personal.

Zum Glück ist sie gestern wegen Forschers Besuch noch

beim Geldautomaten gewesen. Sie legt neben ihrer Visitenkarte für die Rechnung die beiden großen Geldscheine auf
den Tresen, die sie gezogen hat, sie würden reichen, das ganze
Zimmer zu renovieren, und da der Concierge protestieren will,
winkt sie ab.

Bitte, Sie sind ein wundervolles Hotel und ich habe mich
bei Ihnen sehr wohlgefühlt. Rufen Sie mir ein Taxi? Sagen Sie
dem Fahrer, ich warte draußen in der Sonne.

Sie nickt, dreht sich um und hält auf dem Weg zur Drehtür
inne. Sie kramt in ihrer Tasche.

Wo habe ich nur ...?, murmelt sie, bis sie findet, wonach sie
gesucht hat.

Sie zieht den Lippenstift mit dem Spiegeletui heraus, malt
sich die Lippen und wirft einen letzten kritischen Blick in den
Spiegel. Dann klappt sie das Etui zufrieden zu und verlässt
triumphierenden Schritts das Hotel.

Als sie im Taxi sitzt, schreibt sie Alaska eine kurze Nachricht und versenkt ihr Mobiltelefon in den Tiefen ihrer Tasche. Noch hat sich Forscher nicht zurückgemeldet. Möglicherweise schläft er aus und hat sie noch gar nicht vermisst.

Spontan entscheidet sie, nicht nach Hause zu fahren, sondern lässt sich vom Taxi zu einem Mietwagenverleiher bringen, bei dem man sie kennt und von dem sie keinen Kilometer entfernt ist. Innerhalb einer Viertelstunde nimmt sie dort ein Fahrzeug in Empfang, sie kann es nutzen, bis der Versicherungsfall geklärt ist.

Ein Teil ihrer Gedanken kreist um ihren verbrannten Wagen. Er ist auf die CWC geleast und sie wird prüfen müssen, inwieweit ihr wegen des Parkens über Nacht ein Ausschlusstatbestand bei der Versicherung droht. Sie erinnert sich, dass ihr Vertrag bestimmte No-go-Areas vorsieht, Passagen, die sie nie durchgelesen hat, denn normalerweise parkt sie oben bei der Villa oder downtown vor ihrem Büro. Schlimmstenfalls hat sie dreißigtausend Euro abgefackelt. Sie wird den Schaden über die CWC abwickeln. Ein guter Wetlands-Auftrag und die Sache ist wettgemacht.

Als sie mit dem Mietwagen daheim ankommt, sitzt Forscher auf der Terrasse. Er hat sich Fachlektüre mitgenommen. Neben ihm stehen ein Kaffee und eine große Karaffe mit Mineralwasser. Er scheint wegen ihrer Verspätung nicht verärgert zu sein, im Gegenteil, er wirkt erleichtert, sie zu sehen.

Wie er da sitzt, mit seiner kleinen runden Sonnenbrille, erinnert er sie an einen Schriftsteller. Neben der Karaffe steht die Sonnenmilch und er hat sich ganz vorbildlich den Nacken, die Ohren und die Nasenspitze eingerieben, wovon weiße Streifen zeugen. Auf dem Kopf trägt er einen bildschönen Strohhut, den Hüten der Sänger von gestern Abend nicht unähnlich. Sie ist von dem Anblick so gerührt, dass sie einen

Anflug spürt, ihn zu küssen oder ein Erinnerungsfoto zu schießen.

Auf dem Korbsessel neben ihm liegt ein kleines Handtuch, mit dem er sich offenbar ab und zu die Stirn abwischt, ansonsten scheint er das südafrikanische Wetter zu genießen. Wie ein britischer Indienreisender aus den Zeiten des Commonwealth trägt er knielange Tropenbermudas.

Ich habe gar nicht gewusst, dass du so etwas besitzt, sagt sie. Hut und Hose stehen dir gut.

Von zu Hause kennt sie ihn nur mit seinen ausgeleierten Pullis.

Habe ich mir vor dem Abflug besorgt. Er nickt ihr mit einem aufgeräumten Lächeln zu. Ich muss nur bei Wind aufpassen. Zweimal hebt er kurz die Brauen zur ungewohnten Kopfbedeckung.

Forscher, es tut mir so leid. Ich wollte längst wieder da sein. Es ist ... etwas nicht so Schönes passiert. Solche Dinge kommen hier unten gelegentlich vor. Ich möchte es gar nicht breittreten. Es soll uns nicht den Tag vermiesen.

Er nimmt ihr die Tüte ab, die sie in der Hand hält, und hilft ihr, die Croissants darin auszupacken.

Ich dachte erst, wir gehen frühstücken, sagt sie, aber nun ist es schon so spät. Deshalb habe ich die hier auf dem Rückweg besorgt. Sie nimmt Konfitüre und etwas Butter aus dem Kühlschrank. Oder möchtest du ein Rührei? Ich hätte auch Schinken da.

Nein danke.

Es war etwas mit dem Wagen, fährt sie fort. Doch mach dir bitte keine Sorgen, es ist alles erledigt. Ich habe für die nächsten Tage einen Mietwagen. Die Croissants sind übrigens vom Café oben an der Upper Kloof. Die sind richtig gut. Und nach dem Frühstück möchte ich dir etwas zeigen. Ich habe an einen Ausflug gedacht. Ich glaube, das wird schön. Sie schaltet die Espressomaschine ein, holt ein Tablett und bringt ihre Sachen zu ihm auf die Terrasse. Dass du immer so fleißig bist. Du hast doch Urlaub!

Erzähl mal lieber, was mit dem Wagen war. Hast du einen Unfall gehabt?

Nein. Er ist … Sie holt Luft, dann setzt sie sich, nimmt sich ein Croissant und beißt herzhaft hinein. Ehrlich gesagt, er ist abgefackelt worden. Ich hätte dort nicht parken dürfen, weißt du, jedenfalls nicht über Nacht. Die Gegend ist nicht sicher. Ich hätte es wissen müssen. Nun ja.

Und was sagt die Polizei?

Nicht viel. Ich habe Anzeige erstattet. Die Spurensicherung wird sicher noch ein paar Tage brauchen. Wenn du mich fragst, werden sie vermutlich nichts finden. Es ist ja alles verkohlt. Sie werden die Akte also schnell wieder schließen.

Haben sie keine Vermutungen zum Motiv des Täters?

Forscher, was weiß ich! Es ist ein neuer Mercedes, zwar nur ein kleiner, aber dennoch. Hier unten fahren fast nur Weiße solche Autos. Vielleicht ein Racheakt wegen irgendwelcher Repressalien in den Townships. Mit so was muss man immer rechnen.

Du meinst, es hat nichts mit dir zu tun? Oder mit der CWC?

Ach warum, natürlich nicht! Ich bin nur wenigen Leuten bekannt. Und man schätzt mich, das hast du ja gestern Abend gesehen.

Er schaut sie prüfend an, ohne etwas zu sagen.

Außerdem ist meine Firma nur ein kleiner Fisch. Ich kann gar nicht provozieren.

Tja, dann ist es wirklich erstaunlich. Forscher legt den Kopf in den Nacken und schließt die Augen.

Was?

Offen gestanden, hat mich deine Verspätung nicht verwundert. Ich wollte vorhin gerade anfangen, mir Sorgen zu machen, nachdem ich dich im Büro nicht erreicht habe. Ich dachte, du wärst dort. Dann kam deine Nachricht.

Sie schaut ihn perplex an. Warum hast du im Büro angerufen?

Er nickt zur Diele. Als ich heute Vormittag in die Küche gekommen bin, hat das da unter der Eingangstür gelegen.

Da dachte ich, du und dein Büro solltet schnellstens davon wissen.

Er deutet zu einem Stück Papier auf dem Couchtisch. Sie springt auf, um es zu nehmen, doch er hält sie zurück.

Stopp, fass den Zettel besser nicht an. Ich habe daran gedacht, beim Aufheben die Pinzette aus dem Bad zu benutzen. Die Polizei wird ihn sicher noch untersuchen wollen. Wir sollten jetzt anrufen. Ich wollte nur warten, bis du wieder da bist.

Entgeistert starrt sie auf das Stück Papier. Es ist ein beliebiger weißer DIN-A4-Bogen, in der Mitte gefaltet. Er steht auf dem Couchtisch wie eine übergroße Tischkarte. Auf die Innenseiten hat jemand mit Filzstift in großen Blockbuchstaben zwei Wörter gemalt, auf jede Innenseite eines.

KEEP (linke Seite) *OUT* (rechte Seite).

In diesem Moment klingelt ihr Mobiltelefon, es ist Alaska. Einen Augenblick zögert sie, das Gespräch anzunehmen, dann entscheidet sie sich dafür. Ob sie sofort oder erst in fünf Minuten bei der Polizei anruft, ist auch schon schnurz.

Alaska?

Mariann, bist du es? Ich … ich … Oh, Mariann …

Alaska, um Himmels willen, du klingst ja völlig aufgelöst. Was ist denn los?

Entschuldige. Ich habe gerade erst den Anruf vom Wachschutz erhalten und bin nun in unserem Büro. Inzwischen ist die Polizei da. Mariann, es muss jemand hier gewesen sein, heute Nacht.

Wie bitte?

Mach dir keine Sorgen, es ist noch alles da. Sie haben nichts mitgenommen. Nur jemand hat ein Fenster eingeworfen, das zu deinem Büro. Du weißt ja, das Fenster zum Innenhof, wo die Feuerleiter verläuft.

Und warum erfahren wir das erst jetzt?

Die Alarmanlage ist wohl angegangen, aber der Wachschutz ist über das Treppenhaus gekommen und sie haben die Tür, den Flur und das große Büro unversehrt vorgefunden. Da haben sie es für einen Fehlalarm gehalten. Dein Zimmer wurde bei der Kontrolle vergessen. Erst die Leute vom Büro gegenüber haben es bemerkt und den Wachschutz verständigt.

Ma hört zu und bleibt stumm.

Mariann, die Polizei sagte mir bei der Aufnahme des Vorgangs, es hat heute Nacht einen Anschlag auf deinen Wagen gegeben. Ist das wahr? Ist dir auch bestimmt nichts passiert?

Es ist alles in Ordnung.

Sie schweigen einen Moment.

Nach den Spuren der Ballistik, also nach der Wurfrichtung zu urteilen, wurde der Stein offenbar von der Feuerleiter aus geworfen, sagt Alaska noch immer atemlos. Dann muss der Täter das Gebäude sofort wieder verlassen haben. Die Polizei meint, es sieht nach einer Warnung aus, als wollte jemand der CWC drohen. Sie fragten mich, ob wir Feinde haben und ob ich eine Idee hätte. Das alles macht keinen Sinn. Wir müssen der Sache nachgehen. Das findet auch die Polizei.

Wir? Wieso wir? Das muss die Polizei tun. Was hat die Polizei noch gesagt, ich meine, zu der Warnung?

Der Täter, sagt die Polizei, muss sich gut vorbereitet haben. Er hat offenbar gewusst, dass es auf der Rückseite des Gebäudes diese Feuerleiter gibt. Das sei kein Fall von spontanem Vandalismus. Als ich ihnen erzählt habe, was wir tun, sagten sie, der Stein könnte vielleicht aus Bergbauminen stammen. Sie untersuchen ihn jetzt. Einer meinte, genauso würden die Steine oben aus dem Transvaal aussehen. Einer der Polizisten stammt aus der Gegend.

Danke, Alaska. Wir kommen.

Sie legt auf und sieht Forscher an, der neben ihr steht. Weißt du, als wir gestern das Stück gesehen haben, da musste ich sofort an Gauchstein denken.

Das Familienalbum? Ach ja, und die brennende Burg.

Ja. Und nun das. Da fällt es mir auch gleich wieder ein.

Was fällt dir ein, Ma?

Unser Turmzimmer. Sie macht eine Pause, schenkt sich mit Ruhe einen Kaffee ein, bläst auf die heiße Oberfläche in der Tasse und betrachtet die kleinen Wellen, die sie dort verursacht.

Das von Napoleon und seinen Truppen zerstörte Turmzimmer in unserer Burg. Die Fenster. Sie haben sie damals alle eingeschlagen.

Er sieht sie fragend an.

Offenbar, sagt sie und schaut auf den Zettel auf dem Tisch, wiederholen sich die Dinge. Napoleon wollte, dass sich Moreau raushält. Deswegen hat er ihn nach Pennsylvania geschickt.

Aber er kam zurück, richtig?

Ja. Er ließ sich nicht kaltstellen. Währenddessen haben Napoleons Truppen unser Turmzimmer verwüstet. Sie greift nach ihrem Handy und wählt die Nummer der Polizei. Guten Tag, hier spricht Marianne Holzrichter. Ich bin Inhaberin der CWC. Sie haben vorhin bereits einen Vorgang mich betreffend aufgenommen, heute Nacht wurde mein Wagen in Brand gesetzt. Er ist auf die CWC zugelassen. Wie Ihnen schon bekannt ist, wurde außerdem ein Stein in mein Büro geworfen. Ihre Kollegen sind am Tatort, meine Geschäftsführerin ebenfalls, Frau de Wet. Hiermit möchte ich noch etwas zur Anzeige bringen. Ich habe einen Drohbrief erhalten. Mein Mann hat ihn heute Morgen gefunden. Es ist ein DIN-A4-Blatt mit dem Wortlaut *KEEP OUT*. Er hat unter unserer Eingangstür gelegen. Jemand muss ihn heute Nacht dort durchgeschoben haben.

Sie wartet, bis man sie mit dem zuständigen Dezernat verbindet, sie wiederholt ihre Angaben und beantwortet Fragen.

Nein, wie gesagt, mein Mann hat ihn gefunden. Ich habe das Haus heute Morgen durch den Garten verlassen. Ich habe den vorderen Hauseingang nicht benutzt.

Sie hört zu, nickt und legt auf.

Wir sollen hierbleiben, Forscher, sagt sie. Sie kommen wegen des Drohbriefs. Wegen des Büros kann ich nachher mit ihnen fahren, wobei da im Moment nichts zu tun ist. Alaska hat bereits einen Glaser verständigt. Die Diele sollen wir nicht betreten und den Hauseingang meiden, bis sie hier sind. Sie schauen dann, ob man noch Spuren sichern kann. Sofern der Täter welche hinterlassen hat. – Forscher?

Ja?

Sage mir eines. Mit der Apartheid früher habe ich nichts zu tun. Wer kann etwas gegen mich haben? Sie läuft auf der Terrasse auf und ab und ihre Augen wandern über die Blumenrabatte. Sie denken, der Stein stammt aus dem Bergbau. Das verstehe ich nicht.

Was verstehst du nicht?

Wer, Forscher, bitte schön, hat etwas gegen sauberes Wasser?

Er tritt auf sie zu, umfasst sie mit beiden Armen und drückt sie sanft gegen seine Brust. Es ist der erste Moment echter Nähe zwischen ihnen, seit er hier ist.

Das hast du nicht verdient, Ma. Aber auch wenn es mir schwerfällt, das zu sagen, denn du wirst es nicht hören wollen, es hat auch sein Gutes.

Wie meinst du das?

Na, in einem Punkt bin ich froh. Ich bin froh, dass du wieder nach Hause kommst. Ich mag es mir gar nicht ausmalen, flüstert er und streichelt ihr Haar.

Wer sagt denn …?, murmelt sie und löst sich langsam aus seiner Umarmung. Ich glaube, du vergisst etwas. Als die Burg gebrannt hat, ist Urgroßvaters Bugatti verschmort, doch die Burg hat es überlebt. Wen kümmert da etwas verschmortes Autoblech?

Sie dreht sich halb um und möchte den Satz mit jemandem teilen, der an diesem Morgen unsichtbar vor ihr gesessen hat. Und dem sie es zu verdanken hat, dass dieser Zettel wie auch die Nachricht von dem Stein keinen sonderlich großen Eindruck auf sie machen.

Was ich sagen will, Forscher, sie wendet sich wieder zu ihm um, so ein abgefackelter Pkw wirft mich nicht aus der Bahn. Und das eingeworfene Fenster, ach herrje. Alles nicht so tragisch. Irgendwann haben wir das Turmzimmer wieder hergerichtet.

Forscher sieht sie fassungslos an. Wieder hergerichtet? Ma, was redest du!

Und Moreau, erinnere dich bitte, er hat sich ebenfalls nicht geschlagen gegeben. Natürlich hätte es Napoleon gern gesehen, wenn er ihn losgeworden wäre. Er hat ihn sicher in Pennsylvania geglaubt und ich kann mir denken, dir wäre das Liebste, ich käme nach Hause und machte uns beiden eine leckere Bouillabaisse, eine wie die, als Ian zur Welt gekommen ist.

Forschers Augen weiten sich besorgt.

Dann säßen wir auf der Terrasse in unserem Garten, da schmeckt es ja am besten. Niemand weiß das besser als ich. Wer hat denn all die alten Rezepte wiedergefunden und ausprobiert! Doch so leicht wird man Moreau nicht los.

Du willst nicht etwa hierbleiben – unter diesen Umständen!

Nein, sagt sie und holt tief Luft. Nein, ich fahre mit dir zurück nach Deutschland.

Erleichtert schüttelt er den Kopf, noch irritiert von dem Unsinn, den sie da geplappert hat.

Sie holt abermals Luft. Und da rede ich mit meiner Bank. Denn ich brauche, fürchte ich, eine größere Kriegskasse als ursprünglich geplant. Sie fasst ihn am Oberarm, schmiegt sich an ihn an und klopft mit dem Knöchel der freien Hand gegen seine Brust. Weißt du, da geht jemand hin und zündet mein Auto an. Er nimmt einen Stein, zerdeppert mein Fenster und schiebt zu guter Letzt einen Zettel unter meine Tür. Wer immer das getan hat, er glaubt wahrscheinlich, er wäre Napoleon. Lacht sich gerade ins Fäustchen. Forscher, sei mir bitte nicht böse, aber ich kann jetzt nicht aufgeben. Das bin ich meiner Familie schuldig!

Kaum dass er von einem verlängerten Wochenende mit Kristina in den Bergen nach München zurückkehrt, gibt es News. Es handelt sich um eine Übernahme und es soll schnell gehen. Der Investor sitzt in der Schweiz, das Zielunternehmen befindet sich in Süddeutschland. Also braucht man sie, die Anwälte von »Born & Henkel«, und Jeffreys Aufgabe wird es wieder einmal sein, bei der Suche nach Stolpersteinen zu helfen, wenn sie die Verträge des Objekts der Begierde durchforsten.

So viel haben sie ihm schon am Telefon gesagt, während Kristina und er im Auto den Brenner überquert haben. Es ist Montag, bewusst haben sie den ersten Tag der Woche an ihren Ausflug drangehängt, um dem dichten Verkehr der Wochenendfahrer zu entgehen.

Er hat das Handy dichter ans Ohr gedrückt. Wie bitte? Können Sie das bitte noch mal wiederholen?

Dabei hat er im Büro nur wegen der Frage angerufen, ob etwas Dringendes anliege oder ob es ausreiche, wenn er morgen erst eine Stunde nach Büroöffnung erscheine. Sie haben flexible Zeiten. Jetzt, wo sie ihn an der Strippe haben, texten sie ihn wegen dieses neuen Mandats zu und wollen wissen, wann morgen mit ihm zu rechnen sei, eine halbe Stunde früher als üblich wäre gut. Lustlos sagt er zu, das hat er nun davon. Was ist so dringend? Mandate erhalten sie jeden Tag.

Am nächsten Morgen ist er keine fünf Minuten da, als er bereits zu Dr. Hartmut Beil gerufen wird, einem ihrer Seniorpartner. Es ist ungewöhnlich, dass jemand wie Beil einen Referendar zu sehen wünscht. Die Vormittagstermine, zumal zu Wochenbeginn, werden für wichtige Mandanten oder dringende Partnerbesprechungen reserviert. Die Referendare schiebt man allenfalls dazwischen und nur, wenn es unumgänglich ist. Er hat all seine Memos pünktlich abgeliefert und wüsste nichts, das er sich vorzuwerfen hätte. Es muss dieses neue Mandat sein. Aber gleich zu Beil?

Kommen Sie bitte rein. Wir haben da dieses Zielobjekt, ein mittelständisches Unternehmen aus dem Sektor Lebensmittel und Transport. Ich vermute mal, dass Sie bei Ihrer Arbeit nichts finden werden, das uns ausbremst, sagt Beil und winkt ihn mit entschiedener Handbewegung auf den Besucherstuhl.

Beil scheint anzunehmen, dass er die Unterlagen erhalten und gesichtet hat. Freie Tage von Referendaren sind nichts, das sich Männer wie Beil merken, sofern sie mit solchen Niederungen des Alltags befasst werden.

In der Lebensmittelbranche wird ja üblicherweise mit kurzen Verträgen gearbeitet, früher ging das noch per Handschlag. Die Prüfung ist daher sicherlich kein Hexenwerk. Beil nickt mehrfach, ziemlich ungeduldig, als wäre er sein eigener Zuhörer, der die Einleitung am liebsten überspringen würde. Die meisten Betriebe in diesem Sektor arbeiten heute mit Musterverträgen, fährt er fort. Oft nach Vorlage der IHK. Die Klauseln werden Sie schnell draufhaben, alles Textbausteine.

Jeffrey nickt.

Die interessanten Daten werden sich um Liefermengen und -termine drehen, vermute ich, und um Preise. Achtung bei der Warenkennung, ob die immer vollständig eingetragen ist. Sie wissen schon, nicht nur Apfel, sondern die genaue Sorte, roter Boskoop und so weiter. Bei verderblichem Zeug schauen Sie von mir aus noch nach dem Passus zur Kühlkette. Bei den Lieferplänen für die Innenstädte finden Sie vielleicht eine Sperrzeitregelung für die Anlieferung. Das dürfte es auch schon sein. Nicht zu vergleichen mit der Sichtung des Tagesgeschäfts bei Transaktionen von Banken und Versicherungen. Ich nehme an, dieser Vorgang wird für uns ein Spaziergang.

Die Andeutung eines Lächelns huscht über Beils Mundwinkel. Jeffrey wartet, dass er weiterspricht.

Das darf uns jedoch nicht zu Nachlässigkeiten verleiten. Deshalb habe ich mich bei dieser Aufgabe für Sie entschieden, Herr Holzrichter, ich weiß, ich kann mich auf Sie verlassen. Wir brauchen hier genaue Sorgfalt. Unser Neukunde, der Investor, ist nicht irgendwer, er ist sogar äußerst namhaft.

Wie heißt unser Mandant?

Beil begreift, dass Jeffrey den Vorgang noch nicht kennt, doch sein Mienenspiel bleibt unverändert. Ein Schweizer Konzern, ein Lebensmittelmulti. Pavier.

Nun ist es Jeffrey, der sich nichts anmerken lässt. Dass er kürzlich aus Paris zurückgekehrt ist, wo sein Bruder in Paviers Europazentrale arbeitet, spielt keine Rolle. Arbeitgeber von Brüdern führen nicht zu Interessenskonflikten, Pavier ist nur ein neuer Mandant, sonst nichts.

Und wie heißt das Zielunternehmen?

Eine kleine AG, die »Fresh Fruit«. Sitzt am Bodensee. Wir hatten erst Sorge, wir wären conflicted und könnten das Mandat nicht annehmen. Dr. Beil schenkt sich einen Kaffee aus einer Thermoskanne ein. Wollen Sie auch einen? – Nein? – Gut. Zum Glück hat sich herausgestellt, dass einer unserer Mandanten seine Beteiligung, die er vor Jahren an der Fresh Fruit besessen hatte, inzwischen wieder abgestoßen hat. Da konnten wir aufatmen! Das Volumen der Fresh Fruit ist nicht groß, aber ich brauche Ihnen ja nicht zu sagen, wie großartig es ist, dass Pavier uns angefragt hat. In München und Stuttgart wären noch andere Kanzleien infrage gekommen.

Dr. Beil macht eine Pause und spielt mit einem Diktiergerät, offenbar brauchen seine Hände Beschäftigung. Im nächsten Augenblick beugt er sich ruckartig zu ihm vor und für einen Moment darf Jeffrey die blinkenden Dollarzeichen in Beils Augen erhaschen.

Wenn es uns gelingt, eine dauerhafte Beziehung zu Pavier aufzubauen und zu ihrer Hauskanzlei zu werden, das wäre ein Brocken. Ein Konzern dieser Größe! Wir könnten das leisten. Wir bieten auch Brüssel und Frankfurt und könnten über die Kollegen dort Pavier in den USA und Asien beraten und uns über kurz oder lang mit einer ausländischen Kanzlei zusammentun. Wenn wir Pavier mitbringen, ist das eine gute Ausgangslage für Gespräche. Am Ende unserer Angel hängt momentan nur ein unbedeutender Fisch, denn die Fresh Fruit ist eine kleine Forelle.

Jeffrey nickt erneut.

Aber derjenige, der hier angelt, ist ein Riese. »Gullivers Reisen«, wenn Sie mich verstehen. So ein Anglerglück hat man in der Regel nur einmal alle zehn Jahre. Also freuen Sie sich, Herr Holzrichter, dass Sie dabei sind, und lesen Sie jede Zeile genau. Selbst wenn es auf den ersten Blick nur langweilige Musterverträge sind.

Dr. Beil schaut ihn weiter unverwandt an und sein kantiger Mund bildet ein rechteckiges, im Ganzen schwer zu deutendes Lächeln.

Ja, Herr Dr. Beil?

Bei diesem Angelausflug nehmen wir nur unsere Allerbesten mit. Schauen Sie, dass Sie bei den Kollegen, die außen vor bleiben müssen, nicht anecken. Wir haben uns verstanden.

Als Jeffrey Minuten später an seinen Schreibtisch tritt, findet er bereits eine vom Büro auf ihn ausgefertigte Vertraulichkeitserklärung vor, in der Art, wie er sie von anderen Projekten kennt. Er unterschreibt sofort und sendet sie per PDF zurück an Frau Weinemann, die das Büro von Dr. Eberhard Sanft unter ihren Fittichen hat.

Keine zehn Minuten später erhält er ein Konvolut digitaler Unterlagen, mit einer Deadline zur Durchsicht bis übermorgen. Dann soll die erste Teambesprechung stattfinden.

Er klickt neugierig in die Unternehmensbeschreibung. Früchtehändler gibt es in Europa wie Sand am Meer. Was hat Mies' Arbeitgeber dazu bewogen, sich just auf diese kleine Fresh Fruit zu kaprizieren?

Jeffrey blättert durch die Seiten und erfährt von hochwertigen Bioäpfeln und einem soliden Absatznetz. Alle Vertragspartner auf Erzeugerebene sind Bauern der Region, mit langjähriger Erfahrung in der Herstellung biozertifizierter Produkte. Er liest vom Verzicht auf Schädlingsbekämpfungsmittel und auf genmanipulierten Samen oder chemisch veränderten Dünger.

Das alles klingt hübsch, allerdings nicht besonders originell. Dann stößt er auf Folgendes:

Die Fresh Fruit AG hat sich als Vorreiter unter den Groß-händlern für biozertifizierte Lebensmittel das ehrgeizige Ziel gesetzt, in den nächsten fünf Jahren die Treibhausgasemissio-nen ihres Fuhrparks auf null zu reduzieren. Da ein Großteil der gehandelten Biowaren Frischeprodukte sind, sind kurze Transportwege unverzichtbar. Vor allem gilt es mehrstündige Warte- und Leerlaufzeiten zu vermeiden, um bei Anlieferung während der Nachtruhe flexibel zu sein.

Und weiter:

Üblicherweise werden zur Lieferung Dieselfahrzeuge ver-wendet. Die Fresh Fruit investiert alternativ dazu in eine in-novative Technologie, die mit flüssigem CO_2 aus natürlichen Kohlensäure- und Mineralwasserquellen arbeitet. Die Vorteile liegen auf der Hand. Sie stößt 75 Prozent weniger CO_2 aus als konventionelle Dieselsysteme.

Als Nächstes klickt Jeffrey auf die Liste ihrer Projektteilneh-mer bei »Born & Henkel«. Sie bildet in den nächsten Wochen ihren verbindlichen Verteiler. Darüber sollen sie sich austau-schen, außerhalb nicht, nicht einmal im engsten Familienkreis, schon gar nicht mit den eigenen Brüdern.

Erfreut stellt Jeffrey fest, dass Dr. Eberhard Sanft bei diesem Projekt federführend sein wird. Sanft wird im Büro allseits »Ebby« genannt. Er ist frischgebackener Juniorpartner und gehört zu der Garde der jüngeren Anwälte im Büro, die sich von den Referendaren vereinzelt sogar duzen lassen. Jeffrey ist in Ebbys Dunstkreis einer dieser Bevorzugten, seit dem Sommerfest, als sie sich unterhalten haben und irgendwann durch Zufall auf das Thema Spitznamen gekommen sind.

Aufpassen, immer aufpassen, hat Ebby, zu diesem Zeit-punkt noch Dr. Sanft, zu ihm gesagt und gegrinst. Ehe Sie es sich versehen, haben Sie einen weg. Und den werden Sie dann nie wieder los. Mein Spitzname in diesem Haus ist nicht be-sonders schmeichelhaft, nur kann man sich Spitznamen nicht aussuchen, nicht wahr?

Und wie sind Sie zu ihm gekommen?, fragte er zurück. Die offene und gut gelaunte Art, in der Sanft zu ihm sprach, legte nahe, dass er diese Frage stellen durfte.

Sanft lachte schallend. Noch nie etwas von Eberhard Thust, genannt Ebby, gehört? Na, ein Mann, der nicht gerade für die feine englische Art bekannt ist. Im Internet ist er leicht zu finden, als »Kultfigur des deutschen Boxsports«, wie er sich selbst dort nennt. Viele heißen Eberhard. Wenn man es im M & A allerdings zu etwas bringen will, sollte man als Anwalt eines niemals sein: allzu sanft. Da ist mein Familienname natürlich eine Steilvorlage. Wenn Sie Oberkommandierender der NATO werden wollen, wollen Sie lieber nicht Mahatma Gandhi heißen.

Sanft lachte über seinen eigenen Witz. Offenbar fühlte er sich auf ihrem Sommerfest in Jeffreys Gesellschaft pudelwohl.

Na wartet, habe ich mir gedacht, und mich mit Ebby schnell angefreundet, fährt er fort. Eigentlich ein prima Spitzname. Ein Boxer zu sein, ist immer gut.

Mein Vater hat mich »Boxer« getauft. So nennt er mich bis heute.

Ach?, fragte Dr. Sanft interessiert.

Er hat mir einmal auf die Nase geboxt, als ich klein gewesen bin. Um mich »zu impfen«, wie er gesagt hat. Ich bin schwarz und mein Adoptivvater dachte, dass ich gewappnet sein sollte. Er boxte mich und meine Nase wurde blau. Wobei mein Vater bis heute der Ansicht ist, korrigierte sich Jeffrey, dass sie nicht blau gewesen ist, sondern noch immer schwarz, mit einem Stich ins Violett.

Dr. Sanft lachte erneut hell auf. Sie und Ihr Vater gefallen mir! Na, dann haben wir offenbar etwas gemeinsam. Boxer müssen zusammenhalten, zumal wenn sie in derselben Mannschaft spielen. Also, dann nennen Sie mich Ebby.

Danke, Ebby. Ich bin Jeffrey oder Boxer. Wie Sie wollen.

Ach, duzen wir uns. Sag mal, die anderen nennen dich Jeffrey, oder? Gut, dann Jeffrey. Ebby hört meine Frau nicht so gern. Ich bin Eberhard, wenn sie dabei ist.

Warum hört sie es nicht gern?

Na ja, Ebbys Frauengeschmack, das ist halt Boxermilieu. Hauptsache, viel Oberweite.

Ist sie deswegen nicht hier, weil man dich Ebby nennt?

Ebby nahm einen Schluck Bier. Kann ich dir nicht genau sagen. Mit unseren Sommerfesten hat sie es nicht so. Sie nennt uns »ein Wolfsrudel«, vielleicht sind wir das ja auch. Er machte keine Anstalten, ihr Gespräch zu beenden, sondern ließ den Blick über die Kollegen wandern. So richtig lernt man uns erst kennen, wenn man eine Weile dabei ist. Von der äußeren Schale darfst du dich nicht täuschen lassen.

Na ja, viele wirken in der Tat sehr ehrgeizig.

Ist doch kein Wunder, erwiderte er. Schau mal, Jeffrey, das ist ein knallharter Wettbewerb. Du schreibst bald dein Zweites Examen. Denke nicht, dass es dann vorbei ist, im Gegenteil, dann geht es erst los. Von den jungen Anwälten wollen alle Partner werden. Es ist keine Freude zu bleiben, wenn du von den anderen deiner Garde überholt wirst. Da spürst du sehr schnell, wo du in der Hackordnung stehst.

Das ist ihr Gespräch auf dem Sommerfest gewesen, bevor ein älterer Kollege zu ihnen getreten ist und ihre Plauderei ein jähes Ende gefunden hat. Seitdem scheint Ebby in ihm so etwas wie seinen Schützling zu sehen und verbringt des Öfteren mit ihm am Rand von Besprechungen ein paar Minuten. Letzte Woche hat er ihm gegenüber an einem Abend, als die anderen schon fort gewesen sind, sogar die Fusionspläne ihrer Kanzlei angedeutet.

Das Rad dreht sich immer schneller, Jeffrey! Hinter verschlossenen Türen reden wir seit Monaten darüber, wie wir größer werden. Behalte das mal für dich, nur solange ich keine Namen nenne, bewege ich mich noch im grünen Bereich. Und nun zähle drei und drei zusammen. Niederlassungen in New York und Hongkong, wie klingt das für dich? Vielversprechend, nicht wahr? Für mich auch. Für Beil ist die Fusion schon so gut wie durch. Wenn es nach ihm ginge, alles nur eine Frage von Wochen.

Das klingt nach einer Eins-a-Strategie, sagte Jeffrey.

Selbstverständlich lassen wir auf diese Weise neue Wölfe ins Haus. Und die sind womöglich bissiger als wir. Ehe du dich versiehst, gibt es ein neues Alphatier und du hast zu kuschen.

Also zweifelst du?

Nein, ich bin auf Beils Seite, ich bin unbedingt dafür! Die ganz alten Herren unter unseren Partnern, die haben Schiss. Die möchten am liebsten, dass alles so bleibt, wie es ist, dann sind sie weiterhin die Nummer eins. Aber wir müssen den Kutter erfolgreich in die Zukunft steuern, sonst gehen wir unter. Schau, wie sich alles internationalisiert. Wenn du mich fragst, rein ins Risiko. Stich zu – oder man sticht dich aus.

Mein Bruder redet in etwa genauso. Jeffrey grinste.

Auch ein Anwalt? – Nein? Na, egal, was man tut, man darf sich nicht verbeißen, sonst hast du gleich verloren. Denk an den guten Ebby Thust.

Meine jüngere Schwester sagt, ich solle mir lieber zweimal überlegen, ob ich Anwalt werden will. Anwälte in Großkanzleien erinnern sie an diese Hunderassen mit der besonderen Zucht, wo das Futter nie reicht. Das machen die Züchter bewusst.

Ebby feixte. Ja, da ist was dran. Wenn ein gutes Mandat reinkommt, gibt es ein Hauen und Stechen. Du hast hoffentlich kein Problem, mit den Wölfen zu heulen, oder? Nicht dass ich mir später Vorwürfe machen muss, dass wir auf dich zugegangen sind.

Jeffrey guckte fragend.

Na, ich glaube, du darfst dich freuen. Das bleibt im Moment noch unter uns, aber dein Name ist neulich gefallen, im Kreis der Partner, als wir die Referendare durchgegangen sind. Kurz, das Thema war, wem wir anbieten wollen, bei uns anzufangen, nach dem Zweiten Examen.

Oh!

Ihr seid zehn, zwei werden wir übernehmen. Vielleicht einen dritten. Hängt davon ab, welche Mandate wir kriegen. Derzeit akquirieren wir nicht schlecht. Beil hat dich vorgeschlagen.

Das war gut, so konnte ich seinen Vorschlag gleich unterstützen. Und nachdem du zwei Fürsprecher hattest, gab es keinen Widerspruch mehr und alle haben sich unserem Vorschlag angeschlossen. Wenn ich ehrlich bin, war ich etwas überrascht, denn Beil nennt von sich aus selten Namen. Die erste Runde hast du schon mal überstanden, Jeffrey. Später wird es einfacher, da reicht es meistens, wenn du immer zur besseren Hälfte innerhalb deiner Liga gehörst.

Danke, Ebby. Auch dafür, dass du so offen zu mir bist.

Keine Ursache. Dein Zweites Examen sollte einigermaßen hinhauen, da mache ich mir bei dir keine Sorgen. Aber bitte, hier ist nichts offiziell. Beil wird es übernehmen, dich zu fragen. Schau dann bitte freudig überrascht, okay? Und sieh zu, dass du mal nach Hause kommst. Noch bist du Referendar und wir haben gleich halb neun. In deinem Alter sollte man mit seiner Freundin ab und zu abends etwas trinken gehen, sonst schnappt sie sich ein anderer.

Und wieder hat Ebby sein schallendes Lachen durch das Zimmer strömen lassen.

Ehe Jeffrey alle Unterlagen durchgearbeitet hat, erhält er von Ebby eine Termineinladung für den frühen Nachmittag. Jeffrey staunt nicht schlecht, es ist ein Vorschlag für eine volle halbe Stunde.

Als Jeffrey jetzt in Ebbys Büro kommt, liegen die ausgedruckten Unterlagen der Fresh Fruit ausgebreitet auf Ebbys Schreibtisch.

Er strahlt ihn an. Junge, Junge, Jeffrey.

Du meinst, dass Pavier uns beauftragt hat?

Das sowieso. Was ich vor allem meine, ist, dass Beil dich aufs Team für Ceres gesetzt hat.

Ist das der Name unseres Projekts – »Ceres«?

Passt gut, oder? Der ist Beil eingefallen. Ceres ist die Göttin des Ackerbaus. Und schließlich ist unser Mandant der größte Lebensmittelmulti Europas. Jetzt kannst du dir etwas darauf einbilden, mit an Bord zu sein.

Dr. Beil sagt, ich soll die Lieferverträge der Fresh Fruit

durchschauen. Das kriege ich bestimmt schnell hin. Keine große Sache.

Keine große Sache? Jeffrey, wir reden hier von Pavier! Das wird die Jagd des Jahres! Denk an die Folgemandate.

Das hat Dr. Beil auch gesagt.

Und jeder, der von Anfang an mit im Team ist, ist bestens platziert. Dass Beil dich vorgeschlagen hat, ist eine Riesenausnahme. Normalerweise verzichten wir bei so wichtigen Erstkunden auf Referendare und machen alles selbst.

Weil ihr Angst habt, ich könnte doch noch ein schlechtes Examen schreiben und dann habt ihr aufs falsche Pferd gesetzt?

Ebby lacht schallend. Nein, du schreibst bestimmt ein hervorragendes Examen, aber noch bist du nicht bei uns unter Vertrag, Junge. Stell dir mal vor, du bekommst ein Angebot von der Konkurrenz – und entscheidest dich für das. Und dann? Nimmst du unsere nagelneuen Pavier-Kontakte mit?

Das würde ich nie tun.

Schön, das denken wir auch und darauf setzen wir. Dennoch ein ungewöhnlicher Vertrauensbeweis, den du Beil da zu verdanken hast. Damit hat er deine zukünftige Einstellung eigentlich offiziell gemacht. Ich habe so meine Vermutung, warum. Einen solchen Fall gab es bei uns bislang nie.

Und warum, denkst du, ich?

Du Naseweis. Du bist gut, das wissen alle mittlerweile. Das allein hätte nicht den Ausschlag gegeben. Doch wir haben bisher keinen farbigen Anwalt bei uns im Haus und wir wollen bei Pavier eine gute Figur machen. Hast du dir den Vorstand dort mal angeschaut?

Jeffrey schüttelt den Kopf.

Ebby grinst. Der könnte bei einer lustigen Parade dabei sein, wenn du mir den Vergleich erlaubst. Hauptsache, bunt! Der eine ist ein Aufsteiger, wie er im Buche steht: ein Marokkaner aus der Pariser Banlieue, der es dank eines Stipendiums an die Pariser ENA geschafft hat, von dort ist er zu Pavier. Ab da ist er ziemlich schnell geklettert. Und dann haben sie eine Asiatin, aus Singapur oder so. Und nun halt dich fest, einen Schwarzen, also richtig Schwarzen, haben sie auch. Hab noch gar nicht gegoogelt, wo der herstammt.

Jeffrey schweigt.

Pavier scheint stolz auf seinen Vorstand zu sein. Ist nicht unwichtig, wenn du heute weltweit verkaufen willst. Und wir? Bei uns sieht alles recht altbacken aus. Noch ist unsere Fusion nicht durch, nur steht Pavier bereits exemplarisch für die weltweiten Mandate, die wir akquirieren wollen. Und was sehen unsere Kunden? Ein letztes Refugium für weiße Männer aus dem alten Europa. Das hat uns zu dir gebracht. Du kannst uns da aus der Patsche helfen.

Solltet ihr da nicht besser eine lesbische Frau ins Team holen oder noch besser jemanden, der schwarz und schwul ist? Ich meine, wegen der Diversity.

Lass die Witze, Jeffrey, und pass lieber auf, dass dir bei Ceres kein Fehler unterläuft! Wahrscheinlich wird es nicht lange bei harmlosen Lieferverträgen bleiben. Wir beabsichtigen, dich gegenüber Pavier bald sichtbar zu platzieren – sobald du Anwalt und bei uns unter Vertrag bist. Dann stehst du auch auf dem Briefpapier. Bis dahin müssen wir auf Zeit spielen.

Nur deswegen wollt ihr mich? Meine Mutter betreibt gerade ein Projekt in Südafrika, Ebby. Sie hat eine Schwarze eingestellt, sonst kann sie ihre Sachen nicht verkaufen. Umgekehrte Apartheid, sozusagen. Meine Mutter hält sich im Hintergrund.

Jeffrey!

Sorry, aber da bin ich der Falsche für euch.

Du redest Unsinn! Manche Frauen kriegen ein Angebot, weil sie eine Frau sind. In der Politik gibt es welche, die müssen im Parlament einen Proporz erfüllen, was weiß ich, ein Franke aus Nürnberg oder Tauberbischofsheim. Und manche kommen weiter, weil ihre Eltern miteinander Golf spielen, so ist das nun mal. Selbst als Künstler musst du heute zur richtigen Zeit am richtigen Ort sein. Da ist es am besten, du stammst aus der Karibik, wenn Kunst aus der Karibik gerade boomt. Angebot und Nachfrage, das gilt für jeden von uns.

Vielleicht passe ich trotzdem nicht zu euch. Woher weißt du denn, dass ich so gut zu euch passe?

Kann es sein, dass du ein Identitätsproblem mit dir herumträgst? Du bist adoptiert, nicht wahr? Du hast einmal deinen Adoptivvater erwähnt. Und ich vermute, deine Adoptivfamilie ist weiß. Und nun hast du immerzu Angst, nicht dazuzugehören!

Nein, das stimmt nicht. Mein Vater hat mich damals geboxt, *weil* ich dazugehöre.

Hm. Irgendeine Angst hast du. Ist es vielleicht die, bloß keine Fehler zu machen, ist es das? Gut, bei Ceres wäre das tatsächlich keine besonders gute Idee, aber ansonsten? Wir machen alle Fehler, Jeffrey. Du gehörst jetzt zu uns und darum hör auf, vor dir selbst wegzulaufen. Man muss Mut haben im Leben. Ja, es braucht Mut, zu einem Rudel zu gehören! Alleine schaffst du es nicht. Die Welt wird größer, schau dich um, warum wohl die Fusion! Und glaube mir, du wirst ein hervorragender Anwalt. Du passt perfekt zu uns!

Jeffrey schweigt. Ebby wischt seine Zweifel weg, als wären sie nur eine harmlose Kinderkrankheit, die morgen überstanden ist.

Und wenn ich dir das sage, Jeffrey, dann aus einem guten Grund. Dem alten Ebby ist das alles bekannt. Du erinnerst mich an meine erste Zeit hier, damals. Ich hatte einen Riesenschiss, Fehler zu machen. Und ich dachte, mich nimmt keiner wahr, ich bin doch nur der sanfte Eberhard. Ist es nicht so? Und schau, wo du jetzt sitzt. Wir wollen dich, Jeffrey, und wir nehmen dich wahr. Enttäusch uns nicht, hörst du?

Jeffrey reagiert nicht.

Du bist der Grund, weshalb mich Beil gestern zu sich gerufen hat. Er wollte mich noch einmal auf dich abklopfen. Also keine Mätzchen, sondern sei einfach der besonnene, kluge Kopf und gute Teamplayer, als den wir dich kennengelernt haben. Ich werde dich sehr eng führen, verlass dich jedoch bitte nicht nur auf mich. Überlege dir, wie du jeden im Team optimal unterstützen kannst. Alle wollen sich profilieren, klar. Jeder will später zum Team von Pavier gehören.

Du bist doch auch im Team, Ebby. Und du sagst immer, man soll sich nicht verbeißen.

Haha, ganz recht. Ich bin wohl die Ausnahme. Vielleicht sind wir uns ähnlich, wir sind halt beide die Geboxten, nicht wahr? Jeffrey, der Schwarzafrikaner, und Ebby, der Sanftmütige. Auch uns braucht man, wenn ein Team erfolgreich sein soll. Bleiben die harten Jungs unter sich, fressen sie sich irgendwann gegenseitig auf. Vielleicht will Beil deshalb, dass ich das Rudel führe. Um auf euch alle aufzupassen.

Jeffrey horcht auf. Das kommt ihm bekannt vor und zum ersten Mal hat er das Gefühl, dass er doch auf richtigem Terrain unterwegs ist. Ist es gar kein falsches Weideland? Ebby vor ihm lacht gern und viel und hat offensichtlich überhaupt keine Bauchschmerzen.

Und wenn es keine Folgemandate von Pavier für uns geben wird, was dann?

Schauen wir mal. Auch ohne Pavier werden Leute wie du und ich aller Voraussicht nach mehr Arbeit haben als unseren Frauen und Freundinnen lieb sein kann. Aber wenn – und davon bin ich überzeugt – dieser Jagdausflug gut ausgeht und Pavier uns erst richtig ins Geschirr nimmt, hat jeder von uns bald Lektüre bis nach Mitternacht. Vor allem unser frischgebackener Junganwalt Jeffrey Holzrichter. Ebby lächelt vergnügt.

Und was ist, wenn ich euer Angebot nicht annehme?

Glaub mir, Jeffrey, Beil wird dir ein Angebot machen, bei dem du nicht Nein sagen kannst.

Ebby, noch eine Frage zu den Unterlagen. Ich habe vorhin schon mal geblättert und ...

Ebby guckt auf die Uhr. Ach du meine Güte. Ja, also zu Ceres: Ist dir schon eine Idee gekommen, Jeffrey, mit wem wir es zu tun haben? Ich habe eine Weile gerätselt, warum sie an dieser Fresh Fruit einen Narren gefressen haben – bis mir eingefallen ist, dass Pavier das meiste Geld inzwischen mit Wasser verdient. Und da ist mir plötzlich einiges klar geworden.

Sie beugen sich über die auf Ebbys Schreibtisch ausgebreiteten Unterlagen, während Ebby Jeffrey auffordert, mit dem anzufangen, was er seinerseits herausgefunden hat.

Ein kleines Unternehmen. Bereich biozertifizierte Lebensmittel. Sie leisten sich einen modernen Fuhrpark, Lkws auf Gas- und Strombasis mit firmeneigener Tankstelle. Auf diese Weise so gut wie keine CO_2-Emissionen. Maximale Transparenz und damit eine hohe Glaubwürdigkeit bei den Endkunden.

Der Apfel wandert direkt vom Baum auf den Frühstückstisch, nicht wahr? Klingt nach einem spannenden Kerlchen, wenn du mich fragst, Jeffrey.

Je geringer der Energieverbrauch, desto geringer die Kosten. Und je geringer die Umweltbelastung, desto besser die Marktposition beim Ausbau des Filialnetzes. Vor allem in den Ballungsgebieten mit strengen Luftschutzfaktoren.

Schön. Aber du hast ernsthaft geglaubt, Pavier kauft eine Apfelfirma wegen ein paar dusseliger Lkws?

Warum nicht?

Vielleicht sollten sie dann besser bei einem Autokonzern einsteigen. In Süddeutschland gäbe es einige Kandidaten … Nein, ich vermute, der Grund liegt woanders. Hast du mal an die Gewässerbelastung durch Gülle in unserer Landwirtschaft gedacht? Brüssel hat Deutschland mehrfach ein Klageverfahren angedroht, wenn Berlin nicht endlich etwas unternimmt.

Was hat Pavier damit zu tun?

Pavier steht für konventionelle Anbaumethoden. Und konventioneller Anbau basiert auf einem Unmaß an Gülle. Die Pflanzen werden damit gemästet, ähnlich wie ein Sportler das macht, der becherweise Eiweiß und Hormone in sich hineinfuttert, um größere Gewichte zu stemmen. Das Ziel wären Weizenähren und Mais, so groß wie Gewehrkolben. Nur hat das Ganze einen Nachteil und der macht sich langsam bemerkbar. Schon einmal etwas von Nitrat gehört?

Ein Salz?

Richtig. Ich bin kein Landwirt und kein Lebensmittelbiologe, Jeffrey, aber so viel weiß ich, dass Gülle hochgradig nitrathaltig ist und dieses Nitrat in unser Grundwasser sickert.

Du meinst, das belastet es dort außerordentlich.

Richtig, Junge. Und was macht Pavier? Sie bohren weltweit Brunnen, um Wasser zu entnehmen, zu bevorraten und anschließend zu vermarkten. Das ist ihr wichtigstes Geschäft, selbst wenn sie wenig darüber reden und in unseren Köpfen lieber mit bunten Müsliriegeln präsent sind.

Jeffrey nickt.

Wenn Wasser, das sie verkaufen wollen, aus Böden kommt, die nitratbelastet sind, hat Pavier drei Möglichkeiten. Sie können es entweder mit sauberem Wasser verschneiden, solange sie damit die Grenzwerte einhalten. Dafür brauchen sie aber noch mehr von dem, wonach sie sowieso jagen: sauberes Wasser. Es kann nicht ihr Ziel sein, etwas, das man sich einverleibt, durch Verschnitt eigenhändig zu verschlechtern. Du zerkratzt auch nicht die Edelsteine, die du morgen in Antwerpen auf den Markt bringst.

Und die Alternative?

Sie könnten das nitratbelastete Wasser aufbereiten, was jedoch, soweit mein Laienverständnis dazu reicht, richtig kostspielig wäre. Und die dritte und letzte Möglichkeit: Sie sagen dem konventionellen Landbau den Kampf an und setzen sich an die Spitze jener Form von Landwirtschaft, die besonders wasserschonend funktioniert. Sollte sich das durchsetzen, haben sie bei der Wasserförderung weder heute noch morgen ein Problem und ihr Goldesel bleibt ein Goldesel. Wenn du mich fragst, kaufen sie deswegen die Fresh Fruit. Sie hilft ihnen, über Weg Nummer drei beim Wasser die Nummer eins zu bleiben. Nur gibt es einen Haken.

Inwiefern?

Nun, in den Unterlagen steht nichts davon, doch wir müssen

damit rechnen, dass man uns dicke Steinbrocken in den Weg legen wird, um nicht zu sagen, richtige Brandbomben, die uns unter den Füßen explodieren werden.

Warum?

Hast du Fresh Fruit mal gegoogelt? Wer die sind? Dieser Geschäftsführer Krummer? Und der zweite Mann? Die kommen aus der Umweltbewegung, Jeffrey. Die Erzeuger, mit denen sie auf ihrer Firmenwebsite werben, treffen sie abends beim Bier, alles Biolandwirte. Eine einzige eingeschworene Gemeinde.

Und du meinst …?

Genau das. Die arbeiten nicht nur für Geld. Das sind Idealisten, die an das Gute in der Welt glauben. Dafür rackern sie, bis es dunkel ist.

Du klingst, als würdest du sie persönlich kennen, Ebby.

Meine Frau stammt aus der Ecke. Für die Leute ist ihr Bodensee so eine Art Auenland. Die Fresh Fruit ist das perfekte Scharnier, das die Biolandwirte und die Endverbraucher miteinander verzahnt. Der Krummer und sein Partner sind aktiv bei den Grünen, Frau Weinemann hat das auf meine Bitte hin vorhin herausgefunden.

Und du meinst, Pavier …?

Na aber, überleg mal, für Pavier macht die Übernahme ja absolut Sinn. Die ergänzen ihr Portfolio und schauen sich von der Fresh Fruit ab, wie man sich in Absatzmärkten mit umweltbewussten Konsumenten als good cops platzieren kann. Doch das ist nur eine Kostümierung. Ideologisch passen Pavier und Fresh Fruit nach wie vor zueinander wie der Teufel zum Weihwasser. Man muss nicht lange graben, um herauszufinden, was bei Pavier auf die Felder kommt. Sie benutzen genmanipulierten Samen! Und ihre Joghurts lassen sie einmal um die halbe Welt fliegen – nicht besonders umweltbewusst, oder?

Nein.

Und dann der Raubbau beim Wasser durch das Land Grabbing. Getreu der Maxime »Immer wachsen, solange es geht«. Das sind global gedachte Absatzstrategien, die sie in Genf oder Paris beschließen.

Soweit man das weiß. Sehr viel liest man über Pavier ja nicht.

Ja, das ist ein weiterer Punkt. Ziemlich undurchsichtig, dieser ganze Konzern. Kein idealer Investor, den du dir suchst, wenn du auf Transparenz gegenüber dem Verbraucher aus bist. Ebby lacht erneut. Jeffrey, Pavier, das ist für die Fresh-Fruit-Jungs wie Mordor: die böse Macht, die alles schluckt. Glaubst du, Pavier lässt die lange am Ruder, sobald sie die Fresh Fruit erst übernommen haben? Mitnichten! Was würdest du tun, wenn du der Geschäftsführer wärst?

Alles. Alles, damit Fresh Fruit nicht verkauft wird.

Siehst du! Aber jeder ist käuflich. Denk an das Angebot, das Beil dir bald machen wird. Auch Pavier wird der Eignerfamilie einen schönen Preis nennen und glaube mir, sie wird verkaufen.

Und was, wenn es der Geschäftsführung der Fresh Fruit gelingt, vorher einen anderen Käufer zu finden? Einen, der besser zu ihnen passt?

Exakt, Jeffrey. Nach dem sind sie auf der Suche, für die Rettung vor Sauron. Dann brauchen sie ihn nur noch der Eignerfamilie zu präsentieren, ihren »weißen Ritter«.

Was können wir dabei tun?

Gar nichts. Wir sind Anwälte und vertreten die Interessen unseres Mandanten. Und der heißt Pavier. Also muss Pavier den Krieg gewinnen, und zwar schnell, bevor sie einen anderen Käufer finden. Dafür müssen wir sorgen! Auch deshalb will ich die Transaktion so rasch wie möglich zum Abschluss bringen. Nur dann gibt es die Folgemandate, auf die wir hoffen.

Verstehe.

Wenn die Fresh Fruit versuchen sollte, unsere Arbeit zu hintertreiben – immer Augen auf, Freundchen! Wir müssen mit unterdrückten Informationen rechnen. Schlimmer noch, mit ungenauen Angaben. Ja, vielleicht werden sie sogar versuchen, uns falsche Fakten weiszumachen. Ein Taschenspielertrick bei unwilligen Verkäufern, nicht gerade die feine englische Art, wir werden uns davon allerdings nicht beeindrucken lassen. Mach dir ein eigenes Bild und bleib wachsam.

Es sei denn, es gäbe für beide Seiten eine entgegengesetzte Strategie und wir unterstützen sie darin.

Nun ist es Ebby, der überrascht schaut.

Ich meine, wenn wir es schaffen, Ebby, dass Pavier und die Fresh Fruit zu echten Partnern werden – nicht nur mit der Eignerfamilie, sondern auch Freund mit der Geschäftsführung –, wäre alles gut. Dann werden sie uns zuverlässig mit allen Informationen versorgen, die wir brauchen. Und uns gern erklären, was wir nicht wissen.

Warum sollten sie das tun, Jeffrey?

Wir müssten ihnen zeigen, dass sie zusammen noch viel mehr erreichen können. Im gemeinsamen Interesse.

Boxer, unser Mandant heißt Pavier. Der schreckt selbst vor dem Einsatz von Pestiziden nicht zurück. Ein dunkler Lord, schon vergessen?

Man könnte versuchen, diesen Krummer und seine Leute Schritt für Schritt davon zu überzeugen, welchen Nutzen es haben würde, wenn sie die Fresh Fruit unter dem Dach von Pavier fortführen, sozusagen mit einer Lokomotivfunktion für den ganzen Konzern. Umbau von innen.

Das wäre ja eine stille Revolution!

Das »Auenland«, wie du es genannt hast, könnte zu einem Aushängeschild für Pavier werden, Ebby. Du sagst, bei Pavier wollen sie weg vom Nitrat, nicht aus ökologischer Überzeugung, aber immerhin aus betriebswirtschaftlichem Pragmatismus. Das ist ein Anfang.

Ebby fährt sich durchs Haar.

Vielleicht liegen sie und Krummer gar nicht so weit auseinander. Sicher, die Gründe, warum sie sich neu orientieren, mögen anders motiviert sein. Aber am Ende zählt nur das Ergebnis, sagt meine Mutter immer.

Unwillkürlich möchte Jeffrey bei dem Gedanken grinsen, dass Ma, auf deren Idee hin er hier angeheuert hat, ihn prompt im Anwaltsalltag mit einem ihrer Leitsprüche einholen muss. Doch er unterdrückt es, denn im Moment geht es nur darum, Ebby zu überzeugen.

Vom Apfelbaum direkt auf den Frühstückstisch – die künftige Maxime für alle Pavier-Produkte, warum nicht?, fährt er fort. Die Fresh Fruit würde zu einem Musterbetrieb mit Mustervertrieb werden und sie wären das Zugpferd für den Imagewandel bei Pavier. Ein neues Image garantiert dem Konzern zukünftig viele Neukunden. Meinst du nicht, damit ließen sie sich ködern? Jeffrey steht auf, es hält ihn nicht mehr auf dem Stuhl. Ebby, stell dir vor, es gäbe Pavier zum Anfassen. Naturbelassen, gesund und bodenständig, regional strukturiert, dafür global präsent.

Ein Ökomulti.

Genau. In jeder Phase der Produktion und Auslieferung transparent. Produkte, bei denen du weltweit weißt, was dich erwartet. Qualität! Man könnte die Fresh Fruit um einen Besucherpark ergänzen, wie das Legoland bei Ravensburg. Jeder Besucher erhält dort ein Pavier-T-Shirt mit einem Apfelbaum unter dem Schriftzug. Im Ernst, warum nicht?

Hinter Ebbys Stirn arbeitet es sichtlich.

Die Geschäftsführung der Fresh Fruit würde auf diese Weise helfen, global Bewusstsein für gesunde Landwirtschaft zu wecken, du hast es selbst gesagt. Die Rudel werden größer, allein schafft man es nicht. Wenn sie Pavier im Rücken haben, kann ihr Konzept Schule machen, bis in die USA und nach China. Sie würden allen zeigen, wie es funktioniert. Das wäre ein Winwin.

Ebby schüttelt den Kopf. Beil hatte recht, dich ins Team zu holen. Du bist einer der kreativsten Strategen, die mir im M & A je begegnet sind. Aber glaubst du, dass unsere Ansprechpartner bei Pavier so denken wie du? Das erscheint mir eine gewagte These.

Der Vorstand ist bunt, Ebby, vielleicht ist er ja viel offener für Wandel, als wir denken. Vielleicht grübeln sie dort längst darüber, wie sie es anstellen sollen. Wie ihr mit der Fusion.

Wie wäre es mit: wie *wir* mit der Fusion? Ebby grinst breit.

Okay, wie wir mit der Fusion. Außerdem muss es bei Pavier junge Köpfe geben, die sich so etwas vorstellen können,

Ebby. Solche, die in der Fresh Fruit ein Labor sehen. Denen die Fragen wegen des Nitrats und der Pestizide auch zum Hals raushängen. Das wäre ein erster Schritt. Nachhaltigkeit gehört heutzutage überall zur Leitkultur, ebenso wie Diversity. Man muss die Konzerne nur beim Wort nehmen. Vielleicht ist Pavier gar nicht der dunkle Lord, vielleicht gilt bei ihnen nur das Gleiche wie bei uns. Man muss sie erst besser kennenlernen. Man darf sich von ihrer Schale nicht abschrecken lassen.

Mir gefällt, was du sagst, Boxer, obwohl das für unser Haus ungewöhnliche Gedanken sind. Vielleicht müssen wir tatsächlich in diese Richtung denken, wenn wir als Kanzlei wachsen wollen. Wenn wir rechtlichen Rat mit guten Ideen verknüpfen, die wir dem Kunden anbieten können, damit würden wir uns abheben. Übrigens hast du gerade »uns« gesagt. Ist dir das aufgefallen?

Jeffrey grinst.

Na gut, Boxer, ich überleg's mir und bespreche es mit Beil, ob wir die Option mit dem Musterbetrieb beim Mandanten erwähnen wollen. Aber lass deine Apfelblütenträume nicht gleich in den Himmel wachsen, okay? Ach, und welcome on board!

Als Jeffrey abends nach Hause kommt, möchte er zu gern Kristina von Ceres erzählen, er hat allerdings etwas unterschrieben. Dennoch tippt er die Telefontaste ihres Kontakts auf seinem Mobiltelefon.

Hey, wollte deine Stimme hören.

Schön, dass du anrufst, Jeff. Wie war dein Tag?

Ich habe mit Ebby zusammengesessen. Wir haben über ein neues Mandat gesprochen.

Ah, verstehe. Dann kommt bestimmt gleich der übliche Informationsstopp.

Was ich dir erzählen wollte – und das darf ich schon sagen –, Ebby hat davon gesprochen, dass der Kunde der größte Fisch ist, den wir seit Langem an der Angel hätten. Und da musste ich an Ma denken, wie sie uns Geschwistern damals ihre Familiengeschichte erzählt hat.

Die mit diesem Moreau?

Ja, genau. Da gibt es diesen Angelausflug in Amerika. Und da musste ich natürlich gleich an Mies denken. Ihm bedeutet unsere Familiengeschichte am meisten.

Es sind ja auch seine Vorfahren.

Er weiß, ohne sie zu sehen, dass Kristina leicht die Brauen runzelt, während sie das Handy zwischen Schulter und Ohr drückt. Seine Geschwister mitsamt ihrer ellenlangen mittelalterlichen Familiengeschichte sind für sie noch immer ein rotes Tuch.

Und dann ist etwas Seltsames passiert, Kris. Ich musste daran denken, was Mies wohl zu unserem Mandat sagen würde.

Und?

Es war, als würde Mies durch mich hindurch sprechen, die ganze Überlegung, die ich gezeichnet habe. Als wäre es seine Idee gewesen! Ein Win-win.

Ihr seid schon zwei verrückte Brüder.

Ich bin so gespannt, wenn ihr euch mal kennenlernt.

Ja. Okay. Das mit dem Win-win klingt eher nach dir. Du sagst immer, dass Mies nie lange fackeln würde. Wenn ihm einer nicht in den Kram passt, landet der schnell im Graben. Erst recht, wenn es um dich geht. Du bist halt sein Besitz.

Ich bin der Jüngere. Mies hat mich immer beschützt.

Dennoch stimmt, denkt Jeffrey, was Kristina gesagt hat. Mies hätte heute auf Kampf gesetzt, genau wie Beil und Ebby. Wie sie würde er im Nebel nach dem weißen Ritter suchen, den sie vom Pferd stoßen müssten. Er hingegen hat den Spieß umgedreht und einen Weg gesucht, wie alle im Sattel bleiben können. Mag Mies ihm noch so grollen, dass er sich in Paris die falsche Maske ausgesucht hat, sie ist nicht falsch. Sein lachendes Nilpferd ist perfekt.

Ich liebe dich, Kris, sagt er. Und wegen Mies, es stimmt schon. Bei ihm landet man schnell im Graben. Jeffrey muss grinsen und er weiß, dass sie sein Grinsen sehen kann, weil sie ihn bereits so gut kennt. Aber zusammen sind wir unschlagbar. Und deshalb kriegt man uns nur im Doppelpack.

Hm, hm. Okay, nur gib mir etwas Zeit, ich muss mich erst daran gewöhnen …

Heute ist es genau wie damals auf dem Wagen unter der Regenbogenflagge in Berlin: silberne Schwingen, goldene Schwingen. Das hat auch Ebby gesagt. Na ja, vielleicht nicht direkt. Doch man kann es so deuten.

Ein gutes Rudel, hat Ebby gesagt, braucht immer beide.

Den mit dem Dolch – und ein Nilpferd, das lacht.

Sie legt auf und ist erleichtert. Das Festnetztelefon noch in der Hand, betrachtet Ma durch das Fenster des Wintergartens die Rhododendren und die von der Gärtnerei so akkurat geschnittene Hecke. Toll sieht sie jetzt immer aus und sie fragt sich, warum sie damals den Auftrag nicht viel früher vergeben haben. So sitzt sie hier nach zwei Stunden voller Telefonate, genau in jenem Korbsessel, von dem sie immer angenommen hat, dass sie darin den Anruf von Sentas Entbindung entgegennehmen würde.

Dass es ein Junge wird, haben Senta und Robert bereits vor der Entbindung durchblicken lassen. Senta erzählte ihr von der Untersuchung und davon, dass man ihr aufgrund der Anatomie ihres Beckens zu einem Kaiserschnitt geraten habe.

Mach dir keine Sorgen, Ma. Alles halb so wild.

Der entscheidende Anruf erfolgte dann, als Ian bereits mehrere Stunden auf der Welt gewesen ist, mitten am Tag.

Na, dann werdet ihr ja jetzt allen Bescheid sagen!, rief Ma.

Wenn du Roberts Eltern meinst, schon passiert, hat Senta nüchtern geantwortet. Robert hat das gerade gemacht, sie lassen euch herzlich grüßen.

Von diesem Korbsessel im Wintergarten aus führt sie nun ihre Telefonate, wodurch er eine ganz neue Bedeutung erhält. Zunächst hat sie mit einem Auftraggeber wegen letzter Fragen rund um ihren Kostenvoranschlag gesprochen, in den sie Kellenbergers Zahlen einkalkuliert hat. Das Gespräch verlief gut und sie ist zuversichtlich, dass der Wetlands-Auftrag kommende Woche unter Dach und Fach sein wird. Danach telefonierte sie lange mit Okereke, der sie in den Wochen ihres Fortseins dort unten wieder einmal hervorragend unterstützt. Und schließlich das Gespräch mit Alaska. Von diesem Korbsessel aus will sie später auch den entscheidenden Anruf bei ihrer Bank tätigen, um einen Termin zu vereinbaren.

Nach dem Gespräch mit Alaska ist sie erleichtert. Sie hat damit gerechnet, dass Alaska wegen der eingeworfenen Scheibe, der Sache mit dem Auto und dem Drohbrief ihre Mitwirkung entweder sofort oder spätestens nach reiflicher Überlegung hinwerfen würde und sie von nun an ganz auf sich allein gestellt wäre. Immerhin ist Alaska eine Mutter, die Verantwortung für kleine Kinder trägt. Ein über Nacht ausgebranntes Auto ist keine Einladung. Und obwohl ihr die CWC bislang großen Spaß gemacht hat, verdient ihr Mann genug Geld, sodass für das Gröbste gesorgt ist. Sie bräuchten ihre junge Familie keinen Gefährdungen auszusetzen.

Aber siehe da, Alaska und ihr Mann haben viel cooler reagiert als angenommen. Chris de Wet ist gebürtiger Kapstädter und seit seiner Kindheit mit Lokalnachrichten über brennende Autos vertraut, er verliert nicht gleich die Nerven. Und Alaska äußerte pragmatisch nur ein paar Wünsche und Bedingungen, die Ma sowieso schon ins Auge gefasst hatte. Also liegen sie wie bisher auf einer Wellenlänge und Okereke, dem sie vorhin alles skizziert hat, erachtet ihre Maßnahmen als völlig ausreichend.

Erstens, die CWC zieht in ein gut gesichertes Bürogebäude, das neben der Alarmanlage einen Vierundzwanzig-Stunden-Wachschutz in der Lobby hat. Das Gebäude, in das sie die CWC verlegen wird, hat nur einen einzigen Eingang und keine verdächtigen Feuerleitern auf der Rückseite.

Zweitens, um Anschläge auf ihre Autos zu vermeiden, werden Alaska und sie alle Strecken nur noch mit einem privaten Fahrdienst erledigen. Dafür gibt es Anbieter, Ma hat sich bereits für einen entschieden. Ursprünglich als Service für ausländische VIPs gegründet, hat er sich dank jahrelanger erfolgreicher Arbeit eine breite Klientel in der heimischen Wirtschaft aufgebaut. Neben den Schauspielern, Models und Ministern, die allesamt aufdringlichen Paparazzi entgehen wollen, fährt man so jede Menge drangsalierter Wirtschaftsbosse, Leute wie sie, die möglichen Feinden ausgesetzt sind. Für Dritte ist nicht vorhersehbar, mit welchem Wagen sie unterwegs sein wird, und sobald die Fahrzeuge von ihren Touren zurück sind, stehen sie in der gut gesicherten Garage des Serviceanbieters. Eine Manipulation der Autos ist unmöglich. Ebenso wenig könnte ein Fahrer vortäuschen, ihr Abholer zu sein, wenn er es nicht ist. Es gibt einen Code, der ihr übers Mobiltelefon zugeschickt wird und den sie nur über ein persönliches Passwort öffnen kann. Der Fahrer erhält den Code ebenfalls und muss ihn nennen, bevor sie einsteigt.

Das alles wird gewöhnungsbedürftig sein, doch schon bald werden Alaska und sie es als Selbstverständlichkeit empfinden, nicht anders, als die Alarmanlage in einer Wohnung einzuschalten, sobald man sie verlässt. Die nicht gerade niedrigen Kosten, die dieser Fahrservice verlangt, werden sie einpreisen und an ihre Auftraggeber weitergeben.

Ihre gemütliche Villa, in der sie wohnt, erweist sich als ein größeres Problem. Nach einem vor zwei Tagen geführten Telefonat weiß sie bereits, dass schon wegen der Hanglage eine Absicherung gegen alle Eventualitäten nicht infrage kommt, es sei denn mit unverhältnismäßigen Kosten. So leid es ihr tut, sie wird die Bellevue Street aufgeben und in ein neu fertiggestelltes Apartmenthochhaus ziehen, mit phänomenalem Blick, das es in Sachen Alarmanlage und Vierundzwanzig-Stunden-Wachschutz mit ihrem neuen Bürodomizil aufnehmen kann. Sehr schick und zuverlässig, nur nicht mehr so anheimelnd.

Die lauschige Terrasse mit den gusseisernen Säulen unter dem Portikus und dem Blumenbeet, wo sie ihren Rotwein trinkt, auf den abendlichen Tafelberg schaut und ihre E-Mails schreibt, ist dann passé. Doch sie braucht sich nicht allein zu fühlen. So wie sie wohnen wird, wohnt Kapstadt, zumindest das professionelle Kapstadt. Diejenigen, die allen Widrigkeiten zum Trotz an diesem wunderschönen Fleck Geschäfte machen wollen und das schaffen. Im Grunde ist die Bellevue Street – das muss sie rückblickend zugeben – die romantische Wahl einer Südafrika-Urlauberin, eine hübsche, aber etwas dilettantische Entscheidung, die sie nun korrigiert.

Und was Alaska betrifft, ist Mas Glück, dass sie und ihr Mann ein kleines Grundstück gekauft und dort gebaut haben.

Gleich nebenan wohnt ein millionenschwerer Wirtschaftsmäzen und schräg gegenüber steht eine Botschaft. Alaskas Straße hat sogar alarmgesicherte Poller und gleicht auch ansonsten einem Hochsicherheitstrakt. Ein Netz von Infrarotstrahlen bedeckt jeden Winkel und schließt das verschnittene, dafür preisgünstige Grundstück in der Mitte automatisch ein. Außerdem hat die Botschaft einen Patrouillendienst, der zur Sicherheit der Botschaft die umliegenden Häuser ebenfalls im Blick behält.

Daher die Gelassenheit ihrer Geschäftsführerin angesichts von DIN-A4-Zetteln mit *KEEP-OUT*-Botschaften. Alaska und ihre Kinder können zu allen Tages- und Nachtzeiten ruhig schlafen.

Die Unschuld ihrer Wetlands geht dagegen verloren. Doch mit Ausnahme des Verlusts ihrer Villa, der sie noch schmerzt, ist Ma selbst überrascht, wie wenig ihr die Sache ausmacht. Im Gegenteil, sie empfindet eine grimmige Vorfreude, wenn sie an die Fragen denkt, die von allen Seiten kommen werden, vor allem von ihrer Bank. Nein, sie lässt sich den Wind nicht aus den Segeln nehmen. Der Auritter und Moreau haben schließlich auch nicht unter einem schattigen Portikus sitzend ihre Siege errungen. Manchmal muss man sich hinter Burgwällen verschanzen oder in einem Schützengraben ausharren, wenn es die Lage verlangt. Dazu ist sie bereit und sie wird nicht zimperlich sein.

Dieses Selbstvertrauen ist freilich alles, auf das sie bauen kann, denn die Kapstädter Polizei hat erwartungsgemäß nichts herausgefunden.

Glauben Sie mir, Frau Holzrichter, hat Okereke vorhin gesagt, ich habe sämtliche meiner Kontakte auf den Vorgang angesetzt. Doch mir ist nur bestätigt worden, was wir schon wissen. Fingerabdrücke finden sich weder auf dem Drohbrief noch auf dem Stein. Die Spurensuche auf der Feuerleiter und vor dem Hauseingang Ihrer Villa ist ebenfalls ergebnislos geblieben. Es gibt keine Videoaufnahmen, da weder die Rückseite Ihres alten Büros noch Ihr Haus mit Kameras ausgerüstet sind.

Und der Stein selbst, Herr Okereke? Kommt er aus dem Bergbau?

Ja, der Stein. Tatsächlich stammt er aus dem Norden, so viel wissen wir. Das ist kein Zufall, denn der Täter wollte offensichtlich, dass wir seine Botschaft nicht missverstehen. Da liegen ja die großen Minen. Allerdings ist der Stein ansonsten sehr gewöhnlich. Angesichts der mineralischen Zusammensetzung stehen gleich mehrere Abbaugebiete zur Debatte, die Areale sind alle sehr weitläufig. Etliche wurden mittlerweile aufgegeben. Ein riesiges Niemandsland, Frau Holzrichter. Keiner weiß, wo er mit der Suche beginnen sollte.

Und mein Wagen? Gibt es da auch nichts Konkretes?

Leider nein. Es bleibt offen, ob das überhaupt als Anschlag auf Sie zu werten ist. Ein Wagen wurde in einer unsicheren Gegend geparkt und dort mitten in der Nacht in Brand gesetzt. Das passiert öfter.

Hm. Genau das habe ich schon gemutmaßt.

Und es ist wie beim Stein. In der Gegend rund ums Fugard Theatre gleicht die Suche nach einem Täter und seinem Motiv der Suche nach der berühmten Nadel im Heuhaufen, Frau Holzrichter. Zwar räumt die Polizei ein, dass die Gleichzeitigkeit des Brands mit dem Drohbrief und dem eingeworfenen Fenster das Indiz für einen Zusammenhang liefert, bei der Suche nach konkreten Anhaltspunkten stochert sie dagegen im Nebel.

Danke, Herr Okereke. Ich habe vermutet, dass bei all diesen Untersuchungen am Ende nichts herauskommt.

Es tut mir leid, Frau Holzrichter. Wir sind nicht in Europa. Bei uns brennt es an jedem zweiten Tag an irgendeiner Ecke, oft gibt es Verletzte. In Ihrem Fall ist ja zum Glück niemand zu Schaden gekommen.

Und in meinem Büro ist nicht einmal etwas entwendet worden.

Danke für Ihr Verständnis. Daher sind das Mitgefühl für Sie als Opfer und das Interesse an Ihrem Fall bei den Behörden begrenzt.

Und selbst mein Schaden ist überschaubar, Herr Okereke, ich gebe es zu. Mein Anwalt hat gestern gemeldet, dass sich die Kaskoversicherung zu einer kulanten Lösung bereitgefunden hat. Die Parkverbotszonen sind im Vertrag nicht klar genug präzisiert.

Das freut mich. Ich kann Ihnen gar nicht sagen, wie leid es mir tut, dass unser gemeinsamer Abend in einem solchen Debakel geendet ist.

Alles halb so schlimm, Herr Okereke. Zerbrochene Fensterscheiben kann man ersetzen. Ein Sturm im Wasserglas.

Na, das *KEEP OUT* müssen Sie schon ernst nehmen. Da meint es jemand nicht gut mit der CWC.

Das kriege ich in den Griff, Herr Okereke. Ich ziehe mit meinem Büro um und suche mir privat eine neue Bleibe. Und wenn ich ein Auto brauche, dafür gibt es einen Fahrservice.

Vergessen Sie bitte nur eines nicht, Frau Holzrichter, die Sicherung Ihrer Baustellen.

Sie legen den Finger auf einen wunden Punkt, Herr Okereke. Da werde ich tief in die Tasche greifen müssen. Einen Teil der Kosten kann ich umlegen, aber nicht alles. Das mindert meine Marge. Was bedeutet, dass sich meine Investitionen später als geplant amortisieren werden. Das ist einer der Gründe, warum ich mit meinem Mann nach Deutschland geflogen bin. Ich werde in der nächsten Woche einen Termin bei meiner Bank machen. Auf diese Weise verbringe ich ein paar Tage mit meinem Mann, er hat bald Geburtstag. Danach kehre ich zurück und bin wieder bei Ihnen in Kapstadt.

Das freut mich zu hören, Frau Holzrichter.

Ich fürchte nur, man wird in der Bank not amused sein, denn mein Kontenvermögen und meine Aktien habe ich zur Sicherung der bisherigen Kreditlinie bereits abgetreten. Irgendetwas wird mir schon einfallen. Wenn es drauf ankommt, kann ich ziemlich gut pokern, wissen Sie.

Daran habe ich keine Zweifel, Frau Holzrichter. Ich drücke Ihnen für Ihre Gespräche beide Daumen. Auch im eigenen Interesse, denn wir brauchen Sie hier unten, das wissen Sie. Halten Sie mich bitte auf dem Laufenden. Ach, und grüßen Sie Ihren Mann ganz herzlich. Sagen Sie ihm, wir passen gut auf Sie auf, sobald Sie wieder bei uns sind.

Ich habe genau ein Jahr, Herr Okereke. Mein Mann und ich haben darüber gesprochen. Zwölf Monate und keinen Tag länger. Dann lassen Sie uns keine Zeit verlieren.

Das alles war vorhin, vor etwa gut einer Stunde, bevor sie sich einen Kaffee gemacht und anschließend Alaska angerufen hat. Noch fehlt ihr der dritte und letzte Kostenvoranschlag für die Baustellensicherung. Natürlich hat sie bereits auf Basis der beiden vorliegenden Angebote eine Hochrechnung ihres neuen Finanzbedarfs vorgenommen. Zumindest den Anruf, um einen Termin zu vereinbaren, kann sie ebenso gut jetzt tätigen. Ihre Finger trommeln auf das Telefon, dann wählt sie.

Guten Tag, Marianne Holzrichter am Apparat. Können Sie mich mit der Abteilung Firmenkunden verbinden? Herr Alexander Wienand bitte? Danke.

Ma schenkt sich Mineralwasser ein, trinkt aber nicht, sondern hält das Glas nur wartend in der Hand, bis sie die bekannte Stimme hört. Sie stellt es entschlossen zurück auf den Beistelltisch, ohne getrunken zu haben.

Herr Wienand! – Ja, danke, ich grüße Sie auch! – Ganz recht, dass Sie mich in Kapstadt vermuten. Ich rufe jedoch von zu Hause aus an.

Sie tauschen noch ein paar Höflichkeiten aus, die Fragen, ob es allen in ihrer Familie gut gehe, das Übliche.

Ja, Herr Wienand, warum ich anrufe. Da ich gerade in Deutschland bin, bietet es sich an, dass ich in den nächsten Tagen bei Ihnen vorbeischaue. Wir könnten uns noch mal unsere Planungen ansehen, den Kreditrahmen und den Tilgungsplan mit den Raten für die Rückführung. Das Geschäft läuft gut an und ich glaube, wir können rundum zufrieden sein, auch Sie – wir haben alles richtig gemacht. Die CWC hat mehrere Aufträge, fünf sind es aktuell und weiteres Interesse ist vorhanden. Doch zeichnet sich ab, dass mein Businessplan Anpassungen braucht.

Es folgen Allerweltsfloskeln, dass er das gut verstehen könne und wie üblich es sei, wenn frühe Planungen nach den ersten Erfahrungen justiert würden.

Ja, und ich denke, das ist in unser aller Sinn, wenn sich die CWC vorausschauend aufstellt. Vermutlich werde ich das Team rund um Alaska de Wet verstärken, es muss sich auch jemand um die Baustellen kümmern. Das ist ein Vollzeitjob.

Sie macht eine Pause. Herr Wienand lobt ihre Umsicht. Mit erstaunlicher Prägnanz hat er alle Faktoren in Erinnerung, die sie in ihrem Businessplan mit einem Preisschild versehen haben. Diese Einschätzungen haben sie ihrer Finanzierung damals zugrunde gelegt.

Danke, Herr Wienand. Ja, nicht wahr, immer lieber etwas zu konservativ gerechnet, dafür auf der sicheren Seite. Daher denke ich, dass wir uns das Thema der Baustellensicherung noch einmal genauer anschauen sollten. Ich war da sehr schlank in der Planung. Wer wird schon einen Zaun niederreißen, dachte ich, um ein paar Zentner Flatterbinse zu stehlen? Da habe ich den Gegebenheiten vor Ort nicht hinreichend Rechnung getragen. Ein wenig Maschendraht zur Markierung wird wohl nicht reichen.

Sie zündet sich ein Zigarillo an, tritt ans Fenster und pustet den Rauch aus, Richtung Hecke, während sie Wienand lauscht.

Nein, Herr Wienand, so war das nicht gemeint. Es gibt keine Unruhe am Bauplatz. Jeder will sauberes Wasser. Das ist im Interesse der Kommunen und der Bauern dort, schließlich geht es um ihre Felder und das Vieh. Und diejenigen, die den Wildtierbestand vor Augen haben, wollen meine Wetlands sowieso, daran hängt der Tourismus. Mit anderen Worten, alle teilen den gleichen Wunsch, selbst die Minenbetreiber. Die beantragen neue Konzessionen und bekommen ein Problem, wenn sich die Nachsorge nicht lösen lässt.

Sie wartet ab, ob Wienand zu ihren Erläuterungen Rückfragen hat. Da das nicht der Fall ist, nimmt sie den Faden wieder auf.

Vielleicht werden Sie meine Maßnahmen für übertrieben halten, doch ich denke, ich komme um eine solide Baustellensicherung nicht herum. Es ist eine reine Vorsichtsmaßnahme, wissen Sie, manchmal gibt es Überraschungen dort unten und seien es auch nur ein paar arbeitslose Jugendliche, die etwas trinken und sich austoben wollen. Dann suchen sie sich ein Ziel und schon setzen sie es in Brand. Und ich muss mit den Behörden zusammenarbeiten, anders geht es nicht. Leider gibt es so viele Spannungen da unten. Wenn unsere Kläranlagen die Lieblinge der Politiker sind, gegen die sich die Anfeindungen richten, bin ich womöglich das Bauernopfer und meine Wetlands werden zur Zielscheibe für einen Denkzettel. Ich werde meine Baustellen rund um die Uhr bewachen lassen. Und das heißt, ich sollte auch die Umgebung weiträumig absperren, damit Brandstiftung von vornherein ausgeschlossen ist. Flatterbinse brennt sofort lichterloh, dann könnte ich wieder von vorne anfangen und zahle womöglich Vertragsstrafen, wenn sich eine Verzögerung bei der Fertigstellung ergibt. Wenn sie dagegen gut gesichert sind, kann ich pünktlich liefern.

Das Schweigen am anderen Ende der Leitung soll keinen Widerspruch signalisieren, sondern eher einen Ausdruck des Nachdenkens darüber, was das für ihren Kreditbedarf heißt. Ma zieht an ihrem Zigarillo, bläst aus und holt noch einmal tief Luft. Den KEEP-OUT-Brief wird sie wohlweislich für sich behalten, doch vielleicht ist es ratsam, wenn sie ein Tröpfchen Wahrheit in sein Glas Wein einschenkt. Wienand ist ein guter Gast gewisser sommerlicher Barbecues. Kellenberger, das weiß sie, wird dichthalten, Hammers kann sie schlecht einschätzen. Sie traut ihm alles zu, selbst eine richtige Dummheit. Wenn er krampfhaft versucht, seine Barbecuegäste zu unterhalten, fahndet er womöglich nach Geschichten, die er für spannend und hörenswert hält. Dann ist es besser, Wienand erfährt es von ihr.

Es gab da einen Vorfall, Herr Wienand, der mich dazu bringt, besondere Vorsicht walten zu lassen. Ein auf die CWC zugelassener Wagen ist in Kapstadt abgebrannt. Vermutlich war es nur Vandalismus, der gar nichts mit mir und meiner Firma zu tun hat. Es war fahrlässig von mir, dort zu parken und den Wagen über Nacht stehen zu lassen. Ich hätte das nicht tun sollen. Aber ich werde daraus lernen. Bei der Durchführung meiner Aufträge werde ich ab jetzt so umsichtig sein wie möglich.

Dann werden Sie erheblich mehr Geld brauchen, Frau Holzrichter. Deutlich mehr als das, was wir damals veranschlagt haben.

Ja, Sie haben womöglich recht, eine leichte Korrektur der Zahlen ist wohl nötig. Deswegen meine Frage: Wäre Ihnen vielleicht übermorgen recht? Ich könnte am Vormittag da sein. Am Nachmittag möchte ich zu meinem Enkel rausfahren. Sagen wir, elf Uhr?

Als sie zwei Tage später Wienand gegenübersitzt, hat sie ihr neues dunkelblaues Kostüm angezogen und ist zuvor schnell beim Friseur gewesen. Sie hat sogar etwas von Großmamas Familienschmuck angelegt. Der materielle Wert der Bernsteine an ihrem Hals ist nicht übermäßig hoch, doch man erkennt an der Fassung das Alter des Schmucks und da man in der Bank von ihrem Stammbaum weiß, gibt die Kette ihrer Trägerin etwas Hoheitsvolles. Vorhin, beim Verlassen des Friseursalons, hat sie, die Kette schon im Ausschnitt, in den Spiegel geschaut und weiß, dass sie perfekt aussieht – schick, aber unaufdringlich, nicht aufgedonnert. So wird sie Eindruck machen, selbst auf jemanden, der sie so lange kennt wie Wienand, schließlich haben sie zusammen Cherbourg gestemmt.

Gleich werden sie sich wiedersehen, sie, die Aristokratin und versierte Geschäftsfrau, die gerade Afrika erobert, und er, der Bankangestellte in seiner Zimmerecke mit der grauen Kunststofftrennwand in der deutschen Provinz. Sie wird ihm eine Stunde ihrer kostbaren Zeit schenken, um ihn in die Aktualisierungen rund um ihr Geschäft einzuweihen. Nicht aus Notwendigkeit, denn ihre Geschäftsaussichten sind blendender denn je, sondern weil sie eine besonders faire Bankkundin ist. Er wird das zu schätzen wissen und geschmeichelt sein. Ja, ihr kann man vertrauen. Ein kleines bisschen Sternenstaub vom fernen Kapstadt würde so den Weg auf seinen Kundenberaterschreibtisch finden. Die nachfolgende Justierung der Kreditlinie für Marianne Holzrichter würde nur eine Formalie sein.

Frau Holzrichter! Wie schön, Sie wieder einmal bei uns begrüßen zu dürfen. Gut sehen Sie aus! Kapstadt scheint Ihnen zu bekommen.

Danke, Herr Wienand. Sehr liebenswürdig.

Und das ist der dritte Kostenvoranschlag, den Sie eingeholt haben. Er blättert durch ihre Unterlagen.

Ja, er ist gestern eingetroffen. Nur ist er der teuerste von allen. Ich habe ihn gleichwohl mitgebracht, damit Sie sehen können, die CWC hat ihre Hausaufgaben schnell erledigt, wie immer. Vergleichen zu können ist der erste Schritt. Meine Kalkulation basiert auf dem ersten. Er ist der günstigste.

Wie schon gesagt, ich fürchte, Ihr jetziger finanzieller Mehrbedarf ist erheblich. Die Baustellensicherungen machen nun in etwa ein Drittel Ihrer Gesamtkosten aus. Eine Position, die wir vorher vernachlässigen konnten, Peanuts, sozusagen. Früher wollten Sie nur einen Zaun.

Ja, wie ich Ihnen bei unserem Telefonat erläutert habe, es handelt sich um eine reine Vorsichtsmaßnahme. Umso verlässlicher und pünktlicher werden die Gewinne fließen, was schnell der Fall sein wird. Ein Teil der Kosten lässt sich auf meine Auftraggeber umlegen. Ihr Haus wird mit den Kreditzinsen, die Sie der CWC berechnen, weiterhin gutes Geld verdienen. Ich glaube, wir profitieren alle davon.

Zweifellos. Nur was ist, wenn doch der ein oder andere Unfall passiert? Nehmen Sie Ihren Wagen. Er macht eine kurze Pause und fährt schließlich fort. Bedenken Sie bitte, Baustellen lassen sich auf vielfältige Weise sabotieren. Sollten Sie Feinde haben, was nach dieser Sache mit dem Auto wohl nicht auszuschließen ist, bräuchten Ihre Gegner nur jemanden in das Baustellenteam einzuschleusen, der an Ort und Stelle richtig Schaden anrichten kann – innerhalb Ihrer Absperrungen. Was ich sagen will, damit wir Missverständnisse von Anfang an vermeiden, Frau Holzrichter, eine Beibehaltung, geschweige denn eine Erhöhung der Kreditlinie für die CWC kommt für uns angesichts des Anschlags auf Ihren Wagen nur in Betracht, wenn Sie uns weitere Sicherheiten einräumen können. Ist denn da noch etwas denkbar, außerhalb der bei uns geführten Kontengelder und Depots?

Ma rutscht unwillkürlich auf die vordere Kante des Stuhls und sitzt sehr aufrecht. Das Gespräch verläuft anders, als sie es sich vorgestellt hat.

Sie wissen ja, antwortet sie, das Haus, das mein Mann und ich mit den Kindern bewohnen, gehört meinem Mann. Und nein, weitere Konten unterhalte ich nicht. Wir kennen uns schon so lange, Herr Wienand. Als gute Kundin Ihres Hauses habe ich das, was ich habe, bei Ihnen gebündelt.

Wienand hat graublondes Haar und die blasse Haut des ostdeutschen oder nordischen Typs. Wie ein großer Junge aus dem Dorf zu Füßen meiner Burg, denkt sie. Er schaut sie aus seinem Drehsessel über den Kragen seines gut geschnittenen Anzugs prüfend an. Den Anzug muss er bei einem teuren Herrenausstatter gekauft haben, er sitzt wie angegossen. Ihr Kostüm und die Bernsteinkette haben ihr zwar ein Kompliment eingebracht, doch wenn es sich dabei um einen ernst zu nehmenden Spielvorsprung gehandelt hat, ist er kleiner als gedacht und beginnt zu verpuffen.

Wienands Freude über ihr Kommen hat großer Ernsthaftigkeit Platz gemacht, die nur noch ihren Papieren gilt. Hat sie ihn unterschätzt? So muss es wohl auch früher gewesen sein, wenn der Auritter auf Turnieren auf sein Gegenüber getroffen ist. Jeder saß gepanzert zu Pferde, die Lanze in der Faust, während die Rösser tänzelten und warteten, dass es losging. Gleich würde einer den anderen nach kurzem Galopp aus dem Sattel stoßen. Es war Spiel, aber nicht nur Spiel. Nicht immer ist der Fallende beim plötzlichen Sturz unversehrt geblieben.

Wienands prüfender Blick bleibt freundlich, der mitschwingende Ausdruck von Besorgnis – sie kann sich dieses Eindrucks nicht erwehren – kommt jedoch von oben herab, als wäre er der vermögende Fugger, den sie, ein abenteuerlustiger Händler, erneut um Kredit angeht. Dieser Händler will das Kap der Guten Hoffnung umrunden und er soll ihm dabei die Ware vorfinanzieren. Das Kap ist oft stürmisch.

Ma spürt, dass sie etwas tun muss, womit Wienand nicht rechnet. Sie braucht einen Schachzug, der auf den zweiten Blick entwaffnet und ihr Blatt wendet.

Herr Wienand, sagt sie und lächelt ihr schönstes Lächeln, ich denke, wir brauchen den Teufel nicht an die Wand zu malen. Wäre ich noch dort unten, wenn man mir nach dem Leben trachtete? Wie ich Ihnen schon sagte, jeder will sauberes Wasser! Was den Wagen betrifft, das waren bestimmt nur ein paar dumme Jungen, die sich einen Schlagabtausch geliefert haben. Ein gute Portion Testosteron, erhitzte Gemüter und eine Barrikade im Bandenkrieg, so was kommt vor. Die Versicherung hat den Schaden schon ausgeglichen. Mein Geschäft hat sich deshalb nicht verändert und Sie haben mein ganzes Aktiendepot als Sicherheit.

Man hat Ihren Wagen in Brand gesetzt, Frau Holzrichter. Mit Verlaub, diese Neuigkeit war kein Pappenstiel. Was, wenn der Anschlag doch Ihnen galt? Verstehen Sie mich bitte nicht falsch. Persönlich empfinde ich den größten Respekt für Ihren Mumm und Unternehmergeist. Und wenn ich das noch sagen darf: Als jemand, der Sie und Ihre Familie bereits so lange kennt und der für Sie die größten Sympathien hegt, möchte ich erst recht keinen Teufel an die Wand malen. Hoffen wir, dass das alles wirklich nur ein Jungenstreich und nicht gegen Sie gemünzt war, in einer Straße, in der Sie besser nicht hätten parken sollen. Als Mitarbeiter dieses Hauses – hier bitte ich um Verständnis – muss ich jedoch eine andere Lesart in Erwägung ziehen und das Risiko bei der Unternehmung neu bewerten. Wenn es weitere Störfälle geben sollte – und lassen Sie uns inständig hoffen, dass Ihnen dabei nichts passiert –, werden Sie Ihre Zelte womöglich über Nacht abbrechen müssen. Und das, bevor Sie Gelegenheit hatten, nennenswerte Gewinne einzufahren. Womit wollen wir Ihren Kredit dann zurückführen?

Aber Herr Wienand!, sagt Ma und wirft den Kopf zurück, sodass ihre frisch frisierten Haare mit einem eleganten Schwung in den Nacken fallen. Jetzt übertreiben Sie! Diese Störmanöver, die Sie sich gerade ausdenken, klingen für mich nach einer fernen Abenteuergeschichte. Das wäre etwas, um es meinem Enkel vorzulesen. Glauben Sie mir, ich passe schon auf mich auf, das haben wir in meiner Familie immer getan. Den Wetlands und mir passiert nichts. Darauf würde ich sogar die Burg meiner Vorfahren verwetten!

Sie strahlt ihn an und lacht ihr heiterstes, hellstes Lachen, in das sie ihre ganze Liebenswürdigkeit legt und das auch eine Portion Amüsiertheit der Aristokratin mit langem Stammbaum durchschimmern lässt. Es soll ihm zeigen, wie absurd seine Befürchtungen sind.

Dann tun Sie es, sagt Wienand mit feinem Lächeln. Sie sprechen von Gauchstein, nicht wahr?

Es dauert zwei Sekunden, bis sich Ma fängt.

Sie haben es einmal erwähnt, Frau Holzrichter, fährt Wienand ungerührt fort. Es ist der Sitz Ihrer Vorfahren. Eine große Immobilie in Mitteldeutschland. So etwas hat nicht jeder und so hat es sich mir eingeprägt. Darf ich fragen, stehen Sie dort noch im Grundbuch?

Ja, in der Tat. Die Burg ist Familienbesitz.

Und Sie sind derzeit die Eigentümerin? Gibt es Lasten auf der Burg?

Nein, die Burg ist unbelastet. Meine Familie ist im Zuge der Verstaatlichung nach 1945 enteignet worden. Später wurde sie uns restituiert. Doch es ist nur eine Ruine. Sehr malerisch, schön für Wanderer. Ansonsten nur ein immaterieller Wert – für mich und meine Kinder.

Nur eine Ruine? Wenn Sie gestatten, das sehe ich anders. Zu Ihren Gunsten möchte ich davon ausgehen, dass die Burg sogar einen ganz erheblichen materiellen Wert hat.

Wienand lächelt und sie merkt, dass auch er pokert. Hat er sie womöglich bewusst auf diese Fährte gelockt, die ritterliche Tapferkeit ihrer Familie samt Burgkarte als Trumpf auszuspielen? Er muss vor ihrem Termin recherchiert haben und weiß viel mehr, als er sich bislang den Anschein gegeben hat. Jetzt genießt er es offenbar, dass sie mit ihrer Wette auf Gauchstein selbst den Startschuss gegeben hat – und ihr Turnier endlich eröffnet ist.

Lassen Sie mich offen sein, liebe Frau Holzrichter. Denn ich weiß Ihre Offenheit im Telefonat vorgestern sehr zu schätzen und möchte mich revanchieren. Dass Sie uns den Anschlag auf Ihren Wagen nicht verheimlicht haben, war gut. Das hilft uns beiden, eine schnelle Lösung zu finden. Daher habe ich mich auf unseren Termin vorbereitet, das bin ich Ihnen als einer unserer besten Kundinnen schuldig. Wir möchten Ihnen helfen, denn wir wissen beide, dass wir mit Ihren Sicherheiten, die bei uns liegen, im Moment nicht weiterkommen. Da ich noch in Erinnerung hatte, dass Sie Erbin dieser berühmten Burg sind, habe ich gegoogelt. Gauchstein ist nicht nur bei Wanderern beliebt. Man findet eine ganze Menge von Einträgen. Und da habe ich – darf ich? – Folgendes gefunden.

Wienand greift zu einem unscheinbaren Klarsichthefter, dessen Deckblatt aus weißem Papier die handschriftliche Notiz ihres heutigen Termins enthält. Er hat die ganze Zeit über schon auf seinem Schreibtisch gelegen. Nun entnimmt ihm Wienand Ausdrucke einiger Fotos.

Offenbar steht dort mehr als nur eine Ruine. Ein ganzes Gebäude ist erhalten, wie man sieht. Vollkommen intakt.

Ja, es ist ein einzelnes Haus der Burg. Das sogenannte Wasserhaus.

Sehr imposant – groß und stattlich. Wenn man es umbauen würde, ließen sich dort etliche Apartments einziehen, Wohnungen in historischen Mauern, noch dazu in wunderbarer Naturlage. Ein Außengebiet, in dem ansonsten keinerlei Baugenehmigungen erteilt werden. Wer dort lebt, residiert wie ein Schlossherr, umgeben von einer parkähnlichen Landschaft. Das erinnert, wenn man will, fast an ein Märchen.

Der große Park und der Wald drum herum sind öffentlich und gehören der Gemeinde. Sie sind nicht Teil des Privatbesitzes.

Richtig. So müssen ihn die Eigentümer der Wohnungen auf der Burg nicht auf eigene Kosten in Schuss halten. Das wird den Unterhalt der Immobilie erheblich verbilligen.

Bedenken Sie bitte, wenn man solch ein Gebäude umbauen

will, steht das Denkmalschutzamt vor der Tür. Erinnern wir
uns an die Regenschirmfabrik, die ich damals saniert habe.
Dank eines Kredits Ihres Hauses. Die Denkmalschutzauflagen
haben mich über Jahre auf Trab gehalten.

Sie haben sich schließlich durchgesetzt und in diesen historischen Mauern ein kommerziell überaus lukratives Objekt
realisiert. Diese Fähigkeit schätzen wir an Ihnen, Frau Holzrichter.

Sie schweigt.

Ja, man würde das Äußere des Gebäudes – wie sagten Sie,
des Wasserhauses? – weitgehend unangetastet lassen. Diese
schönen alten Mauern machen ja den Reiz aus. Gewiss, innen,
gibt es da überhaupt nennenswerte Einbauten, die denkmal-
schutzrelevant sind? Wenn das Haus, wie Sie sagen, als Wasserspeicher gedient hat?

Nein, Einbauten gibt es nicht. Nur ein paar Becken.

Sehen Sie, das haben wir bei uns im Haus nach dem, was wir
im Internet gefunden haben, gleichfalls vermutet. Ich war so
frei, die Burg unserem Kollegen von der Immobilienfinanzie-
rung zu zeigen. Natürlich möchten wir den Fachleuten nicht
vorgreifen. Aber da hier keine historischen Kamine oder Trep-
penhäuser zu sehen sind, die es zu berücksichtigen gilt, wäre
ich an Ihrer Stelle als Eigentümer der Burg recht optimistisch,
dass man entsprechende Baugenehmigungen schnell erhalten
müsste.

So?

Ihnen obliegt schließlich der Erhalt des Areals, da sollten Sie
auch die Möglichkeit haben, Einnahmen zu erzielen, das ist den
Ämtern klar. Und wenn man die Burg unberührt lässt – also
den Teil, den Sie zu Recht eine »malerische Ruine« genannt
haben –, spricht meines Erachtens nichts dagegen, das Wasserhaus einer nachhaltigen wirtschaftlichen Nutzung zuzuführen.
Mit Luxuswohnungen mit unverbautem Blick auf ebendiese
malerische Ruine. Ein erheblicher Wert. Wo gibt es denn heutzutage noch etwas dieser Art?

Ma schließt kurz die Augen und denkt an Mies. Die Vorstellung, dass sich fremde Leute auf ihrer Burg herumtreiben könnten, ist für ihn ein ebenso absolutes Gräuel wie für sie. Schon einmal – nur ein einziges Mal – wurde versucht, ihre Burg und die Familie auseinanderzureißen. Damals, in der Inflation. Einer schönen Frau aber gibt man nicht den Laufpass. Die Burg hat sich entschieden, lieber Feuer zu fangen, als mitzuerleben, wie ihr das noch einmal passiert. Der Bugatti Type 13 ist im Flammenmeer verschmort, aber sie, die Burg, blieb Siegerin – bis dass der Tod uns scheide.

Bei dem Volumen dieses Gebäudes, Frau Holzrichter, fährt Wienand fort, reden wir von mindestens zehn Apartments. Es wären Wohnungen, wie man sie sonst nur im Bilderbuch findet. Majestätisch auf einem Felsen gelegen, innen mit neuester Gebäudetechnik und modernem Komfort. Dank der ICE-Trasse Berlin–München auch für Großstädter gut erreichbar. Wienand macht eine kleine Pause. Frau Holzrichter, ich kenne Sie als eine Frau mit Vision. Denken Sie groß! Manche südfranzösischen Dörfer sind von Londoner Bankern geradezu leer gekauft worden. Da zahlt man inzwischen für eine alte Mühle an einem Bach schnell eine Million. Und das, obwohl der Wert labil ist, denn alles hängt daran, dass London eine Flugverbindung bereitstellt, sonst war's das mit dem schnellen Sprint zum Wochenenddomizil. Aber in Ihrem Fall, Ihre Burg ist infrastrukturell bestens angebunden. Sie verfügen da, denke ich, über ein Juwel für Interessenten, die auf der Suche nach dem Besonderen sind.

Ma schweigt.

Solch extravagante Rückzugsorte haben auch ihren Reiz für die Pflege von exklusiven Geschäftskontakten. Für so etwas sind manche bereit, kräftig zu zahlen. Sie verstehen schon, russische oder chinesische Geschäftsleute, die sich in Deutschland ein Standbein aufbauen. Sie müssen ja nicht in näheren gegenseitigen Kontakt treten. Sie nehmen sich einen Makler und verkaufen Ihre Einheiten.

Ma tastet nach ihrer Kette.

Und an den Feiertagen, zu Weihnachten oder zu Ostern,

dient die Abgeschiedenheit den privaten Stunden im Kreis der Familie. Da liest man dann auf verschneitem Burgfelsen seinen Kindern Geschichten vor, geradeso als säßen ihnen die Drachen, Prinzen und Prinzessinnen auf dem Schoß. Mit so etwas lassen sich schöne Prospekte drucken. Strandvillen haben heutzutage viele, mit einem solchen Objekt spielen Sie jedoch in der allerobersten Liga!

Was bedeutet das konkret?

Kurz und vorsichtig gerechnet, ich würde für jede dieser Wohnungen einen Immobilienwert von etwa eins Komma fünf Millionen Euro ansetzen. Selbst wenn man die Baukosten auf eine halbe Million pro Apartment kalkuliert – was ich für konservativ gerechnet halte, denn die Außenwände gibt es ja schon –, bliebe für Sie pro Einheit noch ein Reingewinn von einer Million Euro. Bei zehn Wohnungen zehn Millionen Euro. Dafür lassen sich in Afrika eine Menge Baustellen sichern.

Herr Wienand, Sie sollten bei Ihren Kollegen von der Baufinanzierung anfangen. Wenn jemand für sich in Anspruch nehmen kann, in dem Bereich visionäre Ideen zu entwickeln, dann ohne Frage Sie – Chapeau! Aber bei allem Respekt für Ihre Vorarbeit vor unserem Gespräch, der Sitz meiner Vorfahren dient in der Familie als Erinnerung, vielleicht auch als Mahnung daran, was uns im Kern zusammenhält. Wir besitzen die Burg nicht, um sie zu verschachern. Sie gehört mir im Übrigen gar nicht allein.

Ach, gibt es Miteigentümer?

Verstehen Sie doch, es ist ein Familienerbe. Ich bin da nur die Durchgangsstation. Eines Tages wird die Burg meinen Kindern gehören. Ma holt Luft. Herr Wienand, die Burg ist unverkäuflich.

Wienand schaut sie erneut prüfend an und wieder ist es der Fuggerblick, der an ihren Augen haftet, bevor er abwärtswandert, über ihren entschieden geschlossenen Mund bis hinunter zu ihrer Kette.

Sie sind eine traditionsbewusste Frau, Frau Holzrichter. Sie pflegen Ihr Familienerbe – Ihr Schmuck ist übrigens wunderschön. Sie haben Kinder und wollen deren künftiges Erbe nicht schmälern. Das ist verständlich und in gewisser Weise löblich. Nur kommen wir, fürchte ich, so nicht weiter. Sie sind Geschäftsfrau und wissen das. Unser Haus braucht Sicherheiten. Sie stehen zurzeit im Grundbuch und können als Alleineigentümerin darüber verfügen, es geht ja nur um ein Sicherungsgut. Wenn Ihre Kapstädter Unternehmung so reibungslos vonstattengeht, wie Sie sagen, zerbrechen Sie und ich uns heute ganz umsonst den Kopf.

Ma presst die Lippen aufeinander.

Wenn ich Ihnen glauben darf – und das will ich gern tun –, werden Sie schon in ein oder zwei Jahren mit den ersten Gewinnen einen Teil Ihrer Investition wieder zurückführen. Dann bringen wir Ihren Kreditrahmen auf ein niedrigeres Niveau, für das Ihre Konten und das Depot völlig ausreichend sind. Genauso schnell ist unser Sicherungseigentum an Gauchstein im Grundbuch wieder gelöscht. Es ist dann, als wäre nie etwas gewesen. Überlegen Sie es sich. Denn anderenfalls fürchte ich, dass wir angesichts der neuen Risiken Ihrer Unternehmung in Südafrika eine Justierung Ihres Kreditrahmens vornehmen müssen, und zwar durch Kürzung. Sie wissen so gut wie ich, was das heißt. Sie müssten Ihre Unternehmung im Zweifel recht schnell beenden. Mit allen Verlusten, die Ihnen daraus drohen. Von Ihnen schon in Anspruch genommene Mittel würden wir gegen Ihre Kontengelder verrechnen.

Herr Wienand, Sie erpressen mich. Diese Gelder sind das, was ich mir über Jahre mühsam erarbeitet habe. Es ist der Gewinn aus der Regenschirmfabrik!

Wie gesagt, überlegen Sie es sich. Vielleicht sprechen Sie mit Ihrer Familie. Wir brauchen ja nichts zu überstürzen. Wie lange, sagten Sie, bleiben Sie in Deutschland?

Zwei Wochen. Mein Mann hat in zehn Tagen Geburtstag.

Lassen Sie uns, bevor Sie zurückfliegen, noch einmal treffen und dann sagen Sie mir Bescheid, wie wir verfahren wollen. Es sei denn …

Es sei denn?

Wienand schmunzelt. Offenbar will er, da er mit seiner Lanze zugestochen hat, den Turnierplatz mit galanter Geste verlassen.

Es sei denn, Frau Holzrichter, Sie finden auf Gauchstein irgendwo eine Schatulle mit Diamanten und Edelsteinen, die Sie mir anbieten können. Darüber ließe sich reden.

Er lächelt humoristisch, während er aufsteht, um sie zur Tür zu begleiten. Dennoch ist sie sich nicht sicher, ob in seinem Satz nicht eine letzte kleine Spitze steckt, die Anspielung darauf, dass Großmamas Kette, die sie heute so demonstrativ angezogen hat, nur aus minderwertigem Bernstein besteht.

Es brennt ihr ein Nachsatz auf der Zunge, mit dem sie diesen Dorfbengel zurechtweisen kann. Womöglich wird sie den Fugger aber noch brauchen. Also verkneift sie es sich, während er ihr die Glastür öffnet und ihr die Hand schüttelt.

Sie kennen ja unser Haus, Frau Holzrichter. Der Fahrstuhl bringt Sie nach unten. Danke für Ihren Besuch. Mit Ihnen zu sprechen ist immer ein Erlebnis! Um Kunden wie Ihnen mit Rat und Tat zur Seite zu stehen, dafür bin ich Banker geworden.

Mit Rat, in der Tat. Das Vergnügen war meinerseits, sagt sie mit leisem Frösteln und wendet sich um, ohne ihn noch einmal mit Namen angeredet zu haben.

Als sie nach Hause nach Apfeltrang fährt, passiert sie die Radarfalle, die ihre Gemeinde irgendwann unsinnigerweise an ihrer Kreuzung hat anbringen lassen. Um eine Kreuzung handelt es sich nur, weil dort der Weg abzweigt, der zu ihrem Haus führt, und der Hangweg gehört zu ihrem Grundstück. Die Kreuzung gehört so zur Hälfte ihr und die Radarfalle bleibt ein Affront. Erbost, wie sie noch immer ist, biegt sie mit Schwung ab. Sie hat es Röhler, dem Dorfbürgermeister, schon hundertmal gesagt, wie blödsinnig seine Radarfalle sei. Außer ihnen fährt dort niemand. Er hat genickt, doch das Ding steht nach wie vor da. Sie nimmt den Blitz aus den Augenwinkeln wahr, als der Wagen in die Kurve geht.

Wie sie es satthat, sich bevormunden zu lassen, vom Bürgermeister oder heute von diesem aufgeblasenen Fugger, und auch noch Wegzoll zu zahlen. Provinzler allesamt, die versuchen, ihr überflüssige Brandbomben zwischen die Füße zu werfen. Sie will nur zurück zu ihrem Korbsessel. Heute am frühen Abend werden sie einen Wein aufkorken, einen von jenen, die sie im Koffer aus Kapstadt mitgebracht hat. Forscher wird wieder sagen, dass ihr Wein nach Brombeere schmecke und es ihn auch hier zu kaufen gebe, aber das stimmt nicht. Er schmeckt nach Tafelberg im Abendlicht und nach allem, was ihr dort inzwischen ans Herz gewachsen ist.

Vor allem schmeckt er – sie kann das Forscher nicht sagen, er würde es lächerlich finden und doch empfindet sie es so –, als würde sie beim Trinken ihre Familiengeschichte schmecken können. Sie kann sie vor sich sehen, den Auritter, Moreau und den Generalmajor mit seinem Pferd, gesattelt und gespornt, fertig für den Ausflug nach Paris. Das Wissen, wo sie herstammt, lässt sie sich von niemandem nehmen.

Dort auf dem Korbsessel, ein Weinglas in der Hand, wird sie in Ruhe den Blick aus dem Fenster schweifen lassen, über die geschnittene Hecke und die herrlichen Rhododendren hinweg bis hin zu dem feinen grauen Streifen, der sich als Dunst am Horizont über dem Wald bildet und in dem man, mit etwas Fantasie, die Linie eines fernen Burgfelsens erkennen kann.

Von dort wird sie nachher ihre Anrufe machen. Sie will die Kinder anrufen und sie nach Apfeltrang einladen. Sie denkt an das Wochenende in zehn Tagen. Forscher feiert seinen Geburtstag normalerweise nicht, zumindest nicht groß, gerade deshalb passt es gut. So können sie vielleicht etwas Familienleben nachholen, das sie früher, in ihren Jahren in Cherbourg, verpasst haben. Hoffentlich kann es auch Mies auf die Schnelle einrichten.

Es würde das Wochenende sein, bevor sie wieder zurückfliegen will – und das Wochenende, an dem sie werden abstimmen müssen.

Über Gauchstein.

IV. DIE ABSTIMMUNG

Sie hat ein Auto gemietet, die günstigste Kategorie, einen Opel Corsa. Ein Luxus, den sie sich normalerweise nicht gönnt, wenn es Möglichkeiten gibt, mit öffentlichen Verkehrsmitteln zu fahren. Jeffrey hat wiederholt angeboten, dass sie keinen Wagen bräuchten. Mies, Ma oder Forscher könnten sie am Augsburger Bahnhof oder besser noch in Buchloe abholen, dorthin fährt regelmäßig eine Regionalbahn. Doch Kristina kennt diese Familie nicht, das heißt, alles, was sie weiß, ist, dass sie äußerst extravagant ist.

Jeffreys Mutter baut Biokläranlagen in Südafrika, sein Vater hat einen Lehrstuhl für Elementarteilchenphysik und Mies, Jeffreys Bruder, von dem immerzu die Rede ist, scheint ein Senkrechtstarter zu sein, arbeitet bei einem internationalen Konzern und ist zurzeit in Paris. Seine Schwester Senta gibt eine Architekturfachzeitschrift heraus und Flocke, seine jüngere Schwester, studiert Politikwissenschaften in Berlin. In den Semesterferien, wenn andere kellnern, macht sie ein Praktikum bei den Vereinten Nationen in New York. Unter dem Niveau von Global Playern oder Institutionen wie den UN tut man es offenbar in dieser Familie nicht. Und wenn man am Wochenende ins Grüne will, mögen andere Leute dafür einen Schrebergarten haben, aber diese Leute besitzen gleich eine Burg inmitten eines Naturschutzgebiets. Sie muss zwar recht abgelegen sein, aber reicht dafür bis ins 12. Jahrhundert zurück. Stammbaum inklusive.

Das Haus im Allgäu, in dem sie wohnen, ist beinahe ebenso abgelegen und wenn sich die Geburtstagsfeier für Jeffreys Vater anders entwickeln sollte, als Jeffrey und sie es voraussehen können, sind sie jedenfalls mobil. Sofern Jeffrey noch bleiben will, kann sie jederzeit die Biege machen. Irgendein Vorwand, unter dem sie sich absetzen kann, wird ihr schon einfallen. Wer weiß, wie lange sie es dort aushält?

Jeffrey ist glücklich und aufgeregt, weil sie endlich seine Familie – und vor allem Mies – kennenlernt und dass wiederum sie für seine Familie greifbar wird. Sie will ihm die Vorfreude nicht nehmen, empfindet die Aussicht auf die beiden bevorstehenden Tage allerdings eher wie die auf ein Examen. Etwas, das sein muss, bei dem sie jedoch froh sein wird, wenn sie es überstanden hat.

Ihre Mutter hat ihr Leben lang hinter der Ladentheke einer Bäckerei gearbeitet und ihr Vater ist in der Stadtverwaltung angestellt. Sie selbst hat Landschaftsbau und Management in Weihenstephan studiert und ist damit in ihrer Familie die große Ausnahme. Doch sie ist immer ums Eck geblieben – kein Paris, Kapstadt oder New York. Wie sind Menschen, die mehrere Kontinente brauchen, um sich zu verwirklichen? Sie blinzelt, während sie den Automietvertrag für das Weekendangebot unterschreibt, den Schlüssel entgegennimmt und den Kofferraum öffnet, um ihre Reisetasche hineinzustellen. Gleich wird sie bei Jeffrey vorbeifahren, um ihn einzusammeln.

Es ist Freitagmittag, auf den Straßen ist einiges los. Sie haben jede Menge Zeit, sich einzustimmen.

Hast du ihnen gesagt, dass ich mitkomme?, fragt sie, als Jeffrey neben ihr sitzt.

Na ja, ehrlich gesagt, nein. Ich dachte, du könntest meine Überraschung sein. Sozusagen mein Mitbringsel zu Forschers Geburtstag.

Och nö, nicht auch das noch, denkt sie.

Jeffrey grinst. Forscher ist so furchtbar schwer zu überraschen, weißt du? Jedes Jahr zerbrechen wir uns den Kopf, aber keiner hat eine Idee.

Forscher ist der Spitzname seines Adoptivvaters, so viel weiß sie mittlerweile. In anderen Familien sagt man Papa. Extravagant halt.

Außerdem, bei Mies ist das so, Kris, wir müssen ihn überrumpeln, sonst haben wir keine Chance. Wenn ich ihm sage, dass du mit von der Partie bist, könnte ich dir nicht mal mit Gewissheit sagen, ob er überhaupt erscheint.

Bin ich so schlimm?

Kein bisschen.

Aber er muss derjenige sein, der sagt, wo es langgeht?

Tja, so ist er nun mal. Wenn wir darauf warten wollen, dass er dich kennenlernen will, kann ich lange warten – er kann solch ein Sturkopf sein. Das Beste ist, wir stellen ihn vor vollendete Tatsachen.

Muss es denn gleich zu einer Familienfeier sein? Mit Geburtstag? Hätten wir nicht an einem x-beliebigen Wochenende vorbeifahren können? Vielleicht stellt sich dein Vater eine Feier im kleinen Kreis vor. Da kann ich nur stören.

Du gehörst zu diesem Kreis, Kris! Und wenn wir jetzt nicht fahren, fahren wir nie. Es wird immer seltener, dass wir alle noch mal zusammenkommen. Ma ist in Südafrika, das geht da wohl noch länger. Wäre dir Weihnachten lieber gewesen?

Nein, Weihnachten ist zweifellos noch stärker mit Riten aufgeladen und es ist seine Familie, nicht ihre. Nur was, wenn sich Jeffrey verrechnet und man ihr gleich bedeutet, dass sie gar nicht erwünscht ist?

Und was soll ich heute Abend anziehen? Ich war noch nie bei Burgbesitzern.

Er lacht. Du brauchst dich nicht schick zu machen. Wenn du gleich die Pullis von Forscher siehst, weißt du, warum.

Sie möchte am liebsten breit lächeln, das verkneift sie sich, denn damit würde sie sich verraten. Auch sie hat eine Überraschung dabei, eine für Jeffrey, heute Abend. Sie hat sich extra ein Kleid für dieses Wochenende gekauft, das sie neulich durch Zufall in einem Schaufenster entdeckt hat. In einem teuren Laden in der Innenstadt, der schließen muss und sein Sortiment zu stark herabgesetzten Preisen anbietet. Dort sah sie diesen Kittelrock im Stil der Zwanzigerjahre, schlicht, aber elegant, aus einem feinmaschigen Leinen. Farbe: blasses Creme. Sofort hat sie an Jeffreys Mutter gedacht. Wenn sie dort auf dem Sofa sitzen wird, will sie sich nicht mickrig fühlen, wenn alle ihre neuesten Nachrichten vom Stapel lassen. Sie wird zuhören und lächeln. Wenn man sie fragen würde, wie ihr Kapstadt gefiele:

Nein, sie sei leider noch nie da gewesen – ein Traumziel, keine Frage. Eines Tages würde sie es sich anschauen. Sonntagnachmittag, in zwei Tagen, wird alles vorbei sein.

Ich hoffe, deinen Eltern gefällt mein Geschenk. Oder soll ich es deinem Vater erst morgen geben?

Was ist es denn?

Ein Bildband. Über Burgen in Deutschland, der Schweiz und in Frankreich. Genauer gesagt, über ihre Gärten. Viele sind von den Eigentümern nach historischem Vorbild neu angelegt worden. Gerade bei den französischen Burgen gibt es da schöne Sachen.

Das klingt wunderbar, Kris. Da wird sich Ma total freuen. Sie liebt Gauchstein, auch wenn wir noch nie dort gewesen sind. Und sie liebt ihren Garten. Schenk es ruhig allen beiden. Meinem Vater kann man sowieso nichts schenken. Ma wird versuchen, ihm morgen ein paar neue Pullis schmackhaft zu machen, das lehnt er jedes Jahr kategorisch ab. Jeffrey lacht. Sie werden bestimmt abends wieder in ihrer Tüte landen. Die verstaut Ma dann irgendwo im Schrank, bis Weihnachten. Er trägt lieber weiter seine ausgeleierten Dinger.

Dein Vater klingt sympathisch. Gar nicht so abgehoben.

Meine Eltern sind nicht abgehoben. – Kris?

Ja?

Mach dir keine Sorgen. Alles wird gut gehen. Sei einfach du selbst.

Zwei Stunden später sagt er plötzlich: Langsam bitte. Wir sind gleich da.

Sie haben die Autobahn längst verlassen und fahren seit geraumer Zeit an hellen Bäumen entlang auf einer Landstraße, die durch hügeliges Gelände führt. Sie wundert sich, denn ein Haus ist nirgendwo zu sehen. Und plötzlich sind sie an einer kleinen Kreuzung, von der linker Hand ein Hangweg abbiegt. Direkt vor ihnen steht ein Starenkasten.

Willkommen daheim!, sagt Jeffrey. Das ist übrigens Mas Lieblingsfalle, sie hat uns schon ein Vermögen gekostet. Ma ist der Meinung, es bräuchte keine Verkehrskontrolle, da der Hangweg uns gehört. Deswegen hat sie keine Lust, sich Vorschriften machen zu lassen. Das ist Ma.

Sie biegen ab und nach etwa zehn Sekunden streifen Zweige die Windschutzscheibe. Kristina fährt weiter und die Zweige geben eine neue Kurve frei, mit weiteren Bäumen, älteren und größeren als jenen unten an der Landstraße.

Das ist ja richtig verwunschen hier, Jeff.

Sag das nicht zu Mies. Er fängt bestimmt gleich an zu schimpfen, weil die Bäume hätten geschnitten werden müssen. Na ja, ganz unrecht hat er nicht. Ma und Forscher kümmern sich wirklich nicht besonders um den Garten. Ma ist ja auch fast nie da.

Das, was Jeffrey als »Garten« bezeichnet hat, scheint ein Gelände zu sein, so groß, dass man darauf eine ganze Schrebergartensiedlung bauen könnte. Wenn bei ihr zu Hause vom »Garten« die Rede ist, meinen alle die kleine Hütte von Tante Elisabeth, genannt Tante Elli, der Schwester ihrer Mutter. Es ist eher ein Verschlag, nicht größer als fünfzehn Quadratmeter, mit einem Streifen Beet davor und einem zweiten Streifen Rasen, kaum breiter als ein Fensterbrett. Darauf wartet Tante Elli immer auf sie und liegt solange auf ihrem geliebten Liegestuhl. Dann wird der Tisch aufgeklappt und sie essen dort an Sonntagnachmittagen im Juni Erdbeerkuchen und an Spätsommerabenden Kartoffelsalat mit Grillwürstchen. Alle in der Familie lieben die Besuche bei Tante Elli. Doch das muss sie ja gleich niemandem verraten, zum Glück hat sie das Kittelkleid dabei.

Kristina nimmt oben die letzte Runde und hält auf eine Garage zu, vor der bereits mehrere Autos parken. Jeffrey wirkt irritiert, als ein korpulenter Mann in einen Wagen steigt. Das Fahrzeug ist vor die anderen geparkt. Im Unterschied zu den meisten ist es ein recht langweiliges Modell, ein weißer VW Passat. Der Mann wendet und fährt an ihnen vorbei den Hangweg hinunter.

Da sie es dem Passat nicht nachtun und beim Parken jemanden blockieren will, legt sie den Rückwärtsgang ein, rollt ein paar Meter hinunter und parkt den Corsa unterhalb der Kuppe bei der letzten Biege, mit den Reifen auf der Beifahrerseite im breiten, flachen Rasen. Sie steigen aus und lassen für den Moment ihr Gepäck im Kofferraum, nur ihre Handtasche und das Geschenk für Jeffreys Eltern nimmt sie mit.

Als sie zu Fuß auf der Kuppe anlangen, entdeckt sie beim Haus einen jungen Mann mit dichten braunen Locken, einer energischen Nase und einem männlichen Kinn. Er steht zwischen Haus und Garage und zählt mit flammendem Blick Geldscheine in sein Portemonnaie. Ihr Erscheinen bemerkt er offenbar nicht. Sofort weiß sie, dass das Mies sein muss. Er ist etwas kleiner als Jeffrey, aber in etwa gleich alt.

Geh schon mal vor, ich komme gleich, sagt sie und bleibt stehen.

Jeffrey stutzt, da sie jedoch zur Bekräftigung nickt, zuckt er mit den Schultern und läuft Mies entgegen. Besser so, denkt sie. Nachdem Jeffrey vorhin im Auto erwähnt hat, dass Mies womöglich gar nicht zur Familienfeier erschienen wäre, wenn er wüsste, dass Jeffrey sie im Schlepptau hat, kann es nicht schaden, wenn die beiden Brüder eine ruhige Minute für sich haben. Kristina hat keine Eile. Sie setzt sich in den Rasen, lässt den großen Garten auf sich wirken und wartet in Ruhe, wie es weitergeht. Aus der Entfernung verfolgt sie, wie sich die beiden Brüder umarmen.

Weißt du, wer das gerade gewesen ist?, hört sie mit einem Ohr Jeffrey fragen.

Little Bro, ich könnte explodieren! Du glaubst es nicht – der Gerichtsvollzieher!

Was?

Die Bußgeldbescheide! Die Radarfalle unten, Ma sammelt sie und tut nichts! Sie liegen vorne im Postkörbchen und fangen Staub. Genau wie die Mahnungen. Sie ignoriert das. Zum Glück hatte ich fürs Wochenende einiges dabei. Jetzt bin ich so gut wie blank. Ma ist manchmal …

Jeffrey dreht sich um und winkt ihr, sie steht auf und schlendert auf die beiden zu. Mies unterbricht sich und schaut sie mit großen Augen an.

Mies, sagt Jeffrey, Kristina, jetzt lernt ihr euch endlich kennen!

Mies wird puterrot im Gesicht. Jeff, sagt er tonlos, das war nicht dein Ernst, oder? Du fragst mich nach diesem Besucher, während deine Freundin neben uns steht? Das ist ja allerliebst. Dann schenkt er ihr einen festen Händedruck. Er lächelt formvollendet, seine Augen blicken jedoch kühl. Willkommen im Allgäu. Ich bin Mies. Ich entschuldige mich für den Vorfall. Es wäre mir sehr recht, wir könnten das sofort wieder vergessen.

Ohne ihre Antwort abzuwarten, dreht er sich brüsk um und geht zurück ins Haus.

Tja, sagt Jeffrey. Immerhin kennst du schon einen aus der Truppe. Lass uns reingehen.

Er wirkt ratlos, irgendwie scheint er sich seine Überraschung anders vorgestellt zu haben.

Sie ist noch nie in einem so großzügigen und gleichzeitig so gemütlichen Wohnzimmer gewesen. Wände und Böden sind aus Holz, auf den Dielen liegen große Teppiche. Perser in einem verwaschenen, anheimelnden, warmen Rot, ohne die üblichen kleinteiligen Verzierungen. Zwei große Sitzgruppen beherrschen den lichtdurchfluteten Raum, der auf eine Terrasse führt. Diejenige nahe den Terrassentüren ist mit einem dunkelgelben Leinenstoff bezogen, mit einem Rautenmuster, das die Farbe von heller Vanillemilch hat. Hohe Schränke an den Wänden, die ziemlich alt sein müssen. Dazwischen eine massiv hölzerne, gleichfalls alte Regalwand, deren Vorderfront verglast ist. Dahinter stehen Unmengen von Büchern.

Sie streift die Rücken von Belletristik, Reiseführern und Kunstbildbänden. Ihr Mitbringsel ist also gut gewählt. Manchmal werden die Buchreihen von bronzenen Kleinskulpturen unterbrochen, die wie grob gespachtelt wirken. Eine fällt ihr sofort auf, die Skulptur ist ausgesprochen schön. Es ist ein sitzender Mann, der das Kinn in eine Hand gestützt hat und nachzudenken scheint.

Es ist leider kein echter Rodin, nur eine Miniaturkopie, sagt eine Stimme hinter ihr. Ein warmer Atem streift ihren Nacken. Wir wissen nicht einmal, von wem. Aber wir mögen sie trotzdem. Aus der Familie meines Mannes.

Die Stimme gehört einer Frau in mittleren Jahren, es ist eine angenehme, rauchige Altstimme, deren Klang an große alte Kirchenglocken erinnert.

Ma, das ist Kristina, Kristina, meine Mutter Marianne. Jeffrey ist neben sie getreten und steht abwartend da, während sie einander die Hände schütteln.

Na, das ist ja eine Überraschung! Wie schön, Sie kennenzulernen, Kristina. Und da dachte ich schon, dass meine Söhne ihr Privatleben wohl für immer vor ihrer neugierigen Mutter geheim halten wollen. Ich freue mich sehr!

Herzlichen Dank, dass ich hier sein darf. Ich hätte gern vorher gefragt, ob es Ihnen überhaupt recht ist …

Es sollte eine Überraschung für euch sein, Ma, sagt Jeffrey und sein Grinsen wächst in Richtung beider Ohren. Du weißt, Forscher ist so schwer zu beschenken. Ich dachte, vielleicht gelingt es mir ja doch – ein einziges Mal! Die Gelegenheit konnte ich mir nicht entgehen lassen, oder?

Ja, also dann, fühlen Sie sich wie zu Hause. Jeffrey wird Ihnen alles zeigen. Gleich wollen wir alle Kaffee trinken und auch sonst – wenn Sie etwas aus der Küche brauchen, bitte, jederzeit. Sie ist hier unten, gleich hinten links. Bedienen Sie sich. Und Jeffrey, du holst Kristina ein paar Handtücher? Na, das werdet ihr zwei schon erledigen. Sie können das Bad im ersten Stock benutzen, rechts vom Treppenaufgang. Da müssen Sie nicht befürchten, dass jemand von uns auf einmal im Türrahmen steht.

Marianne Holzrichter ist ausgesprochen liebenswürdig und dennoch wird Kristina das Gefühl nicht los, dass es irgendetwas gibt, das auch ihr an der heutigen Überraschung quer im Magen liegt. Wenn ihr Bauchgefühl stimmen sollte, weiß es Jeffreys Mutter gut zu überspielen.

Forscher, komm mal für einen Moment herunter, wir haben

Besuch, ruft sie jetzt halb über die Schulter zum Treppenhaus hinter ihnen. Ach, ich fürchte, er hat uns wieder einmal nicht gehört, sagt sie und wendet sich zu ihnen um. Das Arbeitszimmer meines Mannes ist oben, müssen Sie wissen. Ich werde mal nach ihm schauen. Man muss meistens ordentlich an seiner Tür rütteln, um ihn von seinen Büchern loszueisen.

In diesem Moment treten Mies und eine junge Frau ins Wohnzimmer.

Dann habt ihr jungen Leute ja Gelegenheit, euch miteinander bekannt zu machen, fügt Jeffreys Mutter, schon halb im Gehen, lächelnd hinzu. Mein zweiter Sohn Mies und meine Tochter Senta. Auch gerade erst eingetroffen. Senta-Liebes, schau mal, Jeffrey hat uns jemanden mitgebracht. Sie fasst Jeffrey und Kristina sanft an den Oberarmen, streichelt sie kurz und lässt sie los, um mit schnellem Schritt ins Treppenhaus zu laufen.

Vor Kristina steht Jeffreys Schwester, die fraglos sehr elegant ist. Sie trägt ein Kittelkleid aus feinem Leinen.

Zum Glück ist es taubenblau.

Eine Stunde später sitzen sie alle an einer Tafel, die keine Wünsche offenlässt. Neben Kaffee und schwarzem Tee gibt es eine große Karaffe mit Holunderschorle, dazu Bienenstich und eine Biskuitrolle mit Waldbeerenfüllung. Und dann ist da noch eine große, geheimnisvoll geschlossene Schüssel, deren Deckel wie all das übrige Geschirr Goldrand trägt und sehr alt und kostbar aussieht.

Neben Marianne, Mies und Senta hat sie mittlerweile Forscher und Flocke kennengelernt, obwohl jenseits eines Hallos bislang kaum Gelegenheit war, mit Jeffreys jüngerer Schwester ins Gespräch zu kommen. Senta und Flocke begegnen ihr mit Neugier, scheinen jedoch gleichzeitig stark mit sich selbst beschäftigt zu sein.

Bei Senta ist der Grund offensichtlich. Immerzu schaut sie nach ihrem Kind, das vorhin viel geschrien hat. Als sie alle den Kuchen und die Getränke von der Küche ins Wohnzimmer gebracht haben, hat Senta nebenher Marianne von einem Au-pair erzählt, das Milena heißt und sich um Ian kümmert, wenn Senta arbeitet. Jeffreys Mutter folgte diesem Bericht mit Interesse, aber Kristina bezog sie in das Gespräch nicht ein. So hat sie schnell einen höflich bewundernden Blick auf Jeffreys Neffen geworfen und sich dann in eine Ecke des großen gelben Sofas mit den Rauten aus Vanillemilch gesetzt. Wenigstens sieht ihr Kittelkleid in dem blassen Creme darauf großartig aus. Alles ist genauso, wie sie es vermutet hat. Sie braucht nur abzuwarten, dass der Nachmittag und irgendwann das Wochenende vorbeigehen.

Immerhin, Jeffreys Vater scheint keine Vorbehalte ihr gegenüber zu hegen. Er hat ihr ein Glas Sekt angeboten und ihren Besuch mit einem Lächeln zur Kenntnis genommen, als wäre ihr Erscheinen das Normalste der Welt. Insgesamt vermittelt er den Eindruck, als wäre dieses Wochenende gar nicht die Feier zu seinem Geburtstag, sondern eine große Party seiner Kinder, die ihre Freunde im Schlepptau haben. Als wäre sie ein Teil davon, obwohl sie die Einzige ist.

Na, das ist ja ein schöner Trubel heute, sagt er und reicht ihr das Glas. Prima, dass Sie da sind. Meine Frau und ich können etwas Leben hier gebrauchen. Das Haus ist mittlerweile recht leer geworden, fügt er ohne Anflug von Ironie hinzu und stößt mit ihr an. Er dürfe darüber aber nicht vergessen, er lächelt und bittet um Verständnis, dass er sich nach dem Kaffee gleich kurz zurückziehen müsse. Er sei vorhin nicht fertig geworden. Womit, das lässt er offen.

Ihre Ernüchterung verstärkt sich wieder, als sie Flocke neben dem Kuchen und den Getränken stehen sieht, wie sie Forscher und sie mit Blicken streift und mit einem Gesichtsausdruck zur Küche guckt, als wollte sie sich vergewissern, dass Kristinas Anwesenheit wirklich kein Problem aufwirft. Sie hat es ja bereits heute Mittag bei der Abfahrt gewusst, bevor sie Jeffrey abgeholt hat, sie kann hier nur stören.

Schaut mal, ihr Lieben, ruft Marianne und hebt stolz den Terrinendeckel. Ich habe für euch etwas gemacht, das ich in

Großmamas Rezeptbüchlein gefunden habe. Zwetschgenknödel! Es sind Früchte aus der Region, zum Glück ist Erntezeit. Versuchen wir doch, auf Importiertes so weit es geht zu verzichten. Wobei die Kakaostreusel in dem Schälchen meine Idee sind. – Klassisch isst man Zwetschgenknödel nur mit Zimt, fügt sie zu Kristina gewandt fröhlich hinzu. Doch wie ich meine Kinder kenne, wollen die etwas Vanillesoße. Na, ihr nehmt euch. Forscher, es tut mir leid, ich weiß, du machst dir nicht viel aus Süßem, dein Geburtstag ist ja auch erst morgen. Und heute, dachte ich, bekommen die Kinder und ich eine richtig schöne Kaffeetafel. Heute Abend wird es zum Ausgleich herzhaft. Eine gute Grundlage, die wir später vielleicht noch gebrauchen können.

Ach, warum denn, Ma?, fragt Mies und reicht ihr seinen Teller, da sie ihn fragend anschaut, die Kelle schon in der Hand. Willst du uns mästen?

Er schneidet Kristina unverblümt. Unwillkürlich muss sie an seinen Satz vorhin denken, den einzigen, den er bisher an sie gerichtet hat.

Es wäre mir sehr recht, wir könnten das sofort wieder vergessen.

Natürlich hat er mit dem, was sie alle vergessen sollen, eigentlich sie gemeint – ihre Anwesenheit.

Aber nein, sagt Marianne. Ihr wisst ja, wie gern ich koche, wenn ich meine Küche mal wiederhabe. Und ich habe einen guten Grund, mich auszutoben. Nach dem Abendessen möchte ich etwas mit euch bereden, wenn ihr alle schon mal da seid. Und eine gute Grundlage kann da nicht schaden.

Dabei guckt sie zu Flocke, die den Blick beantwortet und schon zu wissen scheint, worum es später gehen wird. Herrje, denkt sie. Jeffrey fängt ihren Blick auf und schüttelt unmerklich den Kopf.

Kristina …?

Sie schreckt auf und sieht zu Jeffreys Mutter, auf deren Kelle ein weiterer dampfender Zwetschgenknödel ruht. Heiter wartet Marianne Holzrichter, dass sie ihr ihren Teller gibt.

Oder möchten Sie lieber keinen? Entschuldigen Sie, ich hätte Ihnen zuallererst anbieten sollen. Mies ist solch ein guter Abnehmer meiner Küche, da habe ich ihm aus Gewohnheit aufgetan. Sie sehen es mir hoffentlich nach, wenn wir heute ganz zwanglos sind. Trauen Sie sich bitte. Ich weiß, das sind viele Kalorien, aber diese Knödel müssen Sie probieren …

Ich werde nach dem Abendessen aufbrechen, Jeff, sagt sie, als sie nach dem Kaffeetrinken kurz zu zweit sind. Wenn eure Mutter mit euch etwas zu besprechen hat … Du fährst am Sonntag mit dem Zug zurück oder ich hole dich ab, wie du willst. Ist das okay für dich?

Nein, wie kommst du darauf? Waren denn nicht alle nett zu dir?

Das schon, aber …

Er schaut besorgt und ein wenig enttäuscht und es bricht ihr fast das Herz. Wenn sie nachher heimreist, wird ein Nachgeschmack bleiben, zumindest wird sie ihm das Wochenende verderben.

Und du bist dir sicher, Jeff, dass du mich die ganze Zeit dabeihaben willst? Mies hat kaum einen Satz zu mir gesagt.

Jeffrey steht auf, geht hinter sie und legt die Hände auf ihre Schultern, die er sanft knetet. Der Vorfall bei unserer Ankunft, das war mein Fehler. Ich habe ihn gefragt, wer das gewesen ist, bevor ich euch überhaupt einander vorgestellt habe. Mies ist manchmal so förmlich, weißt du? Als würde er sechshundert Jahre Familiengeschichte persönlich repräsentieren. Noch sieht er in dir eine Außenstehende und er oder besser gesagt wir alle haben uns in seinen Augen nach Strich und Faden vor dir blamiert. Das kann er Ma nicht verzeihen und mir erst recht nicht, vor allem jedoch nicht sich selbst, weil du es gesehen hast. Dabei sind es nur diese dummen Bußgeldbescheide, an die hier keiner denkt. Ich habe es Ma bestimmt hundertmal gesagt, dass sie sich angewöhnen soll, da unten zu bremsen. Doch sie ist wie ein kleines Kind. Vollkommen störrisch.

Das weiß ich, Jeff. Du kannst nichts dafür. Mies ebenso wenig.

Gib ihm eine zweite Chance, Kris, bitte. Ich ... wir kriegen das hin.

Nach dem Abendessen, einem Wildragout, bei dem Marianne einen Schuss südafrikanischen Rotwein an die Soße gegeben hat, nehmen sie auf ihre Bitte hin alle auf dem großen Sofa mit dem gelben Bezug und in den Sesseln Platz. Die Sitzgruppe ist tatsächlich so geräumig, dass sie es alle bequem haben.

Nun, sagt Marianne und dreht ein Weinglas in der Hand. Bitte, wer möchte, die Soße zum Wild hat euch ja offenbar geschmeckt. Das ist der hier, ein »Malbec« aus Franschhoek, bei mir um die Ecke. Ein wirklich guter Tropfen. Ich hoffe, wer ihn probiert, wird noch mehr Lust bekommen, mich da unten einmal zu besuchen. Den Tafelberg muss man erlebt haben, der Blick lässt sich nicht beschreiben. Nur habt ihr alle so schrecklich viel zu tun, das ist mir klar. Ich dort unten auch und, nun ja, gerade deshalb müssen wir wohl etwas miteinander besprechen.

Sie schauen sie gebannt an, Marianne dreht noch immer ihr Weinglas.

Wir müssen heute nichts beschließen, das können wir ebenso gut morgen tun oder erst am Sonntag, bevor ihr wieder fahrt. Jeder soll Gelegenheit haben, es für eine Nacht zu überschlafen. Kurz, ich bin froh, dass ihr schon eingetrudelt seid und wir an diesem Wochenende etwas Zeit miteinander verbringen. Ganz gemütlich. Zumal Forscher morgen Geburtstag hat.

Du machst es aber spannend, sagt Senta.

Wir sehen uns nur noch selten und da möchte ich es nicht verschieben und ich kann das ehrlich gesagt auch gar nicht. Denn ich muss der Bank Anfang der Woche Bescheid sagen.

Mies bekommt große Augen.

Ma, wenn es um Geld geht, sagt er, ohne die Stimme zu heben. Bitte, wir haben Besuch.

Ja ... Marianne rutscht auf die Kante des Sessels, dreht erneut das Weinglas und schaut zum Fenster. Das war tatsächlich etwas überraschend, selbst für mich. Bitte verstehen Sie mich nicht falsch, Kristina, wir alle freuen uns sehr, ich ganz besonders.

Die Partner meiner Kinder sind jederzeit bei uns willkommen! Nichts anderes habe ich mir gewünscht, als Ian auf die Welt gekommen ist und wir alle gefeiert haben, dass unsere Runde nach und nach immer größer wird, ihr wisst das. Also, Kristina, ich möchte mit Ihnen auf euch anstoßen, auf Jeffrey und Sie – ihr seid solch ein schönes Paar! Fühlen Sie sich wie zu Hause!

Danke. Wenn Sie etwas bereden möchten, das verstehe ich doch. Ich gehe nach oben und lese etwas, beeilt sich Kristina zu sagen. Ich habe …

Wenn ihr einverstanden seid, wäre mein Wunsch, dass Kristina bleibt, sagt Jeffrey plötzlich mit fester Stimme und schiebt die Hand in ihren Rücken. Kristina und ich sind zusammen. Was ich hören soll, kann Kristina auch hören.

Wenn das so ist … Marianne holt tief Luft und sieht sie der Reihe nach an, Kristina eingeschlossen. Dabei blinzeln ihre Augen voller Herzlichkeit. Nennen Sie mich bitte Ma, Kristina. Und lassen wir das Sie und duzen wir uns. Wenn Sie einverstanden sind.

Danke, vielen Dank, Ma. Das ist … Ich weiß gar nicht, was ich sagen soll.

Aber bitte. Dann mal in medias res, nicht wahr? Forscher und Flocke wissen bereits, was passiert ist. Forscher ist selbst dabei gewesen, als er mich unten besucht hat, und Flocke habe ich es gestern erzählt. Ich kann meiner jüngsten Tochter offenbar nichts lange verheimlichen. Ma lächelt und prostet Flocke mit ihrem Glas zu. Kurzum, in Kapstadt ist mein Wagen in Brand gesetzt worden.

Senta reißt die Augen auf.

Ma hebt beschwichtigend die Hand. Wahrscheinlich war es nur ein dummer Jungenstreich, Vandalismus. Nicht alle in den Townships sehen es gern, wenn ein Weißer in ihren Vierteln unterwegs ist oder in Gegenden, die sie für sich reklamieren. Sie trinkt einen Schluck. Allerdings besteht die Möglichkeit, dass der Brandstifter tatsächlich mich gemeint hat – und meine Firma, die CWC. Dann war es eine Warnung. Denn zur gleichen Zeit schob jemand in dem Haus, das ich gemietet habe, einen Zettel unter die Tür. Darauf stand *KEEP OUT*. Forscher fand ihn am Morgen. Und ein Stein ist in derselben Nacht durch ein Fenster meines Büros geworfen worden.

Ihr seht, jemand hat es auf eure Mutter abgesehen, sagt Forscher sachlich und schenkt ihnen nach.

Na ja, bevor ihr euch Sorgen macht, fügt Ma hinzu und drückt beide Hände auf ihre Oberschenkel, dazu besteht kein Grund. Es ist alles veranlasst. Mein Büro zieht um und auch ich ziehe um. Von nun an bin ich nur noch in Häusern mit Wachschutz rund um die Uhr. Und ich benutze einen Fahrdienst. Niemand wird wissen, welchen Wagen ich nehme. Für Alaska, die mir dort unten hilft, gilt das ebenfalls.

Eure Mutter ist nämlich so verrückt, nicht sofort aufgeben zu wollen, sagt Forscher. Nur für den Fall, dass ihr das Gleiche gedacht habt wie ich, in dem Moment, als ich den Zettel gefunden habe.

Stimmt, so schnell gebe ich mich nicht geschlagen. Würdet ihr das tun? Denkt daran, was ich investiert habe. Außerdem ist es eine Goldgrube. Solch eine Gelegenheit kriege ich wahrscheinlich nicht noch einmal. Ihr kennt unsere Familiengeschichte – ein Auritter gibt nicht auf. Ein paar Scherben lassen sich schnell zusammenkehren. Da haben unsere Vorfahren ganz andere Hindernisse überwunden.

Deine Vorfahren, murmelt Forscher, doch niemand achtet mehr sonderlich auf ihn, sie hören gebannt zu und selbst Mies scheint Kristinas Gegenwart vergessen zu haben.

Ma, wer hat dich denn auf dem Kieker?

Das, Mies, ist die Frage. Die Spurensicherung hat nichts ergeben und auch sonst ist die Polizei keine große Hilfe. Mir ist nichts passiert und die haben andere Probleme, als sich um eine Europäerin zu sorgen, die ein bisschen schikaniert wird. Obwohl meine Wetlands unbestritten eine große Bedeutung für Südafrika haben.

Dann sollten sie sich erst recht der Sache annehmen, sagt Mies.

Nun ja, das Land ist überfordert. Das ist einer der Gründe,

warum es solchen Spaß macht, dort unten aktiv zu sein. Man kann da noch etwas bewegen. Also werde ich mich selbst darum kümmern, dass das so bleibt. Sie sitzt neben Senta und legt die Hand auf deren Unterarm. Selbst mein Umfeld rätselt, wer mich aufs Korn nimmt. Es wollen alle sauberes Wasser – die Gemeinden, die Menschen und sogar die Minenbetreiber.

Senta schüttelt den Kopf.

Meine Wetlands sind naturnahe Technologie und man kann sie schnell und günstig bauen. Das, was die Wasser Südwest entwickelt hat, ist ein Geschenk. Selbst die Nachbarländer sind erleichtert und interessieren sich für das, was wir tun. Dekantierende Krater würden den Incomati belasten. Das ist ein Fluss, der von Südafrika bis in den Indischen Ozean fließt. Sozusagen die Donau Afrikas.

Ma macht eine Pause und blickt wieder durch das Fenster, als ließe sich irgendwo eine Horizontlinie erkennen. Niemand sagt ein Wort.

Wie soll ich euch da erklären, wer Steine in mein Fenster wirft? Es kann nicht einmal Hass auf die weiße Europäerin sein. Die Gelder fließen meiner Firma zu, die CWC ist in Kapstadt registriert. Ich habe Alaska zur Geschäftsführerin gemacht, sie ist Südafrikanerin und Schwarze obendrein. Alle Bedenken, die es geben könnte, habe ich versucht, im Keim zu ersticken. Deswegen tappe ich im Dunkeln. Aber ich erfahre auch viel Unterstützung, fährt Ma fort. Und deshalb wäre es falsch, aufzugeben – ich würde die Menschen, die auf mich gesetzt haben, im Stich lassen.

Ma, tu, was du tust, nur bitte keine Ausreden, sagt Forscher.

Nun gut. Zu einem Teil hat Forscher recht, da ist noch etwas anderes. Wisst ihr, das Ganze erinnert mich an unsere Vorfahren, zur Zeit der Napoleonischen Kriege. Auch da war einer auf den anderen angewiesen und sie haben nicht aufgegeben. Damals haben sie eine Allianz gegen Napoleon geschmiedet und konnten sich aufeinander verlassen. Ich habe ebenfalls Koalitionäre. Da ist nicht nur mein Team um Alaska. Okereke zum Beispiel ist ein versierter Berater und bis in hohe Regierungskreise gut vernetzt. Und schließlich habe ich die Wasser Südwest im Rücken und damit den besten Dienstleister, den ich mir für den Bau meiner Wetlands wünschen kann. Und so bin ich zu dem Entschluss gelangt, weiterzumachen.

Sie holt Luft, steht auf und tritt hinter das Sofa, wo sie ihre Hände auf Flockes Schultern legt, nicht viel anders, als es Jeffrey vorhin bei Kristina getan hat. Ist das bei ihnen eine Familienangewohnheit, wenn es um schwierige Themen geht?

Und jetzt kommt ihr ins Spiel. Denn bislang habe ich bei der Bank nur meine Konten und mein Depot als Sicherheit einsetzen müssen. Durch die Vorkommnisse von vor zwei Wochen sehe ich die Notwendigkeit, meine Baustellen besser zu schützen. Und das zieht leider einen ganzen Rattenschwanz nach sich. Ein Zaun ist schnell aufgestellt, eine gute Baustellensicherung im Niemandsland dagegen aufwendig. Ich brauche dafür Wachpersonal und das muss irgendwo unterkommen und es muss essen. Dort, wo ich baue, steht nichts.

Was heißt das?, fragt Jeffrey.

Jeden Schlafcontainer muss ich erst antransportieren lassen. Menschen brauchen Strom, deshalb muss ich für jede Menge Aggregate sorgen. Die Container müssen beheizt werden, denn in den Bergen wird es nachts kalt. Wachschutz allein wird nicht reichen. Ich muss die Baustellengebiete weiträumig absperren und benötige technische Überwachung mit Videokameras und dem ganzen Drum und Dran. All das kostet. Daher brauche ich mehr Kredit und ja, auch deswegen bin ich jetzt mit Forscher zurückgekommen. Ich musste mit meiner Bank sprechen und das habe ich getan. Es gäbe einen Weg. Sie würden mir zusätzlichen Kredit geben. Allerdings … Sie hebt die Hände und lässt sie sanft wieder auf Flockes Schultern sinken, wo ihre Finger Flockes Schlüsselbeine kneten. Allerdings unter einer Bedingung, fügt sie hinzu. Sie wollen eine weitere Sicherheit von mir. Die Burg.

Die Burg!

Senta und Mies rufen wie aus einem Mund. Nur im Tonfall unterscheiden sie sich. Während Senta – beinahe ungläubig – die

Stimme hebt, ist es bei Mies eine Frage mit einem Ausrufezeichen, als hätte Ma auf ein Haus mit flammendem Dachstuhl gezeigt.

Ihr habt recht, zu fragen. Aber es ist so, dass ich im Grundbuch stehe und die Burg als Immobilie unbelastet ist. Daher kommt sie als Sicherheit in Betracht. Das Haupthaus wurde ja durch den Brand 1945 zerstört. Aber das Wasserhaus gibt es noch. Sie sieht sie alle der Reihe nach an. Die Bank plant für den Fall, dass sie die Sicherheit verwerten müsste, das Wasserhaus umzubauen, und will dort Wohnungen einziehen.

Wie bitte?

Äußerlich würde das Wasserhaus weitgehend unverändert bleiben, Mies. Was den Einbau von Fenstern betrifft, würde sich die Bank mit dem Denkmalschutz einigen müssen, aber sie nehmen an, dass sich da ein Kompromiss finden lässt. Sie kalkulieren mit zehn Wohnungen. Das Volumen der Mauern gäbe das tatsächlich her.

Zehn Wohnungen?, ruft Flocke erschrocken. Doch so viele? Das werden ja viele Fremde auf unserer Burg.

Flocke, ihr Lieben, dabei handelt es sich nur um einen theoretischen Fall. Sobald die CWC die ersten Gewinne abwirft, kann ich die Kreditlinie zurückführen und die Sicherungsgrundschuld für die Bank wird gelöscht. Ich werde euch die Burg vermachen können, wie es immer geplant war – selbstverständlich unbelastet.

Sofern die erwarteten Gewinne fließen, sagt Mies. Du willst im Ernst unser Familienerbe für so ein spekulatives Projekt aufs Spiel setzen?

Ich will das nicht, Mies, es ist eine Notlösung und nur vorübergehender Natur. Im Übrigen, ich spekuliere nicht, mein Geschäft mit den Kläranlagen ist bombensicher. Es gibt mehrere Gutachten, die das belegen. Ich kann sie euch jederzeit zeigen, wenn ihr das wollt. Wir haben inzwischen schon erste Erfahrungen gemacht. Alaska und ich wirtschaften auf eigene Rechnung und sämtliche Aufträge werden erfolgreich abgearbeitet. Dennoch gehe ich den Schritt mit der Burg nur, wenn ihr zustimmt. Deswegen reden wir darüber. Wenn ihr Nein sagt, rufe ich am Montag die Bank an und teile ihr mit, dass wir uns anders entschieden haben. Dann bleibt alles so, wie es ist. Freilich wäre das das Aus für mein Wasserprojekt.

Soweit es mich betrifft, will ich nicht, dass du aufgibst, sagt Flocke. Sie legt ihrerseits die Hand auf die ihrer Mutter. Deine Kläranlagen sorgen für sauberes Wasser. Ohne das würde es am Incomati bald überall so aussehen wie am Dong. Die Wildtiere würden eingehen. Und überhaupt, Wasser gehört allen. Ich brauche nicht bis morgen zu warten. Meine Stimme kann ich dir jetzt schon geben.

Das ist sehr lieb von dir, Flocke. Aber gönnt euch ruhig alle eine Nacht, es zu überschlafen. Es ist unsere Burg, die meiner Vorfahren, die eines Tages euch gehören wird. Wir müssen heute Abend nichts überstürzen.

Du sagst, dein Geschäft sei bombensicher, sagt Senta. Und was ist, wenn doch eine deiner Baustellen sabotiert wird, trotz aller Vorsichtsmaßnahmen?

Ja, fragt Mies, was dann?

Ma seufzt. Was dann? Was ist, wenn morgen ein Tornado kommt? Wenn Südafrika alle Farmer enteignet? Es gibt immer ein Wenn. So darf man nicht denken. Lasst uns mit etwas mehr Optimismus in die Zukunft schauen. Euer Vater und ich sind in unserem Leben immer mit Zuversicht an die Dinge rangegangen.

Alle schauen zu Forscher.

Soll ich euch etwas sagen? Wir sind mit dieser Einstellung sehr gut gefahren. Ich habe eine Regenschirmfabrik umgebaut – habt ihr das schon vergessen? Mein »Cherbourg«, wie ihr es immer genannt habt. Wusste ich damals, was auf mich zukommen würde? All die Streitereien mit dem Denkmalschutz und später die Sache mit der Elektrik, die nicht funktioniert hat? Und keiner hat mir sagen können, warum – ach, einfach alles. Nein, das wusste ich nicht. Habe ich es geschafft? Ja. Am Ende zählt nur das Ergebnis. Wenn man guten Mutes ist, gelingen die Dinge auch.

Eure Mutter hat gut gesprochen. Und es ist tatsächlich so, etwas Optimismus gehört im Leben dazu, sagt Forscher. Er ist es, der nun das Weinglas in den Händen dreht, dann nimmt er einen Schluck und setzt es entschieden ab. Damit wir uns nicht falsch verstehen, es ist eure Entscheidung – die von Ma und von euch Kindern. Es ist eure Burg. Daher werde ich mich morgen enthalten. Ich verhehle nicht, dass ich in gewisser Weise erleichtert wäre, wenn es morgen im Familienrat zu einem Nein kommen würde und ihr der Bank die Burg nicht gebt. Denn ich möchte mir nicht immerzu Sorgen um eure Mutter machen.

Ma lächelt matt.

Ich habe mir, offen gesagt, die Jahre, in denen ihr Kinder aus dem Haus seid, anders vorgestellt – weniger einsam, aber auch weniger turbulent. Meine Sorgen werden sich nicht in Luft auflösen, nur weil Ma ein neues Büro bezieht. Noch haben wir nicht den geringsten Anhaltspunkt, wer hinter dem Brandanschlag steckt und hinter dem Brief und dem Stein. Diese Botschaften sind unmissverständlich, leugnen wir also nicht die Tatsachen. Ich sehe es nicht gern, wenn meine Frau in Gefahr ist.

Ma will etwas einwerfen, diesmal ist es Forscher, der sie mit einer entschiedenen Geste zurückweist.

Ich weiß, was du sagen wirst, Ma. Dass du einen Fahrservice in Anspruch nimmst und so weiter. Es stellt sich allerdings die gleiche Frage wie bei deinen Baustellen. Was, wenn all diese Vorsichtsmaßnahmen nicht ausreichen, wenn dein Wachschutz einmal ausfällt? Einen Verlust bei deinen Gewinnen könnte ich verschmerzen und ich denke, wir alle. Nur was ist, wenn wir in Bezug auf dich irgendetwas übersehen und der Täter am Ende schneller ist als wir?

Rund um das Sofa breitet sich Schweigen aus. Plötzlich lacht Ma.

Es ist kaum zu glauben, denkt Kristina, ein befreites, vollkommen heiteres Lachen.

Darf ich euch mal etwas fragen? Als Moreau zurück nach Europa gekommen ist, meint ihr, er hat da dem Zaren als Erstes die Frage gestellt, ob sein Zelt rund um die Uhr bewacht wird? Oder denkt an den Generalmajor, der gen Paris gerückt ist, um die Stadt von Napoleon zu befreien. Hat er verlangt, dass sie erst die Pontonbrücken testen, ehe er es wagt, über den Rhein zu reiten? Ihr seid solche Angsthasen! Pardon, wenn ich das sage, Forscher, doch ich erkenne mich in dem, was du sagst, nicht wieder.

Er schweigt.

Meine Familie ist aus festerem Holz geschnitzt. Und was die Burg betrifft, wir verdanken sie meinem Urahn, dem Au-ritter – wir verdanken sie seinem Mut! Sein Blut fließt in meinen Adern. Ab und zu braucht es eine Portion Chuzpe. Wie würde er heute entscheiden, an unserer Stelle? Darum geht es im Leben, die Chancen am Schopf zu packen. Wir brauchen uns nur daran zu erinnern, woher wir kommen. Schau, da hast du meinen Kompass.

Tja, sagt Forscher und eine gewisse Enttäuschung liegt in seiner Stimme. Was soll man dazu sagen? Es ist dein Recht, über deine Burg zu entscheiden und darüber, wie es in Afrika weitergehen soll. Es waren schon immer deine Projekte, also ist es eure Entscheidung. Und jetzt, fügt er hinzu und steht auf, ist es für einen älteren Herrn an der Zeit, sich zurückzuziehen. Meine Kinder werden mich bei unserem charmanten Besuch sicherlich gut vertreten. Kristina, es war mir eine Freude. Wenn ihr den Abend gleich ausklingen lasst, bitte, meinetwegen braucht niemand besonders leise zu sein. Ich habe einen festen Schlaf. Gute Nacht allerseits.

Ich gehe auch, sagt Senta und erhebt sich. Es wird Zeit, dass ich mal nach Ian sehe, auch wenn es auf dem Babyfon still ist.

Wenn das ein allgemeiner Aufbruch ist, schließe ich mich an. Mies räuspert sich. Das waren ja ziemliche Neuigkeiten, Ma, und wir alle brauchen wohl ein wenig, um das zu verdauen. Abgesehen davon bin ich von den letzten Tagen in Paris ziemlich geschlaucht. Jeff, Senta, Flocke, er beugt sich kurz und, wie ihr scheint, übertrieben höflich zu ihr hinunter, Kristina, ich wünsche euch eine gute Nacht. Er küsst seine Mutter auf die

Wange. Danke für das Wildragout, Ma. Du hast wieder einmal fantastisch gekocht. Wir sehen uns morgen.

Jeff drückt die Hand fest in ihre Taille. Dann werden wir zwei auch hochgehen. Ma, Flocke, schlaft gut. Und bitte lasst uns morgen das Frühstück für alle machen. Kristina kann mir helfen, wir schaffen das.

Kommt gar nicht infrage, sagt Ma entschieden. Kristina soll bitte ausschlafen. Ihr macht es euch einfach ein bisschen gemütlich, bis ich euch rufe. Flocke ist so lieb und hat sich schon angeboten, zu zweit ist das schnell gerichtet. Ich habe meine schöne Küche richtig vermisst. Ich werde es morgen früh ausgiebig genießen, Forschers Geburtstagsfrühstück mit Großmamas Geschirr einzudecken. Kristina?

Ja, Ma?

Es tut mir leid, dass ich heute kaum Gelegenheit hatte, zu fragen, was du so machst. Das ist nicht unsere Art. Ich wünsche mir sehr, dass uns morgen mehr Zeit dafür bleibt und wir erfahren dürfen, wo deine Leidenschaften liegen. Ich bin wirklich neugierig!

Eine steht ja schon neben mir, Kristina lächelt, ansonsten bin ich Landschaftsbäuerin.

Oh, das ist wunderbar! Dabei fällt mir ein, du hast uns so ein reizendes Geschenk gemacht und ich fürchte, ich habe mich gar nicht richtig bedankt. Schlösser und ihre Gärten, wie passend! Das war sehr aufmerksam von dir und ich glaube, ich möchte den Bildband mit nach Kapstadt nehmen, wenn Forscher einverstanden ist. Dort werde ich ihn in Ruhe lesen.

Sie sind schon halb die Treppe hinaufgegangen, als Ma unten etwas murmelt, mehr zu sich selbst, aber so laut, dass Jeffrey und sie es hören können.

Natürlich nur, sofern man mich fahren lässt. Na, schauen wir mal, morgen ist auch noch ein Tag. Das hat doch immer Scarlett O'Hara gesagt. Ich weiß gar nicht mehr, wann ich das Buch gelesen habe. Ich könnte mal schauen, wo es steht.

Uff, sagt er, als er und Kristina oben in ihrem Zimmer sind.

Er hat sich aufs Bett geworfen und sein langer Körper nimmt es fast zur Gänze ein, zumal wenn er, wie jetzt, das Bett diagonal in Anspruch nimmt. Kristina scheint einen Moment zu überlegen, sich auf einen der beiden Stühle am Fenster zu setzen, entscheidet sich anders und lässt sich langsam auf ihn fallen, dorthin, wo seine Arme sie umfassen. Er spürt ihren Atem, seine Hände spielen an ihrer Taille und bleiben dort still liegen. Im nächsten Augenblick wollen sie damit beginnen, sie auszuziehen, sogar Ma hat darauf angespielt, dass sie es sich hier oben gemütlich machen sollen. Doch von dem, was sie alles gesagt hat, spukt etwas anderes durch seinen Kopf, und so bleiben sie ruhig.

Woran denkst du?, fragt sie.

Du hast es gehört. Forscher wird sich enthalten.

Ja. Und?

Also steht es zwei zu zwei. Er seufzt. Flocke hat ja schon Farbe bekannt, sie und Ma, das macht zwei, die dafür sind, die Burg der Bank zu geben.

Stimmt, das hat Flocke gesagt.

Und dabei wird es bleiben. Das Ganze fällt genau in die Schublade dessen, was sich Flockes Truppe in ihrem Studium auf die Fahnen schreibt. Schau dir nur ihr Praktikum an, sie hätte Mas Projekt ebenso gut aus New York mitbringen können. Wasser für Afrika! Liest sich wie aus einem Maßnahmenbericht der Vereinten Nationen, findest du nicht? Wasser für die Bauern und Wasser für die Elefanten – the circle of life. Flocke kann da gar nicht anders, sie muss dafürstimmen.

Aber?

Es gibt kein Aber, Ma und Flocke haben recht. Wie kann man sein Geld besser ausgeben und was zählt Privateigentum, wenn du die Welt retten kannst! Nur was ist, wenn jemand Mas

Baustellen sabotiert? Du hast Senta gehört. Und Mies ist ihr
sofort beigesprungen.

Du meinst, sie werden gegen Ma stimmen?

Die beiden sind Kapitalisten, Kris. Ich meine das nicht abwertend. Schau dir unsere Familiengeschichte an oder besser
gesagt die von Mas Ahnen. Da ging es schon immer ums Haben
und ums Noch-mehr-haben-Wollen.

Kapitalismus pur.

Genau. Ma braucht sich daher nicht zu wundern, wenn diese
Geschichte wie ein Bumerang zurückkommt und uns um die
Ohren fliegt. Sie selbst ist es ja gewesen, die sie uns von klein
auf eingeflößt hat. Und jetzt? Jetzt sind alle mächtig stolz auf
diese Burg. Ich gewiss am wenigsten, denn es ist nicht mein
Blut. Nur hält die uns ganz schön auf Trab. Und sie hält jeden,
der sich auf sie beruft, eisern fest – sie klammert richtig.

Wenn du zu dieser Familie gehörst, dann gehört diese Burg
auch dazu. Du kannst dir in einer Familie die Rosinen nicht
rauspicken, Jeff.

Ja, das habe ich inzwischen auch begriffen, ganz komme ich
wohl nicht um die Burg herum. Dennoch bleibt es ein Unterschied. Keiner meiner Vorfahren hat je für sie gekämpft. Eine
afrikanische Maske mit einem lachenden Nilpferd bedeutet
mir mehr, Kris, als das ganze Brimborium um den Auritter,
um Moreau und diesen Generalmajor auf seinem Weg nach
Paris. Das Nilpferd gibt mir etwas. Der Auritter tut das nicht.

Er macht eine Pause und seine Hand streicht sanft über ihre
Rückenwirbel. Sie wartet, dass er weiterspricht.

Um mich geht es morgen auch nicht. Hast du vorhin gehört,
welche Vergleiche Ma gezogen hat? Ein paar Scherben lassen
sich schnell zusammenkehren. Jemand wirft ihr mit Absicht ein
Fenster ein und was tut sie? Prompt bringt sie das Turmzimmer ins Spiel, dessen Fenster zu Bruch gegangen sind, damals
in den Napoleonischen Kriegen. Und dann der Hinweis auf
den Auritter und die gute Portion Chuzpe, die es braucht, und
wie er heute wohl entscheiden würde. Also geht es um ihren
Feldzug. Man mag das verstehen oder nicht. Du hast es selbst

gesehen, sogar Forscher kommt nicht dagegen an. Wie das mit den beiden weitergeht, ist sowieso ein Thema für sich.

Du meinst, sie zieht es gegen ihn durch?

Fakt ist, sie will es durchziehen, komme, was da wolle. Eine gewisse Bitterkeit darüber ist bei ihm nicht mehr zu überhören. Von den Sorgen, die wir uns um Ma machen, wenn sie zurückgeht, ganz abgesehen. Sie erlebt gerade ein Revival ihrer Familiengeschichte. Dagegen ist er machtlos, denn die Burggeschichte hat ihre Familie seit jeher geprägt, das ist ihre Identität und beide wissen es. Ma kann gar nicht anders. Sie wird ihren Weg weitergehen.

Senta und Mies, warum sollten sie sich nicht umstimmen lassen? Hängen sie denn so sehr an der Burg? Ich dachte, sie läge weitab vom Schuss. Ihr wart noch nie da, hast du mal gesagt.

Das stimmt, letztlich geht es um etwas anderes. Niemand von uns würde dort je Wohnungen bauen, um die zu verkaufen und Kasse zu machen. Wir würden uns gegen Mas Ahnen versündigen. Frag Mies. Daher wollen wir, dass es so bleibt, wie es ist, damit nie fremde Füße den Boden der Burg betreten. Die von Wanderern gern, aber nicht die von Eigentümern.

Und warum?

Das ist eine lange Geschichte. Muss ich dir mal in Ruhe erzählen.

Sie nickt.

Wer diese Geschichte nicht kennt, wird Ma und Mies nie verstehen. Im Ergebnis heißt das, dass auch Mies morgen nicht anders kann. Er hat wie alle anderen seine Rolle in diesem Spiel und muss dafür kämpfen, dass die Burg in unserem Besitz bleibt. Notfalls, und das ist das Absurde, muss er diesen Kampf gegen die eigene Familie führen. Das wird ein Teil der Wiederaufführung dieser Familiengeschichte sein, Kris, und Ma hat dieses Drama mit ihrer Abstimmungsfrage selbst angestoßen. Deshalb gibt es morgen einen Kampf um die Burg, den sie bis aufs Messer führen müssen.

Kristina guckt ihn verständnislos an.

Na gut, ich erklär's dir oder lass es mich wenigstens versuchen. Ma hatte einen Urgroßvater, der wegen seiner Vorliebe für Rennwagen Schulden gemacht hat und die Burg beinahe verkauft hätte. Damit hat er sich gegen die Burg und so auch gegen die eigene Familie versündigt. Denn auf die Frage, wer sie am Ende sind, gibt es schlussendlich nur eine Antwort: die Burg. »Einer schönen Frau gibt man nicht den Laufpass« ist in Mas Familie ein geflügeltes Wort. Gemeint ist die Burg.

Kristina lächelt.

Und so ist in dieser verrückten Familie tatsächlich jeder davon überzeugt, dass der Brand 1945 nicht etwa die Folge einer Brandbombe der Alliierten gewesen ist, nein, sondern ein Kunstgriff der Burg, die sich der Amerikaner bedient hat, um sich an den Wespaus zu rächen. So heißt Mas Linie. Die Burg wollte ihnen allen ein für alle Mal eine Lektion erteilen, damit sie es nie wieder wagen würden, erneut eine solche Treulosigkeit zu begehen. Sie ist lieber abgebrannt, als es ein zweites Mal zu erleben, wie man ihr den Laufpass gibt. Als Burgruine, so dachte sie, wäre sie unverkäuflich.

So dachte sie? Jeff, diese Burg ist ein Ding, das ist absurd, was du da sagst!

Natürlich ist das verrückt, vollkommen verrückt – und deswegen glauben in dieser Familie alle fest daran. Im Grunde ihres Herzens sind sie überzeugt, dass sie selbst an dem Brand schuld sind, weil sie versucht haben, die Burg zu verkaufen. Und deswegen kann Mies die Burg morgen nicht aufgeben. Er würde sich gegen seine Ahnen versündigen – und damit gegen sich selbst. Kris, schau ihn dir an. Mit seinen braunen Locken, seinem Kinn und dieser Nase, jeder sieht in ihm den wiedergeborenen Auritter. Na ja, niemand weiß, wie der ausgesehen hat, aber alle schauen auf Mies und sagen, ja, das ist er, so muss er gewesen sein. Mit seinem zweiten Vornamen heißt er übrigens Vincent.

Vincent – was?

Das ist ein Name aus Mas Stammbaum. Jeder männliche Geborene aus ihrer Linie heißt Vincent, Wendel oder Sixt, seit der Schlacht am Weißen Berg. Wendel und Sixt sind schrecklich altmodische Namen, Ma hat sich für Vincent entschieden. Und Mies ist so stolz auf diesen Namen! Der hat in unserer Familie eine solche Bedeutung, dass mich mein Vater, als er mich einmal geboxt hat, von da an Boxer genannt hat. Ich war noch klein, etwa acht. Wie eine Impfung. Er wollte, dass zwischen uns Brüdern Waffengleichheit besteht, bis in die Vornamen hinein, sozusagen. Wenn Mies kürzelt, dann immer mit allen drei Initialen. MVH.

Die Geschichte, wie du geboxt worden bist, hast du mir mal erzählt. Ihr seid noch verrückter, als ich dachte.

Verstehst du jetzt, was ich meine? Wenn Ma irgendwann nicht mehr ist, wird Mies die Burg erben. Sicherlich vermacht Ma sie uns allen, in Wirklichkeit meint sie nur Mies, er weiß es und wir wissen es, er ist der Kronprinz. Ist dir aufgefallen, wie ähnlich sich Ma und Mies sind? Sie bekämpfen sich, doch selbst darin liegt nur eine ihrer Gemeinsamkeiten. Sie kämpfen mit der gleichen Unbekümmertheit und Rage und immer dreht sich alles um diese Burg und die Geschichten darum. Ich bin mir sicher, es vergeht kein Tag, an dem nicht beide an all diese Dinge denken. Selbst in Paris.

Was meinst du?

Mies und ich sind dort in ein Museum gegangen und haben uns Masken angeschaut. Ich dachte, das sind wirklich schöne Masken. Und Mies? Alles, woran Mies denken konnte, kaum dass er sie gesehen hat, waren der Auritter und die Burg. Allerdings muss man zugeben, Mies ist der Einzige, bei dem die Burg gut aufgehoben ist.

So?

Senta, Flocke und ich würden es gar nicht merken, wenn die Ruine plötzlich in sich zusammenfällt. Man müsste uns schon eine SMS schicken, sonst würden wir die Nachrichten schlicht übersehen. Mies dagegen kümmert sich. Dreimal darfst du raten, wer bei jedem Besuch nachschaut, wie es um die Esche bestellt ist. Wir hätten sie längst abgeholzt, wenn es nach Mies ginge. Die Verantwortung für diese Familie liegt auf seinen Schultern. Ja, Ma denkt an die Burg, sie kümmert sich nur nicht darum, ebenso wenig wie sie sich damals groß um uns gekümmert hat. Sie schafft es nicht einmal, nach ihrem Garten zu schauen. Aber alles, was sie uns auf den Weg mitgegeben hat, basiert auf dieser Burg, deswegen ist es wie in Stein gemeißelt. Daher kann Mies die Burg morgen nicht preisgeben.

Und Senta?

Senta ist die Mutter von Ian, dem Burgerben in nächster Generation. Deshalb ist auch sie im Mühlrad gefangen. Daran etwas zu drehen wird sie nicht über sich bringen, Kris. Außerdem sind beide, Mies wie Senta, kühle Rechner. Ma scheint in ihrer Besessenheit daran zu glauben, dass alles gut gehen wird, doch Senta und Mies halten es da eher mit Forscher und bleiben skeptisch. Der Auritter hat damals vier Meter dicke Mauern um seine Habe gezogen, damit niemand sie ihm wegnehmen kann. Und so werden Senta und Mies morgen dafür sorgen, dass alles beim Alten bleibt, selbst wenn sie sich darüber völlig mit Ma entzweien! Für beide Seiten zählt am Ende eben nur eines: das Ergebnis.

Oh mein Gott.

Ahnst du was?

Eine Enthaltung. Zwei Stimmen pro und zwei Stimmen contra. Deine Stimme, du bist das Zünglein an der Waage!

Und genau das treibt mich um, Kris, seit mir zu schwanen begann, worauf das alles hinausläuft. Denn ich will nicht das Zünglein an der Waage sein. Für ein lachendes Nilpferd ziehe ich, wenn's sein muss, gern vor Gericht. Aber für so ein böses altes Gemäuer hinter den sieben Bergen habe ich nichts übrig.

Böses Gemäuer?

Es war ein Lehen. Die Gegenleistung war Raubgut.

Ach du meine Güte. Na, dann verstehe ich dich. Du bist in Tansania geboren, Jeff. Schon deshalb wirst du sicher für Mas afrikanisches Projekt stimmen.

Gut, nehmen wir an, ich tue das tatsächlich. Und dann? Dann steht es drei gegen zwei. Sieht so eine geeinte Familie aus? Kris, auch wenn mir die Burg nichts bedeutet, diese Familie schon. Sie ist das einzige Zuhause, das ich je hatte. Und was man besitzt, muss man beschützen. In diesem einen Punkt sind der Auritter und ich ausnahmsweise einer Meinung. Und ich will keine zerrissene Familie, daher muss ich es irgendwie schaffen, dass wir wieder zusammenfinden. Nur weiß ich überhaupt nicht, wie.

Dir geht es vor allem um Mies, nicht wahr? Zwischen euch hat nie ein Blatt gepasst.

Siehst du. Und ich soll den Riss perfekt machen, der dann durch diese Familie geht. Er wird mir das nie verzeihen, wenn ich gegen ihn stimme.

Jeff-Schatz?

Ja?

Diese Biokläranlagen, ich meine, da wo deine Mutter die baut, das ist doch in Südafrika. Es wird schon klappen. Ich glaub an dich. Sie küsst ihn und grinst. Da er nichts erwidert, fügt sie hinzu: Ich habe gerade an Nelson Mandela gedacht. Niemand hat es damals für möglich gehalten, nicht wahr? Wenn irgendjemand es schaffen kann, die Lager zu einen, wer, wenn nicht du? Jeff, du bist der Schwarze in dieser verrückten Familie.

Sie spricht etwas aus, das auch er schon gedacht hat – und dass sie recht haben könnte. Die Verantwortung für die Burg würde auf Mies' Schultern liegen, die Verantwortung für ihre Familie liegt dagegen auf seinen Schultern. Man sollte meinen, das wäre ein und dasselbe, aber das ist es nicht. Seine Finger streichen über ihren Nacken und er denkt an jenen Tag zurück, als Forscher und er auf der Bank vor dem Haus gesessen haben. Damals hat sie angerufen, er hat das Vibrieren des Handys gespürt und sich gewünscht, dass sie da wäre.

Ich wollte, dass du lernst, auf dich aufzupassen, hat Forscher gesagt.

Vielleicht hat Forscher ja gewollt, hat er damals auf der Bank gedacht, dass ich lerne, auf uns alle aufzupassen, denn aufpassen liegt nicht in ihrem Blut.

Von dem Punkt, an dem ihre Oberkörper gegeneinanderdrücken, breitet sich ein warmes Gefühl aus. Es fühlt sich an wie strömendes Wasser. In diesem Moment erreicht es sogar die äußersten Punkte an seinen Zehenspitzen.

Kristina glaubt an ihn, vielleicht klappt es ja. Warum nicht? Manchmal trifft in letzter Minute unerwartet Verstärkung ein. Sollte er um die Burg nicht drum herumkommen, muss vielleicht auch er sich ihre Geschichte zunutze machen. Wenn es nur etwas gäbe, woran er anknüpfen könnte …

Und dann weiß er es.

Mitunter kommt die Verstärkung aus völlig unerwarteter Richtung. Der Zar hatte gewartet – und sie kam. In Person eines Landsmanns seines erbitterten Gegners, der gerade noch an einem fernen See in Pennsylvania gesessen hatte, um zu angeln. Verrückt – vollkommen verrückt, oder? Und doch hat der Zar recht behalten.

Wer ist eigentlich diese Frau, die auf ihm liegt und so unendlich kostbar für ihn ist, kostbarer als sein Bruder? In den Augen von Ma und Mies sicher nur eine harmlose Mitläuferin im Weltgeschehen.

Seine Verstärkung ist kein lanzenstarrendes Mitglied einer brausenden Turniergarde, die im Galopp Brandbomben über die Schulter wirft, zwischen die Füße der Zurückbleibenden, wo sie gleich explodieren würden.

Ma weiß es nicht und nicht einmal Mies scheint etwas zu ahnen und das ist gut so. Es braucht ein Pearl Harbor in der eigenen Familie.

Denn die Frau neben ihm im Bett ist niemand anders als der, auf den sie alle gewartet haben, nur ohne es zu wissen. Die Frau, die ruhig auf seiner Brust atmet, sie ist – Moreau.

Nur schade, dass Nelson Mandela sie jetzt nicht sehen kann. Er würde diesen Gedanken wahrscheinlich gut verstehen. Denn wie schlägt man eine Familie wie diese?

Am Ende wohl nur mit ihren eigenen Waffen.

Als Kristina am nächsten Morgen an Jeffreys Seite das Wohnzimmer mit dem großen Esstisch betritt, traut sie ihren Augen kaum. Das Geburtstagsfrühstück sieht aus, als hätte ein bayerischer Kronprinz zu Tisch gebeten. Goldgeränderte Platten mit schmelzendem Käse, Schinken und Rauchfleisch zieren das weiße Linnen, dazwischen kleine Schalen mit Geflügel- und Meeresfrüchtesalat. Eine Armee zierlicher Schälchen enthält geriffelte Butterstückchen und verschiedene Konfitüren. Und dann befinden sich rund um einen Obstturm drei jener Terrinen, aus denen ihr gestern das Wildragout serviert worden ist. Sie hebt neugierig zwei Deckel und entdeckt Rührei und Weißwürste in Brühwasser.

Wenn sie »Obstturm« denkt bei dem, was inmitten des Tischs steht, muss sie zugeben, dass das eine völlig unzureichende Bezeichnung ist. Wenn bei ihr zu Hause von einem »Obstturm« die Rede ist, meinen alle einen Teller, bei dem man zuunterst Äpfel oder Birnen verteilt, auf die man wiederum ein paar Weintrauben oder Walnüsse und, ganz oben, vielleicht eine krönende Ananas setzt.

Das ist dagegen ein weißer Porzellanbaum mit nicht weniger als sechs Etagen. Ein echter Turm dank übereinanderthronenden, sich nach oben verjüngenden Porzellanschalen, an deren Rändern bunt gefiederte Vögel sitzen. Mit ihren Porzellanschnäbeln picken sie in die Orangen, Bananen und Kiwis oder sie breiten über dem Obst ihre Flügel aus, als hätten sie das Picken bereits hinter sich und wären zum Flug bereit. Trockenobst, überzogen mit dunkler Schokolade, unterbricht das frische Obst so, als schauten an einzelnen Stellen die Äste hervor, die dazu einladen, die Früchte daran zu pflücken. Die Krönung auf den gefüllten Schalen sind ovale Schiffchen aus gezuckertem grünen Fruchtgelee mit einer mittigen Kerbe, als schwelgte der Frühling im eigenen Blätterrausch und kredenzte ihnen all diese Köstlichkeiten, die er mithilfe einer Morgenbrise durch die offenen Terrassentüren geradewegs auf Forschers Geburtstagsfrühstückstisch gezaubert hätte.

Die Kaffeetassen, natürlich auch goldgerändert, verschwinden teilweise hinter den kunstvoll gefalteten Servietten, deren Stickereien das Vogelmotiv aufgreifen. Jeweils zwei Kaffee- und Milchkännchen sowie ein Spalier von Wasser- und Sektgläsern warten auf zwei Servierwägelchen, die den Tisch flankieren, denn rund um den Obstturm wäre schlicht kein Platz mehr.

Ma, ich bin sprachlos, sagt sie zu ihrer Gastgeberin, die mit einem großen geflochtenen Korb aus der Küche kommt.

Gefällt dir unser Tisch, Kristina?, fragt Ma stolz, während sie den Korb auf einem hölzernen, zweifellos ebenfalls historisch antiken Klappbüfett nahe der Terrassentür abstellt, um dort Semmeln und geschnittene Bauernbrotscheiben aufzufächern. Sobald sie mit ihrem Ergebnis zufrieden ist, nimmt sie ihr energisches Laufen zwischen Wohnzimmer und Küche wieder auf. Eine ihrer Semmeln hat Schwierigkeiten, oben auf dem abgestellten Korb die Balance zu halten. Flocke, die prüfend neben dem Büfett steht und schaut, ob noch etwas fehlt, bemerkt es und fängt sie geistesgegenwärtig auf.

Wir haben vielleicht etwas übertrieben, sagt Ma auf dem Weg in die Küche, dann bleibt sie abrupt bei Kristina stehen. Flocke meinte das, weil ihr vielleicht gar nicht so viel Hunger habt nach gestern Abend. Es sieht etwas pompös aus, ich weiß. Na, sagen wir: zu Ehren des Geburtstagskinds!

Sie lacht, Kristina stimmt ein.

Flocke hat mir gestern Abend, als ihr zu Bett gegangen seid, noch von New York erzählt und von Greenwich Village, wo sie in einer WG gelebt hat. Ihre damalige Gastgeberin ist eine Künstlerin mit lauter hübschen Ideen rund um das Thema Tafelaufsatz. Und da fiel Flocke und mir ein, dass wir auch einen solchen haben müssten. Ich hätte gar nicht mehr gewusst, wo wir hätten suchen sollen, aber Flocke konnte sich erinnern. Also haben wir ihn heute Nacht aus seinem Dornröschenschlaf gerissen und gleich abgestaubt. Wann, wenn nicht heute? Zumal wir viele gute Gründe haben zu feiern. Zum Beispiel Flockes Praktikum bei den Vereinten Nationen, das sie so bravourös absolviert hat. Und die Tatsache, dass wir dich, Kristina, alle näher kennenlernen dürfen. Wer weiß, vielleicht frühstücke ich ja gleich zum ersten Mal mit meiner künftigen Schwiegertochter!

Ma!, bricht es entsetzt aus Flocke hervor.

Ach was, ich rede einfach heute Morgen, wie mir der Schnabel gewachsen ist. Sie nickt zu den pickenden Porzellanvögelchen und lacht fröhlich. Man meint, man könnte sie zwitschern hören, nicht wahr? Sie sehen so lebendig aus, richtig ansteckend.

Woher habt ihr das alles? Kristina ist von der Pracht noch immer eingeschüchtert.

Ach, die oberen Küchenschrankfächer sind tief. Da lagert manches, das früher auf der Burg gewesen ist. Und was das Schokoladen- und Fruchtkonfekt in den Schalen betrifft, na gut, da habe ich ein wenig stibitzt. Denn eigentlich habe ich das für heute Nachmittag geholt. Nur macht sich Forscher nichts aus Süßem, vielleicht lassen wir das Kaffeetrinken dem Geburtstagskind zuliebe ausfallen. Wir könnten stattdessen einen schönen Spaziergang machen, es ist solch ein prachtvolles Wetter! Vielleicht will Jeffrey dir ja heute Nachmittag noch etwas von unserer Umgebung zeigen. Dürfen wir mitkommen?

Ich würde mich freuen, sagt Kristina.

Wir könnten an die Allgäuer Riviera. Das sind unsere Berge hier unten, Kristina. Die darf man ruhig einmal gesehen haben. Auch ich war seit Ewigkeiten nicht mehr da. Ja, das wäre eine hübsche Idee, meint ihr nicht?

Wenig später sitzen alle um den königlichen Esstisch und plaudern mit solcher Leichtigkeit und Selbstverständlichkeit, dass Kristina perplex ist. Ist das dasselbe Zimmer, in dem gestern Abend dramatische Wolken eines sich ankündigenden Familiengewitters aufgezogen sind? Es wird gescherzt, als würde es den kommenden Kampf um die Burg nicht geben. Vielleicht hat sich Jeffrey getäuscht und die Turniervorstellung fällt aus.

Jedenfalls scheint sich Ma nicht die geringsten Sorgen zu machen. Sie reicht Kristina lächelnd den Brotkorb und fordert sie auf, vom Quittengelee zu probieren.

Alles selbst gemacht, Kristina.

Senta deutet ein Augenrollen an.

Das Quittengelee, erfährt sie von Jeffrey, der seinerseits ein Schmunzeln nicht unterdrücken kann, geht auf Mas letzte große Küchenaktion zurück, kurz bevor sie in den Flieger nach Kapstadt gestiegen ist. Zu dieser Küchenaktion kam es nur, weil Ma in den letzten Tagen vor ihrer Abreise noch einmal in dem leinenen Kochbüchlein von Großmama geblättert hat. Dort stolperte sie über ein gewisses Rezept für Quittengelee und prompt brachte sie ihre gesamte Umgebung mit der Überlegung auf Trab, wo es bei ihnen im Herbst wohl die besten Quitten gäbe. Kurz darauf ist sie abgeflogen.

Plötzlich hat ihnen im Oktober einer von Mas Kontakten ungefragt mehrere Kisten Quitten angeliefert. Für Frau Holzrichter, mit herzlichen Grüßen von der Wasser Südwest. Unterschrieben von einer Frau Meerbaum.

Ma ist zu diesem Zeitpunkt längst in Kapstadt gewesen, was jene Frau Meerbaum hätte wissen müssen. Da die Quittenlieferung von der Wasser Südwest stammte und allen in der Familie klar ist, welche Bedeutung dieser Geschäftskontakt für Ma hat, traute sich niemand, die Quitten wegzuwerfen.

Also beriefen sie ein Quittengelee-Kochwochenende ein, das sich zu einem sehr vergnüglichen Event mauserte. Sogar Flocke war dafür aus Berlin angereist, da sie sowieso mal wieder ihren Neffen, Senta und Jeffrey wiedersehen wollte. Zu viert machten sie sich dann, Forscher, Senta, Flocke und er, Jeffrey, zwei Tage lang in der Küche daran, Quittengelee herzustellen. Weil außer Ma niemand das Sütterlin aus Großmamas Heft entziffern kann, luden sie sich aus dem Internet verschiedene Quittengeleerezepte herunter und die Geschwister stritten lange darüber, wie viel Pektin und Zucker sie nehmen sollten, weil jeder davon überzeugt war, dass sein Quittengeleerezept dem in Großmamas Kochbüchlein am nächsten käme.

Noch tagelang hat die ganze Küche geklebt, erinnert sich Forscher. Und wie. Sein auf einmal so vergnügtes Lächeln ist dem eines rundum glücklichen Geburtstagskinds würdig.

Und sogar die Wäsche in meiner Tasche, als ich zurück in Berlin war! Flocke quiekt. Ich habe erst mal einen kochend heißen Lappen genommen und meine ganze Reisetasche von oben bis unten und bis in allen Rillen ausgewischt.

Sie, Senta und Jeffrey sitzen neben Forscher, halten sich gegenseitig am Oberarm fest und biegen sich vor Lachen.

Wie war's denn in New York, Bundeskanzlerin?, fragt Mies gut gelaunt, während er sich von Ma eine Weißwurst reichen lässt. Ich will nachher unbedingt dein Handy sehen, mit allen Fotos von deinen Verehrern dort. Bekommen wir bald Besuch von einem Broker von der Wall Street?

Mies, du liegst wieder mal völlig daneben. Was sollte ich denn mit einem Broker? So gut solltest du mich inzwischen kennen.

Dann ein Diplomat, der dich für den nächsten Sommer in sein Penthouse an der Fifth Avenue eingeladen hat? Sofern du nicht gleich mit ihm nach Kenia gehst.

Du wirst es nicht glauben, aber ich habe tatsächlich eine Einladung, Mies. Ich könnte Bee beim Imkern helfen. Stellt euch vor, sie hält einen Bienenstock mitten in Greenwich Village. Und soll ich euch was sagen? Der Honig schmeckt noch besser als unserer hier.

Und die Arbeit bei den Vereinten Nationen?, fragt Forscher. Wie hat sie dir denn nun gefallen?

Na ja, es war interessant, das mal gesehen zu haben. Ich weiß jetzt, was ich will.

Und was willst du?, fragt Jeffrey.

Nicht das. Flocke greift in den Tafelaufsatz und sucht sich eine Kiwi. Ich dachte, ich müsste nach New York, weil man von dort besser an alle herankommt. Aber in New York wird vor allem gequatscht. Im Grunde beschäftigen sie sich dort auf ihren Konferenzen mit nichts anderem als dem, was die Franzosen tun, wenn sie Boule spielen. Einer wirft das rote

Kügelchen und alle anderen tun es ihm nach. Eigentlich geht es ihnen darum, immerzu miteinander im Gespräch zu bleiben.

Miteinander im Gespräch zu sein, ist wichtig, sagt Forscher.

Weißt du noch, wie wir nach Versailles gefahren sind?, fragt Mies.

Und ob.

Daran wie Flocke im Sitz etwas tiefer rutscht, können sie ahnen, wie sie mit ihrem Zeh gegen sein Knie kickst.

Du passt viel besser an die Bastille, Bundeskanzlerin, als zu den Vereinten Nationen in New York. Das hätte ich dir schon damals sagen können, als du mich in den Spiegelsaal geschleppt hast. Dieser Ausflug hat mich einen vollen Tag meines Wochenendes gekostet. Mies feixt übers ganze Gesicht.

Sorry, aber Kris und ich stehen auf dem Schlauch, sagt Jeffrey. Was hat Versailles mit den Vereinten Nationen zu tun?

Unsere Bundeskanzlerin meint, Little Bro, sagt Mies und genießt die Süffisanz seiner Antwort offenbar mit jeder Silbe, dass sie nicht erst eine Perücke aufzusetzen oder den Fahrstuhl in der Zweiundvierzigsten Straße zu nehmen braucht, um allen gehörig Dampf zu machen. Das schafft sie bequem von zu Hause aus.

So?

Guck dir die YouTuber an, Jeff. Du bildest dir eine Meinung, guckst in eine Kamera, textest die fünf Minuten lang zu und anschließend brauchst du das Ganze nur hochzuladen. Wenn du Glück hast, wird es tags drauf millionenfach geklickt und dann unterhalten sich alle nur noch über dein Video. Und die Parteien machen sich Sorgen, weil sie dich als Wähler verpasst haben. Solche Entscheider über unser Wohl und Wehe nennt man Influencer.

Nicht wundern, Kristina, Mies macht sich gern über mich lustig, erklärt Flocke. Aber Mies, mal im Ernst, warum nicht? Sebastian, ein Freund von mir, hat kürzlich zu Jordanien gepostet. Er arbeitet für eine Nichtregierungsorganisation. Ma, das hätte dich auch interessiert. Da ging es um Wasser.

Oh, da bin ich gespannt.

Seine NGO ist in Jordanien aktiv, weil es mittlerweile eine der wasserärmsten Regionen der Welt ist. Im internationalen Vergleich ist es noch mal mehrere Plätze nach unten gesackt. Mit dem Klimawandel hat sich die Situation dramatisch verschärft, weil der Regen ausbleibt. Sie hängen so ausschließlich vom Grundwasserspiegel ab und leben nur noch von den Vorräten.

Und was macht dein Freund genau?, fragt Ma.

Sebastian ist dort unten wegen eines Gutachtens, um das Jordanien ein Institut gebeten hat. Dieses Institut und seine NGO arbeiten dazu zusammen.

Kann dein Sebastian die Wasserknappheit von Jordanien beziffern? Das würde mich in der Tat sehr interessieren. Ma scheint ihre Quittensemmel und den Kaffee vergessen zu haben und schaut sie unverwandt an.

Wasserknappheit beginnt da, wo pro Kopf und Jahr weniger als fünfhundert Kubikmeter Wasser zur Verfügung stehen. In Jordanien sind es hundert Kubikmeter.

Was verbrauchen wir denn?, fragt Senta.

Du meinst, in Deutschland, im Vergleich? Pro Kopf gerechnet etwa zwanzigmal so viel.

Für einen Moment herrscht betretenes Schweigen.

Das erinnert mich an deine Geschichte mit dem Dong, sagt Senta. Auf der Expo in Mailand habe ich ein Foto davon gesehen. Von deinen Jeanswäschern mit den blauen Armen.

Ja, entschuldige, ich habe ein Talent, mit meinen Geschichten immer in Momente hineinzuplatzen, in denen sie völlig unpassend sind. Und das an Forschers Geburtstag. Sorry, Forscher.

Nein, schon gut, Flocke, sagt Ma, ihre Fingerkuppe streift mit Nachdruck über den Kristallfuß des Sektglases. Wenn wir schon mal dabei sind, ich habe oft an unser Gespräch zur Bouillabaisse denken müssen, unten in Kapstadt. Also, Forscher, wenn du erlaubst …

Aber ich will damit nicht unser Frühstück vereinnahmen, Ma.

Forscher winkt ab. Flocke, nur zu. In meinem Alter sind Geburtstage nichts Außergewöhnliches mehr. Außerdem, ich bin da ganz bei Ma. Das klingt hörenswert.

Seit Sebastian wegen des Gutachtens vor Ort ist, lässt ihn Jordanien nicht mehr los. Er hat nebenbei dabei geholfen, einen kostenlosen Wasserlieferservice aufzubauen. Denn in den Privathaushalten kommt nur einmal in der Woche Wasser aus der Leitung. Sebastian und seine Truppe fahren in prekäre Viertel und verteilen das Wasser dort, wo die Leute die Lieferungen der Wassertankwagen nicht bezahlen können.

Wem gehören die?, fragt Jeffrey.

Die Wassertankwagen? Weiß nicht. Nicht der Regierung. Die Wasserlieferanten sind private Firmen.

Frag das mal deinen Sebastian. Das würde auch mich interessieren, wem die gehören.

Kann ich tun, Ma. Der Wasserhandel ist offenbar sehr lukrativ, denn die Leute müssen es kaufen, wenn sie kein Wasser mehr haben. Das muss man sich leisten können. Im Sommer, wenn es heiß ist, da bräuchte man eigentlich zwei Kubikmeter pro Tag und Kopf. Davon sind viele Familien, die Sebastian besucht, weit entfernt.

Und was tun die örtlichen Behörden?, fragt Forscher.

Was sollen sie tun? Das Wasserministerium windet sich, sagt Sebastian und klare Aussagen zu ihrer Strategie für diese Viertel sind nicht zu bekommen. Wasser ist dort ein hochpolitisches Thema. Denkt an den Jordan, der neben Jordanien noch Syrien und Israel bedienen soll.

Wie beim Incomati, sagt Ma und bearbeitet das Sektglas mit solchem Druck, als wäre dort ein Klebeaufdruck, den sie entfernen möchte.

Die Stelle beispielsweise, wo der Jordan ins Tote Meer fließt, ist militärisches Sicherheitsgebiet und Sebastian und seine NGO haben dort keinen Zugang. Zu gefährlich. Auf der anderen Seite befindet sich die Westbank und die Palästinenser haben keinen Zugriff auf das Jordanwasser. Auf dem Weg ins Tote Meer werden dem Fluss neunzig Prozent seiner Wassermengen entnommen, daher ist die Lage dort sehr instabil. Deswegen hat das Gutachten eine solche Bedeutung.

Und wir scherzen hier über das Quittengelee, weil sich Frau Meerbaum nicht klarmacht, wie dringend ich die ganze Zeit über in Kapstadt gebraucht werde. Aber da hört ihr es. Ma seufzt. Dabei wäre ich gern öfter bei euch.

Sagt mal, habt ihr zwei euch abgesprochen?, fragt Mies, der sich bislang nicht zu Wort gemeldet hat. Ich meine nur, weil du uns gestern Abend erzählt hast, dass du neue Banksicherheiten für Kapstadt brauchst. Und auf einmal erfahren wir von Flocke in allen Details, dass Jordanien kurz vor dem Austrocknen steht.

Mies, Flocke berichtet doch nur, was ihre Freunde in ihren NGOs machen. Ich finde, davon muss sie erzählen dürfen. Ma lächelt heiter und gewinnend, aber ihre Hände wirken nicht so entspannt.

Natürlich, nur schau mal bitte, was du mit deinem Sektglas machst, Ma. Willst du es festnageln? Die Brisanz von dem, was Sebastian am Ufer des Jordan tut, haben wir mittlerweile begriffen. Alles wie beim Incomati.

Überrascht lässt Ma das Sektglas los, dessen Fuß sie gerade noch gegen die Tischplatte gepresst hat. Mies, bitte. Ich glaube, du übertreibst und bist in dem Punkt überempfindlich. Ist es wegen Pavier? Du brauchst dich nicht zu rechtfertigen. Ihr verkauft Mineralwasser wie andere, darin kann ich nichts Schlechtes finden. Doch wir müssen die Möglichkeit haben, uns von Flocke die Sorgen Jordaniens schildern zu lassen, ohne dass du gleich brüskiert bist.

Nicht ich bin es, ich glaube, ihr seid es, die übertreiben. Mies wendet sich direkt an Flocke. Du malst da den Teufel an die Wand, den ich nicht sehe. Wo ist denn das Problem, wenn sie dem Jordan Frischwasser entnehmen? Im Toten Meer ist es eh unnütz. Wäre ich Jordanien, würde ich das auch tun.

Nur dass der Jordan mittlerweile ein dünnes Rinnsal ist, Mies. Schau dir mal aktuelle Bilder im Internet an. Möchte jemand noch Wasser? Flocke nimmt die Karaffe und schenkt allen unaufgefordert nach. Mies, der Pegel des Toten Meers sinkt pro Jahr um einen Meter. Es wird das Tote Meer nicht mehr lange geben. Die Frage ist nicht mehr ob, sondern nur noch wann.

Und woher kennst du Sebastian?, fragt Forscher.

Ich war ja in der NGO Section. Er hat uns wegen der Konferenz geschrieben. Da ging es zwar um Bildung, aber seine NGO kennt sich auch da im Nahen Osten gut aus. Die sind sehr aktiv, auch wegen Syrien. Alles problematisch. Bürgerkriege und die Folgen – immer das Gleiche.

Gibt es inzwischen eigentlich in den UN viele Frauen oder müssen wir uns immer noch gegen die männliche Übermacht behaupten? Damals, als ich studiert habe, war das noch so.

Ma, sei mir nicht böse, doch diese Frage stellt sich gar nicht mehr. Dem Klima und dem Wasser in Jordanien ist es völlig egal, ob in New York Männer oder Frauen sitzen. Ja, meine frühere Chefin ist eine Frau.

Du sagtest vorhin, bei den Vereinten Nationen quatschen sie nur. Forscher bedient sich am Rührei und Schinken. Und jetzt hast du selbst den Beweis geliefert, wie wichtig diese Einrichtungen sind, Flocke. Man muss miteinander ins Gespräch kommen – und im Gespräch bleiben. Nicht anders als dein Sebastian und du. Er lächelt sichtlich vergnügt, während er den Schinken schneidet.

Flocke verzieht den Mund, hält sich dann aber zurück. Es ist schwer zu sagen, ob sie ihm recht gibt oder darauf Rücksicht nehmen will, dass er heute Geburtstag hat.

Ihr Lieben, das ist ein richtig tolles Geburtstagsfrühstück. Damit habt ihr mich reich beschenkt, fährt Forscher fort. Wenn ihr mich fragt, dürfen wir unsere Zukunft nicht nur den Internetpostings überlassen. Ebenso wenig den Propheten auf Twitter. Ein lebendiges Gespräch wie heute ist durch nichts zu toppen. Er kaut, denkt nach und nickt bekräftigend. Gute Diplomatie hat bisher keinem Land geschadet. Ich glaube ja, wir brauchen die Botschafter – sie waren nie wichtiger als heute.

Vor allem brauchen wir Botschaften, mischt sich Senta ein.

Die Expo, zum Beispiel. Da kannst du erfahren, was wir mit den Kaffeebauern machen. Dabei fällt mir ein, dass ich für dich einen Flyer dabeihabe, Ma. Er wird dir gefallen. Darin geht es um Frauen. Die haben in Westafrika ihre Dörfer umgemodelt. Sie gründen Kaffeekooperativen, ziemlich erfolgreich.

Man darf eben nicht alles Pavier überlassen, nicht wahr? Jeder kann sehen, wie Flocke erneut auf dem Stuhl nach unten rutscht, um Mies ans Knie zu stupsen.

Es sei denn, man verbündet sich mit Konzernen wie Pavier, sagt Jeffrey. Kompromisse haben den längeren Atem. Uns ist so etwas kürzlich geglückt. Er nimmt eine Brezen und scheint für einen Moment zu überlegen, ob er dem noch etwas hinzufügen will. Dann bricht er die Brezen und legt Mies eine Hälfte auf den Teller. Bro, eine ganze schaffe ich nicht, hilfst du mir? Und da wir schon bei Kompromissen sind, ich möchte gleich eine Runde joggen. Ma, wäre das okay?

Aber später zeigst du Kristina die Allgäuer Riviera und nimmst mich mit. Vielleicht werden wir ja noch ein paar mehr ...

Na klar, Ma, unter einer Bedingung – ich fahre. Keine Widerrede. Wir wollen keine Bußgeldbescheide mehr in den nächsten Wochen. Oder es gibt heute Abend keine Abstimmung über die Burg.

Alle lachen.

Was habe ich für Rabenkinder, sagt Ma und zieht die Brauen zusammen, sodass sich Wellen bilden, doch alle sehen, wie lange sie solche Gespräche in Kapstadt vermisst haben muss. Da packt man Tisch und Tafelaufsatz randvoll mit Leckereien und was ist der Dank? Als Erstes entzieht man mir die Fahrerlaubnis ...

Jeffrey joggt und Ma und Flocke sind in der Küche und haben auf Kristinas Nachfrage hin mehrfach gesagt, sehr nett, danke, aber sie bräuchten beim Aufräumen keine Hilfe. Vielleicht schmieden sie ja beim Geschirrspülen per Hand Pläne für das Ja-Lager heute Abend.

Jeffreys Vater hat sich wieder einmal in sein Arbeitszimmer zurückgezogen. Überhaupt scheint er seinen Geburtstag bisher als einen normalen Tag zu begreifen. Zumindest fehlen Rituale, die im Schrebergarten selbstverständlich wären. Als sie Jeffrey nach dem Frühstück, während er die Laufschuhe angezogen hat, gefragt hat, wann sie für das Geburtstagskind singen würden, hat Jeffrey amüsiert die Brauen hochgezogen.

Singen? Nein, singen tun wir nie.

Von Mies ist weit und breit nichts zu sehen, vielleicht inspiziert er den Garten auf der Suche nach Bäumen, die geschnitten werden müssen. Besser, sie laufen sich nicht über den Weg, sein Bedürfnis nach ihrer Gesellschaft ist offenbar nach wie vor nicht sehr groß.

Unschlüssig stromert sie durch die Flure, ob das Haus dieser originellen Familie bereit ist, ihr noch einige seiner Geheimnisse preiszugeben. Das Zimmer, in dem Jeffrey und sie übernachten, kennt sie mittlerweile – viel gibt es da auch nicht zu sehen – und das Wohnzimmer mit dem Sofa mit dem vanillegelben Rautenmuster ist ihr ebenfalls schon vertraut. Obwohl Ma mehrfach betont hat, sie solle sich wie zu Hause fühlen, die übrigen Räume sind tabu. Was hätte sie dort auch verloren?

Die Wände in den Fluren werden von ein paar alten Stichen geschmückt, die dort seit Ewigkeiten hängen müssen. Über die heutigen Hausbewohner verraten sie nichts. Neugierig wandern ihre Augen über die Bilder, ob sich darunter jene berühmte Burg entdecken lässt. Doch sie sieht nur Ansichten von Hafenstädten. Sie vermutet italienische Städte oder solche entlang mediterraner Küsten. Der geflügelte venezianische Löwe ist des Öfteren zu sehen.

Den ersten Stock hat sie so schnell besichtigt. Sie kann es sich, bis Jeffrey vom Joggen zurückkommt, im Wohnzimmer gemütlich machen und lesen. Auf die Kunstbände in den Regalen, in denen wahrscheinlich bald auch ihr Burgbildband landen wird, verspürt sie wenig Lust und sie hat Scheu, sie herauszuziehen. So setzt sie sich und greift eine Zeitschrift vom Couchtisch. Sie heißt »bauen heute«. Beim Blättern fällt ihr ein, dass Jeffrey etwas von einer Architekturzeitschrift erwähnt hat, als er ihr von Senta erzählt hat. Sie schaut ins Impressum – tatsächlich, da steht ihr Name.

Die Hochglanzseiten beinhalten, wie der Titel erwarten lässt, viele Architekturfotos. Häufig sind es fotogene Szenerien an Fjorden, an deren Kiesstränden einsame Betonwürfel mit breiten Dachterrassen stehen und den Leser dazu einladen, den dazugehörigen Artikel zu lesen. Zum Ende der Artikel folgen oft kleine Fotos – ein Bootssteg oder der Blick von der Terrasse in der Morgensonne – und daneben kursiv der Name des Verfassers.

Kristina hat sie zu zwei Dritteln durchgeblättert, da entdeckt sie eine Ankündigung der diesjährigen Expo. Die Aufmachung lockt mit einer großen silberfarbenen Kartoffel. Es muss ein veraltetes Heft sein, denn die Expo ist mittlerweile vorbei.

Sie hat vor einiger Zeit einen Beitrag im Fernsehen darüber gesehen. Was solche Pavillons immer kosten müssen, denkt sie. Durch den Magazinbeitrag kann sie sich noch gut an den Pavillon der Schweiz erinnern. Es sind vier Türme gewesen, die das Wohnen, Schlafen, Essen und Trinken zum Thema gemacht haben. Wäre die Expo nicht so weit weg gewesen – sie war in Mailand –, sie wäre sofort hingefahren.

Im Fernsehen haben sie unter anderem über die winzigen Wohnungen berichtet, die es im Schweizer Pavillon zu entdecken gab, die ihr Innenleben wie ein Chamäleon immerzu verändern können und trotz ihrer Enge erstaunlich einladend wirken. Diese Wohnungswunder sind nicht einmal teuer.

Ihre Wohnung ist klein und mit den Dingen, die sie täglich braucht, permanent zugemüllt. Sie würde die Sachen gern wegräumen, weiß aber nicht, wohin. Immerzu hat sie die Sorge, dass Besuch wie Jeffrey sie messy finden könnte. Eine größere Wohnung kann sie sich nicht leisten. Ja, ein Chamäleon wäre der Hit.

Sie will das Heft wieder weglegen, als sie hinter der Expo-Ankündigung über mehrere Seiten stolpert, die mit *Wegweisend* überschrieben sind. Werden auch hier die Erfindungen von morgen vorgestellt? Sie liest, bis sie merkt, dass der Artikel nur unbezahlbaren Strandvillen huldigt, die man entlang venezianisch anmutender Wasserbecken gebaut hat. Passend dazu heißt die Siedlung Petite Venise à la mer.

Nein, diese Zeitschrift ist definitiv nichts für Tante Elli. Die Siedlung, in der sie ihren Liegestuhl aufschlägt, ist die Waldsiedlung 3. Da alle Unterteilungen in der Schrebergartensiedlung zur Waldsiedlung gehören, wohnt Elli einfach in der Drei.

Wann kommt ihr in die Drei? Sagen wir, um vier?, ist einer von Tante Ellis Lieblingssätzen.

Wahrscheinlich würde Tante Elli nicht wissen, wie man diese Zeitschriftensiedlung richtig aussprechen soll. In jedem Fall würde sie den Namen viel zu lang finden.

In der Zeit, würde sie sagen, hätte sie einen Erdbeerkuchen belegt.

Petite Venise à la mer ist offenbar etwas für Leute, die im Unterschied zu Tante Elli oder ihrer Mutter nicht montagmorgens in aller Frühe arbeiten müssen – wie ihre Mutter ist Tante Elli in einer Bäckerei angestellt – und daher Hilfe brauchen, um die Stunden zu füllen, bis es Zeit für die abendliche Barbecueparty wird. Wer Wohnungen in Siedlungen mit französischen Namen kauft, schreibt sich sicherlich gegenseitig überflüssig lange Grußbotschaften. Bis man getippt hatte *Wie schön, von dir zu lesen. An diesem Wochenende wird es leider nicht klappen. Möchte noch mal rausfahren nach Petite Venise. Das Wetter soll stabil bleiben. P.S. Hoffe, euch geht es gut!*, waren wieder mindestens fünf Minuten erfolgreich verstrichen. Siehe da, diesen Artikel hat Senta persönlich verfasst. Na, das passt, Senta ist sicher die perfekte Autorin für die Sorte Klientel.

Das Frühstück vorhin fand sie unterhaltsam, aber der Tafelaufsatz – sie hat dieses Wort in ihrem Leben bisher nicht gekannt – ist wie die Villensiedlung völlig überkandidelt. Sie hätte vorhin auch nicht gewusst, was sie zum Gespräch hätte beitragen sollen.

Gut, Jeffrey und die Familie haben ihr zu Beginn des Frühstücks die Quittengelee-Anekdote erzählt, ein Versuch, sie einzubeziehen. Doch eigentlich hat sie schon da nur still danebengesessen. Mies nimmt sie nach wie vor nicht wahr und Senta schreibt Artikel für Leute mit Langeweile. Was sehen sie in ihr? Bestenfalls einen Zaungast, während sie ihr Programm durchziehen.

Sie hat von vornherein gewusst, dass sie nicht in diese Familie passt.

Sie legt die Zeitschrift mit Sentas Artikel zurück und tritt vom Wohnzimmer auf die Terrasse, sie wird einmal um das Haus laufen. Ab und zu blickt sie sich vorsichtig um, ob Mies plötzlich auftaucht.

Sobald sie die Ostseite passiert hat, wird sie zurück auf der Terrasse sein. In den Vormittagsstunden liegt die noch in der Sonne und vor dem Haus steht eine lange Holzbank. Von hier aus schaut man auf die sanft abfallenden Rasenflächen des Gartens, nur unterbrochen von einzelnen Bäumen, an denen rotbraune Eichhörnchen hinauf- und hinunterflitzen.

Auf der Bank sitzt Senta mit ihrem kleinen Sohn auf dem Schoß. Sie hat sich zurückgelehnt, sodass ihre Schultern leicht die Hauswand berühren. Gerade hebt sie Ian hoch, um ihn gegen die Brust zu drücken. Sie hört Kristina auf dem Kies und schaut auf.

Ah, du bist's. Der Satz kommt weder freundlich noch unfreundlich.

Kristina verlangsamt die Schritte, unschlüssig, ob sie stehen bleiben soll. Die Bank mit den sonnengewärmten Bohlen der Hausaußenwand, gegen die Senta lehnt, sieht einladend aus.

Normalerweise sitzt Jeffrey hier, sagt Senta und nickt vorsichtig, um Ian nicht zu beunruhigen, mit dem Kinn über sein Mützchen hinweg in Kristinas Richtung. Es ist eine klare Aufforderung, sich zu setzen. Hat er dir von unserer Bank erzählt? Kommt er gleich?

Er joggt noch. Nein, die Bank hat er nicht erwähnt.

Und du hast sie dennoch gleich gefunden.

Entschuldige, ich war neugierig. Da bin ich einmal ums Haus gelaufen.

Man kann sich schön anlehnen. Probier's ruhig mal aus. Senta stößt einen Seufzer der Erleichterung aus, während sie, Ian auf ihrem Bauch balancierend, weiter nach hinten rutscht, sodass sie den ganzen Rücken gegen die Holzwand drücken kann. Jeffrey lehnt sich nie an, sagt sie, da ist er eigen. Keiner weiß genau, was er macht, wenn er hier sitzt. Vielleicht wird er es dir ja mal sagen. Ma findet immer, er sähe dann aus wie ein afrikanischer Häuptling. Wie eine Skulptur.

Zusammen schauen sie in den Garten und sagen eine Weile nichts. In geringer Entfernung halten ein paar Eichhörnchen zu Füßen eines hohen Ahorns zitternde Pfötchen vor ihre Schnauzen und äugen zu ihnen hinüber.

Meditierst du auch oder macht ihr zusammen Yoga oder so was?, fragt Senta dann.

Eigentlich nicht. Ob Jeffrey das tut? Ja, mag sein. Wir wohnen nicht zusammen, wenn du das meinst.

Hm. Ich wüsste gar nicht, worüber ich meditieren sollte. Dabei soll Yoga ja guttun. Dafür fehlt mir schon mal die Zeit und womöglich auch die richtige Ader.

Vielleicht genießt es Jeff einfach, hier zu sitzen. Mit der Natur ringsherum, das ist ein wunderschöner Garten.

Danke. Ja, das stimmt. Wahrscheinlich hast du recht und wir alle sollten das öfter tun. Senta streichelt ihrem Sohn übers Haar. Ian gefällt's hier. Er war ganz ruhig die letzte halbe Stunde.

Wieder sitzen sie ein paar Minuten, ohne etwas zu sagen, und erstaunlicherweise empfindet Kristina keinen Drang mehr, gleich wieder zu gehen. Diese Bank hat tatsächlich eine beruhigende Wirkung.

Seid ihr oft in Apfeltrang, Ian und du?, fragt sie schließlich.

Na ja, ehrlich gesagt, nein. Ich habe ja meine Zeitschrift. Ich weiß nicht, ob Jeffrey dir davon erzählt hat.

»Bauen heute«? Im Wohnzimmer liegt ein Exemplar. Ich habe vorhin darin geblättert.

Du hast hineingeschaut? Senta scheint sich aufrichtig darüber zu freuen. Ich habe sie gestern mitgebracht. Es ist ein Test, weißt du? Vielleicht lässt sich wenigstens Ma dafür interessieren. Es ist aber nur eine Ausgabe vom letzten Quartal. Sie lächelt.

Ja, spannend. Zum Beispiel der Hinweis auf die Expo.

Ja, inzwischen ist sie vorbei. Im kommenden Heft erscheint ein Artikel von mir dazu. »Expo – Was bleibt?« Ich fürchte nur, du stehst mit deinem Interesse an meinem Heft allein. In meiner Familie darf man da nicht zu viel erwarten, die meisten von uns sind mit sich selbst befasst. Senta lächelt ein selbstironisches Lächeln. Dieser silberne Pavillon von der Ankündigung beispielsweise, fährt sie fort, war ein afrikanischer Pavillon. Ma arbeitet ja gerade in Südafrika. Der Pavillon handelte von den Kaffeebauern dort. Sehenswert innen. Von außen sollte er an eine Kaffeebohne erinnern. In Europa würde man ihn eher für eine Kartoffel halten.

Genau das habe ich gedacht.

Sie lachen und Senta kommt in Schwung.

Wenn du mich fragst, einigermaßen übergestaltet. In der Zeit, die du brauchst, um die Konstruktion von so einem Pavillon auf Papier zu bringen, hätten Mies van der Rohe und seine Truppe damals eine ganze Wohnsiedlung errichtet. Ich mag's einfach und geradlinig. Wie die Schweiz.

Kristina ist überrascht. Vielleicht hat sie die Verfasserin des wegweisenden Artikels falsch eingeschätzt. Manchmal ist es wie in den Bergen. Wenn man eine Kuppe hinter sich hat, ändert sich die Landschaft schlagartig.

Mir hat die Schweiz auch sehr gut gefallen, sagt sie. Ich wäre gern hingefahren und hätte mir das angeschaut.

Nun ist es Senta, die überrascht scheint. Du hast dir den Schweizer Pavillon gemerkt? Pavier hat ihn gesponsert. Du weißt schon, Mies' Arbeitgeber.

Ach!

Gestern Abend musste ich wieder an die Schweiz denken. Wegen der Abstimmung nachher.

Kristina ist verblüfft. Was hat denn der Schweizer Pavillon mit eurer Burg zu tun?

Na ja, vielleicht mehr, als man auf den ersten Blick denken mag. Senta streicht versonnen über Ians Nase und Stirn. Er kichert. Willst du das wirklich wissen?

Na klar!

Okay. Ich weiß nämlich, ehrlich gesagt, nicht, wie ich heute Abend stimmen soll, und habe gehofft, auf der Bank zu einem Entschluss zu kommen. Ich dachte an Jeffrey. Wenn er hier sitzt, wirkt er so … ich weiß nicht, als wüsste er schon alles. Er tut dann bestimmt das Richtige. Sie macht eine Pause. Eigentlich ist klar, dass ich für die Burg stimmen werde, fährt sie fort.

Wegen deines Sohns?

Ja, sie gehört Ian im Grunde schon. Ein Schmunzeln huscht über ihr Gesicht. Du und Jeffrey, ist das was Ernstes zwischen euch? Wobei mich das natürlich nichts angeht.

Frag ruhig. Also, ja, ich glaube schon. Wenn du wissen willst, ob wir Kinder planen, so weit sind wir noch nicht.

Das dachte ich mir. Senta grinst. Und Mies kann ich mir vom Typ her nicht als Vater vorstellen. Er ist so besessen von seiner Arbeit, findest du nicht? Na ja, das hat er von Ma. So sind wir wohl alle. Und Flocke? Vielleicht geht sie in ein paar Jahren nach Syrien oder Jordanien. Seite an Seite mit Leuten wie Sebastian. Oder sie wird zur Vordenkerin für irgendein Ökofood. Du weißt schon, eines, für das man nicht gleich den Regenwald abholzen muss. Dann geht sie in ein Dorf in Brasilien und startet ein Pilotprojekt. Nur so zieht man keine Kinder groß. Im Regenwald gibt es keine Schulen und in Syrien wird ja noch geschossen!

Sie sehen wieder den Eichhörnchen zu, die eifrig ihre buschigen Schwänze abstreifen, um sich zu putzen.

Und da dachte ich heute Morgen, was, wenn Ian gar keine Cousins bekommt? Ich weiß nicht, ob ich noch ein Kind will. Im Moment kriege ich alles gerade so unter einen Hut. Aber mit zwei Kindern? Dann müsste ich die Zeitschrift aufgeben. Ich kann dir nicht sagen, wie lange es sie noch gibt, denn das ist ein knallhartes Geschäft, so ein Nischensegment. Solange wir nicht untergehen, möchte ich sie aber weiter kuratieren.

Und dein Mann?

Robert? Wir sind nicht verheiratet. Er arbeitet in einer Unternehmensberatung und telefoniert mehr als Ma. Der hat gar keine Zeit. Senta lacht und wird wieder ernst. Um auf heute Abend zurückzukommen, wenn es dabei bleibt, wie es ist, gehört die Burg eines Tages Ian. Dann stimme ich gar nicht über Mas Burg ab, weißt du? In Wirklichkeit stimme ich über Ians Burg ab – über seine Burg und die Burg seiner Kinder.

Ian macht glucksende Geräusche.

Hm, mein Spatz, was willst du?, murmelt sie und spielt mit den Bändern an seinem Jäckchen. Eine Burg mit einem Wasserhaus, was beides nur dir gehört? Oder lieber Wasser für alle? Sie bindet die Bänder zu einer Schleife und streicht ihm erneut übers Haar. Der Pavillon der Schweiz, vielleicht erinnerst du dich, Kristina. Einer der vier Türme ist der Wasserturm gewesen. Man durfte sich bedienen, aber sie haben das Wasser nicht nachgefüllt. Daran musste ich heute Morgen denken.

Ian wird zappelig. Senta nimmt aus einer Tasche eine Rassel mit einer bunten Kugel, die sie über ihn hält und nach der er sofort zu greifen beginnt.

In dem Turm die Drinks für die Besucher. Das waren Wasserflaschen von Pavier. Sie dreht sich kurz zu Kristina um und lächelt. Wenn wir heute Nachmittag zur Allgäuer Riviera fahren, erinnere dich mal an die Etiketten, sobald du dort das Panorama siehst. Die Linien werden dir bekannt vorkommen, es sind nämlich die gleichen.

Oh!

Dreimal darfst du raten, warum. Das Etikett war Mies' Idee. Seine Flaschen verkaufen sich sehr gut. Typisch Mies, ganz schön mies, würde Flocke sagen.

Warum?, fragt Kristina.

Mies schweigt sich darüber aus, aber Flocke hat es mir erzählt. Pavier betreibt Land Grabbing. Das heißt, sie kaufen Brachflächen im großen Stil. Sie errichten tiefe Brunnen. Das entzieht dem Boden Wasser und die umliegenden Kleinbauern werden in die Pleite getrieben. Pavier steht damit nicht allein, inzwischen machen das wohl alle großen Lebensmittelmultis so. Wusstest du das? Ich wusste das nicht.

Ich auch nicht.

Beim Thema Wasser musst du vorsichtig sein, wenn du Mies für dich gewinnen willst. Du hast ihn vorhin erlebt, als es um Jordanien ging. Er fühlt sich sofort angegriffen, auch wenn er das nicht zugibt. Deswegen gehen Ma und er derzeit auf Konfrontation, wenn du mich fragst.

Verstehe.

Flocke sagt, Mas Wasserprojekt zielt auf ein Umdenken, eine neue Verteilung der Ressourcen. Auf der einen Seite wird Pavier bei uns so ziemlich alles verziehen, vor allem Ma tut das, weil Mies dort arbeitet. Auf der anderen Seite ist es schon richtig, Pavier steht für ein bestimmtes System. Ich war mir daher nicht sicher, ob ich den Wasserturm nicht zynisch finden sollte. Ich würde die Burg ja für Ian bewahren, aber mit dem nötigen Umdenken hat Flocke recht.

Senta legt die Rassel weg, ihre Finger trommeln sanft auf Ians Brust, bis er quiekt. Dann hebt sie ihn wieder hoch und drückt ihn an sich.

Und wenn die Brunnen leer sind, bleiben nur die Flüsse. Du warst dabei, als Flocke vom Jordan erzählt hat. Wenn man Ma Glauben schenken mag, brauchen alle da unten den Incomati. Das ist der Fluss, den ihre Biokläranlagen schützen sollen. Ihm droht ansonsten die Vergiftung. Wegen der sauren Grubenwässer in den Bergen.

Warst du mal in den Bergen, zum Wandern oder Klettern?, fragt Kristina.

Senta schüttelt den Kopf.

Das ist immer einer der schönsten Momente, wenn du Durst hast und ein Bach in der Nähe ist. Ich trinke immer mit beiden Händen und fülle anschließend die Flasche auf. Nie schmeckt Wasser besser. Jeffrey ist zweimal mitgekommen.

Hat es ihm gefallen?

Ich glaube schon.

Senta seufzt. Ja, das kann ich mir vorstellen. Das muss schön sein, so zu wandern. Und das mit dem Bach klingt nach einem besonderen Erlebnis. Bei unserer Familie findest du eine Quelle im Wappen. Früher hing eine Fahne damit über der Burg. Komisch, nicht? Manchmal habe ich das Gefühl, irgendwie hängt alles zusammen.

Und jetzt fragst du dich …

Ja, genau das frage ich mich. Wofür würde Ian heute Abend stimmen, wenn er stimmen könnte? Für eine Burg mit einem Wasserhaus oder für Mas Incomati und Wasser für alle?

Was würde Ian denn mit der Burg machen?

Wahrscheinlich nichts. Wir machen ja auch nichts damit.

Also lieber keine Lofts, die in dreißig Jahren das Doppelte wert sind?

Senta sieht sie an, beginnt zu verstehen und ein warmes Lächeln breitet sich auf ihrem Gesicht aus. Du hast den Artikel zu Petite Venise à la mer gelesen, ja? – Nein, bloß nicht! Mies würde mir an die Gurgel gehen. Und selbst wenn ich über Gauchstein und die Wasserhauslofts schreiben würde, du siehst ja, sie würden es nicht einmal lesen. – Wie hat dir mein Artikel sonst so gefallen?, fragt sie nach einer Weile.

Die Siedlung hat einen schönen Namen. Ich fand ihn nur ein wenig lang.

Gute Lösungen lauten meistens kurz, nicht wahr?

Ich glaube ja.

Zwei Eichhörnchen sind zu ihnen vor die Bank gelaufen, hocken da und scheinen auf etwas zu warten.

Wenn Ian nichts mit der Burg anfängt, Senta, ich meine, was soll er denn mit einer leeren Burg und einem Wasserhaus? Das wäre ja …

Wie ein Wasserturm auf der Expo ohne Wasser, meinst du?

Die Eichhörnchen tun eine Weile nichts, als in ihrer Nähe zu bleiben. Ihr Anblick aus solcher Nähe ist so selten, dass auch sie still werden und sich nicht bewegen. Selbst Ian scheint das zu spüren und ist für Minuten so ruhig, als würde er schlafen. Erst als er ein neuerliches Geräusch macht und mit den Armen rudert, zittern ihre Tasthaare und blitzartig sind sie weg.

Ich glaube, du hast mir sehr geholfen, Kristina. Senta packt die Sachen für Ian, die sie neben sich auf der Bank ausgebreitet hat, in ihre Tasche. Sie bauen ihn gerade ab, fügt sie hinzu. Jetzt wo die Expo zu Ende ist. Da bleiben nur ein paar Glaspaneele.

Und die Erinnerung.

Dass du das sagst … Ja, und die Erinnerung. Am Ende ist es wohl das, was zählt, und was die Bilder in unseren Köpfen mit uns machen. Hat dir Jeffrey schon mal gesagt, dass Ma mit uns nie auf der Burg gewesen ist? Was da steht, kann die Bank von mir aus haben.

Dann hast du deine Antwort.

Wir brauchen eine gute Lösung. Ich kann Mies nicht völlig hängen lassen. Senta steht auf und klemmt sich Ians Beine zwischen die Achseln. Lass uns reingehen, bist du einverstanden? Ich glaube, der kleine Mann hat Durst. Und ich auch.

Darf ich dich noch was fragen?

Natürlich.

Wenn es »bauen heute« irgendwann nicht mehr gibt, was machst du dann?

Keine Ahnung. Du und Jeffrey, behaltet es gegenüber Ma für euch, denn wie immer es bei ihr in Kapstadt weitergeht, sie hat genug am Hals. Offenbar hat sie sich mit ihrem Projekt Feinde geschaffen und ich vermute, die werden nicht klein beigeben, nur weil ihre Bank den Kredit aufstockt. Sofern die das tut. Und du hast es selbst erlebt. Seit meine Eltern getrennt leben, steht es zwischen ihnen nicht zum Besten. Wenigstens wir Kinder sollten funktionieren.

Bei Sentas Hinweis auf Ma und Forscher will Kristina höflich protestieren, erntet jedoch ein Kopfschütteln.

Dein Besuch ist vielleicht etwas überraschend gewesen, deswegen gibt es keinen Grund, so zu tun, als wäre bei uns alles in Butter. Ma braucht das sichere Gefühl, dass bei Mies, Jeffrey, Flocke und mir alles glattläuft. Leider kann »bauen heute« von Glück sagen, wenn wir den Jahreswechsel erleben. Besonders optimistisch bin ich da nicht.

Und wenn es nicht reicht?

Dann werde ich schauen müssen. Meine Branche ist klein, Kristina. Hat die Nische einen freien Job zu bieten, ist alles gut. Die Zahl derer, die infrage kommen, ist übersichtlich, das hält dir die Konkurrenz vom Leib. Solange es aber keine Stellen gibt … Ich bin halt keine BWLerin. Wer weiß, vielleicht darf ich mir nicht zu schade sein, auf Vitamin B zu setzen.

Kristina guckt fragend.

Ich könnte Mies fragen, ob es bei Pavier nicht etwas für mich gibt. Vielleicht brauchen sie noch jemanden, der hängende Gärten für die Firmenzentrale in Asien entwirft. Für die Work-out Spaces oder so. Du weißt schon, damit die Mitarbeiter in Singapur genauso bereitwillig Überstunden leisten wie die in Paris. Das Beleuchtungskonzept sollte, vermute ich, so konzipiert sein, dass die Fitnessgeräte optimal rüberkommen.

Kristina schaut ungläubig. Und das würde dir Spaß machen?

Senta zieht einen Flunsch. Versetz dich in meine Lage. Ich möchte nicht, dass immer nur Robert fürs Geld zuständig ist. Sind die Dinge bei euch im Landschaftsbau so viel anders? Der Sinn einer Arbeit, alles Luxus. Sichere Jobs gibt es am ehesten dort, wo du nicht zu viele Fragen stellst. Aber die nach dem Wasser sollten wir dennoch stellen, Wasser ist zu wichtig. Da sind Ian und ich inzwischen ganz bei Ma und Flocke.

Mies hat sich in die Tiefen des Gartens zurückgezogen, wo alles in Ordnung ist. Natürlich ist der Garten nicht in Ordnung, denn jemand muss sich dringend um die Bäume kümmern. Und das heißt, er selbst wird das übernehmen müssen, denn sonst tut es niemand. Sosehr ihn das ärgert, bedeutet es gleichwohl, dass im Garten die Dinge noch so sind wie immer und genau das möchte er.

Er will eine Welt wie früher, ohne Zeugen, wenn er sich daranmacht, möglichst geräuschlos hinter den Desastern in seiner Familie aufzuräumen. Der Gerichtsvollzieher gestern! Vor allem will er eine Welt ohne plötzliche Abstimmung über sein Erbe. An und für sich hätten sie mindestens einen weiteren Tag Bedenkzeit, denn es ist erst Samstag und frühestens am Montag kann Ma die Bank anrufen, aber er ist sich sicher, dass Ma sie alle schon heute Abend abstimmen lassen wird, weil sie das Thema vom Tisch haben will, Geburtstag hin oder her.

Jeder Satz, der heute aus ihrem Mund gekommen ist, hat ihm gezeigt, wie siegesgewiss sie ist. Sie verschätzt sich da gründlich und er muss sie alle daran erinnern, was ihnen sechshundert Jahre Burg wert sein sollten. Ihr leichtsinniger Versuch, ihnen die Burg zu entreißen, bleibt ein eklatanter Affront. Da stellt jemand ein Bein, was eine schallende Ohrfeige verdienen würde!

Er sieht sich um und sucht vergeblich die ungläubigen Gesichter. Unumstößliche Wahrheiten wie jene, dass er auf den Vornamen Vincent getauft ist, oder die Tatsache, dass die Burg seit den Tagen der Schlacht am Weißen Berg über ihre Familie wacht und das auch künftig tun wird, wo sind sie? Er versteht seine eigene Familie nicht mehr. Schlimm genug, dass sie jahraus, jahrein nichts unternehmen und darauf warten, bis ihnen eines Tages die Esche aufs Dach fällt. Doch das heute geht zu weit. Sie sägen plötzlich unverdrossen an dem Ast, auf dem sie sitzen.

Ja, er will eine Welt wie früher. Eine, in der er nicht erst Wahnsinnige ermahnen muss, weil sie vergessen, was in Stein gemeißelt ist, dass er, der Auritter, den Unfug, den sie planen, nicht zulassen wird – nie und nimmer.

Und als lastete nicht schon genug auf ihrem jetzigen Familienwiedersehen, ist da auf einmal dieser Eindringling.

Jemand, den niemand eingeladen hat, jemand, der dafür umso eifriger dabei ist, unverhohlen in seinen Reihen zu rekrutieren. Der Eindringling macht nicht einmal vor dem halt, von dem jeder in der Familie weiß, dass ihm das heilig ist – seine unverbrüchliche, seit Kindertagen bestehende Allianz mit Jeffrey. Mögen die beiden in München tun, was sie wollen, aber nicht hier, das ist sein Reich. Er ist ein guter Gastgeber, doch – und da braucht er sich nicht zu rechtfertigen – willkommen ist nur derjenige, der die Gepflogenheiten vor Ort achtet. Das ist die Pflicht eines jeden Gastes. Und deswegen ist das, was seit gestern geschieht, ein Angriff und der verlangt in der Erwiderung die Zuhilfenahme sämtlicher Mittel. Niemals wird er zulassen, dass man ihm sein Zuhause nimmt. Niemals wird er zulassen, dass ihm ein Dritter diktiert, wie sein Zuhause aussieht.

Was ihn heute vor den Kopf stößt und in Rage versetzt, ist die Tatsache, dass beide Vorgänge – als wäre nicht jeder einzelne abstoßend genug – parallel passieren, der plötzlich in seinem eigenen Zuhause erhobene exklusive Besitzanspruch auf Jeffrey und Mas ebenso unerwarteter wie verwerflicher Versuch, die Familienburg für ihr Projekt zu verspekulieren.

Jeffrey und die Burg sind die beiden Pfeiler seiner Welt. Irgendetwas muss sich gegen ihn verschworen haben und versucht nun, beide zugleich aus ihrer Verankerung zu reißen. Und obwohl er weiß, dass das eine mit dem anderen nichts zu tun hat, kann er nicht anders, als dem Eindringling die Belagerung vorzuwerfen, in die Mas unseliges Projekt die Familie versetzt. Ja, er und die Burg werden gerade von zwei Seiten unter Beschuss genommen und er würde normalerweise sofort mit Pech und Schwefel parieren.

Allerdings gibt es da ein Problem. Seine Feinde sind Frauen. Mit zierlichen Händen richten sie Geschütze gegen seine Vier-Meter-Mauern – und er kann nichts tun. Frauen beschützt man, man kämpft nicht gegen sie. Das ist unritterlich.

Dennoch wird er Mas Vorstoß abwehren müssen und wenn das Wochenende vorbei ist, würde auch der unerwünschte Besucher seine Belagerung abbrechen und wieder von dannen ziehen müssen. Vielleicht kann dann wieder alles so werden wie früher, mit Jeffrey an seiner Seite. Zusammen haben sie unter diesen Bäumen gelegen – Bäume, die so wachsen, wie sie wollen, wild und unbeschnitten.

So sind die Jahre ihrer Kindheit gewesen, seit jenem Tag, als sie das Dämmerungsspiel gespielt haben und er in die höchste Baumkrone der Esche geklettert ist, bis in den Teil der Äste, wo niemand, selbst Forscher nicht, ihn mehr vermutet hat. Jeffrey zögerte einen Moment zu lange oder, richtiger gesagt, Forscher tauchte einen Moment zu früh auf. Zusammen hätten sie dort oben zwischen den Zweigen ausgeharrt, bis alle über ihr langes Fernbleiben einen richtigen Schrecken bekommen hätten. Am liebsten hätten sie beim Versteckspiel jedes Mal lauthals gelacht. Aber solange er keinen Mucks von sich gab, war auf Jeffrey Verlass. Zusammen wären sie für alle unsichtbar geblieben. Nur den leisen Atem teilend.

Mit Jeffrey an seiner Seite. Wegen dieses Bilds braucht er heute seinen Garten und die Bäume, um zu verstehen, was passiert ist, mit Jeffrey, mit ihm – und mit diesem Bild. Wo ist es hin? Es ist übermächtig und im Unterschied zur Burg existiert es nicht nur in seinem Kopf. Es besitzt einen tatsächlichen Ort – ein Hier, wo sie im Gras gelegen haben und in die Bäume geklettert sind und an dem sie dort oben im Laub ausgeharrt hätten, wäre Forscher nicht zu früh auf der Bildfläche erschienen.

So liegt er jetzt hier, mitten im Gras, hinter den Büschen, wo er von der Terrasse aus nicht zu sehen ist. Er blinzelt in das

Laubdach und in die Sonnenstrahlen dazwischen. Der ihm seit der Kindheit so vertraute Anblick, den Jeffrey und er unzählige Male geteilt haben, zerrt an ihm. Wie kann diese Welt plötzlich nicht mehr so sein, wenn der Anblick unverändert ist und wichtiger und richtiger bleibt als alles andere?

Und doch hätte er die Veränderungen voraussehen können, das Getrappel ist früh zu hören gewesen. Es ist wie mit den Mardern zwischen den Wänden. Wer ihre eifrig nagenden Zähne zu lange ignoriert, sollte später nicht sagen, er habe die Folgen nicht kommen sehen. Auch er hat sie nicht sehen wollen – in Paris. Schon da, mitten in seinem Wohnzimmer, nistete der damals noch unsichtbare Feind. Und selbst vor der Eröffnung, die ihm Jeff dort gemacht hat, die, dass sie nun *zusammen* seien, sandte der Eindringling Signale seiner nahenden Ankunft. Im Dapper weigerte sich Jeffrey plötzlich rundheraus, eine vernünftige Maske auszusuchen. Was dabei herauskam, war das: ein lachendes Nilpferd! Ebenso gut hätte sich Jeffrey mit bloßem Hemd ergeben können.

Und gestern ist der Feind eingeritten, mit Jeffrey in unsichtbaren Ketten, um ihm seinen gefangenen Bruder vorzuführen. Es ist alles wie in ihrer Familienlegende, als von Tannen Plitwitz belagert hat. Laschke befreite sich selbst und seinen Bruder. Später ist Laschke am Moritzburger Weg gestellt worden, aber das ist nicht mehr wichtig. Was zählt, ist nur das: Er hat seinen Bruder befreit. Solange es sie gab, würde einer für den anderen einstehen.

Was kann er tun, um Jeffrey zu befreien? Der Eindringling ist überall: im Wohnzimmer, auf der Terrasse, im ersten Stock – wo er hinsieht, Kristina. Dein Knappe gehört mir.

Will sich Jeffrey überhaupt noch von ihm retten lassen? Schon in Paris musste er erkennen, dass alles, was ihm bleiben wird, nur Scherben sind. Die Scherben des Glases, das er aus Wut auf den Boden warf, damit sie endlich dort zu sehen waren, wo er zuvor nur auf dumme Bodenplatten gestarrt hat, die blind waren für das, was gerade geschah: das Zerbrechen ihrer Einheit.

Wie in ihrer Familiengeschichte gibt es auch heute einen plötzlichen Überläufer. Nur ist es diesmal umgekehrt, als hätten sie sie umgestülpt. Nicht etwa stößt ein Moreau aus den gegnerischen Reihen zu ihnen, nein, heute entpuppt sich der Überläufer als einer aus ihren eigenen Reihen, um sich mit dem neuen Feind gegen ihn und die Burg zu verbünden. Und der Überläufer heißt Ma.

Noch immer gilt jedoch ein Wahlspruch in ihrer Familie. Es ist ein kaiserlicher. Aus den Tiefen der Jahrhunderte klingt sein Nachhall bis heute und nie büßt er an Wahrhaftigkeit ein: Ce traître ne la derserve pas.

Ein abtrünniger Überläufer ist ein Verräter. Und selbst wenn das heißt, dass er am Abend gegen die eigene Familie kämpfen muss, Ma hat die Burg nicht verdient. Die anderen würden ihm später recht geben. Schon einmal wurde versucht, sie der Familie zu entreißen, doch der Auritter hat aufgepasst und dem Blatt der lustigen Pokerrunde rechtzeitig die entscheidende Karte untergemischt, die der Inflation. Welch ein genialer Einfall! Denn einer schönen Frau gibt man nicht den Laufpass.

Er liegt im Gras und meint, den Druck eines Schenkels gegen seinen Brustkorb zu spüren, den des neben ihm knienden Auritters. Wie damals ist auch jetzt auf ihn Verlass.

Wo bleibst du, Vincent, mein Waffenbruder? Leg die Rüstung an und blas die Fanfaren! Wie in den Tagen der Schlacht am Weißen Berg, schließ die Reihen mit denen, die uns bleiben!

Nur, wer bleibt ihm? Forscher wird sich enthalten und Flocke stimmt mit Ma. Auf Senta kann er setzen, aber das reicht nicht. Er muss seine Stimme verdoppeln, wie früher, wenn er mit Jeff sein Spiegel-Ich geschaffen hat, dann sind sie stark gewesen, eine uneinnehmbare Festung. Ja, wenn Jeff mit ihm für die Burg stimmt, wird Ma unterliegen. Früher hätte er sich darüber keine Gedanken zu machen brauchen. Blind ist ihm Jeffrey gefolgt, bis in den Teil der Äste, wo niemand sie suchen würde. Nur den leisen Atem teilend.

Mit Jeffrey an seiner Seite – auch damals.

Damals, als Jeffrey und er an jenem Tag, an den zu denken er sich seither verbietet, hier im Gras gelegen haben, den Blick nach oben gerichtet, in die Sonnenstrahlen zwischen den Blättern. Es ist ein wolkenloser Frühsommertag gewesen, wie heute. Vincent und Boxer. Er hört Kristina spöttisch auflachen, wie sie sich über ihn beugt, den Degen schon in der Hand, um das Bild seiner Erinnerung auseinanderzuschneiden. Er will protestieren, aber sie verzieht das Gesicht und ahmt Flocke nach.

Mies, das war jetzt ganz mies. Was tue ich denn schon? Ihr seid doch keine Liebhaber. Er gehört mir.

Diese Frau hat keine Ahnung. Überhaupt. Keine. Ahnung.

Unter diesem Blätterdach haben sie gelegen – und er auf Jeffrey.

Niemand hätte sie von der Terrasse aus sehen können, aber sie sind sowieso alle fort gewesen, auf Terminen und zu Verabredungen, Ma, Forscher, Senta und Flocke. Ma war damals im Begriff gewesen, Aufsichtsrätin in der Wasser Südwest zu werden. Sie erklärte ihnen noch am selben Abend bei Tisch, warum sie sich entschlossen habe, das Angebot anzunehmen. Wasser sei die Zukunft. Welchen Weg sie dieser Firma noch zutraue. Und so weiter.

Hängt alles zusammen? Mas Abwesenheit an jenem Frühsommertag, so sonnig wie heute, und die Schuld, die er auf sich geladen hat, und ihre Abstimmung, mit der ihn seine Vergangenheit einholen wird? Heute ist der Tag, an dem die Wasser Südwest Mies den Preis dafür zahlen lässt, dass er damals ohne Zeugen hat tun und lassen können, was er wollte. Sturmfreie Bude. Den Preis für das, was er sich in seinem Übermut besorgt hat. Bei einem Bruder, der drei Jahre jünger ist als er – Little Brother.

Daher die absurde Duplizität der Ereignisse.

Die Marder in ihren Wänden, hat er sie all die Jahre über deshalb so gut gehört? Als hätte er schon immer gewusst, dass dieser Tag kommen würde. Es ist nur folgerichtig, wenn sie alle, Ma, die Wasser Südwest und Kristina, eine Allianz schmieden, um Vergeltung für sein Raubrittertum zu üben. An Afrika wollen sie wiedergutmachen, was er, der Auritter, sich damals geholt hat: von Jeffrey, dem Afrikaner.

Little Bro, warum hast du nichts gesagt?, flüstern seine Lippen, unhörbar, nur den leisen Atem teilend.

Genau das machte es später so vertrackt, dass er nie hat beichten können. Wer bekennt sich schon schuldig, solange es einen Ausweg gibt? In dubio pro reo. Hier, auf diesem Rasen, haben sie nebeneinandergelegen, bis Mies ein Dösen simuliert hat, bei dem er ein Bein auf Jeffreys Bein schieben und einen

Arm auf seine Brust legen konnte. Es blieb nicht dabei, bis er schließlich oben lag, obwohl die Härte in seiner Hose längst nicht mehr zu verbergen war. Und anstatt sofort herunterzurollen, vergruben sich seine Arme noch fester zwischen dem Gras und Jeffreys Rücken, so fest, dass Jeffrey begreifen musste, dass ihn abzuwerfen mehr als nur spielerische Kraft verlangte, sondern die bewusste Formulierung eines abweichenden Willens. Und er setzte darauf, dass Jeffrey noch nicht bereit dazu war. Mies war der Ältere und nicht nur das. Bei allem, was sich auf diesem Rasen unter diesen Bäumen abspielte, war er auch der Weiße. Ein Weißer, der auf die Rechte eines Schwarzen, der ihm unterlegen war, keine Rücksicht genommen hat, weil es um seinen eigenen Spaß gegangen ist.

Was haben Flocke und Jeffrey gesagt, als sie über die Schächte gesprochen haben? Auf der Feier, als Ian auf die Welt gekommen ist? Das Gespräch hat sich um sein Handy gedreht – und sein Vergnügen an diesem Spielzeug.

Habt ihr euch mal angeschaut, wo diese Minen liegen? Na, wo wohl? In Afrika. Da sind die Schächte so eng, dass nur Vierzehnjährige hindurchpassen.

Jeffrey ist damals vierzehn gewesen. Schwarze Jugendliche bezahlen noch immer für ihn und seine Spielzeuge. Und er hat nicht einmal bemerkt, wie sich die Dinge wiederholen. Jeffrey muss es sofort gemerkt haben.

Ma, wir müssen die Frage stellen. Sonst ändert sich nie etwas.

Das ist es. Deshalb will auch Jeffrey, dass der heutige Tag endlich die Wahrheit ans Licht bringt und alle ein gerechtes Urteil fordern – eines über ihn. Sonst wird sich nie etwas ändern. Sein Bruder, der Anwalt, hat recht. Es soll verhandelt werden, was sie bis heute verschwiegen haben. Und Jeffrey will nicht nur Wahrheit und Spruch, er will offensichtlich auch Strafe sehen. Deshalb hat er den Feind in ihr Haus gelassen. Deswegen hat er sich gegen ihn verbündet.

Und doch ist es damals so schön gewesen – das Schönste, das er je in seinem Leben erlebt hat. Über ihnen blitzte ein blauer Frühsommerhimmel, die Blätter schwangen sanft im Wind hin und her und die Sonnenstrahlen malten Wellen auf Jeffreys Schultern.

Vibes.

Ein Bild, das sich ihm so tief eingebrannt hat, dass er es nie vergessen könnte.

Einige Zeit später bat er Flocke, diesen Moment wieder lebendig werden zu lassen.

Male Vibes, Flocke.

Und Jeff, der dem Anschein nach dösend auf dem Sofa fläzte, muss gewusst haben, was er gemeint hat. Vibes. Jeffrey konnte die Wellen auf seiner nackten Haut nicht sehen, aber er muss die Wärme der Sonne gespürt haben … Und hatte nicht sowieso jener Tag unter den Bäumen gerade wegen seiner Unaussprechlichkeit einen solchen Nachhall, dass Jeff intuitiv begreifen musste, Berlin war kein Zufall? Alle anderen hielten sie sofort für ein Paar.

Ob er bewusst oder unbewusst darauf hingearbeitet hat, er hat alle Hebel in Bewegung gesetzt, bis er den Schlüssel für ihre Berliner Wohnung sicher in Händen gehalten hat. Schon in wenigen Tagen würden sie auf dem Wagen stehen, in der gleichen blauen kurzen Hose, mit der gleichen Sonnenbrille, mit den gleichen Vibes auf den nackten Schultern.

Mit Jeffrey an seiner Seite.

Suchte er auf diese Weise einen Weg aus der Unaussprechlichkeit, um die Bitte äußern zu können, dass Jeffrey ihm endlich verzeihen möge?

Gib mir ein Signal, Little Bro!

Jeffrey hätte seinen Vorschlag, auf dem Wagen zu tanzen, ablehnen können. Er war fast sechzehn und nicht mehr Little Brother, der ihm blind folgte. Damals in Berlin, das war ihre Zeit, als Little Brother folgen *wollte*.

Berlin wurde so sein Versuch, den Brückenstein in den Bogen über den beiden Pfeilern zu setzen, nur dass der Bogen nicht zu schließen war. Weil er dem einzigen Menschen gegenüber zum Raubritter geworden war, gegenüber dem das nie hätte geschehen dürfen. Gegenüber Jeffrey, dem einzigen Menschen, den er über alles liebt.

In jeder Hinsicht.

Nicht einmal Flocke hat das geahnt, auch wenn sie ihn schon immer gut kannte.

Berlin, Mies, hat sie später einmal gesagt, als sie dort schon studiert hat, ist mehr als nur die Freiheit, das zu tun, was du willst. Berlin ist der Ort, um zu werden, wer du bist.

Wieder hängt alles zusammen. Berlin und die Erneuerung seines Bunds mit Jeff. Sein irrwitziger Versuch, mit Jeffrey an diesem Ort ganz zu werden. Aber Jeffrey ist nicht schwul.

Vibes, Flocke. Male Vibes!

Berlin, die Stadt, in der Flocke später unbedingt studieren musste, und die Stadt, die sie nun zu der werden lässt, die sie ist. Seine kleine Flocke, die Flocke von heute, wird nachher für Ma stimmen, als eine der Stimmen im Kreis der Schöffen, die in wenigen Stunden über ihn und die Burg das Urteil fällen werden.

Die Burg wird der Preis sein. Weil es die Burg des Raubritters ist, der sie nicht verdient.

Die Burg des Raubritters Mies.

Und deshalb muss sie den Bestohlenen zurückgegeben werden. Deshalb gehört sie Afrika.

Er merkt, wie er eindöst, als er plötzlich Stimmen hört, doch die Stimmen verschwinden wieder, also wird er sich das nur eingebildet haben.

Jetzt hört er ein Rascheln neben sich, er macht die Augen nicht auf und so werden es nur die Blätter sein, oben in den Baumkronen, in denen sie früher vor langer Zeit geklettert sind.

Plötzlich spürt er eine Hand, die in seine greift, es ist tatsächlich die von Jeffrey. Er blinzelt und sieht neben seinem Bruder verschwommen ein zweites Gesicht, das ebenfalls lächelt. Er schließt die Lider wieder. Es muss Flocke sein, denkt er. Wir sind wiedervereint – das Berliner Dreigespann. Aber wer ihm zugelächelt hat, ist nicht seine Schwester und er weiß es.

Es ist Kristina.

Alle haben dich gesucht. Da wusste ich, wo ich dich finden würde.

Es ist Jeffrey, der das sagt, und für einen Augenblick hören sie nur den Wind, der über ihnen in den Blättern rauscht. Er hat nicht »wir« gesagt, schießt es Mies durch den Kopf.

Wolltet ihr nicht in die Berge fahren? Es fällt ihm schwer zu reden, irgendwie schafft er es.

Was immer wir heute noch tun, ich möchte bei dir bleiben.

Ich möchte im Moment nur hier liegen.

Dann möchte ich genau das.

Darf ich auch?, fragt Kristina.

Mies kann es nicht sehen, er weiß jedoch, dass Jeffrey fragend zu ihm hinüberschaut, daher nickt er. Er blinzelt und ist überrascht. Warum legt sie sich nicht neben Jeffrey? Doch sie ist aufgestanden und steuert seine freie Seite an. Dort streckt sie sich hin, wenn auch mit einem höflichen Abstand.

Bevor er etwas sagen kann, drückt Jeffrey seine Hand. Bitte. Wir nehmen dich in die Mitte. Das habe ich mir immer gewünscht, dass wir drei hier mal so liegen.

Sie blinzeln zu dritt nach oben.

Weißt du noch damals, fährt Jeffrey fort, als wir das Dämmerungsspiel gespielt haben? Einmal bist du ganz hoch in die Esche geklettert. In dem Moment kam Forscher. Da war es zu spät.

Und wenn Forscher nicht gekommen wäre, wärst du mir gefolgt?

Was für eine Frage. Natürlich.

Hat dir die Baumkrone keine Angst gemacht, Jeff? Du warst noch klein.

So klein auch wieder nicht. Außerdem, du warst ja oben.

Wenn er es jetzt nicht tut, wird er es nie tun. Dann wird es für alle Zeiten zwischen ihnen stehen – und zwischen Jeffrey und Kristina. Weil Jeffrey ihr etwas verschweigen muss. Und das hat sein Bruder nicht verdient. Nicht der einzige Mensch, den er liebt.

Ohne den Kopf zu drehen, tastet er über den Rasen, bis er

den schlanken Frauenarm findet. Er tastet weiter, an ihrem Arm hinunter, zu ihrer Hand, die flach auf dem Rasen liegt und sich bereitwillig öffnet, da seine in ihre greift.

Kristina, sagt er und klingt heiser, doch wenn er seine Sache gut machen will, darf er sich nicht verstecken. Ich war nicht besonders nett zu dir. Verzeih.

Statt einer Antwort erwidert sie sanft den Druck seiner Hand und so bleiben sie alle drei liegen und hören dem Wind in den Baumkronen über ihren Köpfen zu.

Es gibt, sagt er schließlich und noch immer klingt seine Stimme rau, es gibt da etwas zwischen Jeff und mir, das ich mit niemandem teilen kann.

Ein Eichhörnchen läuft den Stamm hinunter und kommt auf sie zu. Da sie stillliegen und eine Weile nichts sagen, ist es bald ganz nah und sieht sie neugierig an, bis Mies das Schweigen bricht. Sofort läuft es fort.

Vielleicht ist nicht der richtige Moment, das zu sagen. Aber wann gibt es den schon? In den vergangenen zehn Jahren hat es ihn nie gegeben. Und das war nicht gut.

Nun ist es Jeffreys Händedruck, der ihn bestärkt, weiterzusprechen.

Wir haben nie darüber gesprochen, weil das, was damals passiert ist, nie hätte geschehen dürfen. Ich wollte es, ja, aber ich habe nicht gefragt. Ich habe mir einfach genommen, was ich wollte. Wie der Auritter.

Jetzt wird sie meine Hand loslassen, aufstehen und gehen. Und Jeffrey ebenfalls. Seine Gedanken fließen langsam wie seine Worte. Ich werde noch etwas bleiben. Und nachher zum Wagen gehen.

Doch Jeffrey und Kristina rühren sich nicht, ihre Hände fest in seinen verschränkt. Und sein Mund redet überraschenderweise weiter.

Es gibt Dinge in meiner Familie, die erklärungsbedürftig sind. Ma fährt zu schnell. Plötzlich steht ein Gerichtsvollzieher vor der Tür. Das ist alles nicht schlimm. Und ich sehe nichts Verwerfliches darin, bei Pavier zu arbeiten, auch wenn dir Flocke etwas anderes sagen wird. Es gibt nur eine Sache, die wirklich schlimm ist. Wenn du dir bei dem einzigen Menschen, den du liebst, das Kostbarste nimmst, das er besitzt, ohne dass er es will. Das kann er dir nicht verzeihen, das kann dir niemand verzeihen. Du kannst es dir selbst nicht verzeihen. Und deshalb kannst du es mit niemandem teilen. Das ist das Schlimme daran. Du bist immer allein.

Der Wind weht sanft in den Zweigen und er spürt die Wärme der Sonnenstrahlen auf seinen Schultern, als der Gegendruck jener Hand kommt, nicht der großen, breiten zu seiner Linken, sondern der jener schmalen, gleichwohl festen zu seiner Rechten.

Du sagst selbst, Mies, sagt eine leise Stimme, die zu dieser schmalen Hand gehört, du hast Jeffrey geliebt und du liebst ihn noch. Wie kann ihm dann das, was du dir genommen hast, wehtun?

Ich war der Ältere!, bricht es aus Mies hervor. Ich war der Ältere und es war Ausbeutung. Und nicht nur das.

Und nicht nur das? Hm. Ich glaube, ich ahne, was du sagen willst. Doch Hautfarben spielen in eurer Familie keine Rolle, sagt Kristina. Lassen wir diesen Punkt daher beiseite. Und das andere, du warst der Ältere. Ihr habt etwas ausprobiert und der Ältere gibt den Ton an. Das ist beim Ausprobieren meistens so. Ich habe auch Dinge ausprobiert. Anfangs war ich die Jüngere, später die Ältere.

Mies spürt, wie sich von Jeffreys Seite der Händedruck verstärkt.

Und dir hat es damals gefallen, nur Jeff nicht. Kristina richtet den Oberkörper auf und stützt sich mit der Rechten auf dem Rasen ab, ohne seine Hand in ihrer Linken loszulassen. Das gibt's. Im Nachhinein fand ich es immer gut, etwas ausprobiert zu haben. Ich wusste ab da, was ich nicht will. Wichtig war mir nur, es mit Leuten zu tun, denen ich vertrauen konnte. Ich glaube, du hast Jeffrey bei dem, was ihr da gemacht habt, einfach geimpft.

Einfach geimpft!

Bro, flüstert die Stimme zu seiner Linken. Ich schwör's dir, so war's. Ich wollte dir das immer sagen. Aber ich wusste nicht, wie.

Dass ihr über so was nie mal redet! So riesig ist die Sache auch wieder nicht. Ihr seid schon eine komische Familie, sagt Kristina.

Ja, schon komisch, sagt Jeffrey, der auf einmal ebenfalls heiser klingt. Irgendwie wolltet ihr mich immer alle impfen – erst Forscher, dann du. Offenbar seht ihr in mir noch immer den Geboxten. Dann dreht er sich zur Seite und blinzelt Mies an. Kann es sein, dass ihr euch jahrelang um den Falschen Sorgen gemacht habt? Und dass in Wirklichkeit ihr es seid, auf die man aufpassen sollte? Denn wenn man das nicht tut, galoppiert jeder drauflos, und zwar jeder in eine andere Richtung. Ohne Rücksicht auf Verluste.

So liegen sie noch eine Weile da und schauen in den Blätterhimmel.

Hey, echt schön mit euch, sagt Jeffrey. Das habe ich mir immer gewünscht, wir drei, hier auf dem Rasen. Manchmal muss man nur lang genug fest an etwas glauben. Dann wird's schon. Bro?

Ja?

Danke.

Wofür?

Nichts. Ohne dich wäre ich ... nicht vollständig, glaube ich.

In diesem Moment hören sie ein lautes Klirren, aber es ist mehr als nur das, es ist fast ein Knall, als ginge eine ganze Batterie an Gläsern und Tellern gleichzeitig zu Bruch.

Komisch, sagt Mies. Was war das?

Ja, verrückt, sagt Jeffrey. So habe ich mir immer vorgestellt, wie es damals geklungen haben muss, als der Druck zu groß geworden ist.

Wovon redet ihr?, fragt Kristina.

Das Geschirr, sagt Mies. Auf der Burg.

Ich verstehe noch immer nicht, wovon ihr redet. Wann war das?

Als die Burg gebrannt hat, antworten Mies und Jeffrey wie aus einem Mund.

Ach herrje. Warum musst du auch immer diese alten Pullis tragen?, wird Ma fragen.

Es ist ihr Tafelaufsatz, der einzige, der aus dem Porzellanerbe der Burgahnen erhalten ist. Seinerzeit hat man ihn wegen seiner Sperrigkeit zusammen mit einem kaum benutzten Service im Wasserhaus gelagert. Das ist prompt das, was ihnen geblieben ist. Alles andere, das tägliche Geschirr und das für Festtage, ist in der Hitze des Brands 1945 in einem großen Knall zerplatzt.

Was für ein dämliches Missgeschick. Und völlig überflüssig. Warum hat Ma, ziemlich angeberisch, wie er mit Blick auf ihren Besuch gefunden hat, in die Mitte der Frühstückstafel dieses Ungetüm postieren müssen? Aber es sei doch sein Geburtstag, rechtfertigte sie ihren Einfall. Als hätten sie an ihren Geburtstagen, zumal an seinen, die er meistens gern ins Wasser fallen lässt, solch ein barockes Zeug je gebraucht. In Wahrheit gilt die Inszenierung nur ihr und macht ihr riesengroßen Spaß.

Das ganze Wochenende steht im Zeichen der Burg und der Tafelaufsatz erinnert sie an ihre Vorfahren, die einst mit gezogenen Degen gen Paris geritten sind. Er lässt sie walten, sie ist nur noch so selten zu Hause. Wenn es ein Monstrum mit pickenden Vögelchen braucht, um bei seiner Frau Heimweh nach Deutschland zu wecken, soll es ihm recht sein.

Als er sich nach dem Frühstück in sein Arbeitszimmer zurückgezogen hat, um sich dort für eine Stunde vom Trubel im Haus zu erholen, sind ihm – er weiß nicht, warum – Geburtstagsbilder aus Kindertagen durch den Kopf gegangen. Darunter Bilder von Schokolade, damals hat er sie noch gemocht. Trockenobst mit Schokoladenüberzug hat es an solchen Festtagen auch bei ihnen gegeben. Wie Ma hat seine Mutter dieses teure Konfekt geliebt. Obwohl er sich seit Langem nicht mehr viel aus Süßem macht, verspürte er auf einmal Lust, ein Stück Kindheitserinnerung zu schmecken.

Er ging in die Küche, wo Ma den Tafelaufsatz mitsamt seinen ausladenden Muscheln vorübergehend neben der Spüle abgestellt hat. Suchend glitten seine Finger über die Schalen, bis sie sich ein Stück Konfekt nahmen. Er drehte sich um, steckte zufrieden das Orangenstäbchen mit der schwarzen Schokolade in den Mund und verspürte im selben Moment den Ruck, wie wenn man an der Schulter zurückgehalten wird, aber da war es bereits zu spät.

Unbemerkt muss sich ein Faden seines Pullis an einem der zwitschernden Schnäbel oder Zierfüßchen verfangen haben. Ein Porzellanarm bohrte sich ihm in den Rücken und gleichzeitig vernahm er dieses atemberaubende Platzen und Klirren. Um ihn sprangen tausend Scherben auf den Boden und von diesem wieder hoch, als wäre die Küche ein Trampolin. Über den Stoß in den Rücken, den Krach und die springenden tausend Scherben ist er so erschrocken gewesen, dass er gestolpert und ausgerutscht ist.

Und nun liegt er da, inmitten dieses Bergs. Er kann von Glück sagen, dass ihm beim Fallen kein Stück ins Gesicht geschnitten hat. Lediglich mit dem Ellenbogen ist er auf die Bruchkante einer Schale gefallen und diese Stelle fängt an, einen breitflächigen roten Fleck zu hinterlassen. Überraschenderweise tut sie nicht weh.

Der Schock zu fallen hat Adrenalin in sein Blut schießen lassen, ihm wird warm und es gelingt ihm, sich den Pulli über den Kopf zu ziehen. Für eine Weile tut er nichts. Gleich werden sie alle hereinstürmen – bei dem Getöse, das er veranstaltet hat, unvermeidlich – und als blutendes, von Scherben bekränztes Geburtstagskind wird er keinen besonders würdigen Anblick bieten. Er sollte schleunigst aufstehen, doch er muss sich erst sammeln.

Ein Vogel liegt direkt neben ihm und erinnert ihn angesichts des alles beherrschenden Themas dieses Tages mit seinem rotschwarzen Gefieder lebhaft an die Farben einer noch lodernden, schon halb rußgeschwärzten Burg. Wie sie ist auch das Vögelchen ruiniert. Ein Flügel fehlt ihm, es hat den Schnabel aufgerissen und scheint nicht mehr zu zwitschern, sondern still zu schreien und starrt ihn dabei unverwandt an.

Bei der Menge an Porzellan, das verstreut auf dem Boden liegt, sollte man meinen, er müsste die ganze Tafel von Sachsenkönig August dem Starken zerschmettert haben. Da liegen zerbrochene Schalen rund um den massiven Stamm in der Mitte, der einem Baumstamm nachgebildet und gleichfalls entzwei ist, mitsamt Rinde und Astlöchern, letztere goldumrandet. Zusammen mit den zerstückelten Vögeln und den Einzelteilen der weiß-goldenen Muschelbögen bilden sie vom Boden aus gesehen ein eindrucksvolles Gebirge – ein Sinnbild dafür, zu welcher Zerstörung Unachtsamkeit fähig ist. Vor dem Küchenfenster bewegt ein sanfter Wind die Blätter und der Goldlack reflektiert hier und da die in den Raum hereinblitzenden Sonnenstrahlen.

Es ist wie bei dem Bühnenbild eines Theaterstücks. Ja, so könnte ein Tschechow beginnen – oder enden.

Das Verrückte dabei ist – und als Physiker weiß er das –, im Grunde ist alles unverändert.

Um ihn herum wabern Elementarteilchen. Es hat sie vorhin schon gegeben, als der Tafelaufsatz neben der Spüle gestanden hat, und es gibt sie noch. Sie haben nur minimal ihre Lage verändert, so wie sie es andauernd tun, völlig unabhängig von den Menschen, die in ihrer Hybris glauben, die Dinge zu bewegen.

Weil jeder Gegenstand nur die Summe seiner Teilchen ist und nur die Gewohnheit die Wahrnehmung hindert, das zu erkennen, braucht es Momente wie diesen, um sich das wieder vor Augen zu führen. Das gilt selbst für jemanden wie ihn, der es besser wissen müsste.

Bei ihren Wanderungen folgen die Elementarteilchen den Ergebnissen ihrer Wechselwirkungen. In der Physik sind die Dinge nicht anders als bei den Menschen in seiner Familie. Jeder ist so verschieden vom anderen, dass sie zusammen einen geradezu perfekten »Teilchenzoo« bilden. So nennen sie die Elementarteilchen unter sich im Physikerkollegium. Jeder hat so seinen Spitznamen, er ist Forscher und die Physik ist eben der Teilchenzoo.

Er sollte aufstehen und ins Bad gehen. Komischerweise liegt es sich gut in all den Scherben und auch wenn er das Hemd nachher wird wegschmeißen müssen, macht er sich wegen des Schnitts am Ellenbogen keine Sorgen.

Und was den bevorstehenden Abstimmungsabend betrifft – was sind vier Meter dicke Mauern am Ende anderes als das: ein Schwarm aus Trillionen und Abertrillionen von Punkten, so winzig, dass sie sich unter dem Mikroskop dem menschlichen Auge entziehen? Es bedarf kilometerlanger aufwendiger Teilchenbeschleuniger, um sie bei ihrem Aufprall sichtbar zu machen. Schaffende Hände, ihrerseits nur Massen von Elementarteilchen, haben dies ermöglicht, aber selbst hundertfünfzig Jahre intensiver Forschung haben nicht gereicht, um die Gesetzmäßigkeiten zu entschlüsseln, denen die Teilchen gehorchen. Sofern das überhaupt je gelingen kann.

Da gibt es Photonen für die elektromagnetische Wechselwirkung, Gluonen für eine starke und Bosonen für die schwache Wechselwirkung, und dann gibt es das Higgs-Boson.

Das klingt für Außenstehende fürchterlich klug, jedenfalls zeigen sie sich stets beeindruckt. Dennoch erinnert ihn sein Publikum, wenn es sich um seine Familie handelt, an einen Hund, der sich zu früh auf den Boden wirft. Seine Familie tut das nicht, weil sie klein beigibt, sondern aus grenzenlosem Desinteresse und um ihn so augenblicklich zum Schweigen zu bringen.

So war das immer, seit die Kinder aufgewachsen sind. Kaum dass er den Versuch gemacht hat, anhand von zwei Sätzen etwas Physikalisches zu erklären, haben sie abgeschaltet. Hätten sie zugehört, denkt er und versucht, den Ärmel seines blutgetränkten Hemds hochzukrempeln, um zu sehen, wie lang der Schnitt ist, sie hätten sich so vieles ersparen können.

Irgendwann hat er es aufgegeben. Dabei, wie gern hätte er gerade Mas Familienburg benutzt, um seinen Kindern mithilfe dieses so plastischen Beispiels ein Verständnis nahezubringen, was die Welt im Innersten zusammenhält.

Da ist die Burg in all ihren Erscheinungsformen, es muss

ein erster, früher romanischer Klotz existiert haben, ein abweisender Steinbunker mit den gleichen Umrissen, die Sentas Betonbungalows in ihrer Zeitschrift aufweisen. Später die Burg mit ihren Auf- und Anbauten, heute eine Ruine. Das bietet sich wunderbar an, um zu erklären, dass alles ein Zeit-und-Raum-Gebilde ist, eine Kontinuität, von der sie noch immer nicht den letztgültigen Satz kennen, der ihr Funktionieren bestimmt.

Weil die Lage unbequem wird, dreht er sich, anstatt aufzustehen, auf die linke Seite. Sein Blick ändert sich, nun sind es andere, zahlreiche und kleinteilige Splitter, die wegen ihres Goldlacks ein Glitzern veranstalten, als wären sie der bestellte Funkenregen bei der Schlussnummer eines Stars auf der Bühne. Nein, Ma hätte das nicht verstanden. Ihre Burg nur eine wabernde, unkontrollierbare Masse unsichtbarer Teilchen? Das hätte nicht in das Bild gepasst, das sie in die Köpfe ihrer Kinder hat einpflanzen wollen. In der Bildung und Herzensbildung ihrer Kinder hat seine Physik nichts verloren.

In diesem Moment fliegt die Tür auf und da stehen sie: Mies, Jeffrey und Kristina, hinter ihnen Ma, noch im Mantel und den Autoschlüssel in der Hand, und dahinter Flocke, beide mit Tüten beladen. Also sind sie noch einmal einkaufen gefahren, als wäre der Kühlschrank nicht schon voll genug. Es sei denn, auch der Zar würde nachher unangekündigt bei ihnen vorbeischauen. An seinem Geburtstag ist offenbar vieles möglich.

Oh Gott! Ist dir was passiert?, rufen sie durcheinander.

Auf einmal sind links und rechts lauter helfende Hände, die ihn unter den Achseln fassen, hochziehen, auf einen Stuhl setzen und besorgt seinen Blick suchen, um zu prüfen, ob er ganz beieinander ist und Schmerzen hat.

Dein Arm ist ja völlig rot!, ruft Ma entsetzt.

Das ist nichts, sagt er. Nur ein kleiner Schnitt am Ellenbogen.

Ma, es tut mir so leid, dein Familienporzellan, euer Tafelaufsatz.

Wie du blutest, Forscher, bist du wirklich okay?

Ein paar Scherben werfen uns nicht gleich aus der Bahn.

Ma schaut ihn an und ein erkennendes Lächeln spielt um ihre

Mundwinkel. Das ist mehr oder minder ihr Satz gewesen, als sie ihm in Kapstadt eröffnet hat, dass sie nicht aufgeben wird.

Irgendwo muss der Verbandkasten sein!, ruft jemand und alle stürmen los, um ihn zu suchen.

Nur Jeffrey und Mies wollen unbedingt an seiner Seite ausharren. Dabei ist er gerade so schön in Fahrt gewesen, als er seinen Teilchen nachgehangen hat, die ihm helfen zu verstehen, wie es um die Burg, die Familie, aber auch um seine Ehe steht. Er muss den Gedanken zu Ende bringen, wenn er Klarheit in der Frage will, wie er sich zu dem stellen soll, was heute Abend auf sie zukommt. Alle nehmen seine Schnittwunde viel zu ernst.

Mies, ich glaube, ich könnte einen Schnaps vertragen. Im Keller müsste noch welcher sein, Ma hat den guten Williams von »Bösch« besorgt. Wenn sie nicht alles verschenkt hat. Schaut mal unten, hinten links, bei den Gartensachen. Wenn da nichts ist, vielleicht in der Diele im Schrank, wo Arianna früher die Geschenke verstaut hat, die keiner von uns will. Er nickt Jeffrey zu, mir geht's gut, geh mit deinem Bruder zusammen. Ihr seht euch viel zu selten.

Jeffrey will protestieren, aber er nickt abermals energisch. Zum Glück kann er sich noch durchsetzen, trotz erwachsener Söhne.

Jetzt sind sie weg. Die Fährte, die er für sie gelegt hat, wird ihm ein paar Minuten verschaffen. Die »Bösch«-Flaschen bewahrt Ma in ihrem Schlafzimmer hinter der Garderobe auf, weil sie irrtümlich denkt, dort schaute niemand nach. Es ist die gleiche Stelle, wo sie neue Pullis versteckt, die sie ihm jedes Jahr aufs Neue schmackhaft zu machen versucht.

Ja, greift er den beinahe verlorenen Gedanken wieder auf, Napoleon hätte sich besser frühzeitig fragen sollen, was er mit seinen ganzen Feldzügen bezwecken wollte. Gut, er hat ein paar preußische, polnische und russische Städte eingenommen und dort seine Fahne gehisst. Und dann? Was war dieser wehende Lappen aus bunter Baumwolle anderes als ein paar vorübergehend zusammengeschusterte Elementarteilchen, die demnächst weiterwandern würden?

Seine eroberten Städte: Elementarteilchen.

Die marschierenden Beine seiner Soldaten, die Finger am Abzug ihrer Musketen: Elementarteilchen.

Ihre galoppierenden Pferde, samt Zaumzeug und Pferdekriegsmaske: Elementarteilchen.

Keiner kennt ihre finale Zusammensetzung, sie bleiben Partikel, die ihren eigenen Gesetzen gehorchen.

Nichts, das sich besitzen lässt.

Was geschieht, wenn sie die Burg tatsächlich verpfänden? Jemand notiert ein paar Zeilen in einem Grundbuch, dessen Seiten man sich ausdrucken lassen kann. Man fügt daneben Einsen und Nullen in einer Spalte hinzu und den Namen einer Bank. Glauben sie ernsthaft, dass sich die Elementarteilchen, die jene vier Meter dicken Mauern bilden, davon beeindrucken lassen?

Sie haben von Napoleon noch immer nichts gelernt. Ma redet gern von jenem Generalmajor, der gen Paris gezogen ist, um die Hauptstadt der Franzosen zu befreien. Dabei, selbst wenn er das getan hätte, es hätte nichts geändert. Französische Elementarteilchen verhalten sich nicht anders als deutsche, polnische oder russische und die Partikel der Mauern, die das Fundament des Louvre bilden, haben das Fehlen seiner Fahne kaum bemerkt.

Im Keller ist kein »Bösch«!, klingt Mies' Ruf aus dem Treppenhaus.

Wir probieren es in der Diele, ruft Jeffrey hinterher.

Heute Abend ist wieder solch eine sinnlose Schlacht, ja, womöglich kommt es, wenn die Burg den Eigentümer wechselt, zu einer Zeitenwende, wenn man es mit Mies' Augen betrachtet. Dabei würde es nur ein erneuter, zum Scheitern verurteilter Versuch sein, die Elementarteilchen am Wandern zu hindern. Menschliche Selbstüberschätzung wie anno 1812.

Am ehesten kann er den Kämpfen dieser Familie noch einen Sinn abgewinnen, weil sich an ihnen studieren lässt, wie sich Kraftfelder verändern und welche Wechselwirkungen existieren. Vielleicht kann er so gut mit Boxer, weil sie beide von außen kommen und nicht besitzgläubig sind. Sie stehen am

Rand, wenn es um die legendäre Familienburg geht. Das befähigt sie zum objektiven Blick, sie bräuchten mehr von diesem Sachverstand in der Familie. Da sich Elementarteilchen nicht besitzen lassen, kann die Frage, wer da für wen stimmt, nicht mehr von Bedeutung sein.

Doch der Mensch ist neugierig, seine Person eingeschlossen. Lässt sich eine Prognose wagen?

Jeffrey und Mies haben immer ein Kraftfeld gebildet, auch wenn er dessen Gesetzmäßigkeit nie ganz verstanden hat. Natürlich sind sie Brüder und natürlich ist Mies der Ältere und will das Kraftfeld bestimmen. Doch warum hat Mies' Besitzanspruch bislang keine deutlichere Gegenreaktion bewirkt?

Dabei ist offensichtlich, dass aller Platz, den Mies in früheren Jahren napoleonisch besetzt hat, irgendwann zurückgegeben werden muss.

Er freut sich aufrichtig, dass Jeffrey Kristina mitgebracht hat. Sie ist eine sympathische und vor allem lebenskluge Frau, die Mies nicht unnötig herausfordern wird. Gleichwohl liegt auf der Hand, dass es nach wie vor eine Strukturveränderung ist und jede noch so kleine Veränderung eine Revolution gegenüber Mies bedeutet.

Wie würde der heute Abend damit umgehen? Bestraft er sie alle oder wie gestaltet Mies, wenn auch er klug ist und seine Führungsrolle bewahren will, das neue Miteinander? Schafft er das im Hinblick auf Kristina? Es wäre ihm zu wünschen.

Das zweite Kraftfeld, das ihn unmittelbar betrifft, ist Forschung in eigener Sache: Ma.

Sie ist ein Kraftfeld, das sich gegenüber Wechselwirkungen bisher robust gezeigt hat. Es könnte jedoch heute Abend am eigenen, unauflösbaren Widerspruch zerplatzen.

Jahrelang hat sie alles darangesetzt, die Kinder auf ihre ferne Burg einzuschwören. Dabei haben sie es bisher nicht einmal geschafft, sie zu besichtigen. Warum nicht?

Die Tür geht auf und Mies und Jeffrey stehen im Rahmen. Sie haben tatsächlich einen »Bösch« und ein Glas. Beide sind etwas aus der Puste.

Wir mussten erst Ma finden, sagt Mies. Sie hatte ihn ganz woanders versteckt.

Forscher nickt und Mies schenkt ihm ein.

Er stürzt das Glas hinunter. Ach, das tut gut. Ich danke euch. Und jetzt, Jungs, lasst mich einen Moment allein. Ich spüre ein gewisses Bedürfnis und werde erst einmal die Toilette aufsuchen.

Er steht auf und da er laufen kann, ohne zu schwanken, lassen sie ihn unter aufmerksamen Blicken ziehen. Er steigt die Treppe hoch, zieht die Badezimmertür hinter sich zu und schließt ab. Fünf Minuten hat er auf diese Weise noch. Dann muss er sich wieder nach unten begeben.

Ma hat, wenn man es genau betrachtet, all die Jahre über die Konfrontation der Kinder mit der Burgwirklichkeit gescheut. So wie sie ist, eine Ruine voll uralter Geschichten, aus Mas Mund erzählt, dient sie ihren Zwecken am besten. So kann sie alle hinter der unsichtbaren Fahne mit dem Familienwappen versammeln. Eine für alle, alle für sie – alle für Ma.

Ja, die Burg, die einst Kinderfantasien beflügelt hat, ist eine grandiose Projektionsfläche, die sie ihren heranwachsenden Kindern bieten kann, für ihre gemeinsame Identität, bei aller Unterschiedlichkeit im Teilchenzoo der Familie. In Form ihres Büchleins von der Plitwitzer Fehde, ihres Fotoalbums jenes rheinischen Onkels und eingezwängt in das Korsett ihrer famosen Erzählkraft, ist die Burg nicht zu toppen. Wer will da das Risiko von nassen Stufen eingehen, auf denen man bei Regen leicht ausrutschen kann, bekrönt von mittelmäßigen Würstchen an einer burgnahen Imbissbude?

Nur eines vergisst sie in ihrem Kalkül, diesem eigenen, schier grenzenlosen Selbstverwirklichungswahn. Sie kann jetzt die Burg den Kindern nicht wieder wegnehmen und allein für sich reklamieren.

Und was würde das für Ma selbst bedeuten und für das Wirgefühl, das sie sich mit den Kindern trotz ihrer häufigen Abwesenheit erarbeitet hat? Denn das ist ihr gelungen, das muss er ihr lassen.

Ja, Ma ist gerade dabei, sich selbst ein Bein zu stellen. Nur hält die Familiengeschichte für diese Version keinen Ausgang parat und genau das macht die Erforschung dieses Falls physikalisch so spannend.

Vielleicht, sinniert er, über der Toilette auf seinen roten Hemdärmel starrend, hat das Kraftfeld Ma nur eine Chance, ihre Schlacht am Weißen Berg heute Abend noch zu gewinnen. Sie muss erreichen, dass ihre Kinder einstimmig für sie und gleichzeitig für die Burg stimmen. Freilich gleicht das der Quadratur des Kreises. Stimmen sie für Ma, überlassen sie die Burg den Unwägbarkeiten der Bank. Stimmen sie für die Burg, ist das die endgültige Abnabelung von Ma.

Gibt es eine physikalische Formel, bei der die Burg von all dem Abstimmungstrubel, der sie nachher in Atem halten wird, unbeschädigt bleiben würde?

Er denkt nach. In der Familie nennen sie ihn Forscher. Die Mühe ist er ihnen an diesem besonderen Tag wohl schuldig.

Aber sie lassen ihn nicht. Es klopft an der Tür, es ist Ma. Bist du in Ordnung? Sonst öffne bitte.

Er hat keine Wahl, betätigt die völlig überflüssige Wasserspülung, ruft: Ich komme, und wäscht sich demonstrativ die Hände. Dann sperrt er auf.

Da ist es, das Objekt seiner Forschung seit so vielen Jahren. Das Problem mit seiner Forschung, über die Elementarteilchen ebenso wie bei der über Ma, bleibt nur, er kann noch so viel forschen und kennt nur wenige ihrer Gesetzmäßigkeiten. Und so machen sie am Ende, was sie wollen.

Na, sagt Ma. Du bist wohlauf, da bin ich erleichtert. Die Küche habe ich schon gefegt. Und ein Gutes hat es: Ich hoffe, dass wir deine Pullis endlich wegschmeißen dürfen. Als sie fast aus der Tür ist, dreht sie sich noch einmal um. Ach, und was den Tafelaufsatz betrifft, mach dir keine Sorgen. Er war fürchterlich sperrig. Scherben bringen Glück, nicht wahr? Und etwas Glück kann ich heute Abend gut gebrauchen.

Sie tun alles, um nicht an die Abstimmung zu denken, denn im Laufe des Nachmittags verstärkt sich bei jedem offenkundig das mulmige Gefühl, dass sie Unfrieden in die Geburtstagsrunde tragen könnte, und das will niemand, schon um Forschers willen.

Wie sie es versprochen haben, fahren sie mit Kristina an die Allgäuer Riviera, ein denkwürdiger Ausflug, denn alle sind mitgekommen, sogar Senta, die mit Ian in einem schattigen Biergarten bleiben und dort auf sie warten will, bis sie von ihrem Spaziergang zurückkehren. Schon dort, wo sie den Wagen abgestellt haben, hat sich Kristina Hals über Kopf in die Berge von Füssen verliebt und will demnächst hier ausgiebig wandern.

Angesteckt von Kristinas spontaner Begeisterung, ist Ma über ihre schöne Heimat wie aus dem Häuschen und verspricht ihr während des Zuschnürens der festen Laufschuhe für Jeffreys und ihren nächsten Besuch Kaiserschmarrn mit Rosinen, Mandeln und Apfelmus Tiroler Art. Ob Ma überhaupt so bald wieder die Küchenfee spielen kann, wenn Kapstadt sie erneut in Beschlag nimmt, haben sie offengelassen, spätestens zum 1. August sind sie jedoch alle wieder hier.

Und was machst du so an deinen Wochenenden, wenn du nicht in die Berge gehst, Kristina?, fragt Mies. Sie steigen hintereinander einen schmalen, steinigen Bergpfad hinauf. Von oben werden sie gleich, das wurde ihr versprochen, einen wunderbaren Blick auf den Forggensee haben. Ich meine, es gibt doch Regentage. Oder Monate wie den November.

Na ja, beim Alpenverein ist immer etwas zu tun. Nach Unwettern müssen wir die Wege kontrollieren. Je weiter man nach oben kommt, desto öfter gibt es Steinschlag. Wenn wir uns im Geröll nicht mehr sicher sind, überlegen wir uns eine Umgehung. Dann markieren wir sie im Gelände und ich aktualisiere die Route auf der Website.

Und wenn du nicht gerade beim Alpenverein abhängst?

Du meinst, was ich arbeite? Landschaftsbau. Aber das ist nicht so spannend. Du darfst dir keine Hängenden Gärten von Babylon oder so was vorstellen. Bevor wir hergefahren sind, war ich mit der Grüneinfassung für einen Parkplatz beschäftigt. Es ist ein hübsches Areal, eine neugotische Kirche, die die Kirchengemeinde an die Stadt verkauft hat.

Was soll die Stadt damit?

Na, ich glaube, sie wollte helfen. Die Kirche steht mitten in der Stadt und für die Gemeinde ist sie mittlerweile zu groß, überall schrumpfen ja die Mitgliedszahlen. Der Unterhalt kostet die Gemeinde eine Stange. Daher soll die Kirche zu einem Kulturzentrum umgebaut werden. Und Kultur braucht Parkplätze. Stell dir vor, sie laden irgendeinen Typen aus London mit seinem Saxophon ein, um dort zu spielen, und keiner kommt, weil niemand weiß, wo er den Wagen lassen soll.

Verstehe.

Nur hat an die Parkplätze vorher niemand gedacht, weil die Kirchengemeinde keine gebraucht hat. Die alten Leutchen kommen mit der Tram und die paar jungen mit dem Rad. Irgendwie hat die Stadt doch noch ein Grundstück gefunden, das hat wohl die letzten Cents verschluckt. Die Mittel für den Parkplatz sind weitgehend weg.

Und jetzt?, fragt Mies.

Ich plane nur eine einzige Baumreihe zwischen den Buchten links und rechts. Die Stadt muss sich noch entscheiden, welche, ich habe ihr am Freitag meine Vorschläge geschickt. Kristina macht eine Pause, damit sie bei ihrer Unterhaltung noch im Schritttempo bleiben können. Ich fände ja Bäume mit rotem Laub schön, Blutbuchen zum Beispiel, fügt sie hinzu. Das würde gut zu dem alten Backstein passen. Sie würden schnell wachsen, dann könnten die Autos im Sommer im Schatten parken. In Zukunft soll es an den Sonntagen da nämlich musikalische Matineen geben. Die Idee finde ich gut. Ich glaube allerdings, meine Laubfarbe ist der Stadt völlig egal. Ihr geht es nur um den Preis.

Ich kann mir das in etwa vorstellen, sagt Mies. Ma hat uns jahrelang mit ihrem Parkplatz auf Trab gehalten, musst du wissen. Das war eine alte Regenschirmfabrik, die jetzt eine Shoppingmall ist. Wir alle in der Familie sind seitdem so etwas wie Experten auf dem Gebiet der Parkplatzkonzepte. Manche ihrer Kosten weiß ich heute noch!

Sie lachen.

Und wenn du fertig bist, könntet ihr ja in Paris vorbeischauen, ergänzt Mies. Paris könnte nämlich ein paar Bäume gebrauchen.

Ist das eine Einladung? Sie dreht ihm kurz den Kopf zu, ohne stehen zu bleiben. Danke! Frankreich interessiert mich tatsächlich. Ich möchte wahnsinnig gern mal die Loire sehen. Nur hast du die Hotspots mittlerweile etwas über, oder?

Ich würde gern mal zu den Weingütern an der Atlantikküste, schaltet sich Jeffrey ein, der hinter ihnen läuft. Bordeaux und die Gegend von Entre deux mers. Und apropos Paris, ich war noch nie im Louvre oder bei den Impressionisten. Das letzte Mal, als ich da war, hat mein Gastgeber gerade eine seltene Krankheit bei sich entdeckt. Wenn er einen Touristen sieht, bekommt er sofort schlimmen Ausschlag und muss ins Krankenhaus. Von hinten boxt er Mies, der den Pfad vor ihm hochsteigt. Hey, was ist, jemand gestolpert?

Soso, Monsieur möchte zu den Impressionisten. Na, schauen wir mal. Ich glaube, im Orsay gibt es auch Tierbilder. Mit etwas Glück findet sich ein Nilpferd. Das würde dich sicher besonders interessieren.

Sie laufen weiter und da es steiler wird, teilen sie bald nur noch ihren regelmäßigen Atem, Seite an Seite.

Und wenn wir aus Frankreich zurückkehren, Bro, sagt Jeffrey, als wieder ein flaches Stück folgt, füllen wir Mas Weinkeller mit etwas Europa auf. Im Moment liegt da nur kistenweise »Stellenbosch«. Also, Kris, was sagst du? Wir sammeln Mies einfach ein, oder? Obwohl du dir nicht so viel aus französischem Wein machst …

Das passt schon, Jeff. Aber nur, wenn wir an der Loire vorbeischauen. Ich gucke mir die Schlossgärten an und ihr Jungs macht die Weinprobe. Ich fahre.

Ein Kollege bei Pavier stammt übrigens aus der Ecke von Saumur, sagt Mies. Er bringt mir immer eine Flasche mit, irgendein »Anjou« oder »Touraine«. Er liegt mir schon seit Monaten in den Ohren, dass ich ihn mal besuchen soll. Ich kann euch bestimmt mitbringen. Dann würden wir für zwei oder drei Nächte bei ihm bleiben.

Okay, wir nehmen die Schlafsäcke mit. Jeffrey nickt.

Nicht nötig, seine Familie hat ein kleines Schloss. Wahrscheinlich gibt er uns die Zimmer mit Blick auf den Weinberg. In seinem Büro hat er ein paar Fotos davon über den Computer gepinnt, echt schön.

Hört sich gut an, sagt Jeffrey.

An der Atlantikküste wohnen wir dann eine Spur normaler, Airbnb, einverstanden?, fragt Kristina.

Mies bleibt jetzt, da der Weg eine Biege gemacht hat, stehen und berührt sie an der Schulter. Schau mal, zwischen den Bäumen, der Blick ist der Hammer, oder? Und was die Atlantikküste betrifft, Olivier hat bestimmt ein paar Tipps für uns. Sie machen nämlich auch Airbnb. Selbstverständlich nur in der Zeit, wenn keine Freunde zu Besuch sind.

Sie lachen und da sie sowieso einen Moment innehalten wollen, um die Aussicht zu genießen, warten sie, bis Ma, Forscher und Flocke sie einholen.

Als sie heimkehren, wird noch einmal groß aufgekocht. Zu Forschers Geburtstag bereitet Ma sein Lieblingsgericht zu, Wiener Kalbsschnitzel. Alle stehen in der Küche, während Mies die Fleischlappen klopft und in der Panade aus Ei und Semmelbröseln wendet, um sie Ma zu reichen, die sie in brauner Butter brät. Forscher verteilt derweil Zitronenschnitze und jeweils einen Klecks Preiselbeermarmelade auf den Tellern und Flocke hat sich für den Kartoffelsalat verantwortlich erklärt. Diesmal lässt sie sich von Jeffrey und Kristina helfen, während Senta nach Ian schaut. Sobald Mies und Forscher mit ihrer Kü-

chenarbeit fertig sind, verziehen sie sich in Forschers Arbeitszimmer, damit sie nach seiner Schnittwunde schauen können.

Mies hat den Verbandkasten mit neuer Mullbinde und das
Desinfektionsmittel aus dem Badezimmerschrank mitgebracht,
doch Forscher, der den Hemdärmel hochkrempelt und seinen
Verband von heute Mittag abnimmt, winkt ab.

Ich glaube, das brauchen wir nicht. Der Schnitt beginnt
schon zu verheilen. Ich lasse etwas Luft an die Haut. Bleibt
nur zu hoffen, dass das heute die einzige Kriegsverletzung ist.

Mies nickt und setzt ein Pokerface auf wie Ma.

Die Schlacht vor den Burgtoren überlasse ich euch, Ma und
dir. Es ist ja deine Burg.

Vergiss Jeffrey nicht, Forscher. Und Senta und Flocke. Sie
wird uns allen gehören.

Schon klar, aber wer kümmert sich ums Erbe, Mies? Wer
erinnert uns immer daran, dass die Bäume längst hätten geschnitten werden müssen? Forscher schmunzelt. Ich fürchte, da
führt kein Weg drum herum, dass die Burg an dir hängen bleibt.
Da wird dich viel Arbeit erwarten. Solch ein Besitz braucht
jemanden, der sich mal gründlich mit ihm befasst. Willst du
das überhaupt? Ma hat das sträflich vernachlässigt, sie sieht in
dir den Kümmerer. Sie denkt ja gern zwei Schritte im Voraus.
In dem Fall kann ich es ihr nicht einmal verübeln. Und bis du
so weit bist, hofft sie, dass die Burg gerade so über die Runden
kommt. Dann hat sie freie Bahn für Kapstadt. Ganz dumm ist
das nicht.

Na gut, ich übernehme das, Forscher. Doch ich bin nur ein
Bindeglied. Irgendwann erhält Ian die Burg. Oder es folgen
die Kinder von Jeffrey und Kristina, wenn sie welche kriegen.

Ja, die beiden sind ein schönes Paar. Forscher sieht Mies
prüfend an. Wie wirst du damit fertig, dass Jeffrey jetzt jemanden hat? Ich meine, die Zeiten von euren Adlerschwingen sind
damit vorbei, das muss dir klar sein. Nichts mehr mit Partnerlook in blauen Badehosen, der eine mit goldener, der andere
mit silberner Farbe auf den Schultern …

Ihr habt davon gewusst!

Forscher rollt die ungenutzte Mullbinde zusammen. Na ja, ihr seid ja auf der ersten Seite der Tageszeitung am nächsten Tag gewesen. Schwer zu übersehen, oder? Aber ich hatte Glück. Wir waren auf dem Rückweg aus der Stadt, ich stand nach dem Tanken an der Kasse. Die Zeitung lag neben dem Tresen im Regal. Ma hat eigentlich auch aussteigen wollen, dann erhielt sie einen Anruf und blieb im Auto. Daher habe ich fix bezahlt und bin zurück zum Wagen – und sie hat nichts bemerkt.

Mies nickt langsam, mit einem Ausdruck aus Überraschung und Bewunderung. Und du hast …?

Dichtgehalten? Na, hör mal!, sagt Forscher. Ihr drei habt offensichtlich euren Spaß gehabt! Wobei ich eins und eins zusammenzählen konnte. Da dachte ich mir, das muss man ihm lassen. Wie damals auf dem Baum, bist uns einfach ausgebüxt. So weit hochgeklettert, dass dich keiner mehr gefunden hat. Forscher drückt ihm das Desinfektionsmittel und die Mullbinde in die Hand. Räumst du das wieder in den Verbandkasten und bringst ihn zurück ins Bad? Danke. Ach, und diesmal ist Jeffrey ja mitgekommen. Das habe ich euch gegönnt – vor allem dir. Denn damals beim Klettern bin ich wohl zu früh da gewesen. Da hattet ihr zwei bei mir noch was gut. Na, schließt er dann, ich denke, wir sehen uns gleich unten. Ich würde gern noch eine Viertelstunde auf meinem Zimmer bleiben. Du weißt ja, die Physik kennt keine Feiertage. Ich glaube, sie weiß nicht einmal, wann sie Geburtstag hat.

Jeffrey und Kristina putzen an der Anrichte roten Radicchio und Feldsalat, mit denen Flocke ihren Kartoffelsalat anreichern will.

Sie zeigt auf das Küchenbrett, das Ma abgewaschen hat. Gib mal her, ich räume das weg.

Als Ma ihr das Brett reicht, nimmt Flocke ein Küchenmesser und ritzt vorsichtig ein Hufeisen in eine der oberen Ecken. Anschließend hängt sie es an einem Haken auf, zu den übrigen Schneidebrettern. Ma sieht ihr neugierig zu.

Na, du willst auf Nummer sicher gehen, oder? Schließlich

war der Auritter ein Ritter – Pferde waren ihm heilig. Also würde ich mich an deiner Stelle nicht nur auf ein paar barocke Scherben verlassen. Ein Hufeisen passt noch besser.

Lass dir das nicht entgehen, Kristina, sagt Jeffrey, dir mal von Ma persönlich die Legende vom gestellten Bein erzählen zu lassen. Zusammen heben sie den Radicchio unter den Kartoffelsalat. Da wimmelt es von steigenden Rössern und Fanfaren und wer zur falschen Zeit auf der Zugbrücke steht, hat kein gutes Blatt. Auch wenn uns Ma all die Jahre über den Beweis für die ein oder andere Passage schuldig geblieben ist.

Ach, du Naseweis, sagt Ma und tippt ihm mit dem vom Abwasch nassen Zeigefinger auf die Stirn. Laschke ist geflohen, der Belagerung zum Trotz, und irgendwie muss ihm die Flucht geglückt sein. Wer an den blanken Stellen etwas ergänzen will, braucht kein Hellseher zu sein. Hubschrauber und Jeeps gab es halt noch nicht.

Ma muss beim Stupsen ihren Arm über den Kopf recken, denn bei seinen ein Meter neunzig ist von Augenhöhe zwischen ihnen keine Rede mehr.

In Mas Familiengeschichte klingt immer alles wie bei James Bond, sagt Senta, die in diesem Moment mit Ian auf dem Arm zur Tür hereinkommt. Du darfst ihr nicht alles glauben, Kristina.

Soll ich schon mal den Mundschenk machen, Ma?, fragt Mies, der seiner Schwester gefolgt ist.

Ma wendet das letzte Schnitzel in der Pfanne, während Kristina die beiden gebratenen zu den übrigen in den Ofen tut.

Gebt ihr mir einen Korkenzieher?, fragt Mies. Und haben wir nur noch dieses lakritzfarbene Zeug im Haus, deine Flaschen aus Stellenbosch? Wie wär's mal mit einem Weißen zum Kalbsschnitzel? Vielleicht aus Frankreich? Er blinzelt Jeffrey und Kristina zu.

Nimm, was du willst, alle Weine im Keller sind gut. Dabei fällt mir ein, vorneweg für den Aperitif, schau mal im Kühlschrank. Röhlers haben uns bei unserer letzten Einladung zwei Flaschen Krimsekt mitgebracht, das muss ein richtig guter sein.

Wir haben ja noch gar nicht vernünftig auf das Geburtstagskind angestoßen. Der Kühlschrank ist voll, ich weiß, aber die Flaschen müssen irgendwo sein.

Krimsekt geht in Ordnung. Ach, Kristina, wendet sich Mies an sie, solange du hier bist, solltest du wissen, es gibt bestimmte Themen, die wir lieber meiden. Die Krim ist bei uns ein heißes Eisen. Er lacht hell auf und klemmt sich je eine Flasche unter eine Achselhöhle.

Sag mal, Ma, ist Röhler noch immer Bürgermeister?, fragt Jeffrey, während sie Teller und Besteck auf ein Tablett stellen.

Sicher.

Na, dann ist mir klar, warum er oben auf deiner Gästeliste steht. Gib's zu, jedes Mal, wenn er dich besucht, versuchst du, ihm im Laufe des Abends zu stecken, dass er die Radarfalle da unten abbauen könnte.

Dass ihr schon wieder darauf herumreiten müsst. Ma seufzt. Der Hangweg gehört zum Haus und die Kreuzung zur Hälfte uns.

Ich sag's doch, wem gehört die Krim?, flüstert Mies verschwörerisch, der aus dem Wohnzimmer zurück ist.

Hat sie dir Jeffrey noch nie erzählt, Kristina, die Geschichte unserer Schatzsuche?, fragt Ma und greift nach einem Topflappen für die Schale mit den Schnitzeln im Ofen.

Was ist das für eine Geschichte?, fragt Kristina unschuldig und alle lachen.

Eine lange, sagt Mies.

Bei der dir einer nach dem anderen in den Rücken fällt, ergänzt Flocke.

Das Spannende daran ist, du kannst diese Geschichte so oft hören, wie du willst, wir sind noch nie zu einer Lösung gekommen, erläutert Jeffrey.

Dann ist die Geschichte ja vielleicht noch gar nicht zu Ende, sagt Kristina.

Hm, macht Ma. Da hat Kristina einen Punkt. Vielleicht wird uns die Krim ihre Antwort eines Tages verraten.

Ma, wo hast du die Sektgläser versteckt?, fragt Mies. Er hat bereits mehrere Küchenschranktüren geöffnet und schüttelt ungläubig den Kopf. Seit du alles umgeräumt hast, findet man nichts mehr. Er sagt das mit seinem typischen leicht spöttischen Zug um den Mund, dann dreht er plötzlich den Kopf und schaut Ma intensiv an. Tja, wer weiß, Ma, vielleicht ist die Geschichte der Krim tatsächlich noch nicht zu Ende. Die Frage, wem sie gehört, ich weiß auch nicht, warum, aber irgendwie erinnert mich das an unsere Burg. Sag's uns noch mal bitte, sind erst die Osmanen und dann die Tartaren gekommen – oder war es umgekehrt? Das Osmanische Reich hat doch einmal halb Afrika besessen, wenn ich mich richtig erinnere.

Sie sitzt in ihrem Korbsessel, wo sie den Anruf von Ians Geburt hätte erhalten sollen und von wo aus sie vor zehn Tagen Okereke und Alaska und dann die Bank angerufen hat, um einen Termin mit Wienand zu machen. Sie hat noch eine gute Viertelstunde, dann ist es neun Uhr dreißig. Um halb zehn wollen sie sich unten zur Abstimmung treffen. Auf diese Weise hat jeder nach dem Dessert noch eine halbe Stunde Zeit, um in sich zu gehen und seine sicherlich schon getroffene Entscheidung zur Burg ein letztes Mal zu überdenken.

In zwanzig Minuten wird sie hinuntergehen. Politiker sind stets auf alles vorbereitet. Weiß auch sie, was sie sagen wird, sollte sie eine Niederlage einstecken? Das hat sie bisher immer weggewischt, denn sie ist in solchen Dingen abergläubisch. Aber gleich gegenüber der Familie und Kristina, die neu in ihrem Kreis ist, unvorbereitet dazustehen, wenn eintritt, was Alaska in Kapstadt »against all odds« nennen würde, sähe unprofessionell aus und die Blöße möchte sie sich nicht geben.

So bleibt ihr fünf vor zwölf nichts anderes übrig, als sich endlich einen Text bereitzulegen, der ihr helfen wird, das Gesicht zu wahren. Sie springt auf, läuft unruhig auf und ab und knetet die Schläfen. Ja, sie hat alles getan, was man von ihr erwarten kann. Und heute Mittag hat sie sich um des lieben Friedens willen jegliche Erschrockenheit darüber verkniffen, dass Forscher den Tafelaufsatz ihrer Ahnen, dieses einzigartige Erbstück, zerdeppert hat. Natürlich ist das Wichtigste, dass ihm nichts passiert ist. Dennoch, allen hätte klar sein müssen, dass in der Nähe eines solch alten Porzellans äußerste Umsicht geboten ist. Da ist heute ein Hauch vom Grünen Gewölbe durch ihre Räume geweht, ein unschätzbarer immaterieller Wert, der nun für Ian und alle künftigen Burgbesitzer unwiederbringlich dahin ist. Nebenbei ein Kunst- und Kulturerbe ersten Ranges. Hätten sie beschlossen, den Tafelaufsatz der Allgemeinheit zugänglich zu machen und einem Museum anzubieten, jedes hätte ihn mit Kusshand genommen. Dann stünde wahrscheinlich ihr Name, stellvertretend für sie alle, als Spenderin neben der Vitrine. Stattdessen … Und alles wegen der dummen alten Pullis. Hoffentlich ist nun auf die Scherben Verlass, dann muss sie sich nicht länger ärgern. Ja, wenn der Tafelaufsatz der Preis für eine glückliche Abstimmung in wenigen Minuten ist, kann es allen künftigen Burgherren in der Familie und ihr mehr als recht sein.

Sie hat sich heute nichts vorzuwerfen und dennoch weiß sie nicht, ob es gleich reichen wird. Wenn sich Forscher enthält, müsste es langen, denn Flocke will für sie stimmen und Jeffrey stammt aus Tansania, schon deshalb sollte er für ihr afrikanisches Projekt große Sympathien hegen. Drei Stimmen und damit die Mehrheit. Andererseits ist Jeffrey auf dem besten Weg, Anwalt zu werden, und Juristen sind dafür bekannt, plötzlich ganz anders zu entscheiden als erwartet. Und selbst wenn sie bei Jeffrey richtig vermutet, was wäre, wenn Forscher, der nebenan in seinem Arbeitszimmer sitzt, es sich anders überlegt und gegen ihr Projekt stimmt? Sie braucht eine Mehrheit und kein Unentschieden. Er mag es nun einmal nicht, dass sie in Kapstadt ist. Nein, überhaupt nicht.

Sie merkt, wie ihre Hände feucht werden, nicht wegen der Frage, was sie gleich sagen soll, wenn sie unterliegt, sondern wegen des »überhaupt nicht«. Es gibt also noch dieses Problem. Wie soll sie das lösen, wenn es gleich klappt? Wenigstens darauf sollte sie eine Antwort haben.

Bevor sie mit der Bank telefoniert hat, haben Forscher und sie über ihre Zukunft in Kapstadt gesprochen. Er hat ihr ein Jahr gegeben. Damit war das Thema für sie vorerst erledigt und sie wandte sich ihrem eigentlichen Sorgenkind zu, der Finanzierung. So hat sie das schon immer gehandhabt, auch in Cherbourg. Schwierigkeiten wetteifern um ihre Aufmerksamkeit und solange etwas nicht laut von sich reden macht, vernachlässigt sie es.

Als die gefährlichsten Stolpersteine stellten sich allerdings später jene heraus, die zu lange unscheinbar im Hintergrund geblieben sind, bei Cherbourg war es die Elektrik. An ihr wäre damals fast die ganze Shoppingmall gescheitert, auch wenn sie das heute niemandem gegenüber mehr zugeben würde.

Sollte diesmal ihre Ehe ihre drängendste Sorge sein? Das Problem, das zu lange leise gewesen ist, anstatt auf die Pauke zu hauen?

Wenn sie wieder in Kapstadt ist und die Entfremdung zwischen ihnen in dem gleichen Maß wächst, wie sie das in den letzten Monaten getan hat, führen Forscher und sie bald keine Ehe mehr, die diesen Namen verdient. Ihren Wunsch, die CWC trotz des verkohlten Autoskeletts weiterzubetreiben, trägt er nicht mit. In dem Punkt ist er zwar nicht laut geworden, aber er hat sich mehrfach unmissverständlich dazu geäußert.

Da sich Kinder bei Eltern, die sich voneinander entfernen, in aller Regel irgendwann entscheiden, zu wem sie halten, wird es voraussichtlich keine künftigen Terrassennachmittage mit großer Tafel mehr geben, inklusive Kaiserschmarrn mit Apfelmus. Es wird auch kein Weihnachten mehr geben, wie sie es kennt, zu dem sie Foie gras besorgt, die Forscher und sie lieben, ein Luxus, auf den sie sich Wochen im Voraus freuen. Weihnachtstage, an denen Mies mit dreckigen Schuhen vom Garten in den Hausflur stapft und minutenlang auf sie schimpft, dass sie sich das ganze Jahr über nicht um die Bäume gekümmert haben. Es wird auch nicht den Moment geben, und verrückterweise versetzt ihr das den größten Stich, in dem sie die neuen Pullis für Forscher, die sie in teures Seidenpapier verpackt hat, vom Gabentisch nimmt und ihm mit einem verschmitzten Lächeln überreicht. In diesem Lächeln liegt ihrer beider Wissen, dass es nicht immer leicht ist mit ihm, sie jedoch noch nicht aufgegeben hat. Nur dass Forscher freilich nie auf die Idee kommen würde, sie mit solch demonstrativen Gesten, was sich der eine vom anderen wünscht, vor den Kindern zu kompromittieren. Das alles nimmt er gelassen hin, ohne es ihr nachzutragen. Es wird auch den Moment nicht mehr geben, in dem sie später dieselben Pullis wieder in einer Tüte hinter der Garderobe im

Schlafzimmer verstaut, vielleicht ein andermal. Inzwischen ein Ritual, nur was ist Weihnachten ohne Rituale?

Von den Kindern werden künftig nur einige da sein, wenn sie überhaupt kommen. In dem Fall werden sie sich vorzeitig verabschieden, weil sie am ersten Weihnachtsfeiertag bei Forscher vorbeischauen wollen. Überhaupt, alle Besuche der Kinder, auf die sie immer hofft, werden von nun an noch seltener sein, da jeder zweite nicht mehr ihr, sondern dem Vater gewidmet sein wird, den die Mutter mit ihrem langatmigen Kapstadtprojekt so vor den Kopf stoßen muss.

Ja, er hat ihr ein Jahr gegeben, aber wer weiß, ob er sich in sechs Monaten noch daran erinnern will. Und selbst wenn – Liebe lässt sich nicht in einen Vertrag packen. Es wird ihr überhaupt nichts nützen, wenn sie im Recht ist, nach zwölf Monaten zurückkehrt und plötzlich bei ihnen das Telefon klingelt und eine Frauenstimme nach Hans-Joachim fragt. Wenn sie dann bei ihm bohrt, wer da angerufen habe, und er Ausflüchte erfinden wird. Er hat ihr schließlich in Kapstadt unverhohlen zu verstehen gegeben, dass er sich noch nicht zu alt für Sex fühlt. Vielleicht wird die Anruferin eine Frau sein, die weniger Temperament hat und in jeder Hinsicht langweiliger ist als sie, dafür unkompliziert und kompatibel mit seinem Leben. Womöglich wird er mit seiner neuen Freundin sogar glücklich werden, jedenfalls glücklicher als mit einer Ehefrau, die sie im Wesentlichen auf dem Papier ist, das können sie sich dann übers Bett hängen, wenn sie in Südafrika lebt.

Vor allem wird es ihr nichts nützen, im Recht zu sein, wenn sie nach einem Jahr feststellt, dass sie ihre Wetlands noch nicht abgeben kann. Delegieren kann man nur, was nach Plan läuft. Und was ist, wenn Senta und Mies richtigliegen und man ihre Baustellen sabotiert? Mag sein, dass es ihr dann gelingen wird, das gegenüber der Bank und vorsorglich auch gegenüber der Wasser Südwest zu kaschieren und weiterzumachen. Vielleicht kann sie darauf hoffen, dass die neue Kreditlinie dank des Wasserhauses reicht, die Hürde zusätzlicher Kosten zu meistern.

Eines wird in diesem Fall feststehen, sie bleibt in Kapstadt unabkömmlich. So wird sie es sein, die Forscher gegenüber wortbrüchig wird, denn das eine Jahr wird nicht reichen. Dann würde im Allgäu noch etwas ganz anderes und viel Wertvolleres zu Bruch gehen als nur ein barocker Tafelaufsatz.

Zeit zum Rauchen bleibt ihr nicht mehr, nur verlangen ihre Finger dringend nach etwas, auf das sie ihre Anspannung übertragen kann, am besten etwas, das dafür büßt, dass sie so unter Druck steht, obwohl sie alles richtig gemacht hat.

Sie greift unschlüssig nach einem versilberten Bilderrahmen auf dem Nachttisch, das Foto würde es überleben und ein Rahmen lässt sich ersetzen, doch sie kann ihn unmöglich auf den Boden werfen, alle sind sie dort drauf. Es ist solch eine schöne Familienaufnahme vor eindrucksvoller Kulisse, der Fassade jenes Schlosshotels in der Wachau. Sie merkt, wie ihr flau wird, und sie geht in ihr Badezimmer und sieht in den Spiegel. Soll sie sich das Gesicht mit kaltem Wasser abwaschen und es danach noch mal neu cremen? Sie schaut auf die Uhr, es ist neun Uhr achtundzwanzig, aber fünf Minuten werden sie ihr noch geben.

Sie studiert ihr ratloses Gesicht. Was ist, wenn sie gleich gewinnt? Hat sie sich dann verkalkuliert, ihr Wasserprojekt endgültig gerettet und eine Ehe samt Familie verspielt? Von ihrem eigenen offenkundigen Unglück, das sie dann erwarten wird, einmal abgesehen, das ist etwas, das man in ihrer Familie nie zugelassen hätte. Ja, Allianzen sind wichtig, aber den Zaren und Moreau fragt man erst, wenn die eigene Truppe im Hof Aufstellung genommen hat. Das Wir der Wespaus hat noch nie zur Disposition gestanden, weder am Moritzburger Weg noch zu Napoleons Zeiten, nicht einmal in jenen schwierigen Jahren der Inflation und selbst 1945 nicht, als die Burg gebrannt hat.

Sie kann vor dem Scherbenhaufen, den sie gleich anrichten wird, die Augen verschließen und davonlaufen. Sie kann sich dauerhaft in Kapstadt einrichten, das wird wenigstens den Kindern die Qual der Wahl an den Weihnachtsfeiertagen ersparen.

Du kannst dir ja, sagt sie laut und lächelt sich böse im Spiegel an, einen Liebhaber zulegen. Forscher hat es dir angeboten. Du kannst reich werden und womöglich wird Südafrika eines Tages in irgendeiner Minenstadt eine Straße nach dir benennen. Nur finde dich damit ab, dass du versagt hast und zu Recht allein bist. Völlig gleichgültig, ob jemand am Tafelberg im Auto auf dich warten wird oder nicht. Der Auritter und Moreau, die Musik spielt immer hier. Forscher, Mies, Senta, Jeffrey und Flocke, sie sind deine Familie.

Sie streicht sich durchs Haar, sie könnte sich das Gesicht mit kaltem Wasser waschen, sie kann es jedoch ebenso gut bleiben lassen. Das Einzige, das ihr helfen würde, wäre, wenn Forscher gleich seine Enthaltung rückgängig machen und mit Ja stimmen würde. Nur dann wird er nicht jeden Tag, den sie dort unten in Kapstadt um sauberes Wasser ringt, auf die Goldwaage legen. Ja, nur dann kann sie beruhigt sein, dass er Anruferinnen, die auf ihrem Handy Nachrichten an Hans-Joachim schreiben, nicht zurückrufen wird – und auf sie wartet.

Ma hat keine Ahnung, was sie gleich sagen soll, egal, wie es ausgeht. Sie kann nur verlieren, es sei denn, der unwahrscheinliche Fall tritt ein und Forscher entdeckt im letzten Moment seine Liebe zum Wasser.

Sie sammeln sich rund um die Sofaecke. Es ist das mit dem gelben Bezug und den vanillefarbenen Rauten. In der Mitte auf dem Couchtisch liegt Sentas Zeitschrift.

Ach herrje, da habe ich noch nicht reingeschaut. Ma seufzt, während sie sich setzt, und blickt Senta entschuldigend an. Verzeih, Liebes. Ich mache das gleich morgen. So! Ja, na dann nehmt mal Platz. Ich glaube, wir wissen alle, was nun kommt, und ich hoffe, ihr habt euch die Sache durch den Kopf gehen lassen. Wenn dem so ist, möchte ich meine Frage zur Abstimmung bringen. Seid ihr einverstanden?

Alle nicken.

In Afrika hat der Bergbau ganze Landstriche ihres Wassers beraubt. Wenn ihr mir erlaubt, mit meiner Arbeit fortzufahren, stellen wir den ursprünglichen Zustand wieder her. In dem Fall wird die Bank die Burg haben wollen. Als Sicherheit für meinen Kredit. Wer dafür ist, stimme bitte mit Ja. Wer ist dafür?

Sie lächelt und dennoch ist ihr die Nervosität anzumerken, als sie die Hand hebt und ihre Kinder der Reihe nach anschaut. Natürlich beginnt sie mit Flocke, die ihre Hand schon erhoben hat. Dann richtet sich ihr Blick nach links außen, wo Senta steht, die gleichfalls die Hand hebt. Ma ist aufrichtig erfreut. Langsam wandern ihre Augen zu Mies und zu seinen Händen, die er hinterm Rücken verschränkt hat.

Mies?

Er hat auf diesen Moment gewartet und verharrt Sekunden, ehe er die Hände löst. Seine Arme hängen nach unten. Er weiß, dass sie nichts anderes erwartet haben. Mas Augen gleiten weiter, doch noch hat er einen Pfeil im Köcher. Die Lösung, nach der sie alle in den letzten zwei Tagen gesucht haben.

Er hebt die Hand.

Auch du?, ruft Flocke ungläubig. Ihr Gesicht ist das erste, auf dem sich große Überraschung malt.

Auch die anderen Familienmitglieder machen runde Augen. Nur Jeffrey ist nicht anzusehen, was er denkt.

Jetzt schaut nicht so, sagt Mies leichthin und ein selbstironisches Lächeln huscht über seine Lippen. Wem gehört die Krim? Wem gehört die Burg? Unsere Familiengeschichte hatte die ganze Zeit über eine Achillesferse. Vielleicht ist die Geschichte der Burg noch gar nicht zu Ende erzählt. Und an dieser blanken Stelle sah es all die Jahre mies für sie aus. Für unsere Ahnen und für die Burg.

Sie schauen ihn an und selbst Ma steht der Mund offen, ratlos, was er meint.

Eine Achillesferse?, fragt sie und hebt kaum die Stimme.

Ja, Ma. Das Raubrittertum unseres Urahns und Napoleons Inschrift – das Graffito!

Dass sie nicht früher darauf gekommen sind. Er schüttelt den Kopf, dass er es ihnen erklären muss.

Dieser Verräter hat sie nicht verdient. Die Burg wird uns erst richtig gehören, wenn sie uns niemand mehr abspenstig machen kann. Weil wir sie uns verdient haben! Und da ist heute, denke ich, eine gute Gelegenheit, in den Familienannalen aufzuräumen, ehe wir sie eines Tages an Ian und künftige Generationen weitergeben. Das hat sie verdient, nach allem, was sie durchgemacht hat.

Ma nickt.

Na gut, sie wurde mit Raubgut gekauft, aber wenn wir heute mit ihrer Hilfe Afrika das zurückgeben, worum es beraubt wurde, ist das Raubgut zu etwas gut. Und was die Achillesferse betrifft, wären die Geschichte der Burg und die Wespaus damit für alle Zeiten quitt. Wir zeigen Napoleon und jedem, dass er im Unrecht gewesen ist. Es gibt keinen Verräter. Niemand sollte das letzte Wort haben, wenn es um unsere Burg geht, niemand, es sei denn, wir selbst.

Sogar Jeffrey scheint von Mies' klaren Worten überrascht. Für alle ist offensichtlich, dass er gehofft hat, erst dann an die Reihe zu kommen, nachdem Mies abgestimmt hat. Ma ist so taktvoll gewesen, das zu berücksichtigen.

Jetzt, da Jeffrey sieht, dass Mies für Mas Wasserprojekt stimmt, wandert seine Hand langsam in die Höhe, noch immer voller Vorsicht, als spielte ihm seine Wahrnehmung einen Streich. Und so bremst ein langes Zögern die schwarze Hand, sein Votum zu vollenden, ein Votum, das ihrer Brüdereinheit den Dolchstoß versetzen könnte.

Mies ist so gerührt, dass er sich zusammenreißen muss. Sein schwarzer Bruder wagt nicht, für Wasser in Afrika zu stimmen, damit er ihm nicht in den Rücken fallen muss. Diese über Sekunden im Nirwana balancierende Hand, gibt es einen schöneren Ausdruck ihrer Waffenbrüderschaft als das?

Bro, sagt er, tritt auf ihn zu und umarmt ihn, während sich seine Lippen in Jeffreys Schultern vergraben. Wir wussten es immer schon, oder? Die Burg. Die Krim. Dieses Haus. Ach, egal, was. Was wir haben, gehört uns allen oder keinem, nur dann sind wir stark. Sonst schnappen es sich irgendwann die Marder.

Dann lass uns sägen, sagt Jeffrey und erwidert seine Umarmung. Lass uns sägen und den Viechern endlich zeigen, wem das Haus gehört.

Senta guckt sie beide an, wohlwollend und ein wenig amüsiert. Meint ihr nicht, dass ihr mit eurem Pathos etwas übertreibt? Wenn man dich hört, Mies, könnte man meinen, das wäre der Schlusspunkt der Familiengeschichte. Freuen wir uns lieber auf viele weitere Kapitel. Wasser für Afrika! Warum nicht? Das scheint mir ein guter Neuanfang für die Burg. Sie lächelt und dreht den Kopf zu Flocke. Ich glaube, wir können gespannt sein, was für Geschichten noch folgen. Weißt du noch, unser Comic?

Flocke bedeckt die Augen mit den Händen. Und ob! Jede Episode endete mit der Ankündigung einer neuen. Ich wäre wohl nie mit dem Zeichnen fertig geworden. Wasser fürs Weltall!

Na schaut, da ist noch Luft nach oben. Senta schmunzelt. Wer weiß, vielleicht schafft Ian es eines Tages, dort anzuknüpfen, wo wir damals stehen geblieben sind. Das klingt nach einer spannenden Mission für ihn. Dann dreht sie sich zu Ma, Jeffrey und Kristina und ihr Lächeln verstärkt sich. Und wer weiß, vielleicht nicht nur für ihn. Es gäbe so vieles, an das kommende Generationen anknüpfen können, meint ihr nicht?

Ja. Ma nickt und lacht, die Geschichte ist wohl tatsächlich nie zu Ende. Und das ist gut so. Na dann, alle meine Kinder stimmen dafür. Ich bin sprachlos.

Sie schauen Ma fragend an, denn genügend Ja-Stimmen hat sie, aber sie wird plötzlich wieder ernst und steht unschlüssig da, als würde sie auf etwas warten. Flüchtig blickt sie zum Sessel, in dem Forscher sitzt.

Wie sieht es mit dir aus? Bleibt es bei deiner Enthaltung?, fragt sie leichthin, während sie sich durchs Haar streicht und ihre Augen zum Fenster wandern.

Die Formel, sagt er leise. Dass sie so einfach ist.

Jeder schaut auf Forscher und rätselt, was er meint.

CWC, sagt Forscher. Nur drei Buchstaben.

Sie gucken ihn verständnislos an.

A castle for water for Cape Town. Ein Wasserhaus für Wasser für Afrika. Ja, das ist sie. Und da er offenbar sieht, dass sie alle einer Meinung sind, wandert seine – und so die sechste Hand – langsam in die Höhe.

Ma ist überrascht und es ist womöglich das erste Mal in den bald dreißig Jahren ihrer Ehe, denkt Mies, dass sein Vater seine Frau derart perplex erlebt. Sie wirkt wie ein Kapitän, der seinen verlorenen Kompass wiedergefunden hat.

Du stimmst also mit Ja.

Du hast doch die Stimmen der Kinder. Alles, was du brauchst.

Nein, Forscher, ich brauche dich. Auch wenn mir ein solcher Satz, das gebe ich zu, nicht leicht über die Lippen geht, weswegen ich das viel zu selten sage. Ohne dein Ja macht das hier für mich keinen Sinn.

Er steht auf und stellt sich hinter sie, um ihr die Hände auf die Schultern zu legen. Das ist schön, dass du das sagst. Das ändert vieles. Und ich gratuliere dir, Ma. Er schaut die Kinder

der Reihe nach an und lächelt. Wisst ihr, wem gehört die Burg, wem gehört die Krim? Damals bei der Schatzsuche, ich hätte es dir, Flocke, und euch allen so gern erklärt. Ihr Kinder wart zu klein und so dachte ich, ich müsste mich entscheiden und habe mich für Senta entschieden. Ich habe später oft darüber gegrübelt, es war ein Fehler.

Das hast du mir nie gesagt! Flocke lässt sich entgeistert aufs Sofa fallen.

Dazu war nie Gelegenheit, bereits auf der Bank hattet ihr euch so ineinander verhakt. Physikalisch gesehen, lag die Lösung immer schon auf der Hand. Elementarteilchen lassen sich nicht besitzen. Was man nicht besitzen kann, kann nur allen gehören, das gilt ebenso für die Krim, wie es für die Ohrringe gegolten hat. Immer findet jeder einen Grund, auf den er sich berufen kann. Es konnte jedoch gar keine andere Lösung geben, als sie zu teilen. Das habt ihr ja dann getan, widerstrebend zwar, aber am Ende zählt immer nur das Ergebnis, nicht wahr? Ich habe mich jedes Mal gefreut, wenn ich sie an einer von euch gesehen habe.

Ma nickt. Das hättest du wirklich früher sagen können. Ich dachte immer, dass ich zu Flocke halten muss, weil du zu Senta gehalten hast. Aber eigentlich wollte ich mich gar nicht entscheiden, ich wäre gern neutral geblieben. Jede hatte einen guten Grund.

Warum hätten wir uns stärker einmischen sollen? Unsere Töchter haben die Lösung von selbst gefunden. Er holt Luft. Wie kann da für vier Meter dicke Mauern etwas anderes gelten? Auch sie sind nur Elementarteilchen, die wandern. Es kümmert sie nicht, in welche Schublade wir sie tun.

Du meinst, fragt Ma, wir sollten in punkto Burg eins und eins zusammenzählen? Oder besser null Komma eins und null Komma eins?

Na ja, sagen wir, fast, Ma. Natürlich könnt ihr die Burg als Rechenübung begreifen, doch überlasst das Zusammenzählen lieber der Bank. Das, was für euch zählt, kann euch sowieso niemand nehmen und es lässt sich nicht messen. Die Burg wird es wenig scheren, was im Grundbuch steht. Was für sie zählt, sind Sommerhitze, starker Regen und Bodenerosion, das Weltklima und der Faktor Mensch. Ziemlich viele Wechselwirkungen.

Ma lächelt.

Wenn alles gut geht, kriegt die Burg bald Unterstützung. Dank der Hilfe von einem, der sich um sie kümmert. Er nickt zu Mies hinüber. Ja, tu das. Wer weiß, wo die Marder schon überall unterwegs sind. – Tja, sagt er dann und klopft Ma auf die Schulter. Ich glaube, da habt ihr mich tatsächlich an meinem Geburtstag richtig überrascht. Mit diesem Ergebnis habe ich nicht gerechnet, obwohl ich mir das immer gewünscht habe, allein aus dem Grund, weil es so äußerst unwahrscheinlich war. So sind wir Forscher.

Sechs Augenpaare schauen ihn neugierig an.

Na, dass wir ein Mal, schließt er, nur ein einziges Mal alle einer Meinung sind. Ich hoffe nur, es wird dabei bleiben. Ich müsste mir ja sonst die allergrößten Sorgen machen …

Wenn sie an dieses alles entscheidende Wochenende zurückdenkt – zwei Jahre ist es her und doch kommt es ihr vor, als wäre es gestern gewesen –, stehen ihr verschiedene Bilder gleichzeitig vor Augen. Die Scherben des Tafelaufsatzes auf dem Boden und der große rote Blutfleck auf Forschers Ärmel. Wie sie die Wiener Schnitzel, schon goldgelb gebraten, in ihrer Warmhalteschale aus dem Ofen nimmt, während Mies, in den Küchenschränken nach Sektgläsern suchend, zu ihr sagt: Vielleicht ist die Geschichte der Krim tatsächlich noch nicht zu Ende.

Sie denkt an den Blick von der Bergspitze an der Allgäuer Riviera hinunter auf den Forggensee, während Jeffrey ganz selbstverständlich einen Arm um Kristinas und den anderen um Mies' Schultern legt. So blicken die drei einträchtig und still auf das Panorama.

Obwohl sie damals, als Jeffrey plötzlich mit einer jungen Frau an seiner Seite in der Tür gestanden hat, hätte schwören können, dass es an diesem Wochenende unter ihren Kindern noch Kriegsverletzte geben wird. Wie genau, kann sie nicht sagen. Irgendwann sind die drei an jenem Wochenende zu einem Herz und einer Seele geworden, als wäre es nie anders gewesen.

Und sie erinnert sich an die flammende Rede von Mies bei der Abstimmung. Ja, ihr Raubgut ist zu etwas gut gewesen und sie haben, was die Achillesferse der Burg betrifft, die blanke Stelle in der Familiengeschichte wettgemacht. Sie haben sich die Burg rundherum verdient. Rastatt und Malsch und Engen und Ulm sind nicht länger die einzigen Namen, die man später auf einer Landkarte würde suchen müssen, wenn es gilt, die Geschichte der Familienburg zu erzählen. Denn da gibt es auch noch diese drei Buchstaben: CWC. Im allerletzten Moment hat Forscher die rettende Formel gefunden.

A castle for water for Cape Town.

Dieses Kapitel, das sie der Burg hinzugefügt hat, verdanken sie ihrem Wasserprojekt.

Wie die Geschichte der Burg ist die Geschichte ihres Projekts mit der Abstimmung nicht zu Ende gewesen, sondern damals erst so richtig losgegangen. Ein Neuanfang nach dem deprimierenden Augenblick am Kap, als sie aus dem Taxi heraus ein brennendes Auto sah, bis ihr dämmerte, dass es ihres war. Sie denkt an den Blechstuhl in der Polizeistation, vor sich das fürchterliche Formular, und an die Stunden danach. Sie erinnert sich an den Moment vor der Abstimmung, an den Blick einer ratlosen Frau im Badezimmerspiegel, die nur verlieren konnte, egal, wie es ausging.

Trotzdem ist es der Neuanfang gewesen, nach dem sie sich so gesehnt hat. Der sie mitgenommen hat, denn da hat noch etwas kommen sollen – und ob! Seit dem Erfolg ihrer Wetlands hat sich herumgesprochen, dass es im Allgäu eine international tätige und höchst versierte Fachfrau in Sachen Wasser gibt. Seitdem wächst die Papierflut an Anfragen wöchentlich.

Vorigen Monat hat sich sogar die Europäische Union bei ihr gemeldet. Ein Anruf aus Brüssel.

Frau Holzrichter, wir brauchen Sie.

Die Krönung ist ein Telefonat vor ein paar Tagen mit nachfolgender E-Mail aus der Redaktion der wohl wichtigsten Talkshow im öffentlich-rechtlichen Rundfunk gewesen, einer Sendung zur Primetime. Für ihre Wetlands ist kein Platz im deutschen Fernsehen, weder vor dem Wetter noch danach. Von wegen. Die geplante Runde soll Wasser zum Gegenstand haben, dabei die Sorgen fokussieren – gerade diejenigen, die bislang übersehen worden sind – und vor allem die Möglichkeiten, wie der Probleme Herr zu werden ist.

Und der Anchorman hat darauf bestanden, dass sie kommt, denn Wasser ist das wichtigste Thema unserer Zeit und Probleme haben wir genug, soll er in der Redaktionssitzung gesagt haben.

Ich will Problemlöser.

Der Direktor eines internationalen Instituts, das sich ausschließlich mit Wasser beschäftigt, hat bereits zugesagt, sollte die Sendung stattfinden. Er gilt als Koryphäe für Gutachten zu den letzten Wasservorräten der Welt. Ma wird in feinster Gesellschaft sein.

Und auch ihre Familie hat an jenem Wochenende zu einem Neuanfang gefunden und begonnen, wieder eine Familie zu sein. Scherzend darüber, wann sich endlich wieder ein guter Wein aus Frankreich oder Italien in ihrem Keller finden würde, seit dort nur noch welcher aus Südafrika lagerte, köpften sie nach der Abstimmung zwei ihrer »Stellenbosch«-Flaschen und diskutierten lebhaft darüber, nach welchen Noten er schmeckte. Senta hat sofort Vanille erkannt und Jeffrey Zimt. Wann immer sie in Kapstadt eine neue Flasche aufmacht, stellt sie überrascht fest, wie recht die beiden haben.

Rund zwei Monate nach diesem denkwürdigen Abend, an dem sie auf Wasser für Afrika angestoßen haben, hat sie von Jeffrey und Mies täglich WhatsApp-Nachrichten mit vielen Bildern erhalten.

Ananas!

Heute Pfirsich!

Ein paar Flusskiesel, jedenfalls sehr mineralisch. Solltest du mal als Bodenmatrix ausprobieren. ☺

Erdbeere, aber nicht nur, sondern noch was anderes. Wir kommen gerade nicht drauf. Aahhh, vielleicht weiße Schokolade??!?? ☺

Das waren die Fotos ihrer zum Neidischwerden schönen Zehn-Tage-Tour, die sie zunächst in die Gebiete rund um Bordeaux führte, ehe sie die Tour mit einem Abstecher an die Loire fortgesetzt und in Paris krönend abgeschlossen haben. Jetzt hat sie von ihren beiden Söhnen, einzeln und zusammen, herrliche Momentaufnahmen und sie kann sich denken, wer die gemacht hat. Ab und zu ist sie selbst mit darauf, ebenso wie bei ihren Selfies zu dritt: Kristina.

Ein Bild macht ihr besonders Spaß, weil es vor Blödsinn und guter Laune nur so strotzt. Da waren sie schon in Paris bei den Impressionisten. Im Hintergrund sieht man ein meterhohes und nicht enden wollendes Gemälde mit lilafarbenen Seelilien. Jeffrey, der hinter Mies steht, grinst wie ein Honigkuchenpferd, während er Mies' Ohren lang zieht, der die Augen zukneift und dem Kameraauge die Zunge herausstreckt.

Wir sind schon 2 Stunden hier, aber wo bitte ist das Nilpferd!?!, hat Mies geschrieben.

Sie versteht den Witz nicht, doch darauf kommt es nicht an. Ihre Söhne sehen darauf so glücklich aus, zwischen beide passt kein Blatt, wie früher.

Kürzlich ist eine ihrer Besprechungen ausgeufert, weil ihr Auftraggeber zu plötzlichen Zweifeln neigt. Mehrfach begannen sie wieder von vorn. Alaska saß ihr gegenüber und sie warfen sich Pokerblicke zu. Zwei Stunden lang. Da musste sie plötzlich an das Foto denken und sofort leise lächeln. Sie ließ sich nichts anmerken und kurz darauf gelang es ihr, den schwierigen Menschen einzufangen.

Als Alaska sie später gefragt hat, was diesen Umschwung bewirkt habe, hat sie nur gelacht und ihr das Foto ihrer Söhne gezeigt. Seitdem ist der Satz »Aber wo bitte ist das Nilpferd!?!« zwischen ihnen ein geflügeltes Wort, wenn es mit Kunden wieder einmal länger dauert.

Und doch, wenn sie an jenes Wochenende zurückdenkt, das all das ausgelöst hat, steht ein Bild um Sekundenbruchteile früher als alle anderen vor ihrem inneren Auge: Forscher, wie er sich buchstäblich hinter sie gestellt und ihr die Hände auf die Schultern gelegt hat.

Elementarteilchen kann man nicht besitzen.

Natürlich hat er recht. Sie besitzt nichts und dennoch besitzt sie alles. Ein Projekt, an das sie glaubt und das sie jeden Tag mit Zuversicht erfüllt. Das Team ihrer Mitstreiter wird von Quartal zu Quartal größer.

Darüber hinaus hat sie wunderbare und kluge Kinder und einen verständnisvollen, liebenden Mann. Hat sie das verdient? Und als wäre das nicht genug, seit letztem Jahr hat sie daheim sogar ein Zuhause, das endlich marderfrei ist, was sie ihren Söhnen zu verdanken hat.

Ja, das hat ihr Abstimmungswochenende vor zwei Jahren bewirkt, sie sind so fest zusammengeschmiedet, dass es jeder sehen kann, diese Familie ist aus einem Guss. So unterschiedlich die Felder sein mögen, die sie besetzen, es ist, als stünden sie die ganze Zeit über nebeneinander auf ein und demselben Bergkamm. Ob in Kanzleien oder Verlagen, bei einem Konzern oder an einer Fakultät der Physik oder, soweit es Flocke betrifft, bei einer NGO, seit sie ihr Studium abgebrochen hat. Denn da werde zu viel geredet und es sei an der Zeit, lieber etwas zu tun. Vielleicht ist jener Sebastian, den sie beim Frühstück zu Forschers Geburtstag erwähnt hat, daran nicht ganz unbeteiligt, aber Ma soll es recht sein. So müssen sie sich gefühlt haben, der Zar, Moreau sowie die Berittenen und Fußtruppen, jeder in seiner Rolle, jeder auf seinem Platz. Was zählt, ist, zusammen stark zu sein, genau wie es Mies am Abstimmungsabend gesagt hat. Hat sie es nicht schon immer gewusst? Am Ende zählt eben nur das Ergebnis.

Sie denkt an die WhatsApp-Nachrichten ihrer Kinder und manchmal ist ihr, als wären die Fotos an einem einzigen Ort aufgenommen. Weingüter, Loireschlösser und Cafés in Paris sind nur wechselnde Requisiten. Ohne jemandem etwas davon zu sagen – sie würden sie sicherlich für verrückt halten –, denkt sie sich jedes Mal eine feine graue Linie am Horizont dazu, erst dann wird das Bild für sie stimmig. Als bewegten sie sich auf den Außen- und Innenhöfen oder in den Wehrgängen ein und desselben Terrains. Eine Zugbrücke führt hinein und hinaus.

Das Bild ist physisch nicht greifbar. Doch genauso hat sie es sich damals vorgestellt, als sie ihnen die Geschichte ihrer Vorfahren erzählt hat. Da ist das Bein, das von Tannen dem Laschke gestellt hat. Es sollte aus der Leinwand herauskommen, sodass sein Fuß gegen das eigene Knie stieß. Und der Degen an der Wand im Rittersaal, wo früher der Gobelin gehangen hat, stand mitsamt seiner Halterung leicht von der Wand ab.

Ja, alles in ihrer Geschichte hat plastisch sein sollen. Das ist über fünfzehn Jahre her und manchmal müssen die Dinge erst wachsen. Nun, das weiß sie, können sie ihn fühlen. Wenn sie den Wunsch haben, den Degen zu berühren, brauchen sie nur die Hand auszustrecken.

Sie führt eine glückliche Ehe und hat Kinder, mit denen sie die Geschichten ihrer Ahnen teilen kann, und besitzt eine Burg. Nicht nur in ihren Köpfen daheim, sondern auch wieder auf dem Papier. Vor ein paar Wochen hat sie die Löschungsbewilligung erhalten, die Sicherungsgrundschuld der Bank ist Geschichte.

Das hat sie mit ihren Gewinnen aus den Wetlands geschafft. Worin immer sie jetzt beim Ausbau ihres Projekts investieren will, ihre Rücklagen sind groß genug und sie wird die Kreditlinie nicht mehr voll ausschöpfen. Sie hat sich eine Pause redlich verdient.

Neben ihr auf dem Tisch liegt ein Flugticket. Sie freut sich. Cape Town–Munich. Es wird Zeit, dass Forscher und sie wieder zusammen ein Glas Wein trinken. Sie mag noch so viel Grund zum Feiern haben, nur was nutzt ihr das, wenn sie ihn braucht, um darauf anzustoßen!

Sie nippt an einem Wein, den sie sich aus Stellenbosch hat schicken lassen. Es ist nur ein kleiner Schluck und es bleibt bei diesem einen Glas, solange sie allein ist. Sie malt es sich aus und muss schmunzeln.

Brombeere, wird er wieder sagen.

Aber nein, Schokolade und ein kleines bisschen Vanille.

Ach du, wird er abwinken. Immer sagst du das mit der Schokolade.

Sie besitzt nichts und hat doch alles und seit drei Tagen endlich sogar das: Klarheit.

Zwei Jahre hat es gedauert, lange hat sie warten müssen, um den Ausgang dieses Teils ihrer Geschichte zu erfahren.

Das hat sie an damals erinnert, als ihr Vater und sie die Inventarliste gefunden haben. Immer war in den Bildern ihres Kinderkopfes jener blinde Fleck in der Familiengeschichte, weil sie nicht wusste, was auf dem Gobelin noch zu sehen war, jenseits der Kokarde, die Napoleon herausgeschnitten hat. Irgendwann glaubte sie nicht mehr daran, diesen Puzzlestein der

Geschichte zu finden, auf einmal offenbarte er sich ihr doch noch. Ihr Vater und sie sind die Unterlagen zu dem Kaufvertrag durchgegangen, der zum Glück nie unterschrieben wurde, und da ist sie gewesen, die Beschreibung.

Ein Gobelin, beschädigt, einen Wasserlauf mit Wiesengrund, Schäfern und Edelleuten zeigend.

Sie selbst hat dieser Familiengeschichte ein neues Kapitel hinzugefügt, nur hat auch dieses Kapitel prompt einen blinden Fleck haben müssen. Sie wollte sich damit schon abfinden, denn nachdunkelnde Stellen gehören offenbar zu ihren Burggeschichten, genau wie die Flecke auf Großmamas Tafelsilber.

Wer hat Gewalt geübt, um sie von ihrem Weg abzubringen? Wer, um Himmels willen, hatte nur etwas gegen sauberes Wasser? Es hatte keinen Sinn ergeben.

Den letzten Puzzlestein, endlich, vor drei Tagen, hat sie ihn erhalten.

Es war ein Anruf, aufgrund dessen sie heute Abend verabredet ist. Sie und Okereke werden nachher essen gehen. Sie hat im besten Restaurant von ganz Kapstadt reserviert. Gleich will sie sich noch zurechtmachen. Sie ist fülliger geworden, das ist das Alter, umso mehr achtet sie in jüngster Zeit auf ihr Erscheinungsbild. Es ist zu früh, um neben Alaska bedingungslos zu kapitulieren.

Beim Abendessen werden sie auf das anstoßen, was er ihr in jenem Anruf erzählt hat. Am Telefon erfährt sie offenbar immer die entscheidenden Neuigkeiten.

Frau Holzrichter, Sie werden es nicht glauben, aber sie haben ihn geschnappt. Von meinem Gewährsmann bei der Polizei habe ich es gerade erfahren. Ein zwielichtiger Unternehmer aus Swasiland. Man wird Sie diesbezüglich noch ausführlich informieren.

Nein, sagen Sie schon! Ich muss mir also keine Sorgen mehr machen?

Nein, ich glaube, das brauchen Sie nicht. Kurz nach seinem Versuch, Sie einzuschüchtern, hat man ihn wegen einer handfesten Korruption drangekriegt. Da war er offenbar der

Strippenzieher. Tja, seitdem haben wir ja Ruhe und ich denke, da wird nichts mehr kommen. Die Strafe, die er absitzen wird, ist gesalzen.

Und was hat er gegen sauberes Wasser?

Der Mann hat sich bei mehreren Minen eingekauft und wollte mit seinen Anteilen spekulieren. Er hat auf kurzfristige Rendite gesetzt, in and out. Nachhaltigkeitskonzepte für Wasseraufbereitung, die langfristig den Minenbetrieb verteuern, konnte er bei diesem Kalkül nicht gebrauchen. Er war derjenige, der damals Leute auf Sie angesetzt hat. Seine Anweisung war, Ihnen die Botschaft so unmissverständlich wie möglich zu überbringen.

Sie schaute vom Balkon ihrer gut gesicherten Wohnung aufs Meer, den Telefonhörer in der Hand. Endlich war das Schiff sicher im Hafen, der mutige Händler, der vor dem Fugger tief hat knien müssen, wurde gerade reich belohnt. Und sie verdient das. Ihre Fahrt um das Kap ist bisweilen recht stürmisch gewesen. Manchen bleibt da nur die gute Hoffnung. Und eine gute Portion Chuzpe ist wohl auch im Spiel.

Seine Aktivitäten erstreckten sich zwar zunächst auf Swasiland, fuhr Okereke fort, er ist allerdings so klug gewesen zu ahnen, was angesichts der Erfolge Ihrer Wetlands prompt eingetreten ist. Die drei Länder des völkerrechtlichen Vertrags zur Wassernutzung des Incomati haben etwas beschlossen, das die Zukunft des Flusses sichern wird, nicht nur in Südafrika.

Er machte eine Pause, um sie noch etwas zappeln zu lassen, und schon begann sie, das volle Bild zu ahnen. Wie einst beim Gobelin.

Herr Okereke, was ist da beschlossen worden?

Nun, ich denke, eine ganze Menge. Constructed Wetlands – die Technologie der Wasser Südwest, die Sie in Afrika eingeführt haben, werden für alle Minenbetreiber im Incomatibecken zur Auflage, bei allen neuen Minengenehmigungen. In allen drei Ländern des Abkommens!

Ma sagte nichts.

Sie glauben mir nicht? Es ist aber so, Sie haben es tatsächlich geschafft! Ihretwegen erhält der Incomativertrag ein Zusatzprotokoll. Ein völkerrechtlicher Vertrag über einen der wichtigsten Flüsse Afrikas, dank Ihrer Unermüdlichkeit wird er geändert. Da dürfen Sie stolz auf sich sein!

Für einen Moment blieb sie stumm.

Ach, wissen Sie, erwiderte sie dann und meinte, was sie sagte, das tut gut. Denn eines muss man zugeben. Manchmal sind wir spät dran gewesen. Einer meiner Vorfahren, ein Generalmajor, der das fragwürdige Glück hatte, Zeitgenosse von Napoleon zu sein, marschierte einmal mit seinem Jägerbataillon gen Paris. Er musste unverrichteter Dinge kehrtmachen. Dabei hat er Paris von Napoleon befreien wollen … Diesmal scheinen wir zur richtigen Zeit am richtigen Ort gewesen zu sein, nicht wahr? Ich glaube, Kapstadt wetzt die Scharte von Paris ein wenig aus.

Er schwieg und sie spürte seine Entgeisterung – wovon redete sie nur?

Dazu müssen Sie wissen, da kam sie richtig in Fahrt, dass wir auf unserer Burg einen Schutzpatron hatten. Der hieß Moreau und hat sich mit Napoleon persönlich angelegt. Leider traf ihn zu Füßen unserer Burg eine Kanonenkugel. Er rauchte sogar eine Zigarre, während man ihm sein Bein abnahm. Sie können es sich schon denken, die medizinischen Verhältnisse damals, er hat es leider nicht mehr lange gemacht. Ein cooler Hund, dieser Moreau! Im Vergleich dazu war, wenn ich heute zurückblicke, mein kleines Abenteuer bei Licht besehen recht harmlos. Ein bisschen zerbrochenes Fensterglas, wie damals beim Turmzimmer.

Wie damals beim Turmzimmer?, fragte Okereke höflich, aber nun doch etwas ungeduldig. Entschuldigen Sie, Frau Holzrichter, ich fürchte, ich kann Ihnen nicht folgen.

Ach, das ist nur so eine Geschichte. Die meiner Familie und unserer Burg. Vielleicht habe ich es schon einmal erwähnt, unsere Burg besitzt ein Wasserhaus … Lassen Sie uns doch, sagte sie zu ihm, in den kommenden Tagen einmal essen gehen. Das neue Incomatiprotokoll müssen wir feiern, nicht wahr? Ich möchte Sie gern einladen.

Mit Vergnügen, Frau Holzrichter. Ja, darauf müssen wir anstoßen.

Und bei der Gelegenheit – natürlich nur, wenn Sie mögen – werde ich Ihnen die Geschichte von unserer Burg Gauchstein erzählen, hat sie gesagt. Und von ihrem Wasserhaus.

Nachher wird sie zum ersten Mal ihr neues weinrotes Kostüm tragen und dazu passend dunkelrote Pumps. Wer genau hinschaut, wird auch ein goldenes Armband an ihr bemerken. Es ist jenes, das ihr Forscher zur Hochzeit geschenkt hat, das mit den kleinen Smaragden. Vor Verlassen der Wohnung wird sie sich ein Halstuch umlegen, in dessen umlaufender Bordüre aus goldbetressten Gürteln und Zaumzeug auf rotem Grund feine grüne Schmuckmedaillons zu sehen sind. Kostüm und Pumps, dieses Halstuch und ihr Armband, alles passt aufs i-Tüpfelchen. So wird sie nachher vielleicht ein wenig so aussehen wie jene Dame bei den Vereinten Nationen, von der ihr Flocke einmal erzählt hat. Bei ihr hat sie damals ihr Praktikum absolviert. Freilich hat sie der fernen Diplomatin etwas voraus, denn sich schick kleiden kann jede Frau. Okereke aber wird es sofort sehen und verstehen.

Das Rot, das Gold und das Grün, es sind die panafrikanischen Farben.

EPILOG: DAS WASSERHAUS

Auf diesen Ausflug haben sie sich alle drei gefreut, doch dass sie so lange haben warten müssen, bis er sich in die Tat umsetzen ließ, damit haben sie nicht gerechnet.

Es ist an der Loire gewesen, in dem hinreißenden kleinen Loireschloss, das Olivier gehört, dem Freund und Kollegen von Mies, der mit ihm bei Pavier in Paris arbeitet. Olivier gab mit viel Elan und Sinn für Unsinn den jungen Schlossherrn. Dort beschlossen sie es an ihrem letzten Abend auf der Schlossterrasse, bei einem gut gekühlten »Touraine« mit Blick auf den nahen abendlichen Wald. Olivier schlief derweil längelang auf einem der Rattanliegestühle, kurz, aber komatös. Am ersten Abend wollten sie sich, als das passierte, schon leise in ihre Zimmer verziehen, als er prompt wieder wach wurde und für einen kurzen Moment bitterböse mit ihnen war. Seitdem überließen sie ihn seinen Gewohnheiten. Am zweiten Abend schliefen sie irgendwann selbst auf den Rattanliegestühlen ein und verstanden ab da ihren Gastgeber. In Sommernächten schläft es sich hervorragend auf Oliviers Schlossterrasse. Wozu braucht man ein Bett?

Hey, ihr beiden, sagte Mies. Wisst ihr, wo wir hinfahren? Wir brauchen dafür nicht viel, nur ein Wochenende, eine Übernachtung. Samstag früh hin, Sonntagabend zurück: Gauchstein!

Jeffrey nickte und hielt das Glas zuerst Mies, dann Kristina hin, damit sie darauf anstoßen konnten. Also, ich wär dabei.

Klingt gut. Kristina nickte nach dem Anstoßen ebenfalls. Schon lecker, das Zeug. Wird Zeit, dass ich sie mal sehe, nachdem bei meinem ersten Wochenende bei euch so viel von ihr die Rede gewesen ist. Und ihr wart wirklich nie da?

Beide lachten.

Du kennst mittlerweile Ma, Kris. Da war nie Zeit für solche Mätzchen, sagte Jeffrey.

Ich würde sie gern mal sehen, solange sie uns noch gehört, nuschelte Mies, den Mund halb im »Touraine«.

Es läuft doch gut in Kapstadt, Bro. Mach dir nicht so viele Sorgen. Mas Wetlands verkaufen sich da unten wie geschnitten Brot. Wenn das so weitergeht, hat sie zu mir letztens am Telefon gesagt, gebt mir noch ein Jahr, maximal zwei, und dann hab ich's. Genug, dass die Bank die Burg nicht mehr braucht.

Mies seufzte. Hat sie noch mal Ärger bekommen? Von wegen Fenstereinwürfe und Sabotage?

Nee, hat sie nicht. Glaube ich zumindest.

Das heißt nur, dass sie dir nichts verraten hat, Jeff. Du und ich, wir sind hundertprozentig die Letzten, denen sie etwas sagen würde. Mies hat sich ein Bâtonnet au fromage in den Mund gesteckt und gekaut. Aber klar, ich glaub auch an Ma, Bro. Wenn es eine schafft, dann sie. Ich möchte nur sichergehen und einmal da stehen, wo der Auritter gestanden hat. Bevor mir fremde Leute klarmachen, dass ich gerade meinen Fuß auf ihr Grundstück setze.

Das war im vorigen Sommer und dann dauerte es über ein halbes Jahr, bis sie ein gemeinsames Wochenende fanden. Mies war der Schwierigste von ihnen.

Bro, das ist jetzt schon etwas mies. Es war dein Vorschlag! Mittlerweile ist September, bald ist Winter und wir waren immer noch nicht da.

Sie skypten, Mies in Paris und Jeffrey in München, nach einem langen Tag bei »Born & Henkel«. Arbeit mit Lektüre bis Mitternacht hat ihm Ebby für die Zeit nach seinem Zweiten Staatsexamen bei ihnen versprochen. Das ist eine Übertreibung, doch es gibt Abende, da bleibt er bis zehn.

Was soll ich denn machen, Little Bro? Pavier schickt mich um den halben Erdball. Wenn ich mal ein ruhiges Wochenende habe, muss ich ausschlafen. Und irgendwann möchte ich ausgehen. Wäre ansonsten schon doof, wenn ich von Paris so gar nichts hätte, solange ich hier bin.

Du gehst aus? Wow! Jemanden kennengelernt?

Nicht immer so neugierig! Ich melde mich schon, wenn's was zu erzählen gibt.

Dieser Freund von dir, Olivier …

Ja?

Der ist nett.

Hm, hm. Olivier ist super.

Ist Olivier eigentlich auch schwul?

Hörst du jetzt auch schon mein Handy ab? Schlimm ist das in dieser Familie! Keine Privatsphäre.

Ich meine ja nur. Er mag dich. Das war kaum zu übersehen.

Ich brauche aber kein Schloss an der Loire, Little Bro. Ich will meine Burg. Nur vor Oktober keine Chance. Und im Winter, ich weiß nicht. So mit kahlen Bäumen drum herum? Irgendwie hab ich mir unsere Fahrt dorthin anders vorgestellt. Sagen wir, Ostern?, hat er gefragt. Ostern ist gebongt, oder? Wer absagt, kriegt es mit mir zu tun.

Und nun stehen sie tatsächlich hier, oben auf dem Hügel, auf dem Fußweg unterhalb der Burgruine, und schauen auf das einzige noch vollständig erhaltene Gebäude. Es ist ein grauer Ostersamstag und sie hätten bis morgen warten können, denn da soll das Wetter besser werden. Kristina hat daran erinnert, dass sie dann sicher mit mehr Ausflüglern rechnen müssten. Wenn sie sich die Burg in Ruhe ansehen wollen, ist das miese Wetter heute perfekt.

Komisch. Irgendwie habe ich mir euer Wasserhaus größer vorgestellt, sagt Kristina, während sie mit einer kleinen Kamera ein paar Bilder schießt. Stellt euch mal da hin.

Jeffrey lässt den Arm an ihrer Taille los und folgt mit Mies ihrer Aufforderung.

Nee, so nicht, so sieht man es ja gar nicht. Geht mal 'nen Schritt zur Seite. Nachher mache ich Porträts von dir vor der Burg, Mies, nur du allein und ganz seriös. Aber jetzt würde ich sagen, bei dem hier mehr Action. Denkt euch was aus.

Sie tun, was sie sagt. Jeffrey legt den Arm um Mies' Schulter und Mies seinen um Jeffreys. Sie sehen sich kurz an, ob sie ein klassisches Fotolächeln aufsetzen oder das Nilpferd machen sollen, und just in dem Moment macht Kristinas Kamera zweimal »knips«.

Hey, wir waren noch gar nicht so weit!, ruft Mies.

Sie guckt auf das Display. Nicht mehr nötig. Hm, schade. Von dem Wasserhaus erkennt man irgendwie immer noch nicht viel. Doch von euch beiden ist es ein total schönes Foto! Ich will ja nichts sagen, denn wir haben schon ein paar gute von der Loire letztes Jahr. Das wird die alle toppen. Ja, ich glaube, es ist das beste Bild, das es von euch gibt. Schaut mal!

Vorsicht, was du sagst. Eines kennst du nicht. Das kann man nicht toppen. Mies wedelt mit dem Zeigefinger und feixt.

Welches?

CSD Berlin. Ist 'ne Weile her. Jeffrey hatte goldene Streifen und ich silberne.

Wo ist dieses Foto? Das kenne ich gar nicht.

Alles verbrannt. Wie die Burg.

Und warum? Wenn es so gut war.

Es ist nur ein Zeitungsfoto gewesen. Schon am nächsten Tag war's Altpapier. Also ist es irgendwo auf der Deponie gelandet.

Wie schade. Und ihr habt euch kein Exemplar zurückbehalten?

Nope, wir wollten keins, sagt Mies. Das hätte wie die Sache mit den Briefen von Pichegru ausgehen können. Wäre zu gefährlich gewesen, wenn Ma das gefunden hätte.

Wie die Sache mit den Briefen von Pichegru?

Familienlegende. Erzähl ich dir mal.

Na gut, Bro, schaltet sich Jeffrey ein, dann hat Kris doch recht. Erst mal gibt es das Berliner Foto nicht mehr. Und außerdem sind wir inzwischen älter. So wie wir jetzt ausschauen, ich meine, da ist es tatsächlich das beste Bild, das es von uns gibt. Er gibt Kristina einen Kuss.

Was haben sie eigentlich mit dem Wasserhaus gemacht?, fragt Kristina und steckt die Kamera weg. Wasser in die Becken gepumpt – und dann?

Wir wissen es nicht genau, Kris, sagt Jeffrey, während sie zu dritt dastehen und für eine Weile zusammen auf das Wasserhaus schauen.

Darüber schweigen die Annalen, setzt Mies hinzu. Jeffrey

und ich haben beide letzte Woche mal gegoogelt. Der Sandstein ist weich. Sie hätten eine Zisterne in den Felsen schroten können. Das wurde auf anderen Burgen oft gemacht.

Und es hätte Platz gespart, ergänzt Jeffrey.

Wahrscheinlich ist nur, sagt Mies, dass es im Laufe der Jahrhunderte alle möglichen Funktionen gehabt haben muss.

Hinein können wir nicht?

Dafür hätten wir uns anmelden müssen, sagt Jeffrey. Hab nicht dran gedacht, sorry.

Nächstes Mal, Bro. Wir kommen wieder. Dass wir nicht näher rankönnen, ist allerdings tatsächlich schade. Seht ihr den Zaun da unten?

Kristina weist auf die gelben Wanderschilder an der nahen Weggabelung. Na ja, die Gemeinde kümmert sich um die Wege, der Park ist öffentlich. Kann ich gut verstehen, dass sie das Haus eingezäunt haben. So passiert kein Unfug.

Ja, ist mir ganz recht so, Little Bro. Also gibt es nur diesen Weg rund um die Ruine.

Jedenfalls ist es schön hier. Nur sieht man dem Wasserhaus sein Alter an. Vielleicht solltest du mal was dran machen, Mies.

Wir, Little Bro. Immer wir.

Okay, aber du bist im Driver Seat. Sonst holen es sich irgendwann die Marder.

Gut. Aber erst, wenn die Bank nicht mehr im Grundbuch steht. Außerdem kommt erst mal Apfeltrang dran. Ich habe letzte Woche zwei Handwerksfirmen geschrieben und eine hat schon einen Ortstermin vereinbart. Sie sagen, der Kasten sei verdammt gut verleimt, das wird richtig teuer. Doch es hilft ja nichts. Ma und Forscher werden eine dicke Baustelle kriegen.

Dann wird Forscher die Stellung halten müssen. Und ich werde regelmäßig von München aus vorbeischauen, Bro. Versprochen.

Danke. Du weißt ja, wenn Forscher über seinen Büchern brütet, sieht er nur noch Elementarteilchen. Dann hört er nichts mehr, nicht mal einen Bohrer.

Sagt mal, bevor ihr zwei alles einreißt, könnten wir was

trinken gehen? Unten im Dorf soll es ein kleines Café geben. Ich hätte Lust auf eine heiße Schokolade. Und danach können wir noch ein wenig laufen, in Richtung der Hügel dahinten.

Hey, wenn sogar die Bergsteigerin ein Café vorschlägt – ja, einen Kaffee fände ich auch gut. Außerdem wäre es spannend zu sehen, Little Bro, wie die Burg vom Dorf aus ausschaut, meint ihr nicht? Ma hat immer gesagt, von dort unten wäre die Ruine gar nicht zu sehen. Man würde nur das Wasserhaus erkennen. Deshalb hätte die Burg vom Dorf aus nie anders ausgeschaut als heute. Also dann, Café?

Jeffrey lächelt. Hm, geht schon mal vor. Ich bleibe noch einen Moment sitzen und komme in einer Viertelstunde nach.

Na gut. Aber nur eine Viertelstunde. Mies grinst und zögert, dann stupst er Kristina an der Schulter. Was wollen wir machen, so ist er halt.

Kristina gibt Jeffrey einen Kuss und hakt sich bei Mies ein. Lass ihn. Komm, wir gehen.

Jeffrey blickt ihnen nach. Die beiden gehen dicht hintereinander, weil der Wanderpfad hinunter zum Dorf zu schmal für ein Nebeneinander ist. Er setzt sich auf einen Baumstumpf, beobachtet die Burgruine, das Wasserhaus und die Bäume. Wäre Ostern dieses Jahr nur zwei Wochen später, gäbe es deutlich mehr Grün. So überwiegt heute ein weiter grauer Himmel.

Still sitzt er da und er denkt nichts. Hoffentlich werden die beiden unten nicht ungeduldig. So hat Mies immerhin Gelegenheit, Kristina seine Version der Familiengeschichte zu erzählen.

Aber die ganze und beginnen wir von vorne!

Das gestellte Bein, die Schlacht am Weißen Berg und weshalb er Vincent heißt. Das wird ihm Spaß machen. Einiges davon kennt Kristina mittlerweile, doch es kann nicht schaden zu hören, wie er die Geschichte erzählt. Schließlich ist er der Kronprinz.

Sie werden ihm daher nicht böse sein, wenn er noch ein wenig bleibt.

Irgendwann läuft ein Eichhörnchen vertikal einen Stamm hinauf, es blinzelt zu ihm herüber, ehe es sich besinnt und wieder fort ist. Und jetzt, da es endlich, endlich ganz und gar ruhig um ihn herum ist, kann er es hören. Die ganze Zeit über wusste er, dass es irgendwo ist, das Geräusch, das zu diesem Ort gehört.

Das war schon immer in seinem Kopf gewesen, wenn von der Burg die Rede war, seit jenem Nachmittag, als Ma ihnen allen zum ersten Mal die Geschichte auf dem Sofa erzählt hat. Ein Geräusch, das es hier früher oft gegeben haben muss.

Das kaum merkliche, sanft vibrierende Donnern von entferntem Galopp. Es müssen etliche Pferde gewesen sein.

Wer auf der Burg war, wird an die Fenster getreten sein, um zu schauen, ob man sie schon sehen konnte. Jedem würde er sich in den Weg stellen, der es auf seine Burg abgesehen hat. Es muss ein gutes Gefühl für die Frauen gewesen sein, ihre Ritter wieder zu Hause zu wissen.

Es muss ein gutes Gefühl gewesen sein, wieder nach Hause zu kommen. Wen man liebt, den muss man beschützen.

Im Rücken liegen die dicht bewaldeten Hügel. Der Auritter muss schnurstracks über das freie Feld geritten sein, auf das Dorf zu. Von dem Gebäude, das dem Dorf zugewandt ist, muss man ihn zuerst gesehen haben. Es hat keine Fenster, sondern nur ein paar Scharten. Jeffrey schaut auf die dicken, schlicht verputzten Wände mit den einzelnen bläulichen, von Regen und Schimmel stammenden Flecken. Ansonsten ist da nur sein spitzgiebeliges, mit dunkelgrauem Schiefer gedecktes Dach.

Es verschmilzt mit seinem Hintergrund, den grauen Bäumen im Vorfrühling und den kieselgrauen Wolken. Aus einiger Entfernung bildet alles zusammen wahrscheinlich nur eine feine graue Linie am Horizont.

Momente wie dieser gehören ihm.

Er genießt die Ruhe.

WEM GEHÖRT DAS WASSER? MAKING-OF
DAS WASSERHAUS – UND EIN DANK

Wenn ich nach mehr als fünf Jahren Making-of zurückschaue, gilt heute einigen Menschen ein besonderer Dank.

Dieser zweite Roman sollte ein Wasserroman werden, das Thema trieb mich um. Es war 2015, ich googelte, hob den Hörer ab und rief das Stockholm International Water Institute an – ein unbekannter Autor, der nach Input zu Wasserthemen fragt? Da mir überdies ein Global-Village-Roman vorschwebte, wünschte ich mir Stoff für Bezüge zu Afrika. Die Stimme am anderen Ende der Leitung antwortete halb humoristisch, halb im Ernst: »We waited for your call« und wurde gleich darauf konkret. Britt-Louise Andersson verlinkte mich mit Anton Earle, Director des African Regional Center. Anton hat mir das Problem der Acid Mine Drainage in südafrikanischen Minen erklärt: Stell dir eine Karaffe vor, Reinhard, die du unter fließendes Wasser stellst …

Meine Unterlagen füllten bald einen Leitz-Ordner, die Faszination für eure Arbeit wuchs und der Deckel ging nicht mehr zu. Britt, Anton, euch allen danke für eure Unterstützung und vor allem für das, was ihr tut! Ich hoffe, es werden bald noch mehr, die über euren Newsletter von den weltweit brennenden water issues erfahren. Ein Prolog kann nur anreißen, welche Aufgaben ein Haus wie eures derzeit auf dem Schirm hat, eure Tätigkeiten reichen weit darüber hinaus – und so ist euch der Roman von ganzem Herzen gewidmet.

»Das Wasserhaus« ist auch ein Familienroman und hier braucht jede Figur, um authentisch zu sein, in irgendeiner Hinsicht – mag sie auch noch so fernliegend und unbedeutend erscheinen – eine Verankerung in der Wirklichkeit. Einzelne Szenen meiner Protagonisten schöpfen so aus der Erinnerung an geteilte Momente und jenen, mit denen ich das tat, gilt heute mein Dank. Bei Jeffreys unerschütterlicher Ruhe sehe ich deine langen Läuferbeine vor mir, James: wir zwei im Karneval von

Rio, dieser war über die ganze Stadt verstreut und an irgendeinem Punkt dachte ich, nun sollten wir einmal unsere Beine in die Hand nehmen und schnell laufen, es gab so viel zu sehen. Nichts, nicht einmal hinreißend tanzende Brasilianer, konnte dich aus der Fassung bringen und in dem Moment wusste ich, wie eine Figur aussehen könnte, die gegenläufig zu meinen Holzrichters tickt, die immerzu von einem Wasserloch zum nächsten stürmen.

Sandra hat mir gezeigt, dass kleine Kinder zu bekommen nicht heißen muss, darüber die Liebe zur Architektur und zur Kunstgeschichte aus den Augen zu verlieren. Du hast stets beides verblüffend gut miteinander verbunden (wir beide würden hier auch nie »geschafft« sagen, es geht schließlich um Kinder). Ich denke an New York und das Arnulf-Rainer-Museum, lange ist es her, doch noch immer zeigt mein Gesicht bei dieser Erinnerung ein breites Lächeln. Wenn man wie ich von übermalten Kreuzen keine Ahnung hat (warum nur, wer auf der Welt braucht so etwas?) und nichts referenzieren kann, empfiehlt es sich, still zu sein, kompetent erklärst du, was nicht in meinen Kopf will. Dir verdankte ich in jenen Tagen auch den grandiosen Tipp für ein Praktikum in der NGO Section des DPI in den Vereinten Nationen. Das war in den Neunzigern, aber manches ändert sich wenig und noch heute möchten Menschen wie du und ich bei den Politiken einzelner Mächtiger ab und zu aus den Schuhen springen. Dann denke ich an bestimmte mandelförmige Augen ägyptischer Abstammung, die über den malerischen Seidentüchern ihrer Trägerin thronten – jedes Mal eine Augenweide –, und erinnere mich dankbar daran, dass die Urahnen im Global Village schon rise und fall der Pharaonen erlebten. Dann wird das Global Village auch gelegentliche Ausrutscher im Weißen Haus verwinden, sage ich mir – denn Spaltung kann nicht helfen, nur vereint sind wir stark. Vom Team der NGO Section weiß ich, wie wichtig es ist, dass alle miteinander im Gespräch bleiben. Danke, New York!

Fenja durfte ich – damals zum Ende ihres Studiums – einige Wochen bei mir in München beherbergen und die Küchenszene mit Ma und Flocke beim Zubereiten der Bouillabaisse hat dir, Fenja, viel zu verdanken. Ich kochte und wir unterhielten uns und plötzlich wusste ich: So guckt Flocke, wenn sie Ma freundlich, aber bestimmt die Leviten liest. Eure Generation, Fenja, hat es in der Hand, wir haben euch leider etlichen Mist hinterlassen, Pardon – ja, bitte, unternehmt etwas und macht uns endlich Druck!

Meinem Vater Klaus, der leider nicht mehr lebt, verdanke ich – auch bei diesem Roman – viel. Das Kapitel mit dem zu Bruch gehenden Tafelaufsatz, dessen Scherben und Splitter zum Sinnbild für die kleinsten Teilchen werden, aus denen alles besteht, die sich aber nicht besitzen lassen, habe ich in Gedanken an ihn geschrieben. Was besitzen wir, wenn wir nichts besitzen? Physik hat eine philosophische Dimension. Als Elementarteilchenphysiker pendelte mein Vater zwischen seinem Aachener Lehrstuhl und dem Genfer CERN, sorgte sich schon früh um das Weltklima und musste nur an den Wochenenden zu Hause feststellen, dass der Nachwuchs, soweit es mich betraf, an alldem herzlich wenig Interesse zeigte. So entstand beim Schreiben die Idee zur Figur von Forscher, dem nichts anderes übrig bleibt, als mit heiterer Gelassenheit abzuwarten, bis seine Kinder von selbst anfangen, den Dingen auf den Grund zu gehen.

Vor allem aber verdankt dieser Roman einem Mutter-Sohn-Gespann außerordentlich viel: Eure Anonymität soll gewahrt bleiben, aber ich habe euer Einverständnis, dass einige der herrlichen Anekdoten, die ihr zu erzählen wisst, Eingang in den Roman finden durften – und dafür danke ich euch. Die Radarfalle unten am Hang! Einzelne Züge meines Kronprinzen Mies wären für mich auch schlecht denkbar, ohne mir dazu braune Locken, ein energisches Kinn und eine grandiose Schlagfertigkeit vorstellen zu dürfen – vor allem aber solch ein schallendes, blitzgescheites und befreiendes Lachen, wie du es besitzt.

Und wer kann wie ein Berserker developen, nebenher Kinder großziehen und auf dem Treppenabsatz wie bei Tisch die schönsten Schlussbemerkungen fallen lassen? Die Inspiration, die ich euch beiden verdanke, sei erlaubt und so entwickelte sich der mit jeder Seite wachsende Roman zur Liebeserklärung an eure klugen und treffsicheren Streitgespräche, in die ihr mich bei meinem Besuch einbezogen habt – schon damals dachte ich, darüber müsste man schreiben, so müssten Dialoge aussehen.

Und euer Haus wurde ein Ort, der den Aufbruch meiner Protagonisten glaubhaft erzählen kann und der zugleich dazu einlädt, dorthin zurückzukehren – dank der Geborgenheit, die sich selbst bei einem so kurzen Besuch wie meinem sofort erschloss. So wurde euer Haus zum innersten Nukleus meiner Romanfamilie. Danke, dass ich diesem gelebten Familienzusammenhalt, den ich dort kennenlernte (ich fühlte mich dabei ein bisschen wie Kristina), den Roman widmen darf!

Gibt es noch immer die Marder? Eure Wände sind so gut verkantet und verleimt, man müsste sie zersägen, um an sie heranzukommen. Selbstverständlich ist euer Haus im Roman anders verortet und steht nun dort, wo es fiktional hingehört. Diese Wahl habe ich den Familien Haase und Löffler zu verdanken. Unzählige Male war ich bei euch zu Gast und weiß nun, wo Apfeltrang liegt. Wenn man dort auf die Allgäuer Riviera schaut, während nebenan die Wertach mit ihrem blitzsauberen Wasser plätschert, ist die Welt so schön – ich wusste gleich, schöner wird's nicht, und so hatte ich mit Apfeltrang und dem Panorama rund um Füssen meinen europäischen Counterpart-Schauplatz zum Tafelberg mit seinen sulfatbelasteten Minen nebenan gefunden.

Hinsichtlich der Nebenfigur Alaska danke ich Titilayo Adedokun für wunderbare Konzerterlebnisse, immer wenn ich sie in der Münchner Jazzbar Vogler hören durfte. Wenn Titilayo »What A Wonderful World« singt, schmilzt man dahin! Noch immer sehe ich ihre schwingenden Kreolen vor mir, als ich sie in einem Südafrika-Urlaub zu Füßen des Tafelbergs zu einem Lunch mit Blick über das Bo-Kaap-Viertel traf. Du, Titilayo, und deine Familie verkörpert für mich das heutige kosmopolitische und liebenswerte Kapstadt, das die düsteren Zeiten der Apartheid hinter sich gelassen hat. Unvergessen auch das mitreißende Musical »District Six«, das ich in Kapstadt während jenes Urlaubs sah.

Was die Romanburg Gauchstein von unseren Holzrichters betrifft, so danke ich allen Autorinnen und Autoren der (populär-)wissenschaftlichen Beiträge in diversen Quellen inklusive gängiger (Internet-)Enzyklopädien wie Wikipedia und auch auf der Homepage zu Schloss Kuckuckstein bei Liebstadt, nahe Dresden – denn Kuckuckstein ist Gauchstein.

Napoleon hat dort tatsächlich am 9. September 1813 übernachtet. Wenn man den erwähnten Quellen glauben darf, dann war es so: Er stapfte in den Rittersaal und entdeckte auf einem farbigen Kupferstich seinen abtrünnigen General Jean-Victor Moreau. Wutentbrannt schnitt Napoleon Moreau dessen französische Kokarde aus dem Papier und schrieb darunter: »Ce traître ne la deserve pas.« Leider ist das Original, so liest man, seit 1945 verschollen. In einer dritten Quelle fand sich noch der folgende, erinnerungswürdige Satz, der im Roman zu einem eigenen Kapitelnamen geführt hat: »Auch bekritzelte Fensterscheiben … und das seinerzeit völlig zerstörte Turmzimmer erinnerten noch an die Besatzung von 1813.«

Die Geschichte des gestellten Beins ist weitgehend der Geschichte der Dohnaischen Fehde entlehnt. Die raubritterischen Aktivitäten der Donins hatten den Handel zwischen Sachsen und Böhmen behindert und wurden dem damaligen Markgrafen Wilhelm I. ein Dorn im Auge …

Ich danke Hoang Nam Nguyen für seine Dissertation »Untersuchung zur Behandlung saurer Grubenwässer in Pflanzenklärsystemen«, vorgelegt und genehmigt von der Fakultät für Energie- und Wirtschaftswissenschaften der Technischen Universität Clausthal. Ich musste sie mehr als zweimal lesen, um alles zu verstehen – aber dann!

Ich danke Daria Gaberdan von Grafit für ihre spontane Begeisterung beim Lesen meines Manuskripts und ihre seither nie ermüdende Liebe zum »Wasserhaus«, mit der es ihr schnell gelungen ist, auch Kolleginnen und Kollegen im Verlag der Emons-Gruppe anzustecken. Es ist kein Krimi und trotzdem machtet ihr das »Wasserhaus« zu eurem Spitzentitel im Frühjahr 2021! Dir und dem gesamten Grafit-Team ein ausdrücklicher Dank, pars pro toto für die kreative und letztlich so glückliche Suche nach einem passenden Cover.

Nadine Buranaseda gilt mein Dank für ihre unvergleichliche Sorgfalt und vielen wertvollen Hinweise beim Lektorat. Von Mas Liebe zur Foie gras (ob Ma eine in Sachen Tierhaltung so inkorrekte Liebe überhaupt noch leben darf, nachdem sie doch jetzt gelernt hat, was virtuelles Wasser ist, haben wir heiß diskutiert) bis zum Dialog Jeffrey/Ebby im Weißen Ritter, mit seiner Bildersprache des Herrn der Ringe: Es war eine leidenschaftliche gemeinsame Entdeckungsreise durch alle Seiten mit geschärftem Blick, bis wir wussten: So passt es!

Renate Künast, Dr. Barbara Hendricks und Christoph Klimke danke ich nachdrücklich für ihre außergewöhnliche Bereitschaft, sich mit dem »Wasserhaus« im Early-bird-Stadium einer Loseblattsammlung vor Lektorat zu befassen. Mein herzlicher Dank für Ihre/eure wunderbaren Zeilen rechtzeitig zum Erscheinen!

Last but not least danke ich Nemi El-Hassan, Kyo Mali Jung, Kosei Takasaki, Frauke Vogel und Julian Vogel für ihre hervorragende Dokumentation »Wem gehört das Wasser?«, die im ZDF am 19.1.2020 in der Magazin-Sendung »frontal 21« zu sehen war:

Tja (Forscher sagt ja gerne »tja«), wem gehört es denn nun? Dreißig top-spannende Fernsehminuten zum Thema mit Episoden rund um die Welt, von Nestlé und den hier eindrücklichen Vorgängen im französischen Dorf Vittel über die Rotfrucht-Bewässerung in Huelva/Spanien bis hin zur Grundwasserbelastung durch Gülle in der deutschen Landwirtschaft und schließlich bis zur absolut besorgniserregenden Wasserknappheit am Jordan: Von vielen eurer profunden Rechercheergebnisse habe ich mich beim Schreiben inspirieren lassen und danke euch. Tja, das Wasser gehört wohl uns allen – wenn wir den Dingen auf den Grund gehen.

Ein letzter Dank, und dieser gebührt natürlich dem Wasserhaus selbst, seinen Erbauern und allen, die sich heute mit ihm beschäftigen: Denn Schloss Kuckuckstein besitzt tatsächlich ein Wasserhaus und nicht unerwähnt bleiben sollen meine etlichen Gesprächspartnerinnen und -partner in Denkmalschutzvereinen und themenbezogenen Einrichtungen, zu denen ich Kontakt aufnahm, um mehr über das Wasserhaus herauszufinden. Es zeigt sich störrisch und will seine Geheimnisse für sich bewahren. Lassen wir sie ihm. Solange es uns das eine verrät: Wie wir es künftig schaffen, bewusster mit Wasser zu haushalten. In diesen Tagen wird Wasser zum ersten Mal in seiner Geschichte an der US-Börse als Wert gehandelt – ein Umstand, der uns allen sicherlich zu denken gibt. Aber ich bleibe Optimist und glaube an die Worte einer deutschen Bundeskanzlerin (nicht umsonst trägt meine Sympathie- und Identifikationsfigur Flocke diesen Spitznamen), deren ruhige Hand bei vielen schwierigen Themen mir oft imponiert hat. Ja, vielleicht darf auch für das Wasser ihr berühmt gewordener Satz gelten: »Wir haben so vieles geschafft, wir schaffen das.«

Denn am Ende, würde Ma sagen (ihr kennt sie mittlerweile, sie will halt immer das letzte Wort), zählt nur das Ergebnis.

München, im Dezember 2020

Reinhard Schultze